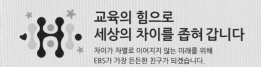

교육의 힘으로
세상의 차이를 좁혀 갑니다

차이가 차별로 이어지지 않는 미래를 위해
EBS가 가장 든든한 친구가 되겠습니다.

모든 교재 정보와 다양한 이벤트가 가득!
EBS 교재사이트 book.ebs.co.kr

본 교재는 EBS 교재사이트에서
eBook으로도 구입하실 수 있습니다.

2025학년도 수능 대비

수능특강
사용설명서

국어영역
문학

KB214067

발행일 2024. 1. 28. **1쇄 인쇄일** 2024. 1. 21. **신고번호** 제2017-000193호 **펴낸곳** 한국교육방송공사 경기도 고양시 일산동구 한류월드로 281
기획 및 개발 EBS 교재 개발팀
표지디자인 ㈜무닉 **편집** ㈜글사랑 **인쇄** ㈜재능인쇄
인쇄 과정 중 잘못된 교재는 구입하신 곳에서 교환하여 드립니다. 신규 사업 및 교재 광고 문의 pub@ebs.co.kr

교재 내용 문의
교재 및 강의 내용 문의는
EBS*i* 사이트(www.ebs*i*.co.kr)의 학습 Q&A 서비스를
활용하시기 바랍니다.

교재 정오표 공지
발행 이후 발견된 정오 사항을
EBS*i* 사이트 정오표 코너에서 알려 드립니다.
교재 → 교재 자료실 → 교재 정오표

교재 정정 신청
공지된 정오 내용 외에 발견된 정오 사항이 있다면
EBS*i* 사이트를 통해 알려 주세요.
교재 → 교재 정정 신청

EBS와 **교보문고**가 함께하는 듄듄한 스터디메이트!

듄듄한 할인 혜택을 담은 **학습용품**과 **참고서**를 한 번에!

기프트/도서/음반 추가 할인 쿠폰팩

COUPON PACK

+QR코드를 스캔하시면 듄듄문고 쿠폰팩을 다운받을 수 있는 이벤트 페이지로 연결됩니다+

2025학년도 수능 대비

수능특강
사용설명서

국어영역

문학

차례 | 수능특강 사용설명서 **문학**

contents

실전 학습

2025학년도 수능특강, 어떻게 공부할까?

효율적인 연계교재 공부법은 따로 있습니다. 문제가 점점 길어지고 복잡해지는 최근 수능 출제 경향을 생각하면, 더 빠르고 정확하게 작품과 자료를 분석하는 연습을 우선해야 합니다.
〈수능특강 사용설명서〉는 신경향 수능 대비에 최적화된 교재입니다. EBS 연계교재에 담긴 작품과 자료의 수록 의도, 출제 포인트를 분석하는 연습을 지금부터 시작해야 합니다.
2025학년도 수능, **〈수능특강 사용설명서〉**와 함께 성공할 수 있습니다.

정답은
〈수능특강 사용설명서〉

"지문 · 자료 분석력 UP 프로젝트"
수능특강을 공부하는
가장 쉽고 빠른 방법!

연계교재에 숨은 뜻,
'무엇을 · 어떻게' 풀고 찾아야 할까?
그 숨은 길을 보여 드립니다!

1단계 연계교재 감상 포인트

연계교재 수록 작품에 대한 주요 내용, 핵심 키워드 등을 소개합니다. 제시된 작품을 어떻게 공부하면 좋을지 미리 방향을 안내하여, 더 빠르고 정확하게 학습할 수 있도록 구성하였습니다.

2단계 수능특강 작품 분석

수능특강에 제시된 작품의 모든 핵심 내용을 수록하였습니다. 정확하고 빠른 작품 분석과 문제 해결 방법을 보여 주기 위해서 풍부한 해설을 제공합니다. 선생님의 밀착 지도를 받는 듯한 생생한 학습으로 실력을 향상할 수 있습니다.

3단계 이것만은 꼭!

수능특강에 제시된 작품을 한눈에 파악할 수 있도록 핵심 개념을 요약하여 제시합니다. 또한 꼭 알아야 할 핵심 내용을 '포인트'로 정리하여 작품에 관한 특징을 파악하고, 수능특강 문제도 쉽게 해결할 수 있습니다.

4단계 더 알아보기 / EBS Q&A

'더 알아보기'에서는 제시된 작품과 관련된 다양한 자료를 수록하였습니다. 또한 'EBS Q&A'에서는 수험생들이 자주 궁금해하고 어려워하던 질문과 예상되는 질문을 모아 구성하였습니다.

수험생이 기다렸던 교재!!

- 연계교재가 어려운 학생들을 위해 더 친절하고 자세하게 설명합니다.
- 수능특강에 수록된 작품과 자료를 그대로 싣고 개념의 이해를 도와주는 교재입니다.
- 수능특강의 어려운 내용과 도움이 되는 자료를 자세히 설명하여 연계교재 학습을 확실하게 마무리할 수 있도록 도와줍니다.

선생님들이 기다렸던 교재!!

- 연계교재를 효율적으로 가르치고, 활용하는 방법을 보여 드립니다.
- 오개념 전달, 검증 안 된 변형 문항 등 잘못된 방법으로 공부하는 것을 안타까워하시는 선생님들께 꼭 필요한 교재입니다.
- 수능특강에 수록된 작품과 자료에 대한 쉬운 설명, 개념 자료, 심화 학습 자료 등을 제공합니다.

I

교과서 개념 학습

추일서정 _ 김광균

감상 포인트　이 작품은 회화적 이미지를 중심으로 가을날의 쓸쓸한 풍경을 묘사하고 그로부터 느껴지는 화자의 고독감을 드러낸 시이다. 시의 앞부분에서는 감정의 직접적 제시 없이 근대의 도시 문명과 관련된 소재들을 통해 독특한 비유를 구사함으로써 화자의 눈에 비친 낯설고 황량한 이미지를 형상화하고, 뒷부분에서 화자의 행동과 함께 그가 느끼는 애수와 고독을 드러내고 있다.

주 제　가을날의 황량한 풍경과 고독감

낙엽은 폴—란드 망명정부의 지폐
　　　　'낙엽'의 쓸모없음을 환기하는 보조 관념
포화(砲火)에 이즈러진 / 도룬 시(市)의 가을 하늘을 생각게 한다　　　▶ 1~3행: 쓸쓸한 낙엽의 모습
총포를 쏠 때 일어나는 불　　폴란드의 도시 이름
길은 한 줄기 구겨진 넥타이처럼 풀어져★
　　　구불구불 이어진 길의 모습 형상화
일광(日光)의 폭포 속으로 사라지고
가을 햇살이 쏟아지는 모습을 폭포에 빗댄 표현
조그만 담배 연기를 내어 뿜으며 / 새로 두 시의 급행차가 들을 달린다　　▶ 4~7행: 가을 햇살 속 길과 들판의 모습
'급행차'가 뿜는 연기를 빗댄 표현
포플라 나무의 근골(筋骨) 사이로

공장의 지붕은 흰 이빨을 드러내인 채

한 가닥 꾸부러진 철책이 바람에 나부끼고

그 위에 세로팡지(紙)로 만든 구름이 하나　　　　　　　　　　　▶ 8~11행: 나무, 공장, 구름의 쓸쓸한 풍경
　　11행까지는 정경 묘사만 하다가 12행부터 화자가 등장하고 정서가 드러남.('선경후정' 방식의 시상 전개)
자욱—한 풀벌레 소리 발길로 차며
청각적 이미지를 시각적·촉각적 이미지로 전이한 공감각적 이미지
호올로 황량한 생각 버릴 곳 없어 / 허공에 띄우는 돌팔매 하나
　　　화자의 정서가 직접 제시된 부분　　　화자의 정서와 관련됨.
기울어진 풍경의 장막 저쪽에 / 고독한 반원을 긋고 잠기어 간다　　　▶ 12~16행: 황량한 풍경 속에서 느끼는 고독감
화자의 눈에 비친 풍경을, 평면에　　　돌팔매가 날아가는 모습
투사되거나 그려진 것처럼 표현함.

> **★ 문제 해결 키** 문항 3 관련
> '길'의 보조 관념은 '한 줄기'가 아니라 '(한 줄기 구겨진) 넥타이'임.

개성적인 시각적 이미지를 통해 황량하고 삭막한 풍경을 묘사함.

핵심 개념 이것만은 꼭 익히자

포인트 ❶　비유의 종류와 효과 문항 3 관련

	원관념	보조 관념
직유	길	구겨진 넥타이
은유	낙엽	망명정부의 지폐
	일광	폭포
	급행차의 연기	조그만 담배 연기
	포플라 나무의 빈 가지	근골
	공장의 지붕	흰 이빨
	풍경	장막

↓

근대의 도시 문명과 관련된 소재들을 활용한 독창적인 비유를 통해
낯설고 황량한 가을날의 풍경을 효과적으로 형상화함.

그 밖의 표현상 특징 문항 1, 2 관련

감각적 이미지 활용	'공장의 지붕은 흰 이 빨을 드러내인 채'	야수의 모습을 환기하는 시각적 이미지를 통해 근대 문명에 대한 부정적 인식을 드러냄.
	'자욱-한 풀벌레 소 리 발길로 차며'	청각적 이미지를 시각적 또는 촉각적 이미지로 전이하는 공감각적 이미지로 쓸쓸한 감정을 느끼는 화자의 행위를 표현함.
시적 허용	'호올로 황량한 생각 버릴 곳 없어'	'홀로'가 아닌 '호올로'는 문법에 어긋나지만 화자의 고독감을 효 과적으로 부각해 줄 수 있음.

■ 모더니스트 김광균이 생각한 현대시의 서정

전통적으로 '서정적'이라는 것은 대상(세계)과 주체가 서로 조응하거나 합치되는 양상을 가리킨다. 그러나 현대시에는 이러한 설명이 잘 들어맞지 않는 경우가 많다. 세계는 더 이상 개인의 주관적인 내면과 동일시할 수 없을 만큼 거대하고 복잡한 상태가 되어 버렸고, 개인의 희망이나 신념과는 무관하게 굴러가기도 한다. 그래서 자아와 세계의 관계는 오히려 대립·갈등의 관계에 가까우며, 이를 인위적으로 극복하고 합일을 도모하는 것이 현대시의 서정이라고 보기도 한다.

「추일서정」이 발표되었을 당시 우리 현대시의 역사는 그리 길지 않았지만 많은 문학 사조들이 섭렵되고 있었다. '서정'에 있어 위와 같은 생각 정도는 문단에서 이미 통용되고 있었음은 물론이다. 특히 모더니스트 그룹에서 활동했던 김광균은 이 문제에 예민했다. 모더니즘 문학은 철저히 현대적인 사유와 정서를 담아내고자 하였는데, 그런 입장에서 보면 주체와 세계가 쉽사리 합일된다고 믿는 것은 너무 순진하다. 김광균의 시에서 빈번하게 형상화되는 도시 풍경에서 시적 화자가 흡수·동화되지 못하고 비애나 소외감을 느끼는 것도 이러한 맥락으로 볼 수 있다.

김광균이 보기에 현대의 시는 그 대상부터가 과거와 다르다. 옛날에야 종달새의 노래에 기대어 한가롭게 소박한 정서를 읊을 수 있었겠지만 지금은 그 노래가 현대의 온갖 기계 소리와 소음에 묻혀 버렸고, 따라서 시인은 차라리 포화에 날아간 폴란드 도시로부터 자극을 받아야 한다는 것이다. 현대적인 세계에 부합하는 사상과 정서를 현대적인 언어로 표현해야 한다는 것이 모더니스트 김광균의 생각이었다. 이때 현대적인 언어란 그에게 있어서는 이미지 중심의 언어이다. 이 점에서도 주관적 내면의 토로를 중시하는 과거의 서정시와는 다른 셈이다.

- 강민규, 「1940년, 한 모더니스트의 서정」, 『문학 교육을 위한 현대시 작품론』

EBS Q&A

Q 시에서 비유가 하는 역할은 무엇이고, 비유에는 어떤 종류가 있나요? 문항 3 관련

A '시는 비유다.'라는 말이 있을 정도로, 시에서 비유적 표현의 성공적 사용은 작품의 완성도를 높이는 결정적인 역할을 할 때가 많습니다. 원관념을 보조 관념에 빗대어 표현하는 비유는 그 원관념과 보조 관념 사이에 유사성과 이질성이 동시에 존재해야 합니다. 예컨대 '샛별 같은 너의 눈망울'이라는 비유에서 '눈망울'과 '샛별'은 각각 신체 일부분과 천체로 서로 이질적인 범주의 사물이지만, 반짝인다거나 아름답다거나 하는 유사성이 있어야 비유의 원관념과 보조 관념이 될 수 있지요. 원관념과 보조 관념 사이의 연결이 기본적으로 이런 조건을 만족하면서도 참신하고 개성적인 것일 때 그 비유는 성공한 게 됩니다.

비유법에는 '~같이, ~처럼, ~듯이' 등을 사용하여 원관념과 보조 관념을 매개하는 '직유법', 'A는 B(이다.)' 또는 'A의 B' 같은 형식을 사용하여 원관념과 보조 관념을 매개하는 '은유법', 표현하려는 대상과 관계 깊은 다른 사물을 동원하는 '환유법', 부분으로 전체를 표현하는 '제유법', 인간이 아닌 존재를 인간인 것처럼 표현하는 '의인법', 생물이 아닌 대상을 생물인 것처럼 표현하는 '활유법' 등등이 있습니다.

2강

개·념·학·습

(가) 백구야 놀라지 마라 ~ _ 김천택

감상 포인트 이 작품은 임금에게 버림받은 한 신하가 강호로 들어가 백구(갈매기)와 더불어 놀겠다는 의지를 표현한 시조이다. 초장에서 백구를 불러들인 다음 중장에서는 자신의 사연을 드러내고, 종장에서는 백구와 더불어 놀겠다는 의지를 밝힌다. 강호가도 계열의 작품으로서 작가가 표시되지 않은 채 수록된 가집도 있다.

주 제 임금에게 버림받고 강호에서 노닐겠다는 의지

백구(白鷗)야 놀라지 마라 너 잡을 내 아니로다 　　　　　　▶ 초장: 백구에게 놀라지 말라고 당부함.
　　청자의 설정　　　　　백구를 안심시킴.
성상(聖上)*이 버리시니 갈 곳 없어 예 왔노라 　　　　　　▶ 중장: 화자가 백구 곁에 오게 된 사연
　화자가 백구에게 온 이유
이제는 찾을 이 없으니 너를 좇아 놀리라★ 　　　　　　　▶ 종장: 백구와 더불어 놀겠다는 의지
　　혼자가 된 화자의 처지　　　의지적 어조

*성상: 임금.

★ 문제 해결 키 문항 3 관련
이 작품에서 화자는 임금에게 버림받은 자신의 처지를 비관하지 않고, 오히려 백구와 놀 기회로 받아들이고 있음.

핵심 개념 이것만은 꼭 익히자

포인트 ① 표현상의 특징 문항 1 관련
- 청자를 설정함으로써 대상에 대해 친근함을 부각함.
- 감탄형 종결 어미를 활용함으로써 화자의 정서와 태도를 강조함.

포인트 ② 화자의 처지와 태도 문항 3 관련

화자의 처지	성상이 버리시니
화자의 태도	너를 좇아 놀리라

↓

자신이 놓여 있는 부정적인 상황과 처지를
새로운 각도에서 바라봄으로써 긍정적인 계기로 삼는
인식의 전환을 드러냄.

배경지식 더 알아보기

■ 강호가도 계열의 작품

조선 시대의 시가 문학에는 자연을 예찬한 작품들이 많은데, 이렇듯 자연을 예찬하고 자연과 더불어 살아갈 것을 노래하는 시가 문학을 강호가도 계열의 작품이라고 한다. 강호가도 계열의 작품에는 당대 사대부들이 속세에서 벗어나 자연물을 보면서 성리학적 이념에 따라 자연 속에서 학문을 닦고 심신을 수양하거나 풍류를 즐기는 등의 소박한 삶을 지향하는 모습이 나타난다.

■ 또 다른 강호가도 계열의 작품, 맹사성의 「강호사시가」

강호(江湖)에 봄이 드니 미친 흥(興)이 절로 난다
탁료(濁醪) 계변(溪邊)에 금린어(錦鱗魚)가 안주로다
이 몸이 한가(閑暇)해옴도 역군은(亦君恩)이샷다 〈춘사〉

〈현대어 풀이〉
강호에 봄이 드니 깊은 흥이 절로 난다.
막걸리를 마시며 노는 시냇가에 금린어가 안주로다.
이 몸이 한가한 것도 또한 임금의 은혜로다. 　〈춘사〉

맹사성의 「강호사시가」에도 자연에서의 삶에 대한 만족을 드러내는 화자의 모습이 나타난다. 그러나 「백구야 놀라지 마라 ~」의 화자는 임금에게 버림받아 자연을 찾았다고 하는 점에서 속세와 자연을 단절적으로 인식하고 있음이 드러나지만, 「강호사시가」에서는 자연마저도 군주의 통치가 행해지는 공간으로 규정함으로써 세계와의 단절이 아닌 화합을 노래하고 있다는 점에서 차이가 있다.

(나) 백초를 다 심어도 ~ _ 작자 미상

감상 포인트

이 작품은 언어유희의 효과를 살려서 이별의 아픔을 그려 낸 시조이다. 대나무로 만드는 도구인 젓대와 살대, 붓대의 기능을 이별 상황에 연결하였다. 피리를 불면 소리가 나는 것을 운다고 하고, 화살을 쏘면 날아가는 것을 간다고 하였으며, 붓으로 그림을 그리는 것을 그리워하는 것으로 연결함으로써 이별 상황에서의 그리움을 은근히 표현하였다. 시적 발상 면에서 해학성을 품고 있는 작품이다.

주제

임과의 이별에서 오는 아픔

백초(百草)를 다 심어도 대는 아니 심을 것이
대나무를 심지 않겠다는 화자의 의지 강조
젓대* 울고 살대* 가고 그리느니 붓대로다
대나무로 만든 물건인 젓대, 살대, 붓대의 모습
이 후에 울고 가고 그리는 대 심을 줄이 있으랴★
대나무로 만든 물건들의 속성　　　　　설의법

▶ 초장: 대나무를 심지 않겠다는 의지

▶ 중장: 울고 가고 그리는 대나무의 모습

▶ 종장: 대나무를 심지 않겠다는 의지와 그 이유

* 젓대: 가로로 불게 되어 있는 관악기인 '저'를 일상적으로 이르는 말.
* 살대: 화살의 몸을 이루는 대.

★ 문제 해결 키 문항 3 관련

이 작품에서 화자는 자신이 처한 이별 상황의 원인을 자신이나 상대방이 아닌 외부 사물에서 찾고 있음을 파악해야 함.

핵심 개념 이것만은 꼭 익히자

포인트 ❶ 화자의 이별과 대나무의 속성 문항 3 관련

화자는 대나무로 만든 물건들의 속성에 착안하여 이별 상황을 겪고 있는 이유를 대나무를 심은 데서 찾고 있다. 이 과정에서 언어유희를 시적 발상의 단서로 활용하고 있다.

젓대 악기가 '울림'	→	이별의 상황에 '우는' 화자
살대 화살이 날아'감'	→	화자를 두고 떠나'가는' 임
붓대 붓대가 그림을 '그림'	→	떠나간 임을 '그리'워하는 화자

EBS Q&A

Q 작품 전체에서 표현상의 특징을 찾는 문제가 나왔을 때 어떻게 대처해야 할까요? 문항 1 관련

A '문항 1'은 작품 전체에서 표현상의 특징이 드러난 구절을 찾아야 하는 문제입니다. 본격적으로 작품을 읽기 전에 작품 전체에서 표현상의 특징에 관해 묻는 문항이 있는지를 확인하고, 작품을 읽으면서 두드러진 표현상의 특징에 대해 파악하는 것이 필요합니다. 이 작품에서는 '붓대로다'에서 감탄형 종결 어미가 확인되며, 이를 통해 새로운 발견을 하게 된 화자의 정서가 강조되고 있습니다. 또한, '심을 줄이 있으랴'에서 설의적 표현이 사용되었으며, 이를 통해 화자가 자신의 이별 상황을 초래한 것인 양 여기는 대나무를 절대 심지 않겠다는 의지를 강조하고 있습니다.

(다) 개를 여남은이나 기르되 ~ _ 작자 미상

감상 포인트 이 작품은 미운 임을 반기고 고운 임을 박대하는 개 한 마리에 대한 태도를 통해 사랑하는 임과의 재회에 대한 염원을 함축적으로 드러내고 있는 사설시조이다. 개가 미운 임과 고운 임을 대하는 대조적 태도를 상세하게 묘사하여 사설시조 특유의 해학성을 보여 준다.

주 제 미운 임을 반기고 고운 임을 내쫓는 개에 대한 원망

대상에 대한 화자의 심정을 직접적으로 표출함.

개를 여남은이나 기르되 요 개같이 얄미우랴 ▶ 초장: 얄미운 개에 대한 원망

미운 임을 대하는 개의 태도, 의태어를 활용하여 개의 행동을 실감 나게 표현함.

미운 임 오면은 꼬리를 홰홰 치며 치뛰락 내리뛰락 반겨서 내닫고 고운 임 오면은 뒷발을 버동버동 무르락 나

고운 임을 대하는 개의 태도, 의태어와 의성어를 활용하여 개의 행동을 실감 나게 표현함.

으락 캉캉 짖어서 돌아가게 한다 ▶ 중장: 개가 얄미운 이유

개의 행동으로 인해 오지 않은 고운 임

쉰밥이 그릇그릇 난들 너 먹일 줄이 있으랴★

설의법

★ **문제 해결 키** 문항 2 관련

이 작품에서 화자는 얄미운 개에게 밥을 주지 않겠다며 개 역시도 결핍을 느끼기를 바라는 의지를 드러냄.

▶ 종장: 개의 얄미운 짓에 대한 대응

 포인트 1 **시적 상황의 구조** 문항 3 관련

• 화자가 '고운 임'을 둔 채 '미운 임'을 만나는 상황이라면, 도덕적 부담을 덜기 위해 그 이유가 개에게 있다고 변명함.

• 자신을 만나지 않고 돌아가는 '고운 임'을 원망하는 상황이라면, 그 책임을 개에게 전가함으로써 자신의 감정을 다스림.

```
                    '미운 임'을 반기는 행위
                          ↑                         →   미운 임
   시적 화자              개
                          ↓                         →   고운 임
                    '고운 임'을 쫓는 행위
```

■ **사설시조의 해학성**

해학은 과장하거나 비꼬아 표현하는 방식을 통해 사회적 현상이나 현실을 우스꽝스럽게 드러내는 방법으로 사설시조의 특징 중 하나이다. 「개를 여남은이나 기르되 ~」에서는 '고운 임'을 만나지 못하는 화자의 상황을 둘러싸고 개의 행동을 과장되게 묘사함으로써 해학성을 드러내고 있다.

■ **해학성이 나타난 또 다른 사설시조, 「임이 오마 하거늘 ~」**

이 작품에서는 임이 온다는 소식을 듣고 조바심을 느끼는 화자의 행위가 나열되고 있다. '주추리 삼대'를 '임'으로 착각한 상황에 대한 묘사에서 해학성을 확인할 수 있다.

> 임이 오마 하거늘 저녁밥을 일찍 지어 먹고
> 중문 나서 대문 나가 문지방 위에 바삐 나가 앉아 이마에 손을 얹고 오는가 가는가 건넛산 바라보니 검어 희뜩한 것이 서 있거늘 저야 임이로다 버선 벗어 품에 품고 신 벗어 손에 쥐고 곰비임비 임비곰비 천방지방 지방천방 진 데 마른 데 가리지 말고 워렁충창 건너가서 정(情)엣말 하려 하고 곁눈을 힐끗 보니 작년 칠월 열사흗날 갉아 벗긴 주추리 삼대 살뜰히도 날 속였구나.
> 마침 밤이기 망정이지 낮이런들 남 웃길 뻔하여라.

해산 바가지 _ 박완서

EBS 수능특강 문학 015쪽

감상 포인트　이 작품은 아들과 딸을 구분하지 않고 태어난 손주들을 경건하게 맞이하는 시어머니의 모습을 통해 생명 존중 사상을 환기하면서, 남아 선호 사상의 세태를 비판하고 있는 소설이다. 또한 치매에 걸린 시어머니의 부양 문제로 갈등하던 '나'가 '해산 바가지'를 통해 시어머니의 생명 존중 의식을 환기하며 자신을 성찰하는 모습에서 우리 사회가 겪는 노인 소외에 대한 문제도 제기하고 있다.

주 제　남아 선호 사상 비판과 생명의 소중함에 대한 인식

전체 줄거리　'나'는 딸만 낳은 며느리를 구박하는 친구에게 자신의 경험을 들려준다. '나'의 남편은 외아들인데, 첫딸을 낳고 '나'는 시어머니가 아들을 바랐을 것이라는 생각에 불편해한다. 하지만 시어머니는 아들과 딸을 차별하지 않고 경건한 마음으로 손주들을 맞이한다. 시어머니가 치매에 걸리자 힘들게 시어머니를 모시던 '나'는 신경 안정제를 복용할 정도로 괴로워한다. 결국 시어머니를 요양원에 보내기 위해 남편과 함께 요양원을 보러 가던 중에 초가지붕의 박을 보고 시어머니가 아이를 낳을 때마다 정성스럽게 준비했던 '해산 바가지'를 떠올리며, 시어머니의 생명 존중의 태도를 깨닫는다. '나'는 시어머니를 요양원에 보내려던 자신을 반성하고 시어머니를 계속 모시기로 결심한다. 이후 '나'는 3년 동안 시어머니를 더 모시고, 시어머니는 평화롭게 임종을 맞이한다.

[A]
　　그분의 망가진 부분이 육신보다는 정신이었다는 걸 알아차린 건 그 후였다. 우리는 그걸 서서히 알아차리게 됐다. 처음엔 아이들 이름을 헷갈려 부르는 정도였다. _{시어머니의 치매 증상 ①} 노인들이 흔히 그러는 걸 봐 온지라 대수롭지 않게 알았다. 그러나 바로 가르쳐 드려도 믿지를 않고 한사코 자기가 옳다고 주장하는 건 _{시어머니의 치매 증상 ②} 묘하게 신경에 거슬렸다. 숫제 치지도외*하기로 했다. 어쩌면 나는 그걸 기화*로 그때까지도 그분이 한사코 움켜쥐고 있던 살림 권리를 빼앗을 수 있어서 은근히 기뻤는지도 모르겠다. 그러니까 그분의 노망을 근심하는 소리는 집 안에서보다 집 밖에서 먼저 났다. 오래간만에 고모님을 뵈러 온 당신 조카한테 당신 누구요? 하며 낯선 얼굴을 해서 조카를 _{시어머니의 치매를 외부에 알림.} 당황하게 하더니 어찌어찌해서 그가 조카라는 걸 알아보고 나서 아이가 몇이냐고 물었다. _{시어머니의 치매 증상 ③} 아들이 둘이라고 하자 아이구 대견해라 일찌거니 농사 잘 지었구나라고 정상적인 대답을 했다. 그러나 곧 똑같은 질문을 하고 똑같은 덕담을 했다. 똑같은 질문은 한없이 되풀이됐다. _{시어머니의 치매 증상 ④} 그는 내가 애써 차려 준 점심을 뜨는 둥 마는 둥 진저리를 치며 달아나 버렸다. 그렇게 해서 그분이 노망났다는 소문은 그분의 친정 쪽으로부터 먼저 퍼졌다.

▶ 시어머니가 치매에 걸렸다는 소문이 집 밖에서 먼저 남.

　집에서도 같은 말의 되풀이가 점점 심해졌다. _{'나'가 힘들어한 시어머니의 치매 증상} 그 대신 그분의 주된 관심사에서 제외된 어휘는 급속도로 잊혀지는 것 같았다. 쌀 씻어 놓았냐? 빨래 걷었냐? 장독 덮었냐? 빗장 걸었냐? 등 주로 의식주에 관한 기본적인 관심이 온종일 되풀이되는 대화 내용이었다. 하루 이틀도 아니고 허구한 날 같은 말에 같은 대꾸를 해야 된다는 것도 쉬운 일은 아니었다. 더구나 그 빈도가 하루하루 잦아지고 있었다. "쌀 씻어 놓았냐?" "네." "쌀 씻어 놓아라. 저녁때 다 됐다." "네, 씻어 놓았다니까요." "쌀 씻어 놓았냐?" "씻어 놓았대두요." "쌀 씻어 놓았냐?" "쌀 안 씻 _{시어머니의 '같은 말의 되풀이'로 힘들었던 상황을 구체적으로 보여 줌.} 어 놓으면 밥 못 할까 봐 그러세요. 진지 안 굶길 테니 제발 조용히 좀 계세요." 이렇게 짜증이 나게 마련이었다. 그렇다고 그 줄기찬 바보 같은 질문이 조금이라도 뜸해지거나 위축되는 것도 아니었다. 남들은 몇 년씩 똥오줌 싸는 노인도 있는데 그만하면 곱게 난 망령이라고 나를 위로했지만 나는 온종일 달달 볶이고 있는 것처럼 신경이 피로했다. 차라리 똥오줌 치는 게 온종일 같은 말 대꾸하는 것보다 덜 지겨울 것 같았다. _{'나'는 치매에 걸린 시어머니의 수발을 육체적인 측면보다 정신적인 측면에서 더 힘들어함.}

▶ 치매로 인해 같은 말을 반복하는 시어머니 때문에 신경이 피로해진 '나'

[중략 부분 줄거리] 시어머니의 치매는 갈수록 심해지고, 그에 따라 '나'의 피로와 시어머니에 대한 증오도 커진다. 견딜 수 없을 만큼이 되어 '나'는 시어머니를 시설에 맡기고자 하고, 남편과 함께 시설을 찾아 한 시골 마을을 찾아간다.

"라면이라도 하나 끓여 달랠까요?" / "당신 시장하오?"

"아뇨, 당신 술안주 하게요." / "안주는 무슨……."

나는 주인을 찾아 가게 터 뒤로 돌아갔다. 좀 떨어진 데 초가가 보였다. 초가지붕 위엔 방금 떠오른 보름달처럼 풍만하고 잘생긴 박이 서너 덩이 의젓하게 자리 잡고 있었다.

[B]
"여보, 저 박★ 좀 봐요. 해산 바가지 했으면 좋겠네."

나는 생뚱한 소리로 환성을 질렀다.
_{하는 행동이나 말이 상황에 맞지 아니하고 엉뚱한}
"해산 바가지?"

남편이 멍청하게 물었다.

"그래요, 해산 바가지요."

★ 문제 해결 키 문항3 관련

'박'의 기능
'박'을 보고 '나'는 '해산 바가지'를 떠올리고, 그것을 통해 자신의 해산을 돌본 시어머니의 정성을 떠올림. 이를 통해 '나'는 자신의 잘못을 뉘우치게 됨.
↓
'박'은 '나'로 하여금 과거의 사건을 떠올리게 하는 동시에, 자신을 성찰하게 하는 기능을 하는 것임.

실로 오래간만에 기쁨과 평화와 삶에 대한 믿음이 샘물처럼 괴어 오는 걸 느꼈다.

▶ 초가지붕의 박을 보며 해산 바가지를 떠올리는 '나'

내가 첫애를 뱄을 때 시어머님은 해산달을 짚어 보고 섣달이구나, 좋을 때다, 곧 해가 길어지면서 기저귀가 잘 마를 테니, 하시더니 그해 가을 일부러 사람을 시켜 시골에 가서 해산 바가지를 구해 오게 했다.
_{음력으로 한 해의 맨 끝 달}

"잘생기고, 여물게 굳고, 정한 데서 자란 햇바가지여야 하네. 첫 손자 첫국밥 지을 미역 빨고 쌀 씻을 소중한 바가지니까."
_{새 생명을 맞이하는 시어머니의 태도를 보여 주는 소재}

이러면서 후한 값까지 미리 쳐주는 것이었다. 그럴 때의 그분은 너무 경건해 보여 나도 덩달아서 아기를 가졌다는 데 대한 경건한 기쁨을 느꼈었다. 이윽고 정말 잘 굳고 잘생기고 정갈한 두 짝의 바가지가 당도했고, 시어머니는 그걸 신령한 물건인 양 선반 위에 고이 모셔 놓았다. 또 손수 장에 나가 보얀 젖빛 사발도 한 쌍을 사다가 선반에 얹어 두었다. 그건 해산 사발이라고 했다.

▶ 정성스럽고 경건하게 '나'의 해산을 준비하는 시어머니

나는 내가 낳은 첫아이가 딸이라는 걸 알자 속으로 약간 켕겼다. 외아들을 둔 시어머니가 흔히 그렇듯이 그분
_{남아 선호 사상이 만연하던 시대 분위기를 알 수 있음.}
도 아들을 기다렸음 직하고 더구나 그분의 남다른 엄숙한 해산 준비는 대를 이를 손자를 위해서나 어울림 직했기 때문이다. 그러나 퇴원한 나를 맞아들이는 그분에게서 섭섭한 티 따위는 조금도 찾아볼 수 없었다. 그 잘생긴 해산 바가지로 미역 빨고 쌀 씻어 두 개의 해산 사발에 밥 따로 국 따로 퍼다가 내 머리맡에 놓더니 정성껏 산모의 건강과 아기의 명과 복을 비는 것이었다. 그런 그분의 모습이 어찌나 진지하고 아름답던지, 비로소 내가 엄마 됐음에 황홀한 기쁨을 느낄 수가 있었고, 내 아기가 장차 무엇이 될지는 몰라도 착하게 자라리라는 것 하나만은 믿어도 될 것 같은 확신이 생겼다. 대문에 인줄을 걸고 부정을 기(忌)하는 삼칠일 동안이 끝나자 해산 바가지는
_{시어머니의 생명 존중 태도의 긍정적인 영향}
정결하게 말려서 다시 선반 위로 올라갔다. 다음 해산 때 쓰기 위해서였다. 다음에도 또 딸이었지만 그 희색이 만면하고도 경건한 의식은 조금도 생략되거나 소홀해지지 않았다. 다음에도 딸이었고 그다음에도 딸이었다. 네 번째 딸을 낳고는 병원에서 밤새도록 울었다. 의사나 간호사까지 나를 동정했고 나는 무엇보다도 시어머니의 그 경건한 의식을 받을 면목이 없어서 눈물이 났다. 그러나 그분은 여전히 희색이 만면했고 경건했다. 다음에 아들을 낳았을 때도 더도 아니고 덜도 아닌 똑같은 영접을 받았을 뿐이었다. 그분은 어디서 배운 바 없이, 또 스스로
_{남녀의 차별 없이 생명에 대한 존중을 보여 준 시어머니}

노력한 바 없이도 저절로 인간의 생명을 어떻게 대접해야 하는지를 알고 있는 분이었다. <u>그분이 아직 살아 있지 않은가. 그분의 여생도 거기 합당한 대우를 받아 마땅했다.</u> 나는 하마터면 큰일을 저지를 뻔했다. 그분의 망가진

<u>정신, 노추한 육체</u>만 보았지 한때 얼마나 <u>아름다운 정신</u>이 깃들었었나를 잊고 있었던 것이다. 비록 지금 빈 그릇
　　치매에 걸린 시어머니의 현재 상태　　　　　　生命 존중의 사상

이 되었다 해도 사이비 기도원 같은 데 맡겨 있지도 않은 마귀를 내쫓게 하는 수모와 학대를 당하게 할 수는 없는

일이었다.

　　　　　　　　　　　　　　　　▶ 아들과 딸을 차별하지 않고 온전히 생명을 영접한 시어머니의 태도에 자신의 잘못을 반성하는 '나'

　　나는 남편이 막걸릿병을 다 비우기도 전에 길을 재촉해 오던 길을 되돌아섰다. 암자 쪽을 등진 남편은 더 이상
　　　　　　　　　　　　　　　　　　　　　　　　치매에 걸린 어머니를 시설에 맡겨야 한다는 부담감에서 벗어남.

<u>땀을 흘리지 않았다.</u> 시어머님은 그 후에도 삼 년을 더 살고 돌아가셨지만 그동안 힘이 덜 들었단 얘기는 아니

다. 그분의 <u>망령</u>은 여전히 해괴하고 새록새록해서 감당하기 힘들었지만 나는 <u>효부</u>인 척 위선을 떨지 않음으로써
　　　　　　늙거나 정신이 흐려서 말이나 행동이 정상을 벗어남. 또는 그런 상태　　　　　　시부모를 잘 섬기는 며느리

조금은 <u>숨구멍을 만들 수가 있었다. 너무 속상할 때는 아이들이나 이웃 사람의 눈치 볼 것 없이 큰 소리로 분풀</u>
　　　　　　　　　　　　　　　　치매에 걸린 시어머니를 돌보는 힘듦을 이겨 낼 수 있었던 방법

<u>이도 했고 목욕시키거나 옷 갈아입힐 때는 아프지 않을 만큼 거칠게 다루기도 했다. 너무했다 뉘우쳐지면 즉각</u>

<u>애정 표시에도 인색하지 않았다.</u>

　　　　　　　　　　　　　　　　　　　　　　▶ 시어머니가 돌아가시기 전까지 성심성의껏 돌본 '나'

＊치지도외(置之度外): 내버려두고 문제 삼지 않음.

＊기화(奇貨): 뜻밖의 이익을 얻을 수 있는 물건, 또는 그런 기회.

**핵심 개념
이것만은
꼭 익히자**

 포인트 ❶　사건이나 인물 제시 방식의 차이 [문항 1 관련]

말하기(telling)	보여 주기(showing)
서술자가 자신의 목소리로 직접 사건, 상황, 인물의 성격 등을 제시함.	서술자가 인물을 말을 직접 인용하는 등의 방법으로 사건이나 인물의 성격 등을 제시함.
[A]	**[B]**
시어머니가 치매에 걸렸다는 사실이 집 밖에서 먼저 소문이 난 상황을 서술자의 목소리로 직접 전달하고 있음.	'박'을 보며 해산 바가지를 떠올리는 상황을 남편과 '나'의 대화를 인용하여 제시함.

 포인트 ❷　시어머니의 치매 증상에 대한 반응 [문항 2 관련]

조카	←	시어머니의 치매 증상	→	'나'
시어머니의 친정 쪽에 소문을 퍼뜨림.		같은 말의 되풀이 등		육체보다 정신적인 측면에서 더 힘들어함.

 포인트 ❸　작품의 주제 의식 [문항 2, 3 관련]

'나'의 잘못
망가진 정신, 노추한 육체의 시어머니를 존중하지 못함.

생명에 대한 시어머니의 태도
아들이든 딸이든 생명을 똑같이 존중하는 태도를 보임.

생명에 대해 보였던 시어머니의 태도를 떠올리고 생명을 그 자체로 존중해야 함을 깨달음.

■ 작품 전체의 구조

발단	'나'는 어느 날 친구와 함께 친구 며느리의 병문안을 가서 남아 선호 사상과 성차별에 혐오를 느끼고 자신의 과거를 떠올림.

↓

전개	과부였던 시어머니는 '나'가 출산할 때마다 정성으로 산바라지를 해 줌.

↓

위기 수록	시어머니가 치매에 걸린 후 시어머니를 돌보느라 심신이 황폐해진 '나'는 시어머니를 시설에 모시고자 함.

↓

절정 수록	남편과, 시어머니를 맡길 시설을 보러 가는 도중 초가지붕의 '박'을 보고 시어머니의 생명 존중 사상을 떠올림.

↓

결말 수록	집으로 돌아온 '나'는 정성으로 시어머니를 돌보고, 시어머니는 3년 후 임종을 맞음.

■ 주제가 유사한 박완서의 다른 작품: 「아주 오래된 농담」

「해산 바가지」는 남아 선호 사상이라는 세태에 대한 비판과 생명 존중 사상을 주제로 하고 있는데, 이와 유사한 주제 의식이 나타난 작품으로 「아주 오래된 농담」이 있다. 이 작품은 《실천문학》 1999년 겨울호부터 2000년 가을호에 4차례 분재되었으며, 2000년 단행본으로 출간된 장편 소설이다. 작품 속 아들을 낳기 위해 수차례 여아를 낙태하고 마침내 아들을 낳고 기뻐하는 수경의 모습에서 남아 선호 사상이 만연한 세태를 엿볼 수 있다. 또한 재벌가의 유산 분배와 체면 유지 때문에 폐암에 걸린 경호에게 끝내 병명을 알려 주지 않아 자신의 죽음을 준비하지 못하게 한 가족들의 모습에서 생명을 존중하지 않는 풍조를 비판하고 있다. 두 작품을 비교해서 읽어 보면 박완서 문학이 공통적으로 담고 있는 주제 의식이 무엇인지 가늠해 볼 수 있다.

EBS Q&A

Q 소설의 전개가 시간의 흐름과 일치하지 않는 경우는 어떤 경우인가요?

A 일반적인 소설의 사건은 시간의 흐름에 따라 전개됩니다. 하지만 역순행적 구성과 같이 사건의 순서가 시간적 흐름과 일치하지 않는 경우가 있는데, 이는 소설에서 사건들을 연결할 때는 '시간'보다는 '인과성'이 더 중요한 역할을 하기 때문입니다. 「해산 바가지」에서는 시어머니가 이미 돌아가신, '나'의 현재에서 시어머니가 치매에 걸린 과거의 시기, 그리고 그보다 더 과거에 시어머니가 '나'의 해산을 도와주던 시기로 역순행적 구성이 나타나는데, 이는 '나'의 성찰을 위한 인과성에 따라 사건이 전개되었기 때문입니다. 이처럼 사건이 시간의 흐름과 일치하지 않은 상태에서 연결되어 있다면, 우리는 그 사건 사이의 인과성에 주목할 필요가 있습니다. 두 사건이 왜 연속하여 제시되었는지, 그것의 효과가 무엇인지 생각해 보면서 읽으면 소설의 내용이 훨씬 흥미롭게 다가올 것입니다.

눈을 쓸며 옥소선을 엿보다 _임방

EBS 수능특강 문학 019쪽

감상 포인트 이 작품은 임방(1640~1724)이 엮은 『천예록(天倪錄)』에 실려 있다. 야담과 소설의 성격을 동시에 갖고 있는 것으로 평가받고 있다. 이 작품은 사대부 남성과 기녀 간의 사랑을 다룬다. 남녀 주인공들은 빼어난 재주와 자태를 가진 인물로서, 부모에 대한 효성과 입신양명이라는 당대적 가치를 중시하며, 당시의 신분 질서 또한 존중한다. 그러나 인간의 본성적 욕구인 사랑을 성취하는 과정에서는 이를 무시하기도 한다. 사랑이 성취된 후에는 다시 당대의 보편적 가치를 추구함으로써 남주인공은 입신양명을 이루고 여주인공은 사대부가의 정실이 되는 행복한 결말로 마무리된다.

주 제 신분을 뛰어넘는 남녀 간의 사랑

전체 줄거리 어느 평안도 관찰사가 자신의 생일날 아들과 어린 기녀인 자란(옥소선)을 짝지어 춤을 추게 한다. 이를 인연으로 두 사람은 6년간 아주 친밀한 관계를 맺는다. 관찰사가 임기를 마치고 대사헌에 임명되면서 둘은 이별을 맞이하게 되는데, 아들은 매정하게 자란을 버리고 떠난다. 과거를 준비하기 위해 절에 가서 공부를 하던 중 그 아들(지문에서 '생'으로 지칭됨)은 자란에 대한 간절한 그리움을 견디지 못하여 밤길을 나서 자란의 집을 찾아간다. 그러나 자란은 이미 새로 부임한 관찰사 아들의 사랑을 받고 있어서 만날 수가 없다. 아들은 자란이 기거하는 산정의 마당을 쓰는 인부로 들어가 눈을 치우는 척하면서 자란과 만나는 계기를 마련한다. 그 후 두 사람은 마을에서 도망쳐서 깊은 골짜기에 가서 살림을 차리고 정착을 한다. 자란은 관찰사의 아들에게 공부에 전념할 것을 권하고, 아들은 과거에 급제하여 벼슬길에 나서게 된다. 두 사람의 사연을 들은 왕은 혼인을 허락하고, 두 사람은 사랑하며 행복하게 산다.

[앞부분 줄거리] 평안도 관찰사의 아들이 관기인 자란(옥소선)과 친밀하게 지내다가 한양으로 돌아가게 된다. 이때 아버지는 둘의 관계를 걱정하며 아들을 불러 자란에 대한 의향을 묻는다.

"사내대장부가 좋아하는 것이면 아비라 해도 자식더러 하지 말라고 가르칠 순 없는 법이란다. 그러니 나도 마음대로 막을 수가 있겠느냐.
_{한양으로 돌아가야 하는 상황에서 아들과 자란의 관계에 대한 아버지의 우려}
너와 자란이 정이 이미 돈독해져 헤어지기도 어려울 것 같고, 그렇다고 아직 장가
_{아들과 자란의 관계에 대한 아버지의 이중적 감정}
도 안 든 네가 그 애와 함께 지냈다간 혼인하는 데 방해가 될까 염려되는구나. 다만 남자가 첩을 두는 건 세상에 흔히 있는 일이니, 네가 만약 그 애를 사랑하여 도저히 잊을 수 없다면, 비록 사소한 일이 앞길에 방해가 되더라도 어쩔 수 없지 않겠느냐? 네 뜻에 따라 결정할 터이니 너는 숨기지 말고 다 이야기하거라."
_{자란과의 관계에 관한 아들의 결정   아들의 결정을 존중하고자 하는 아버지의 마음}

그러자 아들은 즉시 대답하였다.

"아버님께서는 어찌 불초자가 별것 아닌 기생 계집 하나와 헤어지기 아쉬워 상사병으로 몸이라도 상할까 걱정
_{아들이 부모를 상대하여 자신을 낮추어 이르는 말   아버지의 걱정을 덜어 드리고 안심시켜 드리려는 의도}
하시옵니까? 제가 비록 한때 눈이 현란하여 한눈을 팔았지만, 이제 그 애를 버리고 돌아가는 마치 해진 짚
_{자란과 깊은 관계가 아니었음을 강조함.}
신을 버리는 일과 같사옵니다. 어찌 연연해하며 잊지 못하는 마음을 두겠습니까? 바라옵건대 아버님께서는
다시는 걱정하지 마옵소서."★

> **★ 문제 해결 키 [문항 1 관련]**
> 아버지가 자신의 뜻을 존중해 주겠다는 말을 듣고 아들은 자란과 진지한 관계를 맺은 것이 아니었음을 강조하며 아버지를 안심시키고 있음.

관찰사와 부인은 기뻤다.
_{아들이 자란과의 관계를 포기하기를 바랐던 마음의 표출}

"우리 아이가 진짜 대장부로구나."   ▶ 아들의 단호한 심경 표현에 만족해하는 관찰사와 부인

이렇게 해서 관찰사 일행은 떠나게 되었다. 자란은 눈물을 삼키며 목이 메어 차마 쳐다보지 못하였으나, 생
_{아들과 자란의 이별   이별의 상황을 대하는 아들과 자란의 상반된 태도}
은 조금도 아쉬워하거나 연연해하는 기색이 없었다. 이를 지켜본 감영 안의 관속(官屬)과 비장(裨將)들은 그의
남다른 의연함에 탄복하지 않은 이가 없었다. 그와 자란이 함께 생활한 지 5, 6년이고 그동안 하루도 서로 떨
_{아들의 결정을 긍정적으로 평가하는 주변 인물들   주변 인물들이 아들과 자란의 관계가 깊었으리라 착각하는 이유}
어져 본 일이 없었기에, 세상에 둘도 없는 이별을 하면서 이렇게 쾌활하게 말을 하고 쉽게 떠날 줄은 몰랐기
때문이다.   ▶ 생의 단호한 언행에 대한 주변 사람들의 반응

관찰사는 평양 감사직을 마치고 대사헌이 되어 조정으로 복귀하였고, 생도 부모님을 따라 서울로 돌아오게 되
_{아버지가 평양에 머무르던 것이 관직에 따른 일시적인 상황이었음을 보여 줌.}

었다. 그런데 점점 자신이 자란을 그리워하고 있다는 사실을 깨닫게 되었다. 그러나 감히 말이나 얼굴엔 드러낼
<u>자란과의 관계에 대한 인식의 전환</u>　　　　　　　　　　　　　　　　<u>자란과의 관계를 가볍게 인식했던 과거 언행에 대한 후회</u>
수 없었다.　　　　　　　　　　　　　　　　　　　　　　　　　▶ 생이 자란을 그리워하고 있는 자신을 발견함.

　이런 즈음 감시과(監試科)를 본다는 방이 나붙었다. 아버지의 명대로 생은 친구 두셋과 함께 산사로 들어가 과
거를 준비하게 되었다. 산사에 있던 어느 날 밤, 친구들은 모두 잠자리에 들었을 때다. <u>생도 잠자리에 들었지만</u>
　　　　　　　　　　　　　　　　　　　　　　　　　　　　　　　　<u>자란에 대한 생각으로 번잡한 마음</u>
<u>잠을 이룰 수가 없었다.</u> 홀로 일어나 뜰 앞을 서성였다. 때는 한겨울이고 눈 내린 밤 달빛이 눈부시게 환한 데
　　　　　　　　　　　　　　<u>자란에 대한 그리움을 심화시키는 소재이자, 한밤중에 길을 나서는 것을 어렵지 않게 한 환경적 조건</u>
가 깊은 산속의 고요한 밤이라 온갖 소리마저 잦아들었다. 생은 달을 바라보며 자란을 그리워하다 구슬픈 마음
이 절로 일었다. 얼굴 한번 봤으면 하는 마음을 누를 수 없어 정신을 잃고 미쳐 버릴 것만 같았다. 그러나 밤은
　　　　　　　　　　　　　　　<u>자란에 대한 그리움의 심화</u>
아직 반이나 남아 있었다. 급기야 그는 서 있던 뜰에서 곧장 평양을 향해 길을 떠났다.
　　　　　　　　　　　　　　　　<u>자란이 있는 평양으로 충동적으로 길을 나섬.</u>　　　▶ 그리움을 이기지 못하고 자란을 찾아 떠나는 생

[중략 부분 줄거리] 고생 끝에 평양에 도착한 생은 예전에 알던 구실아치를 통해 신임 관찰사의 자제를 모시고 있는 자란을 만난 후 둘
이서 멀리 도망가서 정착하여 산다. 어느 날 생은 자란의 권유로 3년간 과거 공부에 전념한다.

　이때 마침 나라에서 알성과(謁聖科)를 치른다는 소식이 들렸다. 자란은 마침내 건량(乾糧)을 준비하고 여행 채
비를 단단히 하여 생에게 과거를 치러 떠나라고 하였다. 생은 걸어서 서울에 올라와 성균관의 과장(科場)으로 들
　　　　　　　　　　<u>생의 사회적 성공까지도 지원하려는 자란의 모습</u>
어갔다. 어가(御駕)가 친히 행차하여 표제를 내었다. 표제를 받은 생은 샘솟듯 하는 생각을 일필휘지로 금세 다
　　　　　　　　　　　　　　　　　　　　　　　　　　　　　　　<u>생의 뛰어난 능력</u>
써서 제출하고 나왔다. 방이 나오고 임금이 어좌에서 뜯어보게 하였더니, 장원은 생이었다. 생의 아버지는 이조
　　　　　　　　　　　　　　　　　　　<u>장원 급제로 생의 뛰어난 능력이 입증됨.</u>　　　<u>그사이에 이조 판서가 된 아버지</u>
판서로서 어탑 앞에 입시해 있었다. 임금은 이조 판서를 불러서 물었다.
　　　　　　　　　　　　　　　　　　　　　　　　　　<u>생의 그간 행적에 대해 알지 못하는 임금</u>
　"지금 장원을 한 자가 경의 자식인 것 같은데, 다만 자기 아버지의 직함을 '대사헌'이라고 썼으니 <u>이 무슨 까닭</u>
　　　　　　　　　　　　　　　　　　　　<u>과거 시험의 답안지에 아버지의 직함을 쓰는 관례가 있었음을 알려 줌.</u>
<u>인고?</u>"★

　그러면서 시지(試紙)를 꺼내 이조 판서에게 보여 주도

★ **문제 해결 키** 문항 1 관련
임금은 생이 아버지의 직함을 대사헌으로 기입한 것을 보고 의아하게 여김.

록 하였다. <u>생의 아버지는 살펴보더니 자리에서 물러나 눈물을 흘리면서 아뢰었다.</u>
　　　　　　　　<u>죽은 줄 알았던 아들이 생존해 있음을 확인함.</u>
　"이자는 신의 자식이 맞사옵니다. 3년 전에 친구들과 함께 산사에서 글을 읽다가 <u>하룻밤 사이에 갑자기 종적</u>
　　　　　　　　　　　　　　　　　　　　　　　　<u>생이 자란을 찾아 떠난 후 소식을 듣지 못한 아버지</u>
<u>을 감추어 끝내 찾을 수 없었나이다.</u> 필시 맹수에 물려 죽었거니 하고 절 뒤편에다 허장을 쓰고 <u>지금은 이미</u>
<u>탈상을 마쳤나이다.</u> 신에게는 다른 자식은 없고 이 아이 하나뿐이었는데 재주와 품성이 뛰어난 편이었사옵니
<u>아들이 죽었다고 생각하고 장례를 모두 치름.</u>
다. 천만뜻밖에 자식을 잃고 나서 슬픈 심정은 지금도 여전하옵니다. 지금 이 시지를 보니 과연 제 아이의 필적
　　　　　　　　　　　　　　　　　　　　　　　　　　　　　<u>필체를 보고 아들임을 알게 되었음.</u>
이 맞사옵니다. 아이를 잃었을 때 신의 직함이 외람되게도 대사헌이었기에 그렇게 쓴 것으로 사료되옵니다.★
　　　　　　　　　　　　　　　　<u>생이 아버지의 직함을 대사헌으로 기재한 이유</u>
하지만 이놈이 3년 동안 어디서 살다가 이번 시험에 응시했는지는 실로 모르겠나이다."

　임금은 이 말을 듣고 참 신기한 일이라고 하여 곧바로 생을 불러들여 인견(引見)하였다.
　　　　　　　　　　　　　　　　　　　　　　　　<u>지위가 높은 사람이 낮은 사람을 불러 만나봄.</u>
　　　　　　　　　　　　　　　　　　　　　　　▶ 과거 시험을 계기로 재회하는 생과 아버지

★ **문제 해결 키** 문항 1 관련
생은 그간 아버지의 소식을 듣지 못해 여전히 아버지가
대사헌의 직함을 가지고 있다고 생각함.

포인트 1 **서술상의 특징**
- 인물이 겪은 사건에 대해 서술자가 요약적으로 제시함.
- 주인공의 심리적 변화와 이것이 표면화된 행동을 통해 주제를 제시함.
- 대화를 통해 인물이 상대에 대해 가지고 있던 의문을 해소함.

포인트 2 **자란과의 관계에 관한 생의 인식 전환** 문항 2 관련

자란과의 관계에 관한 생의 인식 전환이 생의 발화와 행동을 통해 드러난다.

	생의 인식이 드러나는 부분	생의 인식
헤어질 당시	이제 그 애를 버리고 돌아가기는 마치 해진 짚신을 버리는 일과 같사옵니다.	자란과의 이별을 '해진 짚신을 버리는 일'에 빗대어 표현함으로써, 둘의 관계가 가치 있는 것이 아니었음을 강조함.
↓		
헤어진 이후	급기야 그는 서 있던 뜰에서 곧장 평양을 향해 길을 떠났다.	감시과를 준비하던 상황에서 모든 것을 포기하고 자란이 있는 평양으로 떠나는 행위를 통해, 자란과의 관계가 스스로 고난을 택할 정도로 가치 있는 것임을 강조함.

■ **야담(野談)**

야담은 민간에 떠돌아다니는 야사(野史)나 인물 이야기를 흥미 있게 꾸며서 쓴 서사 갈래의 작품이다. 주로 궁중 비화나 정치의 뒷이야기, 흥미를 끌 만한 기이한 인물들의 사건을 다룬다. 역사적 사실과 부합하는 작품도 있고 역사적 사실에 어긋나는 허구적 성격의 작품도 있다. 소설에 비하면 분량은 짧지만 압축된 전개를 통해 독자층의 흥미를 끌었다.

■ **야담계 작품으로서의 「눈을 쓸며 옥소선을 엿보다」의 특징**

이 작품에서 주인공이 사랑하는 이를 찾아 떠나는 장면이나 사랑하는 이의 얼굴을 멀리서나마 보고 싶어 신분을 위장하고 눈을 치우는 장면 등은 서사 전개에 있어 필연성을 갖게 해 주는 요소로 소설적인 면모를 부각하는 지점이라고 할 수 있다. 다만 본격적인 소설에 비해 인물의 심리를 포함한 서사적 상황을 단순화하거나 생략하는 경향이 있다는 점에서 온전한 소설로 보기에는 한계가 있다.

EBS Q&A

Q 작품의 향유자들이 작품을 윤색하였다는 것이 무슨 의미인가요? 문항 3 관련

A 개별적인 단독 작가에 의해 쓰이는 현대 문학과 달리 고전 문학은 특정한 개인이 창작하기보다는 어떠한 이야기가 구전으로 전승되며 세부적인 내용들이 덧붙는 방식으로 만들어지는 경우가 많았습니다. 이에 따라 해당 작품을 향유하는 사람들의 소망이나 의식이 반영되는 방식으로 작품의 한 부분이나 결말이 달라지기도 합니다. 현재 전승되고 있는 고전 문학 작품들에서 다양한 이본(異本)들이 있다는 사실로부터 이러한 점을 확인할 수 있습니다.

5강 만선 _ 천승세

개·념·학·습

감상 포인트 이 작품은 바다에 삶의 의미를 두고 살아가며 만선의 꿈을 버리지 못하는 한 어부의 집념과 그로 인한 비극적 삶을 다룬 희곡이다. 작품의 제목인 '만선(滿船)'은 우리의 삶의 욕망이며, 지향하고자 하는 가치를 상징한다. 작품 속에서 곰치는 이러한 욕망 성취를 위해 행동하고 의지를 발하는 실존적 존재로 그려지고 있다.

주 제 한 어부의 만선에 대한 집념과 좌절

전체 줄거리 곰치는 마을의 부자인 임제순에게 삯배를 빌려 만선의 꿈을 가지고 고기를 잡지만, 빚에서 벗어나지 못한다. 어느 날 부세 떼가 몰려오지만 곰치는 임제순의 빚 독촉으로 배를 묶이고 만다. 곰치는 만선의 꿈을 실현하기 위해 부당한 계약서에 손도장을 찍고 바다로 나가지만 거센 풍랑을 만나 딸의 애인 연철과 아들 도삼을 잃고 혼자 돌아온다. 이로 인해 곰치의 아내 구포댁은 정신 이상자가 되고, 애인을 잃은 슬슬이도 큰 충격을 받는다. 하지만 곰치는 만선의 꿈을 포기하지 않고 하나 남은 어린 아들이 열 살만 되면 어부로 만들리라고 결심한다. 이 사실을 안 구포댁은 아들을 비극적인 운명에서 벗어나게 하기 위해 풍랑이 이는 바다에 배를 띄워 육지로 떠나보낸다. 곰치가 아들을 찾으러 나간 사이, 빚 때문에 아버지뻘 되는 범쇠에게 팔려 갈 처지에 이른 슬슬이는 스스로 목을 맨다.

[앞부분 줄거리] 곰치는 선주와 불리한 조건의 계약을 맺고 아들 도삼과 딸 슬슬이의 애인 연철과 함께 물고기를 잡기 위해 배를 타고 나가지만 풍랑에 배가 뒤집히고 곰치만 겨우 구조되어 돌아온다.

어부 A: 한나절 되도록 제대로 고기 잡은 배는 없었어! 돛이 머여? 돛대가 부러질 듯 바람을 타는 판에 배는 뒤집
<u>어질 것같이 뱅글뱅글 돌기만 하고……</u> 그랑께 우리가 고기 잡기는 다 틀렸다고 배를 돌릴 때였든갑만! 그
고기를 잡기 어려운 환경적 조건
때 처음으로 곰치 배를 봤네!

구포댁: (다급하게) 그래서라우?

어부 A: (기가 맥히다는 듯) 아, 그란디 이 곰치 놈 좀 보게! 글씨 쌍돛을 달고는 부서 떼를 쫓아 한정 없이 깊이만
<u>백혀 든다마시!</u>
고기를 잡고자 하는 곰치의 강한 욕망을 짐작할 수 있음.

성삼: 므, 뭇이라고? 쌍돛?

구포댁: 시상에! 므, 믄 일이끄나!

슬슬이: (곰치를 측은하게 바라보다 말고, 곰치 곁에 가서 사지를 주무르기 시작한다.)
'큰소리'의 전라남도 방언
어부 B: 아암! 꼭 자동차같이 미끄러져 백히는디 아무리 돛 내리라고 <u>소락때기</u>를 쳐야 곰치란 놈은 뉘 집 개가 짖
<u>나 하고는 들은 신청도 않데!</u>
고기 잡는 일에 몰두하여 다른 소리를 듣지 못함.

구포댁: 아니, 눈이 뒤집혀도 분수가 있제, 그랄 수가 있을끄라우? / **성삼:** 미친놈!!

▶ 거센 풍랑에도 쌍돛을 달고 부서 떼를 쫓은 곰치

어부 B: 하다하다 못 하겠어서 <u>우리도 곰치를 따라갔지 뭔가?</u> 쌍돛단배하고 우리 배하고 같어? 따라가다 못 하
어부 B가 곰치의 상황을 걱정하고 있음을 알 수 있음.
겠어서 우리는 그냥 되돌아와서 바람 안 타는 동구섬 앞에다 그물 놓고 주저앉었제! 저녁나절까지 그물 담
궜든가?…… (기가 맥히다는 듯) 아, 그러다가 봉께는 믄 배 한 척이 <u>팔랑개비같이 놈시러 떠밀리는 것이</u> 멀
거친 바람에 배를 통제하지 못하고 있음을 알 수 있음.
리 뵈데!

성삼: (곰치를 멀거니 쳐다보며) 쯧쯧! 미친놈, 열두 불로 미친노옴. (다시 어부 A, B에게) 그래서?
성삼이 곰치의 행동을 못마땅하게 생각하고 있음을 알 수 있음.
구포댁: 시상에 으짝끄! 그 배가 바로 저 냥반 배구먼? / **슬슬이:** 으째사 쓰꼬!

어부 A: <u>여북</u> 있오? 저놈 배제……그래도 그때는 돛을 내렸드만…… 배 노는 것이 첫눈에 만선이여…….
'얼마나', '오죽', '작히나'의 뜻으로 정도가 매우 심하거나 상황이 좋지 않을 때 쓰는 말   곰치가 그토록 염원하던 만선을 이루었음을 알 수 있음.

성삼: (신음처럼) 만선……!

구포댁: (간이 타게) 그랬는디?!

어부 B: (비통하게) 오리 물길도 못 저어 갔지라우! (손바닥을 뒤집으며) 그냥 팔딱 해 버립디다!
<u>배가 뒤집혀 버림.</u>

구포댁: 음매 으짝고! (마루를 텅텅 쳐 대며) 시상에! 시상에!

슬슬이: (황급히 구포댁을 부축하며) 엄니이!

어부 A: ……그때부터 지금까지 저놈 건지느라고…… (비통하게) 후유―.

어부 B: 그나저나 곰치 저놈 지독한 놈이여! 그 산채 같은 물결 속에서 장작 쪽만 한 나무판자 하나 딱 보듬고는
그 통에도 호령이시! 곰치는 안 죽네, 느그 아니어도 곰치는 사네! 이람시러는…… (처절하게) 그나저나 <u>뱃
놈 한세상은 너머나 드러워! 개 목숨만도 못한 놈의 숨줄!</u> (침을 퉤 뱉으며) 이고 더러워!
<u>뱃사람들의 고된 삶의 현실에 대한 한탄</u>   ▶ 만선을 했으나 배가 뒤집혀 간신히 살아 돌아온 곰치

구포댁: (바싹 다가앉으며) 그람 우리 도삼이는 은제 건졌오? 예에?

어부 A: (민망스러운 표정으로 어부 B와 성삼의 눈치만 살핀다.)
<u>도삼의 죽음을 알고 있지만 말하기 곤란해하고 있음을 짐작할 수 있음.</u>

성삼: (절규하듯) 그, 다음은 말하지 말어! 말하지 말어어! (얼굴을 감싸 버리며) 안 돼! 말해서는 안 돼에―.
<u>성삼도 도삼이 죽었음을 알고 있음을 짐작할 수 있음.</u>

슬슬이: (용수철 튀듯 일어서며 목석처럼 움직일 줄을 모른다.) ┌─ 부세. 민어과의 바닷물고기. 몸의 길이는 50cm 정도이며,
                                                          │   붉은 황색. 식용하며 전남 비금도 근해에서 많이 잡힘.

곰치: (몸뚱이를 한두 번 뒤적거리며) 내, 내 부, 부서…… 부, 부서 으디 갔어!
<u>자식의 죽음보다 자신이 잡은 고기의 행방을 더 궁금해하는 모습. 고기를 향한 곰치의 열망</u>

성삼: (우악스럽게 곰치를 잡아 흔들며) 이놈! 이놈 곰치야? (처절하게) 말을 해! 정신을 채리고 말을 해!

구포댁: (미친 사람처럼★ 어부 A에게) 우리 도삼이는? 예에? (어부 B에게 매달리며 비명처럼★) 예에? 우리 도삼이는?

어부 B: 모, 못 봤지라우? / 구포댁: (정신이 나가 기절할 듯★) 므, 뭇이라고?

슬슬이: (황급히 구포댁을 부축하며) 오빠! 오빠! (흐느낀다.)

구포댁: (실성한 사람처럼★) 뭇이여? 뭇이여?

어부 A: (울먹이는 소리로) 도삼이도, 연철이도 다 다아 못 봤지라우!

슬슬이: 아아! 아아! (점점 심한 오열로 변해 간다.)
<u>자신의 오빠 도삼뿐만 아니라 연인인 연철까지도 죽었다는 사실에 충격과 슬픔이 더욱 커짐.</u>

구포댁: (칼날처럼 날카롭게) 뭇이여? 내 도삼이를 못 봐?

┌───┐
│ ★ 문제 해결 키 [문항 2 관련]   │
│ ┌───────────────────────────────────────┐ │
│ │   도삼의 죽음에 대한 구포댁의 반응   │ │
│ ├───────────────────────────────────────┤ │
│ │ 구포댁은 성삼과 어부 A의 반응을 통해 아들 도삼이│ │
│ │ 죽었음을 예감함.   │ │
│ │   ↓   │ │
│ │ 이로 인해 구포댁은 큰 충격을 받는데, 이는 '미친 사람│ │
│ │ 처럼', '비명처럼', '정신이 나가 기절할 듯', '실성한 사│ │
│ │ 람처럼'과 같은 지시문을 통해 짐작할 수 있음.│ │
│ └───────────────────────────────────────┘ │
└───┘

　어부 A, B 머뭇머뭇 망설이며 안절부절못하다가 도망치듯 퇴장. 몸을
뒤치든 곰치, 별안간 벌떡 일어나 앉아 사방을 두리번거린다.

곰치: (미친 사람처럼) 내 부서! 부서! 으디 갔어? 웅? (미친 듯이 마당에 내려선다.) 아니 배가 터지는 만선이었는디
내 부서! 부서는 으디 갔어!   ▶ 도삼이 살아 돌아오지 못한 사실에 충격을 받은 구포댁

(중략)

성삼: (어리둥절해서) 아니, 갑자기 뜬 일잉가?

곰치: (퉁명스럽게) 내버려둬! / 성삼: 얼굴이 사색인디?
　　　　　　　　　　　　　　　　<u>구포댁의 얼굴을 말함.</u>

곰치: 미친것! 흥! 곰치는 안 죽어! 내가 죽나 봐라!
<u>구포댁의 정신이 좀 이상해졌음을 말함.</u>

성삼: 자네 그 소리 좀 고만허게! 아짐씨도 오죽허면 저래? 시상에 한나 남은 도삼이까지 물속에다 처박었으 <u>구포댁의 정신이 이상해진 이유</u>

니…… (손바닥을 털며) 말이 아니여!　▶ 아들을 잃고 정신이 이상해진 구포댁을 안쓰러워하는 성삼

곰치: 일일이 눈물 쏟음시러 살려면 한정 없어! 뱃놈은 어차피 물속에 달린 목숨이여!
곰치가 뱃사람의 삶에 대한 운명론적인 태도를 가지고 있음을 짐작할 수 있음.

성삼: 자네도 그만 고집 버릴 때도 됐어!

곰치: (불만스럽게) 고집? / 성삼: (못을 박아) 아니고 뭣잉가?

곰치: (꼿꼿이 서선) 나는 고집 부리는 것이 아니다! 뱃놈은 그렇게 살어사 쓰는 것이여! 누구는 아들 잃고 춤춘다

냐? (무겁게) 내 속은 아무도 몰라! 이 곰치 썩는 속은 아무도 몰라…… (회상에 잠기며) 내 조부님이 그러셨

어, <u>만선이 아니면 노 잡지 말라고……</u> 우리 아부지도 만선 될 고기 떼는 파도가 집채 같어도 쌍돛 달고 쫓
'만선'에 대한 곰치의 맹목적인 열망의 이유가 나타남.

아가라 하셨어! (쓸쓸하게) 내 형제 위로 셋, 아래로 한나 남은 동생 놈마저 죽고 말었제…… 어…… (허탈하

게) 독으로 안 살면 으찌게 살어?

성삼: 그래. 조부님이나 춘부장 말씀대로만 하실 참잉가?

곰치: (단호하게) 내일이라도 당장 배 탈 참이다! 흥! 임 영감 배 아니면 탈 배 없어?

성삼: 도삼이 생각도 안 나서?

곰치: (격하게) 시끄럿! (침착하게) 또 있어! 아들은 또 있어…….

성삼: 갓난쟁이? (고개를 설레설레 내저으며) 후유 — 지독한 놈!

곰치: …… 그놈도…… 그놈도…… 열 살만 묵으면 그물 말어…….
마지막 남은 갓난아이조차도 어부로 키우려는 곰치의 의지가 드러남.　▶ 어부로서의 숙명을 받아들이고, 어린 아들마저 어부로 키우려는 곰치

 포인트 1 **대사에 담긴 인물의 정서와 태도** <u>문항 1 관련</u>

대사		인물의 정서와 태도
(신음처럼) 만선……!	→	비극의 원인을 떠올리며 한탄함.
그나저나 곰치 저놈 지독한 놈이여!	→	인물의 고집스러움에 언짢고 유감스러움.
모, 못 봤지라우?	→	난처한 질문을 회피하고자 하는 태도
얼굴이 사색인디?	→	인물의 상태에 대한 걱정스러움
그래. 조부님이나 춘부장 말씀대로만 하실 참잉가?	→	인물의 고집스러움에 놀라움을 나타냄.

 포인트 2 **주요 인물의 성격** <u>문항 2 관련</u>

인물	행동		성격
곰치	풍랑으로 배가 뒤집혀 자식이 죽었음에도 자신이 건져 올린 부서만을 찾음.	→	만선에 대한 강한 집착과 집념을 지님.
구포댁	자식의 안위를 묻고, 자식의 죽음을 알고 큰 충격을 받아 실성함.	→	모성애가 매우 강함.

만선(滿船)
'물고기 따위를 많이 잡아 배에 가득히 실음.'

- 주인공 곰치가 욕망하는 대상
- 주인공을 행복하게 해 줄 수 있는 것

주인공 곰치와 주변인들을 비극으로 몰아넣음.

아이러니를 나타냄.

배경지식 더 알아보기

■ 작품 전체의 구조

발단	부서 떼가 몰려들자 만선의 꿈을 꾸는 곰치
전개	배를 묶어 이득을 챙기려는 선주 임제순 때문에 어려움을 겪는 곰치
절정 수록	만선의 꿈을 이루지만 거센 풍랑에 잡은 고기와 아들 도삼, 딸의 연인 연철까지 잃은 곰치
하강	곰치에게 빚을 갚으라고 독촉하는 임제순
대단원 수록	곰치가 갓난아이마저 어부로 만들려 하자 구포댁은 갓난아이를 배에 태워 육지로 보내고, 범쇠에게 팔려 갈 처지가 된 슬슬이는 스스로 목숨을 끊음.

■ 「만선」의 갈등 양상과 그 의미

곰치와 바다	→	인간과 자연의 대결
곰치와 구포댁	→	숙명의 수용과 숙명의 거부
곰치와 임제순	→	못 가진 자에 대한 가진 자의 억압

EBS Q&A

Q 희곡에서 지시문은 어떤 기능을 하나요?

A 극 장르는 서사와 다르게 작품 속에서 벌어지는 사건이나 분위기, 상황 등을 전달해 주는 서술자가 없습니다. 그래서 무대에 등장하는 인물들의 말과 행동, 그리고 무대 장치나 조명, 효과음 등을 사용하여 모든 것을 표현해야 합니다. 지시문은 바로 이들과 관련된 지시가 담긴 글입니다. 지시문은 인물의 행동이나 표정, 말투 등을 지시하거나 무대 위의 상황, 즉 무대 장치나 효과음, 조명 등에 대한 지시를 담고 있습니다. 따라서 지시문을 잘 챙겨 읽으면 인물들의 성격이나 심리, 태도나 무대 위의 분위기 등을 파악하는 데 도움이 됩니다.

감상 포인트 이 작품은 「무량수전 배흘림기둥에 기대서서」에 실려 있는 수필로, 문화재이자 전통 건축물인 연경당에 대한 글쓴이의 경험과 사색의 내용을 담고 있다. 글쓴이는 연경당에서 느껴지는 청초함과 자연스러움, 조화로움, 수수함 등이 한국적인 아름다움과 맞닿아 있다고 생각하고 연경당에 대한 깊은 애착을 드러낸다. 또한 한국의 주택 문화를 성찰하면서 남의 것만을 새롭고 곱게 보려는 우리 사회의 풍조를 비판적으로 점검하고, 연경당과 같은 한국 주택이 품고 있는 아름다움을 현대에도 수용해야 한다는 생각을 드러낸다.

주 제 연경당에서 느껴지는 한국적 아름다움과 그 문화적 가치

　　연경당 넓은 대청에 걸터앉아 세상을 바라보면 마치 연보랏빛 필터를 낀 카메라의 눈처럼 세월이 턱없이 아름다워만 보인다. 이렇게 담담하고 청초하게 때를 활짝 벗은 우리 것의 아름다움 앞에 마주 서면, 아마 정말 마음
<u>연경당이 지닌 한국적 아름다움</u>
이 통하는 좋은 친구를 만났을 때처럼 세상이 저절로 즐거워지는 까닭인지도 모른다.
　　　　　　예전에, 궁궐 안에 있던 동산이나 후원
　　아마도 왕자의 <u>금원</u> 속에 깊숙이 자리 잡고 있으니 어딘가 거추장스러운 위엄이나 호사가 물들었을 것 같기도
　　　　　　　　　　궁궐에 속한 건물은 으레 위엄이 있고 호사스러울 법하다는 생각
하고 궁원다운 요염이 깃들일 성도 싶지만 연경당에는 도무지 그러한 티가 없다. 다만 그다지 넓지도 크지도 않
은 조촐한 서재 차림의 큰 사랑채 하나가 조용하고 밝은 뜰에 감싸여 이미 태곳적부터 있었던 것처럼 편안하고
자연스럽게 놓여 있을 뿐이다. 여기에는 수다스러운 공포도 단청도 그리고 주책없는 니스 칠도, 일체 속악한 것
　　　　　　　　　　　　　　연경당의 소박하고 편안한 모습　　　　처마 끝의 무게를 받치기 위하여 기둥머리에 짜맞추어 댄 나무쪽　　　　　　　　　　　　　속되고 고약한
이 발을 붙일 수 없는 곳이다.　　　　　　　　　　　　　　　　　　　　　　　　　　▶ 연경당이 주는 소박하고 편안한 느낌
　　　　　　　　　　　　　　　　　　　　한자 '用'과 같은 모양의 살　　온순하고 인정이 두텁게
　　다만 미끈한 <u>굴도리</u>* <u>팔작집</u>*에 알맞은 <u>방주</u>*, 간결한 격자 덧문과 용자(用字) 미닫이, 그리고 순후하게 다듬
　　　　　　　　　　　　　　　　　　건물을 구성하는 각 부분
어진 화강석 <u>댓돌</u>들의 부드러운 감각이 조화되어서 이 건물 전체의 통일된, 간결한 아름다움을 가꾸어 주고 있
└─ 집채의 낙숫물이 떨어지는 곳 안쪽으로 돌려 가며 놓은 돌
는 듯싶다.
　　　　　　　　　　　　　　　　　　┌─ 네 기둥에 선반이 네다섯 층 있는 네모반듯한 탁자
　　정면 여섯 칸, 측면 두 칸의 큼직한 이 <u>남향판 대청마루</u>에 앉아서 보면 동에는 석주를 세운 높직한 마루방,
　　　　　　　　　　　　　　　　장판지로 바닥을 바른 방　　　　　　　　　　　　　　　　　　구들을 놓지 아니하고 마루처럼 널을 깔아서 꾸민 방
서에는 주실인 널찍한 장판방, 서재가 있어서 복도를 거치면 안채로 통하게 된다. 지금은 모두 빈방이 되었지
앉는 자리에 늘 깔아 두는 두툼하게 만든 요　　　　　　　　　　　　　　손을 쬐게 만든 조그마한 화로
만 <u>보료</u>와 의자 등속, 그리고 <u>문갑</u>·연상·사방탁자·책탁자·<u>수로</u> 같은 세련된 문방 가구들이 알맞게 이 장판방에
　　　　　　　　　　　　　　　　　　　　　과거에 연경당을 더욱 아름답게 해 주었을 물건들
곁들여졌을 것을 생각하면 연경당의 아름다움은 지금, 아마 그만치 반실이 되어 버린 것인지도 모른다.
　　　　　　　└─ 문서나 문구 따위를 넣어 두는 방세간　　절반가량 잃거나 손해를 봄.　　▶ 연경당의 각 부분들이 이루는 조화
　　이 연경당이 세워진 것은 순조 28년(1828)이다. 이 무렵은 추사 선생이 40대에 갓 들어선 창창한 시절이었고,
　　　　　　　　　　　　　　　　　　　　　　김정희, 조선 후기의 문신·서화가(1786~1856)
바야흐로 지식인 사회는 주택의 세련과 문방 정취에 신경을 쓰던 시대였으니, 이 연경당의 아름다움은 이만저만
　　　　　　　　　　　　조선 후기 문인들의 취향이 당시 주택 문화에 영향을 끼쳤음.
한 만족이 아님을 알 수 있다.　　　　　　　　　　　　　　　　　　　　　　　　　　　　▶ 연경당의 건축 시기

　　으레 지내보면 이 연경당의 아름다움은 5월보다 11월이 더 좋다. 어쩌다가 가을 소리 빗소리에 낙엽이 촉촉이
젖는 <u>하오</u>, 인적도 새소리도 끊긴 비원을 찾으면 빈숲을 등진 연경당은 마치 젊은 미망인처럼 담담하고 외롭다.
　　오후
알맞게 무겁고 미끄러운 기와지붕의 곡선, 사뿐히 고개를 든 두 처마 끝이 그의 지붕 밑에 배꽃처럼 소박하고
　　　　　　　　　　　　　　　　　　　　　　　　　　　　　　　　　연경당에 한국인의 정서가 반영되어 있음.
무던한 한국의 마음씨들을 감싸안고 있다. 밝고 은은한 창과 창살엔 쾌적한 비율이 깃을 드리웠고 장대(壯大) 나
화미(華美) 따위는 발을 붙일 수도 없는 질소(質素)의 미덕이 시새움도 없이 여러 궁전들과 함께 가을비를 맞는다.
환하게 빛나며 곱고 아름다움.　　　　　　　　　꾸밈이 없고 수수함.
　　자연에서 번져 와서 자연 속으로 이어진 것 같은 이 연경당의 고요 속엔 아마도 가을의 정기가 주름을 잡는 것

일까. 낙엽을 밟고 뜰 앞에 서면 누구의 슬픔인지도 모를 적요가 나를 엄습해 온다. 춘녀사 추사비(春女思秋士悲)
<u>적적하고 고요함.</u>　　　　　　　　　　　　　　　　　　　　　　　봄 여인은 사모하는 마음이 생기고 가을 선비는 슬픔을 느낌.
라 했는데 나의 이 슬픔은 아마도 뜻을 못 이룬 한 범부의 쓸쓸한 눈물일 수만 있을 것인가.　▶ 가을 연경당의 아름다움
　　　　　　　　　　　　　　　　<u>평범한 사내</u>

　나는 가끔 이 연경당이 내 것이었으면 하는 공상을 할 때가 있다. 그리고 친구들에게 곧잘 나의 평생소원은 연

경당 같은 집을 짓고 그 속에 담겨 보는 것이라는 농담을 해 본다. 그러나 이것은 진정 숨김없는 나의 현실적인

소망이면서도 또한 영원히 이루어질 수 없는 허전한 꿈이기도 하다. 세상에 진정 잊을 수 없는 연인★이 두 번
　　　　　　　　　　　　　　　<u>연경당만큼 애착을 느낄 만한 집이 다시없을 것이라는 생각</u>　　　　　　'연경당'의 보조 관념
다시 있을 수 없는 것과 같이 아마 세상에는 정말 못 잊을 집도 다시 있기는 힘들지도 모른다.
　　　<u>치맛단에 금박을 박아 선을 두른 것을 단 긴치마</u>
　그 육간대청에 스란치마를 끌고 싶었던 심정과 그 밝고 조용한 서재의 창가에서 책장을 부스럭이고 싶은 심정
<u>여섯 칸이 되는 넓은 마루</u>
이 이제 모두 다 지나간 꿈이라면 나는 아마도 평생 잊을 수 없는

여인★과 연경당의 영상을 안고 먼 산을 바라보며 살아가야 된다
　　'연경당'의 보조 관념

는 말이 되는지도 모른다.　　　　▶ 연경당에 대한 글쓴이의 애착

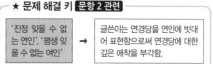

★ 문제 해결 키 문항 2 관련

'진정 잊을 수 없는 연인', '평생 잊을 수 없는 여인'	→	글쓴이는 연경당을 연인에 빗대어 표현함으로써 연경당에 대한 깊은 애착을 부각함.

　어쨌든 연경당은 충분히 아름답고 또 한국 문화의 결정 같은 것이라고 나는 생각한다. <u>한국과 한국 사람이 낳</u>

<u>은 조형 문화 중에 우리가 몸을 담고 살아온 이 주택 문화처럼 실감 나게 한국의 개성을 드러내는 것이 또 없고,</u>
　　　　　　　　　　<u>주택 문화에 한국인의 생활과 정서가 가장 잘 담겨 있다고 생각함.</u>
그중에서도 가장 세련된 예의 하나가 바로 이 연경당인 것이다. 민족의 이름으로 세련시켜 온 한국의 주택 2천

년 역사는 아마도 이 아름다운 결정체 하나를 낳기 위해서 존재했던 것인지도 모른다.　▶ 한국 문화의 결정체인 연경당

　다른 부문의 미술도 그러하지만 조선 시대에 들어서면서부터 한국의 주택은 한층 한국적인 양식을 갖추게 되

었고, 한국의 아름다움이 마치 한국인의 체취처럼 자연스럽게 몸에 배게끔 되었던 것이라고 믿는다.

　그러나 19세기 말 이후 한국에는 문명개화의 구호와 함께 밀려

든 어중간한 왜식·양식의 생활 양식이 분별없이 스며들어 오면서

부터 아름다운 조선의 주택 문화는 발육을 멈춘 것이다.★

　추한 것이 진정 아름다운 것들을 짓밟는 행패 속에 얼마 안 남은
　　　　　<u>전통 건축이 사라져 가는 데에 대한 안타까움</u>

★ 문제 해결 키 문항 3 관련

'그러나 19세기 ~ 멈춘 것이다.'

↓

글쓴이는 사회 구성원들이 '남의 것만을 새롭고 곱게 보는 풍조' 속에서 '왜식·양식의 생활 양식'을 분별없이 받아들이고 있는 상황을 비판적으로 바라보고 있음.

우리 주택 건축사의 결정들은 지금 이 순간에도 하나하나 그 아름다운 자취를 감추어 가고 있다. 물론 세계의 각

지역 간에 문화 교류가 활발해지고 있는 오늘날 현대 한국인의 생활에서 오로지 주택 문화만은 <u>고격을 고수하자</u>
　　　　　　　　　　　　　　　　　　　　　　　　　　　　　　　　　　　　<u>옛 격식</u>
는 것은 아니다. 그러나 비판 없이 남의 것만을 새롭고 곱게 보려는 풍조는 우리 민족처럼 틀이 잡힌 문화 전통

을 가진 사회에서는 있을 수 없는 일이라고 생각한다.　　　▶ 일본식, 서양식 문화를 무비판적으로 좇는 풍조에 대한 비판
　　　　　　　　<u>어떤 일에 대한 상당한 경력으로 생긴 위엄이나 권위</u>
　우리의 일반 미술이나 문화가 당당한 <u>관록을 보여 왔듯이</u> 우리의 조선 시대 주택은 우리 민족이 쌓아 온 생활
　　　　　<u>전통문화에 대한 자부심</u>
문화의 <u>기념탑이라고</u> 할 수 있는 것이다. 그리고 이 조선 주택은 아직도 우리의 생활에 가장 가까울 뿐만 아니라
<u>오래도록 기념하면서 후대에 전할 만한 사실이나 인물, 또는 그 업적을 비유적으로 이르는 말</u>
아직도 새롭고 또 앞으로도 새로울 수 있는 한국미의 요소를 담뿍 지니고 있다. <u>이 고유한 한국 주택의 풍성한</u>

<u>아름다움은 우리의 현대 주택에 충분히 도입되어야 하고, 또 뛰어난 재래 주택들은 살아 있는 민족 문화재로서</u>
　　　　　　　　　　　<u>한국 주택 문화에 대한 글쓴이의 의견을 직접적으로 표현함.</u>
<u>길이 보존되어야 마땅하다.</u>　　　　　　　　　　　　　　　　　　　　　▶ 조선 주택의 가치와 의의

(중략)

조선의 주택, 그중에서도 가장 매력적인 것은 사랑채의 효용과 그 평면의 묘에 있다. 이 연경당이야말로 서재 풍으로 된 가장 전형적인 큰 사랑채 하나의 부분으로는 질묘한 작품이라고 해야겠다. 동쪽 뜰 기슭으로 선향재

<u>책을 보관하는 집이나 방</u>
라는 나지막한 서고를 거느렸고, 또 이 선향재의 뒤 언덕 위에는 난간을 두른 아기자기한 단칸 정자 농수정을 둔

<u>연경당 주위의 자연 지형과 부속 건물들의 배치</u>
것은 담담하기만 한 이 연경당의 분위기에 한 가닥의 풍류를 더하기 위한 것이라고 할까. 어쨌든 설계자는 이 연경당 한 채가 주위의 자연 속에서 어떻게 멋지게 바라보일까를 먼저 계산하고 있는 것이다.

지금 우리는 이 연경당을 설계하고 감역한 건축가의 이름을 모른다. 그러나 우리는 19세기에 있어서 어느 나라

<u>토목이나 건축 따위의 공사를 감독한</u>
어느 민족의 뛰어난 건축가의 심미안에도 뒤설 수 없는 멋진 눈의 주인공들을 적잖게 가졌던 것을 자랑해야겠다.

▶ 자연 속 연경당의 멋과 건축가의 심미안

한국미의 증징, 그리고 한국미의 주체, 이것은 에누리 없이 우리 조선 주택 속에 너무나 뚜렷하게 너무나 멋있게 표현되어 있는 것이다. 비록 목조 건축의 전통이 2천 년 전 한족의 중국 문화에서 받아들였다고는 하지만 <u>한국의 주택은 벌써 제 발걸음을 한 지 오래인 것이다.</u> 그리고 이 속에서 한국 사람들의 꿈이 자라나고 노래가 자라나고 미

<u>한국 주택 문화의 독창성</u>
술이 자라나고 또 아름다운 아들딸들이 자라났다. 연경당, 이것은 우리 주택 문화의 영원한 상징이 아닐 수 없다.

▶ 한국미와 한국 주택 문화의 상징인 연경당

＊**굴도리**: 서까래를 받치기 위하여 기둥 위에 건너지르는 나무로 둥근 모양을 한 것.

＊**팔작(八作)집**: 네 귀에 모두 추녀를 달아 지은 집.　　　　＊**방주(方柱)**: 네모진 기둥.

핵심 개념
이것만은
꼭 익히자

포인트 1　**표현상의 특징** 문항 1 관련
- 비유, 열거 등의 수사법과 다양한 이미지를 활용하여 연경당의 아름다움을 묘사하고 예찬함.
- 한국 주택 문화에 대한 글쓴이의 의견을 직접적으로 표현함.

포인트 2　**작품에 나타난 글쓴이의 예술관** 문항 2, 3 관련

한국적인 아름다움
편안하고 자연스러운 것, 간결하고 소박한 것

한국 주택 문화
한국인의 삶과 정서를 가장 잘 반영함.

연경당
한국적인 아름다움의 상징, 한국 주택 문화의 결정체

배경지식
더
알아보기

■ **창덕궁 연경당**

연경당은 효명 세자가 아버지 순조에게 존호(尊號)를 올리는 의례를 행하기 위해 1828년(순조 28)경에 창건했으며, 건물 이름의 '연경(演慶)'은 경사스러운 행사를 연행한다는 뜻이다. 사대부 살림집을 본떠 왕의 사랑채와 왕비의 안채를 중심으로 구성되었고 궁궐의 다른 건물들과 달리 단청을 하지 않았다. 사랑채와 안채가 분리되어 있지만 내부는 연결되어 있는 점도 사대부 살림집의 형태와 유사하다. 다만 일반 민가가 99칸으로 규모가 제한된 데 비해 연경당은 120여 칸으로 이루어져 있다. 서재인 선향재는 청나라풍 벽돌을 사용하였고 동판을 씌운 지붕에 도르래식 차양을 설치했다. 후원 높은 곳에는 농수정이 배치되어 있으며, 안채 뒤편에는 음식을 준비하던 반빗간이 있다. 고종 이후 연경당은 외국 공사들을 접견하고 연회를 베푸는 등 정치적 목적으로 이용되었다.

곡예사 _ 황순원

감상 포인트 「곡예사」는 1951년에 발표된 소설로, 6·25 전쟁으로 내려온 대구와 부산 등의 피난지에서 작가가 겪어야 했던 피난 체험을 1인칭 시점으로 형상화한 자전적 소설이다. 작가는 「곡예사」에 대해 "이것을 쓰면서 나는 나 개인의 반감, 증오심, 분노 같은 것을 억제하기에 저으기 노력해야만 했다."라는 창작 소회를 달아 놓고 있는데, 이는 작가가 피난 생활에서 겪었던, 가장으로서의 무력감과 좌절감 등을 나타낸 것이라 볼 수 있다. 이와 같이 이 작품은 전쟁을 소재로 한 다른 소설들과 달리 전쟁의 참상을 직접적으로 묘사하지 않는 대신, 전쟁이 개인의 윤리와 인정을 얼마나 피폐하게 하는지, 그리고 피난 생활을 하는 한 가족의 일상을 얼마만큼 위태롭게 만들 수 있는지 등을 사실적으로 드러낸다.

주 제 피난지에서 경험하는 삶의 고달픔과 전쟁의 참상

전체 줄거리 전쟁이 일어나자 '나'는 먼저 가족을 대구로 피난 보낸 후 뒤따라 도착한다. '나'의 가족은 대구에서 지인의 도움으로 변호사 댁 헛간에서 피난살이를 시작한다. 그러나 주인집 노파의 엄격한 생활 규율에 고통을 당하고, 결국 '나'의 가족은 대구의 피난살이에서 쫓겨나 부산으로 가게 된다. 이후 아는 사람의 도움으로 부산의 변호사 댁에 방 한 칸을 얻어 피난살이를 이어 간다. 어린아이들까지 껌을 팔거나 담배를 파는 등의 경제적 행위에 내몰리며 어려운 피난살이를 이어 갔으나, 얼마 되지 않아 방을 빼 달라는 주인의 요구를 받게 된다. '나'와 아내는 백방으로 방을 구하려 노력하지만 방을 쉽게 얻지 못한다. 그러던 어느 날, '나'는 가족들과 함께 귀가하다가, 자신은 물론 어린 자녀들까지 곡예단의 곡예사라는 생각을 하게 되고, 부디 자식들은 어른이 되어 자신처럼 슬픈 곡예를 하지 않기를 바라며 피난살이의 어려움을 긍정적으로 극복하려는 의지를 보인다.

밖에서 들어오니, 아내가 어둡고 추운 방에 혼자 앉았다가 대뜸 근심스런 어조로, 좀 전에 이 댁 노파가 나와 이 방을 비워 달라더라고 한다. 이유는 이제 구공탄을 들이는데 이 방(실은 헛간)을 사용하여야겠다는 것이다. 그러나 그날로 아내가 이 댁 식모한테서 들은 말은 이와는 아주 다른 것이었다.

_{노파가 방을 비워 달라는 요구를 한 실제적인 이유를 식모로부터 전해 듣게 됨.}

「아까 낮에 예의 노파 한 패가 몰려왔는데, 그중 한 노파가 이쪽 뜰 구석 다복솔 뒤에 감춘 거적닢을 발견했다는

_{「 」: 식모로부터 전해 들은 사건의 경위   정원에 임시 화장실을 만든 것을 들키게 됨.}

것이다. 이런 때는 늙어서 눈 안 어두운 것도 탈이었다. 그게 무엇인가 싶어 가까이 가 들여다보고는 홱 고개를 돌리며, 애퉤퉤! 대체 이런 데다 뒷간을 만들다니 될 말인가. 그 담음으로 이 댁 노파에게, 정원에다 그런 변소를 내다니 아우님도 환장을 했는기요? 여기서 주인 노파도 한바탕, 거지 떼란 할 수 없다느니, 사람이 사람 모양만

_{'나'와 '나'의 가족들에 대한 멸시 어린 태도가 드러남.}

했다고 사람이냐고 사람의 행실을 해야 사람이 아니냐느니, 자기네 집이 피난민 수용소가 아닌 바에 당장 내보내고 말아야겠다느니, 야단법석을 했다는 것이다.」그리고는 아내한테 나와 방을 비워 줘야겠다는 영을 내린 것이었는데, 그래도 이 노파가 우리한테 나와서는 거기다 뒷간을 만들었으니 나가 달라는 말은 못 하고, 이제 구공탄을

_{노파가 방을 비워 달라는 요구를 하게 된 진짜 이유를 알 수 있음.}

들이게 됐으니 방을 비워 줘야겠다고 한 것이었다. 실은 이 점이 이 노파로 하여금 자신이 말한 인간은 인간다운

_{방을 비워 달라는 요구에 대한 노파의 구실}

행실을 해야 한다는 것을 몸소 실천해 뵈는 대목이 아닌가 한다. 왜냐하면, 노파 자신이 우리들에게 안뜰 변소를 사용치 못하게 하고, 거기다 거적닢을 치게끔 분부를 해 놓았으니, 진드기 아닌 우리가 오줌똥 안 눌 수는 없고, 실로 면목이 없는 행실이나 거기 대소변을 보지 않을 수 없었다는 걸 잊지 않은 점에서. 그리고 한 걸음 더 나아가 지금 우리가 들어 있는 곳이 실은 사람이 살 방이 아니라, 구공탄이나 들일 헛간이라는 걸 밝혀 준 점에서.

_{'나'와 가족들이 살고 있는 공간의 실체}

이쯤 되어, 변호사 댁 헛간에서 쫓겨난 우리 초라하기 짝이 없는 황순원 가족 부대는 대구 시내를 전전하기 수삼차, 드디어 삼월 하순께는 부산으로 흘러 내려오게까지 되었다.★

> ★ **문제 해결 키** **문항 2 관련**
>
> | 황순원 가족 부대 |
> | --- |
> | ↓ |
> | 소설의 작가와 등장인물의 이름이 일치됨을 통해 소설이 자전적 서사 형식을 띠고 있음을 알 수 있음. 실제로 작가 황순원이 직접 겪은 전쟁과 피난의 상황을 작중 현실로 제시함. |
>
> ▶ 대구의 변호사 댁에서 쫓겨나 부산까지 피난을 오게 됨.

[중략 부분 줄거리] 부산 피난 생활에서도 '나'와 가족들은 방을 구하기가 쉽지 않았다. 우선 급한 대로 처제의 방에 신세를 지게 되지만 그곳에서의 사정도 순탄치는 않았다. 결국 대구에서처럼 방을 비워 달라는 통보를 받게 되고 '나'와 아내는 어떻게든 이를 해결하고자 한다.

내가 이리로 옮겨 온 지 사흘째 되는 날 저녁, 아내와 나는 의논한 결과, 어쩌면 주인댁에서 타협을 받아 줄는

지도 모른다는 생각에서, 아내가 한 날 방세를 가지고 가서 다시 사정을 해 보기로 했다. 그래, 가지고 갈 방세의

금액이 문제였는데, 이만 원, 삼만 원으로는 말이 통하지 않을 것 같고, 사만 원으로 할까 하다가, 에라 모르겠다

하고 오만 원으로 결정을 했다. 방세 오만 원씩을 물고 우리가 어떻게 살아가나 하는 생각도 들었으나, <u>들리는</u>

방세로 내어놓을 돈이 매우 큰 금액으로, '나'와 가족에게 큰 부담임을 알 수 있음.

<u>말에 다다미 한 장에 만 원씩이란 말도 있고, 정하고 있던 방세를 올릴 참으로 방을 비워 달라는 수가 비일비재</u>

피난지인 부산에서 방세를 비싸게 받거나, 방세를 올릴 목적으로 방을 빼 달라는 요구를 하는 경우가 빈번하게 일어남.

<u>란 말이 있는 데다,</u> 더욱이 우리는 변호사 영감의 말대로 법적으로 해결을 지어서 노상이나 여관으로 쫓겨 나가

'나'와 가족들이 부산에서도 대구에서와 같이 거주 공간인 방으로 인해 곤란한 상황에 놓여 있음.

는 날이면 큰일이라, 이런 방세나마 내고 타협을 얻은 후 마음 놓고 나가 열심히 장사를 해 살아 나갈 <u>변통</u>을 하

형편과 경우에 따라서 일을 융통성 있게 잘 처리함.

는 게 나을 성싶었던 것이다. 그리고 사실 우리는 벌써 장사를 시작하고 있었다. <u>아내는 남은 옷가지를 갖고 국</u>

<u>제 시장으로 나가고, 큰애 둘은 서면에 가서 미군 부대 장사를 시작한 것이다.</u> 지금의 오만 원도 아내의 장삿돈

아내는 물론 아이들까지 생계를 위해 장사를 하기 시작한 상황임을 알 수 있음.

에서 떼어 낸 돈이었다.   ▶ 신세를 지고 있던 부산의 피난처에서도 쫓겨날 처지가 되자 방세를 들고 사정을 해 보기로 함.

안방에 들어갔다 좀 만에 아내가 돌아왔다. 손에 돈이 들려 있지 않다. 그러면 됐나 보다 했다. 그러나 아내의

가지고 간 방세를 아내가 도로 가지고 온 것이 아님을 알 수 있음.

말은 그렇지가 않았다. 아무래도 이 방을 비워 달란다는 것이다. 영감과 큰아들은 다다미 여덟 장 방에서 자고,

큰 온돌방에는 작은아들과 부인이 각각 자고 있는데, 그러고는 좁아서 못 견디겠다는 말은 못 하겠던지, 장발한

딸들의 말이 할머니 코 고는 소리에 도시 잠을 잘 수 없으니 기어코 그 방을 할머니 방으로 쓰게 내 달라더라는

것이다. 여기서 아내는 또 우리가 어떻게든 할머니 주무실 자리를 넉넉히 내어 올릴 테니 그렇게 하자고 해도,

아내가 사정을 해 보았으나 결국 거절을 당하게 됨.

<u>그렇게는 못 하겠다더라는 것이다.</u> 그리고 부인이 한다는 말

이, 자기네 딸 친구가 있어 방 하나만 구해 주면 금 손목시계

를 프레젠트하겠다는 것도 못 하고 있단다는 것이다.★ 나는

★ 문제 해결 키 문항 2 관련

'나'와 가족에게는 생존의 문제인 방이 집주인들에게는 생존에는 필
수적이지 않은 손목시계 선물 용도 정도로 여겨지고 있는 상황임.
이를 통해 물질주의적이고 몰인정한 집주인들의 행태를 알 수 있음.

간이 서늘해 옴을 느꼈다. 금 손목시계라니 문제가 좀 큰 것이다. 그래, 가지고 갔던 돈은 어쨌느냐니까, 좌우간

딸들 책이라도 한 권 사 보라고 놓고 오긴 했다고 한다. 그 돈만 돌아오지 않으면, 하는 것이 희망이었다. 그러나

방세 오만 원을 건네줌으로써 계속 살던 공간에 거주할 수 있기를 바라고 있음.

<u>이튿날 그 돈은 도로 돌아오고 말았다.</u>

'나'의 바람이 이루어지지는 못함.   ▶ 주인에게 사정을 해 보았으나 여의치 않음.

그리고 그날 저녁이었다. 나는 학교 나가는 날은 학교로 해서, 그렇지 않은 날은 아침에 직접 남포동 부모가

계신 곳에 가 하루를 보낸다. <u>이곳 피난민들은 대개 담배 장사를 하느라고 애들만 남기고 모두 나간다.</u> 부모도

피난지에서 생계를 유지하려 애쓰는 피난민들의 상황이 드러남.

그 축의 하나였다. 나는 여기서 서면 간 내 큰애들이 돌아오길 기다려 국제 시장엘 들러 애들 엄마를 만나 가지

고 집으로 돌아가는 게 한 일과였다. 그날도 그랬다.

우리가 저녁에 모여 들어가니, 방 안에 말 같은 처녀 둘이 와서 버티고 섰다. 이 댁 딸들인 것이다. 누가 형이

고 동생인 것도 구별 안 되는, 좌우간 큰딸은 시내 모 여학교 졸업반이라는 것이고, 작은딸은 사 학년이라는 처

녀들이었다. <u>이들이 오늘 저녁엔 이 방에 와 자야겠다는 것이다.</u> 나는 이 두 말 같은 처녀 중의 누가 친구한테 방

주인댁의 딸들이 직접 찾아와 방을 비워 달라는 요구를 하기 시작함.

하나만 구해 주면 금 손목시계를 프레젠트 받을 수 있는 아가씨일까 생각해 보았다. 그러면서 나는 이 자리를 피

해야 할 걸 느꼈다.

그러는데 이 말 같은 두 처녀가 누구에게랄 것 없이, 이삼일 내로 반드시 방을 내놓으라는 말과 함께, 나에게 시선을 한 번씩 던지고 나가 버렸다. 그 시선들이 멸시에 찬 눈초리였든 어쨌든 그것은 벌써 아무래도 좋았다. <u>그저 이들의 전법이 그 효과에 있어서 내게는 이들의 오빠 되는 청년이 내 따귀를 몇 번 갈기는 것보다 더 컸다는</u>

└ 딸들의 시선이 물리적인 폭력보다 '나'에게 큰 모욕감과 수치심을 느끼게 함.

<u>것만은 자인하지 않을 수 없었다.</u>　　　　　　　　　　　　　▶ 주인댁 딸들이 찾아와 방을 내놓으라며 멸시에 찬 눈초리를 던짐.

그러지 않아도 아침이면 나가는 나는 이날은 어서 이곳을 나가고만 싶었다. 이날은 학교 가는 날이기도 했다.

풍경 달린 현관문을 열고 나서니, 응접실 앞 거기 꽃이 진 동백나무 이편에 변호사 영감이 허리를 구부리고 서

└ '나'와 가족들이 부산에서 빌려 살고 있는 방의 주인

서 회양목인지를 매만져 주고 있다. 첫눈에도 여간 그것들을 아끼고 사랑하는 태가 아니었다. 좋은 취미다. <u>인생</u>
<u>이란 이렇듯 한 포기의 조목까지도 아끼고 사랑하면서 유유자적할 수 있는 생활을 해야 할 종류의 것인지도 모</u>

└ '나'의 절박한 처지와는 대조적인 삶을 살고 있는 변호사 영감에 대한 '나'의 생각

<u>른다.</u> 나는 무엇에 쫓기듯이 그곳을 빠져나왔다.　　　　　　　　　▶ 변호사 영감의 취미를 보며 쫓기듯 집을 빠져나옴.

핵심 개념
이것만은
꼭 익히자

 1　**서술상의 특징**

- 자전적 서사의 방식을 활용하여 현실을 핍진하게 드러냄.
- 인물 간의 대화를 직접적으로 제시하기보다 '나'를 통해 독자에게 전달함.
- 1인칭 주인공 시점을 바탕으로 다른 인물과 사건에 대한 중심인물의 내면 심리를 표현함.

 2　**방과 헛간의 의미** `문항 1 관련`

방	헛간
현재 '나'와 가족들이 거처하고 있는 공간	현재 '나'와 가족들이 거처하는 공간의 실제 용도

- 지칭하는 단어는 다르지만 실제로 가리키는 대상은 동일함.
- 헛간과 같은 공간이라도 머물 수밖에 없을 만큼 '나'와 가족들이 절박한 상황에 놓여 있음.

 3　**피난 공간의 의미** `문항 2 관련`

문학 작품에서의 공간	• 인물의 행동이나 사건 전개에 개연성과 사실감을 부여함. • 서사 전개에 맞는 일정한 작중 분위기를 형성함.
▼	▼
대구	• 정원에 변소를 만든 것으로 인해 방을 비워 달라는 요구를 받게 됨. • 기본적인 생활 조건도 갖추어져 있지 않은 헛간과 같은 곳에서 살았음을 확인하며 쫓겨남.
부산	• 가족들이 뿔뿔이 흩어진 채 어렵게 지내고 있던 부산의 변호사 댁에서마저 쫓겨나게 되는 처지에 놓임. • 주인댁 딸들의 태도에 대해 '나'는 모욕감과 수치심을 느낌.

➡ 피난 생활에서의 거주지 마련이라는 '나'와 가족들의 절박한 상황과는 달리, 방을 비워 달라는 집주인들의 요구가 절박하지 않은 것을 통해 당시의 몰인정한 세태를 보여 줌.

■ **자전적 소설로서의 「곡예사」**

작가 황순원은 생애 중반에 6·25를 겪었고, 그 시기를 살아온 다른 작가들 못지않게 전쟁과 관련한 많은 작품을 창작했다. 그중 「참외」(1950), 「아이들」(1950), 「메리 크리스마스」(1950), 「어둠 속에 찍힌 판화」(1951), 「곡예사」, 「부끄러움」(1954) 등 6편은 작가 황순원이 자신의 피난 생활을 직접 다루고 있는 작품인데, 이 중 휴전 이듬해 발표한 「부끄러움」을 제외한 작품들은 실제 피난을 경험하던 당시에 창작하고 발표한 것이다. 자전 소설이라 해도 어디까지나 픽션이므로 얼마간 허구가 가미될 수밖에 없었을 것이다. 그런데 황순원은 이례적으로 「곡예사」외 3편 등을 함께 수록한 소설집 말미에 '책 끝에'라는 이름으로 수록작들에 대한 창작 소회까지 밝히고 있다.

「곡예사」에 드러나는 자전적 소설로서의 근거는 다음과 같다. '변호사 댁 헛간에서 쫓겨난 우리 초라하기 짝이 없는 황순원 가족 부대는 대구 시내를 전전하기 수삼차, 드디어 삼월 하순께는 부산으로 흘러 내려오게까지 되었다.' 식으로 작가 자신이 실제 겪은 일을 작중 상황으로 전개하면서 실명 황순원을 드러내고, 작중 작가의 자녀들 이름을 실제 이름(1남 동규, 2남 남규, 1녀 선혜, 3남 진규)에서 각각 앞 한 글자를 따 '동아, 남아, 선아, 진아'라 작명해 두었다. 이 작품에 대해서는 "이것을 쓰면서 나는 나 개인의 반감, 증오심, 분노 같은 것을 억제하기에 저으기 노력해야만 했다."라고 언급하고 있다. 이러한 점들을 고려할 때 이들 작품에 나타난 '나'와 가족들의 피난 행로는 작가 황순원의 실제 상황 그대로라고 해도 무리가 없다고 할 수 있다.

■ **소설 속 모티프로 작용하는 작가 황순원의 피난 일정**

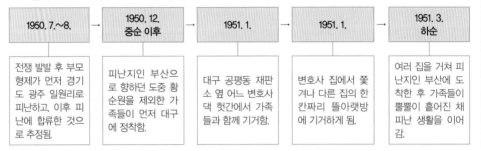

1950. 7.~8.	→	1950. 12. 중순 이후	→	1951. 1.	→	1951. 1.	→	1951. 3. 하순
전쟁 발발 후 부모 형제가 먼저 경기도 광주 일원리로 피난하고, 이후 피난에 합류한 것으로 추정됨.		피난지인 부산으로 향하던 도중 황순원을 제외한 가족들이 먼저 대구에 정착함.		대구 공평동 재판소 옆 어느 변호사 댁 헛간에서 가족들과 함께 기거함.		변호사 집에서 쫓겨나 다른 집의 한 칸짜리 뜰아랫방에 기거하게 됨.		여러 집을 거쳐 피난지인 부산에 도착한 후 가족들이 뿔뿔이 흩어진 채 피난 생활을 이어 감.

EBS **Q&A**

Q 소설 속에 등장하는 공간적 배경은 어떤 역할을 하나요?

A 소설 속 공간적 배경은 서사의 전개에 기여하기도 하며, 인물의 특징이나 처지 등을 효과적으로 부각하는 데 일정한 역할을 합니다. 구체적으로는 사건이 일어나는 구체적인 토대가 되어 사실감을 부여하고 사건 전개에 현실성을 부여하기도 하지요. 또한 작중의 분위기를 형성하는 데도 중요한 역할을 합니다. 작품을 읽는 독자는 공간적 배경을 통해 작품을 구체적으로 실감할 수 있어요. 소설 속에 우리가 잘 알고 있는 익숙한 지명이나 장소가 나오면 소설이 훨씬 더 현실감 있게 다가오고, 인물의 특성이 더욱 뚜렷하게 느껴지는 것처럼 말이죠.

8강 어디서 무엇이 되어 만나랴 _최인훈

EBS 수능특강 문학 037쪽

감상 포인트 이 작품은 온달 설화를 소재로 삼고 있지만, 설화에 나오지 않는 내용까지 개연성 있게 드러낸 희곡이다. 온달과 평강 공주의 만남, 온달의 죽음에 얽힌 음모, 궁중 암투 과정에서 희생되는 평강 공주의 최후 등을 중점적으로 다루고 있는 이 작품은 재해석된 설화를 통해 정치의 냉혹함을 드러내는 동시에 진정한 사랑의 의미를 전달하고 있다.

주 제 신분을 초월한 순수한 사랑과 정치적 희생의 비극

전체 줄거리 미천한 신분의 온달은 꿈속에서 어떤 여인을 만나 결혼을 한다. 바로 그날 궁에서 쫓겨나 암자로 가던 공주는 어려서부터 들었던 온달을 만나 그의 아내가 되기를 청한다. 그렇게 두 사람은 부부의 연을 맺게 되고, 10년 후 온달은 장군이 되어 전쟁에 나간다. 어느 날 공주는 꿈속에서 온달이 피투성이가 되어 작별을 고하는 모습을 보게 되고, 실제로 온달이 전사했다는 소식을 듣는다. 모든 것을 포기한 공주는 온달의 어머니를 모시고 살기로 결심하고 산으로 들어가지만 결국 권력의 암투 속에 희생된다.

[앞부분 줄거리] 고구려 평강왕 시절 사냥꾼 온달은 꿈에서 어떤 여인을 만나 백년가약을 맺는다. 그날 정치적 이유로 궁을 쫓겨나 암자로 가던 공주는 어려서부터 들어 왔던 온달을 만나고, 그의 아내가 되기를 청한다. 온달은 공주가 꿈속의 여인임을 알게 된다. 온달과 혼인한 공주는 남편을 정성껏 내조하였고, 온달도 열심히 노력하여 뛰어난 무공을 지니게 된다. 장수가 된 온달은 신라군이 국경을 침범하자 자처하여 싸움터에 나갔으나 죽음을 맞이한다. 부하들이 온달을 장사 지내고자 하나 관이 움직이지 않고, 이 소식을 들은 공주가 죽은 남편을 찾아온다.

공주: 장군, 비록 어제까지 장군이 치달던 벌판이라 하나, <u>이제 누구를 위해 여기 머물겠다고 이렇게 떼를 쓰십</u>
온달의 관이 움직이지 않는 상황
<u>니까?</u> 장군의 마음을 내가 알고 있으니 집으로 돌아가십시다. 고구려는 내 아버지의 나라. 당신의 원수를
용서치 않으리다. <u>평양성에 가서 반역자들을 모조리 도륙을 합시다.</u> 자, 돌아가십시다. (손짓을 한다.)
온달이 내부의 배신으로 죽었다고 여기고 있음.

의병장들, 관 뚜껑을 닫고 관을 올려놓은 받침의 채[*]를 감는다.

> ★ **문제 해결 키 문항 3 관련**
> 이 작품은 설화를 소재로 삼아 새롭게 창작한 작품임. 설화에서 다룬 사건과 새롭게 제시된 사건을 파악한 후, 이를 통해 작가가 수용하려고 한 설화의 주제와 새롭게 전달하려는 주제가 무엇인지 파악해야 함.

공주: 들어 올려라.

<u>올라오는 관. 모두 놀라는 소리.</u> ★
비현실적 사건(설화의 내용을 수용함.)

공주: 가자, 평양성으로. <u>그곳에서 잔악한 반역자들을 샅샅이 가려내어 목을 베리라.</u> (공주, 움직인다.)
온달의 복수를 하겠다는 의지를 드러냄.　　　　　　▶ 억울하게 죽은 온달을 위로하며 복수를 다짐하는 공주

공주, 시녀, 관, 군사들, 서서히 퇴장. 부장과 장수 몇 사람만 무대에 남는다.

장수 1: (부장에게) 공주의 노여워하심이 두렵습니다.

장수 2: 필시 <u>무슨 기미</u>를 알아보셨음이 틀림없습니다.
자신들이 온달을 배신한 일
부장: 어떻게 알 수 있단 말인가?

장수 3: 투구를 벗으라고 하신 것이 증거가 아닙니까?

부장: 어떻게 알았을까? (둘러보고) 너희들 중에 배반하는 자가 있으면 행여 온전히 상금을 누릴 목숨이 있거니는
생각 말라.

장수들: 무슨 말씀입니까. 억울합니다.

부장: 그렇겠지. 이것을 문제 삼는다 치더라도 (투구를 벗는다. 머리를 쳐맸다. 피가 배어 있다.) 이것이 어쨌단 말인
　　　가. 이토록 신라 놈들과 싸운 것이 군법에 어긋난단 말인가? (음험한 웃음) 두려워 말라. 공주보다 더 높은
온달의 죽음이 부장과 관련 있음을 짐작하게 함.
자신들의 행위를 합리화하기 위해서 한 말　　　공주의 형제
　　　분이 우리 편이야.

장수들: (비위 맞추는 너털웃음)

부장: 가자, 평양성으로. 그곳에서 과연 누구의 목이 먼저 떨어지는가를 보기로 하자.
　　　　　　　　　　　　　　　　　　　　　　　▶ 온달을 죽인 일이 발각될 것을 걱정하는 장수들

(중략)

　공주, 비(婢) 뒤를 따른다. 이때 많은 사람들이 가까이 오는 기척. 장교, 군사 여럿 등장. 들어가던 사람들이 멈춰 서다가 다

시 나온다.

대사: (장교를 알아보고) 오, 당신이군. 웬일이시오?

공주: 웬일인가?

장교: 왕명을 받들어 공주를 모시러 왔소.
온달을 죽게 만든 이

공주: 나를?

장교: 그러하오.

공주: 나는 여기서 살기로 했느니라.

장교: 돌아오시라는 분부시오.

공주: 내 일은 내가 알아서 할 것이니 돌아가서 그렇게 여쭈어라. ★
왕명을 따르지 않겠다는 의지의 표현

장교: 아니 됩니다.

공주: 무엇이라? 네 이놈. 네가 실성을 했느냐?

장교: 실성한 것도 아니오.

공주: 아니 이놈이…….

장교: 온달 장군이 돌아가신 이 마당에 공주는 궁을 지키지 않고 왜 함부로 거동하셨소?

온모(온달의 모친): 무엇이? 온달이. 온달이…….
온달이 죽었다는 사실을 알지 못했음을 짐작할 수 있음.
장교: (그쪽을 보고 웃으며) 모르고 계셨습니까? 온달 장군은 한 달 전에 세상을 떠났습니다.

온모: (쓰러진다. 비, 공주, 붙든다.) 온달이, 온달이…….

공주: 이놈, 네 이 무슨 짓이냐? 네가 어떻게 죽고 싶어서 이다지 방자하냐?
무례하고 건방지나는 뜻
장교: 방자? (껄껄 웃는다.) 세상이 바뀐 줄도 모르시오? 온달 없는 공주가 누구를 어떻게 한다는 말이오?
공주를 무시하는 태도를 드러냄.
대사: 이게 어찌 된 일이오. (장교에게) 지나치지 않은가?

장교: 가만히 비켜 서 있거라.

대사: 오!

장교: 아니, 이놈을 끌어가라.

> ★ 문제 해결 키 문항 2 관련
> 연기자가 어떻게 연기를(행동, 표정, 말투 등) 할지 짐작하기
> 위해서는 먼저 인물의 성격을 파악하고, 그다음에 그들이 어
> 떤 상황에 놓여 있는지 파악해야 함.

병사들 일부, 대사를 끌고 퇴장.

장교: (공주에게) 자, 걸으시오.

공주: 네가 정녕 내 말을 듣지 못하겠느냐?

장교: 내 말을? 왕명을 받들고 온 사람에게?
<u>온달의 죽음이 지금 왕과 관련이 있음을 짐작할 수 있음.</u>

공주: 이놈이 정녕 실성했구나. 내가 돌아가면 어찌 될 줄을 모르느냐? 나는 이곳에 머물기로 하고 이미 아버님

　　　께도 여쭙고 오는 길, 누가 또 나를 지시한단 말이냐? 정 그렇다면 근일 중에 내가 궁에 갈 것이니 오늘은

　　　물러가라.

장교: 정 안 가시겠소?

공주: 내가? 말을 어느 귀로 듣느냐? 네가 아마 잘못 알고 온 것이니, 그대로 돌아가면 오늘의 허물을 내가 <u>과히</u>

　　　<u>묻지 않으리라.</u>　　　　　　　　　　　　　　　장교를 회유하려는 태도를 드러냄.

장교: (들은 체를 않고) 정 소원이라면 <u>평안하게 모셔 오라는 명령이었다. 잡아라.</u>
　　　　　　　　　　　　　　죽여서라도 데려오라는 의미임.

병사들, 공주의 팔을 좌우에서 잡는다.

공주: 어머니.

장교: 편하게 해 드려라.

병사 1, 칼을 뽑아 공주를 앞에서 찌른다. 공주, 앞으로 쓰러진다. 붙잡았던 병사들, 서서히 땅에 눕힌다.

장교, 손으로 지시한다. / <u>병사 2, 큰 비단 보자기로 공주의 시체를 싼다.</u>
　　　　　　　　　　　　공주를 죽여서라도 데려가려는 준비를 했음.
　장교, 또 지시한다. / 병사들, 공주를 들고 퇴장. 장교, 뒤따라 퇴장. 공주의 살해에서 퇴장까지의 동작은 마치 <u>의전(儀典)</u>
동작처럼, 기계적으로 마디 있게 처리.　　　　　　　　　　　　　　　　　　행사를 치르는 일정한 법식

대사: 공주. 좋은 세상에서 또다시 만납시다.　　　　　　　　　　　　　　　▶ 비극적인 죽음을 맞이한 공주

　온모, 사건이 진행되는 동안 전혀 움직이지 않고 서 있다가 모두 퇴장한 다음 무대 정면으로 조금씩 움직여 나온다. <u>밝은</u>
추울 때에 저고리 위에 덧입는, 주머니나 소매가 없는 옷
<u>진홍색 배자와 성성한 백발이 강하게 대조되게,</u> 날이 저물 무렵, 이 조금 전, 병사들의 퇴장 무렵부터 눈이 조금씩 내리기 시
　색채 대비를 통한 비극성 강조
작. 흰 눈, 진홍색 배자, 백발이 이루는 색채의 덩어리를 인상적으로 나타낼 수 있도록 조명을. 온모 소리는 없이 입속에서 중

얼거리는 표정.

온모: (얼굴을 약간 쳐들어 눈발을 보며) 눈이 <u>오는군……</u> 오늘은…… 산에서…… 자는 날도 아닌데……왜…… 이
　　　　　　　　　　　　　　　　　　　　　　자식의 죽음으로 실성한 온모
　　　렇게 늦는구? (계속 내리는 눈발 속에)　　　　　　　　　　　　　　　　　▶ 온달을 기다리는 온모

　　　　　　　　　　　　　　　　　　　　　　　　　　　　　　　　　　　　－ 막 －

＊채: 가마, 들것, 목도 따위의 앞뒤로 양옆에 대서 메거나 들게 되어 있는 긴 나무 막대기.

설화와 희곡의 내용 비교 문항 1, 3 관련

온달 설화	어디서 무엇이 되어 만나랴
평강왕이 울보 공주에게 온달과 혼인시키겠다고 농담을 함.	온달이 꿈에서 여인을 만나 백년가약을 맺음.
성장한 공주가 온달과 혼인하겠다고 하자 왕이 공주를 궁에서 쫓아냄.	공주가 정치적인 이유로 궁에서 쫓겨나 암자로 감.
온달을 찾아간 공주는 온달과 그의 모를 설득하여 결혼을 함.	공주의 청으로 온달과 공주가 결혼을 함.
공주는 살림을 일구며 온달을 가르침.	공주가 적극적으로 온달을 내조함.
온달이 전쟁에서 큰 공을 세워 장수가 됨.	사냥을 나온 왕의 눈에 띈 온달이 장수가 됨.
온달은 전쟁에서 전사하고, 공주가 움직이지 않는 온달의 시신을 달래 저승으로 인도함.	온달이 신라군과의 전투 중 고구려 부하들의 배반으로 죽음을 당하고, 공주의 위로로 움직이지 않던 관이 움직임.
	공주가 고구려 군사들에게 살해되고, 온달의 모는 실성하여 죽은 온달을 기다림.

 작품의 주제 문항 3 관련

원작인 「온달 설화」는 온달과 공주의 신분을 초월한 남녀의 사랑이라는 주제를 담고 있다. 온달의 죽음은 비극이지만 이는 둘의 지고지순한 사랑을 부각하는 역할을 한다. 「온달 설화」를 소재로 한 현대 희곡 「어디서 무엇이 되어 만나랴」는 원작의 주제를 계승하는 한편, 온달과 공주가 억울하게 죽은 사건을 새롭게 삽입하여 거대한 현실 권력과 대결하는 개인이 맞이한 비극적 운명이라는 새로운 주제까지 구현하려 하였다.

EBS Q&A

Q 고전 문학 작품을 현대적으로 계승한 작품으로 무엇이 있나요? 문항 3 관련

A 고전 문학 작품은 많은 현대 작가들에게 창작의 동기를 부여하는 역할을 합니다. 예를 들어 박재삼의 시 「수정가」는 고전 소설인 「춘향전」의 춘향을 화자로 설정하여 그리움과 한의 정서를 표현하였고, 최인훈의 소설 「놀부뎐」은 고전 소설인 「흥부전」을 토대로 창작하였지만 권선징악이라는 단순한 주제에서 벗어나 두 형제의 비극을 사회 구조적 문제로 확장하여 형상화하였습니다. 윤동주의 시 「간」은 우리의 설화인 「구토지설」뿐 아니라 그리스의 「프로메테우스 신화」까지 차용하여 부정적 현실의 극복 의지를 드러내려 하였습니다. 이처럼 현대 작가들은 고전 문학 작품을 소재로 삼아 원작의 내용과 주제를 계승하려 하기도 하지만, 원작을 변형하거나 원작에 새로운 내용을 삽입하여 원작과 다른 주제 의식을 나타내려는 시도도 하였습니다.

어느 날 고궁을 나오면서 _ 김수영

감상 포인트 이 작품은 힘 있는 자들의 부정과 부패에 저항할 용기는 내지 못하면서 힘없는 이들을 향해 사소한 일에만 분노를 표출하는 화자가 자신의 옹졸함을 성찰하는 시이다. 이 시에서 '고궁'이 권력을 상징한다면 '왕궁의 음탕'은 그 권력의 전횡과 부패를 상징한다고 할 수 있다. 화자는 경험과 일화를 열거하고 자조적 물음을 반복함으로써 치열한 반성의 태도를 보여 주고 있다.

주제 부당한 사회 현실에 저항하지 못하는 자신의 소시민적 속물근성에 대한 반성

성찰의 주체   사소한 일
왜 나는 조그마한 일★에만 분개하는가
　　　　부끄러움의 정서가 내재해 있음.
저 왕궁 대신에 왕궁의 음탕★ 대신에
　　　　　　　　권력을 가진 자들의 타락과 부패
50원짜리 갈비★가 기름 덩어리만 나왔다고 분개하고
　　　　　　'조그마한 일에만 분개하는' 모습
「옹졸하게 분개하고 설렁탕집 돼지 같은 주인년한테 욕을 하고
『 』: 자조적인 반성　　　　　　힘이 없는 자 ①
옹졸하게 욕을 하고」
── 고궁을 둘러보고 나오는 시적 상황과 관련됨.

★ **문제 해결 키** 문항 1 관련
'조그마한 일'은 '왕궁의 음탕'과 대조되는 의미일 수는 있으나, 약자들의 소극적 저항을 의미하는 것은 아님.

★ **문제 해결 키** 문항 3 관련
'50원짜리 갈비'는 당시 물가 수준이나 화폐 가치에 대한 정보를 제공하는 단서가 됨.

「한번 정정당당하게
『 』: '조그마한 일'과 대비되는, 마땅히 분개해야 할 본질적인 문제들과 관련된 실천을 의미함.
붙잡혀 간 소설가를 위해서

언론의 자유를 요구하고 월남 파병에 반대하는

자유를 이행하지 못하고」

「20원을 받으러 세 번씩 네 번씩
『 』: '조그마한 일에만 분개하는' 모습
찾아오는 야경꾼*들만 증오하고 있는가　　　　　▶ 1, 2연: 심각한 사회 문제에는 침묵하면서 사소한 일에만 분개하는 '나'

옹졸한 나의 전통은 유구하고 이제 내 앞에 정서(情緒)로 ─┐
　　　　　　　　　　　　　　　　　　　　　　　　├ 자신의 '옹졸함'이 오래전부터 몸에 배어 있다는 뜻임.
가로놓여 있다　　　　　　　　　　　　　　　　　┘

이를테면 이런 일이 있었다
　 '옹졸한 나의 전통'과 관련된 사건
부산에 포로수용소의 제14야전병원에 있을 때

정보원이 너스들과 스펀지를 만들고 거즈를

개키고 있는 나를 보고 포로경찰이 되지 않는다고

남자가 뭐 이런 일을 하고 있느냐고 놀린 일이 있었다
　　 '정보원'이 생각하는 사소한 일
너스들 옆에서　　　　　　　　　　　　　　　　　▶ 3연: 포로수용소 시절부터 몸에 밴 '나'의 옹졸함

지금도 내가 반항하고 있는 것은 이 스펀지 만들기와
　　　 '조그마한 일에만 분개하는' 행동
거즈 접고 있는 일과 조금도 다름없다

개의 울음소리를 듣고 그 비명에 지고

머리에 피도 안 마른 애놈의 투정에 진다 ─┐ 왜소하고 무기력한 삶의 모습

떨어지는 은행나무 잎도 내가 밟고 가는 가시밭 ─┘

아무래도 나는 비켜서 있다 절정 위에는 서 있지
　　　　　　　　　불의와 대결하며 정의를 위해 희생하는 삶
않고 암만해도 조금쯤 옆으로 비켜서 있다
　　　　　　사회적 문제에 침묵하는 소시민적 삶
그리고 조금쯤 옆에 서 있는 것이 조금쯤

비겁한 것이라고 알고 있다!　　　　　　　　　　　▶ 4, 5연: 절정에서 비켜서 있는 '나'의 비겁함

그러니까 이렇게 옹졸하게 반항한다

이발쟁이에게
힘이 없는 자 ②
땅주인에게는 못 하고 이발쟁이에게
힘이 있는 자 ①
구청 직원에게는 못 하고 동회 직원에게도 못 하고
힘이 있는 자 ②　　　　　　　힘이 있는 자 ③
야경꾼에게 20원 때문에 10원 때문에 1원 때문에
힘이 없는 자 ③
우습지 않으냐 1원 때문에　　　　　　　　　　　▶ 6연: 옹졸하게 반항하는 현재의 삶에 대한 반성
　　　　자조적인 태도

모래야 나는 얼마큼 적으냐 ─┐

바람아 먼지야 풀아 나는 얼마큼 적으냐 ├ 무기력한 소시민적 삶의 태도에 대한 자조적 독백

정말 얼마큼 적으냐······ ─┘
　　　　　　　　　　　　　　　　　　　　　　▶ 7연: '나'의 옹졸함에 대한 자조와 반성

＊야경꾼: 밤사이에 화재나 범죄가 없도록 살피고 지키는 사람.

포인트 1 **화자의 태도와 정서** 문항 1, 2 관련

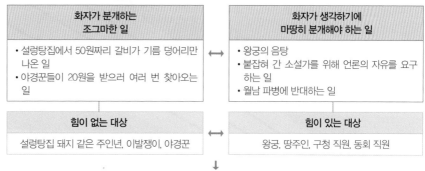

화자가 분개하는 조그마한 일		화자가 생각하기에 마땅히 분개해야 하는 일
• 설렁탕집에서 50원짜리 갈비가 기름 덩어리만 나온 일 • 야경꾼들이 20원을 받으러 여러 번 찾아오는 일	⟷	• 왕궁의 음탕 • 붙잡혀 간 소설가를 위해 언론의 자유를 요구하는 일 • 월남 파병에 반대하는 일

힘이 없는 대상		힘이 있는 대상
설렁탕집 돼지 같은 주인년, 이발쟁이, 야경꾼	⟷	왕궁, 땅주인, 구청 직원, 동회 직원

조그마한 일에만 분개하는
무기력하고 소시민적인
삶의 태도에 대한 자조와 반성

포인트 2 **창작 당시(1965년)의 사회·문화적 배경** 문항 2 관련
- 6·25 전쟁의 경험으로 인한 상처가 지속되고 있었음.
- 독재를 끝내자는 4·19 혁명이 온전한 결실을 거두지 못함.
- 군사 정변으로 권력을 잡은 세력이 자유와 민주에 대한 민중의 열망을 억압함.
- 한·일 협정 체결, 월남 파병 등이 권력층의 의지에 따라 반대 세력을 무시한 채 강행됨.
- 소수를 제외한 시민 대부분은 소시민적 삶의 태도에 젖어 사회적 이슈에 침묵함.

■ 김수영의 시 세계와 「어느 날 고궁을 나오면서」

4·19 이전 무기력하고 소심한 자세를 취하던 김수영에게 4·19는 커다란 변화의 계기를 만들어 주었다. 1960년 4·19 때 40세였던 그는 혁명의 감격과 흥분을 온몸으로 절감했던 것 같다. 그 때문에 그의 시의 어조는 급격히 바뀐다. 고뇌하는 사색형 시인이었던 그에게서 구호와 선동과 독설의 언어가 폭발한 것은 분명 이변이었다.

5·16이 일어나고 혁명 주체 세력에 의해 사회가 통제되자 김수영의 독설과 구호는 밑으로 가라앉고 애매모호한 언어의 유희를 통해 현실의 부정적 상황을 우회적으로 드러내는 방법을 택하게 된다. 그는 우회적 어법을 통해 직선적 독설의 어법으로 풀어내지 못한 것을 조정하면서 마음의 균형을 취해 갔을 것이다. 요설과 독백으로 얼룩진 난해시를 일 년 정도 쓰던 김수영은 안정되어 가는 현실의 노선과 타협하는 과정을 밟는다. 날로 커져 가는 정치 권력 앞에서 김수영은 소시민적 풍자를 택한다. 스스로 겨자씨같이 조그만 존재로 자인하면서 현실의 억압 속에 살아가는 소시민의 나약성을 폭로한다. 이것은 소시민의 자리에서 자신의 내부를 해부하고 고발하는 방법이다. 1965년 11월 4일에 쓴 「어느 날 고궁을 나오면서」는 억압적 정치 상황 속에서 나약한 지식인이 어떻게 살아가고 있는지를 솔직하게 고백하고 있다. 그가 말한 '옹졸한 반항'은 스스로를 비하함으로써 발생하는 우회적인 현실 비판이기 때문에 억압적 상황 속에서 의미 있는 기능을 담당한다. 우리 모두가 비루하고 왜소한 존재이지만, 왜소함을 왜소하다고 폭로함으로써 인간을 이렇게 왜소하게 만든 현실 권력을 비판하는 기능을 수행한다.

　　　　　　　　　　　　　- 이숭원, 「소시민의 저항과 사랑의 발견 - 김수영 시의 변모」, 『작품으로 읽는 한국 현대시사』

II

적용 학습

감상 포인트　이 작품은 신라 경덕왕 때 충담사가 지은 향가로 기파랑의 고매한 성품을 예찬하고 있다. 기파랑을 그리워하며 '이슬 밝힌 달'을 바라보던 화자는 '모래 가른 물가'에서 기파랑의 모습을 발견하고는 자신이 '낭이 지니시던 마음의 갓'을 좇고 있음을 고백하고 있다. 마지막 부분에 제시된 '잣나무 가지'와 '고깔'은 기파랑의 고매한 성품을 드러내기 위한 시어로 활용되고 있다. 제시된 지문은 김완진의 향가 해독을 현대어로 푼 것이다.

주 제　기파랑에 대한 그리움과 기파랑의 고매한 성품에 대한 예찬

흐느끼며 바라보매
대상의 부재로 인한 화자의 슬픔을 직접적 행위로 나타내고 있음.
이슬 밝힌 달★이
도입 부분에서 화자가 응시하는 대상
흰 구름 따라 떠간 언저리에

모래 가른 물가에
화자의 시선이 달에서 물가로 이동하고 있음.
기랑의 모습이올시 수풀이여.

일오내 자갈 벌에서
흔히 '일오라 불리는 냇물'로 풀이됨.
낭이 지니시던
화자가 흠모하는 '기파랑의 뜻'
마음의 갓을 좇고 있노라.
기파랑의 고고한 성품을 의미하는 시어
아아, 잣나무 가지가 높아
낙구의 시작을 알리는 감탄사
눈이라도 덮지 못할 고깔이여.
시련, 고통, 불의 등을 뜻함.　화랑의 우두머리를 상징함.

★ 문제 해결 키 문항 1 관련

(가)와 (나)는 모두 도입 부분에서 '달'을 바라보는 화자의 모습을 떠올릴 수 있음. 시상 전개 과정에서 '달'이 어떠한 역할을 하고 있는지, 화자가 말하고자 하는 주제가 무엇인지를 떠올리며 작품을 읽어 내야 함.

▶ 기(1~5행): 기파랑을 그리워하는 화자의 모습

▶ 서(6~8행): 기파랑의 모습을 떠올리며 그 뜻을 따르고자 함.

▶ 결(9, 10행): 기파랑의 고매한 성품을 예찬함.

**핵심 개념
이것만은
꼭 익히자**

포인트 1　'기파랑'의 모습이나 성품을 드러내는 상징적 소재들 문항 3 관련

달	높은 곳에 떠 있는 존재로, 기파랑이 높이 우러러보는 존귀한 대상임을 드러냄.
모래 가른 물가	'깨끗하게 보이는 물가'라는 의미로, 기파랑의 깨끗한 성품과 정갈한 모습을 드러냄.
잣나무 가지	당당하게 자란 잣나무와 높이 솟은 나뭇가지의 모습으로 기파랑의 드높은 기상을 드러냄.
고깔	집단의 우두머리나 높은 신분을 드러내는 소재로 기파랑이 화랑의 우두머리였음을 환기함.

포인트 2　「찬기파랑가」의 시상 전개 과정 문항 1, 3 관련

구분	내용	화자의 정서
기(1~5행)	기파랑을 그리워하는 화자의 모습	기파랑의 부재를 떠올리며 느끼는 슬픔과 그리움
서(6~8행)	기파랑의 모습을 떠올리며 그 뜻을 따르고자 함.	'낭이 지니시던 / 마음의 갓'을 따르고 싶은 마음
결(9, 10행)	기파랑의 고매한 성품을 잣나무 가지에 빗댐.	떠나간 기파랑을 예찬하며 그를 사모하는 마음을 드러냄.

↓

'기파랑'이라는 화랑을 자연물에 비유하여 높은 기상을 예찬한 후, 그를 사모하는 마음을 드러냄.

■ 양주동이 해독한 「찬기파랑가」

향찰로 표기되어 있는 '향가'는 해독자에 따라 그 해석이 달라진다. 김완진은 이 작품을 해석할 때, '화자의 독백 형식'으로 시상을 전개하며 해석하는 것이 자연스럽다고 보았지만, 양주동은 '화자와 달의 문답 형식'으로 시상을 전개하며 이해하는 것이 더 효과적이라고 보았다. 시상 전개 방식에 대한 이해의 차이로 두 해석본에는 차이가 발생하지만, '기파랑을 그리워하고 사모하는 마음과 그의 성품을 예찬'하려는 주제 의식에는 두 해독자 모두 동의하고 있다.

열치매	열어젖히며	
나토얀 ᄃ리	나타난 달이	
힌 구룸 조초 ᄠᅥ 가는 안디하	흰 구름 좇아 떠 가는 것 아니냐?	▶ 화자의 물음
새파론 나리여히	새파란 냇물에	
기랑이 즈싀 이슈라	기파랑의 모습이 있구나.	
일로 나리ㅅ 직벽히	이로부터 냇가 조약돌에	
낭(郎)이 디니다사온	기파랑이 지니시던	
ᄆᆞᅀᆞ미 ᄀᆞᆺ 홀 좇누아져	마음의 끝을 따르고자.	▶ 달의 대답
아아 잣ㅅ가지 노파	아아, 잣나무 가지 높아	
서리 몯누올 화반(花判)이여	서리 모를 화랑의 우두머리여.	▶ 화자의 독백
– 향가 원문	– 양주동 해독	

■ 10구체 향가와 낙구

향가는 흔히 몇 구로 이루어져 있느냐에 따라 4구체·8구체·10구체로 구분한다. 4구체의 대표적 작품으로는 「서동요」, 「헌화가」 등이 있고, 8구체의 대표적 작품으로는 「모죽지랑가」, 「처용가」 등이 있다. 10구체 중에 잘 알려진 작품으로는 「제망매가」, 「찬기파랑가」, 「안민가」 등이 있다. 흔히 4구체의 민요 형식으로 시작된 서정시가 점차 장형화하려는 경향을 보이면서 8구체, 10구체 등으로 변화한 것이라 설명하기도 하지만, 10구체의 형식이 완성된 이후에도 「처용가」와 같은 8구체 작품이 창작되는 것을 볼 때 모든 작품에 적용되는 것은 아니다. 10구체 향가의 경우, '기 - 서 - 결'과 같이 크게 세 부분으로 구분하는데, 이것이 시조의 '초장 - 중장 - 종장'의 구성과 형식적으로 유사하다고 보는 견해가 있다. 특히 마지막 부분을 낙구 또는 격구라고 부르는데, 그 첫머리에 '아아'와 같은 감탄사를 쓰는 것이 특징이다.

Q '비유'와 '상징'은 어떠한 차이가 있나요? 문항 3 관련

A '문항 3'은 〈보기〉를 바탕으로 '비유와 상징'을 이해하고 두 표현 방식이 지닌 특징을 구분할 것을 요구하고 있습니다. '비유'나 '상징'은 사람들이 원관념과 관련된 자신의 생각이나 느낌, 이미지를 구체적, 효과적으로 전달하기 위해 사용하는 표현 방법입니다. 두 방법은 원관념을 다른 사물, 즉 보조 관념과 관련지어 드러낸다는 점에서 비슷하지만, 공통점이나 유사성을 활용하는 방식에 차이가 있습니다. '비유'는 원관념과 보조 관념의 공통점이나 유사성을 명시적으로 떠올리게 하여 원관념을 친근하고 익숙하게 인식하도록 돕거나 참신한 시각에서 바라볼 수 있게 만듭니다. 한편 '상징'은 보조 관념이 가지고 있는 핵심적 특징이나 다층적 의미를 활용하여 맥락에 따라 다양한 해석을 가능하게 합니다. 때로는 전혀 유사성이 없어 보이는 보조 관념을 작품 속에 상징적 소재로 활용하여 다양한 의미를 떠올릴 수 있게 만들기도 합니다. '상징'은 '비유'에 비해 다양하게 해석될 여지가 크기 때문에 작품의 해석에 어려움을 가져올 수 있습니다. 그러나 그렇게 독자의 다양한 해석을 불러일으킨다는 것이 시인들이 '상징'을 사용하는 이유라고 말할 수 있습니다.

감상 포인트 이 작품은 조선 중기에 이양연이 지은 한시로 칠언 절구에 해당한다. 푸른 밤하늘에 걸린 달과 옥거울의 형태적 관련성에 주목하고 있다. 하늘에 반달이 뜨고, 물속에도 반달이 들어 있는 풍경을 두고 복비와 직녀 사이의 다툼 때문에 달이 나누어진 것이라고 연상한 것이 특징이다.

주 제 벽공에 걸린 반월의 아름다운 풍경

옥거울 갈고 다듬어 벽공*에 걸었더니
'밤하늘에 뜬 아름다운 달'을 비유적으로 드러낸 시어임.
밝은 빛 화장할 때 비춰 보기 딱 알맞네
여인의 화장과 관련지어 '달빛이 매우 밝음'을 드러냄.
복비와 직녀가 서로 갖겠다 다투다가 ─
'반달'이 떠 있는 상태와 관련하여 화자가 떠올린 고사 속 인물들
반쪽은 구름 사이에 반쪽은 물속에.
하늘에 뜬 달이 '반달'임을 알 수 있음.

*벽공(碧空): 푸른 하늘. 여기서는 '푸른 밤하늘'을 이름.

玉鏡磨來掛碧空
옥 경 마 래 괘 벽 공
明光正合照粧紅
명 광 정 합 조 장 홍
宓妃織女爭相取
복 비 직 녀 쟁 상 취
半在雲間半水中
반 재 운 간 반 수 중

▶ 기(1행): 옥거울을 떠올리게 하는 푸른 밤하늘의 달

▶ 승(2행): 화장하기에 알맞게 밝은 달빛

▶ 전(3행): 달을 서로 가지겠다고 싸우는 복비와 직녀의 모습을 떠올림.

▶ 결(4행): 구름 사이에 뜬 반달과 물속에 들어 있는 반달이 어우러진 아름다움

└─ 보름달이 '반달'이 된 이유를 설명하기 위해 떠올린 화자의 상상

★ 문제 해결 키 [문항 2 관련]

'복비'와 '직녀'가 고사 속에서 어떤 상황에 처해 있는지를 이해한 후, 두 사람이 '서로 갖겠다 다투'는 대상이 무엇인지를 떠올려야 함. 또한 시인이 그러한 행위를 상상하여 드러내고자 하는 바가 무엇인지 이해해야 함.

핵심 개념
이것만은
꼭 익히자

 포인트 1 아름다운 '여인'을 떠올리게 하는 소재들

[문항 3 관련]

옥거울	옥빛의 둥근 거울로, 당시 여성들이 단장을 할 때 사용하는 물건임. 달이 맑고 깨끗한 상태임을 드러낸 소재임.
화장	누군가를 위해 자신을 단장하는 행위로, 아름다움을 가꾸는 모습과 연결됨.
복비, 직녀	고사 속에 언급되는 인물로, 아름다운 모습을 지닌 여인을 떠올리게 함.

포인트 2 '반쪽'의 두 가지 의미 [문항 2 관련]

• 구름 사이에 뜬 달이 '반달'이고 그러한 '반달'이 물에 비쳐서(물속에 들어 있어) 아름다운 자연의 풍경을 만들어 내고 있음을 드러냄.

• '전'구에서 '복비'와 '직녀'가 둥근달을 두고 다툰 결과, 둥근달이 반으로 쪼개져 하나씩 가지게 되었다고 표현하고 있는데, 이를 통해 벽공에 걸린 '옥거울(달)'이 너무나 가지고 싶은 아름다운 것임을 강조하는 효과가 있음.

배경지식
더
알아보기

■ 견우직녀 설화

직녀는 하느님의 손녀로 길쌈을 잘하고 부지런했다. 하느님이 그녀를 매우 사랑하여 은하수 건너편의 '하고'라는 목동(견우)과 혼인하게 했다. 직녀와 견우는 신혼의 즐거움에 빠져 제 본분을 다하지 않았고, 하느님은 크게 노하여 이 둘을 은하수를 사이에 두고 떨어져 살게 하였다.(견우가 사는 별이 견우성, 직녀가 사는 별이 직녀성이다.) 그리고 일 년에 한 번 칠월 칠석(음력 7월 7일)에만 두 사람이 같이 지내도록 허락했는데, 두 사람은 은하수를 건너지 못해 칠월 칠석에도 만나지 못하고 있었다. 이를 안타까워한 지상의 까막까치들이 하늘로 올라가 머리를 이어 다리를 놓아 주었다. 이 다리를 '오작교'라고 한다.

■ 함께 읽을 작품: 황진이가 쓴 한시, 「영반월」

'달'을 소재로 하면서 '직녀'가 등장하는 한시로 황진이가 쓴 「영반월」이 있다. 표현 방식과 주제 의식을 중심으로 이양연의 「반월」과 비교해 볼 수 있다.

누가 곤륜산의 옥을 깎아 내어	誰斷崑山玉 (수단곤산옥)
마름질해 직녀가 빗을 만들었는가	裁成織女梳 (재성직녀소)
견우가 한번 가 버린 후에	牽牛一去後 (견우일거후)
수심에 잠겨 푸른 하늘에 던져 버렸네	愁擲碧空虛 (수척벽공허)

02 (가) 사모곡 _ 작자 미상

고전 시가

감상 포인트 작자 미상의 고려 가요로 『악장가사』, 『시용향악보』에 기록되어 전하며, 어머니가 자식에게 베풀어 주는 사랑에 대한 예찬과 감사의 마음을 진솔하게 표현하고 있다. 자식에 대한 아버지와 어머니의 사랑을 각각 호미와 낫에 비유하여, 어머니의 사랑이 아버지의 사랑보다 섬세하고 깊음을 나타낸 점이 이 작품의 특징이다. 고려 가요의 특징인 3음보 율격과 후렴구가 나타나지만 고려 가요의 일반적 형태와 달리 한 개의 연으로 되어 있다. 후렴구를 제외하면 시조와 형태가 비슷하며, 마지막 행 첫머리의 '아소 님이시여'라는 감탄 어구는 10구체 향가의 낙구와 유사하다. 호미와 낫 같은 농경 사회의 일상적 소재가 작품의 소재로 사용된 점, 짧은 길이에 단순한 형식으로 구성된 점 등으로 미루어 짐작할 때 농경 사회를 배경으로 한 농촌 민요였던 것으로 보인다.

주 제 어머니가 베풀어 주신 사랑에 대한 예찬과 감사의 마음

호미★도 날이지마는
<small>원관념: 아버지가 자식에게 베풀어 주는 사랑</small>

낫★같이 들 리도 없습니다
<small>원관념: 어머니가 자식에게 베풀어 주는 사랑</small>

아버님도 어버이시지마는

위 덩더둥셩

어머님같이 괴실 이 없어라
<small>　　　　　사랑하실 분이</small>

아소 님이시여 어머님같이 괴실 이 없어라
<small>감탄사. 10구체 향가의 낙구(9행 첫머리에 오는 감탄사)와 유사함.</small>

뜻이 없이 흥을 돋우기 위해 삽입된 구절. 조흥구 또는 여음구라고 함. '위'는 감탄사이고, '덩더둥셩'은 북소리를 표현한 음성 상징어임.

▶ 1~2행: 호미보다 예리한 낫

★ 문제 해결 키 문항 2 관련

자식에게 베풀어 주는 어머니와 아버지의 사랑을 견주어 보면서 그 둘의 차이를 호미와 낫이라는 구체적 사물에 빗대어 표현하고 있는 것이 특징적임. 참신한 비유를 사용해, 사랑의 마음이라는 추상적 대상을 사물의 구체적 속성에 빗대어 표현함으로써 어머니의 자식 사랑을 좀 더 선명하게 형상화함.

▶ 3~6행: 아버지의 사랑보다 더 깊은 어머니의 사랑

**핵심 개념
이것만은
꼭 익히자**

 주제 의식을 부각하는 다양한 표현 방식: 은유, 비교, 반복 문항 1, 2 관련

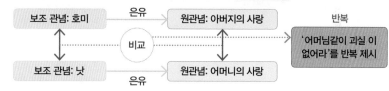

보조 관념: 호미　—은유→　원관념: 아버지의 사랑

보조 관념: 낫　—은유→　원관념: 어머니의 사랑

비교

반복

'어머님같이 괴실 이 없어라'를 반복 제시

**배경지식
더
알아보기**

■ **농경 문화를 배경으로 하여 가족애와 효(孝)를 보여 주는 작품**

고려 가요 중에 농경 문화를 배경으로 소박하면서 따뜻한 가족애와 효를 보여 주는 작품으로 「사모곡」과 「상저가」를 들 수 있다. 두 작품이 담고 있는 가족애와 효는 누구나 공감할 만한 보편적 정서이면서 전근대 사회의 바탕을 이루는 중요한 가치였다. 그래서 과거에 지배층은 「사모곡」과 「상저가」가 백성 교화에 유용하게 쓰일 수 있을 것이라 생각하였고, 이는 두 작품이 궁중 음악으로 수용되어 오래도록 전승될 수 있었던 중요한 이유였다.

듥긔동 방해나 디히 히얘	〈현대어 풀이〉
게우즌 바비나 지서 히얘	덜커덩 방아나 찧어 히얘
아바님 어마님씌 받줍고 히야해	거친 밥이나 지어 히얘
남거시든 내 머고리 히야해 히야해	아바님 어마님께 바치옵고 히야해
― 작자 미상, 「상저가」	남거든 내 먹으리 히야해 히야해

→ '거친 밥'을 먹어야 하는 가난한 살림에도 부모의 밥을 먼저 챙기는 가족애와 효성스러운 마음을 표현하고 있음.

02 (나) 오관산 _ 문충

감상 포인트

문충이 지은 「목계가」라는 노래를 고려 말의 문인인 이제현이 한문으로 번역한 것으로, 그의 문집인 『익재난고』에 기록되어 전한다. 실현 불가능한 상황을 가정한 다음, 그 상황이 실현되었을 때 비로소 어머니가 늙으실 것이라고 말하며 어머니가 늙지 않기를 바라는 화자의 간절한 소망을 표현하고 있다. 이 작품은 오관산 밑에 살면서 어머니를 극진히 모시던 문충이 어머니가 늙으시는 것을 안타깝게 여겨 지었다고 한다. 원 노래의 제목이 '목계가'인 이유는 노랫말에 나무로 깎아 만든 닭, 즉 목계(木鷄)가 중요한 소재로 등장하기 때문이다. 이제현이 「목계가」의 일부를 한문으로 번역하면서 제목을 '오관산'으로 고친 것은, 과거 효자와 관련한 글이나 노래에 그 효자가 살던 곳의 지명을 사용해 제목을 붙이는 관행이 있었기 때문이다.

주제

어머니가 늙지 않기를 바라는 자식의 간절한 소망

나뭇조각으로 작은 당닭 만들어
<u>닭의 한 종류</u>

집게로 집어 벽의 화에 앉혔네

           ┐ 다음 행에서 언급되는 일이 일어나기 위한 선행 조
           │ 건으로 '나무로 만든 닭이 울음을 운다.'라는 실현
           ┘ 불가능한 일을 제시하고 있음.

이 닭이 <u>꼬끼오 울며 시간을 알릴 제야</u>
<u>나뭇조각으로 만든 작은 당닭</u>

   ▶ 1~3행: 실현 불가능한 상황을 조건으로 제시

어머님 얼굴 <u>비로소 지는 해와 같으리</u>★

   ▶ 4행: 어머니가 늙지 않기를 바라는 간절한 소망

늙어 가시는 어머니의 모습을 비유하기 위한 소재.
화자가 '지는 해'라는 소재를 선택한 데에는 늙어 가시는 어머니의 모습이 석양처럼 아름다우실
것이라는 화자의 생각, 곧 어머니를 향한 사랑의 마음이 담겨 있는 것으로 이해됨.

木頭雕作小唐鷄
목 두 조 작 소 당 계

筯子拈來壁上栖
저 자 념 래 벽 상 서

此鳥膠膠報時節
차 조 교 교 보 시 절

慈顔始似日平西
자 안 시 사 일 평 서

★ 문제 해결 키 문항 2 관련

현실에서 일어날 수 없는 가상의 상황을 설정하여 화자의 소망을 강조하고 있음에 주목해야 함.
화자는 나무로 만든 닭이 울음을 울면 비로소 어머니가 늙게 되실 것이라고 말하고 있는데 이는
어머니가 노쇠해지지 않길 바라는 화자의 간절한 소망을 역설적·반어적으로 표현한 것임.

**핵심 개념
이것만은
꼭 익히자**

포인트 1 상황의 역설, 화자의 반어적 표현에 담긴 의미 문항 2 관련

㉠: 선행 조건	㉡: ㉠이 실현될 때 일어날 일
나무로 만든 닭이 살아서 울음소리를 냄.	어머니가 늙게 되심.
↓	↓
상황의 역설	**반어적 표현**
'무생물인 사물이 생물이 되어 살아 움직인다.'라는 역설적 상황	마음속으로는 '어머니가 늙지 않기'를 바라지만 겉으로는 '조건이 실현된다면 어머니가 늙게 될 것'이라고 표현함.

**배경지식
더
알아보기**

■ '실현 불가능한 가상의 상황'을 제시하여 주제 의식을 강조한 작품들

꿈에 다니는 길이 자취곧 날작시면 임의 집 창밖의 석로(石路)라도 닳으리라 꿈길이 자취 없으니 그를 슬퍼하노라 – 이명한	〈현대어 풀이〉 꿈에 다니는 길이 자취가 날 것 같으면 임의 집 창밖의 돌길이 닳으리라 꿈길이 자취 없으니 그것을 슬퍼하노라

→ '꿈속에서 그리운 임의 집에 다녀오는 화자의 행위가 현실 세계에 실제로 발자취를 남겨서 임의 집으로 이어지는 돌길이 닳아 버린다.'라는 실현 불가능한 상황을 제시하여 임을 향한 화자의 그리움을 부각함.

삭삭기 셰몰애 별헤 나는
삭삭기 셰몰애 별헤 나는
구은 밤 닷 되를 심고이다
그 바미 우미 도다 삭 나거시아
그 바미 우미 도다 삭 나거시아
유덕(有德)호신 님을 여히ᄋᆞ와지이다
　　　　　　　- 작자 미상, 「정석가」〈제2연〉

〈현대어 풀이〉
사각사각 가는 모래 벼랑에
사각사각 가는 모래 벼랑에
구운 밤 닷 되를 심습니다
그 밤이 움이 돋아 싹이 나야만
그 밤이 움이 돋아 싹이 나야만
유덕하신 임을 여의고 싶습니다

→ '불에 익혀 싹을 틔울 수 없게 된 밤을 식물이 자라기 힘든 모래 벼랑에 심었는데 그 밤에서 싹이 난다.'라는 실현 불가능한 상황을 제시하여 임과 영원히 함께하고 싶은 화자의 소망을 강조함.

옥(玉)으로 연(蓮)ㅅ고즐 사교이다
옥(玉)으로 연(蓮)ㅅ고즐 사교이다
바회 우희 접주(接主)호요이다
그 고지 삼동(三同)이 퓌거시아
그 고지 삼동(三同)이 퓌거시아
유덕(有德)호신 님 여히ᄋᆞ와지이다
　　　　　　　- 작자 미상, 「정석가」〈제3연〉

〈현대어 풀이〉
옥으로 연꽃을 새기옵니다
옥으로 연꽃을 새기옵니다
(그 연꽃을) 바위 위에 접 붙이옵니다
그 꽃이 세 묶음이 피어야만
그 꽃이 세 묶음이 피어야만
유덕하신 임 여의고 싶습니다

→ '무생물인 옥돌로 연꽃을 조각하여 그것을 연꽃이 자라는 연못이 아닌 척박한 바위 위에 접을 붙였는데 그 연꽃이 잔뜩 핀다.'라는 실현 불가능한 상황을 제시하여 임과 영원히 함께하고 싶은 화자의 소망을 강조함.

므쇠로 한쇼를 디여다가
므쇠로 한쇼를 디여다가
철수산(鐵樹山)에 노호이다
그 쇄 철초(鐵草)를 머거아
그 쇄 철초(鐵草)를 머거아
유덕(有德)호신 님 여히ᄋᆞ와지이다
　　　　　　　- 작자 미상, 「정석가」〈제5연〉

〈현대어 풀이〉
무쇠로 황소를 만들어다가
무쇠로 황소를 만들어다가
쇠 나무 산에 놓습니다
그 소가 쇠 풀을 먹어야
그 소가 쇠 풀을 먹어야
유덕하신 임 여의고 싶습니다

→ '쇠로 만든 황소가 쇠로 된 나무들로 이루어진 산에서 쇠로 된 풀을 먹는다.'라는 실현 불가능한 상황을 제시하여 임과 영원히 함께하고 싶은 화자의 소망을 강조함.

개야미 불개야미 잔등 똑 부러진 불개야미
　앞발에 정종 나고 뒷발에 종기 난 불개야미 광릉(廣陵)
샘재 넘어 들어 가람의 허리를 가로물어 추켜들고 북해
(北海)를 건넌단 말이 이셔이다 이셔이다 임아 임아
　온 놈이 온 말을 하여도 임이 짐작하소서
　　　　　　　- 작자 미상

〈현대어 풀이〉
　개미, 불개미, 잔등 부러진 불개미
　앞발에 피부병 나고 뒷발에 종기 난 불개미가 광릉 샘
고개를 넘어 들어가 호랑이의 허리를 가로물어 추켜들고
북해를 건넜다는 말이 있습니다 있습니다. 임아 임아
　온갖 사람이 온갖 말을 하여도 임이 (저의 결백함을)
짐작하소서

→ '병든 작은 개미가 높은 고개를 넘고, 호랑이를 잡아 입에 문 채로 너른 북해를 헤엄쳐 건넌다.'라는 실현 불가능한 상황을 극단적인 상상을 통해 제시함으로써 그러한 상황이 분명한 거짓인 것처럼 자신을 향한 모함도 분명한 거짓임을 임에게 강하게 호소함.

병풍에 그린 황계(黃鷄) 수탉이 두 나래 둥덩 치고
　짜른 목을 길게 빼어 긴 목을 에후리어
　사경(四更) 일점(一點)에 날 새라고 꼬꾀오 울거든 오
려는가
　자네 어이 그리하야 아니 오던고
　　　　　　　- 작자 미상, 「황계사」

〈현대어 풀이〉
　병풍에 그린 황계 수탉이 두 나래 둥덩 치고
　짧은 목을 길게 빼어 긴 목을 에후리어
　사경 일점(새벽 1시 24분 무렵)에 날 새라고 꼬끼오 울
거든 (임이) 오려는가
　자네 어찌 그렇게도 아니 오는가

→ '병풍에 그린 닭이 살아서 울음소리를 낸다.'라는 실현 불가능한 상황을 제시하여 오지 않는 임에 대한 화자의 원망과 절망감을 부각함.

(다) 오륜가_작자 미상

감상 포인트　조선 세종 때 지은 것으로 추정되는 작자 미상의 경기체가로 『악장가사』에 기록되어 전한다. 궁중 음악으로 연행되었으며 총 6장으로 구성되어 있다. 제1장은 서사이고, 나머지 5개의 장은 오륜을 하나씩 다룬다(부자유친 → 군신유의 → 부부유별 → 장유유서 → 붕우유신). 이 글에 실린 부분은 제2장으로 효(孝)에 대해 노래하고 있다.

주 제　부모님의 은혜에 감사하는 마음과 효를 실천하는 모습에 대한 예찬

아버지는 하늘이요 어머니는 땅으로서 나를 낳으시느라 애쓰셨도다
부모님을 자연물인 '하늘'과 '땅'에 빗대어 부모님에게 받은 은혜가 몹시 깊고 큼을 강조함.

父爲天 母爲地 生我劬勞
부 위 천　모 위 지　생 아 구 로

부모님이 베푸신 생물학적인 양육
젖으로 기르시고 의리로 가르치셨으니 큰 은혜 갚으려네
　　　　부모님이 베푸신 정신적인 양육

養以乳 教以義 欲報鴻恩
양 이 유　교 이 의　욕 보 홍 은

▶ 1~2행: 부모님에게 받은 큰 은혜를 갚으려는 마음

맹종읍죽(孟宗泣竹)의 고사. 중국 삼국 시대 오나라의 맹종이 겨울에 어머니가 좋아하시는
죽순이 없음을 슬퍼하자 눈 속에서 죽순이 돋아났다고 함.
대밭에서 눈물 흘리니 죽순이 나고, 얼음을 두드리니 고기가 튀어 올라*
　　　　　　　　　　왕상빙리(王祥氷鯉)의 고사. 중국 남북조 시대에 왕상이 병에 걸린 계모를 위해 한겨울에 잉어를 구
　　　　　　　　　　하러 얼어붙은 강에 나가자 얼음이 저절로 갈라지고 잉어가 스스로 얼음 위로 뛰쳐 올라왔다고 함.

지극한 정성 귀신을 감동시켰으니

泣竹笋生 扣氷魚躍 至誠感神
읍 죽 순 생　구 빙 어 약　지 성 감 신

아아, 늙은 부모 봉양하는 광경 그 어떠합니까?
감탄사와 의문형 표현을 사용하여 효행에 대한 예찬과 그것을 대하는 화자의 고조된 정서를 부각함.

위 養老ㅅ景 긔 엇더ᄒ니잇고
　　　양 로　　경

▶ 3~4행: 효행으로 이름난 인물들의 고사를 열거하고 그 효행을 예찬함.

[엽(葉)*] 증삼 민자* 두 선생의 증삼 민자 두 선생의
공자의 제자 중에 효행으로 가장 이름난 두 인물인 증삼(증자)과 민자(민자건)

葉 曾參閔子 兩先生의 曾參閔子 兩先生의
엽 증 삼 민 자 랑 선 생　　증 삼 민 자 랑 선 생

아아, 혼정신성*하는 광경 그 어떠합니까? □: 자식이 밤에는 부모님의 잠자리를 보아 드
유사한 통사 구조 '아아, ~하는 광경 그 어떠합니까(위 ~ 리고, 이른 아침에는 밤새 부모님이 안녕하셨는
ㅅ景 긔 엇더ᄒ니잇고)'의 반복을 통해 다음의 효과를 얻음. 지를 묻는 것을 뜻함. '효'를 상징하는 대표적인
① 구조적 안정감 ② 운율감 조성 ③ 주제 의식의 강조 관습적 표현

위 定省ㅅ景 긔 엇더ᄒ니잇고
　　　정 성　　경

〈제2장〉

▶ 5~6행: 증삼과 민자의 효행을 예찬함.

＊대밭에서 ~ 튀어 올라: 중국의 효자인 맹종과 왕상의 옛일에서 비롯된 말. 죽순을 좋아하시는 어머니를 위해 맹종이 겨울에 죽순을 찾았지만 찾지 못하여 슬
퍼하니 눈 속에서 죽순이 돋아났으며, 겨울에 잉어를 드시고 싶어 하는 어머니를 위해 왕상이 언 강으로 가니 얼음이 절로 갈라지면서 잉어가 튀어 올랐다고 함.

＊엽: 옛 향악곡의 한 악절을 가리키는 국악 용어로, 본곡의 뒤에 따로 추가된 악절을 뜻함.

＊증삼 민자: 증삼과 민자는 공자의 제자로서 효행으로 유명함.

＊혼정신성: 자식이 밤에는 부모의 잠자리를 보아 드리고 이른 아침에는 부모의 밤새 안부를 물음.

★ 문제 해결 키 문항 2, 3 관련

칭송하거나 자랑하고 싶은 사람, 사물들을 나열하여 하나의 장면을 구성하고, 이 장면을 제시하면서 화자가 느끼는 고양
된 감정을 아울러 드러내는 경기체가의 특징에 주목해야 함.
이 작품에서는 효행으로 이름난 인물들(맹종, 왕상, 증삼, 민자)의 사례를 나열하여 하나의 장면을 구성하고 있음. 아울러
이 장면을 떠올리면서 화자가 느끼는 고양된 정서를 감탄사, 의문형 표현, 유사한 통사 구조의 반복을 통해 부각하고 있음.

핵심 개념 이것만은 꼭 익히자

포인트 1 주제 의식을 드러내는 방식 – 장면화 **문항 3 관련**

> '아아, ~ 광경 그 어떠합니까?'
>
> **효행으로 이름난 인물들의 사례**
> ① 대밭에서 ~ 죽순이 나고: 맹종의 사례
> ② 얼음을 ~ 튀어 올라: 왕상의 사례
> ③ 공자의 제자 증심, 민자의 효행

○ → 바람직한 가치(효)가 실현된 장면을 제시

× → 바람직한 가치(효) 실현을 위한 행위를 명시적으로 권유

배경지식 더 알아보기

■ 경기체가 「오륜가」 전 6장 중 미수록 부분 소개

「오륜가」는 유교 윤리의 가장 긴요한 덕목인 오륜을 사람들에게 널리 전파하여 풍속을 교화하기 위해 창작·향유되어 온 노래를 총칭하는 용어이다. 시조 갈래에는 「오륜가」 계열의 작품이 다수 전해지고 있지만 경기체가로 된 것은 여기에 실린 작품뿐이다. 이 작품은 총 6장으로 구성되어 있는데 1장은 서장에 해당하고, 나머지 5장에서 차례로 부자, 군신, 부부, 형제, 친구 사이의 윤리를 다루고 있다.

> 간언 듣는 임금, 충성 다하는 신하는 인과 의에 살도다
> 문덕을 숭상하고 무기를 잘 정리해 두니 백성이 그 처할 곳을 얻었도다
> 밭 갈아 밥 먹고 우물 파서 물 먹는 배불리 먹고 배 두드리는 태평성대에
> 아아, 요순 시절을 회복한 광경 그 어떠합니까?
> 기린이 반드시 오고 봉황이 늠름하게 오니*, 기린이 반드시 오고 봉황이 늠름하게 오니
> 아아, 상서로운 광경 그 어떠합니까? 〈제3장〉
>
> *기린이~오니: 기린과 봉황이 온다는 말은 태평성대가 도래함을 뜻함.

> 納諫君 盡忠臣 居仁有義
> 尙文德 韜武功 民得其所
> 耕田鑿井 含飽鼓腹 太平聖代
> 위 復唐虞ㅅ景 긔 엇더ᄒ니잇고
> 葉 麒麟必至 鳳凰來儀 麒麟必至 鳳凰來儀
> 위 祥瑞ㅅ景 긔 엇더ᄒ니잇고

→ 오륜 중 '군신유의(君臣有義: 임금과 신하 사이의 도리는 의에 있음.)'의 덕목을 노래함.

> 남자는 아내를 얻고 여자는 남편이 있으니 이는 하늘이 정한 배필이로다
> 쌍기러기 들고 두 성이 합하매 길한 날을 택하니
> 부부의 정이 금슬(거문고와 비파)을 연주하는 듯하고 부부가 서로 따르는도다
> 아아, 화락한 광경 그 어떠합니까?
> 백년해로하고 죽어 한 무덤에 묻힐지어니, 백년해로하고 죽어 한 무덤에 묻힐지어니
> 아아, 언약하는 광경 그 어떠합니까? 〈제4장〉
>
> 男有室 女有家 天定其配
> 納雙雁 合二姓 文定厥祥
> 情勢好合 如鼓瑟琴 夫唱婦隨
> 위 和樂ㅅ景 긔 엇더ᄒ니잇고
> 葉 百年偕老 死則同穴 百年偕老 死則同穴
> 위 言約ㅅ景 긔 엇더ᄒ니잇고

→ 오륜 중 '부부유별(夫婦有別: 남편과 아내는 분별 있게 각자의 본분을 다함.)'의 덕목을 노래함.

형과 동생은 서로 아끼고 시기함이 없으며
안에서 싸울지언정 밖에서는 업신여김을 함께 막고 생사 간에 서로 구해 주도다
형은 아우에게 공손하고 아우는 형에게 순종하여 질서가 있으니 화락하도다
아아, 양보하는 광경 그 어떠합니까?
백이숙제 두 성인의, 백이숙제 두 성인의
아아, 서로 양보하는 광경 그 어떠합니까?

〈제5장〉

兄及弟 式相好 無相猶矣
鬩于墻 外禦侮 死生相救
兄恭弟順 秩然有序 和樂且湛
위 讓義ㅅ景 긔 엇더ᄒ니잇고
葉 伯夷叔齊 兩聖人의 伯夷叔齊 兩聖人의
위 相讓ㅅ景 긔 엇더ᄒ니잇고

→ 오륜 중 '장유유서(長幼有序: 윗사람과 아랫사람 사이에는 차례와 질서가 있어야 함.)'의 덕목을 노래함.

좋은 벗 셋, 해로운 벗 셋이 있으니 착한 이를 택해 좇을지니
그 덕으로 나를 보충하고 그 선으로 나를 책하매 오랜 벗을 잊지 아니하네
술 있으면 걸러 오고 술 없으면 사다가 마시고 춤을 추니
아아, 정성을 드러내는 광경 그 어떠합니까?
안평중의 좋은 사귐, 안평중의 좋은 사귐
아아, 오래도록 공경하는 광경 그 어떠합니까?

〈제6장〉

益友三 損友三 擇其善從
補其德 責其善 無忘故舊
有酒湑我 無酒沽我 蹲蹲舞我
위 表誠ㅅ景 긔 엇더ᄒ니잇고
葉 晏平仲의 善如人交 晏平仲의 善如人交
위 久而敬之ㅅ景 긔 엇더ᄒ니잇고

→ 오륜 중 '붕우유신(朋友有信: 친구 사이에는 신의를 지켜야 함.)'의 덕목을 노래함.

EBS Q&A

Q 경기체가는 문학 갈래로서 어떤 특징을 지니고 있나요? 문항 3 관련

A 경기체가는 고려 후기에 새롭게 나타난 신진사류로부터 시작한 문학 갈래입니다. 1170년, 고려 의종 때 정중부가 무신의 난을 일으키면서 기존의 주류 세력이었던 문벌 귀족이 몰락하고, 그 빈자리를 과거 시험을 통해 중앙으로 진출한 사대부들이 채우게 되는데 그 당시에 등장했던 사대부들을 신진사류라고 합니다.

초창기의 경기체가는 신진사류라는 득의한 문인들의 정신세계를 잘 보여 줍니다. 내용 면에서 자아와 자신이 속한 집단에 대한 강한 믿음과 긍정, 거기서 유래하는 거리낌 없는 호방함으로 가득한 것이 특징이며, 전반적으로 과시적이고 풍류적·유흥적 면모가 강합니다. 표현 면에서는 사람 혹은 사물들의 나열로 이루어진 풍경을 제시하는 것이 특징이며, 고유어는 별로 쓰이지 않고 대부분 한자어로 표현됩니다. 율격은 자수율을 따르고 있어 주로 3·3·4의 자수로 끊어 읽히며, 부분적으로 자수율에 변화를 주기도 합니다. 이렇게 경기체가는 처음에 사물을 통해 사대부들의 의식을 표현하는 노래로 시작되었지만, 후대로 가면서 작품의 주제가 산수 자연의 완상으로 확장되고, 더 나아가 조선 초기에 이르면 국가 제도나 체제에 대한 송축, 지배적 이념과 도덕에 대한 예찬으로까지 그 범위가 넓어졌습니다.

03
고전 시가

(가) 구름이 무심탄 말이 ~ _이존오
(나) 말 없는 청산이오 ~ _성혼
(다) 대천 바다 한가운데 ~ _작자 미상

감상 포인트
㉮ 이 작품은 고려 말의 문신(文臣) 이존오가 간신 승려 신돈이 나라를 어지럽게 만드는 상황을 풍자한 평시조이다. 시조의 소재 중 '구름'은 신돈을, '날빛'은 왕의 선정을 비유한 것으로 왕이 베푸는 선정을 신돈이 방해하는 상황을 나타내고 있다.
㉯ 이 작품은 조선 중기의 학자인 성혼이 지은 평시조이다. 이 시조는 교훈이 될 만한 자연의 여러 가지 속성을 제시한 후 자연 속에서 근심 없이 살아가고 싶은 화자의 의지를 노래하고 있다.
㉰ 이 작품은 세상에 허무맹랑한 거짓말들이 나돌고 있는 현실을 풍자하며, 그러한 말에 현혹되지 말고 현명하게 대처할 것을 임에게 간절히 요청하는 내용을 담은 사설시조이다. 상식적으로 성립되지 않는 말의 허위성을 강조하기 위해 과장된 표현을 사용한 점, '온 놈이 온 말을 하여도 임이 짐작하소서'라는 관습적 표현을 사용한 점이 주요 특징이다.

주 제
㉮ 구름(간신)의 횡포에 대한 풍자
㉯ 자연과 하나 되어 사는 삶의 의지
㉰ 세상의 헛소문에 대한 올바른 판단 촉구

㉮ 구름이 무심탄 말이 아마도 허랑하다
_{욕심 없음.}
_{말과 행동이 허황하고 착실하지 못함.}
중천에 떠 있어 임의로 다니면서
_{하늘의 한복판}   _{간신이 권력을 마음대로 휘두르며 횡포를 부림.}
_{간신(신돈)}
구태여 광명한 날빛을 따라가며 덮느냐
_{일부러}   _{햇빛. 임금(공민왕)의 지혜와 총명}   _{덮어서 막는 것에 대한 비판}

▶ 초장: 구름이 무심하다는 말의 허위성을 폭로함.
▶ 중장: 제멋대로 움직이는 구름의 속성을 제시함.
▶ 종장: 날빛을 가리는 구름의 속성을 비판함.

현대어 풀이
구름이 아무런 욕심이 없다는 말이 아마도 허무맹랑하다
하늘 한가운데 떠서 마음대로 다니면서
구태여 밝은 햇빛을 따라가며 덮느냐

★ 문제 해결 키 [문항 1 관련]
작품에서 소재로 사용된 자연물들의 특징이 어떻게 나타나는지 살펴야 하고 그러한 속성이 생기게 된 연원을 파악해야 함.

☐ : 세속적 속성

㉯ ☐말☐ 없는 청산이오 ☐태(態)☐ 없는 유수로다
☐값☐ 없는 청풍이오 ☐임자☐ 없는 명월이라 ┐ 대구법
이 중에 병 없는 이 몸이 분별없이 늙으리라
_{자연}   _{화자}   _{걱정 없이}
_{자연 친화, 물아일체의 의지}

▶ 초장: 청산과 유수의 속성
▶ 중장: 청풍과 명월의 속성
▶ 종장: 자연 속에서 근심 없이 사는 삶을 다짐함.

현대어 풀이
말이 없는 푸른 산이요 형태 없는 흘러가는 물이로다
값을 매길 수 없는 맑게 부는 바람이요 임자가 없는 밝은 달이라
이러한 가운데 병 없는 이 몸이 걱정 없이 늙으리라

★ 문제 해결 키 [문항 3 관련]
세 작품에 나타나는 '말'에 대해 화자가 어떻게 생각하고 있고 어떤 태도를 취하고 있는지 파악해야 함.

『 』: 과장적 표현   _{바늘의 종류}

일어날 수 없는 일을 과장해서 언급하는 사람들의 말 → 허무맹랑한 말

㉰ 『대천 바다 한가운데 중침 세침* 빠지거다
_{아득히 펼쳐진 바다 한가운데}   _{바늘이 빠진 상황 제시}
여남은 사공 놈이 끝 무딘 상앗대를 끝끝이 둘러메어 일시에 소리치고 귀* 꿰어 내단 말』이 이셔이다 임아 임아
                                                _{진실하지 않은 허무맹랑한 말}
온 놈이 온 말을 하여도 임이 짐작하소서
_{세상 사람들}   _{사람들의 말을 그래도 믿지 말고 임이 올바르게 판단해 주기를 바라는 화자의 하소연}

▶ 초장: 큰 바다 한가운데에 바늘이 빠진 상황을 제시함.
▶ 중장: 십여 명의 사공이 바다에 빠진 바늘을 상앗대로 동시에 건져 냈다는 말이 있음.
▶ 종장: 거짓말에 현혹되지 말고 현명하게 판단할 것을 임에게 요청함.

현대어 풀이
큰 바다 한가운데 중치 바늘, 작은 바늘이 빠졌다 / 열 명이 넘는 사공들이 끝이 다 무딘 상앗대를 저마다 둘러메고 한꺼번에 소리치고 바늘귀를 꿰어 건져 냈다는 (엉터리 같은) 말이 있습니다 임아 임아 / 모든 사람이 온갖 말을 하여도 임이 짐작하여 들으소서

---

*중침 세침: 중치 바늘과 작은 바늘.

*귀: 바늘귀.

포인트 1 **자연물의 특징과 내포적 의미** 문항 1 관련

작품	자연물	속성	의미
구름이 무심탄 말이 ~	구름	마음대로 다님, 햇빛을 덮음.	간신의 횡포
	날빛(햇빛)	밝게 빛남.	임금의 총명과 지혜
말 없는 청산이오 ~	청산	말이 없음.	꾸밈없는 순수한 대상
	유수	형태가 없음.	
	청풍	값이 없음.	누구든지 즐길 수 있는 대상
	명월	주인이 없음.	
대천 바다 한가운데 ~	대천 바다	크고 넓음.	아득히 넓은 공간

 포인트 2 **'대천 바다 한가운데 ~'에서 화자의 말하기에 담긴 의도 추리** 문항 2 관련

세상 사람들이 현실적으로 도저히 일어나기 어려운 일을 실제로 일어난 것처럼 말하며 헛소문을 퍼뜨리고 있는 세태 세시 → 임이 세상 사람들의 말에 현혹되지 말고 진실 여부를 올바르게 판단해 주기를 바람. → 터무니없는 소문이 도는 세태 비판(풍자) + 임이 화자 자신을 믿어 주기를 바람.

 포인트 3 **시조에 나타난, 세속의 말에 대한 부정적 인식과 자연의 침묵(말 없음.)에 대한 동경** 문항 3 관련

세속의 말
• (가): 구름이 무심탄 말 → 허랑 • (다): 대천 바다 한가운데 ~ 귀 꿰어 내단 말 → 믿을 수 없는 말

→ 허위로 가득하거나 혹은 진실을 가려내기 위해 시비(옳고 그름)를 따져야 함. → 세속과 세속의 언어에 대한 부정적 인식과 태도 → (다): 자연의 말 없음. ↓ 미덕으로 삼아 동경

배경지식
더
알아보기

■ **자연물의 관습적 상징**

특정 집단이나 문화권 내에서 어떤 구체적인 대상이 환기하는 관념이나 의미가 전통으로 이어져 내려와 관습화되어 다수에게 보편적으로 받아들여지는 상징을 뜻한다. 가령, '비둘기'가 '평화'를, '소나무'가 '지조와 절개'를 상징한다고 하는 것을 예로 들 수 있다. 고전 문학에는 해, 달, 구름, 별, 동식물 등의 자연물이 관습적 상징으로 자주 나타나는데 그 내포적 의미는 해당 자연물이 가진 속성과 관련이 있을 때가 많다. 시조 '구름이 무심탄 말이~'에서 간신을 상징하는 '구름', 임금의 총명을 상징하는 '날빛', 정철의 가사 작품에 등장하는 '구름'이나 '해'도 관습적 상징으로 볼 수 있다.

일츌(日出)을 보리라 밤듕만 니러ᄒ니
샹운(祥雲)이 집픠ᄂᆞᆫ 동 뉵뇽(六龍)이 바퇴ᄂᆞᆫ 동
바다히 쎠날 제ᄂᆞᆫ 만국(萬國)이 일위더니
텬듕(天中)의 티쯰니 호발(毫髮)을 혜리로다
아마도 녈구름 근처의 머믈셰라
— 정철, 「관동별곡」

→ 일출 장면 속에서 해가 임금을, 햇빛을 가리려고 하는 '녈구름'이 간신배를 상징하고 있다.

님의게 보내오려 님 겨신 ᄃᆡ ᄇᆞ라보니
산(山)인가 **구룸**인가 머흐도 머흘시고
천 니(千里) 만 니(萬里) 길히 뉘라서 ᄎᆞ자갈고
— 정철, 「사미인곡」

잡거니 밀거니 놉픈 뫼ᄒ 올나가니
구룸은 ᄏᆞ니와 안개ᄂᆞᆫ 무ᄉᆞ 일고
산천(山川)이 어둡거니 **일월(日月)**을 엇디 보며
— 정철, 「속미인곡」

→ 「사미인곡」에서 '구룸'은 임에게 가려고 하는 화자의 길을 가로막는 장애물로 나타나고, 「속미인곡」에서 '구룸'은 임금을 상징하는 '일월'을 못 보게 가리는 장애물로 나타난다. 이 역시 간신을 상징하는 것으로 보기도 한다.

■ **사설시조의 상투 어구**

시가에서 상투 어구는 특정한 의미를 표현하기 위해 같은 율격적 조건 아래 규칙적으로 반복되어 사용되는 말의 구절들을 가리킨다. 이때 반복은 한 작품 안에서, 그리고 서로 다른 작품 사이에서도 일어날 수 있다. 상투 어구는 관습의 수용이라는 점에서 작품의 의미를 파악하는 데 중요하며, 시가의 구술성과 연행성의 측면과도 관련이 깊다. '대천 바다 한가운데 ~'의 종장 '온 놈이 온 말을 하여도 임이 짐작하소서'는 대표적 상투 어구로 다음 인용된 세 작품에도 사용되고 있다. 각 작품의 초장, 중장 내용이 서로 다름에도 불구하고 작품 모두 주제는 헛된 소문을 믿지 말고 임이 올바른 판단을 해 주기를 소망하는 것으로 의미상 유사하다고 할 수 있다.

> 옥에는 티나 있네 말만 하면 다 임이신가
> 내 안 뒤집어 남 못 뵈고 천지간에 이런 답답함이 또 있는가
> **온 놈이 온 말을 하여도 임이 짐작하소서**
>   – 작자 미상
>
> 조그만 실뱀이 용의 꼬리 담뿍이 물고
> 고봉 준령을 넘었다는 말이 있습니다
> **온 놈이 온 말을 하여도 임이 짐작하소서**
>   – 작자 미상
>
> 개야미 불개야미 잔등 똑 부러진 불개야미
> 앞발에 정종 나고 뒷발에 종기 난 불개야미 광릉(廣陵) 샘재 넘어 들어 가람의 허리를 가로물어 추켜들고 북해(北海)를 건넌단 말이 이셔이다 이셔이다 임아 임아
> **온 놈이 온 말을 하여도 임이 짐작하소서**
>   – 작자 미상

■ **'말'을 소재로 한 시조 살펴보기**

> 술잔 들고 혼자 앉아 먼 산을 바라보니
> 그리워하던 임이 온다 한들 이렇게까지 반가우랴
> 말도 없고 웃음도 없어도 못내 좋아하노라
>   – 윤선도, 「만흥」〈제3수〉

→ 산은 아무 말이 없지만, 화자는 그런 자연의 모습 그대로를 마냥 좋아하고 있다.

> 달이 임자 없다더니 판연(判然)한 거짓말이라
> 중천에 떠 즐기다가 끼어드는 한 조각 구름에
> 비추되 못 비치는 것은 임자가 시샘하는 것이니라
>   – 작자 미상

→ 달에는 주인이 없다고 하는 세상 사람들의 일반적인 인식을 거짓말로 보고 달빛이 없어지는 것을 달빛을 아끼는 주인의 시샘 탓으로 돌리고 있다.

> 말하기 좋다 하고 남의 말을 마는 것이
> 남의 말 내 하면 남도 내 말 하는 것이
> 말로써 말이 많으니 말 마는 것이 좋을 것이라.
>   – 작자 미상

→ 남의 말, 즉 타인을 험담하는 것을 경계함으로써 말을 많이 하는 것에 대한 부정적 인식을 나타내고 있다.

> 말하면 잡류라 하고 아니하면 어리석다 하네
> 가난을 남이 웃고 부귀를 시기하는데
> 아마도 하늘 아래 말하기가 어렵구나
>   – 작자 미상

→ 말을 해도 문제, 안 해도 문제라고 생각하며 말하기의 어려움을 토로하고 있다.

EBS Q&A

Q 여러 시가 작품에 걸쳐 공통점을 묻는 문항은 어떻게 풀어야 할까요? 〔문항 1 관련〕

A 수능의 국어 문항에서 2~3개의 문학 작품들 사이에 공통점을 찾도록 요구할 때, 그 공통점은 형식, 표현의 측면과 내용적인 측면으로 나누어 생각해 보아야 합니다. 형식과 표현의 경우 제시된 작품에서 운율과 관련한 시구의 특징, 수사법이나, 감각적 이미지 등을 우선 살펴야 하고, 내용의 경우 화자의 상황과 정서를 살펴야 합니다. 그리고 선지를 보고 형식과 표현이 내용과 어떻게 연결되는지를 함께 따져 판단해야 합니다. 왜냐하면, 이러한 문항의 선지는 '~하여' 또는 '~를 통해' '~하고 있다.'의 문장 형식으로 구성되는데, 앞부분은 형식과 표현을, 뒷부분은 내용적인 의미에 대해 진술하고 있기 때문입니다.

04
고전 시기

(가) 마음이 어린 후이니~ _서경덕
(나) 연 심어 실을 뽑아~ _김영
(다) 마음이 지척이면~ _작자 미상
(라) 가슴에 구멍을 둥시렇게 뚫고~ _작자 미상

감상 포인트

㉮ 이 작품은 임을 그리워하는 마음을 드러낸 평시조로, 화자는 바람이 불어 떨어지는 나뭇잎을 임이 오신 것으로 착각한 자신을 자책하고 있다. 이러한 화자의 모습은 임에 대한 화자의 그리움이 얼마나 큰지를 보여 준다고 할 수 있다.

㉯ 이 작품은 임에 대한 사랑을 노래한 평시조로, 화자는 연을 심어 실을 뽑고 그 실로 노끈을 비비어 걸었다가 임과의 사랑이 그쳐 갈 때 노끈으로 그 사랑을 감아 매겠다고 말하며 임에 대한 변함없는 사랑을 드러내고 있다. 특히 임과 자신은 마음으로 맺어졌기에 둘 사이의 사랑이 그칠 리가 없다고 말하는 모습에서 이러한 화자의 마음을 확인할 수 있다.

㉰ 이 작품은 임과 멀리 떨어져 있더라도 임에 대한 마음은 변함이 없다는 점을 노래한 평시조이다. 화자는 마음이 가까우면 천리도 지척처럼 느껴지고, 마음이 멀어지면 가까운 거리도 먼 거리처럼 느껴진다고 말한 후, 비록 자신과 임이 멀리 떨어져 있지만 서로의 마음은 가까이 있으니 임과 멀리 떨어진 상황은 둘 사이의 사랑에 문제가 될 것이 없음을 강조하고 있다.

㉱ 이 작품은 극단적인 육체적인 고통은 참고 견딜 수 있으나 임과 헤어지는 것만은 견딜 수 없다고 말하며 임에 대한 변함없는 사랑과 임과 헤어지지 않겠다는 마음을 노래한 사설시조이다. 가슴에 구멍을 뚫고 그 구멍에 새끼줄을 넣어 '홀근홀적' 하는 것은 화자에게 매우 심한 육체적 고통을 유발하는 극단적 상황이라 할 수 있다. 화자는 이러한 극단적 상황은 누구나 이겨 낼 수 있지만, 임을 여의고 살아가는 것은 견딜 수 없다고 말하며 임과 절대로 헤어질 수 없다는 마음을 드러내고 있다. 한편 이 작품과 유사한 내용을 담은 노래인 「불굴가(不屈歌)」가 『대은선생실기(大隱先生實記)』에 수록되어 있는데, '대은'은 고려에 대한 충절을 끝까지 지킨 무신이었던 변안열의 호이다.

주 제

㉮ 임에 대한 그리움
㉯ 임과의 사랑에 대한 굳건한 믿음
㉰ 임과의 사랑에 대한 확신
㉱ 임에 대한 변함없는 사랑의 의지

㉮ 마음이 어린 후이니 하는 일이 다 어리다
　　　어리석은
　　　　　　　　　　　　　　　　　　　　　　　　　▶ 초장: 자신의 어리석음에 대한 자책
「만중운산(萬重雲山)에 어느 님 오리마는」 「 」: 공간의 특성과 연관 지어 화자가 기
첩첩이 겹쳐 구름이 덮인 산　　　　　　　　　 다리는 임이 오지 않을 것이라는 화
　　　　　　　　　　　　　　　　　　　　　 자의 생각에 대한 근거를 드러냄.　▶ 중장: 임이 오기 힘들 것이라는 화자의 생각
지는 잎 부는 바람에 행여 그인가 하노라
잎이 떨어지는 소리, 바람이 부는 소리를 임이 오시는 것이라고 착각한 화자의 모습　　　　　▶ 종장: 떨어지는 나뭇잎을 임이라고 생각한 화자의 착각

㉯ 연(蓮) 심어 실을 뽑아 긴 노끈 비비어 걸었다가　　　　▶ 초장: 연을 심고 실을 뽑아 노끈을 비비는 화자의 행위
□ : 시어의 대비를 통해 임과의 사랑이 변하지 않을 것이라는 화자의 생각을 드러냄. ①
사랑이 그쳐갈 제 찬찬 감아 매오리다　　　　　▶ 중장: 사랑이 그쳐 갈 때 노끈으로 사랑을 감아 매겠다는 화자의 의지
추상적인 대상인 '사랑'을 구체적인 대상으로 형상화하여 임과의 사랑이 그쳐 가는 것을 막겠다는 화자의 의지를 드러냄.
우리는 마음으로 맺었으니 그칠 줄이 있으랴　　　　　　　▶ 종장: 임에 대한 화자의 변함없는 마음

★ 문제 해결 키 문항 1, 3 관련

(가)~(라) 모두 임에 대한 사랑의 마음을 노래하고 있다는 점에 주목한 후,
시적 상황에 대한 화자의 태도가 어떻게 다른지를 파악해야 함.
〈화자의 태도〉
(가) 자신의 어리석음에 대한 자책과 임에 대한 그리움
(나) 임과의 사랑을 그치지 않겠다는 의지
(다) 임과 이별, 그러나 가까이 있는 것처럼 느낌.
(라) 임과 절대로 헤어지지 않겠다는 의지

㉰ 「마음이 지척이면 천리라도 지척이오

　　마음이 천리오면 지척도 천리로다」

　　우리는 각재(各在) 천리 오나 지척 인가 하노라

「　」: 추상적인 대상인 '마음'을 '지척'과 '천리'라는 시각적으로 확인할 수 있는 대상으로 형상화함으로써, 화자와 임의 '마음'을 구체적 대상으로 사물화하여 드러냄.

□: 시어의 대비를 통해 임과의 사랑이 변하지 않을 것이라는 화자의 생각을 드러냄. ②

▶ 초장: 마음이 가까우면 먼 거리도 가깝게 느껴짐.

▶ 중장: 마음이 멀어지면 가까운 거리도 멀게 느껴짐.

▶ 종장: 임과 멀리 떨어져 있어도 마음은 가까이 있음.

변형이 어려운 신체의 일부인 '가슴'을 구멍을 뚫고 새끼줄을 넣을 수 있는 대상으로 형상화한 참신한 시각이 돋보임.

매듭 사이의 구멍이 길게. '눈'은 가죽신이나 비단신, 짚신 등에서 매듭과 매듭를 이어 이룬 구멍을 말함.

㉱ 가슴에 「구멍을 둥시렇게 뚫고 왼새끼*를 눈 길게 너슷너슷* 꼬아」

▶ 초장: 가슴에 구멍을 뚫고 새끼줄을 넣음.

「　」: '목적어+부사어+서술어' 구조의 반복을 통해 운율감을 드러냄.

　　그 구멍에 그 새끼줄 넣고 두 놈이 두 끝 마주 잡아 이리로 훌근 저리로 훌적 훌근훌적 할 적에는 나나 남이

화자의 고통을 유발할 수 있는 극단적인 상황. 임에 대한 화자의 변함없는 사랑을 강조하는 역할을 함.

　　나 다 그는 아무쪼록 견디려니와

▶ 중장: 육체적인 고통은 누구나 견딜 수 있음.

　　아마도 임 여의고 살라면 그는 그리 못하리라

어떤 일이 있어도 임과 헤어지지 않겠다는 화자의 의지를 드러냄.

▶ 종장: 임을 여의고 사는 것은 받아들일 수 없음.

＊왼새끼: 왼쪽으로 꼰 새끼

＊너슷너슷: 느슨하게.

핵심 개념
이것만은
꼭 익히자

포인트 ①　**(가)~(라)의 표현상의 특징**　　문항 1, 3 관련

(가)	• 공간의 특성과 연관 지어 임이 오기 힘들다는 화자의 생각에 대한 근거를 밝힘. • 대구적 표현을 통해 임이 온 것으로 착각한 상황을 드러냄.
(나)	• 대비되는 시어를 활용하여 임과의 변함없는 사랑을 강조함. • 연속적으로 이어지는 행동을 제시한 후 부정적 상황에 대처하는 화자의 의지를 드러냄.
(다)	• 대비되는 시어를 활용하여 임과 자신의 마음이 변함없음을 강조함.
(라)	• 연속적으로 이어지는 행동을 제시한 후 부정적 상황에 대처하는 화자의 의지를 드러냄. • 극단적인 가정적 상황을 제시하여 임에 대한 화자의 사랑을 강조함.

포인트 ②　**화자의 정서와 태도를 드러내는 방법**　　문항 3 관련

구체적인 시적 상황 제시	→	(가) '지는 잎 부는 바람'을 '그'라고 착각한 시적 상황을 제시	화자의 자책을 드러냄.
사물을 바라보는 창의적 발상	→	(나) '사랑'을 '노끈'으로 '감아' 맬 수 있다는 발상	'사랑'을 자신의 노력으로 지속시킬 수 있다는 인식(추상적 사물의 구체화)
		(라) '가슴에 구멍을 둥시렇게 뚫'은 후 '새끼줄'을 넣을 수 있다는 발상	극단적인 상황을 효과적으로 제시(변형이 어려운 대상을 변형이 가능한 대상으로 형상화)

■ 변안열의 「불굴가」

사랑을 방해하는 어떠한 시련 속에서도 임에 대한 사랑은 변하지 않을 것임을 노래한 (라)는 『청구영언』에 수록되어 있다. 그런데 고려에 대한 충절을 끝까지 지킨 무신이었던 변안열에 대한 기록이 남아 있는 『대은선생실기(大隱先生實記)』에도 (라)와 비슷한 작품이 수록되어 있는데, 해당 부분의 『대은선생실기(大隱先生實記)』의 기록은 다음과 같다.

> 고려 조정을 장차 혁파하려 할 적에 태종(이방원)이 재상들을 맞이하여 술잔을 기울이며 스스로 노래를 불러 제공(諸公)의 뜻을 시험하였다. 그 노래는 다음과 같다.
>
> 이런들 어떠하며 저런들 어떠하리
> 성황당 뒤 담장이 무너진들 어떠하리
> 우리도 이같이 하여 죽지 않음 어떠리
>
> 그러자 정몽주가 다음과 같이 노래하였다.
>
> 이 몸이 죽고 죽어 일백 번 고쳐 죽어
> 백골이 진토 되어 넋이라도 있고 없고
> 임 향한 일편단심이야 가실 줄이 있으랴
>
> 변안열(邊安烈)이 정몽주에 이어 다음과 같이 노래하였다.
>
> 내 가슴에 말[斗]만 한 구멍 뚫고
> 길고 긴 새끼줄 꿰어
> 앞뒤로 끌고 당겨 갈고 쓸지라도
> 네가 하는 대로 내 마다치 않겠으나
> 내 임 빼앗고자 한다면
> 이런 일엔 내 굽히지 않으리라

기록을 통해 추측해 볼 때, 변안열이 이 노래를 부른 이유는 어떤 회유나 억압에도 굴하지 않고 고려에 대한 변함없는 충절을 드러내기 위한 것이라 할 수 있다. 변안열이 부른 노래를 「불굴가(不屈歌)」라고 하는 까닭이 바로 여기에 있다.

Q 본문의 작품을 <보기>에 제시된 다른 작품과 비교하여 감상하는 문항은 어떻게 해결해야 하나요?

문항 2 관련

A '문항 2'는 (라)와 비슷한 내용을 담고 있는 변안열의 노래를 제시하여 두 작품의 주제 의식과 표현상 특징의 차이점을 파악할 수 있는가를 묻고 있습니다. <보기> 속에 다른 작품을 제시하는 경우에는 이 문항처럼 표현은 비슷하나 주제, 혹은 태도가 다른 경우도 있지만, 주제와 표현 면에서 유사성을 띠는 경우도 있습니다. 하지만 두 경우 모두 두 작품 사이의 연관성을 묻는다는 점에서는 차이가 없으므로, 구체적인 시어나 시구, 작품에 드러난 시적 상황을 중심으로 두 작품의 유사성과 차이점을 비교하는 것이 좋습니다.

05 단가육장 _ 이신의

EBS 수능특강 문학 057쪽

감상 포인트 이 작품은 귀양살이의 고달픔과 임금에 대한 충정을 형상화한 연시조이다. 작가는 인목 대비의 폐위에 반대하는 상소문을 올렸다가 함경도로 유배를 떠난다. 이때의 고달픔을 제비나 명월 등의 자연물을 통해 잘 드러내고 있을 뿐만 아니라, 자신의 변함없는 충정도 표현하고 있다.

주 제 귀양살이의 고달픔과 임금에 대한 변함없는 충정

장부의 하올 사업 아는가 모르는가
<u>대장부가 해야 할 일</u>
효제충신(孝悌忠信)밖에 하올 일이 또 있는가
<u>부모님에 대한 효도, 형제간의 우애, 임금에 대한 충성, 친구 사이의 믿음</u>
어즈버 인도(人道)에 하올 일이 다만 인가 하노라 〈제1장〉 ▶ 제1장 : 장부로서 할 일에 대한 천명
<u>사람의 도리</u>　　　　<u>다만 이것(효제충신을 실천하는 것)뿐일 것이다.</u>

남산에 많던 솔이 어디로 갔단 말고
<u>소나무. '지조와 절개를 지닌 충성스러운 신하'라는 관습적인 의미로 이해할 수 있음.</u>
난(亂) 후 부근(斧斤)*이 그다지도 날랠시고
<u>임진왜란 후　크고 작은 도끼들이 그토록 날쌔게 소나무들을 베어 버렸는가</u>
두어라 우로(雨露)*곧 깊으면 다시 볼까 하노라 〈제2장〉 ▶ 제2장 : 당대의 정치적 상황과 인재 복귀에 대한 희망

★ **문제 해결 키** 문항 2 관련

〈제3장〉의 '제비'는 '한숨 겨워하나니'를 근거로 보아 화자의 시름을 깊게 만드는 존재이고, 〈제4장〉의 '제비'는 벗이 없는 화자가 내면의 시름을 풀어내는 통로가 됨.

창밖에 세우(細雨) 오고 뜰 가에 제비★ 나니
<u>가랑비</u>
적객*의 회포는 무슨 일로 끝이 없어

저 제비 비비(飛飛)*를 보고 한숨 겨워하나니 〈제3장〉 ▶ 제3장 : 귀양살이의 처량한 신세 한탄

적객에게 벗이 없어 공량(空樑)*의 제비★로다
<u>귀양살이하는 사람. 화자</u>
종일 하는 말이 무슨 사설 하는지고

어즈버 내 풀어낸 시름은 <u>널로만 하노라</u> 〈제4장〉 ▶ 제4장 : 귀양살이의 시름
　　　　　　　　　　　　<u>하는구나</u>

'너보다 많노라'로 해석하는 견해도 있으나 최근 연구에서는 원문 표기 'ᄒᆞ다'에 따라 '너로 (인해) 하노라', '너만(이) 하노라' 정도로 해석하고 있음. 즉, '너(=제비)가 있어 내 시름을 풀어낼 수 있다.'라는 의미 정도로 이해할 수 있음.

인간(人間)에 유정한 벗은 명월밖에 또 있는가
천리를 멀다 아녀 간 데마다 따라오니
<u>천리를 멀다고 아니하고</u>
어즈버 반가운 옛 벗이 다만 녠가 하노라 〈제5장〉 ▶ 제5장 : 귀양살이의 외로움

흔히들 서울에서 관문(關門) 바깥까지의 거리를 '천리'라고 부름. 관동, 관북, 관서 등은 모두 관문 바깥 곧 국왕의 직접 통치가 미치는 지역의 바깥이라고 할 수 있음. 물리적인 실측 거리가 천 리는 아니지만 관습적으로 '천리'라고 함.

설월(雪月)에 매화를 보려 잔을 잡고 창을 여니
<u>눈 위에 비치는 달빛</u>
섞인 꽃 여읜 속에 잦은 것이 향기로다

어즈버 호접(蝴蝶)이 이 향기 알면 애 끊일까 하노라 〈제6장〉 ▶ 제6장 : 임금에 대한 변함없는 충정
<u>호랑나비. 여기서는 '임금'을 상징함.</u>

＊**부근**: 큰 도끼와 작은 도끼를 통틀어 이르는 말.

＊**적객**: 귀양살이하는 사람.

＊**공량**: 건축물의 공간에 얹는 보.

＊**우로**: 비와 이슬을 아울러 이르는 말.

＊**비비**: 날아다니는 모습을 의미하는 의태어.

포인트 1 **감각적 이미지가 드러나는 표현** 문항 1 관련

시각적 이미지	• '남산에 많던 솔이 어디로 갔단 말고' 〈제2장〉 • '창밖에 세우 오고 뜰 가에 제비 나니' 〈제3장〉 • '저 제비 비비를 보고' 〈제3장〉
청각적 이미지	• '종일 하는 말이 무슨 사설 하는지고' 〈제4장〉
후각적 이미지	• '섞인 꽃 여읜 속에 잦은 것이 향기로다' 〈제6장〉

포인트 2 **'제비'의 의미** 문항 2 관련

〈제3장〉	자유롭게 날아다니는 제비와 달리 화자는 귀양지에 얽매인 상태에서 오직 한숨만 짓고 있음.
〈제4장〉	벗이 없는 화자는 종일토록 사설을 하는 제비가 자신의 시름을 풀어내는 통로가 된다고 생각함.

배경지식
더
알아보기

■ 「단가육장」에 드러난 자연물의 상징적 의미

〈제2장〉	남산	수도인 한양과 관련이 있는 곳. 일반적으로 임금이 있는 곳의 의미를 지님.
	솔	소나무. 일반적으로 지조와 절개를 지닌 충신의 의미를 지님. 남산에 있다가 난 이후에 베어진 대상으로 조정에서 쫓겨난 충신(작가)을 상징함.
	우로	비와 이슬을 아울러 이르는 말. 베어진 솔을 다시 볼 수 있게 하는 존재로 임금의 은혜를 상징함.
〈제5장〉	명월	밝은 빛을 내며 화자가 벗으로 인식하는 대상. 화자를 위로해 주는 대상임.
〈제6장〉	매화	고고함, 지조와 절개를 상징함. 유배지에 있는 화자 자신을 의미함.
	호접	화자의 지조와 절개를 모르는 사람. 여기에서는 '임금'을 상징함.

■ 유배 시가로서의 특징 문항 3 관련

이신의의 「단가육장」은 대부분의 유배 시가처럼 자신의 억울함을 반복적으로 토로하거나 군주에 대한 변함없는 충심을 바탕으로 하는 '연군지정'의 마음만을 강조하고 있지 않다. 이 작품은 유배 생활을 하게 된 상황에 대한 비판적 인식을 바탕으로 계절의 변화에 따라 적객이 느끼는 감정의 변화를 진솔하게 담아내고 있다. 〈제1장〉에서 작가가 중요하게 생각하는 삶의 원칙을 확인하고, 〈제2장〉에서 현실에 대한 우려를 드러내며, 〈제3장〉과 〈제4장〉에서 유배 생활로 생긴 시름을, 〈제4장〉~〈제6장〉에서 '벗'이 없어 느끼는 공허함과 외로움 등을 그려 내고 있다. 즉, 일반적인 유배 문학이 지니는 형식적인 충심을 드러내기보다는 작가의 생활 감정을 솔직하게 담아내고 있다.

EBS
Q&A

Q 고전 시가 속 자연물을 무조건 관습적 상징으로만 읽어야 하나요? 문항 3 관련

A '문항 3'은 〈보기〉를 참고하여 작품을 감상하는 문제입니다. 이때 '솔', '우로', '호접', '매화' 등의 자연물과 관련된 표현을 중심으로 작품의 의미를 이해하는 과정에서 각 자연물의 상징적 의미를 파악하는 것은 중요합니다. 특히 고전 시가에서는 자연물의 관습적인 상징이 자주 활용되기도 하므로 기본적인 상징을 알고 있다면 낯선 작품의 의미를 파악할 때 많은 도움이 될 수 있습니다. 하지만 고전 시가 속 자연물을 무조건 관습적 상징으로 읽어야만 하는 것은 아닙니다. 가령, 〈제2장〉에서 '남산'의 많던 '솔'이 없어진 상황을 이해할 때, 남산에 사철 푸른 소나무가 없어졌다는 것은 산의 수명이 위태로워졌음을 의미합니다. 따라서 남산의 많던 솔이 없어졌다는 것은 산의 위태로움, 즉 절망적 상황을 의미한다고 이해할 수 있는 것입니다. 이처럼 고전 시가를 감상할 때는 관습적인 상징을 익혀 두되, 다양한 작품의 맥락을 통해 유연하게 의미를 파악하는 태도가 필요합니다.

우활가 _ 정훈

EBS 수능특강 문학 060쪽

감상 포인트 이 작품은 자신의 우활함을 한탄하며 자연에 은거하여 살아가는 자세를 노래한 가사이다. 화자는 스스로를 두고 '우활도 우활할샤 그토록 우활할샤'라고 탄식하는데, 이러한 한탄 속에는 시대를 제대로 타고나지 못하여 제 능력을 드러내지 못하는 상황에 대한 안타까움이 투영되어 있다. 유교적 이상향을 떠올리며 '태고에 뜻을 두'겠다고 다짐하기도 하고, 자연 속에서 '우활'과 함께 살아가겠다며 체념하는 모습을 보이면서도, 결국 자신의 삶을 한탄하며 '우활'을 잊고 살아가고 싶은 속마음을 드러내고 있다.

주 제 우활한 자신에 대한 한탄과 우활을 잊고 싶은 마음

어찌 생긴 몸이 이토록 우활*한가

우활도 우활할샤 그토록 우활할샤
자신의 우활함을 한탄하는 구절로, 여러 번 반복되면서 시상을 구분하고 있음.
이봐 벗님네야 우활한 말 들어 보소
화자가 자신의 우활한 삶에 대해 하소연하는 대상. 작품 속 청자 역할을 하고 있음.
이내 젊었을 때 우활함이 그지없어

이 몸 생겨남이 금수와 다르므로
인간으로서 도리를 다해야 함을 강조함.
애친경형* 충군제장* 내 분수로 여겼더니

하나도 못 이루고 세월이 늦어지니
유교적 가치관을 충분히 실현하지 못했음을 의미함.
평생 우활은 날 따라 길어 간다

아침이 부족한들 저녁을 근심하며

한 칸 초가집이 비 새는 줄 알았던가
경제적으로 어려운 처지임을 구체적 상황으로 드러냄.
현순백결(懸鶉百結)*이 부끄러움 어이 알며

어리석고 미친 말이 미움받을 줄 알았던가
자신이 하는 말들이 다른 이들에게 인정받지 못했음을 밝힘.
우활도 우활할샤 그토록 우활할샤

봄 산의 꽃을 보고 돌아올 줄 어이 알며

여름 정자에 잠을 들어 꿈 깰 줄 어이 알며

가을 하늘에 달 맞아 밤드는 줄 어이 알며
□ : '봄 – 여름 – 가을 – 겨울' 사계절 내내 우활한 태도로 살아왔음을 고백함.
겨울 눈에 시흥(詩興) 겨워 추움을 어이 알리

사시가경에 어찌할 줄 모르도다

말로(末路)에 버린 몸이 무슨 일을 염려할까
화자 자신이 나이가 이미 많이 들어 버렸음을 털어놓음.
세속의 시비 듣도 보도 못하거든

이 몸의 처지에 백년을 근심할까

우활할샤 우활할샤 그토록 우활할샤

아침에 누웠고 낮에도 그러하니

하늘이 준 우활을 내 설마 어이하리
자신의 우활함을 하늘이 준 운수라 여기고 있음.

★ **문제 해결 키** 문항 1 관련
화자가 말하고자 하는 바를 어떻게 구분하고 있는지를 떠올리며 시상 전개 과정을 정리해 보아야 함.

▶ 서사(1~3행): 자신의 우활한 삶에 대해 토로하고 싶은 마음

▶ 본사 1(4~18행): 젊은 시절의 우활함에 대한 한탄

▶ 본사 2(19~24행): 말년의 우활함에 대한 한탄과 체념

그래도 애달프다 고쳐 앉아 생각하니

이 몸이 늦게 태어나★ 애달픈 일 많고 많다
자신이 태어난 시기가 '태평성대'가 이미 지난 후임을 언급하며, 그로 인해 자신의 우활함이 깊어졌다고 털어놓고 있음.

일백 번 다시 죽어 옛사람 되고 싶네

태평성대★에 잠깐이나 놀아 보면

요순* 일월(日月)★을 잠시나마 쬘 것을
'과거 중국의 성현들이 이루었던 태평성대'를 뜻함.

순박한 풍속이 경박하게 되었도다
경박한 현실을 비판적으로 드러냄.

번잡한 정회(情懷)를 누구에게 이르려는가

★ 문제 해결 키 문항 2 관련

'이 몸이 늦게 태어'났다는 의미를 '태평성대', '요순 일월', '성현 살던 세상' 등과 관련지어 해석할 필요가 있음. 원하는 시대에 태어나지 못한 화자가 진정으로 바라는 것이 무엇인지를 생각하며 답을 찾아야 함.

태산에 올라가 온 세상이나 다 바라보고 싶네

성현 살던 세상★ 두루 살펴 학업 닦던 자취 보고 싶네
옛 성현들의 발자취를 따르고 싶은 마음

주공(周公)*은 어디 가고 꿈에도 뵈지 않는가

매우 심한 나의 삶을 슬퍼한들 어이하리

만리에 눈뜨고 태고에 뜻을 두니
태평성대를 떠올리고, 그곳에서 뜻을 펼친다고 생각하니

우활한 마음이 가고 아니 오는구나   ▶ 본사 3(25~37행): 우활함으로 인한 갈등과 괴로움을 해소하고 싶은 마음

세상에 혼자 깨어 누구에게 말을 할까
현실에서 자신의 뜻을 마음껏 펼치기 힘든 상황임을 드러내고 있음.

축타*의 말솜씨를 인제 배워 어이하며
○ : 자신의 부족함을 드러내며 현실에 나서지 못하는 상황을 고백하고 있음.

송조*의 미모를 엷은 낯에 잘할는가

산에 나는 풀과 열매* 어디서 얻어먹으려뇨

미움받고 사랑받지 못함이 다 우활의 탓이로다   ▶ 본사 4(38~42행): 우활함에서 벗어나지 못하는 상황에 대한 한탄

이리 헤아리고 저리 헤아리고 다시 헤아리니

평생의 모든 일이 우활 아닌 일 없도다
일평생 우활하게 살아갈 수밖에 없음을 한탄함.

이 우활 거느리고 백년을 어이하리
시상을 마무리하기 위해 등장시킨 청자

아이야 잔 가득 부어라 취하여 내 우활 잊자   ▶ 결사(43~46행): 술로써 우활함을 달래고 싶은 마음
우활함을 잠시나마 잊고 싶은 심정을 효과적으로 드러내기 위한 장치임.

＊우활: 사리에 어둡고 세상 물정을 잘 모름.

＊애친경형: 어버이를 사랑하고 형을 공경함.

＊충군제장: 임금에게 충성하고 어른에게 공손함.

＊현순백결: 옷이 해어져 백 군데나 기웠다는 뜻.

＊요순: 요순시대를 이름.

＊주공: 주나라 문왕의 아들이자 무왕의 동생 주나라 건국 초기에 큰 공을 세운 충신.

＊축타: 위나라의 대부로서 종묘 제사를 관장하는 벼슬을 지낸 사람. 교묘한 말솜씨로 유명함.

＊송조: 송나라의 공자. 엄청난 미남으로 알려짐.

＊산에 나는 풀과 열매: 원문은 '우첨산초실'임. 우첨산초(右詹山草)는 옥황상제의 딸이 변한 것으로, 이 열매를 먹으면 다른 사람이 나를 좋아할 수 있게 만든다고 함.

핵심 개념 이것만은 꼭 익히자

포인트 ❶ 평생의 '우활함'을 드러내기 위한 시상의 전개 과정 **문항 1 관련**

평생의 우활함에 대한 한탄	이내 젊었을 때 ~	젊었을 때부터 유교적 가치를 따르며 입신양명을 꿈꾸었지만 인정받지 못하고 가난한 형편을 벗어나지 못했음을 고백함.
	봄 산의 꽃을 보고 ~	사시가경의 흥취를 즐기느라 아무것도 이루지 못한 자신의 어리석음을 털어놓음.
	말로에 버린 몸이 ~	나이가 들어서까지 인정받지 못하고 하루 종일 우활하게 살아가는 자신의 모습을 하늘이 준 것이라 한탄함.
	그래도 애달프다 ~	이 몸이 태평성대에 태어나지 못하여 성현들의 자취를 따르지 못하고 있는 상황에 대한 안타까움을 드러냄.
	세상에 혼자 깨어 ~	자신의 재능과 능력을 펼치지 못하고 살아왔음을 한탄하며, 우활을 잊으려고 노력하는 모습을 보임.

포인트 ❷ 작품 속에 설정된 '화자'와 '청자' **문항 3 관련**

화자

자신의 우활함을 깨닫고 그것을 한탄하며 고백하는 화자

청자 1: '벗님네'
- 작품의 서사 부분에 한 번 언급됨.
- 화자가 '벗님네'에게 자신이 하고 싶은 말을 털어놓는 형식으로 본사가 전개되고 있음을 알려 주는 역할
- '독자'를 대변하는 인물로 설정됨.

청자 2: '아이'
- 작품의 마지막 행에 등장함.
- 화자가 자신의 우활함을 깨닫고, 그러한 괴로움에서 잠시나마 벗어나고 싶어 술을 마신다는 것을 강조하기 위한 장치임.
- 화자가 부리는 하인으로, 술을 마시며 현실을 잊고 싶은 화자의 마음을 효과적으로 드러내기 위해 등장시킨 인물임.

배경지식 더 알아보기

■ 「우활가」의 작가, 정훈의 생애

「우활가」를 지은 정훈은 조선 명종 때 태어난 시인으로 수남방옹이라고 불렸다. 전형적인 양반 집안에 태어났으나 관직에 나간 바 없이 남원 동문 밖 초야에 묻혀 살면서 77세의 일생을 보냈다. 하지만 불의를 참지 못하는 강직한 성품을 지녀 1624년, 이괄의 난 때에는 61세의 노구에도 불구하고 의병을 모아 출전하기도 하였다. 정묘호란·병자호란 때에는 늙고 쇠하여 전장에 직접 나가지 못하게 되자 아들을 대신 출정시켰다. 국가의 안위를 걱정하는 작품과 자신이 살던 아름다운 자연의 경관을 드러내는 작품을 주로 썼다. 그 외에 자신의 일상에서 느껴지는 애환을 드러내는 작품들도 있다. 섬세한 관찰력과 대담한 내면 의식 표출을 통해 개성 있는 시 세계를 만들어 내었다고 평가받는다. 문집으로 『수남방옹유고』가 전한다.

-『한국 민족 문화 대백과 사전』

■ 작가 정훈의 가난한 삶을 잘 드러내는 「탄궁가」

「탄궁가」는 경제적으로 몰락한 사대부가 자신이 처한 궁핍한 현실에 대해 한탄하는 가사이다. 정훈의 삶을 잘 드러내는 「탄궁가」에는 다음과 같이 참신한 표현들이 있다.

> 하늘이 만드시길 일정 고루 하련마는
> 어찌된 인생이 이토록 괴로운고
> 삼순구식을 얻거나 못 얻거나
> 십 년에 갓 한번 쓰거나 못 쓰거나
> 안표누공*인들 나같이 비었으며
> 원헌간난인들 나같이 심했을까
> 봄날이 더디 흘러 뻐꾸기가 보채거늘
> 동편 이웃에 따비 얻고

서편 이웃에 호미 얻고
집 안에 들어가 씨앗을 마련하니
올벼 씨 한 말은 밤 넘어 쥐 먹었고
기장 씨 소 팥은 서너 되 심었거늘
한아한 식구 이리하여 어이 살리
이봐 아이들아 아무려나 힘써 일하라
죽 쑨 물 상전 먹고 건더기 건져 종을 주니
눈 위에 바늘 젓고 코로 휘파람 분다
올벼는 한 발 뜯고 조 팥은 다 묵히니
싸리피 바랑이는 나기도 싫지 않던가
나랏빚과 이자는 무엇으로 장만하며
부역과 세금은 어찌하여 차려 낼꼬
이리저리 생각해도 견딜 가능성이 전혀 없다
장초(萇楚)의 무지(無知)를 부러워하나 어찌하리
                    (중략)
세시 절기 명절 제사는 무엇으로 해 올리며
친척들과 손님들은 어이하야 접대할꼬
이 얼굴 지녀 있어 어려운 일 많고 많다
이 원수 궁귀(窮鬼)*를 어이하야 여의려뇨
술에 음식 갖추고 이름 불러 전송(餞送)하여
좋은 날 좋은 때에 사방(四方)으로 가라 하니
추추분분(啾啾憤憤)하야 화를 내어 이른 말이
어려서 지금까지 희로우락(喜怒憂樂)을 너와 함께하여
죽거나 살거나 여읠 줄이 없었거늘
어디 가 뉘 말 듣고 가라 하여 이르느뇨
타이르듯 꾸짖는 듯 온 가지로 공혁(恐嚇)*커늘
돌이켜 생각하니 네 말도 다 옳도다
무정한 세상은 다 나를 버리거늘
네 혼자 신의 있어 나를 아니 버리거든
억지로 피하여 잔꾀로 여읠려냐
하늘이 만든 이내 궁(窮)을 설마한들 어이하리
빈천(貧賤)도 내 분(分)이어니 설워 무엇하리

— 정훈, 「탄궁가」

＊안표누공: 공자의 제자인 안회의 가난함.
＊궁귀: 가난 귀신.
＊공혁: 을러대며 꾸짖음.

이 작품에는 가난으로 인해 사대부로서의 도리를 지키지 못하는 형편과 극심한 궁핍으로 인해 사대부임에도 불구하고 종에 대한 권위를 내세울 수 없는 상황이 드러나 있다. 이와 함께 경제적인 무능력으로 인해 가난에서 벗어나지 못하고 이를 수용할 수밖에 없는 처지 등이 잘 나타나 있다.

EBS Q&A

Q 어떠한 작품을 '표현론적 관점'으로 해석해야 할까요? **문항 4 관련**

A '문항 4'의 〈보기〉는 '제도권 중심부에 놓여 있던 사족'들과 '주변부에 놓여 있던 사족'들의 삶을 비교하면서, 표현론적 관점 또는 작가론적 관점에서 작품을 이해할 것을 요구하고 있습니다. 표현론적 관점이란 문학 작품을 비평할 때 작가의 현실이나 내면세계가 작품 속에 어떻게 표출되었는지를 중심으로 작품을 바라보는 것을 말합니다. 즉 작가가 처한 현실과 그러한 현실이 주어질 수밖에 없었던 사회적 분위기를 이해하고, 그러한 상황 속에서 작가가 가졌을 심정을 이해하는 것이 중요합니다. 이때 작가의 성장 과정이나 시대적 환경, 취미나 사상 등이 해석의 중요한 근거가 됩니다. 작가가 자신의 삶이나 가치관을 드러내기 위하여 작품을 창작했다면 표현론적 관점으로 해석하는 것이 좋겠지요. 하지만 모든 작품을 작가와 관련지어 해석한다면 의도의 오류가 발생할 수 있습니다. 그래서 작품을 감상할 때에는 다양한 관점이나 근거를 고려하면서 해석의 여지를 열어 두어야 합니다.

07 봉산곡_채득기

감상 포인트 이 작품은 인조 16년(1638)에 창작된 가사로 병자호란 이후 봉림 대군과 소현 세자를 호종하여 심양으로 가게 되자, 은거하던 경천대를 떠나며 임금의 은혜를 갚고자 하는 마음을 노래하고 있다. 자신이 은거했던 경천대(자천대) 부근의 풍경을 예찬하는 부분과 왕명을 받은 신하로서 도리를 다하겠다고 다짐하는 부분으로 크게 나눌 수 있다. '천대별곡'이라는 이름으로도 알려져 있다.

주 제 임금의 명을 받아 떠나는 신하의 다짐과 은거하던 자연을 떠나는 아쉬움

가노라 옥주봉아 있거라 경천대야
'옥주봉'과 '경천대'는 화자가 지내는 곳의 명승지로, 화자가 이별을 고하는 대상이 됨.
요양* 만릿길이 멀어야 얼마 멀며
화자가 가야 하는 곳이 실제로는 멀지만, 심정적으로는 그렇지 않다는 것을 '멀어야 얼마 멀며'로 드러냄.
그곳에서의 일 년이 오래라고 하랴마는

상봉산 별천지를 처음에 들어올 때
화자가 은거하고 있던 지역. '별천지'는 '특별히 경치가 좋거나 분위기가 좋은 곳'을 이름.
노련의 분노* 탓에 속세를 아주 끊고
화자가 '상봉산'에 은거하기로 정한 이유를 고사에 빗대어 드러냄.
발 없는 구리솥 하나 전나귀에 싣고서

추풍 부는 돌길로 [와룡강] 찾아와서

[천주봉] 석굴 아래 초가 몇 칸 지어 두고
　　　　　　　　　　　　　□ : 화자가 은거하고 있는 지역의 명소들을 언급함.
[고슬단] 행화방에 정자 터를 손수 닦아

낮에야 일어나고 새 달이 돋아 올 때

지도리 없는 거적문과 울 없는 가시사립
돌쩌귀, 문장부 따위를 통틀어 이르는 말. '문짝을 달기 위해 서로 연결하는 것'들을 말함.
적막한 산골에 손수 일군 마을이 더욱 좋다　　　　　▶ 서사: 옥주봉, 경천대에 인사를 전하며 처음 이곳에 은거하던 때를 떠올림.

생애는 내 분수라 담박한들 어찌하리
　　　　　　욕심 없이 깨끗하고 단출한 삶에 대한 만족감. 안분지족의 심정을 드러냄.
밝은 세상 한 귀퉁이에 버린 백성 되어서
　　　　　　　　자연 속에 은거한 상태를 이름.
솔과 국화 쓰다듬고 잔나비와 학을 벗하니

어와 이 강산이 경치도 좋고 좋다
자신이 지내는 상봉산 주변의 풍경에 대한 만족감과 예찬
「높다란 금빛 절벽 허공에 솟아올라
「 」: 명승지(삼신산 제일봉)의 아름다운 모습을 비유적 표현을 통해 구체적으로 형상화함.
구암을 앞에 두고 경호 위에 선 모양은

삼신산 제일봉이 여섯 자라 머리*에 벌인 듯」

붉은 놀, 흰 구름에 곳곳이 그늘이요

유리 같은 온갖 경치 빈 땅에 깔렸으니

「용문(龍門)을 옆에 두고 펼쳐진 모래밭은
「 」: 명승지(용문)의 아름다운 모습을 비유적 표현을 통해 구체적으로 형상화함.
여덟 폭 돌병풍을 옥난간에 두른 듯」

맑은 모래 흰 돌이 굽이굽이 경치로다

그중에 좋은 것이 무엇이 더 나은가

구암이 물을 굽혀 천백 척 솟아올라

구름 위로 우뚝 솟아 하늘을 괴었으니

<u>어와, 경천대야, 네 이름이 과연 헛된 것 아니로다</u>   ▶ 본사 1: 버린 백성 되어 은거하며 살면서 경천대 주변의 아름다운 경치를 완상함.
'경천대'라는 명승지를 의인화한 후 칭찬하는 말을 직접 건네는 표현 방식을 사용함.

(중략)

시비 영욕 다 버리고 갈매기와 늙자더니

「무슨 재주 있다고 나라에서 아시고
「 」: 나라에서 자신을 불러 임무를 맡겼음을 드러냄. 스스로를 낮추며 자신의 심정을 드러냄.
쓸데없는 이 한 몸을 찾으시니 망극하구나」

상주 십이월에 <u>심양</u>* 가라 부르시니
화자가 가야 하는 목적지
어느 누구 일이라 잠시인들 머물겠는가

임금 은혜 감격하여 행장을 바삐 챙기니

<u>삼 년 입은 옷가지</u>로 이불과 요 겸하였네
자신이 은거한 기간을 '옷가지'를 활용해 드러냄.
남쪽의 더운 땅도 춥기가 이렇거든

<u>한겨울 깊은 때에 우리 임 계신 데야</u>
심양에 계신 '우리 임'이 겪을 추위를 떠올림.
다시금 바라보고 우리 임 생각하니

「이국(異國)의 겨울 달을 뉘 땅이라 바라보며
「 」: '우리 임'이 심양에서 겪었을 괴로운 상황과 안타까운 마음을 떠올려 봄.
타국 풍상을 어이 그리 겪으신가」

높은 언덕에 뻗은 칡이 삼 년이 되었구나*

굴욕이 이러한데 꿇은 무릎 언제 펼까
'우리 임' 즉, 조선의 세자가 청나라에 볼모로 가 있는 상황과 그것을 설욕하고 싶은 마음
<u>조선에 사람 없어 오랑캐 신하 되었으니</u>
병자호란의 패배로 조선이 청나라에 항복한 사건을 이름.
삼백 년 예악 문물 어디로 갔단 말고

오늘날 포로들이 다 옛날 관주빈이라*

「태평 시절 막히고 찬란한 문물 사라지니
「 」: 조선이 청나라의 신하가 된 상황에 대한 안타까움과 그 굴욕을 씻어 내고 싶은 마음
동해 물 어찌 퍼 올려 이 굴욕 씻을런가」

오나라 궁궐에 섶을 쌓고 월나라 산에 쓸개 매다니*

임금이 굴욕당하면 신하는 죽어야 고금의 도리인데

하물며 우리 집이 대대로 은혜 입었으니
자신의 집안이 임금은 은혜를 받아 온 집안임을 언급함.
아무리 힘들다고 대의를 잊겠는가

「어리석은 계략으로 거센 물결 막으려니
「 」: 자신의 능력으로 굴욕을 씻고 싶지만, 능력이 없어 현실을 바꾸지 못하는 상황을 비유적으로 표현함.
재주 없는 약한 몸이 기운 집을 어찌할까」

★ **문제 해결 키** 문항 1 관련

(중략) 부분을 기준으로 화자가 주목하고 있는 바가 어떻게 달라지고 있는지를 파악해야 함. (중략) 이전에 화자가 말하고자 하는 바가 주로 '상봉산 별천지'에 대한 서술이라면, (중략) 이후에 화자가 말하고자 하는 바는 '심양'에 가라는 임금의 명령을 받은 상황에 대한 서술임을 이해해야 함.

★ **문제 해결 키** 문항 3 관련

'조선에 사람 없어 오랑캐 신하 되었으니'는 '문항 3'의 〈보기〉에 제시된 병자호란의 진행 과정과 삼전도의 굴욕을 압축적으로 표현한 것임. 이러한 외부적 상황에 대한 화자의 반응과 태도, 화자의 심리를 작품 전체에서 파악해야 함.

방 안에서 눈물 내면 아녀자의 태도로다

이 원수 못 갚으면 무슨 얼굴 다시 들까

악비의 손에 침을 뱉고 조적의 노에 맹세하니*

「내 몸의 생사야 깃털처럼 여기고
「　」: 왕명을 받은 신하의 다짐과 충성스러운 신하가 가져야 할 태도를 언급함.
동서남북 만리 밖에 왕명 좇아 다니리라」　　　　　　▶ 본사 2: 임금의 명을 받아 행장을 챙기며, 임금의 은혜를 갚겠다는 다짐을 함.

있거라 가노라 가노라 있거라
자신이 지내던 아름다운 자연을 떠나가는 순간의 아쉬움을 반복적 표현을 통해 생생하게 드러냄.
무정한 갈매기들은 맹세 기약 웃지마는

성은이 망극하니 갚고 다시 돌아오리라　　　　　　▶ 결사: 심양으로 떠나며 다시 돌아올 것을 약속함.
임금의 은혜를 갚고 다시 돌아오겠다는 다짐

＊요양: 청나라 태조 누르하치가 도읍으로 삼았던 곳. 훗날 요양에서 심양으로 천도함.
＊노련의 분노: 주나라를 버리고 진나라 왕을 천자로 부르려는 것에 대한 노련의 분노. 여기서는 명나라를 버리고 청나라를 섬기는 것에 대한 분노를 말함.
＊여섯 자라 머리: 발해 동쪽 바다에 떠 있는 다섯 선산을 떠받치고 있는 여섯 마리 큰 자라의 머리.
＊심양: 선양. 지금의 요령성 성도. 북경으로 천도하기 전까지 청나라가 도읍으로 삼은 곳.
＊높은 ～ 되었구나: 병자호란 때 조선이 청나라에 굴욕을 당한 지 삼 년이 되었음을 나타낸 구절임.
＊오늘날 ～ 관주빈이라: '관주빈'은 중국에 사신으로 간다는 말. '현재 청나라에 인질로 끌려간 사람들이 예전에는 중국에 사신으로 갔던 사람들'이라는 뜻임.
＊오나라 ～ 매다니: 섶에 누워 자고 쓸개를 맛보면서 복수를 다짐한다는 '와신상담'을 가리킴. 중국 춘추 시대 오나라의 왕 부차가 원수를 갚기 위하여 장작더미 위에서 잠을 자며 복수할 것을 맹세하고, 월나라의 왕 구천이 쓸개를 핥으면서 복수를 다짐한 데서 유래한 말임.
＊악비의 ～ 맹세하니: 악비와 조적의 고사를 인용하여 청나라에 당한 치욕을 씻으려는 작가의 의지를 표현한 구절임. 중국 송나라 고종 때의 충신인 악비는 손에 침을 뱉어 맹세하면서 금나라와의 강화를 반대했고, 중국 동진 원제 때 조적은 유민들을 거느리고 강을 건너면서 중원을 회복할 것을 맹세했음.

 포인트 1 **'전반부'와 '후반부'의 주요 내용** 문항 1 관련

전반부	상봉산 별천지를 처음에 들어올 때	자연 풍경이 아름다운 곳에 자리를 잡고 자신이 은거할 곳을 손수 일궈 마련함.
	적막한 산골에 손수 일군 마을이 더욱 좋다.	
	솔과 국화 쓰다듬고 잔나비와 학을 벗하니	자연과 친구가 되어 마음껏 자연을 누리며, 아름다운 경치를 찾아 완상하고 감탄함.
	어와, 경천대야. 네 이름이 과연 헛된 것 아니로다	
후반부	상주 십이월에 심양 가라 부르시니	심양으로 가는 임금의 명을 받아 감격하면서 은거지를 떠날 준비를 함.
	임금 은혜 감격하여 행장을 바삐 챙기니	
	아무리 힘들다고 대의를 잊겠는가	먼 곳으로 떠나는 길에 임금의 은혜와 대의를 생각하며 신하로서 충성을 다하려 함.
	동서남북 만리 밖에 왕명 좇아 다니리라	

 포인트 2 **이별의 상황을 전하는 표현 방식: 대비와 반복** 문항 2 관련

'가노라'와 '있거라'를 반복하면서, 떠나야 하는 화자의 상황과 그 자리에 남아 있는 자연의 풍경을 대비적으로 제시함.

'가노라 옥주봉아 있거라 경천대야'
'옥주봉'과 '경천대'를 청자로 삼아 호명하면서, 아름다운 자연을 두고 떠나야 하는 화자의 아쉬움을 대구 형식으로 드러내고 있음. (돈호법, 대구법)

'있거라 가노라 가노라 있거라'

- 특정한 대상을 언급하지 않고 남겨 두고 떠나는 아쉬움을 반복과 대구, 제시 순서의 변화를 통해 드러내고 있음. (대구법, 반복법)
- 이별의 말을 전하는 화자에 대한 '무정한 갈매기'들의 반응을 대비적으로 제시하면서 화자의 아쉬움과 다짐을 드러내고 있음.

배경지식 더 알아보기

■ 병자호란과 삼전도의 굴욕

1636년 12월 6일 청나라의 용골대와 마부대는 12만 군을 거느리고 압록강을 건너 침공해 왔다. 그들은 주변의 성들을 공격하지 않고 곧바로 한성으로 직행했다. 조정에서는 종묘의 신위와 빈궁, 왕자들만 먼저 강화도로 떠나게 하고, 14일에 국왕도 강화도로 몽진을 하려고 하였으나, 강화로 가는 길이 차단당했다. 조선의 임금 인조는 남한산성으로 몽진, 장기 항전에 돌입하였다. 당시 남한산성의 방어 능력은 병사 1만 2천에 식량은 약 두 달치에 불과하여 적의 12만 대군과 싸우기에는 역부족이었다. 적군은 남한산성을 직접 공격하지 않고 보급로를 차단하는 고사 작전을 택했다. 이 와중에 김상헌을 중심으로 하는 척화파와 최명길을 중심으로 하는 주화파 사이에 논쟁이 끊어지지 않았다. 결국 강화가 함락되고 세자가 인질로 잡혔다는 소식이 전해 오자 대세는 주화 쪽으로 기울었다.

1637년, 병자호란 발발 45일 만에 조선의 왕 인조는 청나라에 항복할 것을 결정하고 항전을 해 왔던 남한산성을 나와 삼전도에서 굴욕적인 항복 의식을 거행하였다. 국왕은 곤룡포 대신 평민이 입는 남색 옷을 입고 세자를 비롯한 대신들과 함께 청 태종의 수항단이 마련되어 있는 잠실나루 부근 삼전도에 도착, 어가에서 내려 적병이 도열하고 있는 사이를 걸어 황제를 향하여 세 번 절하고 아홉 번 머리를 조아리는 '삼배구고두례'라는 치욕적인 항복 의식을 실시하였다.

■ 낙동강 최고의 절경이라는 '경천대'

상주 경천대는 낙동강 천삼백 리 물길 중 아름답기로 첫 번째 꼽힌다. 하늘 높이 솟구쳐 오른 바위 위로 푸른 하늘과 햇살을 담은 송림이 우거져 있고, 아래로는 굽이도는 물길에 금빛 모래사장이 햇빛을 받아 반짝이는 멋진 모습을 경천대에서 볼 수 있다. 경천대의 옛 이름은 자천대로 '하늘이 스스로 만든 아름다운 곳'이라는 뜻이다. 우담 채득기가 고향으로 낙향한 뒤 이곳의 풍경에 반하여 '무우정'이라는 작은 정자를 짓고 머물면서 '경천대'라는 이름으로 불리기 시작하였다고 한다. 임진왜란 당시 정기룡 장군이 무예를 닦고 말을 훈련했다는 전설을 담은 흔적들도 경천대 바위 위에 남아 있다. 낙동강 물을 마시고 하늘로 솟구치는 학을 떠올리게 하는 천주봉, 기암절벽과 굽이쳐 흐르는 강물을 감상하며 쉴 수 있는 울창한 노송숲 등 주변 경관이 어우러져 낙동강 최고의 절경이라 칭송받고 있다.

EBS Q&A

Q 외적 준거에 따라 작품을 감상하는 문항에서 배경지식이 꼭 필요한가요? <u>문항 3 관련</u>

A '문항 3'은 〈보기〉를 활용하여 당시의 역사적 상황과 화자의 실제 삶을 제시하고 있습니다. '병자호란'이나 '삼전도'의 항복 의식, 청나라에 소현 세자, 봉림 대군 등이 볼모로 잡혀간 상황 등은 역사 시간에 배우는 내용들입니다. 문학 문항에서 대부분의 〈보기〉는 여러분들이 고등학교 교육 과정에서 충분히 배웠을 것이라 짐작되는 수준으로 제시됩니다. 또한 〈보기〉 안에서의 설명으로 여러분들이 충분히 이해할 수 있다고 판단되는 수준에서 문항을 출제하고 있습니다. 혹시 여러분들이 잘 모르는 낯선 개념이나 용어, 혹은 역사적 사건 등이 〈보기〉에 제시되고 있다고 해도, 문항의 출제 의도와 관련지어 발문을 정확히 이해하고, 선지가 말하고 있는 바를 잘 정리해 보면 〈보기〉를 통해 배경지식을 늘리면서, 문항의 정답도 찾아낼 수 있습니다.

농가월령가 _ 정학유

EBS 수능특강 **문학 068쪽**

감상 포인트 이 작품은 조선 후기 실학자 정약용의 차남 정학유(丁學游)가 지은 월령체(月令體)의 장편 가사이다. 권농(勸農)을 주제로 하여 농가에서 일 년 동안 해야 할 일을 정월령에서부터 12월령까지 월별 순서대로 노래하고 있다. 1년 동안 이어지는 절기에 따른 농가의 행사와 풍속에 대한 구체적인 묘사와 서술이 뛰어나며 교훈적 속성이 강한 문학 작품으로 형상화되었지만, 조선 후기 개인이 만들어 낸 농서로 볼 수도 있다. 실학사상을 바탕으로 하였기에 실증성이 높아 당시 농촌의 삶을 보여 주는 사료로서도 의의가 큰 작품이다.

주 제 월별로 농가에서 할 일을 안내하고 권농함.

	현대어 풀이
이십사절기의 스물셋째 절후로 양력 1월 6일경 십이월은 계동(季冬)이라 소한 대한 절기로다 ▶ 1행: 12월의 절기 소개	십이월은 늦겨울이라 소한 대한 절기로다
음력 섣달, 늦겨울 이십사절기 중 마지막 절후로 양력 1월 20일경 설중(雪中)의 봉만(峯巒)들은 해 저문 빛이로다	눈 속의 봉우리들 해 저문 빛이로다
산꼭대기의 뾰족한 봉우리 세전에 남은 날이 얼마나 걸렸는고 ▶ 2, 3행: 12월의 정경과 시기적 특징 제시	새해 전에 남은 해가 얼마나 걸렸는고
새해가 되기 전 집안의 여인들은 세시 의복 장만하고	집안의 여인들은 설빔을 장만하고
무명 명주 끊어 내어 온갖 무색 들여 내니	무명 명주 끊어 내어 온갖 색깔 들여 내니
물감을 들인 빛깔 자주 보라 송화색에 청화 갈매 옥색이다	자주 보라 노란색과 푸른색 초록색 옥색이다
시각적 이미지, 다양한 색채 활용 일변으로 다듬으며 일변으로 지어 내니	한편으로 다듬으며 한편으로 지어 내니
상자에도 가득하고 횃대에도 걸었도다	상자에도 가득하고 횃대에도 걸었도다
옷을 걸 수 있게 방 안에 달아매어 두는 막대 ▶ 4~8행: 세시의 의복과 여러 가지 천을 마련함. 입을 것 그만하고 음식 장만하오리라	입을 것은 그만하고 음식 장만하오리라
「떡쌀은 몇 말이며 술쌀은 몇 말인고	떡쌀은 몇 말이며 술쌀은 몇 말인고
「 」: 다양한 식재료와 음식 종류 나열 콩 갈아 두부하고 메밀쌀 만두 빚소	콩 갈아 두부 만들고 메밀로 만두 빚소
세육은 계를 믿고 북어는 장에 사서	설날 고기는 계를 믿고 북어는 장에서 사서
조선 시대에 공동으로 소를 구입해 잡는 구우계(購牛契)가 있었음. 납평 날 창애 묻어 잡은 꿩 몇 마리인고	납일에 덫을 놓아 잡은 꿩 몇 마리인고
아이들 그물 쳐서 참새도 지져 먹세	아이들 그물 쳐서 참새 잡아 지져 먹세
깨강정 콩강정에 곶감 대추 생률이라」	깨강정 콩강정에 곶감 대추 생밤이라
주준에 술 들으니 돌 틈에 새암 소리	술독에 술 떨어지니 돌 틈의 샘물 소리 같네
술 항아리 청각적 이미지 앞뒷집 타병성은 예도 나고 제도 나네 ▶ 9~17행: 세시의 음식을 준비함.	앞뒷집 떡을 치는 소리는 여기도 나고 저기도 난다
떡 치는 소리 등불을 켜 놓음. 새 등잔 새발심지 장등하여 새울 적에	새 등잔의 새발심지 불 켜 놓고 밤새울 적에
종이나 솜으로 새의 발처럼 밑이 세 갈래가 지도록 꼬아서 세워 놓게 만든 등잔의 심지 윗방 봉당 부엌까지 곳곳이 명랑하다	윗방 봉당 부엌까지 곳곳이 환하다
안방과 건넌방 사이의 마루 없는 흙바닥 밝고 환함. 「초롱불 오락가락 묵은세배하는구나」 ▶ 18~20행: 마을의 밤과 묵은세배를 하는 정경	초롱불 오락가락 묵은세배하는구나
섣달그믐날 저녁에 그해를 보내는 인사로 웃어른에게 하는 절 「 」: 12월의 풍속 어와 내 말 듣소 농업이 어떠한고	어와 내 말 듣소. 농업이 어떠한고
종년 근고한다 하나 그중에 낙이 있네	일 년 내내 고생했으나 그중에 즐거움이 있네
일 년 내내 고생함. 위로는 국가 봉용 사계로 제선 봉친	위로는 나라에 보탬 되고 안으로 제사와 부모 봉양
조상에게 제사 지내는 일과 부모에 대한 봉양 형제 혼상 대사 먹고 입고 쓰는 것이	형제 혼인 장례 먹고 입고 쓰는 것이
혼인과 장례	

토지 소출 아니라면 돈 지당을 어이할꼬
　　논밭에서 나는 곡식　　　　　감당
예로부터 이른 말이 농업이 근본이라　　　▶ 21~26행: 농업이 삶의 근본임을 강조함.
　　　　　　　중농 사상
배 부려 선업하고 말 부려 장사하기
　　　　뱃일
전당 잡고 빚 주기와 장판에 체계 놓기
물품을 담보로 하여 돈을 꾸어 주고, 꾸어 씀.　장에서 돈을 비싼 이자로 꾸어 주고, 장날마
술장사 떡장사며 술막질 가게 보기　　　다 본전의 일부와 이자를 받아들이던 일
　　　　　주막 운영
아직은 흔전하나 한 번을 뒤뚝하면
　　생활이 아주 넉넉함.　　큰 물체나 몸이 중심을 잃고 한쪽으로 기울면
파락호 빚꾸러기 살던 곳 터도 없다
　재산이나 세력 있는 집안의 자손으로 집안의 재산을 털어먹는 난봉꾼
농사는 믿는 것이 내 몸에 달렸느니

절기도 진퇴 있고 연사도 풍흉 있어
　　　　　　　농사일에 기복이 있음을 인정
수한 풍박 잠시 재앙 없다야 하랴마는
홍수, 가뭄, 바람, 우박
극진히 힘을 들여 가솔이 일심하면
　　　　최선의 노력으로 온 가족이 힘을 합치면
아무리 살년에도 아사를 면하느니
　　　크게 흉년이 듦.　굶어 죽음.
제 시골 제 지키어 소동(騷動)할 뜻 두지 마소
　　　　　　　여럿이 법석을 떪.　명령형 어미를 활용한 권계
황천(皇天)이 인자하사 노하심도 일시로다
크고 넓은 하늘, 하느님
자네도 헤어 보아 십 년을 가량(假量)하면
　　　　　　　　대강 헤아려 짐작
칠분은 풍년이요 삼분은 흉년이라
풍년이 될 가능성 70퍼센트, 흉년이 될 가능성 30퍼센트
천만 가지 생각 말고 농업을 전심하소
　　　농업에만 집중하기를 권함.　▶ 27~41행: 농촌을 지키며 농업에 전심할 것을 권함.
하소정(夏小正)* 빈풍시(豳風詩)*를 성인이 지었으니

이 뜻을 본받아서 대강을 기록하니

이 글을 자세히 보아 힘쓰기를 바라노라　　▶ 42~44행: 농업에 전심할 것을 권함.
　　　　　　농촌 사람들에게 권고함.

토지 소출 아니면 돈 감당을 어찌할꼬

예로부터 이른 말이 농업이 근본이라

배 부려 뱃일하고 말 부려 장사하기

전당 잡고 빚 주기와 시장판에 이자 놓기

술장사 떡장사며 주막 운영 가게 보기

우선은 넉넉하나 한번 뒤뚱하면

파락호 빚쟁이 되어 살던 곳도 없어진다

농사는 믿는 것이 내 몸에 달렸으니

절기도 진퇴 있고 농사도 풍흉 있어

홍수 가뭄 바람 우박 잠시 재앙 없기야 할까마는

극진히 힘을 들여 온 가족이 합심하면

극심한 흉년에도 굶어 죽기 면하나니

제 고향 제가 지켜 떠날 뜻을 두지 마소

하늘이 인자하시어 노하심도 한때로다

자네도 생각해 보소 십 년을 계산하면

칠 분은 풍년이요 삼 분은 흉년이라

이런저런 생각 말고 농업에 전심을 다하소

하소정 빈풍시를 성인이 지었으니

지극한 뜻 본받아서 대강을 기록하니

이 글을 자세히 보아 힘쓰기를 바라노라

★ 문제 해결 키 문항 2 관련

화자는 농업에 대한 자신의 생각을, 직접적으로 드러내기도 하고, 다른 생업과의 차이점 속에서 밝히기도 함에 유의하여, 화자가 농업에 대해 취하는 태도가 어떠한지를 살펴보아야 함.

*하소정: 옛 중국의 기후 관련 저서로 농사와 목축 및 어업 활동에 대해 기록하였으며 『예기(禮記)』에 실려 있음.

*빈풍시: 주나라 주공이 백성들의 농사짓는 어려움을 인식시키기 위하여 지은 시편으로 『시경(詩經)』에 실려 있음.

핵심 개념 이것만은 꼭 익히자

포인트 ① 다양한 표현 방법을 활용한 상세한 묘사 문항 1, 2 관련

장면 구성	해당 구절	표현	특징 및 효과
달과 절기 및 그 특징 제시	• 십이월은 계동이라 소한 대한 절기로다 • 설중의 봉만들은 해 저문 빛이로다	원경, 시각적 이미지	계절감 조성, 서경(敍景)적 정취
농가에서 할 일 소개	• 자주 보라 송화색에 청화 갈매 옥색이다(의복 장만)	색채 이미지 활용	의복과 음식 장만 과정을 감각적으로 보여 줌.
	• 주준에 술 들으니 돌 틈에 새암 소리 / 앞뒷집 타병성은 예도 나고 제도 나네(음식 장만)	청각적 이미지 활용	
농가의 풍속 소개	• 윗방 봉당 부엌까지 곳곳이 명랑하다	시각적 이미지	밝은 분위기 조성
	• 초롱불 오락가락 묵은세배하는구나	사람들의 이동을 사물(등불)을 통해 묘사	

상세하고 실감 나는 묘사

↓

농촌 현장의 사실감 고조

포인트 ② 「농가월령가」에 반영된 시대적 배경과 작가 의식 문항 2, 3 관련

이 작품은 조선 후기 농업 및 상업 화폐 경제의 발달로 인한 사람들의 자본 증식 욕구가 증대되고 실학사상이 전개되던 사회적 상황을 배경으로 한다.

중농주의	실학사상	사족 중심의 향촌 자치
• 예로부터 이른 말이 농업이 근본이라 • 천만 가지 생각 말고 농업을 전심하소	• 위로는 국가 봉용 ~ 돈 지당을 어이할꼬 • 아무리 살년에도 아사를 면하느니	• 제 시골 제 지키어 소동할 뜻 두지 마소 • 이 글을 자세히 보아 힘쓰기를 바라노라

+ ... +

↓	↓	↓
농업을 국가 정책의 으뜸으로 삼고 농업을 권함.	민생을 위한 경제적 관점에서 농업을 바라봄.	농민의 향촌 이탈 방지를 통한 농촌 공동체 유지

↓

• 농업을 기반으로 한 사족 중심의 공동체
• 질서 유지와 번영 기원

포인트 ③ 「농가월령가」의 말하기 방식과 화자의 의도

해당 구절	어미를 통해 살펴본 말하기 방식	발화 의도
• 십이월은 계동이라 소한 대한 절기로다 • 설중의 봉만들은 해 저문 빛이로다	감탄형 종결 어미 '-로다' 사용	청자(농민)의 정서적 공감 유도와 공감대 형성
• 아이들 그물 쳐서 참새도 지져 먹세	청유형 종결 어미 '-(하)세' 사용	농촌에서 할 일 권장과 훈계
• 천만 가지 생각 말고 농업을 전심하소 • 제 시골 제 지키어 소동할 뜻 두지 마소	명령형 종결 어미 '-하소', '-마소' 사용	

↓

화자의 궁극적 의도: 지배층의 입장에서 피지배층에 대한 공감 유도와 교훈 전달

■ 「농가월령가」의 구성과 역사적 의의

이 노래는 한 해 동안에 걸쳐 매달 절기에 따른 농촌 사람들이 해야 할 일과 세시 풍속을 읊은 월령체(달거리) 가사이다. 이 작품은 권농(勸農)과 관련하여 농사 시기, 농사 방법을 상세하게 기술하며 작물의 종류, 과일 농사, 양잠, 양봉, 산채, 약초 재배 등에 이르기까지 다양한 농사의 내용과 함께 음식 만들기, 의복 마련하기와 같은 여성들의 가사, 세시 풍속과 관련하여 세배, 널뛰기, 윷놀이, 달맞이, 성묘, 천렵, 천신(薦新) 등과 같은 전통 민속 등을 광범위하게 다루고 있어 민속학 연구의 귀중한 자료로도 평가받고 있다.

	주요 내용
서사	천지개벽과 일월성신의 운행, 24절기의 형성 원리와 역법(曆法)의 기원을 설명함.
1월령	맹춘(孟春)인 정월(1월)의 절기, 일 년 농사를 준비하며 할 일, 정초의 세배와 풍속, 그리고 정월 대보름날의 풍속 등을 노래함.

정월령(正月令)
정월은 맹춘이라 입춘 우수 절기로다 / 산중 간학에 빙설은 남았으나 / 평교 광야에 운물이 변하도다
어와 우리 성상 애민 중농 하오시니 / 간측하신 권농 윤음 방곡에 반포하니 / 슬프다 농부들아 아무리 무지한들 / 네 몸
이해 고사하고 / 성의를 어길쏘냐 / 산전 수답 상반하여 힘대로 하오리라 (중략)
농기를 다스리고 농우를 살펴 먹여 / 맥전에 오줌 치기 세전보다 힘써 하라 / 늙은이 근력 없어 힘든 일은 못 하여도 / 낮
이면 이엉 엮고 밤이면 새끼 꼬아 / 때맞추어 지붕 이으니 큰 근심 덜었도다 / 실과나무 보굿 따고 가지 사이 돌 끼우기 /
정조 날 미명에 시험조로 하여 보라 (하략)

2월령	중춘(仲春)인 2월의 절기, 춘경(春耕)과 가축 기르기, 약재(藥材) 캐기 등을 노래함.
3월령	모춘(暮春)인 3월의 절기, 논농사와 밭농사에서 파종, 과일나무 접붙이기, 장 담그기 등을 노래함.
4월령	맹하(孟夏)인 4월의 절기, 모내기, 분봉(分蜂), 고기잡이 등을 노래함.
5월령	중하(仲夏)인 5월의 절기, 보리타작, 누에고치 따기, 그네뛰기, 민요(농부가) 화답하기 등을 노래함.
6월령	계하(季夏)인 6월의 절기, 간작, 유두의 풍속, 장 관리, 삼 수확, 길쌈 등을 노래함.
7월령	맹추(孟秋)인 7월의 절기, 칠석, 김매기, 벌초(伐草)하기, 겨울을 보내기 위한 채소 준비, 김장에서 쓸 무, 배추의 파종 등을 노래함.
8월령	중추(仲秋)인 8월의 절기, 익은 백곡(百穀) 수확, 장에서의 흥정, 며느리의 친정 근친(覲親) 등을 노래함.

팔월령(八月令)
팔월이라 중추되니 백로 추분 절기로다 / 북두성 자루 돌아 서천을 가리키니 / 선선한 조석 기운 추기가 완연하다 / 귀뚜
라미 맑은 소리 벽간에 들리누나 / 아침에 안개 끼고 밤이면 이슬 내려 / 백곡은 성실하고 만물을 재촉하니 / 들 구경 돌
아보니 힘들인 일 공생하다 / 백곡에 이삭 패고 여물 들어 고개 숙여 / 서풍에 익는 빛은 황운이 일어난다 (중략)
안팎 마당 닦아 놓고 발채 망구 장만하소 / 면화 따는 다래끼에 수수 이삭 콩 가지요 / 나무꾼 돌아올 제 머루 다래 산과
로다 / 뒷동산 밤 대추는 아이들 세상이라 / 알밤도 말리어라 철 대어 쓰게 하소 (하략)

9월령	계추(季秋)인 9월의 절기, 늦가을 추수, 이웃 간에 오고 가는 정을 노래함.
10월령	맹동(孟冬)인 10월의 절기, 무·배추 수확, 겨울 준비, 집안과 한 동네의 화목 등을 노래함.
11월령	중동(仲冬)인 11월의 절기, 메주 만들기, 동지의 풍속, 가축 기르기, 거름 준비 등을 노래함.
12월령	계동(季冬)인 12월의 절기, 새해 준비, 묵은세배의 풍속을 노래함.
결사	농업에 힘쓰기를 권장함.

■ 조선 전기 가사와 후기 가사의 비교

	조선 전기 가사	조선 후기 가사
작자층	양반 사대부 계층	양반 사대부 계층은 물론 평민, 부녀자 등 서민층으로까지 확대
주제 의식	자연과의 합일, 임금을 향한 충정	전후의 황폐한 삶, 특정 집단에 대한 비판, 여행 체험, 남녀 간의 사랑 등 다양한 현실 문제
성격	서정성이 강함.	서정성이 약화되고 교술성은 강화됨.
대표작	정극인의 「상춘곡」, 송순의 「면앙정가」, 정철의 「관동별곡」, 「사미인곡」, 「속미인곡」 등	허전의 「고공가」, 박인로의 「누항사」, 정학유의 「농가월령가」, 김인겸의 「일동장유가」, 홍순학의 「연행가」, 작자 미상의 「용부가」, 「상사별곡」 등

■ 월령체와 대표 작품

월령(月令)이란 '달거리'라고도 하며, 열두 달에 걸쳐서 매달의 의식이나 할 일을 구별하여 기록한 것이다. 대표 작품에는 고려 가요 「동동」이 있다.

그런데 「동동」은 월령체로 되어 있고 노랫말에서 절기와 세시 풍속이 언급된다는 점에서 「농가월령가」와 형식적으로 유사해 보이지만, 「동동」은 임에 대한 연모의 감정을 주제로 한 서정성이 강한 노래라는 점에서 농가의 생활과 교훈이 주제인 「농가월령가」와 내용적인 면에서 차이가 난다.

	〈현대어 풀이〉
정월(正月)ㅅ 나릿므른 아으 어저 녹져 ㅎ논딕 누릿 가온딕 나곤 몸하 ㅎ올로 녈셔 아으 동동(動動)다리	정월 냇물은 아아, 얼려 녹으려 하는데 세상에 태어나서 이 몸이여, 홀로 살아가는구나. 아으 동동다리
이월(二月)ㅅ 보로매 아으 노피 현 등(燈)ㅅ블 다호라 만인(萬人) 비취실 즈싀샷다 아으 동동(動動)다리	2월 보름에 아아, 높이 켜 놓은 등불 같구나. 만민을 비추실 모습이구나. 아으 동동다리
(중략)	(중략)
오월(五月) 오일(五日)애 아으 수릿날 아춤 약(藥)은 즈믄 힐 장존(長存)ㅎ샬 약(藥)이라 받줍노이다 아으 동동(動動)다리	5월 5일에 아아, 단옷날 아침 약은 천년을 사시게 될 약이므로 바치옵니다. 아으 동동다리
(중략)	(중략)
팔월(八月)ㅅ 보로몬 아으 가배(嘉俳)니리마론 니믈 뫼셔 녀곤 오늘낤 가배(嘉俳)샷다 아으 동동(動動)다리	8월 보름은 아아, 한가윗날이지마는 임을 모시고 살아야만 오늘이 뜻있는 한가윗날입니다. 아으 동동다리
(중략)	(중략)
십일월(十一月)ㅅ 봉당 자리예 아으 한삼(汗衫) 두퍼 누워 슬홀 소라온뎌 고우닐 스싀옴 녈셔 아으 동동(動動)다리	11월 봉당 자리에 아아, 홑적삼을 덮고 누워 슬프구나, 사랑하는 임과 제각기 살아가는구나. 아으 동동다리
십이월(十二月)ㅅ 분디남ㄱ로 갓곤 아으 나솔 반(盤)잇 져 다호라 니믜 알픠 드러 얼이노니 소니 가재다 므르읍노이다 아으 동동(動動)다리	12월 분지나무로 깎은 아아, (임께) 드릴 소반 위의 젓가 락 같구나. 임의 앞에 들어 가지런히 놓으니 손님이 가져다 입에 뭅니다. 아으 동동다리

— 작자 미상, 「동동(動動)」

Q 시가에서 화자의 어조와 특정 대상에 대한 태도를 파악하는 쉬운 방법이 있을까요? 문항 2 관련

A 시가는 노래이지만 노랫말은 언어 예술이며 언어는 곧 말입니다. 말로 표현되었기 때문에 그 말투, 즉 어조를 파악하면 화자가 특정 대상에 대해 가지고 있는 생각과 태도를 짐작할 수 있지요. 시의 어조는 어휘의 의미, 이미지, 문장 구조 등으로 만들어지는데, 주로 감정을 표현한 어휘(슬픔, 기쁨, 눈물, 웃음, 외로움 등)나 종결 어미(평서형, 명령형, 청유형, 의문형, 감탄형)를 통해 문장의 종류를 살피면 비교적 쉽게 파악할 수 있습니다.

(7가) 시집살이 노래 _ 작자 미상

감상 포인트　이 작품은 시집살이의 어려움을 노래한 민요로, 사촌 동생과 사촌 언니의 대화 형식을 통해 당시 여성들이 겪어야 했던 가사 노동의 어려움과 심리적인 고통을 생생하게 전달하고 있다. 시집살이 속에서 여성들이 겪어야 했던 소외감과 힘든 노동으로 인한 억압된 심리를 드러내는 데 초점을 맞추면서도 시집 식구들을 '새'에 비유하며 해학적으로 묘사한 부분을 통해 웃음으로 고통을 이겨 내려는 서민들의 삶의 의지와 낙천성을 확인할 수 있는 작품이다.

주 제　시집살이의 어려움과 체념

형님 온다 형님 온다 분고개로 형님 온다
근친(시집간 딸이 친정에 가서 부모를 뵘) 오는 형님에 대한 사촌 동생의 궁금증

형님 마중 누가 갈까 형님 동생 내가 가지

형님 형님 사촌 형님 시집살이 어떱데까　　　　　　　▶ 1~3행: 사촌 동생의 반가움과 시집살이에 대한 호기심

이애 이애 그 말 마라 <u>시집살이 개집살이</u>★
　　　　　　　언어유희를 통해 시집살이의 어려움을 해학적으로 표현함.
앞밭에는 당초 심고 뒷밭에는 고추 심고
'고추'와의 동어 반복을 피하면서도 리듬감을 살린 표현
고추 당초 맵다 해도 시집살이 더 맵더라

[둥글둥글] 수박 식기 밥 담기도 어렵더라
　　　　　[   ]: 음성 상징어를 활용하여 리듬감을 부여함.
[도리도리] 도리소반 수저 놓기 더 어렵더라
　　　　　둥글게 생긴 조그마한 상
「오 리 물을 길어다가 십 리 방아 찧어다가
「 」: 시집살이의 육체적 고달픔
아홉 솥에 불을 때고 열두 방에 자리 걷고」★

외나무다리 어렵대야 시아버니같이 어려우랴
외나무다리를 건너는 것보다 시아버지를 대하는 것이 더 조심스럽고 어렵기 때문에
나뭇잎이 푸르대야 시어머니보다 더 푸르랴
시어머니의 서슬이 나뭇잎보다 더 푸르다는 뜻(서슬이 푸르다: 권세나 기세 따위가 아주 대단하다.)
시아버니 호랑새요 시어머니 꾸중새요 ┐
　　　　　호랑이처럼 무서움.　　　꾸중을 많이 함.
동세 하나 할림새*요 시누 하나 뾰족새요 ┤　　　시집 식구들과 자신을 새에 비유하며 시집살이의
　　　　　　　　　　　　　　성을 잘 냄.　　　어려움을 해학적으로 드러냄.
시아지비 뾰중새요 남편 하나 미련새요 ┘
　　　　　통명스러움
└ 나 하나만 썩는 샐세 ★
시아주버니: 남편과 항렬이 같은 사람 가운데 남편보다 나이가 많은 사람을 이르는 말
귀먹어서 삼 년★이요 눈 어두워 삼 년★이요

말 못 해서 삼 년★이요 석삼년을 살고 나니
　　　　　　　　9년
「배꽃 같은 요내 얼굴 호박꽃이 다 되었네
「 」: 대조법과 대구법을 활용하여 시집살이의 어려움을 드러냄.
삼단 같은 요내 머리 비사리춤*이 다 되었네
삼을 묶는 단처럼 탐스럽던
백옥 같은 요내 손길 오리발이 다 되었네
　　　　　　　　'거친 손'의 비유적 표현
열새 무명 반물치마 눈물 씻기 다 젖었네

두 폭 붙이 행주치마 콧물 받기 다 젖었네」　　　　　　▶ 4~23행: 시집살이의 어려움

「울었던가 말았던가 베갯머리 소(沼) 이루겠네
　　　　　　연못이 만들어질 정도로, 시집살이로 흘린 눈물이 많았음.(과장법)
「 」: 시집살이의 어려움을 자식들을 바라보며 견디고 있음을 비유적이고 해학적으로 드러냄.

그것도 소이라고 거위 한 쌍 오리 한 쌍

'자식들'을 비유함.

쌍쌍이 떠들어오네」

▶ 24~26행: 해학적인 체념

★ 문제 해결 키 [문항 1 관련]

· '형님 형님 사촌 형님 시집살이 어떱데까 / 이애 이애 그 말 마라 시집살이 개집살이': 대화 형식을 통해 시집살이의 궁금증과 어려움을 직접적으로 풀어냄.
· 반복되는 시간 표지 '삼 년'을 통해 시집살이가 오랫동안 지속되었음을 파악할 수 있음.

★ 문제 해결 키 [문항 3 관련]

· '앞밭에는 당초 심고 ~ 열두 방에 자리 걷고': 노동이 일어나는 장소와 상관없이 화자가 하는 노동 모두 시집살이에 해당한다는 점을 파악해야 함.
· '외나무다리 어렵대야 ~ 나 하나만 썩는 샐세': 비유적 표현의 원관념(시집 식구들과 화자)과 보조 관념(새)의 관계를 파악할 수 있어야 하며, 특히 '새'가 지닌 특징을 파악할 수 있어야 함.

※ **할림새**: 남의 허물을 잘 고해바치는 사람.

※ **비사리춤**: 비를 엮는 싸리 묶음.

---

 1 이 작품의 표현상의 특징 [문항 1, 3 관련]

특징	효과
다양한 비유적 표현의 사용	해학성 유발
대화를 통한 사상 전개	시집살이의 어려움을 생동감 있게 전달
반복, 열거, 대조, 대구법의 사용	운율감 형성

 2 '베갯머리 소'와 '거위 한 쌍 오리 한 쌍'의 상징적 의미 [문항 3 관련]

'베갯머리 소': 화자가 흘린 눈물이 연못을 이룰 만큼 많다.	시집살이의 힘겨움을 드러냄.
'거위 한 쌍 오리 한 쌍': 화자의 자식들	화자가 흘린 눈물 연못에 자식들이 들어온다는 점에서, 자식들을 바라보며 화자가 시집살이의 어려움을 견디고 있음을 나타냄.

■ '부요(婦謠)'란?

이 노래는 조선 시대 후기 민요로, '며느리'의 입장에서 여성이 겪는 시집살이의 어려움을 노래하고 있다. 유교적 가부장적 사회 질서가 지배하던 당시의 상황에서, 시집을 간 여성들은 오랫동안 어려운 시십살이에 시달려야 했는데, 이 노래에도 당시 여성들이 겪어야 했던 시집살이에 대한 애환의 정서가 담겨 있다. 이처럼 여성의 목소리로 여성의 삶을 노래한 작품을 '부요(婦謠)'라고 한다.

부요에는 이 노래처럼 시집살이의 어려움을 노래한 작품뿐만 아니라, 노동요 및 유회요 등도 있었다. 노동요란 일의 진행을 도와 능률을 높이거나 공동체 의식을 강화하기 위하여 부르는 노래로, 여성들이 길쌈할 때 부르던 「베틀가」, 「물레 노래」 등이 노동요에 속하는 대표적인 부요에 해당한다. 유회요는 놀이를 하면서 부르는 노래로, 놀이를 좀 더 흥겹게 하는 역할을 하였다. 우리에게 친숙한 「강강술래」가 유회요에 속하는 대표적인 부요이며, 이밖에 「그네뛰기 노래」 등도 유회요에 속하는 부요에 해당한다.

■ 다른 지역에서 전해 오는 「시집살이 노래」

경북 영양	경북 영천
울도 담도 없는 집에 시집 삼 년을 살고 나니	시집가든 사흘 만에 호망자리 둘러메고 밭매로야 가라칸다
시어머니 하시는 말씀 아가 아가 메느리아가	머슴들아 머슴들아 밭매로야 가자시라
진주 낭군을 볼라거든 진주 남강에 빨래를 가게	마당겉이 굳은 밭을 미겉이도 지슴 밭을 남산겉이 넓은 밭을
진주 남강에 빨래를 가니 물도나 좋고 돌도나 좋고	한 골 매고 두 골 매고 삼시 골로 거듭 매고 점심때가 되었구나
이리야 철썩 저리야 철썩 어절 철썩 씻고나 나니	머슴들아 머슴들아 점심 먹을 집에 가자
하늘 겉은 갓을 씨고 구름 같은 말을 타고 못 본 체로 지내가네	집이라고 돌아오니 시아버지 하는 말이
검동 빨래 검께나 씻고 흰 빨래는 희게나 씨여	번개같이 뛰어오매 그게라상 일이라고 점심 찾아 벌써 오나
집에라고 돌아오니 시어머니 하시는 말씀	쪼바리 같은 시어마님 쪼불시가 기나오매
아가 아가 메느리아가 진주 낭군을 볼라그덩	그게라상 일이라고 점심 찾아 벌써 오나
건넛방에 건너나 가서 사랑문을 열고나 봐라	흔들흔들 맞동세는 실렁실렁 나오메야
(후략)	고게라상 일이라고 점심 찾아 벌써 오나
	(후략)

EBS
Q&A

Q 표현상의 특징을 묻는 문항을 잘 풀기 위해서는 어떻게 해야 하나요? 문항 1, 3 관련

A 운문 문학에서는 '문항 1'과 '문항 3'처럼 표현상의 특징과 그 효과를 묻는 문항이 자주 출제되는데요, '문항 1'은 특정 시구에 나타난 표현상의 특징과 그 효과를, '문항 3'은 <보기>에 제시된 '열거'에 대한 설명을 참고하여 작품의 특정 구절과 관련된 열거의 특징과 그 효과를 묻고 있습니다. '말을 건네는 방식', '동일한 시어의 사용', '생각을 인용하는 방식', '반어적인 표현', '열거의 방식' 등이 '문항 1'과 '문항 3'의 선지에 나타나는 표현상 특징과 관련된 용어입니다. 그런데 이런 용어들은 다른 문항에서도 자주 쓰이는 용어들이며, 실제로 표현상의 특징을 묻는 문항의 선지들을 정리해 보면 10~15개 정도의 표현상 특징 관련 용어들이 반복해서 나타난다는 점을 확인할 수 있습니다. 따라서 각 선지에 나타나는 표현상 특징 관련 용어들의 개념을 정확히 파악하고, 각 용어들이 사용될 때 어떤 효과를 줄 수 있는지를 정리해 보는 것이 효과적인 학습 방법이라 할 수 있습니다.

(나) 우부가 _ 작자 미상

감상 포인트 이 작품은 『초당문답가』라는 가사집에 수록되어 있는 조선 시대 후기의 가사로, 조선 후기 양반 사회가 당면했던 도덕적 타락과 경제적 몰락, 그리고 조선 사회를 지배했던 봉건적 가치관의 붕괴 양상을 풍자적으로 그려 내고 있다. 이 작품에 등장하는 인물인 '개똥이'와 '꼼생원', '꾕생원'은 무위도식하거나 분별없이 행동하고, 체통을 지키지 못하는 모습을 보여 주는데, 이 작품은 이러한 인물의 부정적인 측면을 나열함으로써 조선 시대 후기 양반층의 타락한 모습을 사실적으로 반영하고 있다는 평가를 받고 있다.

주 제 타락한 양반에 대한 비판과 경계

★ **문제 해결 키** 문항 2 관련
작품에서 확인할 수 있는 '꼼생원'과 '꾕생원'의 집안이나 행적, 화자의 비판적 시각 등을 통해 두 사람의 공통점을 찾아야 함.

저 건너 꼼생원은 제 아비의 덕분으로

돈천이나 가졌더니 술 한잔 밥 한술을

친구 대접 하였던가
『 』: '우부가'에 등장하는 비판의 대상은 '개똥이', '꼼생원', '꾕생원' 3명으로, 신분은 모두 양반임. 이 중 '꼼생원'은 부유한 양반에 속하던 인물이었음.

주제넘게 아는 체로 음양 술수 탐혼하야
양반이라면 유교 질서를 따라야 함에도 불구하고, 음양을 따지는 미신에 빠져 있음을 알 수 있음.

당발복 구산하기* 피란곳 찾아가며

『올 적 갈 적 행로상(行路上)에 처자식을 흩어 놓고
경제적으로 무능력하고 무책임한 가장으로서의 꼼생원의 모습 ①

있는 사람들의 도움이 아니면 끼니조차 잇지 못한다

남을 속여 재물을 차지하려 해도 두 번째는 아니 속고

공납범용(公納犯用)*하자 하니 일갓집에 부자 없고

뜬재물 경영하고 경향(京鄕) 없이 쏘다니며 / 재상가에 청(請)질하다 봉변하고 물러서고

남의 골에 검태* 갔다 혼검에 쫓겨 와서 / 혼인 중매 혼자 들다 무렵 보고 뺨 맞으며

가대문서(家垈文書) 구문 먹기 핀잔먹고 자빠지기 ★ 『 』: 꼼생원에 대한 화자의 비판적 시각을 '열거'의 방법을 통해 드러냄.

불리 행세 찌그렁이 위조문서 비리호송
남에게 무턱대고 억지로 떼를 쓰는 짓. 또는 그런 사람

부자나 후려 볼까 감언이설 꾀어 보세

엇막이며 보막이며* 은점(銀店)이며 금점(金店)이며

대로변에 색주가(色酒家)며 노름판에 푼돈 떼기

남북촌에 뚜장이로 인물 초인(招引) 하여 볼까
불러 끌어들임.
뚜쟁이. 부부가 아닌 남녀가 정을 통할 수 있도록 소개하는 사람

산진매 수진매에 사냥질로 놀러 갈 제
산지니(길들이지 않은 매)와 수지니(사냥을 위하여 길들인 매)

대종손(大宗孫) 양반 자랑 산소나 팔아 볼까

『혼인 핑계 어린 딸은 백 냥짜리 되었구나
『 』: 경제적으로 무능력하고 무책임한 가장으로서의 꼼생원의 모습 ②

아낙은 친정살이 자식들은 고생살이』

일가의 눈이 희고 친구의 손가락질
일가가 눈을 흘기고

부지거처(不知去處) 나가더니 소문이나 들어 볼까
▶ 꼼생원의 행실 소개와 화자의 비판

산 너머 꾕생원은 그야말로 하우(下愚)로다
아주 어리석은 사람. '꾕생원'에 대한 화자의 비판적 시각을 직접적으로 드러냄.

거들어서 한 말 자랑 대장부의 결기로다
반어적 표현을 통해 '꾕생원'의 거들먹거리나 허언을 일삼는 태도를 비판함.
『동네 존장 몰라보고 이소능장(以少凌長)* 욕하기와
『 』: 인륜에 어긋나 공동체의 질서를 어지럽히는 '꾕생원'에 대한 비판적 시각을 '열거'의 방법을 통해 드러냄.
옷을 찢고 갓 부수며 사람 치고 맞았다고 떼쓰기와

남의 과부 겁탈하기 투장(偸葬)간 곳 떡 달라 청하기
남의 산이나 묏자리에 몰래 자기 집안의 묘를 쓰는 일
친척 집의 소 끌기와 주먹다짐 일쑤로다』

부잣집에 긴한 체로 친한 사람 이간질과

월숫돈 일숫돈 장변리(長邊利)* 장체계(場遞計)* 며

제 부모에 몹쓸 행사★

투전꾼은 좋아하며 손목 잡고 술 권하며

제 처자는 몰라보고 노리개로 정표 주며
가족에 대한 도리를 소홀히 하는 '꾕생원'의 모습
자식 노릇 못하면서 제 자식은 귀히 알며

며느리는 들볶으며 봉양 잘못 호령한다

기둥 베고 벽 떠러라 천하 난봉 자칭하니 / 부끄럼을 모르고서 주리 틀려 경친 것을

옷을 벗고 자랑하며 / 술집이 안방이요 투전방이 사랑이라

늙은 부모 병든 처자 손톱 발톱 제쳐 가며

잠 못 자고 길쌈한 것 술 내기로 장기 두고
'길쌈'은 실을 내어 옷감을 짜는 모든 일을 통틀어 이르는 말로, '꾕
생원'의 아내가 힘겨운 가사 노동을 통해 만든 옷감을 내기 장기로
탕진하는 '꾕생원'에 대한 비판적 시각을 보여 줌.

책망(責望) 없이 버린 몸이 무슨 생애 못하여서
꾸짖어 바로잡아 주는 사람 없이
누이 자식 조카자식 색주가로 환매하며

부모가 걱정하면 와락더라* 부르대며

아낙이 사설하면 밥상 치고 계집 치기

도망산에 뫼를 썼나* 저녁 굶고 또 나간다
역마살이 끼었나
포청 귀신 되었는지 듣도 보도 못헐레라
'포청'은 범죄자를 잡거나 다스리는 일을 맡아보던 관아로, 나쁜 짓을 일
삼으며 집을 나간 '꾕생원'의 소식이 들리지 않는 것이 마치 포청에 잡혀
간 사람의 소식을 알기 어려운 것과 비슷하다는 의미로 이해할 수 있음.

▶ 꾕생원의 행실 소개와 화자의 비판

*당발복 구산하기: 복을 위하여 명당을 찾아다님. '당발복'은 '당대발복(當代發福)'의 오기로 추정됨.
*공납범용: 국고를 허락 없이 마음대로 쓰는 것.
*검태: 걸태질. 염치나 체면을 돌보지 않고 재물을 긁어 들이는 짓.
*엇막이며 보막이며: 엇막이는 논에 물을 대기 위해 막는 둑. 보막이는 보를 막기 위해 둑을 막거나 고치는 일.
*이소능장: 젊은 사람이 나이 많은 사람에게 무례한 언행을 함.
*장변리: 돈이나 곡식 등을 꿔 주고 한 해에 본전의 절반을 이자로 받는 고리대금.
*장체계: 장에서 돈을 비싼 이자로 꿔 주고 장날마다 본전의 일부와 이자를 거두어들이는 일.
*와락더라: 모지락스럽고 악독하게.
*도망산에 뫼를 썼나: '역마살이 끼었나.'라는 뜻으로, '역마살'은 '늘 분주하게 이리저리 떠돌아다니게 된 액운.'을 의미함.

「우부가」의 표현상의 특징 **문항 1 관련**

- 비판의 대상이 되는 행동의 주체를 3인칭으로 제시함.
- 열거와 반복을 통해 대상에 대한 부정적 면모를 구체적으로 제시함.
- 반어와 풍자를 통해 대상의 잘못된 행동을 해학적으로 제시함.

'꽁생원'과 '꾕생원'의 공통점 **문항 2 관련**

꽁생원	꾕생원	
• 당발복 구산하기 피란곳 찾아가며 / 올 적 갈 적 행로상에 처자식을 흩어 놓고 • 아낙은 친정살이 자식들은 고생살이	• 제 부모에 몹쓸 행사 • 제 처자는 몰라보고 • 며느리는 들볶으며 봉양 잘못 호령한다	→ 가족들을 돌보는 일에는 관심이 없음.
• 부지거처 나가더니 소문이나 들어 볼까	• 도망산에 뫼를 썼나 저녁 굶고 또 나간다	→ 집 밖에 나다니는 것을 좋아함.

■ 「우부가」에 등장하는 우부(愚夫)들

개똥이	부모덕으로 호의호식하며 사치와 낭비로 재물을 탕진하다 거지가 됨.
꽁생원	부모의 재산이 많아 넉넉한 편이었으나 무절제한 행동을 일삼고 다른 사람에게 사기를 치다가 비참해짐.
꾕생원	경제적으로 몰락한 양반으로, 가족을 돌보지 않고 평생 빚에 시달리며 술과 노름에 빠져 지냄.

■ 「우부가」의 도입 부분

> 내 말이 미친 소리인가? 저 인간을 구경하게.
> 남촌의 한량 개똥이는 부모덕에 편히 놀고
> 좋은 옷을 입고 좋은 음식을 먹지만
> 무식하고 미련하여 소견머리가 없어
> 눈은 높고 손은 커서 대중없이 주제넘어
> 유행에 따라 옷차림을 하고 남의 눈만 즐겁게 한다
> 긴긴 봄날에 낮잠이나 자고 아침저녁으로 반찬 투정하며
> 항상 놀고먹는 팔자로 술집에 아무 때나 거리낌 없이
> 출입하여 매일 취해서 게트림을 하고
> 이리 모여서 노름하기, 저리 모여서 투전질에
> 기생첩을 얻어 살림을 마련해 주고 오입쟁이 친구로다
> 사랑방에는 조방군, 안방에는 노구 할머니가 드나들고
> 조상을 팔아 위세를 떨고 세도를 찾아 기웃기웃하며
> 세도를 따라 뇌물을 바치느라고 재산을 날리고
> 헛된 욕심으로 장사를 하여 남의 빚이 태산처럼 많다
> 자기가 무식한 것은 생각하지 않고 어진 사람을 미워하며
> 후하게 해야 할 곳에는 야박하여 한 푼 돈에 땀이 나고
> 박하게 해도 되는 곳에는 후덕하게 하여 수백 냥이 헛것이다
> (후략)

10 제비가 _ 작자 미상

EBS 수능특강 문학 075쪽

감상 포인트

이 작품은 경기 12잡가 중의 하나로 새를 제재로 삼아, 다양한 새의 모습을 감각적이며 흥미롭게 묘사한 노래이다. 사설은 판소리 「춘향가」의 「사랑가」, 판소리 「흥부가」, 남도 잡가인 「새타령」에서 구절들을 빌려 와 재치 있게 연결하여 꾸며 놓았다. 따라서 전체적으로 내용적 유기성이 떨어져 보이지만, 비유기성 속에서도 나름의 내적 논리를 찾을 수는 있는데, 이 역시 잡가의 한 특징이다. 「제비가」는 다른 잡가와 비교할 때 당시 대중 사이에서 인기가 매우 높았던 것으로 알려져 있다.

주제 다양한 새들의 다채로운 모습과 정경

중국에 있는 산 이름으로 「초한지」, 「삼국지연의」, 「수호전」에 언급됨.

만첩산중(萬疊山中) 늙은 범 살진 암캐를 물어다 놓고 에— 어르고 노닌다 ▶ 1행: 늙은 범이 암캐를 물고 노닒.
　　판소리 「춘향가」에서 이 도령이 춘향이를 업자고 옥신각신하는 장면에서 나오는 구절임.

광풍(狂風)의 낙엽처럼 벽허(碧虛)* 둥둥 떠나간다
　미친 듯이 휘몰아치며 사납게 부는 바람

일락서산(日落西山) 해는 뚝 떨어져 월출동령(月出東嶺)에 달이 솟네
　　　　한자어와 그 뜻을 그대로 풀이한 고유어를 거듭 제시한 잉여적 표현

만리장천(萬里長天)에 울고 가는 저 기러기 ▶ 2~4행: 하늘에 기러기가 울고 감.
　아득히 높고 먼 하늘

제비를 후리러 나간다 제비를 후리러 나간다

복희씨(伏羲氏) 맺은 그물을 두루쳐 메고서 나간다
　중국 고대 전설상의 제왕. 팔괘를 처음으로 만들고, 그물을 발명하여 고기잡이의 방법을 가르쳤다고 함.

망탕산으로 나간다 우이여— 어허어 어이고 저 제비 네 어디로 달아나노
　　　　여음구　　　　　　　　그다지 높지 않은 공중

> 판소리 「흥부가」에서 흥부가 제비의 부러진 다리를 고쳐 주자 제비가 흥부에게 박씨를 물어다 주었는데, 그로 인해 흥부가 부자가 되었다는 이야기를 놀부가 듣고 자신도 부자가 되고자 박씨를 물어다 줄 제비를 잡으러 다니는 장면에서 나오는 구절임.

백운(白雲)을 박차며 흑운(黑雲)을 무릅쓰고 반공중(半空中)에 높이 떠
　　　　　　비행하는 제비의 모습을 역동적으로 표현

우이여— 어허어 어이고 달아를 나느냐
　　여음구 반복

내 집으로 훨훨 다 오너라
　제비를 잡고 싶은 마음

양류상(楊柳上)에 앉은 꾀꼬리 제비만 여겨 후린다
　버드나무 위

아하 이에이 에헤이 에헤야 네 어디로 행하느냐
　　여음구

공산야월(空山夜月) 달 밝은데 슬픈 소래 두견성(杜鵑聲)
사람이 없는 산중에 밤을 밝히는 달　　　　　두견새

슬픈 소래 두견제(杜鵑啼) 월도천심(月到天心) 야삼경(夜三更)에
　　　　　　　달이 하늘 한가운데 있는 밤 깊은 때

그 어느 낭군이 날 찾아오리
　슬픔과 고독의 정서

「울림비조(鬱林飛鳥)* 뭇 새들은 농춘화답(弄春和答)*에 짝을 지어
「 」: 남도의 「새타령」에도 나오는 가사. '울창한 숲에서 나는 여러 새들은 서로서로 봄을 화답하며 짝을 지어 오고 간다.'

쌍거쌍래(雙去雙來) 날아든다」

말 잘하는 앵무새 춤 잘 추는 학 두루미

문채(紋彩) 좋은 공작 공기 적다 공기 뚜루루루루룩
날개 무늬와 빛깔이 좋은 공작　　　음성 상징어로 새소리를 표현

숙궁 접동 스르라니 호반새 날아든다

기러기 훨훨 방울새 떨렁 다 날아들고

제비만 다 어디로 달아나노 ▶ 13~22행: 임의 부재로 인한 고독과 여러 가지 새들의 다양한 모습
　제비를 잡지 못한 것에 대한 안타까움

★ **문제 해결 키** 문항 1 관련

잡가가 향유된 맥락을 고려하여 구술성과 연행성이라는 잡가의 갈래적 속성을 염두에 두면서 노랫말에 나타난 표현상 특징과 그 의미를 함께 파악해야 함.

▶ 5~12행: 제비를 후리러 나가자 제비가 달아남.

* 벽허: 푸른 하늘.

* 울림비조: 울창한 숲에서 나는 새.

* 농춘화답: 봄을 희롱하며 서로 지저귀는.

「제비가」 노랫말의 특징인 비유기성 문항 3 관련

작품	노랫말		
판소리 「춘향가」	• 만첩산중 늙은 범 ~ 어르고 노닌다 • 월도천심 야삼경에 ~ 낭군이 날 찾아오리	「제비가」의 노랫말	구절 간 내용의 유기성이 떨어짐. ↓ 비유기성
판소리 「흥부가」	• 제비를 후리러 나간다 ~ 네 어디로 행하느냐 • 기러기 훨훨 방울새 ~ 다 어디로 달아나노		
잡가 「새타령」	• 슬픈 소래 두견성 / 슬픈 소래 두견제 • 울림비조 뭇 새들은 ~ 스르라니 호반새 날아든다		

 「제비가」의 의미 문항 3 관련

「제비가」의 가사는 각기 다른 기존 작품의 노랫말들이 합쳐져서 만들어졌기 때문에 사설의 의미가 긴밀하게 연결되지 않으며 작품의 주제도 모호해 보인다. 그러나 작품의 연원에 따라 그 주제가 이 도령, 놀부, 춘향임을 알 수 있으며, 작품에 나타난 그들의 행위와 태도, 이와 관련된 시적 정서와 이미지, 분위기상의 공통점을 추출하여 계열화해 보면 「제비가」는 주체의 '욕망 추구'와 '욕망 좌절'을 주제로 다루었음을 밝힐 수 있다.

주체	욕망을 추구하는 모습	욕망이 좌절된 모습
이 도령	만첩산중 늙은 범 ~ 어르고 노닒. → 유희 추구	광풍의 낙엽처럼 벽허 둥둥 떠나감. → 주체의 의지와 무관하게 떠밀려 가는 이미지
놀부	제비를 후리러(잡으려고) 나감.	제비가 달아나서 놓침.
춘향	낭군이 찾아오기를 기다림. → 짝에 대한 욕망	• 만리장천에 울고 가는 기러기 • 공산야월에 슬피 우는 두견새 → 처량함의 정서 환기 • 그 어느 낭군이 날 찾아오리 → 결핍감의 정서 환기

■ 잡가의 정의와 특징

• 정의: 가곡, 가사, 시조 등 지식층이 즐기던 노래에 대하여, 대중들이 즐겨 부르던 노래를 통틀어 이르는 말로 좁게는 사당패나 광대 같은 소리꾼이 부르는 노래들이고, 넓게는 각 지방 민요까지 포함한다.

• 특징: 잡가는 가사, 판소리, 시조, 민요 등 기존의 시가 갈래 작품들에서 노랫말을 차용한 경우가 많았다. 왜냐하면 도시의 시정 노래판에서 연행을 주요 목적으로 하는 유행가의 성격이 강하였으므로 노래판에서 관중들의 흥미를 끌 수 있는 내용이면 무엇이든 잡가에 사용되었기 때문이다. 그래서 잡가에는 당시 노래에서 자주 사용되던 상투적인 표현이나 고사성어, 한자 어구 등이 빈번히 나타나며, 이는 잡가의 주요한 특징이다.

기존 갈래의 노랫말이 잡가에 활용됨.	잡가 노랫말의 특징
시조, 가사, 판소리, 민요 등의 노랫말이 잡가의 가사로 활용됨.	• 다른 노래와 사설 공유 • 당시 유행하던 표현이나 고사성어, 한자 어구 등이 자주 등장함.

■ 잡가의 사설 공유

> 삼월 삼짇날 연자(燕子) 날아들고 호접(蝴蝶)은 편편
>
> 나무 나무 속잎 나 가지 꽃이 피었다 춘풍 떨쳐 / 먼 산은 암암 근산(近山)은 중중
>
> ┌기암은 층층 뫼 산이 울어 / 천리 시내는 청산으로 돌고
> └ 『 』: 「유산가」와 사설 공유
> 이 골물이 주루루루루루 저 골물이 콸콸

열의 열두 골물이 한데로 합수(合水)쳐

천방져 지방져 얼턱져 구부져 방울이 버큼져 / 건너 병풍석(屛風石)에다 마주 쾅쾅 마주 때려

산이 울렁거려 떠나간다 어디메로 가잔 말 / 아마도 네로구나 요런 경치가 또 있나」

「새가 날아든다 왼갖 잡새가 날아든다
「 」: 「제비가」와 사설 공유
새 중에는 봉황새 만수문전(萬壽門前)에 풍년새 / 산고곡심무인처(山高谷深無人處) 울림비조(鬱林飛鳥) 뭇 새들이
　　　　　　만수문 앞에　　　　　　　　　　산 높고 골 깊고 사람이 없는 곳
농춘화답(弄春和答)에 짝을 지어 쌍거쌍래(雙去雙來) 날아든다
　봄을 희롱하며 서로 우는　　　　짝을 지어 오고 가는

말 잘하는 앵무새 춤 잘 추는 학 두루미 / 소탱이 쑤꾹 앵매기 뚜리루 대천(大川)에 비우(飛羽) 소루기
　　　　　　　　　　　　　　　소쩍새　　　　　　　　　큰 시내 위로 나는 솔개
남풍 좇아 떨쳐나니 구만리장천(長天) 대붕(大鵬)

문왕(文王)이 나 계시사 기산조양(岐山朝陽)의 봉황새 / 무한기우 깊은 밤 울고 남은 공작(孔雀)이
　　　　　　　　　기산의 아침 햇살
소선적벽시월야(蘇仙赤壁十月夜) 알연장명(戞然長鳴) 백학(白鶴)이」
소동파가 적벽에서 10월 밤에　　　　길게 소리 내어 우는
풍류를 즐기는
　　　　　　　　　　　　　　　　　　　　　　　　　　　　– 작자 미상, 「새타령」

➡ 「새타령」은 '비조가'라고도 하는 남도의 대표적인 잡가 중 한 작품이다. 화창한 봄날, 여러 종류의 새들이 지저귀는 다양한 울음소리를 묘사한 노래인데, 잡가 「제비가」, 「유산가」 등과 사설을 공유한다.

기암(奇岩)은 층층(層層) 장송(長松)은 낙락(落落) / 에 허리 구부러져 광풍(狂風)에 흥을 겨워 우줄우줄 춤을 춘다

층암절벽상(層岩絶壁上)의 폭포수(瀑布水)는 콸콸 / 수정렴(水晶簾) 드리운 듯 이 골물이 주루루룩 저 골물이 쏼쏼

열에 열 골물이 한데 합수(合水)하여 / 천방져 지방져 소쿠라져 펑퍼져 넌출지고 방울져
　　　　　폭포의 물줄기가 하늘로, 땅으로 솟구치다가 내려앉다가 넝쿨 같은 긴 물줄기를 이루기도 하고, 물방울이 되기도 하고
건너 병풍석(屛風石)으로 으르렁 콸콸 흐르는 물결이 / 은옥(銀玉)같이 흩어지니

　　　　　　　　　　　　　　　　　　　　　　　　　　　　– 작자 미상, 「유산가」

➡ 「유산가」는 경기 12잡가 중 한 작품으로, 봄을 맞아 아름다운 자연의 경치를 구경하러 나가서 맘껏 풍류를 즐기며 흥을 느끼는 것을 주요 내용으로 한다.

EBS Q&A

Q 고전 문학 작품에는 서로 유사한 작품들이 많은데 그 이유가 궁금합니다. 그리고 이러한 특징과 관련한 출제 경향도 알고 싶습니다. 문항 2 관련

A 고전 문학 작품들은 전승되는 과정에서 수용층에 의해 내용이 가감되거나 변형이 이루어지게 됩니다. 그래서 하나의 작품이 여러 형태로 존재하게 되는데 이를 '이본' 또는 '이형'이라고 합니다. 그리고 다른 작품 간 서로 영향을 주고받으며 사설을 공유하기도 합니다. 이는 특히 공연을 위한 문학 작품에서 두드러지는데 전문 소리꾼들이 청중의 반응을 고려하여 사설을 바꾸어 부르거나 다른 작품에서 사설을 그대로 가져와 쓰기도 하기 때문입니다. 이러한 현상은 수능에서 문항으로도 구현되는데 주로 두 형태를 비교하는 문항 유형으로 출제되며 어떤 부분이 어떻게 변화되었는지, 그 부분의 변화로 인해 달라지는 효과는 무엇인지를 주로 묻습니다.

(가) 기녀반 (寄女伴)* _ 허난설헌
(나) 앞 못에 든 고기들아 ~ _ 작자 미상
(다) 밭매는 소리 _ 작자 미상

EBS 수능특강 **문학** 078쪽

감상 포인트

㉮ 이 작품은 중국 한시의 한 종류인 오언 율시에 해당한다. 결혼한 여성 화자가 규방에 갇혀 외롭고 쓸쓸한 자신의 처지를 노래하고 있다. 차갑고 쓸쓸한 자연적 배경이 화자의 정서를 더욱 심화시킨다. 화자는 창밖을 바라보며 친구들과 함께 놀며 즐거웠던 처녀 시절에 대한 짙은 그리움을 드러내고 있다.

㉯ 이 작품은 작자 미상의 사설시조이다. 작가가 궁녀일 것이라는 추측을 하기도 한다. 화자는 연못 속의 물고기와 동병상련의 심정을 나타내고 있다. 갇혀 사는 이의 애처로운 한을 풀어 체념의 정서를 노래하고 있다.

㉰ 이 작품은 경상북도 영천시에서 불리는 민요로, 주로 여인들이 밭을 매면서 부른 서사 민요이다. 지역마다 가창 방식이나 곡조, 가사 등에 차이가 있다. 햇볕이 내리쬐는 날씨에 쪼그리고 앉은 자세로 종일토록 넓은 밭을 매는 일은 인내력을 필요로 하는 힘든 작업이다. 밭매는 소리는 지겹고 고된 밭일을 하면서 느낀 자연스러운 감정을 표출한 노래이다.

주 제

㉮ 처녀 시절에 대한 그리움
㉯ 자유롭지 못한 삶에 대한 한탄
㉰ 고된 노동의 애환과 시집살이의 슬픔

㉮ 예 놀던 길가에 초가집 짓고서
　　옛

날마다 큰 강물을 바라만 본다.

거울에 새긴 난새*는 혼자서 늙어 가고
　　　　　　　　　화자의 외로운 처지를 난새에 빗대어 말함.
꽃동산의 나비도 가을 신세란다.
　　　　　　　가을의 쓸쓸함. 외로움의 이미지
쓸쓸한 모래밭에 기러기 내리고

저녁 비에 조각배 홀로 돌아오는데,
　　　　화자의 정서와 호응하는 쓸쓸한 배경
하룻밤에 비단 창문 닫긴 내 신세니
　　　　　　　　　외부와 단절된 화자의 상황
어찌 옛적 놀이를 생각이나 하랴.
　친구들과 어울려 지내던 옛 시절에 대한 그리움

結廬臨古道
결 려 임 고 도
日見大江流
일 견 태 강 류
鏡匣鸞將老
경 갑 란 장 로
花園蝶已秋
화 원 접 이 추
寒沙初下鴈
한 사 초 하 안
暮雨獨歸舟
모 우 독 귀 주
一夕紗窓閉
일 석 사 창 폐
那堪憶舊遊
나 감 억 구 유

▶ 수(1, 2행): 초가집을 짓고 강물을 바라봄.

▶ 함(3, 4행): 늙어 가는 난새와 같은 자신의 모습을 확인하고 쓸쓸함을 느낌.

▶ 경(5, 6행): 자연 배경을 통해 더욱 외로움과 쓸쓸함을 느낌.

▶ 미(7, 8행): 규방에서 처녀 시절에 대해 그리워함.

*기녀반: 처녀 적 친구들에게 부침.

*난새: 중국 전설에 나오는 상상의 새. 모양은 닭과 비슷하나 깃은 붉은빛에 다섯 가지 색채가 섞여 있으며, 소리는 오음(五音)과 같다고 함.

㉯ 앞 못에 든 고기들아 네 와 든다 뉘 너를 몰아다가 엿커를 잡히여 든다
　　　　　　말을 건네는 형식

북해 청소(北海淸沼)* 어디 두고 이 못에 와 든다

들고도 못 나는 정(情)이야 네오 내오 다르랴
　설의적 표현. 갇혀 지내는 자신의 신세에 대한 한탄. 못에 갇혀 있는 고기들에게 동병상련의 심정을 느낌.

▶ 초장: 연못에 갇힌 물고기들의 모습

▶ 중장: 넓고 맑은 곳으로 가지 못하는 물고기들

▶ 종장: 자유롭지 못한 자신의 처지에 대한 한탄

> **현대어 풀이**
>
> 앞 못에 든 고기들아, 너흰 왜 들었느냐? 누가 널 몰아넣었기에 잡혀 들었느냐?
> 북해 바다 맑은 못 어디 두고 이 못에 들어왔느냐?
> 들어오고도 못 나가는 정이야 너나 나나 다르랴.

*북해 청소: 북해의 맑은 연못.

답 불같이도 더운 날에 뫼같이도 험한 밭을

한 골 매고 두 골 매고 삼세 골로 매고 나니

『땅이라 내려다보니 먹물로 품은 듯하고
『 』: 오랜 시간 노동을 함.
하늘이라 쳐다보니 별이 총총 나왔구나』   ▶ 고된 노동의 모습

행주치마 떨쳐입고 집이라고 돌아오니

시어머니 하신 말씀

아가 아가 며늘아가 무슨 일로 그렇게 늦게 했느냐

친정어머니 죽었다고 부고 왔다   ▶ 친정어머니의 부고 소식을 전해 들음.
　　고된 노동 후에 들은 비보
　　　　　　　　　　　　　　(중략)

아이고 답답 울 엄마요 살아생전 못 본 얼굴
감탄사. 영탄적 표현
뒷세상에서나 보려 했더니
방언. '벌써'
하마 행상길을 가는군요
　　　　어머니가 돌아가심.
서른둘 행상꾼아 잠시 조금 멈춰 주소
말을 건네는 형식. 어머니의 죽음 앞에서 안타까움과 슬픔을 느낌.
우리 엄마 얼굴 주검이나마 한번 봅시다

아이고 아이고 울 어머니
감탄사. 영탄적 표현. 슬픔을 드러냄.　사람이 죽은 뒤에 그 혼이 가서 산다고 하는 세상으로 가는 길
들은 체도 아니 하고 상두꾼 황천길로 가는구나   ▶ 친정어머니의 상여를 보내는 슬픔
　　　　　　　　　상여를 메는 사람

**핵심 개념
이것만은
꼭 익히자**

 (가) 화자의 정서와 배경의 조응 문항 1 관련

'꽃동산의 나비도 가을 신세란다'	'쓸쓸한 모래밭에 기러기 내리고 / 저녁 비에 조각배 홀로 돌아오는데'
↓	↓
꽃밭을 날아다니던 나비도 가을이 되어 힘이 빠진 모습으로 그려짐.	기러기가 모래밭에 내려앉는 가을이라는 계절적 배경이 제시됨.

외롭고 쓸쓸한 처지에 놓인 화자의 정서를 심화시킴.

포인트 ② **(나) 동병상련의 정서** 문항 3 관련

화자	고기
들고도 못 나는 상황	북해 청소를 두고 못 안에 갇힌 상황

동병상련의 처지
화자는 자신과 유사한 처지에 놓인 물고기를 보며 자유를 박탈당한 채 갇혀 지내는 자신의 신세에 대해 탄식하고 있음.

 포인트 ③ **(다) 여성의 삶의 애환이 담긴 노동요** 문항 2, 4 관련

극심한 노동(밭일)을 함.	'불같이도 더운 날', '뫼같이도 험한 밭'에서 '별이 총총' 나는 늦은 시간까지 노동을 함.

↓

시어머니의 타박을 받음.	'무슨 일로 그렇게 늦게 했느냐'하는 시어머니의 타박과 '살아생전'에 제대로 못 본 친정어머니의 부고 소식을 전해 들음.

↓

친정어머니의 부고 소식에 서러움의 정서를 쏟아 냄.	행상꾼을 붙잡아 친정어머니의 '주검이나마' 보고자 하지만 속절없이 상두꾼이 어머니의 상여를 메고 감.

 배경지식 더 알아보기

■ 허난설헌의 생애와 작품

허난설헌은 조선 중기의 대표적인 여류 시인이다. 명망 높은 학자와 문장가를 배출한 명문가에서 태어났고, 이달(李達)에게서 시를 배우며, 어려서부터 시에 대한 상당한 안목과 능력을 지녀 신동이라고 불렸다. 허난설헌은 김성립과 혼인했지만, 혼인 생활이 순탄치 않았다. 남편 및 시집 식구들에게 사랑을 받지 못하고, 자녀를 먼저 떠나보내는 등 한 많은 인생을 살았다. 규중 여인으로서의 불행했던 삶에 대한 한을 표현한 작품, 자녀를 먼저 보낸 부모의 비통함을 표현한 작품, 소외된 계층의 삶에 관심을 담은 작품 등 다양한 주제 의식을 담은 작품을 창작했다. 특히 『열조 시집』, 『명시종』과 같은 중국 시집에 시가 수록되어 널리 사랑받았으며, 일본에서도 『난설헌집』이 간행되어 그 문학성을 인정받았다.

■「앞 못에 든 고기들아 ~」의 작가와 관련된 문제 문항 3 관련

이 시조는 갇혀서 지내는 신세를 한탄하여 연못의 물고기에 비긴 것인데, 작가를 김상헌(金尙憲)이라고 한 곳도 있고, 그냥 궁녀(宮女)라고 한 곳도 있는가 하면, 대부분의 문헌은 작가의 이름을 표기하지 않고 있다. 이 작품의 작가를 궁녀라고 본다면 외부와의 접촉이 철저히 차단된 채 궁 안에서 살아야만 했던 궁녀들의 삶에 대한 이해를 바탕으로 작품을 깊게 이해할 수 있다.

■ 노동요, 「밭매는 소리」 문항 4 관련

이 노래는 여성들이 부르는 노동요이다. 지역에 따라서 이 소리를 지칭하는 명칭이 다른데, 경북 영천에서는 '시매풀이'라고 불렀다. 일반적으로 밭매기는 여럿이 하지 않기 때문에 주로 화자의 개인적 정서가 잘 드러난다. 지역에 따라서 선후창, 교환창으로 부르는 경우도 있으므로 일률적으로 논하기는 어렵지만, 경북 영천 김병록 가창자의 소리를 기준으로 본다면 혼자서 밭일을 하면서 불렀다고 이해할 수 있다.

감상 포인트

이 작품은 우리 민족의 전통적인 상례의 한 절차인 '고복 의식(皐復儀式)'을 바탕으로, 사랑하는 사람을 잃은 슬픔과 안타까움을 드러낸 시이다. 제목인 '초혼(招魂)'은 '고복 의식'을 민간에서 부르는 명칭으로, 사람이 죽으면 그 직후에 북쪽을 향하여 죽은 사람의 이름을 세 번 불러 죽은 사람을 재생시키고자 하는 바람을 표현하는 의식이다. 이 시의 1, 2, 5연에서도 죽은 사람을 부르는 '고복 의식'이 등장하고 있는데, 화자는 죽은 임을 애타게 부르며 임에 대한 그리움을 절절하게 표출하고 있다. 이러한 그리움은 사랑을 고백하지 못한 회한(悔恨)으로 인해 더욱 안타까운 심정으로 드러나고 있다. 특히 '붉은 해'가 '서산마루'에 걸린 해 질 무렵이라는 시간적 배경은 서글픈 분위기를 고조하며, '떨어져 나가 앉은 산', '하늘과 땅 사이'로 표현되는 죽은 임과의 거리감과 단절감은 화자의 절망감을 심화한다. 그럼에도 불구하고 이 시의 화자는 '선 채로' '돌'이 되는 것을 불사할 정도의 굳은 각오로 끝까지 임의 이름을 부르며 절규함으로써 임에 대한 영원한 사랑과 애틋한 그리움을 드러내고 있다.

주 제 임의 죽음에 대한 슬픔과 임에 대한 그리움

☐ : 화자가 이름을 부르고 있는 대상이 사망했음을 알 수 있음.

산산이 부서진 이름이여! ★

허공중에 헤어진 이름이여!

불러도 주인 없는 이름이여!

부르다가 내가 죽을 이름이여! ★
망자의 이름을 부르는 고복 의식과 관련됨.

심중에 남아 있는 말 한마디는
사랑한다는 말
끝끝내 마저 하지 못하였구나.

사랑하던 그 사람이여! ★

사랑하던 그 사람이여!

붉은 해는 서산마루에 걸리었다.
소멸 이미지
사슴이의 무리도 슬피 운다.
감정 이입
떨어져 나가 앉은 산 위에서
저승과 가까운 수직적 공간
나는 그대의 이름을 부르노라.

설움에 겹도록 부르노라. ★

설움에 겹도록 부르노라.

「부르는 소리는 비껴가지만

하늘과 땅 사이가 너무 넓구나.」
「 」: 이승과 저승의 거리감

선 채로 이 자리에 돌이 되어도
망부석 설화와 관련됨.
부르다가 내가 죽을 이름이여!

사랑하던 그 사람이여!

사랑하던 그 사람이여!

동일한 시어나 시구의 반복을
통해 화자의 슬픔을 부각함.

★ **문제 해결 키** 문항 1 관련

'이름이여!', '부르다가 내가 죽을 이름이여!', '사랑하던 그 사람이여!', '설움에 겹도록 부르노라'와 같은 시어, 시구가 반복됨으로써 화자가 느끼는 슬픔과 그리움의 정서 등이 부각되어 드러나고 있음을 파악해야 함.

▶ 1연: 임의 부재에 대한 확인과 절규

▶ 2연: 사랑을 고백하지 못한 회한

▶ 3연: 임의 죽음으로 인한 상실감

▶ 4연: 이승과 저승 간의 절망적 거리감

▶ 5연: 죽은 임에 대한 간절한 그리움

포인트 1 「초혼」의 시상 전개와 화자의 심리

문항 3 관련

1연	임의 부재에 대한 확인과 절규	절망, 슬픔
2연	사랑을 고백하지 못한 회한	아쉬움, 안타까움
3연	임의 죽음으로 인한 상실감	슬픔, 간절함
4연	이승과 저승 간의 절망적 거리감	서러움, 절망
5연	죽은 임에 대한 간절한 그리움	의지, 그리움

포인트 2 '산 위'의 공간적 특징 **문항 2 관련**

- 지상(이승의 세계)에서 하늘(저승의 세계)에 가장 근접한 수직적 공간임.
- 화자가 죽은 임의 이름을 부르는 행위 → 저승과 가장 가까운 곳에서 소통을 시도함.

■ 「초혼」에 드러난 고복(皐復) 의식

사람이 죽으면 망자와 가까웠던 사람이 지붕 위에 올라 망자가 입던 홑두루마기나 적삼을 흔들며 망자의 이름을 세 번 불러 혼을 부르는 의식을 말한다. '고(皐)'는 망자의 이름을 길게 빼어 부르는 소리를, '복(復)'은 망자의 영혼을 부르는 초혼을 뜻한다. 복이 끝나면 망자의 옷을 지붕 꼭대기에 올려놓거나 시신의 머리맡에 두었다가 시신이 나간 다음 불에 태우는 경우가 많았다.

■ 「초혼」에 나타난 전통적 요소

전통적 율격	전통적 소재	전통적 정서
3음보의 사용 ☞ 산산이∨부서진∨이름이여! 　심중에∨남아 있는∨말 한마디는 　설움에∨겹도록∨부르노라. 　부르다가∨내가 죽을∨이름이여!	• 고복(초혼) 의식: 망자의 이름을 부름. ☞ 나는 그대의 이름을 부르노라. • 망부석 설화: 사랑하는 이를 기다리다 돌이 됨. ☞ 선 채로 이 자리에 돌이 되어도	슬픔과 한(恨)의 정서

EBS Q&A

Q 현대시에 나타나는 운율적 특징은 어떻게 파악해야 할까요?

A 고전 시가에는 일반적으로 정형적인 운율이 나타납니다. 가령 고려 가요에는 3음보와 후렴구가, 시조는 4음보와 3장 6구의 형식이, 가사는 4음보 연속체와 3·4조, 4·4조의 음수율 사용이 두드러지는데 이러한 것들이 정형적 율격에 해당합니다. 그리고 이처럼 겉으로 드러나는 운율적 특징을 외형률이라고 합니다. 하지만 현대시는 고전 시가와 같은 정형적 외형률이 사용되기보다는 시의 내용이나 시어의 배치를 통해 느낄 수 있는 잠재적 운율인 내재율이 사용되는 경우가 대부분입니다. 그래서 현대시의 운율은 겉으로 명확히 드러나지 않으며, 동일하거나 유사한 시어나 시구의 반복, 유사한 성격의 음운 사용, 대구 등을 통해 개별 작품마다 비정형적인 운율이 형성되는 경우가 대부분입니다. 다만 현대시 중에서도 김소월의 작품들은 정형적인 외형률이 사용되는 경우가 많습니다. 민요를 현대시에 접목하고자 했던 김소월의 시에는 민요의 3음보 율격이 사용되는 경우가 많습니다. 그리고 6·5, 7·5, 8·5조와 같은 음수율을 가진 시행을 반복적으로 사용하여 운율을 형성하는 경우가 많았습니다. 그래서 김소월의 시는 현대시이지만 외형률을 가진 작품들이 많다는 특징이 있습니다.

감상 포인트 이 작품은 지인의 죽음으로 인한 슬픔과 생사를 초월한 인연에 대해 노래하고 있는 시이다. 이승의 세계에 있는 화자는 삶과 죽음을 가르는 공간인 강을 중심으로, 강기슭에서 '뭐락카노'라는 말을 반복하며 저승의 세계에 있는 지인과 소통을 시도한다. 하지만 화자와 죽은 지인의 목소리는 바람에 불리고 날려 소통이 이루어지지 않으며, 화자는 인연이 소멸되어 가는 것을 느끼게 된다. 그러나 화자는 '하직을 말자'라는 말을 통해 죽은 지인과의 인연을 이어 가고자 한다. 바람에 불려 죽은 지인의 목소리가 화자에게 희미하게 들리기 시작하고, 화자는 그의 목소리에 '오냐. 오냐. 오냐.'라고 답하며 삶과 죽음의 세계 사이에 인연이 끝나지 않았음을 확인하게 된다. 그리고 화자는 생사를 초월하여 이승이 아니면 저승에서라도 그들의 인연을 이어 가려는 희망을 노래하고 있다.

주 제 지인(동생)의 죽음에 대한 슬픔과 생사를 초월한 인연

뭐락카노, 저편 강기슭에서★
　　　저승의 세계
니 뭐락카노, 바람에 불려서
　　망자의 목소리가 전달되는 것을 방해함.

이승 아니믄 저승★으로 떠나는 뱃머리에서

나의 목소리도 바람에 날려서
　　나의 목소리가 전달되는 것을 방해함.

뭐락카노 뭐락카노★

썩어서 동아밧줄은 삭아 내리는데
　　화자와 망자와의 인연이 소멸되어 감.

하직을 말자 하직 말자★
망자와의 이별을 거부하고 인연을 이어 가고자 하는 마음
인연은 갈밭을 건너는 바람

뭐락카노 뭐락카노 뭐락카노★

니 흰 옷자라기만 펄럭거리고……

오냐. 오냐. 오냐.★
망자의 목소리가 들리는 듯함.
이승 아니믄 저승★에서라도……
　　　　　　　　　　　저승에서라도 망자와 인연을
　　　　　　　　　　　이어 가고자 하는 마음
이승 아니믄 저승★에서라도

인연은 갈밭을 건너는 바람

뭐락카노, 저편 강기슭에서★
　　　이승과 저승 사이가 가장 가까운 수평적 공간
니 음성은 바람에 불려서
　　화자와 망자의 소통을 도움.

오냐. 오냐. 오냐.★
망자의 목소리를 들으며 소통이 이루어짐.
나의 목소리도 바람에 날려서.
　　화자와 망자의 소통을 도움.

★ 문제 해결 키 문항 1 관련
'뭐락카노 (저편 강기슭에서)', '이승 아니믄 저승에서라도', '하직', '말자', '오냐'와 같은 시어나 시구가 반복됨으로써 '너'에 대한 화자의 그리움의 정서가 드러나고 있음을 파악해야 해.

▶ 1, 2연: 이승과 저승 사이에서 느껴지는 거리감

▶ 3연: 점점 사라져 가는 인연을 확인함.

▶ 4연: 생사를 초월하여 인연을 이어 가고자 하는 소망

▶ 5, 6연: 이승과 저승 사이에 인연이 이어져 있음을 확인함.

▶ 7연: 이승이 아닌 저승에서라도 인연을 이어 가고자 하는 소망

▶ 8, 9연: 이승과 저승이라는 단절된 세계를 초월한 인연

포인트 1 '바람에 불려서', '바람에 날려서'의 의미 **문항 3 관련**

• '바람에 불려서'는 저승에 있는 '너'의 목소리가 이승에 있는 '나'에게, '바람에 날려서'는 이승에 있는 '나'의 목소리가 저승에 있는 '너'에게 전달되는 과정을 나타냄.

이승	'바람에 불려서'	저승
'나'의 목소리	'바람에 날려서'	'너'의 목소리

• 이승의 '나'와 저승의 '너'의 소통 과정에서 1, 2연의 '바람'은 목소리의 전달을 방해하는 요소로, 8, 9연의 '바람'은 목소리의 전달을 돕는 요소로 작용함.

포인트 2 '강기슭'의 공간적 특징 **문항 2 관련**

• 이승과 저승의 세계를 가르는 강의 기슭으로, 서로 다른 두 세계가 가장 인접해 있는 수평적 공간

• 이승의 '나'와 저승의 '너'가 서로에게 말을 건네며 소통을 시도하는 공간

■ 「이별가」의 시상 전개

1~5연	6~9연
이승의 '나'와 저승의 '너' 사이의 소통이 이루어지지 않음. • '뭐락카노'가 반복되며, '너'의 말을 알아듣지 못함. (1, 3, 5연) • '썩어서 삭아 내리는 동아밧줄'을 통해 '나'와 '너'의 인연이 단절되어 가고 있음을 나타냄.(3연)	이승의 '나'와 저승의 '너' 사이의 소통이 이루어짐. • '오냐'가 반복되며, '너'의 말을 알아들음.(6, 9연) • '이승 아니믄 저승에서라도'라는 표현을 반복하며 '나'와 '너'의 인연이 이어질 것이라는 기대를 드러냄.(6, 7연)

■ 이승과 저승의 경계

이 시는 이승과 저승, 즉 삶과 죽음의 세계가 강을 통해 나뉘어 있다는 설정에 기반하고 있다. 이때 '강'은 이승과 저승의 서로 다른 두 세계를 단절시키는 역할을 한다. 이처럼 삶과 죽음의 세계가 강을 통해 분리되어 있다는 설정은 동서고금에서 공통적으로 등장한다. 동양 문화권에서 등장하는 '약수', '삼도천(三途川)', 기독교의 '요단강', 그리스 신화의 '스틱스강(江)'이 바로 그것으로, 이 강들은 모두 삶과 죽음의 세계를 분리하고 돌아올 수 없는 강, 죽음의 세계로 건너가는 길목이라는 의미로 여러 문학 작품에 사용되었다.

EBS Q&A

Q 두 작품의 공통점을 묻는 문항은 어떻게 해결해야 할까요? **문항 1 관련**

A '문항 1'은 (가), (나) 두 작품의 공통점을 묻는 문항입니다. 일반적으로 현대시 세트에는 여러 작품을 세트로 함께 묶어 제시하는 이유가 있습니다. 이러한 이유에 해당하는 것으로는 주제, 소재, 표현, 시상 전개, 발상의 공통점 등을 들 수 있을 것입니다. 하지만 현대시 세트로 구성된 여러 작품의 공통된 주제, 시어나 시구의 상징적 의미와 관련된 내용들은 두 작품의 공통점을 묻는 문항의 정답이 아닌 경우가 많습니다. 왜냐하면 공통점을 묻는 간단한 형태의 문항들은 통상적으로 1번 문항으로 제시되고, 주제나 시어와 시구의 상징적 의미를 심도 있게 묻거나, 〈보기〉를 동반하여 제시되는 대표 문항들은 1번이 아닌, 3, 4번으로 출제되기 때문입니다. 결국 공통점을 묻는 문항은 표현 방법이나 시상 전개 방식상의 공통점이 정답이 되는 경우가 많습니다. 그러므로 두 작품의 공통점을 묻는 문항이 출제되었다면 두 작품을 묶어 제시한 근본적인 이유보다는 표현과 내용 전개 방식상의 공통점 등을 확인해 보는 것이 필요합니다.

감상 포인트 이 작품은 고난 속에서 살아온 화자가 자신의 삶의 역정을 노래한 시로, 화자의 비극적인 자기 인식이 드러나 있다. 화자는 쫓기는 마음과 지친 몸을 이끌고 이상적 세계를 꿈꾸지만 시궁창 같은 현실 속에서 절망을 경험하며 자신의 고통스러운 삶의 역정을 반추하고 있다.

주 제 지나온 삶의 고통과 비애

목숨이란 마—치 깨어진 뱃조각★
원관념 ——— 보조 관념(은유법)
여기저기 흩어져 마을이 한구죽죽한 어촌보다 어설프고
비교를 통해 화자의 고단한 삶을 부각함.
삶의 티끌만 오래 묵은 포범(布帆)★처럼 달아매었다.
직유법

▶ 1연: 시련과 고통 속에 살아온 삶

★ 문제 해결 키 문항 3 관련
'깨어진 뱃조각', '묵은 포범', '서해를 밀항하는 짱크', '소금', '조수', '암초', '태풍', '쫓기는 마음', '지친 몸', '열대 식물', '거미', '삭아 빠진 소라 껍질' 등의 시어나 시구를 통해 화자가 부정적 자기 인식을 가지고 있다는 것을 파악해야 함.

남들은 기뻤다는 젊은 날이었건만
화자의 삶과 비교함. → 화자의 비극적인 삶 부각
밤마다 내 꿈은 서해를 밀항하는 짱크★와 같애
불안하고 초조함.
소금★에 절고 조수(潮水)★에 부풀어 올랐다.
세상의 풍파에 시달려 왔음을 뜻함.

▶ 2연: 젊은 날 경험했던 시련과 불안

항상 흐릿한 밤 암초★를 벗어나면 태풍★과 싸워 가고
화자가 싸워 온 삶
전설에 읽어 본 산호도(珊瑚島)는 구경도 못하는
□: 삶의 희망
그곳은 남십자성이 비쳐 주도 않았다.

▶ 3연: 희망 없이 살아온 치열한 삶

쫓기는 마음★! 지친 몸★이길래
화자의 고통스러운 삶
그리운 지평선을 한숨에 기오르면
시궁치*는 열대 식물★처럼 발목을 에워쌌다.
화자를 고통스러운 삶에 얽어매는 존재

▶ 4연: 고난의 현실에서 벗어나지 못하는 고단한 삶

새벽 밀물에 밀려온 거미★인 양
△: 수동적으로 이끌려 온 삶
다 삭아 빠진 소라 껍질★에 나는 붙어 왔다
머—ㄴ 항구의 노정(路程)에 흘러간 생활을 들여다보며
자신의 살아온 고단한 삶을 회고함.

▶ 5연: 고단한 삶을 회고하며 느끼는 비극적 자기 인식

*포범: 베로 만든 돛.
*짱크: 중국 연해나 하천에서 사람과 짐을 실어 나르는 배.
*시궁치: 더러운 물이 잘 빠지지 않고 썩어서 질척질척하게 된 도랑의 근처.

포인트 1 비유적 표현의 사용과 의미 [문항 1 관련]

목숨이란 마-치 깨어진 뱃 조각(은유)	화자의 삶이 산산이 부숴진 파편과 같다는 의미
밤마다 내 꿈은 서해를 밀 항하는 짱크와 같애(직유)	화자의 꿈은 불안하고 위태 로운 것이었다는 의미
삶의 티끌만 오래 묵은 포 범처럼 달아매었다(직유)	부숴진 삶이 오래도록 지속 되어 왔다는 의미
시궁치는 열대 식물처럼 발 목을 에워쌌다.(직유)	고통스러운 삶에서 벗어나 기 어려웠다는 의미
새벽 밀물에 밀려온 거미인 양(직유) / 다 삭아 빠진 소 라 껍질에 나는 붙어 왔다	화자가 부정적 현실 속에서 수동적이고 보잘것없는 삶 을 살아왔다는 의미

포인트 2 자연물(현상)의 의미 [문항 1 관련]

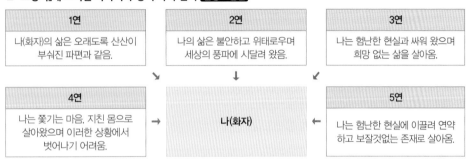

소금, 조수	→	화자의 삶에 가해진 시련
암초, 태풍	→	화자가 맞서 싸워야만 했던 부정적 현실
산호도, 남십자성	→	동경의 대상, 희망
열대 식물	→	대상을 얽어매는 속성을 지닌 존재
거미, 소라 껍질	→	연약하고 보잘것없는 존재

■ 「노정기」에 드러난 화자의 부정적 자기 인식 [문항 3 관련]

1연	2연	3연
나(화자)의 삶은 오래도록 산산이 부숴진 파편과 같음.	나의 삶은 불안하고 위태로우며 세상의 풍파에 시달려 왔음.	나는 험난한 현실과 싸워 왔으며 희망 없는 삶을 살아옴.

4연	나(화자)	5연
나는 쫓기는 마음, 지친 몸으로 살아왔으며 이러한 상황에서 벗어나기 어려움.		나는 험난한 현실에 이끌려 연약 하고 보잘것없는 존재로 살아옴.

■ 이육사의 삶

1904년 경북 안동 출신으로 보문의숙과 대구 교남학교에서 수학했다. 1925년 독립운동 단체 의열단에 가입하고, 1926년 북경사관학교에 입학했다. 1927년 귀국했으나 조선은행 대구 지점 폭파 사건에 연루되어 투옥되었다. 이 때 그의 수인(囚人) 번호가 264번이어서 호를 육사(陸史)로 정했다고 전해진다. 1929년 출옥하여, 북경대에서 수학 하면서, 중국의 여러 곳에서 독립 투쟁을 벌였다. 1933년 귀국하여 시작에 전념하여, '육사'라는 이름으로 작품을 발 표하고 언론 기관에서 근무하며 다양한 창작 활동을 했다. 1937년 『자오선』을 발간하고 「청포도」, 「교목」, 「파초」 등의 작품을 발표했다. 그의 시 발표는 1941년까지 계속되었으나, 독립 투쟁에 헌신하여 전 생애에 걸쳐 17회나 투옥 된다. 1943년 독립운동을 하다가 일경에게 체포되어 북경으로 압송되었고, 1944년 북경의 감옥에서 옥사했다.

EBS Q&A

Q 시에 사용된 비유적 표현을 찾고 그 의미를 이해하는 방법은 무엇인가요? [문항 1 관련]

A 비유는 현대시에서 가장 많이 쓰이는 표현 방법으로 폭넓은 외연을 가지고 있습니다. 하지만 표현상의 특징을 묻는 문항의 선지에서 제시되는 비유는 대부분 직유와 은유입니다. 비유의 의미를 이해할 때에는 비유의 속성을 바탕으로 의미 해석을 시도해야 합니다. 비유는 본래 원관념과 보조 관념의 유사성에 기 반하므로, 비유적 표현을 이해할 때에는 보조 관념이 가지고 있는 속성을 통해 원관념의 의미를 이해할 필요가 있습니다. 결국 원관념은 이러한 보조 관념이 지닌 여러 가지 의미 중 특정한 의미와 관련이 있는 것이므로, 비유적 표현을 정확히 이해하려면 보조 관념이 가진 여러 가지 속성 중 주어진 상황이나 맥락 에 맞는 것을 골라 대응시켜 그 의미를 이해해야 할 것입니다.

감상 포인트 이 작품은 미래의 시점을 가정하여 화자의 과거와 현재의 삶에 대한 성찰을 담고 있는 시이다. '내 희망의 내용은 질투뿐', '단 한 번도 스스로를 사랑하지 않았노라' 등을 통해 과거와 현재의 삶에 대한 부정적 인식을 드러내고 있으며, 감탄형 어미를 반복적으로 사용하여 젊은 날에 대한 탄식과 반성을 드러내고 있다. 아울러 삶의 주체로서 자신을 사랑하라는 메시지도 전달하고 있다.

주 제 젊은 날에 대한 반성적 성찰

미래의
시점을
설정함.

아주 오랜 세월이 흐른 뒤에

힘없는 책갈피는 이 종이를 떨어뜨리리
　　　　　　　　현재의 삶이 적혀 있는 종이
　　　　　　　　　　　　　　　　　　　　　　▶ 1, 2행: 현재를 기록한 메모를 보게 될 미래의 '나'

그때 내 마음은 너무나 많은 공장을 세웠으니
　　　　　　　　　　　　　↘ 원인
어리석게도 그토록 기록할 것이 많았구나
　　　　　　　　　　　　결과　　　　　　　　■ : 화자의 생각과 고민(불만)이 많았음을 나타냄.

구름 밑을 천천히 쏘다니는 개처럼
　　　　　　　　　　→ 방황하는 청춘
지칠 줄 모르고 공중에서 머뭇거렸구나
　　　　　　　　　　　　　　　　　　　　　　▶ 3~6행: 방황과 고뇌로 점철된 젊은 날에 대한 회상

나 가진 것 탄식밖에 없어
　　　　　　탄식
　　　　절망적 상황 인식
저녁 거리마다 물끄러미 청춘을 세워 두고
　　　　　　　　　　　　추상적 개념의 구체화
살아온 날들을 신기하게 세어 보았으니
　　　　　　자신의 삶을 되돌아봄.
그 누구도 나를 두려워하지 않았으니

내 희망의 내용은 질투뿐이었구나
　　　　　　　　　질투
'나'에 대한 관심 없이 다른 사람에 대한 관심과 시기로 가득했다는 의미
그리하여 나는 우선 여기에 짧은 글★을 남겨 둔다
　　　　　　　　　　　　　　　　　　　　　　▶ 7~11행: 질투뿐이었던 젊은 날의 모습

나의 생은 미친 듯이 사랑을 찾아 헤매었으나

단 한 번도 스스로를 사랑하지 않았노라
　　　　진정한 자신의 정체성을 찾지 못함.
　　　　　　　　　　　　　　　　　　　　　　▶ 12~14행: 자신을 사랑하지 못했던 삶에 대한 반성

(미래에)
현재의
삶을
되돌아봄.

★ 문제 해결 키 문항 1 관련

화자가 남겨 둔 '짧은 글'은 현재의 화자가 자신의 삶을 되돌아
본 후 작성한 것으로, 이 글에는 화자가 자신의 삶을 회상하고
성찰한 내용이 담겨 있을 것임을 추론할 수 있어야 함.

**핵심 개념
이것만은
꼭 익히자**

포인트 1 「질투는 나의 힘」의 시상 전개 방식 **문항 2 관련**

미래의 '나' (1, 2행)

회상 ↓ 성찰

현재의 '나' (3~14행)

- 마음에 많은 공장을 세워 기록할 것이 많았음.
- 지칠 줄 모르고 공중에서 머뭇거림.
- 가진 것이 탄식밖에 없음.
- 청춘을 세워 두고 살아온 날을 세어 봄.
- 내 희망의 내용은 질투뿐이었음.
- 단 한 번도 스스로를 사랑하지 않았음.

포인트 2 '질투'의 의미 **문항 3 관련**

사전적 의미	다른 사람이 잘되거나 좋은 처지에 있는 것 따위를 공연히 미워하고 깎아내리려 함.

↓

문맥적 의미	(나 자신의 정체성을 찾는 것보다는) 다른 사람들에 대해서만 관심을 기울이며, 그들을 깎아내리거나 시기하는 일에 몰두함.

**배경지식
더
알아보기**

■ 「질투는 나의 힘」에 드러난 회상과 성찰 **문항 3 관련**

회상	성찰
그때 내 마음은 너무나 많은 공장을 세웠으니 어리석게도 그토록 기록할 것이 많았구나 → 마음속에 생각과 고민이 가득했음을 의미함. 구름 밑을 천천히 쏘다니는 개처럼 지칠 줄 모르고 공중에서 머뭇거렸구나 → 끊임없이 방황하는 삶을 살았음을 의미함. 나 가진 것 탄식밖에 없어 → 부정적이고 절망적인 상황에 놓여 있었음을 의미함.	저녁 거리마다 물끄러미 청춘을 세워 두고 살아온 날들을 신기하게 세어 보았으니 → 그동안 살아온 삶을 성찰하는 행위를 의미함. 내 희망의 내용은 질투뿐이었구나 → 다른 사람들을 깎아내리거나 시기하는 일에만 몰두해 왔음을 자각하고 반성하게 됨. 단 한 번도 스스로를 사랑하지 않았노라 → 스스로를 살피지 못한 채 진정한 자신의 정체성을 찾는 데 소홀하였음을 자각하고 반성하게 됨.

'+' 기호가 두 표 사이에 표시됨

■ 기형도의 시작 경향과 특징

기형도의 시는 자신의 개인적 상처를 드러내고 분석하는 데서 시작된다. 가난한 집안 환경과 아픈 아버지, 장사하는 어머니, 직장을 다니는 누이 등 어두웠던 어린 시절의 기억은 그의 시의 원체험을 형성한다. 그의 시는 우울과 비관으로 점철되어 있으며, 거기에는 개인적인 체험뿐만 아니라 정치 사회적인 억압도 간접적인 원인으로 자리하고 있다. 그의 시는, 억압적 현실 속에 개체화되어 살아가는 사람들을 표현하거나 기만적인 정치 현실과 그것에 무력하게 휘둘리는 사람들을 풍자함으로써 간접적으로 사회 비판적 성격을 드러낸다. 그리고 이러한 현실을 바라보는 그의 시선은 극히 비관적이며 어떠한 전망도 보여 주지 않는다는 특징이 있다.

**EBS
Q&A**

Q 외적 준거에 따라 작품을 감상하는 문항은 어떻게 해결해야 할까요? **문항 3 관련**

A 현대시 세트에서는, 〈보기〉로 제시된 외적 준거를 바탕으로 작품을 감상하는 문항이 자주 출제됩니다. 이러한 문항을 해결하려면 먼저 시를 읽기 전에 〈보기〉에 제시된 정보를 미리 확인하는 것이 좋습니다. '문항 3'의 〈보기〉를 살펴보면, 이 시의 화자는 고통스러웠던 삶을 회고하며 부정적 자기 인식을 드러내고 있음을 알 수 있습니다. 그러므로 이러한 〈보기〉의 내용을 염두에 두고 「질투는 나의 힘」에 제시된 '너무나 많은 공장', '구름 밑을 천천히 쏘다니는 개', '탄식', '질투뿐', '단 한 번도 스스로를 사랑하지 않았노라'와 같은 시어나 시구가 의미하는 바를 생각하며 작품을 감상할 수 있어야 합니다.

(가) 우라지오 가까운 항구에서 _ 이용악

EBS 수능특강 **문학** 088쪽

감상 포인트 이 시는 시베리아의 이국땅을 떠돌며 고향과 가족을 그리워하는 화자의 모습을 통해 일제 강점하에 해체된 우리 민족의 슬픔과 한을 노래하고 있다. '우라지오'는 화자가 어릴 때 어머니에게 말로만 듣던 이국의 도시이다. 당시 그곳은 절박한 가난에서 벗어나기 위해 선택해야 했던 탈출구의 하나였다. 그곳에도 추위와 외로움이 있지만 화자는 그러한 현실과 당당히 맞서 후회 없는 삶을 살려고 노력한다. 그러면서도 화자는 우라지오 가까운 항구의 부두에서 바다를 바라보며 고향으로 날아가는 꿈을 꾸지만 바다가 두껍게 얼어붙어 드나드는 배가 하나도 없는 현실을 드러내며 가도 오도 못하는 상황에 대한 안타까움을 토로하고 있다.

주제 고향과 가족에 대한 그리움

겨울의 계절적 이미지를 통해 암울한 시대 상황 암시
삽살개 짖는 소리 / 눈보라에 얼어붙는 섣달 그믐
청각적 이미지. 고향을 떠올리게 하는 소재로 기능할 수 있음.
밤이 / 얄궂은 손을 하도 곱게 흔들길래
의인법
술을 마시어 불타는 소원이 이 부두★로 왔다
시적 상황: 술을 마시고 고향에 대한 그리움이 간절해진 화자는 부두를 찾아옴.

★ **문제 해결 키** 문항 3 관련
'부두'는 화자가 술을 마시고 불타는 소원을 이기지 못하여 찾은 곳으로 고향으로 돌아가고 싶은 화자의 바람이 표출되는 현재의 공간으로 볼 수 있음.

▶ 1연: 고향에 대한 그리움으로 부두를 찾은 '나'

찔레꽃은 아름다운 존재를 표상함. '길가에 찔레 한 송이 없었'다는
것은 힘겨운 삶을 살아왔음을 의미함.
걸어온 길가에 찔레 한 송이 없었대도
화자가 그동안 살아왔던 인생을 의미함.
나의 아롱범*은 / 자옥 자옥을 뉘우칠 줄 모른다
자신의 삶을 비유한 대상
발자국을 의미하는 말로, '자옥 자옥을 뉘우칠 줄 모른다'는
것은 자신의 지난 삶을 반성하지 않는다는 의미임.
어깨에 쌓여도 하얀 눈이 무겁지 않고나
화자의 어깨를 무겁게 짓누르는 삶의 무게
▶ 2연: 고달픈 현실에 의연히 대처하며 후회 없이 살아온 삶

철없는 누이 고수머릴랑 어루만지며
우라지오*의 이야길 캐고 싶던 밤이면
화자가 떠올리는 과거 고향에서의 시간
울 어머닌 / 서투른 마우재 말*도 들려 주셨지
졸음졸음 귀밝히는 누이 잠들 때꺼정
등불이 깜박 저절로 눈감을 때꺼정
문장 구조의 반복을 통해
음악성을 높인 부분
▶ 3연: 우라지오 이야기에 귀 기울이던 어린 시절의 밤

다시 내게로 헤여드는 / 어머니의 입김이 무지개처럼 어질다
나는 그 모두를 살뜰히 담았으니 / 어린 기억의 새야 귀성스럽다*
어린 시절의 추억에 잠겨 있는 모습
거사리지 말고 마음의 은줄에 작은 날개를 털라
어린 시절의 추억을 적극적으로 떠올리는 모습
▶ 4연: 어린 시절의 추억을 회상하는 즐거움

드나드는 배 하나 없는 지금
화자가 소망하는 바. 고향으로 돌아가는 것
부두에 호젓 선 나는 멧비둘기 아니건만 / 날고 싶어 날고 싶어
하늘을 자유롭게 날 수 있는 존재로 우라지오에 묶여 있어 고향으로 돌아가지 못하는 화자와 대비되는 존재
머리에 어슴푸레 그리어진 그곳 / 우라지오의 바다는 얼음이 두텁다
화자가 고향으로 돌아갈 수 없는 처지임을 나타냄.

등대와 나와 / 서로 속삭일 수 없는 생각에 잠기고
한곳에 고정되어 있다는 점에서 화자의 처지가 투영된 존재로 볼 수 있음.
밤은 얄팍한 꿈을 끝없이 꾀인다 / 가도오도 못할 우라지오
고향으로 돌아가는 것   고향으로 돌아가고 싶지만 그럴 수 없는 현실 속에서도 고향으로 돌아갈 꿈을 버리지 못하고 있는 상황을 나타냄.
▶ 5, 6연: 고향에 대한 그리움과 안타까움

＊**아롱범**: 표범.	＊**우라지오**: 러시아의 블라디보스토크.
＊**마우재 말**: 러시아 말.	＊**귀성스럽다**: 수수하면서도 마음을 끄는 맛이 있다.

핵심 개념 이것만은 꼭 익히자

포인트 ❶ '멧비둘기'와 '등대'의 의미 문항 2, 3 관련

멧비둘기	
속성	하늘을 자유롭게 날 수 있음.
시적 의미	자신이 있는 곳(우라지오 가까운 항구)을 떠나지 못하는 화자와 달리 자신이 원하는 곳을 마음대로 갈 수 있는 존재. 화자의 처지와 대비되면서 화자에게는 부러움의 대상이 됨.

↕

등대	
속성	위치한 곳에서 움직일 수 없음.
시적 의미	등대는 고정된 위치에서 이동할 수 없다는 점에서 자신이 있는 곳(우라지오 가까운 항구)을 떠나지 못하는 화자의 처지를 대변함.

포인트 ❷ 과거와 현재의 대비

문항 4 관련

과거	현재
• **화자의 삶**: 고향에서 어머니, 누이와 함께 가족 공동체의 따뜻한 삶을 누림. • **화자의 동경**: 우라지오	• **화자의 삶**: 우라지오 가까운 항구에서 고달픈 삶을 살고 있음. • **화자의 동경**: 고향

(↔)

배경지식 더 알아보기

■ **이용악의 작품 세계에 대한 이해**

이용악은 우리 현대시사에서는 드문 북방 정서를 그려 낸 작가이다. 그의 성장지이기도 한 북방의 가난과 소외된 삶, 그리고 북방 유이민들의 쓸쓸하고 뿌리 뽑힌 삶을 강렬한 서정의 언어로 표출한다. 전통적인 서정시의 방법을 구사하면서도 보다 강렬하고 직접적인 호소력을 발휘하는 것이 그의 시가 지닌 특징이다. 아울러 기존의 서정시 양식 안에 사건을 서술하는 서사적인 표현 양식을 수용하여 농촌의 궁핍으로 삶이 해체되는 비극적인 현실을 객관적인 이야기로 전환시켜 일제 강점기에 신음하는 우리 민족의 삶의 비극성을 극대화한다.

EBS Q&A

Q 운문 문학에서 빠지지 않고 출제되는 문항의 유형 중 가장 대표적인 것은 무엇인가요? 문항 1 관련

A 운문 문학을 산문 문학과 구별하게 해 주는 가장 중요한 특징이 무엇인지에 대해 생각해 봅시다. 현대시나 고전 시가와 같은 운문 문학이 산문 문학과 구별되는 가장 큰 특징은 압축성에 있을 것입니다. 이러한 압축성이 구현되는 과정에서 다양한 표현상의 특징이 나타나게 됩니다. 따라서 운문 문학에서는 작품을 운문 문학답게 하는 특징, 즉 표현상의 특징을 묻는 문제가 꼭 출제됩니다. 표현상의 특징에는 비유, 설의, 과장, 역설, 반어 등의 표현법뿐만 아니라 감각적 이미지의 활용 등의 형상화 기법도 포함됩니다. 따라서 운문 문학 작품을 읽을 때는 꼭 표현적인 측면의 특징에 주의를 기울여 감상하는 훈련을 해야 합니다.

03 (나) 흑백 사진 - 7월 _ 정일근

현대시

감상 포인트

이 작품은 화자가 유년 시절에 경험한 일을 다양한 감각적 심상과 비유적 표현으로 그려 내고 있다. 유년 시절 화자의 눈에 비친 여름날의 냇가 풍경, 그 속에서 물놀이를 즐기는 천진난만함, 자연물(미루나무)에 동화되는 화자의 상태, 아이의 혼잣말, 오수에 빠져드는 과정 등이 어우러지면서 평화로운 유년의 기억을 더욱 아름답게 보이게 한다.

주제

유년 시절에 대한 그리움

<u>내 유년의 7월에는</u> 냇가 잘 자란 미루나무 한 그루 솟아오르고 또 <u>그 위 파란 하늘에 뭉게구름 내려와 어린 눈</u>
화자가 유년을 회상하는 사람임을 나타냄.   한 폭의 풍경화를 보는 듯한 느낌을 줌. 색채 이미지의 대비를 통한 형상화
<u>동자 속 터져나갈 듯 가득 차고</u> 찬물들은 반짝이는 햇살 수면에 담아 쉼 없이 흘러갔다. | <u>냇물아 흘러 흘러 어디</u>
화자가 추억하는 공간적 배경   자연물(냇물)을 청자로 설정하여 말을 건네는 어투를 활용함.
로 가니, 착한 노래들도 물고기들과 함께 큰 강으로 헤엄쳐 가버리면 과수원을 지나온 달콤한 바람은 미루나무   ▶ 물놀이를 하던 시냇가의 풍경
        음성 상징어를 활용하여 생동감을 주는 표현   └ 공감각적 심상(청각의 시각화)   의인법
<u>손들을 흔들어 차르르 차르르</u> 내 겨드랑에도 간지러운 새 잎이 돋고 물 아래까지 헤엄쳐가 누워 바라보는 하늘
위로 삐뚤삐뚤 헤엄쳐 달아나던 미루나무 한 그루. | <u>달아나지 마 달아나지 마 미루나무야,</u> 귀에 들어간 물을 뽑
      화자와 자연물의 동화   미루나무와 하나가 되고 싶은 마음   'ㄴ'의 눈에 비친 미루나무의 모습
으려 <u>햇살에 데워진 둥근 돌</u>을 골라 귀를 가져다 대면 허기보다 먼저 온몸으로 퍼져오던 따뜻한 오수*, 점점 무
        촉각적 이미지
거워져 오는 눈꺼풀 위로 멀리 누나가 다니는 <u>분교의 풍금소리 쌓이고</u>★ 미루나무 그늘 아래에서 <u>7월은</u> 더위를
                                        공감각적 심상(청각의 시각화)   ▶ 물놀이에 지쳐 오수에 빠져드는 'ㄴ'의 모습
잊은 채 <u>깜빡 잠이 들었다.</u>
        화자가 미루나무 그늘 아래에서 잠든 모습을 7월이 잠든 것으로 표현함.

＊오수: 낮에 자는 잠.

★ **문제 해결 키** 문항 1 관련

화자는 자신의 유년 시절 기억을 소환하고 있는데, 소환된 기억 속에서 들려오는 분교의 풍금 소리를 '분교의 풍금소리 쌓이고'라고 표현하고 있음. 청각적 이미지의 대상인 '풍금소리'를 시각적 대상에게 쓸 수 있는 말인 '쌓이고'와 결합하여 표현하는 것처럼 원래 대상의 속성과 관련된 이미지를 다른 이미지로 표현하는 것을 공감각적 심상이라 함.

핵심 개념
이것만은
꼭 익히자

 포인트 ① **비가시적 대상을 가시적 대상으로 표현**

착한 노래들도 물고기들과 함께 큰 강으로 헤엄쳐 가 버리면
차르르 차르르 내 겨드랑에도 간지러운 새 잎이 돋고
풍금소리 쌓이고

→ 눈으로 인식할 수 없는 대상을 시각적으로 인식할 수 있는 대상인 것처럼 표현함.

포인트 ② **화자와 자연이 하나 된 모습** 문항 4 관련

- 눈동자 가득 파란 하늘의 뭉게구름이 담김.
- 겨드랑이에 간지러운 새 잎이 돋는 듯한 느낌이 듦.
- 미루나무에게 달아나지 말라고 얘기함.
- 나른한 여름날, 돌을 귀에 대며 잠이 듦.

포인트 ③ **자연물에 말을 건네는 어투 활용**

- 냇물아 흘러 흘러 어디로 가니.
- 달아나지 마 달아나지 마 미루나무야.

↓

화자는 자연물에 말을 건네는 어투로
소통을 시도하는 모습을 보이는데, 이를 통해 화자가
자연물에 대해 가지는 애정의 정도를 보여 줌.

■ 작품의 제목을 '흑백 사진 - 7월'이라고 붙인 이유

아름다운 자연과 하나가 되었던 유년 시절을 추억하는 이 작품에서 시인은 마치 흑백 사진 한 장을 보여 주듯 '흑백 사진'이라는 제목을 제시함으로써 독자로 하여금 유년 시절을 추억하게끔 한다. 흑백 사진은 독자에게 아련한 향수를 불러일으키고 흑백을 통해 떠올린 유년의 추억은 현실의 컬러보다 더 큰 정서적 반응을 일으킨다. 그리고 시인은 시간적 배경으로 7월을 설정하고 있는데, 이는 화자가 추억하는 자족적 공간으로서의 이미지를 보여 줄 수 있으며, 다양한 감각적 이미지를 동원하여 평화롭고 아름다운 자연을 보여 주기에 가장 적절한 계절이 7월로 대표되는 여름이기 때문이다.

EBS Q&A

Q 음성 상징어를 활용하면 어떤 효과를 줄 수 있을까요? 문항 1 관련

A 음성 상징어는 의태어와 의성어를 아울러 이르는 말입니다. 음성 상징어를 활용한 표현의 효과를 묻는 문항이 자주 출제되기 때문에 운문 문학에서 사용되는 음성 상징어에 대해서는 꼼꼼하게 정리해 둘 필요가 있습니다. 정일근의 「흑백 사진 - 7월」에서도 다양한 음성 상징어가 활용되고 있는데, 그 예로 '차르르 차르르', '삐뚤삐뚤', '깜빡' 등을 들 수 있습니다. '차르르 차르르'는 겨드랑이에 새 잎이 돋아나는 듯한 모습을, '삐뚤삐뚤'은 하늘 위로 바라보는 미루나무의 모습을, '깜빡'은 순간 잠에 빠져든 화자의 모습을 생동감 있게 형상화한다는 점에서 음성 상징어가 주는 효과를 확인할 수 있습니다.

(가) 성탄제 _오장환

EBS 수능특강 **문학 091쪽**

감상 포인트 이 작품은 산속에서 벌어지는 살육의 현장을 통해 일제의 위력에 희생당하는 당대 우리 민중의 모습을 상징적으로 그리고 있다. 이 작품에서 '어두운 숲'과 '골짜기'는 생명을 위협하는 공간으로 그려져 있다. '몰이꾼', '포수', '사냥개'는 생명을 유린하는 폭력적 존재로, '사슴'은 연약한 생명체로 대비되고 있는데, 이러한 대비는 생명을 유린하는 세계의 폭력성을 부각한다. 한편 '쇠북 소리'는 사냥꾼이 사냥할 때 내는 종소리 또는 성탄을 알리는 종소리로 해석할 수 있는데, 후자의 경우 '쇠북 소리'는 순결한 생명이 더 이상 희생되지 않기를 바라는 마음을 드러내는 것으로 볼 수 있다.

주제 폭력적 세상에서 순결한 존재가 희생되지 않기를 바라는 마음

산 밑까지 내려온 어두운 숲에
_{시적 공간, 살육과 폭력이 난무하는 공간}
몰이꾼의 날카로운 소리는 들려오고,
_{생명을 위협하는 비정한 존재, 일제를 상징함.}
쫓기는 사슴이
_{순결하고 나약한 존재, 조선 민중을 상징함.}
눈★ 위에 흘린 따뜻한 핏방울.★
_{눈(흰색, 차가움) ↔ 핏방울(빨간색, 따뜻함) → 색채 및 촉각 대비를 통한 비극적 상황 강조}

> **★ 문제 해결 키 문항 1 관련**
> '눈'과 '핏방울', '어두운 골짝'과 '하얀 꽃'이 어떤 점에서 대비되는지 파악하고, 이러한 대비를 통해 궁극적으로 형상화하려는 바가 무엇인지 파악해야 함.

▶ 1연: 피를 흘리며 쫓기는 사슴

골짜기와 비탈을 따라 내리며

넓은 언덕에 / 밤 이슥히 횃불은 꺼지지 않는다.
_{사냥꾼의 집요함을 표현함.}

▶ 2연: 사슴을 쫓는 인간의 집요한 추적

뭇짐승들의 등 뒤를 쫓아

며칠씩 산속에 잠자는 포수와 사냥개,
_{생명을 유린하는 존재}
나어린 사슴은 보았다

오늘도 몰이꾼이 메고 오는 / 표범과 늑대.
_{폭력에 희생된 존재}

▶ 3연: 사냥꾼에게 희생되는 동물들을 목격하는 어린 사슴

> **★ 문제 해결 키 문항 2, 3 관련**
> 표면적으로 강력한 힘을 지닌 존재에 의해 순결하고 나약한 동물들이 희생당하는 모습을 구현하고 있지만, 이면에는 일제 강점기에 억압받는 조선 민중의 모습을 표현하고 있음을 고려하며 감상해야 함.

어미의 상처를 입에 대고 핥으며

어린 사슴이 생각하는 것 / 그는

어두운 골짝★에 밤에도 잠들 줄 모르며 솟는 샘과 □: 생명의 지속에 대한 희망을 상징함.
_{시련을 겪는 동물들의 암담한 현실을 상징함.}
깊은 골을 넘어 눈 속에 하얀 꽃★ 피는 약초.
_{'어두운 골짝'과 대비되는 시어로, 죽어 가는 생명을 살릴 수 있는 존재를 상징함.}

▶ 4연: 어미 사슴을 살리고 싶은 어린 사슴

아슬한 참으로 아슬한 곳에서 쇠북 소리 울린다.
_{종소리, 성탄제를 연상하게 함.}
죽은 이로 하여금 / 죽는 이를 묻게 하라.
_{이제까지 죽은 이} _{희생되는 이}

▶ 5연: 아슬한 곳에서 들리는 쇠북 소리

길이 돌아가는 사슴의
_{죽음의 세계로 가는}
두 뺨에는 / 맑은 이슬이 내리고
_{어미 사슴이 흘리는 눈물}
눈 위엔 아직도 따뜻한 핏방울……
_{폭력에 의해 희생당하는 이가 지녔던 온기(생명성)}

▶ 6연: 죽어 가는 어미 사슴이 흘리는 눈물과 피

핵심 개념 이것만은 꼭 익히자

포인트 1 감각 이미지의 대비 **문항 1 관련**

| 어두운 숲, 어두운 골짝
(검은색) | ↔ | 하얀 꽃
(흰색) |

| 눈
(흰색, 차가움) | ↔ | 핏방울
(붉은색, 따뜻함) |

- 사냥꾼에게 산짐승들이 사냥을 당하는 참혹한 상황을 부각함.
- 죽어 가는 어미 사슴을 살릴 수 없는 비극적 상황을 형상화함.

포인트 2 시어의 상징성 **문항 2, 3 관련**

| 몰이꾼, 포수, 사냥개 | ↔ | 어미 사슴, 어린 사슴 |

| 사슴과 같은 연약한 존재의 생명을 유린하는 폭력적 존재 | 순결함을 지닌 연약한 존재로, 사냥꾼과 같은 강하고 폭력적인 상대로부터 위협받는 존재 |

| 조선 민중을 탄압하는 일제 | 일제에 의해 억압받는 조선 민중 |

배경지식 더 알아보기

■ 5연의 시어와 시구 해석

'쇠북 소리'에서 '쇠북'은 쇠로 만든 북으로, 종을 가리킨다. 그런데 이 소리는 사냥꾼이 사냥할 때 내는 종소리로도 해석되고, 성탄을 알리는 종소리로도 해석된다. 전자로 해석하면 이 소리는 살육이 벌어지는 참혹함을 상징하지만, 후자로 해석하면 순결한 생명이 더 이상 희생되지 않기를 바라는 소망을 상징한다고 할 수 있다. 그런데 많은 평론가들은 후자로 해석해야 한다고 말한다. 그래야 뒤에 이어지는 '죽은 이로 하여금 / 죽는 이를 묻게 하라.'는 시구의 의미가 분명히 이해되기 때문이다. 이 구절은 성경의 마태복음에 나오는 말로, 예수에게 한 제자가 자기 아버지의 장례를 치른 후 예수를 따르겠다고 하자, 예수가 제자에게 자신을 따르는 것이 성스럽고 막중한 일임을 전할 때 한 말이다. 이처럼 이 말은 세속적인 일은 세속에 맡기고 자신에게 주어진 일을 해야만 한다는 의미를 담고 있다. 따라서 5연의 '죽은 이로 하여금 / 죽는 이를 묻게 하라.'는 시구는 어미 사슴의 죽음은 어쩔 수 없는 것이므로 어린 사슴만이라도 이제 자신의 길, 생명의 길을 가야 한다는 의미로 해석할 수 있다. 이렇게 해석해야 시의 제목인 '성탄제'의 의미와도 부합한다.

EBS **Q&A**

Q 「성탄제」는 어떤 상황에서 창작되었나요? **문항 3 관련**

A 이 작품은 일본의 군국주의가 극단으로 치닫던 1939년에 창작되었습니다. 당시 일본 총독부는 창씨개명을 강요하였고, 신사 참배를 통해 한민족의 문화와 역사적 근거를 말살하려 하였습니다. 특히 일제는 기독교가 독립운동과 민족정신의 배양에 지대한 역할을 한다고 판단해 박해를 가했습니다. 이런 상황에서 작가가 '성탄제'라는 제목을 내세워 폭력적 세계와 나약한 개체가 대비를 이루는 상황을 형상화한 것은 조선 민중을 억압하는 일제에 대한 비판을 우회적으로 드러내고, 절망적 상황에서도 생명에 대한 사랑의 정신이 중요함을 강조하기 위한 것이라 할 수 있습니다.

04 (나) 새 1 _ 박남수
현대시

감상 포인트　이 작품은 자연물과 인간의 대비를 통해 생명의 순수성을 옹호하고 인간 문명이 지닌 폭력성을 비판하고 있다. '새'는 인위적이지도 않고 꾸미지도 않은 순수한 자연을 표상하며, '포수'는 파괴적 속성을 지닌 비정한 인간을 표상한다. 화자는 대조되는 시어를 활용하여 인간의 손에 파괴된 자연을 형상화하는 한편, 순수성은 인위적으로 만들어지지 않으며 강제로 얻을 수 있는 것이 아님을 나타내고 있다.

주제　자연의 순수성에 대한 옹호와 인간 문명의 폭력성 비판

1.

하늘에 깔아 논 / 바람의 여울터에서나
　　　　　　　□ : 아름답고 평화로운 자연의 세계를 상징함.
속삭이듯 서걱이는 / 나무의 그늘에서나, 새는
　　　　　　　　　　자연물, 생명, 자유, 순수의 표상
노래한다. 그것이 노래인 줄도 모르면서
　　　새는 의도하지 않은 순수함을 지니고 있음.
새는 그것이 사랑인 줄도 모르면서 ─ 도치법과 반복을 통한 의미 강조
　　새는 가식적이지 않은 순수함을 지니고 있음.
두 놈이 부리를 / 서로의 쭉지에 파묻고 ─ 순수하고 연약한 존재끼리 서로 배려하며 사랑하는 모습을 형상화함.
다스한 체온을 나누어 가진다.
　　　　■ : '-ㄴ다'의 반복 → 운율 형성

▶ 1: 새의 순수한 노래와 사랑

★ 문제 해결 키 [문항 2, 3 관련]
인간을 상징하는 '포수'와 자연물을 상징하는 '새'의 대비되는 속성을 파악하고, 이를 바탕으로 화자가 궁극적으로 전달하려는 바가 무엇인지 파악해야 함.

2.

새는 울어 / 뜻을 만들지 않고,
　　　　인위적인 것
지어서 교태로 사랑을 가식하지 않는다. ─ 인간과 대비되는 속성을 지닌 새 – 가식이 없고 순수함.

▶ 2: 가식 없는 순수성을 지닌 새

3.

　　　인간(현대) 문명의 폭력성, 비정함
─포수는 한 덩이 납으로 / 그 순수를 겨냥하지만,
폭력적인 인간 문명, 현대 문명
　　　　　　　현대 문명으로 파괴하는 것이 물리적인 것에 한정됨을 나타냄.
매양 쏘는 것은 / 피에 젖은 한 마리 상한 새에 지나지 않는다.
번번이　　　현대 문명에 의해 파괴된 자연을 상징함.

▶ 3: 새의 순수성을 파괴하려는 포수

핵심 개념
이것만은
꼭 익히자

포인트 1 '새'의 속성 [문항 2, 3 관련]

• 노래인 줄도 모르고 노래함. • 사랑인 줄도 모르고 따스한 온기를 나누어 가짐.	무엇인가를 의도하지 않은 자연 그대로의 순수성과 연약한 존재끼리 서로 배려하는 마음을 지니고 있음.
울어 뜻을 만들지 않고 지어서 교태로 사랑을 가식하지 않음.	자신의 행위에 대해 인위적이거나 가식적인 의미를 만들어 부여하지 않음.

↓

인간과 대비되는 순수한 자연 그 자체

포인트 2 대비를 통한 주제 표현 [문항 3 관련]

새	↔	포수
↓		↓
노래, 사랑을 지님.		총, 한 덩이 납을 지님.
순수성을 지닌 자연물		폭력성을 지닌 인간 문명

↓

피에 젖은 한 마리 상한 새

순수성에 대한 옹호와 인간 문명의 폭력성 비판

(가) 장수산 1 _ 정지용

감상 포인트 이 작품은 황해도에 있는 장수산의 눈 내린 겨울밤 풍경을 통해 절대 고요와 탈속적 경지에 대한 지향을 드러낸 시이다. 화자는 아무것도 움직이지 않고 아무 소리도 들리지 않는 깊은 산속에서 세속적인 욕심을 초월한 '조찰히 늙은 사나이'의 태도를 뒤따르고 싶어 한다. 고요한 산속 풍경과 달리 심하게 동요하는 내면의 고뇌를 지닌 화자는 차갑고 우뚝하게 서서 겨울을 견디는 장수산처럼 자신도 슬픔이나 꿈에 연연하지 않고 묵묵히 겨울밤을 보내며 시련을 견디어 내려는 의지를 다진다. 동양적 은일(隱逸) 정신에 대한 지향을 통해 일제 강점기 말의 고통을 인내하고자 했던 시인의 마음이 예스러운 말투의 산문적 진술과 다양한 감각적 이미지에 담겨 있다.

주 제 장수산의 절대 고요와 탈속적 지향

☐ : 예스러운 분위기를 환기하는 말투

벌목정정(伐木丁丁)*이랬거니   아람드리 큰 솔이 ☐베어짐 직도 하이☐   골이 울어 메아리 소리   쩌르렁   돌아

옴 직도 하이★ | 다람쥐도 좇지 않고   멧새도 울지 않아   <u>깊은 산 고요가 차라리 뼈를 저리우는데</u>   눈과 밤
　　　　　　　　　　　　▶ 깊고 울창한 장수산의 고요　　　　　　　　　장수산의 고요를 부각하는 촉각적 이미지　　　눈 덮인 산속의 밤 풍경

이 종이보다 ☐희고녀☐!   달도 보름을 기다려 흰 뜻은 한밤 이 골을 ☐걸음이란다?☐ | 윗절 중이 여섯 판에 여섯 번
　　　　　　영탄법　　　　　　　　　　　　　　　　　　　　　　'걷기 위한 것인가?' 정도의 의미　　　　▶ 적막한 장수산의 눈 내린 겨울밤

지고 웃고 올라간 뒤   조찰히* 늙은 사나이의 남긴 내음새를 줍는다?   「시름은 바람도 일지 않는 고요에 심
　　　　　　'윗절 중'의 탈속적 경지를 뒤따르고 본받으려는 화자의 태도를 엿볼 수 있음.　　　▶ 탈속적 태도를 본받고자 하는 정신적 지향

히 흔들리우노니 | 오오 견디란다   차고 올연(兀然)히*   슬픔도 꿈도 없이   장수산(長壽山) 속 겨울 한밤
　　　　　　　　　　▶ 시름에 젖은 화자의 내면　　　　　　　　　▶ 장수산에서 겨울을 보내며 시름을 견뎌 내겠다는 의지

내—」「 」: 장수산의 고요 속에서 내면의 심한 동요를 인내하려는 태도가 드러남.

승패에 초연한 모습으로 장수산의
탈속적 성격과 조화를 이루는 존재

★ 문제 해결 키 문항 4 관련
만약 커다란 소나무가 베어진다면 골짜기가 울리고 큰 메아리가 돌아올 것 같다는 말로, 일제 강점기의 정신적 고통을 상징하는 것이 아니라, 장수산 겨울 숲속의 울창함과 고요를 드러내는 표현임.

*벌목정정: 『시경(詩經)』의 '소아(小雅) 벌목(伐木)' 편에 있는 구절. 커다란 나무를 산에서 벨 때 쩡 하고 큰 소리가 난다는 뜻.

*조찰히: 맑고 그윽하게.

*올연히: 홀로 우뚝하게.

핵심 개념
이것만은
꼭 익히자

포인트 ❶ **표현상의 특징** 문항 1, 4 관련
• 감탄사 '오오'의 사용을 통해 고조된 감정을 표현함.
• '-이', '-고녀'처럼 현대 일상어에서는 흔히 쓰이지 않는 어미를 구사하여 예스러운 분위기를 조성함.
• 다양한 감각적 이미지를 활용하여 겨울 장수산의 눈 내린 정경을 묘사하고 고요를 부각함.

포인트 2 **'장수산'의 성격과 화자의 태도** 문항 2, 3, 4 관련

화자		장수산	속세와 단절된 공간('조찰히 늙은' '윗절 중'과 조화를 이룸.)
'심히 흔들리'는 '시름'을 안고 있음.	→		절대 고유의 공간

'차고 올연히' 서 있는 장수산처럼 '차고 올연히' 시름을 견뎌 내려 함.
(일제 강점기의 정신적 고통을 이겨 내려는 동양적 은일(隱逸) 정신)

배경지식 더 알아보기

■ 정지용의 삶과 「장수산 1」

이상적으로 생각할 때 바람직한 것은 현실에서 유리되지 않은 상태에서 미래의 꿈을 간직하고 순결성을 유지하는 삶의 태도다. 그러나 그러한 자세를 실현하기 위해서는 현실의 모순과 맞서 싸우는 정신의 강인함이 요청된다. 이육사처럼 서릿발 칼날 진 그곳에 몸을 던지는 정신의 강도가 필요한 것이다. 이 정신의 강인함을 지키지 못하고 현실에 몸을 담은 경우 대부분의 사람들은 상황에 굴복하고 체제에 영합하는 결과를 보인다. 현실 대결로 나아갈 결단이 서지 않은 마당에서는 현실 격리의 고립성을 지향하는 것이 순수성을 지키기 위한 차선의 방책이다. 그것은 현실 대결의 길로 이끌지는 못해도 현실에 영합하는 것은 막아 주기 때문이다. 정지용은 현실 대결의 길로 나아가지는 못했지만 현실과 타협하지 않겠다는 결신(潔身: 지조, 품행 따위를 깨끗하게 하여 몸을 더럽히지 않음.)의 의지는 보여 주었다. 고립의 의지를 순수성 유지의 방편으로 삼아 그는 일제 말 암흑의 삼 년을 침묵과 은둔으로 보냈다.

- 이숭원, 「정신적 순결성의 추구 - 정지용 시의 변모」, 『작품으로 읽는 한국 현대시사』

■ 엮어 읽을 만한 정지용의 다른 작품

> 노주인(老主人)의 장벽(腸壁)에
> 무시(無時)로* 인동(忍冬) 삼긴 물이 나린다.
>
> 자작나무 덩그럭 불이
> 도로 피어 붉고,
>
> 구석에 그늘지어
> 무가 순 돋아 파릇하고,
>
> 흙냄새 훈훈히 김도 서리다가
> 바깥 풍설(風雪) 소리에 잠착하다*.
>
> 산중(山中)에 책력(冊曆)*도 없이
> 삼동(三冬)이 하이얗다.
>
> — 정지용, 「인동차(忍冬茶)」
>
> *무시로: 특별히 정한 때가 없이 아무 때나.
> *잠착하다: 한 가지 일에만 정신을 골똘하게 쓰다.
> *책력: 달력.

→ 이 작품은 노주인이 '인동' 삶은 물을 마시며 한겨울의 추위를 이겨 내려는 모습을 통해 견디기 어려운 고통스러운 현실을 묵묵히 이겨 내려는 의지를 감각적으로 보여 준 시로, 일제 강점기의 정신적 고난을 견디는 정지용의 정신적 자세를 환기한다는 점에서 「장수산 1」과 엮어 읽을 만하다. 생명력이 억눌려 있는 겨울과, 만물이 소생하는 봄이라는 두 계절의 이미지를 적절히 드러내면서 희망을 잃지 않는 삶의 자세를 보여 준 것이 특징이다.

05 (나) 고고(孤高) _ 김종길

감상 포인트 이 작품은 겨울 북한산의 특정한 모습을 통해 고고한 경지에 대한 생각을 드러낸 시이다. 북한산의 '고고한 높이'는 여간해서는 드러나지 않는 것으로, 산이 전체적으로는 수묵화처럼 차갑게 젖어 있으면서 높은 봉우리 몇 개에만 살짝 눈이 덮여 있는 때가 되어야 회복되는 것으로 그려져 있다. 또 그 고고함은 햇살이 와 닿기만 해도 변질해 버릴 만큼 고스란히 지키기 어려운 것이기도 하다. 섬세한 감각적 이미지를 구사한 점, '기다려야만 한다'의 반복을 통해 화자의 태도와 의지를 강조한 점이 특징적이다.

주제 고고한 삶의 경지에 대한 지향

북한산(北漢山)이 / 다시 그 높이를 회복하려면
　　북한산의 고고한 경지를 보여 주는, 높은 봉우리에만 눈이 얇게 덮인 상태
다음 겨울까지는 기다려야만 한다.
　　　　　　단정적 어조로 주제를 부각함.

▶ 1연: 겨울 북한산에 대한 기다림

밤사이 눈이 내린, / 그것도 백운대(白雲臺)나 인수봉(仁壽峰) 같은
　　　　　　　　　　　실제 봉우리 명칭으로 사실감을 부여함.
높은 봉우리만이 옅은 화장을 하듯 / 가볍게 눈을 쓰고
　　　　　　　직유법

> ★ 문제 해결 키 **문항 2 관련**
> '어느 겨울 날 이른 아침'은 화자가 고대하는, 북한산의 고고한 모습을 볼 수 있는 시간에 해당함.

왼 산은 차가운 수묵(水墨)으로 젖어 있는,
　온 산
어느 겨울날 이른 아침★까지는 기다려야만 한다.

▶ 2, 3연: 눈이 조금 내린 겨울 아침 북한산의 모습에 대한 기다림

신록(新綠)★이나 단풍★, / 골짜기를 피어오르는 안개★로는,

눈이래도 왼 산을 뒤덮는 적설(積雪)★로는 드러나지 않는,

> ★ 문제 해결 키 **문항 3 관련**
> '신록', '단풍', '안개', '왼 산을 뒤덮는 적설'은 북한산의 고고함을 드러낼 수 없는 것들로 언급되어 있음.

심지어는 장밋빛 햇살이 와 닿기만 해도 변질하는,
높은 봉우리에만 살짝 쌓인 눈은 햇살에 쉬이 녹음. 고고함은 고스란히 지키기도 어려운 것임을 드러냄.
그 고고한 높이를 회복하려면

백운대와 인수봉만이 가볍게 눈을 쓰는

어느 겨울날 이른 아침까지는 / 기다려야만 한다.
3연의 2행을 반복함으로써 화자가 지닌 기다림의 자세를 강조하는 문장

▶ 4~6연: 쉽게 드러나지 않고 지키기도 어려운 고고한 모습의 겨울 북한산에 대한 기다림

핵심 개념 이것만은 꼭 익히자

포인트 ❶ 감각적 이미지의 효과 문항 4 관련

시구	효과
옅은 화장을 하듯	높은 봉우리에만 얇게, 살짝 눈이 쌓인 모습을 직유법으로 제시함으로써 북한산의 고상한 경지를 이루는 요소를 시각화함.
장밋빛 햇살	색채어를 활용한 시각적 이미지를 통해 북한산의 고고함을 훼손할 수도 있는 대상을 형상화한 것으로, 고고함의 특성과 가치를 부각하기 위해 동원된 소재임.

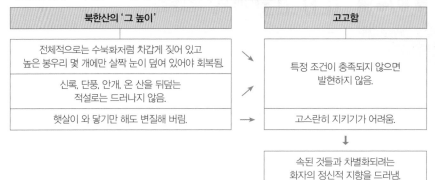

포인트 ② 북한산을 통해 드러나는 '고고함'의 속성과 화자의 지향 **문항 3 관련**

북한산의 '그 높이'		고고함
전체적으로는 수묵화처럼 차갑게 짖어 있고 높은 봉우리 몇 개에만 살짝 눈이 덮여 있어야 회복됨.	→	특정 조건이 충족되지 않으면 발현하지 않음.
신록, 단풍, 안개, 온 산을 뒤덮는 적설로는 드러나지 않음.	↗	
햇살이 와 닿기만 해도 변질해 버림.	→	고스란히 지키기가 어려움.

↓

속된 것들과 차별화되려는 화자의 정신적 지향을 드러냄.

■ **김종길의 시 세계와 「고고」**

김종길은 언젠가 '염결성의 회복'이란 말로 우리 시단의 반성을 촉구한 바 있다. 보다 구체적으로는 양심과 양식과 비평적 지성을 촉구하였지만, 그 바탕에 깔린 생각은 올곧은 정신적 자세에 대한 것이라고 할 수 있다. 그것은 삶과 시에 있어서 격(格)을 벗어나는 것을 인정치 않으려는 태도이며, 또 삶과 시에 있어서 염결성을 갖추려는 자세일 것이다. 우리는 특히 「고고」와 같은 작품에서 그 염결성을 갖춘 정신적 높이의 내실을 엿볼 수 있다. 여기서 시인은 신록이나 단풍 혹은 적설과 같은 황홀하고 풍성한 아름다움을 추구하지 않는다. 그 아름다움들은 절제되어 있지 않다. 염결성은 절제와 결핍과 인내를 내포한다. 그 모든 풍성함을 저만치 미뤄 두고 차가운 겨울 이른 아침을 기다려야 한다는 것도 염결성의 한 조건일 것이다. 그 속에서만이 고고한 정신적 높이가 추구될 수 있다. 그러니까 이 시에서 북한산의 높이는 곧 정신적 높이이고, 그것은 시인의 삶과 시가 염결성을 지니고 추구해 나가는 궁극적 지향이다.

김종길은 과작의 시인이다. 40여 년간 쓴 시가 시집 한 권 분량에 그친다. 이것은 격에 맞지 않는 작품을 인정하지 않으려는 염결성의 한 부분일 것이다. 그러나 그의 작품들은 모두 완성도가 높으며, 우리 현대 시사에서 독특한 지위를 차지한다. 그것은 이미지즘에 정신성을 부여했다는 점일 것이다. 우리 현대시에서 이미지즘이라면 통상 형식과 기교에의 치중과 경박한 모더니즘을 환기시킨다. 그러나 김종길의 시는 이미지즘을 솜씨 있게 구사했을 뿐 아니라 높은 정신성의 추구로 나아갔다.

- 이남호, 「명징성과 염결성」(김종길, 『천지현황』)

Q 하나의 〈보기〉로 두 개의 문항을 출제할 수도 있나요?

A 최근 평가원 기출문제 중에는 이처럼 하나의 〈보기〉로부터 두 문항을 출제한 경우가 없지만, 이런 방식의 출제가 불가능하다거나 앞으로도 안 나올 것이라고 볼 수는 없습니다.

이 세트의 〈보기〉는 '산을 공간적 배경이자 중심 대상으로 삼아 탈속의 경지를 정밀하게 형상화한 작품'이라는 공통점'을 매개로 「장수산 1」(정지용)과 「고고」(김종길)를 묶어 놓고, 각각에 담긴 정신적 지향에 대해 간략히 해설한 뒤 이미지의 효과적 활용 또한 공통점으로 제시하였습니다. 이 중 정신적 지향과 관련된 정보를 두 작품의 소재나 공간과 엮어 화자의 태도를 파악해 보게 하는 것이 '문항 3'이고, 두 작품에 사용된 감각적 이미지를 분석해 보게 하는 것이 '문항 4'입니다.

이처럼 〈보기〉 하나로 두 문항을 출제할 경우에는 그 〈보기〉에 담기는 정보의 양이 비교적 많고, 그 정보들을 크게 두 가지 포인트로 나눌 수 있을 때가 많습니다. 따라서 〈보기〉의 내용을 구조적으로 읽어 각 문항에 접근하면 출제 요소를 보다 명확하게 파악하는 데에 도움이 될 것입니다.

06 (가) 거문고 _김영랑

현대시

감상 포인트 이 작품은 소리를 제대로 내지도 못하고 울지도 못한 채 벽에 기대어 서 있는 '거문고(기린)'를 통해 일제 강점기의 암울한 시대 상황 속에서 자유를 빼앗긴 상태로 살아가는 우리 민족의 슬픔을 형상화하고 있다. 우리 민족의 자유가 억압당한 상황에서 화자는 자신의 처지와 심정을 제 곡조를 잃어버린 기린에 빗대어 표현하고 있다. 또한 '이리떼', '잔나비떼'로 상징되는 일제와 그들을 추종하던 세력들이 득실거리는 현실에서 숨죽여 은거할 수밖에 없었던 시대 상황을 '이 밤도 내 기린은 맘 놓고 울들 못한다'고 말하고 있다.

주제 암담한 시대 상황에 대한 비극적 인식

검은 벽★에 기대선 채로
<u>암울한 현실 상황을 빗댄 말</u>
해가 스무 번 바뀌었는디
<u>암울한 현실이 20년 동안이나 지속됨.</u>
내 기린(麒麟)은 영영 울지를 못한다
　　　　　<u>자신의 뜻을 맘껏 펼치지 못하는 상황을 나타냄.</u>　　　　　▶ 1연: 해가 스무 번 바뀌었음에도 울지 못하는 거문고
　└ <u>상상 속의 동물로 이 작품에서는
　　 거문고와 우리 민족을 의미함.</u>
그 가슴을 퉁 흔들고 간 노인의 손
　　　　<u>과거에 기린이 울 수 있도록 해 주었던 존재</u>
지금 어느 끝없는 향연(饗宴)에 높이 앉았으려니
　　　　<u>지금은 어디에 있는지 알 수 없는 상황임.</u>
땅 우의 외론 기린이야 하마 잊어졌을라
　　　<u>감정 이입의 대상</u>　　<u>노인이 벌써 기린을 잊지 않았을까 하는 걱정을 함.</u>　　　▶ 2연: 다시 울 날을 소망하는 거문고

바깥은 거친 들 이리떼만 몰려다니고　　△: 기린을 위협하는 존재. 일제와 그 하수인들을 의미함.
<u>일제 강점의 억압적 상황</u>
사람인 양 꾸민 잔나비떼들 쏘다니어

내 기린은 맘둘 곳 몸둘 곳 없어지다　　　　　　　　　　　▶ 3연: 일제 강점하의 부정적 현실
　　　　<u>억압으로 인해 고통받는 상황을 나타냄.</u>

문 아주 굳이 닫고 벽에 기대선 채
<u>억압적 현실에 대한 화자의 단절 의지, 거부감</u>
해가 또 한 번 바뀌거늘

이 밤★도 내 기린은 맘 놓고 울들 못한다　　　　　　　　▶ 4연: 해가 또 바뀌어도 마음 놓고 울지 못하는 거문고
<u>암울한 현실</u>

★ 문제 해결 키 문항 1 관련

'검은 벽'은 색채 이미지를 활용하여 화자가 처한 상황을 드러낸 표현으로 볼 수 있음. 검은색은 어둠의 이미지를 가지고 있기 때문에 암울한 상황을 나타내는 말로 쓰이는 경우가 많은데, 이 작품에서도 화자는 일제 강점하의 억압적 상황을 '검은 벽', '밤' 등 어둠의 이미지를 가진 말을 통해 나타내고 있음.

핵심 개념
이것만은
꼭 익히자

 대조적 의미를 지닌 시어들

| 기린, 노인 | ↔ | 이리떼, 잔나비떼 |

이 작품에서 '기린'과 '노인'은 긍정적 의미로, '이리떼'와 '잔나비떼'는 부정적 의미로 쓰였다. '기린'은 화자 혹은 우리 민족을 의미하는 말로, '노인'은 기린을 연주하는 존재이므로 화자나 우리 민족이 활개를 펼치는 데 도움이 되는 존재로 볼 수 있다. 반면 '이리떼'와 '잔나비떼'는 기린을 억압하는 존재이므로 시대적 상황을 고려할 때 일제와 이에 협력하는 무리들을 의미한다고 볼 수 있다.

 유사한 형식의 변조가 주는 효과 [문항 2 관련]

1연	4연
검은 벽에 기대선 채로 해가 스무 번 바뀌었는디 내 기린은 영영 울지를 못한다	문 아주 굳이 닫고 벽에 기대선 채 해가 또 한 번 바뀌거늘 이 밤도 내 기린은 맘 놓고 울들 못한다

→ 또 한해가 지났음에도 불구하고 여전히 암울한 상황이 지속되고 있음을 부각함.

배경지식
더
알아보기

■ 김영랑 시 세계의 변화 양상

박용철, 정지용 등과 함께 시문학파의 동인으로 활동한 김영랑은 초기에 순수한 언어의 아름다움, 낭만적 감수성, 순수 서정과 탐미의 세계를 보여 주었다. 이때의 대표작으로 「모란이 피기까지는」, 「돌담에 속삭이는 햇살같이」, 「내 마음 아실 이」 등을 들 수 있다. 이후 일제 강점의 억압적 상황이 점점 심해지면서 김영랑은 현실에 대한 부정적 인식을 바탕으로 현실 참여 의식을 보이는 작품들도 발표하게 되는데, 대표적인 작품으로 「독을 차고」, 「거문고」 등이 있다.

■ 김영랑 시에 등장하는 '거문고'의 의미

김영랑은 자신의 작품에서 우리 민족의 비극적 역사를 우리의 전통 악기인 거문고나 가야금을 소재로 하여 형상화하였다. 음악에 대한 관심이 많았으나 부친의 반대에 가로막혀 그 뜻을 접을 수밖에 없었던 시인은 자연스럽게 우리의 전통 악기인 거문고와 가야금을 자신, 더 나아가 우리 민족을 빗댄 사물로 활용한 것이다.

EBS
Q&A

Q 수미상관은 무엇을 말하며 그 효과는 어떻게 될까요? [문항 1 관련]

A 수미상관(首尾相關)은 '수미상응', '수미쌍관' 등으로도 불리며, 문학 작품 중 주로 시의 형태에서 두드러지게 사용되는데, 첫 연과 마지막 연이 동일한 혹은 비슷한 형태를 띠는 형식을 말합니다. 시에서 수미상관의 구조로 시상을 전개할 경우에는 동일한 혹은 비슷한 어구의 반복으로 주제 의식을 강조하며, 운율이 중요시되는 시에서는 '반복에 의한 운율'을 형성합니다. 또한 처음과 끝을 비슷하게 작성하여 작품에 안정감을 부여함과 동시에 여운을 남게 하여 감동을 주는 등 다양한 효과를 낼 수 있습니다.

(나) 귤동리 일박 _ 곽재구

EBS 수능특강 문학 097쪽

감상 포인트 화자는 강진 부근을 지나면서 부정적인 지배층에 항거한 의적들의 창검 소리가 들리는 듯한 느낌을 받는다. 그리고 귤동리라는 마을에서 하룻밤을 묵으면서 지명 수배자의 명단이 기록된 메모 내용에서 다산 정약용을 떠올린다. 화자가 위치한 강진은 정약용이 유배 생활을 한 곳이기도 한데, 메모에 적은 내용은 주막을 지나쳐 갔던 어떤 사람이 적어 놓은 것으로 다산에 대한 긍정적 시선을 바탕에 깔고 있다. 백성들 편에 섰던 목민관이었지만 오히려 탄압을 받았던 그를 통해 양심적 지식인들이 고통을 받는 현실이 오늘날에도 여전히 존재하고 있음을 우회적으로 비판하고 있다.

주 제 다산의 삶을 통해 바라본 부정적 현실 인식

화자의 공간 이동: 강진장 → 도암만
아흐레 강진장 지나 / 장검 같은 도암만 걸어갈 때
　　　　　　　　추상적 대상(마음)을 구체화하여(옷깃을 세운) 표현함.
겨울 바람은 차고 / 옷깃을 세운 마음은 더욱 춥다
계절적 배경으로 겨울을 설정함. 여기서 겨울은 억압적인 현실 상황을 가리키는 것으로 볼 수 있음.
황건 두른 의적 천만이 진을 친 듯
동학 혁명 당시 참여했던 수많은 의병들
바다갈대의 두런거림은 끝이 없고
바다갈대의 모습에서 동학 혁명 당시 민중들의 항쟁을 떠올림.
후두둑 바다오리들이 날아가는 하늘에서
바다오리들이 하늘을 날 때 내는 소리를 들으며 동학 혁명의 전투 장면을 떠올림.
그날의 창검 부딪는 소리 들린다　　　　　　　　　　　▶ 1~8행: 강진장, 도암만을 지나면서 떠오르는 의적들의 행적
바람을 먹으며 이슬을 맞으면서 잠을 잠. 여기서는 다산 정약용의 힘겨웠던 삶을 의미함.
적폐의 땅 풍찬노숙의 길을
오랫동안 쌓이고 쌓인 폐단. 여기서는 민중들이 고통받는 조선의 현실을 말함.
그 역시 맨발로 살 찢기며 걸어왔을까
다산 정약용을 말함.
스러져 가는 국운, 해소 기침을 쿨럭이며

바라본 산천에 찍힌 소금 빛깔의
　　　　풀뿌리와 나무껍질로 연명하는 백성들의 굶주림을 연상하게 함.
허름한 불빛 부릅뜬 눈 초근목피　　　　　　　　　　　▶ 9~13행: 지나간 역사를 상상하며 주막을 향해 걷는 길
　고통스러운 현실에 대한 농민들 혹은 정약용의 분노
어느덧 귤동 삼거리 주막에 이르면

얼굴 탄 주모는 생굴 안주에 막걸리를 내오고
고생스러운 삶을 살아가는 민중을 대변하는 인물
그래 한잔 들게나 다산 / 혼자 중얼거리다 문득 바라본
대화의 형식으로 다산 정약용을 등장시킴.
벽 위에 빛 바랜 지명수배자 전단 하나
부당한 정권에 의해 범죄자로 낙인 찍힌 인물로, 여기서는 양심적 지식인을 가리킴.
가까이 보면 낯익은 얼굴 몇 있을까

나도 모르는 사이에 하나하나 더듬어 가는데

누군가 거기 맨 나중에 / 덧붙여 적은 뜨거운 인적사항 하나　　▶ 14~22행: 귤동리 주막에서 떠올리는 다산
　　　　　　　　고통받는 백성들과 쇠잔해 가는 조선을 위해 치열하게 살아온 정약용의 삶

정다산(丁茶山) 1762년 경기 광주산 / 깡마른 얼굴 날카로운 눈빛을 지님
　　　　　　　　　　　외양에 대한 묘사를 통해 다산의 강직한 성품을 암시함.
전직 암행어사 목민관 / 기민시 애절양 등의 애민을 빙자한

유언비어 날포로 민심을 흉흉케 한　┐부당한 권력자의 시선에서 바라본 다산 정약용의 죄목. 화자의 의도를
　　　　　　　　　　　　　　　　　│고려할 때 반어적 표현으로 볼 수 있음.
자생적 공산주의자 및 천주학 수괴　┘
　　　　　　　　　　　　　　　　　　　▶ 23~28행: 다산에 관해 적은 어떤 사람의 메모

바람은 차고 바람 새에 / 톱날 같은 눈발 섞여 치는데★
<u>계절적 배경(겨울)을 통해 암울한 현실 상황임을 제시함.</u>
일박 사천 원 뜨겁게 군불이 지펴진 / 주막 방에 누워도 잠이 오지 않았다
<u>시대와 현실에 대한 번민 속에서 잠을 이루지 못하는 화자의 모습</u>
사람을 사랑하고 시대를 사랑하고 / 스스로의 양심과 지식을 사랑하여
<u>문풍지에 부딪치는 바람 소리를 양심적 지식인의 신음 소리로 여기고 있음.</u>
끝내는 쇠사슬에 묶이고 찢긴 / 누군가의 신음 소리가 문풍지에 부딪쳤다.
<u>양심적 지식인이 고통받는 상황</u>

★ 문제 해결 키 문항 1 관련

'바람은 차고 바람 새에 / 톱날 같은 눈발 섞여 치는' 것은 겨울의 계절감을 나타냄. 작품의 주제 의식을 고려할 때 겨울이라는 계절은 부당한 권력에 의해 양심적 지식인과 민중들이 고통을 받는 현실을 드러내는데, 이때 겨울이 가진 차가움의 촉각적 이미지가 당대의 암울한 현실을 부각하는 데 효과적으로 활용됨.

▶ 29~36행: 시대를 사랑하고 양심과 지식을 사랑하는 이가 탄압받는 현실에 대한 인식

핵심 개념 이것만은 꼭 익히자

포인트 1 공간의 이동에 따른 시상의 전개 문항 3 관련

강진장	서민들의 삶의 터전이 되는 곳

↓

도암만	불의한 시대에 항거한 동학 혁명을 떠올린 곳

↓

귤동 삼거리 주막	다산 정약용에게 말을 건네는 형식으로 양심적 지식인이 탄압받는 현실에 대한 비판적 인식을 표출한 곳

포인트 2 화자가 바람직하게 인식하는 삶의 모습 문항 4 관련

'사람을 사랑하고 시대를 사랑하고 스스로의 양심과 지식을 사랑하여'

↓

민중을 수탈한 탐관오리들이 횡행했던 조선 후기에 유배당했던 다산 정약용의 모습임과 동시에 부당한 권력자들이 횡포를 부리는 현재를 살고 있는 양심적 지식인의 모습임.

배경지식 더 알아보기

■ 곽재구 시의 특징

시인 곽재구는 토착적인 정서를 바탕으로 대상에 대한 사랑과 그리움의 정서, 인생의 의미, 민중의 삶에 대한 애정을 애상적으로 표현한 작품을 주로 썼는데, 대표작으로 「사평역에서」, 「전장포 아리랑」, 「구두 한 켤레의 시」, 「귤동리 일박」 등이 있다. 그는 첫 시집 『사평역에서』를 통해 현실의 거대한 폭력에 대한 분노와 그 아래서 고통받는 민중들의 삶에 대한 연민과 사랑을 표현했다. 이후 민주화 시대를 거치면서 곽재구의 시는 폭력적인 세계에 대한 분노와 슬픔을 넘어서 인간 본래의 순수성과 사랑을 회복하려는 시도를 보여 주고 있다. 이 작품에서도 시인은 다산 정약용의 삶을 떠올리면서 양심적 지식인이 탄압받는 부당한 현실에 대한 분노와 슬픔을 표출하고 있다.

EBS Q&A

Q 이 작품에 나타난 반어법을 어떻게 이해해야 할까요? 문항 3 관련

A '문항 3'의 선지 4번의 정오 여부를 판단하기 위해서는 해당 구절에 담긴 화자의 의도를 파악해야 합니다. '유언비어 날포로 민심을 흉흉케 한 / 자생적 공산주의자 및 천주학 수괴'라는 구절을 사전적 의미를 중심으로 파악하면 아주 부정적 인물처럼 보일 수 있습니다. 하지만 이는 부당한 권력자의 시선으로 바라본 정약용의 삶이 그렇다는 것이지 화자가 정약용을 그렇게 평가하고 있다는 뜻은 아닐 겁니다. 따라서 이 구절에는 표면적 의미와 내포적 의미가 상반된 반어법이 활용된 것으로 이해할 수 있습니다. 화자는 반어법을 활용하여 다산 정약용의 삶에 대한 긍정적 평가를 부각함과 동시에 그의 삶을, 현재를 살고 있는 양심적 지식인의 삶과 자연스럽게 연결시키는 효과를 내고 있습니다.

07

현대시

(가) 북방에서 – 정현웅에게 _ 백석

감상 포인트 이 작품은 일제 강점기의 암담한 현실에서 유민으로 살아가는 우리 민족의 회한을 형상화하고 있다. 화자는 아주 먼 옛날 우리 민족이 광활한 영토를 떠나 한반도에 정착하던 상황을 떠올리며, 그저 안일하게 현실에 순응하며 살았던 과거 역사를 성찰한다. 그리고 다시 돌아온 북방에서 과거의 영화가 사라진 현실에 허무함과 절망감을 느끼고 있다. 이 작품에서 화자는 우리 민족의 대변자로서, 부끄러웠던 우리의 역사를 회상하며 비참한 처지에 놓인 우리 민족의 현실을 드러내고 있다.

주 제 민족의 역사에 대한 회상과 현실의 부끄러움

우리 민족의 대변자 역할을 하는 존재
아득한 옛날에 나는 떠났다
북방을 떠나 한반도로 왔던 상황을 표현함.
부여(扶餘)를 숙신(肅愼)을 발해(渤海)를 여진(女眞)을 요(遼)를 금(金)을

흥안령(興安嶺)을 음산(陰山)을 아무우르를 숭가리를* ⎤ 북방, 우리 민족의 옛 터전

범과 사슴과 너구리를 배반하고 / 송어와 메기와 개구리를 속이고 나는 떠났다 　▶ 1연: 북방을 떠나온 '나'

과거에 자신이 북방을 떠나온 것에 대한 부정적 인식을 드러냄.

나는 그때 / 자작나무와 이깔나무의 슬퍼하던 것을 기억한다

갈대와 장풍*의 붙드던 말도 잊지 않았다★
자연물들이 '나'가 북방을 떠나는 것을 아쉬워한다고 느낌.
오로촌*이 멧돝*을 잡아 나를 잔치해 보내던 것도

쏠론*이 십릿길을 따라 나와 울던 것도 잊지 않았다 　▶ 2연: 떠나는 '나'를 아쉬워하는 북방의 민족들

★ 문제 해결 키 문항 1 관련
화자가 북방을 떠날 때 자작나무, 이깔나무, 갈대, 장풍과 같은 자연물이 보인 반응을 고려하여 북방을 떠나는 화자의 심리를 짐작해야 함.

★ 문제 해결 키 문항 4 관련
'나'가 북방을 떠날 때의 상황, 북방을 떠나 한반도에 왔을 때의 상황, 다시 북방으로 돌아갔을 때의 상황에 따라 화자가 어떤 태도와 심리를 보였는지 파악해야 이를 통해 표현하려는 당대 우리 민족의 모습을 짐작할 수 있음.

나는 그때 / 아무 이기지 못할 슬픔도 시름도 없이
괴로운 현실을 회피하려는 태도
다만 게을리 먼 앞대*로 떠나 나왔다

그리하여 따사한 햇귀에서 하이얀 옷을 입고 매끄러운 밥을 먹고 단 샘을 마시고 낮잠을 잤다
편안한 삶에 안주하려는 태도
밤에는 먼 개소리에 놀라나고 / 아침에는 지나가는 사람마다에게 절을 하면서도
비겁한 삶의 자세
나는 나의 부끄러움을 알지 못했다 　▶ 3연: 새로운 터전에서의 삶에 순응하며 사는 '나'
과거의 삶에 대한 반성적 자각으로 얻은 결과

그동안 돌비는 깨어지고 많은 은금보화는 땅에 묻히고 가마귀도 긴 족보를 이루었는데
돌로 만든 비석 - 북방에서의 삶에 대한 기록　　　　　　　　　　　　　시간의 경과를 나타냄.
이리하여 또 한 아득한 새 옛날이 비롯하는 때 / 이제는 참으로 이기지 못할 슬픔과 시름에 쫓겨
　　　　　　　　　　　　　　　　　　일제의 탄압으로 한반도에서 살기 어려운 처지에 놓임.
나는 나의 옛 하늘로 땅으로 ― 나의 태반(胎盤)으로 돌아왔으나 　▶ 4연: 시련을 피해 북방으로 돌아온 '나'
우리 민족의 시원인 북방으로 돌아옴.

이미 해는 늙고 달은 파리하고 바람은 미치고 보래구름*만 혼자 넋 없이 떠도는데
　　　　　　　　과거와 달라진 북방을 바라보며 느끼는 허무함을 드러냄.　▶ 5연: 과거의 영화가 사라진 북방의 모습

아, 나의 조상은 형제는 일가친척은 정다운 이웃은 그리운 것은 사랑하는 것은 우러르는 것은 나의 자랑은 나
의 힘은 없다 바람과 물과 세월과 같이 지나가고 없다 　▶ 6연: 자랑과 힘이 허무하게 사라진 '나'의 모습
　　자랑과 힘(삶의 근원)이 사라진 것에 대한 상실감을 드러냄.

* **흥안령을 ~ 숭가리를**: 중국 북부에 위치한 산맥과 강 등을 일컬음.
* **장풍**: 창포. 천남성과의 여러해살이풀로, 뿌리는 약용하고 단오에 창포물을 만들어 머리를 감거나 술을 빚음.
* **오로촌**: 오로촌족. 중국의 동북 지방에 거주하는 소수 민족의 하나.   * **멧돝**: 멧돼지.
* **쏠론**: 솔론족. 중국의 동북 지방에 거주하는 소수 민족의 하나.
* **앞대**: 평북 내지 평안도를 벗어난 남쪽 지방. 황해도·강원도에서부터 제주도까지에 이르는 각지.   * **보래구름**: 보랏빛 구름.

핵심 개념
이것만은 꼭 익히자

포인트 ① 시상의 전개 **문항 4 관련**

북방을 떠났다 돌아온 화자가 자신의 과거를 회상한 후 현재의 모습을 성찰하는 방식으로 시상을 전개하고 있다.

과거		현재
1~2연	3연	4~6연
북방을 떠나던 상황	한반도에서 터전을 잡던 상황	다시 북방으로 돌아온 상황
↓	↓	↓
어쩔 수 없이 북방을 떠나야 하는 상황을 안타까워함.	현실에 안주하며 비겁하게 살면서도 부끄러움을 느끼지 못했다고 평가함.	과거의 영화가 사라진 북방의 모습을 보며 허무함과 절망감을 느낌.

포인트 ② 시어와 시구의 상징적 의미 **문항 2, 4 관련**

부여 ~ 숭가리	중국 북부에 위치한 국가, 지명 등으로 우리 민족의 옛 터전을 이름.
따사한 ~ 낮잠을 잤다	이주한 한반도에서 현실에 안주하며 살았던 상황을 표현함.
밤에는 ~ 절을 하면서도	부정적인 현실의 삶에 비겁하게 동조하며 살았던 상황을 표현함.
돌비는 ~ 이루었는데	다시 북방으로 돌아올 때까지 오랜 시간이 걸렸음을 의미함.
이미 해는 ~ 떠도는데	과거의 영화가 사라진 허무한 북방의 모습을 비유적으로 표현함.
나의 조상은 ~ 없다	유랑의 세월 동안, 사랑하는 것과 과거의 영화가 사라진 상황을 표현함.

배경지식 더 알아보기

■ **작품에서의 '나'의 의미**

이 작품은 작가가 만주의 신경으로 이주했을 때 창작한 작품으로, 한민족의 역사 전개를 웅혼한 역사적 상상력을 바탕으로 재구성한 작품으로 평가받는다. 특히 1연에 나오는 국가명과 지명은 이곳에 터전을 잡고 살았던 우리 민족을 상기하게 한다. 따라서 북방을 떠나 유랑하는 '나'는 백석 개인이 아니라 한민족 전체를 상징한다고 할 수 있다. 따라서 이 작품은 일제로 인해 삶의 근원을 빼앗기고 비참하게 살아가는 한민족의 한 구성원이 표현한 처절한 자기반성인 것이다.

EBS Q&A

Q 현대시 세트는 어떻게 구성하나요? **문항 4 관련**

A 현대시 세트는 대개 두 작품으로 구성되는데, 화자의 정서나 처지, 공간과 소재, 시상 전개 방식, 표현 방식이 유사하거나 관련성이 높은 작품들을 엮어서 제시합니다. 시상 전개 방식, 표현상 특징은 첫 번째 문항에 주로 출제되고, 화자의 정서나 처지, 공간과 소재 등은 〈보기〉를 활용하여 출제합니다. 〈보기〉는 두 작품을 엮어 감상하는 근거를 제시하므로, 현대시 세트 문항들을 풀 때에는 〈보기〉를 먼저 읽고 작품을 감상해야 작품을 정확히 분석할 수 있습니다. 대개 두 작품을 구성할 때에는 창작 시기도 고려하는데, (가)는 해방 이전, (나)는 해방 이후의 작품으로 구성하는 경우가 많습니다.

07 (나) 나비와 철조망 _ 박봉우

감상 포인트 이 작품은 '나비'와 '철조망'이라는 상징적 소재를 활용하여 우리 민족이 겪고 있는 아픔을 그리고 있다. '나비'는 분단의 현실로 고통받으면서도 통일과 평화의 꿈을 버리지 못한 우리 민족을 상징하고, '철조망'은 분단된 우리 민족의 현실을 상징한다. 이 작품은 대립되는 성격의 시어들을 바탕으로 분단의 현실을 비판하고 화해와 통일에 대한 염원을 노래하고 있다.

주 제 민족 분단의 아픔과 통일에 대한 열망

지금 저기 보이는 <u>시푸런 강과 또 산</u>을 넘어야 진종일을 별일 없이 보낸 것이 된다. 서녘 하늘은 장밋빛 무늬
　　　　　　　극복해야 할 대상　　　　　　　　　　　　　　　　　　　　　　　　　　　　　　붉은 노을 속의 해
로 타는 큰 눈의 창을 열어…… 지친 날개를 바라보며 서로 가슴 타는 그러한 거리(距離)에 숨이 흐르고.
　　　　　　　　　　　　　　　　　　　　　　　　　　　　　　▶ 1연: 해 질 무렵 지친 날개로 날고 있는 나비

　　　　　　　　　　　　　　　　　　　　　　　분단 현실을 극복하기 위한 노력의 흔적
<u>모진 바람</u>이 분다. / 그런 속에서 피비린내 나게 싸우는 <u>나비</u> 한 마리의 생채기. <u>첫 고향의 꽃밭</u>에 마즈막까지
고난과 시련　　　　　　　　　　분단의 상처를 안고 살아가는 우리 민족　　나비가 지향하는 곳, 과거에 사랑과 평화가 넘쳤던 우리 민족의 삶의 터전
의지하려는 강렬한 바라움의 향기였다.　　　　　　　　　　　　　　　　　　　　　　　　　▶ 2연: 꽃밭을 바라며 날고 있는, 상처 입은 나비
　　　　　　바람, 소망

앞으로도 저 강을 건너 산을 넘으려면★ 몇 '마일'은 더 날아야 한다. 이미 「날개는 피에 젖을 대로 젖고 시린
　　　　　　　　　　　　　나비가 도달해야 할 곳까지의 거리　　　　　　　　　　　「 」: 분단 현실을 극복하는 과정에서 입은 상처
바람이 자꾸 불어 간다 목이 빠싹 말라 버리고 숨결이 가쁜,★ <u>여기는 아직도 싸늘한 적지</u>.
　　　　　　　　　　　　　　　　　　　　아직도 남북 대립의 긴장 상황이 지속되고 있음.　▶ 3연: 적지를 고통스럽게 날고 있는 나비

<u>벽, 벽</u>…… 처음으로 나비는 벽이 무엇인가를 알며 피로 적신 날개를 가지고도 날아야만 했다. 바람은 다시 분
분단 극복의 장애물
다 얼마쯤 날으면 아방(我方)*의 따시하고 슬픈 철조망 속에 안길,　　　　　　　▶ 4연: 벽의 존재를 알면서도 계속 날고 있는 나비
　　　　　　　　　　　　　　　분단된 현실을 상징함.

　　　　　　　　　　　꽃밭에 이르겠다는 의지의 표현
이런 마즈막 '꽃밭'을 그리며 숨은 아직 끝나지 않았다 <u>어설픈 표시의 벽</u>.★ <u>기(旗)</u>여……
나비가 도달하려는 곳, 화해와 통일의 세계　　　　벽이 언젠가는 무너질 수 있는 존재임을 나타냄.　▶ 5연: 꽃밭을 그리며 날고 있는 나비

*아방: 우리 쪽.

★ 문제 해결 키 문항 3 관련

작품 전체는 화자가 관찰한 나비의 모습을 표현하고 있지만, 마치 소설의 전지적 시점처럼 나비의 생각이나 감정도 드러나 있음. 따라서 나비가 자신의 처지나 상황에 대해 어떤 태도나 느낌을 지니고 있는지 살피며 감상해야 함.

핵심 개념 이것만은 꼭 익히자

포인트 1 시어의 상징적 의미 문항 4 관련

남북 분단의 현실을 살아가는 우리 민족을 상징하는 '나비'와 남북 분단의 현실을 상징하는 '철조망', 그리고 나비가 지향하는 세상인 '꽃밭'을 통해 남북 분단의 고통과 통일에 대한 열망을 표현하고 있다.

나비		철조망		꽃밭
분단의 고통을 받으며 살아가는 우리 민족	→	남북 분단의 냉혹한 현실	→	분단을 극복한 미래의 세상

포인트 2 '나비'의 시점 문항 3, 4 관련

이 작품에서 '나비'는 화자가 관찰하고 있는 시적 대상이지만, 1, 3, 5연에서는 나비의 입장이 직접 드러나 있다. 1연의 '지금 저기 보이는'은 '시퍼런 강과 또 산'을 보고 있는 주체가 나비임을 드러낸다. 또 3연의 '앞으로도 저 강을 건너 산을 넘으려면', '목이 빠싹 말라 버리고 숨결이 가쁜'도 나비의 시점으로 표현한 부분이다. 5연에서 '어설픈 표시의 벽'의 '어설픈' 역시 나비의 생각을 나타낸 것으로 볼 수 있다. 이처럼 나비가 보고 생각하고 느낀 것을 직접 드러낸 것은 나비로 상징되는 우리 민족의 정서나 태도를 분명히 전달하기 위한 작가의 창작 의도가 반영된 것으로 볼 수 있다.

(가) 화체개현(花體開顯) _ 조지훈

EBS 수능특강 **문학 105쪽**

감상 포인트

이 작품은 석류꽃 개화의 순간에 화자가 느끼는 감동을 표현하고 있다. 화자는 짧은 여름밤이 사라지는 순간 섬돌 위에 석류꽃이 터지는 장면을 목격하고 이를 새로운 우주가 열리는 파동으로 인식한다. 그리고 '방안' 가득히 석류꽃이 물들어 오며 석류꽃 안에 화자 자신이 들어가 앉는다고 하면서 석류꽃이 개화하는 순간에 느끼는 감동을 '아무것도 생각할 수가 없다'고 말하고 있다. 한편 이 작품은 새벽 동이 트면서 햇살이 섬돌 위로 올라와 '방안'으로 물들어 오는 상황을 석류꽃의 개화를 빌려 나타낸 작품으로 해석하기도 한다.

주 제 생명 탄생 순간의 감동

실눈을 뜨고 벽에 기대인다 아무것도 생각할 수가 없다★

> ★ **문제 해결 키 문항 1 관련**
> 1연과 4연에 동일한 시구(아무것도 생각할 수가 없다)가 제시되어 있는데, 이를 통해 화자가 느끼는 감동이 부각됨.

▶ 1연: 무념무상과 몰아의 경지

짧은 여름밤은 촛불 한 자루도 못다 녹인 채 사라지기 때문에 <u>섬돌 우에 문득 석류꽃이 터진다</u>

석류꽃이 개화한 모습. 석류꽃의 개화를 햇살이 떠오른 것을 빗댄 표현으로 보기도 함.

▶ 2연: 섬돌 위에 터지는 석류꽃

<u>꽃망울 속에 새로운 우주가 열리는 파동!</u> 아 여기 태고(太古)적 바다의 소리 없는 물보래가 꽃잎을 적신다

석류꽃의 꽃망울이 터진 것을 새로운 우주가 열리는 것으로 인식함.　▶ 3연: 새로운 우주가 열리는 것으로 인식하는 석류꽃의 개화

화자와 자연(석류꽃)이 하나가 되는 신비로운 체험

방안 하나 가득 석류꽃이 물들어 온다 내가 석류꽃 속으로 들어가 앉는다 아무것도 생각할 수가 없다★

개화에 따른 감동으로 인해 석류꽃의 이미지가 방 안을 가득 채우고 있다고 느낌.　생명 탄생의 순간에 느낀 감격과 경이로움으로 인해 아무 생각을 할 수 없다고 말함.

▶ 4연: 석류꽃의 개화에서 느끼는 감동

핵심 개념 이것만은 꼭 익히자

포인트 ❶　**시간에 따른 시상의 전개 문항 2 관련**

밤		아침
짧은 여름밤은 촛불 한 자루도 못다 녹인 채 사라짐.	→	석류꽃이 피어나는 순간을 목격하고 감동에 겨워함.

→ 화자는 생명 탄생의 신비를 느끼며 자연과 합일된 경지에 이르게 됨.

포인트 ❷　**표현상의 특징 문항 1 관련**

'짧은 여름밤'	계절감이 드러나는 시구가 사용됨.
'석류꽃'과 '바다'	색채 이미지의 대비(붉은색과 푸른색)를 이루는 소재임.
'아무것도 생각할 수가 없다'	1연과 4연에 동일한 시구가 사용되어 시적 의미를 부각함.

배경지식 더 알아보기

■ 꽃의 개화를 통해 깨닫게 되는 생명과 우주의 근원

시인은 꽃의 개화를 '새로운 우주가 열리는 파동'과 '태고의 바다 물보라'로 인식한다. 이는 한 송이 꽃이 피어나는 것을 보며 우주의 새로운 질서를 파악한 것으로 꽃의 개화를 통해 생명과 우주의 근원을 깨달았기 때문에 이러한 인식이 가능한 것이다. 석류꽃의 개화를 보면 화자는 자신이 그 안에 들어앉게 된다고 말하고 있다. 그리고 아무것도 생각할 수 없다고 말하는데, 이는 꽃 속에서 화자 자신을 잃어버리는 몰아(沒我)의 경지에 도달함으로써 꽃뿐만 아니라 나 자신을 잊게 되는 것을 의미한다. 이처럼 개화는 단순한 자연 현상이 아니라 깨달음의 완성이기에 화자는 자연과 자신이 하나가 되는 것을 느낀 것이다.

08 (나) 누에 _ 최승호

EBS 수능특강 **문학 105쪽**

감상 포인트 이 작품은 누에가 고치를 뚫고 나와 나비가 되어 하늘로 날아가기까지의 과정을 형상화하고 있다. 누에는 스스로 고치로 들어가 번데기의 시간을 거치며 날개를 얻을 날을 꿈꾼다. 고치의 벽이 뚫리고 누에가 나비가 되어 하늘을 날게 되는 것은 외부의 조력자에 의해 이루어지는 것이 아니라 날개를 얻고자 하는 누에의 꿈과 고치의 벽을 뚫고자 하는 누에의 의지에 의해 이루어지는 것임을 강조하고 있다.

주 제 누에고치의 벽을 뚫고 나비가 되고자 하는 누에의 노력

> 누에가 스스로 고치가 되는 것을 '자승자박(자신이 만든 줄로 제 몸을 스스로 묶는다는 뜻)'이라고 표현함.
>
> **누에들은 은수자(隱修者)*다.** 자승자박의 흰 동굴로 들어가 문을 닫고 조용히 몸을 감춘다. 혼자 웅크린 번데
>   누에의 고치를 빗댄 표현. 색채 이미지가 두드러지게 나타남.   누에가 번데기를 거쳐 나비가 되는 것
> 기의 시간에 존재의 변모는 시작된다. 세포들이 다시 배열되고 없었던 날개가 창조된다. 이 신비로운 변모가
>   번데기가 나비가 되는 과정   누에의 고치
> 꿈의 힘 없이 가능했을까. | 어느 날 해맑은 아침의 얼굴이 동굴을 열고 나온다. 회저(壞疽)*처럼 고통스러웠던
> 나비가 되겠다는 꿈   나비가 되려는 누에의 꿈   번데기가 고치 밖으로 쉽게 나올 수 있도록 도와주는 존재를 가리킴.
> 연금술의 긴 밤을 지나 비로소 하늘 백성의 날갯짓이 시작되는 것이다. | 밖에서 구멍을 뚫어주는 누에의 왕은 없
>   하늘을 날아다닐 수 있는 존재인 나비를 가리킴.   고통을 극복하며 얻은 날개
> 다. 누에들은 언제나 자신들이 벽을 뚫어야 하며 안쪽에서 뚫어야 한다는 것을 잘 알고 있다.
>   스스로의 힘으로 존재의 변모를 완성   └ 외부의 도움이 아닌 스스로의 힘에 의해   ▶ 스스로의 힘으로 나비가 된 누에
>   해야 함을 나타냄.   서만 나비가 될 수 있다는 것을 나타냄.
>
> * 은수자: 숨어서 도를 닦는 사람.
> * 회저: '괴저'의 비표준어로, 살점이 문드러져 떨어져 나가는 병을 일컬음.   번데기의 상태에 있던 누에가 나비가 되는 것은 그만큼
>   고통스러운 과정을 수반했을 것이라는 인식을 표출함.

핵심 개념 이것만은 꼭 익히자

포인트 1 '누에'의 변모 과정에 따른 시상의 전개

문항 3 관련

| 누에 | → | 번데기 | → | 나비 |

누에의 변모 과정에 따라 시상을 전개하는 이 작품에서 누에는 지상의 존재를, 번데기는 동굴 속의 존재를, 나비는 하늘의 존재를 나타낸다.

포인트 2 '이 신비로운 변모가 꿈의 힘 없이 가능했을까'의 의미 **문항 1 관련**

- '신비로운 변모'는 누에가 번데기를 거쳐 나비가 되는 과정을 말함.
- '꿈의 힘'은 나비가 되겠다는 꿈이 존재의 변모를 가져오는 원동력으로 작용하였음을 말함.
- 의문형 진술을 통해 화자가 말하고자 하는 바를 강조하는 설의적 표현에 해당함.

EBS Q&A

Q 공간의 의미를 묻는 문제는 어떻게 해결해야 할까요? **문항 2 관련**

A 공간은 주로 배경으로 인식되며 특히 소설을 비롯한 산문 문학에서 중요한 기능을 하는 경우가 많습니다. 하지만 운문 문학에서도 공간이 작품 이해나 감상에 있어 중요한 기능을 하는 경우가 많은데, 이 작품에서 '흰 동굴' 역시 그러한 관점에서 살펴볼 수 있습니다. '흰 동굴'은 누에가 존재의 변모를 이루기위해 회저와 같은 고통을 감내하는 공간이자 하늘 백성이 날갯짓을 꿈꾸는 공간으로 그려져 있습니다. 이를 통해 화자는 누에가 나비가 되는 것은 자신의 앞날에 대한 꿈을 근본적인 동력으로 삼아 자신에게 주어진 고독과 엄청난 고통을 감내함으로써 이루어지는 것이라는 인식을 드러내고 있습니다.

감상 포인트 이 작품은 꽃이 지는 자연의 변화와, 사랑하는 이와 헤어지는 인간사를 중첩하여 이별의 아픔을 이겨 내고 이루게 되는 성숙에 관해 노래한 시이다. 꽃이 지고 나면 녹음이 무성해지고 열매도 맺히게 되는, 순환하는 자연의 섭리처럼 사랑이 끝났을 때 미련 없이 떠나는 이별 또한 영혼의 성숙을 가져다주는 것이라는 생각이 드러나 있다.

주 제 이별을 인내하는 데에서 오는 성숙

「가야 할 때가 언제인가를
① 꽃이 질 때 ② 이별을 수용해야 하는 때
분명히 알고 가는 이의」
「 」: ① 져야 할 때 지는 꽃 ② 헤어져야 할 때 이별을 수용하는 사람
뒷모습은 얼마나 아름다운가.
이치에 순응하는 태도에 대한 예찬. 설의법
▶ 1연: 때를 아는 이별의 아름다움

봄 한철 / 격정을 인내한

나의 사랑은 지고 있다. ▶ 2연: 자신에게 닥친 이별의 순간
① 낙화 ② 사랑하는 이와의 결별

분분한 낙화……
여럿이 한데 뒤섞여 어수선한
결별이 이룩하는 축복에 싸여
이별로 인한 성숙을 환기하는 역설적 표현
지금은 가야 할 때, ▶ 3연: 결별이 주는 축복
이별을 순리로 받아들이는 태도

무성한 녹음(綠陰)과 그리고 ┐
│
머지않아 「열매 맺는   ├ 계절 순환의 섭리
「 」: 성숙의 시기   │
가을을 향하여 ┘

나의 청춘은 꽃답게 죽는다. ▶ 4, 5연: 성숙을 위한 희생
성숙을 위해 희생을 감내하는 태도

헤어지자

섬세한 손길을 흔들며
① 꽃이 지는 모습 ② 이별하는 이의 모습
하롱하롱 꽃잎이 지는 어느 날 ▶ 6연: 아름다운 이별의 순간
작고 가벼운 물체가 떨어지면서 잇따라 흔들리는 모양. 음성 상징어

나의 사랑, 나의 결별,

샘터에 물 고이듯 성숙하는
성숙의 점진성과 필연성을 표현한 직유
내 영혼의 슬픈 눈. ★ ▶ 7연: 영혼의 성숙

> **★ 문제 해결 키 문항 2 관련**
> '내 영혼의 슬픈 눈'은 성숙이 고통 속에서 이루어지는 것임을 나타냄.

핵심 개념 이것만은 꼭 익히자

 포인트 ① **주제의 형상화 방법 문항 3 관련**

져야 할 때 지는 꽃		헤어져야 할 때 이별을 수용함.
↓	순환적 리듬을 바탕으로 자연사와 인간사를 중첩함.	↓
가을에 열매를 맺음.		고통의 결과로 영혼이 성숙함.

표현상 특징과 그 효과 문항 1, 3 관련

~ 뒷모습은 얼마나 아름다운가.	설의법을 통해 이별을 수용하는 태도에 대한 긍정적 평가를 부각함.
결별이 이룩하는 축복	역설적 표현을 통해 성숙을 가져다주는 결별의 가치를 강조함.
하롱하롱	음성 상징어를 활용하여 꽃이 지는 모습을 묘사함.
샘터에 물 고이듯	직유를 통해 성숙의 과정이 지닌 속성을 표현함.

■ 작품에 대한 또 다른 해석 읽어 두기

2014학년도 수능 국어 A형에는 「낙화」에 관해 다음과 같은 해석을 〈보기〉로 제시한 문제가 출제되었다.

> 「낙화」는 인간사의 이별을 꽃의 떨어짐에 비유함으로써 청춘기 자아의 성장 과정을 상징적으로 보여 준다. 자아는 세계와의 관계 속에서 성장의 가능성을 발견한다. 이 과정에서 자아는 시련에 부딪혀 자신이 갖고 있던 정체성의 변화를 겪게 되고, 그러한 변화를 인정하고 수용하면서 새로운 자아상을 확립해 나가게 된다.

이별을 수용하고 고통을 인내하며 영혼이 성숙하게 된다는 것을, '시련에 부딪'히면서 '정체성의 변화'를 '인정하고 수용'하는 과정을 거쳐 '새로운 자아상을 확립'하는 '청춘기 자아의 성장 과정'으로 설명한 것이다. 이런 어구들을 기반으로 작품을 감상하고 해석하면 다음과 같은 반응들이 도출될 수 있을 것이다.

▶ 제1연과 제3연의 '가야 할 때'는 이전과는 달라진 상황을 인식한 때라는 점에서, 새로운 자아의 모습을 찾게 되는 계기라고 할 수 있군.

▶ 제3연의 '결별이 이룩하는 축복에 싸여'는 이별의 결과에 대한 긍정적인 의미를 담고 있다는 점에서, 변화의 수용이 자아 성장의 과정으로 이어질 수 있음을 보여 준다고 할 수 있군.

▶ 제6연의 '헤어지자 / 섬세한 손길을 흔들며'는 이별을 수용하는 모습을 표현하고 있다는 점에서, 세계와의 관계가 변화되었음을 인정하려는 자아의 태도를 보여 준다고 할 수 있군.

▶ 제7연의 '내 영혼의 슬픈 눈'은 화자가 자신을 성찰하고 있음을 보여 준다는 점에서, 시련을 통해 새로워지는 자아상을 확립해 나가는 것임을 알 수 있군.

■ 낙화(落花)를 소재로 한 다른 시 엮어 읽기

> 꽃이 지기로소니
> 바람을 탓하랴.
>
> 주렴 밖에 성긴 별이
> 하나둘 스러지고
>
> 귀촉도 울음 뒤에
> 머언 산이 다가서다.
>
> 촛불을 꺼야 하리
> 꽃이 지는데
>
> 꽃 지는 그림자
> 뜰에 어리어
>
> 하이얀 미닫이가
> 우련 붉어라.
>
> 묻혀서 사는 이의
> 고운 마음을
>
> 아는 이 있을까
> 저어하노니
>
> 꽃이 지는 아침은
> 울고 싶어라.
>
> – 조지훈, 「낙화」

→ 조지훈의 「낙화」는 세상을 피해 은둔하며 살아가는 화자가 떨어지는 꽃을 바라보면서 느끼는 감정을 노래한 시이다. 동틀 무렵 화자가 바라보는 미닫이창에 은은히 붉게 비치는 꽃의 그림자, 그 꽃이 떨어지며 드러내는 은은한 붉은빛은 은둔한 화자 자신의 서글픔이 담겨 있는 빛깔이라고 할 수 있다. 그리고 화자는 자신의 내면 상태로 시선을 돌려, 세상을 피해 살아가는 삶에 대한 무상감을 토로한다.

이별을 인내하는 데에서 오는 성숙을 낙화에 빗대어 표현한 이형기의 「낙화」와 달리 이 작품은 낙화에서 느끼는 삶의 비애를 노래하고 있지만, 두 작품 모두 화자가 꽃이 지는 것을 자연의 섭리로 인식한다는 점은 유사하다고 할 수 있다.

09
현대시

(나) 과목 _ 박성룡

EBS 수능특강 **문학 107쪽**

감상 포인트

이 작품은 소멸과 조락의 계절인 가을에 과목을 보며 얻은 깨달음을 노래한 시이다. 화자는 과일나무에 과일이 열려 있는 평범한 모습을 일종의 '사태'로 표현하고, 그것을 본 자신이 '경악'한다고 함으로써 자연의 변화에 대한 경이로움을 강조하고 있다. 또한 섭리에 대해 자신이 새삼스러운 깨달음을 얻게 된 상황을 '시력을 회복한다'는 표현으로 부각하고 있다.

주 제

자연의 변화에 깃든 섭리에 대한 경이로움과 깨달음

과목에 과물(果物)들이 무르익어 있는 사태★처럼
나를 경악★케 하는 것은 없다.

뿌리는 박질(薄質)* 붉은 황토에
가지들은 한낱 비바람들 속에 뻗어 출렁거렸으나

모든 것이 멸렬(滅裂)*하는 가을을 가려 그는 홀로
황홀한 빛깔과 무게의 은총을 지니게 되는

과목에 과물(果物)들이 무르익어 있는 사태처럼

나를 경악케 하는 것은 없다.★

— 흔히 시를 잃고 저무는 한 해, 그 가을에도
나는 이 과목의 기적 앞에 시력(視力)을 회복한다.

★ 문제 해결 키 문항 3 관련
'사태', '경악'이라는 시어의 사용은 부정적 사건에 대한 화자의 경험과 관련된 것이 아니라 상황과 정서를 강조하기 위한 것임.

▶ 1연: 과물을 매단 과목으로부터 느끼는 경이로움

▶ 2연: 과목이 겪은 시련

▶ 3연: 가을에 과목이 누리는 은총

★ 문제 해결 키 문항 1 관련
4연은 1연을 반복하여 자연의 변화에 대한 경이로움을 강조함.

▶ 4연: 과물을 매단 과목으로부터 느끼는 경이로움

▶ 5연: 삶에 대해 얻는 새로운 깨달음

* 박질: '메마른 성질'이라는 의미로 시인이 새로 만든 말.
* 멸렬: 찢기고 흩어져 완전히 형태를 잃음.

핵심 개념 이것만은 꼭 익히자

 포인트 1 시어의 의미와 기능 문항 3 관련

과일나무에 과일이 열리고 익어 가는 일상적이고 평범한 현상 → '과목'에 '과물'이 무르익는 '사태'

↓ … 화자의 반응

'경악' (소스라치게 깜짝 놀람.)

다소 과장된 한자어의 사용으로 자연의 변화에 깃든 섭리에 대한 화자의 새삼스러운 인식과 정서적 반응을 강조함.

112 수능특강 사용설명서 **문학**

유추를 통한 주제 형상화 문항 2, 3 관련

자연	→	인간사
과목이 '박질'인 토양에 뿌리를 박고 '비바람들'에 가지가 출렁거리는 부정적 조건을 이겨 냄.		시련과 고난에 좌절하지 않고 허무와 절망에 빠지지 않는 인간의 태도
과목이 '모든 것이 멸렬하는' 부정적 변화에도 '황홀한 빛깔과 무게의 은총'을 지님.		내적인 성장과 결실에 대한 기대
⋮		⋮
'과목의 기적'		'시력을 회복'

포인트 3 **표현상의 특징** 문항 1 관련

'과목에 과물들이 무르익어 있는 사태처럼 / 나를 경악케 하는 것은 없다.'라는 문장 반복	→ 화자가 느끼는 경이로움을 강조함.
'붉은'이라는 색채어 사용	→ '박질의 황토'가 지닌 속성을 표현함.
'과물'을 '황홀한 빛깔과 무게의 은총'에 빗댄 비유	→ 생장이나 성숙 같은 자연의 변화가 절대자의 섭리와 관련된다는 인식을 환기함.

■ 엮어 읽어 볼 만한 작품

> 유자(柚子)에 유자가 열리고 귤나무에는 귤이 열리는 이 지순(至順)한 길은 바다로 기울었다.
>
> 길에는 자갈이 빛났다. 건조한 가을길에 가뿐한 나의 신발(겨우 무거운 젊음의 젖은 구두를 벗은……) 길은 바다로 기울고 발바닥에 느껴지는 이 신비스러운 경사감(傾斜感).
>
> 겨우 시야(視野)가 열리는 남색(藍色), 심오한, 잔잔한 세계, 하늘과 맞닿을 즈음에 이 신비스러운 수평(水平)의 거리감(距離感).
>
> 유자(柚子)에 유자가 열리고, 귤나무에는 귤이 열리는 이 당연한 길은 바다로 기울고, 가뿐한 나의 신발.
>
> 나의 뒤통수에는 해가 저물고, 설레는 구름과 바람. 저녁 햇살 속에 자갈이 빛나는 길은 바다로 기울고, 나의 발바닥에 이 신비스러운 경사감. 오오 기우는 세계여.
>
> — 박목월, 「경사(傾斜)」

→ 나이가 점점 들어 노년을 향해 가는 것에 관해 느끼는 감정을, 바다를 향한 내리막길을 걷는 상황과 중첩하여 형상화한 작품이다. 유자나무에 유자가 열리고 귤나무에는 귤이 열리는 것이 '당연한' 이치인 것처럼 사람이 나이가 들고 점차 죽음에 가까이 간다는 것도 자연스러운 일임을 환기하면서, 내리막길로 향하는 경사감, 즉 '기우는 세계'에 대한 느낌을 '신비스러운' 것으로 표현함으로써 긍정적인 정서를 드러내었다.
과일나무를 소재로 자연의 섭리에 대한 긍정적인 인식을 드러낸 점, 색채어의 사용으로 이미지를 형성한 점, 시구의 반복을 통해 의미를 강조한 점 등을 공통점으로 삼아 「과목」(박성룡)과 엮어 읽어 볼 만한 작품이다.

10 (가) 산 _ 김광섭

감상 포인트 이 작품은 '산'에 인격을 부여하여 산이 지니고 있는 다양한 속성을 드러내고 있다. 작품에서 산은 배려심이 깊고, 포용력이 있으며, 너그럽고 신성한 특성을 지니고 있는 존재로 형상화되고 있는데, 이는 인간이 지녀야 할 바람직한 덕성을 보여 주는 것이다. 이 작품에서는 산을 경외의 대상으로서뿐만 아니라 인간적인 면모를 지닌 대상으로 표현함으로써 산에 대한 새로운 관점을 제시하고 있다.

주 제 산을 통해 배우는 바람직한 삶의 모습

이상하게도 내가 사는 데서는
　　　　　　　　인간 세상
새벽녘이면 산들이 / 학처럼 날개를 쭉 펴고 날아와서는
　　　　　　새벽녘에 산그림자가 드리워지는 상황
종일토록 먹도 않고 말도 않고 엎댔다가는
　　　　인간 세상을 감싸는 산그림자, 의인법
「해 질 무렵이면 기러기처럼 날아서
「 」: 해가 지자 산그림자가 사라지는 상황
틀만 남겨 놓고 먼 산속으로 **간다**」

시간의 경과에 따라 산그림자의 변화를 학이나
기러기의 이동에 빗대어 시각적으로 표현함.

　　　　　　　▶ 1연: 늘 인간 세상과 함께하는 산의 모습

▨▨▨ : 'ㅡㄴ다'의 반복 → 운율 형성

산은 날아도 새둥이나 꽃잎 하나 다치지 않고
　　　　　새 둥지
짐승들의 굴속에서도 / 흙 한 줌 돌 한 개 들썩거리지 않는다
　　　　　　　　　　　　　　　들썩거리지
새나 벌레나 짐승들이 놀랄까 봐

지구처럼 부동의 자세로 떠 **간다**

그럴 때면 새나 짐승들은 / 기분 좋게 엎대서

사람처럼 날아가는 꿈을 **꾼다**

배려심이 많은 산의 모습

　　　　　　　▶ 2연: 모든 생명을 배려하는 산의 모습

> **★ 문제 해결 키 문항 2, 3 관련**
> 이 작품에서 산은 단순한 자연 공간이 아니라 인간이 지녀야 할 바람직한 덕성을 지닌 존재로 그려지고 있음. 따라서 작품에 형상화된 산의 모습에서 인간이 본받아야 할 다양한 덕성을 파악하며 감상해야 함.

산이 날 것을 미리 알고 사람들이 달아나면

언제나 사람보다 앞서 가다가도

고달프면 쉬란 듯이 정답게 서서

사람이 오기를 기다려 같이 **간다**

힘든 처지의 인간에게
안식을 제공하는 산

산은 양지바른 쪽에 사람을 묻고
　　죽은 후 인간이 묻힐 장소를 제공하는 산
높은 꼭대기에 신을 **뫼신다**
　　　　　　신성한 존재인 산

　　　　　　　▶ 3연: 인간과 함께하려는 산의 모습

산은 사람들과 친하고 싶어서

기슭을 끌고 마을에 들어오다가도

사람 사는 꼴이 어수선하면
　　　혼탁한 인간 세상(세속화된 공간)
달팽이처럼 대가리를 들고 슬슬 기어서

도로 험한 봉우리로 **올라간다**
　　세속적인 인간 세상을 거부하는 산

　　　　　　　▶ 4연: 세속적 가치를 거부하는 산의 모습

산은 나무를 기르는 법으로
생명을 기르는 방법
벼랑에 오르지 못하는 법으로 / 사람을 **다스린다**
겸손함을 기르는 방법   사람에게 삶의 깨달음을 줌.
▶ 5연: 인간들에게 가르침을 주는 산의 모습

산은 울적하면 솟아서 봉우리가 되고
물소리를 듣고 싶으면 내려와 깊은 계곡이 **된다**
상승('솟아서')과 하강('내려와') 이미지의
대립을 통해 산의 속성을 드러냄.

산은 한 번 신경질을 되게 내야만
산이 지닌 인간적 면모를 드러냄.
고산(高山)도 되고 명산(名山)도 **된다**
성숙한 존재가 됨.
▶ 6, 7연: 인간적 감정과 속성을 지닌 산의 모습

산은 언제나 기슭에 봄이 먼저 오지만
조금만 올라가면 여름이 머물고 있어서
고도에 따라 다른 모습을 보이는 산
한 기슭인데 두 계절을
사이좋게 지니고 **산다**
두 계절이 공존하는 모습을 통해 산의 포용력을 드러냄.
▶ 8연: 포용력을 지니고 있는 산의 모습

핵심 개념 이것만은 꼭 익히자

포인트 1 '산'이 지닌 다양한 특성 [문항 2, 3 관련]

새나 벌레나 ~ 자세로 떠 간다	배려심이 깊음.
고달프면 쉬란 듯이 ~ 같이 간다	다정다감하고 자애로움.
산은 양지바른 쪽에 ~ 뫼신다	너그럽고 신성함.
사람 사는 꼴이 ~ 올라간다	세속적 가치를 거부함.
한 기슭인데 ~ 산다	포용력이 있음.

↓

'산'을 통해 인간이 지녀야 할 바람직한
삶의 모습을 형상화하고 있음.

포인트 2 표현상의 특징 [문항 1 관련]

- 산의 다양한 면모를 나열하는 방식으로 시상을 전개함.
- 의인법을 활용하여 산에 대한 친근감을 드러내고, 활유법을 활용하여 산의 변화를 생동감 있게 표현함.
- '산은 ~ -ㄴ다'의 문장 구조를 반복하여 운율을 형성함.
- 시각적 이미지를 활용하여 산의 모습을 생생하게 묘사함.

■ '산'을 바라보는 화자의 태도

이 작품의 화자는 '산'에서 상반된 면모를 발견한다. 산은 인간의 죽음을 받아 주고 인간에게 삶을 가르쳐 주는 너그럽고 신성한 면모를 지니는 동시에, 인간처럼 울적해하기도 하고 신경질도 내는 인간적 면모도 지니고 있다. 이를 통해 화자가 산을 경외의 대상으로 여길 뿐 아니라 친밀한 존재로도 인식하고 있음이 드러난다. 이처럼 화자는 표면적으로는 산의 상반된 면모를 드러내고 있지만, 이면에는 산에 대한 애정과 예찬의 태도를 지니고 있다.

10 (나) 가을 떡갈나무 숲 _이준관

EBS 수능특강 **문학 111쪽**

감상 포인트 이 작품은 가을을 맞이한 떡갈나무 숲에서 자연과 일체감을 느끼며 위안을 받고 있는 화자의 모습을 그리고 있다. 화자가 관찰한 떡갈나무 숲은 숲의 생명체에게 안식처이자 자유롭게 살아가는 삶의 터전이다. 화자는 자신이 포용력 넘치는 숲의 모습에 동화되는 것을 느끼며, 숲이 외롭고 쓸쓸한 마음마저 감싸안아 주는 것 같아 위안을 받는다. 이처럼 떡갈나무 숲은 화자에게 위로와 평안을 주는 공간이다. 특히 이 작품은 '눈부신 날개짓 소리', '뿌려 둔 노래', '파릇한 산울림' 등 공감각적 심상을 활용하여 대상의 특징을 참신하게 표현하고 있다.

주제 위로와 평안을 주는 가을 떡갈나무 숲

계절적 배경 – 가을
떡갈나무 숲을 걷는다. 떡갈나무 잎은 떨어져
화자의 관찰 공간, 이상적 공간
너구리나 오소리의 따뜻한 털이 되었다. 아니면,
떡갈나무 숲이 생명에게 베푸는 혜택 ①
쐐기 집이거나, 지난여름 풀 아래 자지러지게

울어 대던 벌레들의 알의 집이 되었다.
　　　떡갈나무 숲이 생명에게 베푸는 혜택 ②

★ 문제 해결 키 문항 2, 3 관련
화자가 떡갈나무 숲과 떡갈나무를 관찰하여 발견한 것이 무엇인지 파악해야 함. 그래야 화자가 떡갈나무 숲과 떡갈나무에 일체감을 느끼며 교감하려는 이유를 짐작할 수 있음.

▶ 1연: 많은 생명체의 안식처가 되는 떡갈나무 숲

이 숲에 그득했던 풍뎅이들의 혼례(婚禮),
　　　생명력이 넘쳤던 여름 떡갈나무 숲의 모습
그 눈부신 날개짓 소리 들릴 듯 한데, / 텃새만 남아
공감각적 심상(청각의 시각화)
산(山) 아래 콩밭에 뿌려 둔 노래를 쪼아 / 아름다운 목청 밑에 갈무리한다.
　　　콩밭의 곡식이 노래하는 텃새의 식량이 됨을 표현함.

나는 떡갈나무 잎에서 노루 발자국을 찾아본다.

그러나 벌써 노루는 더 깊은 골짜기를 찾아,

겨울에도 얼지 않는 파릇한 산울림이 떠내려오는 / 골짜기를 찾아 떠나갔다.
　　　공감각적 심상(청각의 시각화)　　　　　　노루가 사라진 떡갈나무 숲

▶ 2, 3연: 가을 떡갈나무 숲의 풍경

나무 등걸에 앉아 하늘을 본다. 「하늘이 깊이 숨을 들이켜
　　　　　　　　　　　　　　「 」: 가을 하늘에 일체감을 느끼는 화자의 정서를 드러냄.
나를 들이마신다.」나는 가볍게, 오늘 밤엔

이 떡갈나무 숲을 온통 차지해 버리는 별이 될 것 같다.
　　　　　　　　　자연에 동화된 화자의 모습(자연과의 교감)

▶ 4연: 자연과 일체감을 느끼는 '나'

떡갈나무 숲에 남아 있는 열매 하나.

「어느 산(山)짐승이 혀로 핥아 보다가, 뒤에 오는
「 」: 화자의 추측
제 새끼를 위해 남겨 놓았을까?」그 순한 산(山)짐승의 / 젖꼭지처럼 까맣다. ▶ 5연: 배려심과 포용력이 넘치는 떡갈나무 숲
　　　　　　　　　　　　　　　　　　　　　열매

나는 떡갈나무에게 외롭다고 쓸쓸하다고 / 중얼거린다.
　　　　　　　　화자의 정서 직접 제시
그러자 떡갈나무는 슬픔으로 부은 내 발등에
　　　　　　　추상적 감정을 구체적 대상으로 형상화함.
잎을 떨군다. 내 마지막 손이야. 뺨에 대 봐, / 조금 따뜻해질 거야, 잎을 떨군다. ▶ 6연: 떡갈나무로부터 위로받는 '나'
자연과 화자의 교감　　　　　　　　화자를 위로하는 떡갈나무

핵심 개념
이것만은
꼭 익히자

배경지식
더
알아보기

포인트 ① 가을 떡갈나무 숲의 특성 〔문항 2, 3 관련〕

떡갈나무의 잎이 너구리와 오소리의 따뜻한 털이 되고, 쐐기집과 벌레들의 알의 집이 됨.	생명체가 살아갈 수 있도록 혜택을 베푸는 공간
풍뎅이의 날개짓 소리는 안 들리고 노루는 사라지고 없고, 텃새만 노래하고 있음.	생명체의 활발한 움직임은 없지만, 추운 겨울을 맞이할 준비를 하는 공간
뒤에 오는 새끼 짐승을 위해 열매를 남겨 두는 산짐승이 살고 있음.	다른 생명체에 대한 배려와 포용력이 넘치는 공간

↓

화자에게 숲은 생명력과 사랑, 평화와 순수로
가득 찬 이상적 공간임.

포인트 ② 표현상의 특징 〔문항 1 관련〕

콩밭에 뿌려 둔 노래를 쪼아	눈에 보이지 않는 대상을 눈에 보이는 사물처럼 표현하여 가을 텃새가 겨울을 준비하는 상황을 묘사함.
파릇한 산울림	청각을 시각화하여 가을 풍경을 생동감 있게 표현함.
하늘이 깊이 ~ 들이마신다.	하늘을 살아 있는 존재로 표현하여 자연에 일체감을 느끼는 화자의 모습을 형상화함.
내 마지막 ~ 따뜻해질 거야.	자연물이 화자에게 말하는 방식을 활용하여 화자와 자연이 교감하고 있음을 드러냄.

■ 작품의 주제 의식
이 작품은 '가을 떡갈나무 숲'에 대한 화자의 인식을 드러내고 있다. 가을 떡갈나무 숲은 여름처럼 생명력이 넘치는 공간은 아니지만, 배려심, 포용력 등 인간이 지녀야 할 덕성을 발견할 수 있는 공간이다. 화자는 이러한 공간에서 자연과 교감하고, 일체감을 느낀다. 나아가 화자는 자연과 동화하며 외로움을 위안받고 있다. 결국 이 작품은 인간이 고립된 존재가 아니라 자연과 더불어 살아가는 존재라는 주제 의식을 담고 있는 것이다.

EBS
Q&A

Q 시에 나오는 자연물을 어떻게 이해해야 할까요? 〔문항 3 관련〕

A 시인에게 자연물은 자신의 생각이나 정서를 간접적으로 드러내는 데 흔히 사용되는 소재입니다. 시에서 자연물은 주제에 따라 다양한 방식으로 활용되는데, 특정한 처지나 감정 상태의 화자를 빗댄 대상으로 쓰이기도 하고, 화자가 지향하는 가치가 투영된 존재로 활용되기도 합니다. 또 자연물은 화자에게 미적 충일감을 느낄 수 있는 대상으로도 형상화됩니다. 시에 나오는 자연물을 이해하기 위해서는 화자가 자연물에 대해 어떤 관점과 태도를 지니는지 파악하고, 작품에 자연물이 어떻게 형상화되어 있는지 살펴야합니다. 자연물과 관련하여 시에 드러나 있는 정서를 확인하는 것도 중요합니다. 그래야 시인이 자연물들을 통해 무엇을 말하려고 하는지 파악할 수 있습니다.

(가) 장자를 빌려 – 원통에서 _ 신경림

감상 포인트 이 시는 설악산 대청봉에서 바라본 세상의 모습과 속초, 원통에서 바라본 모습을 대조하여 세상을 바라보는 삶의 자세를 드러내고 있다. 『장자』의 「추수」 편에 나오는 '큰 지혜는 멀리서도 볼 줄 알고 가까이서도 볼 줄 아는 것이다.'라는 구절을 바탕으로, 삶은 단순하기도 하고 복잡하기도 하기 때문에 두 관점을 모두 살펴보아야 한다는 점을 강조하고 있다.

주 제 세상을 바라보는 관점에 대한 깨달음

설악산 대청봉에 올라
<u>화자가 위치한 곳. 높은 곳으로 그 아래에 있는 작고 큰 산들과 마을들, 바다를 내려볼 수 있는 곳</u>

발아래 구부리고 엎드린 작고 큰 산들이며★
　　　　　의인법

떨어져 나갈까 봐 잔뜩 겁을 집어먹고★
　　　　　　의인법

언덕과 골짜기에 바짝 달라붙은 마을들이며★

다만 무릎께까지라도 다가오고 싶어

<u>안달이 나서 몸살을 하는</u> 바다를 내려다보니★
　　　　　의인법

온통 세상이 다 보이는 것 같고★ ┐ 높은 곳에서 아래를 바라볼 때의 느낌.
　　　　　　　　　　　　　　　└ 세상을 다 알 것 같은 자만심

또 세상살이 속속들이 다 알 것도 같다 　　　　　　　▶ 1~8행: 설악산 대청봉에서 바라본 세상의 모습
　대청봉에서 속초로의 공간 이동. 속초는 타인의 삶을 낮고 자세히 바라볼 수 있는 곳

그러다 속초에 내려와 하룻밤을 묵으며
시상의 전환

중앙시장 바닥에서 다 늙은 함경도 아주머니들과
서민들의 삶의 애환이 녹아 있는 곳. 생계의 터전

노령노래* 안주해서 [소주]도 마시고★ 　　□: 고단한 삶을 위로하는 수단
러시아로 이주한 실향민의 애환이 담겨 있는 노래

피난민 신세타령도 듣고★
　　　　세속적이고 인간적인 삶의 모습을 엿볼 수 있는 장소

다음 날엔 원통으로 와서 뒷골목엘 들어가
시간의 경과와 공간의 이동을 엿볼 수 있음.

지린내 땀내도 맡고 악다구니도 듣고★ ┐

싸구려 하숙에서 마늘 장수와 실랑이도 하고★ ├ 세속적이고 인간적인 삶의 모습

젊은 군인 부부 사랑싸움질 소리에 잠도 설치고 보니★ ┘

세상은 아무래도 산 위에서 보는 것과 같지만은 않다 　　▶ 9~17행: 속초와 원통에서 바라본 세상의 모습
　높은 곳에서 보는 것처럼 세상살이가 단순하지 않다는 깨달음을 얻음.

지금 우리는 혹시 세상을

「너무 멀리서만 보고 있는 것은 아닐까★ 아니면
「 」: 세상을 바라보는 균형 잡힌 시선의 필요성을 깨달음

너무 가까이서만 보고 있는 것은 아닐까」★ 　　　　　▶ 18~20행: 세상을 바라보는 관점에 대한 성찰

★ **문제 해결 키** 문항 1 관련

이 작품은 2행과 4행에서 연결 어미 '-이며'를, 6행과 16행에서 '-니'를, 3행과 7행, 11~12행과 14~15행에서 '-고'를 반복하고 있으며, 19~20행에서 종결 어미 '-ㄹ까'를 반복하여 리듬감을 부여함.

*노령노래: 함경도 지방의 민요.

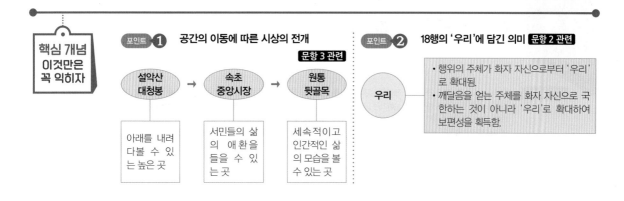

포인트 ① 공간의 이동에 따른 시상의 전개

문항 3 관련

설악산 대청봉 → 속초 중앙시장 → 원통 뒷골목

아래를 내려 다볼 수 있 는 높은 곳

서민들의 삶 의 애환을 들을 수 있 는 곳

세속적이고 인간적인 삶 의 모습을 볼 수 있는 곳

포인트 ② 18행의 '우리'에 담긴 의미 **문항 2 관련**

우리

• 행위의 주체가 화자 자신으로부터 '우리' 로 확대됨.
• 깨달음을 얻는 주체를 화자 자신으로 국 한하는 것이 아니라 '우리'로 확대하여 보편성을 획득함.

배경지식 더 알아보기

■ 제목에 담긴 의미

『장자』의 「추수」 편을 보면 '대지관어원근(大知觀於遠近)'이라는 말이 나오는데, 이 말은 '큰 지혜는 멀리서도 볼 줄 알고 가까이서도 볼 줄 아는 것이다.'라는 뜻을 담고 있다. 다시 말해 대상을 바라볼 때 멀리서도(거시적인 관 점에서도) 볼 수 있어야 하지만 가까이서도(미시적인 관점에서도) 볼 수 있어야 대상의 진면목을 바라보게 된다 는 것이다. 이 작품에서 화자가 설악산 대청봉과 같이 높은 봉우리 위에서 세상을 바라본 것은 거시적 관점에 해 당하고, 속초의 중앙시장 바닥이나 원통의 뒷골목처럼 산 아래에서 바라보는 것은 미시적 관점에 해당한다고 볼 수 있다. 화자는 마지막에 '너무 멀리서만 보고 있는 것은 아닐까 아니면 / 너무 가까이서만 보고 있는 것은 아닐까'라는 반성적 성찰을 담은 물음을 통해 거시적 관점이나 미시적 관점 중 어느 한쪽에 치우친 관점은 적절 하지 않으며, '장자의 말'을 빌려 두 관점이 조화를 이룬 삶이 바람직하다는 의견을 표출하고 있다.

■ 신경림 시인의 작품 세계

신경림 시인의 대표 작품으로는 「농무」, 「파장」, 「목계 장터」, 「가난한 사랑 노래」 등이 있다. 신경림 시인의 작품 에서 시적 대상은 막연하고 평면적인 농촌 현실이 아니라 우리의 정서, 한, 울분, 고뇌 등이 깔려 있는 장소로서 의 농촌 현실이며, 이로 인해 그의 작품은 생명력이 넘치는 농촌의 모습을 구체적으로 그려 내는 것이 특징이다. 그는 농촌의 현실과 민중들의 삶에 대한 뿌리 깊은 애정을 바탕으로 하는 한편 소박한 언어로 민요의 정신을 계 승하여 붕괴되고 있는 농촌의 삶과 산업화 이면의 궁핍상을 절절하게 노래하였다.

EBS Q&A

Q 작품의 주제 의식을 쉽게 파악할 수 있는 방법이 있나요? **문항 3 관련**

A 작품의 주제 의식은 문학 작품을 창작한 사람이 독자에게 전하고자 하는 핵심이라고 볼 수 있어요. 주제 의식을 파악하기 위해서는 먼저 작품의 구조를 파악해야 합니다. 특히 시의 경우 짧은 글 속에 화자의 정 서나 생각을 드러내기 위해 가장 효과적인 구조를 선택할 것입니다. 그것은 시간의 흐름일 수도 있고, 공 간의 이동일 수도 있으며, 대상의 대비일 수도 있어요. 이 작품의 경우 시간의 흐름과 공간의 이동을 동 시에 확인할 수 있으며, 멀리서 바라보는 것과 가까이서 바라보는 것이라는 점에서 대상의 대비를 통해 주제 의식이 표출된다는 것을 알 수 있어요.

감상 포인트 이 시는 겨울 감나무를 관찰하고 깨달은 생명의 이치를 노래하는 작품이다. 1연에서는 겨울 감나무 가지를 보고 서로 다치지 않게 바람에 흔들리는 모습을 통해 자기 분수만큼 살아가는 모습에 주목하고 있다. 2연에서는 한 둥치에서 뻗어 나간 여러 형태의 가지들의 모습을 강조하고 있으며, 3연에서는 땅속 깊이 닿아서 물을 빨아올려 꼭대기 끝까지 물을 공급하는 둥치 밑뿌리의 모습에 주목하고 있다. 겨울나무가 보여 주는 생명력을 발견한 화자는 4연에서 감동을 느낌과 동시에 생명의 원리에 주목하지 않는 인간의 삶에 대한 안타까움을 드러내고 있다.

주 제 겨울 감나무를 통한 인간 삶의 성찰

잦은 바람 속의 겨울 감나무를 보면, 그 가지들이 가는 것이나 굵은 것이나 아예 실가지거나 우듬지*거나, 모
_{관찰의 대상} _{다양한 가지들}

두 다 서로를 훼방 놓는 법이 없이 제 숨결 닿는 만큼의 찰랑한 허공을 끌어안고, 『바르르 떨거나 사운거리거나
_{의인법. 저마다 분수를 지키며 가치 있는 존재로 살아가는 모습을 나타냄.} _{『 』: 가지의 모습을 열거법으로 제시함.}

건들대거나 휘휘 후리거나,』 제 깜냥껏 한세상을 흔들거린다. ▶ 1연: 자기 분수에 맞게 살아가는 감나무의 가지
_{자신의 분수에 맞게 살아가는 모습으로, 화자가 흔들리는 겨울 감나무의 가지를 보며 부여한 의미}

그 모든 것이 웬만해선 흔들림이 없는 한 집의
_{자연을 바라보며 신기함을 느끼고 있는 화자}

주춧기둥 같은 둥치에서 뻗어 나간 게 새삼 신기한 일. ▶ 2연: 하나의 둥치에서 뻗어 나온 감나무의 가지
_{감나무의 중심을 단단히 잡고 있는 존재}

_{감나무의 가지에 자신의 생명을 의지하는 존재. 감나무
가지가 새의 무게를 감당할 힘을 지니고 있음을 보여 줌.} _{칠흑 땅속의 생명력을 감나무에 전달하는 존재}

더더욱 그 실가지 하나에 앉은 조막만한 새의 무게가 둥치를 타고 내려가, 칠흑 땅속의 그중 깊이 뻗은 실뿌리
_{감나무가 가진 생명력과 강인함의 근원이 되는 곳}

의 흙살에까지 미쳐, 그 무게를 견딜 힘을 다시 우듬지에까지 올려 보내는 땅심의 배려로, 산 가지는 어느 것 하

나라도 어떤 댓바람에도 꺾이지 않는 당참을 보여 주는가. ▶ 3연: 어떤 댓바람에도 꺾이지 않는 당참의 근원이 되는 힘
_{어떠한 시련도 견뎌 내는 힘}

_{화자가 감나무를 바라보면서 얻은 깨달음}

아, 우린 너무 감동을 모르고 살아왔느니.★ ▶ 4연: 인간의 삶에 대한 성찰
_{자신을 비롯한 인간의 삶에 대한 성찰적 태도를 드러냄.}

* 우듬지: 나무의 꼭대기 줄기.

★ 문제 해결 키 문항 2 관련

'우리'라는 말을 사용하여 화자는 자신이 얻은 깨달음을 인간 보편의 삶에 대한 성찰로 확장함.

감나무	인간으로 확장 →	우리
• 가지들이 서로를 훼방하지 않고 흔들리고 있음. → 자기 분수를 지키며 살아감. • 둥치 밑뿌리에서 새의 무게를 견딜 수 있는 힘이 나옴. → 시련을 견뎌 내는 힘을 지니고 있음.		생명의 원리에 주목하지 않는 인간의 삶에 대한 성찰

핵심 개념
이것만은
꼭 익히자

포인트 **1** '칠흑 땅속'과 '우듬지' 문항 3 관련

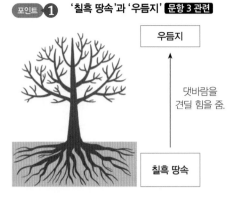

우듬지

댓바람을
견딜 힘을 줌.

칠흑 땅속

포인트 **2** 표현상의 특징 문항 1 관련

- 1연의 '-이나', '-거나'의 반복을 통해 리듬감을 부여함.
- 1연에서 바람 속에 흔들리는 감나무 가지들이 서로 훼방 놓는 법이 없이 허공을 끌어안고 있다고 말하여 의인화의 기법을 활용함.
- 1연에서 '바르르', '획획' 등의 음성 상징어를 활용하여 대상의 모습을 생생하게 나타냄.
- 1연의 '잦은 바람 속의 겨울 감나무'에서 겨울의 계절감이 드러남.
- 2연의 '새삼 신기한 일.'에서 명사로 끝맺음을 하여 시적 여운을 부여함.

배경지식
더
알아보기

■ **고재종 시의 생태학적 특징**

고재종은 자연 관찰을 통해 때로는 생명의 원리를 이해하고 나아가 자연에 대한 신비로움과 외경을 표현하고 예찬적 태도를 드러내기도 했다. 이러한 자연의 이치를 알고 깨닫게 되면 자연은 성찰과 교훈의 매개가 되어 인간의 삶을 되돌아보게 한다. 우주는 생명의 정신으로 충만해 있고 인간은 그 정신을 본성으로 가지고 태어났지만 자신의 본성을 다른 곳에 놓아 버리고 본심을 찾지 못하는 모습을 보이기도 한다. 그래서 끊임없이 자기 수양을 하고 자기 본성을 찾고자 노력해야 하는데, 고재종의 시에서는 이러한 성찰적 태도가 자연에 대한 관찰을 통해 표출된다.

EBS
Q&A

Q 낯선 작품을 읽을 때 가장 먼저 해야 할 일이 무엇일까요?

A 작품 감상의 방법은 독자들에 따라 다를 수밖에 없을 것입니다. 이 작품처럼 비교적 낯선 작품을 처음 접할 경우 작품 감상을 어떻게 해야 할지 막막할 수 있을 텐데요, 그럴 경우에는 어떤 방식으로 작품에 접근해야 할까요? 다양한 방법이 있을 수 있지만 그중에서도 작품의 제목이 가진 의미를 곱씹어 본 후 작품을 감상하는 방법을 추천할 수 있습니다. 작품의 제목은 작가가 작품을 통해서 전하고자 하는 주제 의식을 효과적으로 드러내기 위해 고도의 지적 작용을 통해 설정되는 경우가 많기 때문입니다. 이 작품의 제목 '나무 속엔 물관이 있다'의 경우에도 제목을 보면 작품의 중심 소재는 나무라는 것을 알 수 있겠죠. 그리고 나무 속에 물관이 있다는 것이 어떤 의미를 가지고 있는지에 작품의 주제 의식이 녹아들어 가 있을 것이라는 생각을 하면서 작품을 읽을 수 있을 것입니다.

01 (가) 천자를 이긴 아이 _ 작자 미상

고전 산문

감상 포인트

이 작품은 이른바 '아이 지혜담'으로 분류되는 이야기이다. 아이 지혜담은 어른이 제기한 온당치 않은 주장이나 요구를 슬기로운 아이가 재치 있게 해결한다는 내용으로 되어 있으며, 전국적으로 발견되는 이야기 유형이다. 아이 지혜담에서 아이와 어른과의 대결은 주로 언어를 통한 지적 대결로 승부가 갈리는데, 아이는 특유의 논리적 대화법으로 승리를 거둔다. 아이 지혜담은 아이가 어른과의 대결에서 승리를 거두는 과정을 통해 기존의 사회 통념과 낡은 질서에 문제를 제기하고, 민중이 지닌 생동하는 힘을 드러내 보여 준다는 점에서 문학사회학적 의미를 지닌다. 이 작품은 구연자와 청중에게 흥미로운 이야기로만 간주되어 진실성을 뒷받침하기 위한 증거물이나 구체적 시간, 장소가 제시되지 않는다는 점에서 민담의 성격을 띤다. 제시된 부분은 경기도 남양주시 진접읍에서 1980년 9월 27일, 이순희가 구술한 내용을 기록한 것이다.

주 제

중국 천자의 무리한 요구로 초래된 문제 상황을 슬기롭게 해결한 아이의 지혜

전체 줄거리

중국의 천자가 자신의 권위를 과시하고, 아울러 조선에 인재가 있는지 시험하기 위해 '중국 땅 전체를 덮을 바람막이 포장과 두만강의 물을 담을 가마를 바치라'는 명을 내린다. 중국 천자의 무리한 요구 때문에 임금이 근심한다는 이야기를 듣고, 정승의 아들인 열두 살배기 아이가 임금을 알현하여 자신을 중국에 사신으로 보내 줄 것을 청한다. 아이는 자와 주발 하나씩을 가지고 중국으로 건너가 천자를 만나는데, 논리적 대화법을 통해 천자 스스로 자기가 내렸던 명령이 모순됨을 깨닫게 하여 문제를 해결한다. 아이의 지혜로움에 감탄한 천자는 아이에게 벼슬을 내린다.

문제 상황의 발생 원인: 천자의 무리한 요구

[앞부분 줄거리] 중국의 천자가 권위를 과시하기 위해 조선에 인재가 있는지 시험한다는 명목으로, '중국 땅 전체를 덮을 바람막이 포장*과 두만강의 물을 담을 가마를 바치라'는 명을 내린다. 조정에서 해결책을 찾지 못해 임금님이 근심한다는 소식을 듣고, 정승의 아들인 열두 살배기 아이가 임금님을 찾아가 뵌다.   ▶ 문제 상황

문제 상황의 해결을 시도하려는 뜻밖의 인물이 등장함.

중국 땅 전체를 덮을 포장과 두만강 물 모두를 담을 가마(가마니)를 만드는 법

"그러니 그거 아는 인재가 우리 조선 땅에 있느냐?"

발화자: 임금

그러니까는 그 열두 살 먹은 정승의 아드님이 하는 소리가,

"제가 가겠습니다."

(중국에 사신으로)

그랬어요.

가마를 짜서 만든다는 뜻의 방언으로 보임.

"그러면 가마를 얼마나 크게 궈 주랴. 그러면 포장을 얼마나 크게 해 주랴?"★

정승의 아들을 도와주려는 임금의 모습

그러니까는,

"가마도 싫고 포장도 싫고, 자 하나하구 주발* 하나하구만 주십시오."★

문제의 해결과 거리가 멀어 보이는 예상 밖의 요구 → 이야기를 듣는 이들의 호기심을 자아냄.

그랬어요. 그래서 그거를 참 다 임금님께서 해 주시니깐 그거를 이 도포 소매 안에다 넣어 가지고 중국을 건너

같거나 유사한 표현('그거를', '중국을 건너')이 장황하게 반복되고 있음. → 구비 문학의 특징

갔어요. 그래 중국을 건너가 중국 천자한테로 들어서니까는,

"조선서 들어온 사신입니다 — 사신입니다."

발화자: 정승의 아들

하고 아뢰니,

"아, 그러냐?"고.

발화자: 중국 천자

"그러면 내가 첩서(牒書)* 내린 거를 알고 왔느냐?"

"예 알고 왔습니다."

"그러면 뭐를 해 가지고 왔느냐? 가마 궈 가지고 왔느냐?"

"예."

"그러면 포장도 해 가지고 왔느냐?"

"예." / "그러면 가지고 들어오너라."

★ 문제 해결 키 문항 3 관련

정승의 아들이 임금에게 겨우 '자'와 '주발' 하나씩만 요구했던 이유에 주목할 필요가 있음.

임금	정승의 아들에게 가마와 포장을 얼마나 크게 만들어 줄지를 물음.	이는 천자의 요구 자체가 지닌 문제를 비판적 관점에서 보지 못하는 어른들의 경직된 태도에서 비롯된 것임.
정승의 아들	문제 상황을 해결하기 위해서는 천자의 요구에 내재한 모순을 드러내 보임으로써 천자 스스로 자신의 요구를 철회하도록 만들어야 한다고 생각함. 이를 위해 사용한 것이 바로 '자'와 '주발'임.	이는 권위에 주눅 들지 않고 천자의 요구가 지닌 문제점을 비판적으로 볼 수 있었던, 정승의 아들이 지닌 발랄한 정신과 생동하는 힘에서 비롯된 것임.

하니까는, 이 도포 소매에서 자 하나하고 주발 하나하고 내놔 줬어.

"그래 이게— 이걸루 어떻게 두만강을 재치며 이 바람을 막느냐?"라고 하니깐,

정승의 아들이 꺼내 보인 뜻밖의 물건을 보고 의아해하는 천자의 심리가 드러남.

"제아무리 천재라도 중국 땅이 몇 자 몇 치가 되는 줄 알아야 포장을 똑같이 지어 올 겁니다. 제아무리 천재래

도…… 두만강에 물이 몇 백에 몇 말이 되는 거를 재 주십시오. 글쎄 이 자로는 재서 적어 주시고, 두만강은 이

주발로 퍼서 물을 재 주신다면, 제가 우리 조선에 나가서 그와 같이 똑같이 해 가지고 들어오겠습니다."★

▶ 정승의 아들의 지혜 발휘

그러니깐『천자가 무릎을 딱 치면서,

「　」: 정승의 아들이 펼쳐 보인 반박 불가능한 논리에 자신의 요구가 지닌 모순을 스스로 깨닫고, 아이의 지혜로움에 감탄하는 천자의 심리가 드러남.

"아, 조선도 인재가 있구나!"』

그리고 그때 벼슬을 줬대는 거예요.

(정승의 아들에게)

▶ 문제 해결

＊포장: 베, 무명 따위로 만든 휘장.　　　　＊주발: 놋쇠로 만든 밥그릇.　　　　＊첩서: 옛날에 쓰던 공문서의 하나.

핵심 개념
이것만은
꼭 익히자

포인트 1　**설화의 유형으로서 '아이 지혜담'에 나타나는 논박형 대화** 문항 2 관련

설화의 유형 중 '아이 지혜담'은 슬기로운 아이가 문제 상황을 해결하는 이야기이다. 서사 구조는 '문제 상황 → 지혜 발휘 → 문제 해결'로 이루어지는데, 문제 해결을 위한 지혜의 발휘가 논리적 대화의 형태로 구체화되는 것이 특징적이다. 이 유형의 설화에서 주인공 아이는 논리적 대화법으로 상대방이 자신의 주장과 모순되는 대답을 하도록 유도하여 스스로 잘못을 인정하게 한다. 이 대화법의 구조를 「천자를 이긴 아이」, 그와 비슷한 유형의 설화인 「겨울에 산딸기」를 예로 들어 설명하면 다음과 같다.

단계	발화자	발화 내용	「천자를 이긴 아이」	「겨울에 산딸기」
1	어른	자신의 높은 지위나 많은 나이를 이용해 상대방에게 비합리적인 주장이나 요구를 함.	**중국 천자**가 조선에 중국 땅 전체를 덮을 포장과 두만강 물 모두를 담을 가마를 바치라고 함.	**상전**이 종의 아내를 탐내어, 한겨울에 종에게 산딸기를 따 오지 않으면 아내를 뺏겠다고 함.
2	아이	자신에게 불리한 상황을 뒤집기 위해 새로운 질문이나 요구를 상대방에게 함.	**정승의 아들**이 근심하는 임금을 위해 천자를 찾아가, 천자가 먼저 중국 땅의 크기와 두만강 물의 양을 측량해 달라고 요구함.	**종의 아들**이 괴로워하는 아버지의 모습을 보고, 상전을 찾아가 '아버지가 뱀에 물려 대신 왔다.'라고 말함.
3	어른	자신이 처음에 한 주장이나 요구와 논리적으로 모순되는 대답을 함.	**중국 천자**가 만약 대답을 했다면 '중국 땅의 크기와 두만강 물의 양을 어떻게 측량할 수 있겠는가?'라고 말했을 것임. 그러나 천자는 그 말이 자신의 요구와 정면으로 배치되는 것을 깨달았기 때문에 말하지 않음.	**상전**이 '한겨울에 무슨 뱀이냐?'라고 물음.
4	아이	반문을 통해 상대방의 첫 번째 발화와 두 번째 발화의 상호 모순을 지적함.	천자가 대답을 했다면 **정승의 아들**은 '그러면 중국 땅 전체를 덮을 포장과 두만강 물 모두를 담을 가마를 어떻게 만들 수 있겠는가?'라고 반문했을 것임. 그러나 천자가 말하지 않아 정승의 아들도 반문하지 않음.	**종의 아들**이 '그러면 한겨울에 무슨 산딸기냐?'라고 반문함.
5	어른	자신의 주장이나 요구가 비합리적인 것이었음을 인정함.	**중국 천자**가 자신의 요구가 비합리적인 것이었음을 인정하고 정승의 아들에게 벼슬을 내림.	**상전**이 아무 말도 못 함.

■ 「천자를 이긴 아이」와 비슷한 유형의 설화들

	「아침에 심어 저녁에 따는 오이」	「어린 원님」
1	한 색시가 방귀를 뀌어 신랑에게 소박을 맞고 홀로 아이를 낳아 기름.	새로 부임한 원님이 너무 어려, 아전들이 자기들 도포 속에 넣고 좌지우지할 수 있겠다고 소곤거림.
2	아이가 자라, 오이씨를 갖고 아버지를 찾아감.	원님이 아전들에게 '수숫대를 하나씩 베어 오라.'라고 함.
3	아이가 '아침에 심어 저녁에 따는 오이씨 사라.'라고 하여 아버지가 관심을 보이자, 아이가 '방귀를 뀌지 않은 사람이 심어야 한다.'라고 말함.	원님이 아전들에게 '가져온 수숫대를 도포 속에 집어넣어라.'라고 말함.
4	아버지가 '방귀를 안 뀌는 사람이 어디 있느냐?'라고 함.	아전들이 '넣을 수 없다.'라고 대답함.
5	아이가 '그러면 왜 어머니를 방귀 때문에 소박을 했냐?'라고 반문함.	원님이 '1년 자란 수숫대도 도포 속에 넣을 수 없는데, 열다섯 해를 자란 나를 어떻게 도포 속에 넣고 좌지우지하겠는가?'라고 반문함.
6	아버지가 아무 말 못 하고, 아내와 아이를 데리고 와서 함께 삶.	아전들이 아무 말 못 하고, 이후로는 원님을 잘 따름.

■ 구비 문학에 등장하는 '지혜로운 아이'의 문학사적 유래

구비 문학의 바탕이 되는 구술 문화에서는 오랜 세월 쌓아 온 경험에서 참된 지혜가 나온다고 생각했다. 그래서 구비 문학에서는 일반적으로 경험이 풍부한 노인이 지혜로운 사람으로 등장한다. 구비 문학의 관습을 고려했을 때 민담 속 지혜로운 아이는 독특한 존재이며, 신화 속 영웅의 유년기 형상을 이어받은 것으로 이해된다. 민담이 신화의 내용을 이어받을 때는 그 내용이 일부 세속화된 양상으로 나타나게 마련인데, 이러한 관점에서 신화 속 영웅의 유년기 모습과 민담 속 지혜로운 아이를 비교해 보면 다음과 같다.

	신화		민담
아이와 대결하는 존재	신적인 존재		세속적인 권력관계에서 우위에 있는 인물 (중국 천자, 정승, 양반, 상전, 아버지 등)
대결, 갈등이 벌어지는 이유	주인공의 신적인 능력을 확인하려는 의도임.	세속화 →	자신의 힘이나 권력을 과시하려는 권력자들의 세속적인 욕망에서 비롯됨.
아이의 능력 발휘	초현실적 능력을 과장되게 드러냄.		인간적 재능을 주인공의 훌륭함을 드러낼 만큼만 제시함.
아이의 능력이 입증된 후의 결과	건국, 왕위 계승 등을 통해 세상을 다스리는 주인공이 됨.		훌륭한 인재가 되거나 높은 관직에 진출함.

신화적 영웅

세속적 인재

01 (나) 종놈이 상전을 속이다 _ 작자 미상

EBS 수능특강 문학 118쪽

감상 포인트
이 작품은 이른바 '트릭스터(trickster)'라는 인물형이 등장하는 이야기로, 작중 '득거리'라는 인물이 트릭스터에 해당한다. 트릭스터는 남다른 지적 상상력과 재치, 그에서 비롯한 대단한 말솜씨를 발휘해 거침없이 사람들을 속이고 골탕 먹여 자신의 욕망을 충족하는 인물 유형이다. 대립하는 대상이 지배층일 경우 트릭스터의 언행은 기득권과 지배 질서에 대한 저항의 성격을 띠지만, 그가 속이는 대상이 꼭 지배층에만 국한되는 것은 아니어서 때로는 무고한 서민이 속임의 대상이 될 때도 있다. 그래서 트릭스터는 사회 체제가 지지하는 일체의 도덕적·윤리적 가치관에 구속되지 않는, 반사회적 인물 유형으로 간주된다. 이야기 속에서 득거리는 하인에 대한 인간적 배려가 없는 이기적인 주인을 재치와 말솜씨로 거듭 속여서 자신의 욕구를 충족한다. 득거리의 유쾌한 장난을 통해 똑똑한 척하면서 바보가 되는 주인과 어리석은 듯 행동하면서 잇속을 챙기는 하인의 대결이라는 해학적인 이야기 구도가 형성된다. 이 작품은 문자로 기록된 문헌 설화로서, 작자 미상의 야담집인 『거면록』에 '노만상전(奴瞞上典: 종놈이 상전을 속이다)'이라는 제목으로 수록되어 있다.

주 제
거짓말로 상전을 속여 자신이 원하는 것을 얻은 하인의 재치

전체 줄거리
'득거리'라는 이름의 하인이 주인인 김 진사를 수행해 길을 가는데, 하루는 김 진사가 허기진 득거리를 생각지 않고 혼자서 푸짐한 저녁밥을 다 먹어 버렸다. 이에 화가 난 득거리가 다음 날 꾀를 내어 김 진사를 속이고는 김 진사의 아침밥을 뺏어 먹는다. 그러고 나서 다시 길을 가는데 갈증이 난 김 진사가 득거리를 시켜 술을 사 오게 하자, 득거리가 다시 재치 있게 김 진사를 속여 그의 술을 뺏어 먹는다.

　　성주(星州) 김 진사 댁에 득거리(得巨里)란 이름의 하인이 있었는데 매우 교활한 놈이었다. 하루는 김 진사가
_{현재의 경상북도 성주군}
어디 긴히 볼일이 있어 득거리에게 말고삐를 잡히고 길을 떠나, 날이 저물어서 여점(旅店)에 들었다. 득거리가
_{꼭 필요하게}　　　　　　　　　　　　　　　　　　　　　　　　_{과거에, 오가는 길손이 음식을 사 먹거나 쉬던 집}
상전의 밥상을 보니 진수성찬이 상에 가득히 차려져 있었다. 물론 식욕이 동해 군침을 흘렸지만 상전은 단 한 숟
　　　　　　　　　　　　　　　　　　　　　　　　　　　_{김 진사의 이기적인 성격을 드러내는 행동}
가락도 베풀어 주지 않았다. 이에 분한 마음이 들어서 '내게 좋은 꾀가 있다. 내일 아침은 상전이 숟가락을 들지
　　　　　　　　　　　　　　　_{김 진사의 이기적인 행동에 대한 득거리의 심리적 반응}
도 못하게 만들고 내 다 뺏어 먹으리라.'라고 혼자 다짐하였다. ▶ 하인에 대한 인간적 배려가 없는 김 진사를 골탕 먹이기로 결심한 득거리

　　득거리가 이튿날 아침에 부엌으로 들어가니 여점 아낙이 마침 밥상을 차리는 중이었다. 날씨가 몹시 추워 수저에
도 얼음이 붙어 있었다. / "우리 샌님은 수저가 차면 잡숫지 않고 역정을 몹시 내시니 아무래도 뜨겁게 해야겠소." ★
　　　　　　　　　　_{'날씨가 몹시 추워 수저에도 얼음이 붙어 있'는 상황을 교묘하게 이용하여 지어낸 거짓말}
득거리가 그 아낙에게 이렇게 말하고는, 수저를 숯불에 묻었다가 상에 올리는 것이었다. 김 진사는 상을 받아
　　　　　　　　_{김 진사를 골탕 먹이기 위한 행동. 앞에 '내일 아침은 상전이 숟가락을 들지도 못하게 만들고'라는 득거리의 말과 연결됨.}
놓고 앉아 숟가락을 들다가 뜨거워서 저도 모르게 소리쳤다.

　　"드거라*!" / 그때 마침 득거리가 옆에서 시중들고 섰다가 잽싸게
　　_{뜨겁다}
　　"예이! 득거리 여기 있습니다요."

하며, 상전의 밥상을 들고 툇마루로 나와서 날름 먹어 치웠다.
_{득거리가 목표했던 바를 이룸. 앞에 '내 다 뺏어 먹으리라.'라는 득거리의 말과 연결됨.}
　　"네놈을 부른 게 아니라, 수저가 너무 뜨거워서 나도 모르게 '드거라' 하고 소리친 것이다. 나는 밥 한술도 뜨

지 않았는데, 네놈이 어찌 감히 당돌하게 주인 밥상을 들고 나가서 냉큼 먹어 치운단 말이냐?"

　　"쇤네는 샌님께서 이 밥상을 물려주시려고 쇤네 이름을 부른 줄로 알았습죠. ★ 참으로 죽을죄를 지었습니다요."
　　　　　　　　　_{자신의 행동을 변명하기 위한 득거리의 거짓말}
상전은 여점 아낙을 불렀다. / "너는 어찌하여 내 수저를 불에 달구어 놓았느냐?"

　　"쇤네가 한 짓이 아닙니다. 나리 댁 하인이 부엌에 들어와 제게 샌님은 수저가 차면 진지를 잡숫지 않는다고

제멋대로 수저를 가져다가 숯불에 달군 것입니다. 쇤네는 정말로 아무 잘못도 없습니다."

김 진사가 다시 득거리를 꾸짖자 득거리가 아뢰었다. / "쇤네는 수저에 얼음이 얼어붙어 있기에 차서 들지 못하시
　　　　　　　　　　　　　　　　　　　　　　　　　_{자신의 행동을 변명하기 위한 득거리의 거짓말}
겠다 싶어 불에 쬐어 녹여, 나리께서 잡숫기 편하게 하려 한 것이었습니다. 이처럼 죄를 짓게 될 줄은 몰랐사옵니다."

<sub>　　 김 진사가 뜨거워서 외친 소리를 득거리가 자기의 이름을 부른 것으로 짐짓 잘못 들은 척함. 이렇게 속이는
　　 행동을 할 수 있었던 까닭은 '드거라'라는 비명 소리와 '득거리'라는 이름의 말소리가 서로 비슷했기 때문임.</sub>

★ 문제 해결 키 문항 1, 4 관련

득거리가 하는 거짓말의 주된 의도를 파악하는 것이 중요함. 거짓말의 의도는 크게 자신의 실수를 감추기 위한 소극적인 의도와 원하는 것을 얻어 자신의 욕망을 충족하기 위한 적극적 의도로 구분해 볼 수 있는데, 득거리가 하는 거짓말의 의도는 후자에 해당함.

김 진사는 더 어찌할 도리가 없었다. 밥상을 종놈에게 빼앗기고 다시 한 상을 시켜서 먹을 수밖에 없었다.
▶ 김 진사를 속여서 그의 밥을 빼앗아 먹은 득거리

그러고 나서 다시 길을 떠나 10여 리를 갔다. 김 진사는 갑자기 목이 심히 말라 종놈에게 돈을 주고 술을 사 오도록 하였다. 득거리는 술을 사 오다가 저도 마시고 싶은 생각이 불쑥 일어났다. 그래서 길에 한참 서서는 손가락으로 술을 휘저었다.

"너 지금 뭣 하는 짓이냐?" / "콧물이 술에 떨어져 꺼내지 않을 수 없기에 이렇게 건져 내고 있습니다요."★
　　　　　　　　　　　　　　　　　　　　김 진사의 술을 빼앗아 먹기 위한 득거리의 거짓말

김 진사는 구역질이 나서 "난 안 마신다. 네놈이나 실컷 처먹어라."라고 소리 질렀다.
　　　　득거리가 의도한 바대로 김 진사가 반응함.　　　　　　▶ 김 진사를 속여서 그의 술을 빼앗아 먹은 득거리

＊드거라: 방언에 '뜨겁다'는 말을 '드거라'라고 하기도 함.

**핵심 개념
이것만은
꼭 익히자**

포인트 1 **등장인물의 관계** **문항 4 관련**

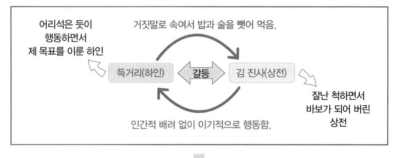

어리석은 듯이 행동하면서 제 목표를 이룬 하인

거짓말로 속여서 밥과 술을 뺏어 먹음.

득거리(하인) ⟷갈등⟷ 김 진사(상전)

잘난 척하면서 바보가 되어 버린 상전

인간적 배려 없이 이기적으로 행동함.

상전과 하인 사이의 관계가 역전됨.
(신분은 김 진사가 강자이고 득거리가 약자이나,
능력은 득거리가 강자이고 김 진사가 약자임.)

→ 지배층과 당대 세태에 대한 조롱과 비판

포인트 2 **트릭스터(Trickster) '득거리'의 말하기 방식** **문항 4 관련**

득거리는 설화의 인물 유형 중 하나인 트릭스터에 해당한다. 트릭스터의 행동에는 '−' 요소와 '+' 요소가 함께 맞물려 있다. 객관적으로 보면 분명 '못된 짓'을 하고 있음에도, 그것이 권력자의 부도덕이나 몰염치에 대한 비판, 복수의 성격을 띠는 경우가 많아 오히려 경이와 쾌감을 느끼게 하는 인물이 트릭스터이다. 트릭스터가 자신이 원하는 바를 성취하는 데 주로 사용하는 수단은 재치 있는 말솜씨이다. 트릭스터의 말하기는 세 가지 측면에서 특징적 면모를 보이는데, 작품의 내용을 예로 들어 설명하면 다음과 같다.

트릭스터의 말하기		득거리의 경우
① 거짓말을 대담하게 구사함.	→	• "우리 샌님은 수저가 차면 ~ 아무래도 뜨겁게 해야겠소." • "콧물이 술에 떨어져 ~ 건져 내고 있습니다요."
② 언어의 다의성이나 말소리의 유사성을 적절히 활용함.	→	"쇤네는 샌님께서 ~ 쇤네 이름을 부른 줄로 알았습죠."
③ 뻔뻔함으로 밀어붙임.(억지 쓰기)	→	"쇤네는 수저에 얼음이 얼어붙어 있기에 ~ 편하게 하려 한 것이었습니다."

■ 가면극 양반 마당의 '말뚝이' vs 설화의 '득거리'

말뚝이와 득거리는 하인 신분으로 상전을 풍자 또는 공격하면서 상층 계급과 하층 계급 사이의 신분 갈등을 보여 준다. 아울러 문제를 해결하고 자신들이 원하는 바를 성취하는 방식이 다분히 골계적이라는 점에서도 둘 사이에 유사성이 발견된다. 하지만 그 둘 사이에는 눈에 띄는 차이점 또한 있으니, 말뚝이와 득거리의 같고 다른 점을 정리해 보면 다음과 같다.

	가면극의 '말뚝이'	설화의 '득거리'
신분	하층 계급(하인)	
양반을 대하는 태도	풍자적 · 비판적 · 공격적	
성격	매우 위세 당당하고 공격적인 성격을 보여 주며, 외양 또한 험상궂은 모습을 하고 있음.	위세 당당하고 공격적인 모습과는 다소 거리가 있음. 불성실한 태도이기는 하지만 말뚝이와 달리 상전에 대해 종으로서 기본적인 역할은 수행함.
상대역이 되는 양반의 모습	평균 이하의 무력하고 왜소한 인물로 말과 행동이 매우 비속함.	훌륭한 인품과는 거리가 멀지만 무력한 인물은 아니며, 양반으로서의 위세를 유지하고 있어서 하인이 그에게 함부로 대들지 못함.
양반을 대하는 행동 방식	신분 차이에 위압당하지 않고 거침없이 노골적인 방식으로 상전을 공격함. (말뚝이의 공격은 적극적 · 노골적 공격임.)	신분에 따른 힘의 차이를 인식하기 때문에 하인으로서의 역할을 수행하면서 꾀로써 상전을 공격함.(득거리의 공격은 교묘한 공격임.)

↓ 양반과 상민 사이의 경제력 수준이 역전되는 현상이 나타나면서 신분 질서가 흔들리고 있던 도시 사회의 현실을 반영함.

↓ 도시에 비해 상대적으로 양반과 상민 사이의 신분 질서가 유지되고 있던 농촌 사회의 현실을 반영함.

Q 설화도 수능에 자주 출제되나요?

A 설화는 고전 소설에 비해 등장인물의 수가 적고 서사 구조도 단순하여, 문항을 설계하는 것이 쉽지 않아 수능이나 모의평가, 학력평가에 잘 출제되지 않았던 갈래 중 하나입니다. 수능에는 한 번도 출제된 바가 없지만, 무속 신화인 「이공본풀이」와 『삼국유사』에 수록된 「김현감호」, 「선율환생」이 모의평가와 학력평가에 출제된 바 있습니다. 설화는 서사의 원형으로서 고전 소설에 일정한 영향을 주었다는 점에서 문학사적으로 의미가 있으며, 설화 그 자체로도 훌륭한 문학 작품이 됩니다. 따라서 평소 국어 공부를 하다가 설화를 접할 기회가 생겼을 때 등장인물의 유형과 서사 구조, 주제 의식 등에 초점을 맞춰 꼼꼼히 감상한다면 고전 소설을 비롯한 서사 문학 전반의 감상 능력이 향상될 것입니다. 이는 서양 문학의 경우 그리스 · 로마 신화나 『일리아드』, 『오디세이』 같은 호메로스의 서사시를 읽으면, 서양 문학 전반에 대한 감상 능력이 높아지는 것과 비슷한 경우라고 할 수 있습니다.

감상 포인트
㉮ 이 글은 천군 소설의 개념과 서사 구조의 특징에 대해 설명하고 있다. 천군 소설이란 '마음'이나 '감정'의 변화를 의인화한 소설로, 천군(天君)은 인간의 마음을, 신하는 사단(四端)과 관련된 마음씨와 칠정(七情)의 감정을 의미한다. 천군 소설은 사단과 칠정의 감정과 관련된 인물의 대립 구도를 중심으로 마음의 '화평 – 혼란 – 회복'의 서사 구조를 이루고 있다. 「수성지」에서도 이러한 서사 구조를 확인할 수 있다. 「수성지」는 전례와 고사를 활용하고 있으며, 의도적으로 동일한 음이 있는 한자를 사용하였기 때문에 의미가 중의적으로 해석되는 구절이 많다. 따라서 각 구절의 의미를 정확하게 파악하기 위해서는 전고(典故)에 대한 배경지식뿐만 아니라 동일한 음이 있는 한자가 어떤 맥락에서 사용되었는가를 파악해야 한다.
㉯ 이 작품은 임제가 지은 한문 단편 소설로, 작품의 제목인 '수성지'는 '근심의 성에 관한 기록'이란 뜻이다. 임금인 천군에게 근심이 생긴 과정과 그 귀결을 허구적으로 구성하여 서술한 작품으로, 전통적인 의인체 서사인 가전(假傳)의 양식을 계승했지만, '마음'을 의인화한 것이 특징이기에 '천군 소설'로 분류된다. 천군은 인간의 마음을, 신하는 인·의·예·지와 같은 사단과 관련된 마음씨나 기쁨·노여움·슬픔·즐거움·사랑·미움·욕심과 같은 칠정의 감정을 의미하며, 칠정과 같이 마음을 혼란하게 하는 인물들과 사단과 관련된 마음씨와 같이 혼란한 마음을 회복시켜 화평하게 하는 인물들의 대립을 통해 사건이 전개된다.

주 제
㉮ 천군 소설의 개념과 서사 구조의 특징
㉯ 인간의 심적 조화의 필요성

전체 줄거리
㉯ 천군이 다스리는 나라는 그의 신하인 인(仁)·의(義)·예(禮)·지(智)·희(喜)·노(怒)·애(哀)·낙(樂)·시(視)·청(聽)·언(言)·동(動) 등이 제각기 맡은 임무를 잘 수행하여 태평성대를 누리고 있었다. 하지만 예전의 충신, 의사로서 무고하게 죽은 이들이 찾아와 천군에게 허락을 받아 수성을 쌓고 항상 불안과 수심에 싸여 살게 되자, 그 세력이 천군에까지 미치게 된다. 중대한 위기에 처한 천군에게 주인옹은 수성을 뿌리째 없애 버릴 수 있는 방책을 제안하면서 국양(술)을 추천한다. 국양 장군이 천군의 명을 받고 군사를 거느려 수성을 쳐서 마침내 항복을 받으니 온 성안은 화기가 돌고 수심이 일시에 없어졌다. 이렇게 천군의 나라는 다시 평온을 되찾게 된다.

㉮ 「수성지(愁城誌)」는 '근심의 성에 관한 기록'이란 뜻으로, 임금인 천군(天君)에게 근심이 생긴 과정과 그 귀결
_{'수성지'라는 제목의 의미} _{'수성지'가 천군 소설로 분류되는 이유}
을 허구적으로 구성하여 서술한 한문 소설이다. 「수성지」는 전통적인 의인체 서사인 가전(假傳)의 양식을 계승했
_{인간의 마음과 돈, 술 등을 의인화하였기 때문임.}
지만, '마음'을 의인화한 것이 특징이기에 '천군 소설'로 분류된다. 천군 소설이란 '마음'이나 '감정'의 변화를 의
_{천군 소설의 개념}
인화한 소설로, 천군은 인간의 마음을, 신하는 인·의·예·지와 같은 사단(四端)과 관련된 마음씨나 기쁨·노여
_{천군 소설에 등장하는 인물들의 유형}
움·슬픔·즐거움·사랑·미움·욕심과 같은 칠정(七情)의 감정을 의미한다. 이때 칠정을 의인화한 인물은 천군
의 마음을 혼란하게 하고, 사단과 관련된 마음씨를 의인화한 인물은 천군을 도와 천군이 겪는 마음의 혼란을 회
_{천군 소설에 등장하는 인물의 특징 및 역할}
복하는 역할을 수행한다. 천군 소설은 이러한 인물들의 대립에 의해 마음의 '화평 – 혼란 – 회복'의 서사 구조를
_{천군 소설의 서사 구조}
이루게 된다.★
▶ 천군 소설의 개념과 서사 구조의 특징

「수성지」에서 「천군은 자신을 찾아온 중국 전국 시대 초나라의 충신
_{「수성지」의 줄거리}
인 굴원이 성을 쌓을 수 있도록 청하자 이를 허락하는데, 성이 축조된
후 원한과 시름을 안고 죽은 인물들이 성안으로 모여든다. 천군은 성
안의 사람들로 인해 시름에 잠기게 되고, 이에 굴원이 쌓은 '근심의
성'을 나라의 우환으로 지목한 후 국양을 보내 '근심의 성'을 평정한

> **★ 문제 해결 키 문항 3 관련**
> '천군 소설'의 서사 구조의 특징과 등장인물의 역할을 파악해야 함.
>
> | 천군 소설의 구조 | 화평 – 혼란 – 회복 |
> | --- | --- |
> | 등장인물의 역할 | • 사단과 관련된 인물: 마음의 화평 및 회복에 기여함.
• 칠정과 관련된 인물: 마음을 혼란하게 함. |

다.」이러한 점에서 「수성지」는 천군 소설의 서사 구조를 따르면서도, 사단 이외에도 마음을 화평하게 하는 작가
의 방안을 확인할 수 있는 작품으로 평가받고 있다. _{「수성지」의 문학적 의의}
▶ 「수성지」의 줄거리 및 작품에 대한 평가
_{전거(말이나 문장의 근거가 되는 문헌상의 출처)가 되는 선례}
한편, 「수성지」는 수많은 전고(典故), 즉 역사적 전례(典例)와 고사(故事)를 활용하고 있으며, 의도적으로 동일
_{「수성지」의 내용 파악이 어려운 이유}

한 음(音)이 있는 한자를 사용하였기 때문에 의미가 중의적으로 해석되는 구절이 많다. 따라서 <u>전고에 대한 배경</u>

지식뿐만 아니라 동일한 음이 있는 한자가 어떤 맥락에서 사용되었는가를 파악해야 각 구절의 의미를 정확하게

파악할 수 있다.

「수성지」를 감상할 때의 유의점

▶ 「수성지」 작품 감상 시 유의점

마음을 의인화한 존재. 「수성지」를 '천군 소설'로 분류하는 이유. 순자
『천론(天論)』의 '마음은 중심이 허한 곳에 있으면서 오관을 다스리니,
이를 천군이라 일컫는다.'라는 구절에서 유래한 것으로 보임.

④ 주인옹이 글을 올리자 <u>천군</u>이 비답을 내렸다.

'경(敬)'을 의인화한 인물. '경'은 '공경하는 마음'을 드러내는 것으로, '사단(四端)' 중 '예(禮)'와 관련이 있음.

"내가 비록 부덕하지만 간언에 대해서만은 물 흐르듯이 따르고자 한다. 국 장군을 영접하는 일을 모두 주인옹

국양. '술'을 의인화한 인물

에게 일임하니 힘써 주선하라!"

주인옹이 말했다.

'돈'을 의인화한 인물. 엽전의 중앙에 네모진 구멍이 있기에 붙인 이름

"<u>공방</u>*이 국 장군과 친분이 있으니 불러올 만합니다."

공방에게 국 장군의 영접을 맡긴 이유

천군은 즉시 공방을 불러 말했다.

"네가 가서 나를 위해 잘 말해서 인재를 갈망하는 내 뜻에 부응하도록 하라."

▶ 주인옹은 천군에게 국양을 천거하고, 천군은 국양의 영입을 공방에게 일임함.

공방이 천군의 명을 받들고 그 무리 백문과 함께 지팡이를 짚고 길을 나서 강촌과 산촌을 두루 다녔지만 국양*

1문은 엽전 한 개. 따라서 '백문' 또한 '공방'처럼 돈을 의인화한 인물임.

을 찾지 못했다. 목동 하나가 도롱이를 걸친 채 소를 타고 오는 것을 보고 공방이 물었다.

"국양 장군은 지금 어디에 사느냐?"

목동은 웃으며 말했다.

"여기서 멀지 않습니다. 저기 바라보이는 곳에 계십니다."

목동은 녹양촌 안의 붉은 살구꽃이 핀 담장을 가리켰다. 공방은 즉시 풀이 우거진 시냇가 오솔길을 따라가서

술집의 주모(酒母)

담장 앞에 이르렀다. 과연 국양이 푸른 깃발 아래 <u>목로주점의 미인</u>을 데리고 앉아 있다가 공방이 오는 것을 보고

술집의 깃발. 예전에는 술집임을 표시하기 위해 푸른 깃발을 달았다고 함.

천군. '복초'는 처음의 본성으로 돌아간다는
것을 의미함. 마음의 혼란을 겪는 천군이 다시
마음의 평정을 회복한다는 의미를 담고 있음.

백안(白眼)으로 대하며 말했다.

"힘들게 먼 곳을 찾아오셨는데 제가 무엇으로 보답하지요?"

공방이 꾸짖으며 말했다.

'금초'는 황금 고리와 담비 꼬리로 장식한 관으로, 높은 벼슬아치를 뜻하는 말로 씀.
'서량'은 남북조 시대 5호 16국 중의 하나로, 서량의 수도가 주천(酒泉)이기에 한 말.
즉, 자신보다 높은 벼슬아치가 오거나 술을 가지고 왔길 바라는 공방의 질책을 나타냄.

"금초로 바꾸어 오기를 바라오? 서량을 바라는 게요?* 왜 이리 나를 경멸하시오? 복초 임금께서 '근심의 성'

때문에 힘겨워하시다가 장군이 세상의 불평한 일을 제거하는 것을 자기 임무로 삼는 데 뜻을 두고 있다는 말

을 들으셨소. 그리하여 아침저녁으로 장군이 오기를 바라며 임금을 올바른 길로 인도해 달라는 부탁을 내리고

자 하시오. 내가 장군과 대대로 교분이 있기에 특별히 보내 맞아 오게 하셨거늘, 어찌 이처럼 무례하오?"

국양은 그제야 백안을 감추고 청안(靑眼)을 보이더니★ <u>채준이 좋아하던 투호</u>를 하며 말했다.

'채준'은 후한 광무제 때의 장수로, 투호를 즐긴 것으로 유명함.

"근심이 있고 없는 건 오직 자기에게 달려 있소이다."

▶ 공방은 자신을 괄시하는 국양을 설득하여 국양의 영입에 성공함.

국양이 진귀한 <u>천금구</u>를 입고 <u>오화마</u>를 타고 병사를 일으켜 <u>뇌주</u>에 이르니, 이때는 3월 15일이었다. 천군은

'천금구'는 진귀한 갑옷, '오화마'는 청색과 백색의 무늬가 있는 좋은 말　큰 술잔을 뜻하는 '뇌(罍)'를 지명에 빗대어 한 말

<u>모영</u>을 보내 이렇게 위로하게 했다.

병사 또는 술병　　　　　　　　　　　　　　원문에는 술을 세는 단위인 '두(斗)'로 되어 있음. 헤아리다. 또는 술 세는 단위

【「<u>고주</u>를 버리지 않고 병을 거느리고 왔으니, 이 기쁜 마음을 어찌 <u>헤아릴</u> 수 있겠는가? <u>경과 같은 큰 그릇</u>이

외로운 군주 또는 시장에서 파는 술　　　　　　　　　　　　　　　　　　　　　　　　큰 사람 또는 큰 술잔

바야흐로 후설을 맡으니, 우선 경을 옹주·병주·뇌주의 삼주 대도독
지위가 높은 재상 또는 목구멍과 혀

겸 구수대장군으로 임명하노라. 도성 안은 과인이 맡을 테니, 도성
근심을 물리치는 대장군 / 원문은 '짐작(斟酌)'임. 헤아리다. 또는 술을 따르다.

밖은 장군이 맡아 진퇴의 시기를 짐작하여 병을 기울여 토벌하라.★
온 병사를 동원하다. 또는 술병을 기울이다.

지금 중서랑 모영을 보내 내 뜻을 전하는 한편 장군 곁에 두어 장
궁중의 문서와 조칙을 관장하는 벼슬

서기로 삼게 하니, 잘 살펴 시행하라.」
절도사의 아래에서 문서를 관장하는 벼슬
[ ]: 의도적으로 동일한 음이 있는 한자를 사용하여 의미가 중의적으로 해석되는 구절이 많음.

★ 문제 해결 키 [문항 2 관련]

국양이 등용된 후 천군에게 '표'와 근심의 성안에 있는 사람들에게 '격문'을 보낸 이유를 파악해야 함.

| '표'를 보낸 이유 | 자신을 등용해 준 것에 대한 고마움과 임무 수행에 대한 자신감을 드러냄. |
| '격문'을 보낸 이유 | 자신의 능력을 언급하며 근심의 성안의 사람들에게 항복을 권유함. |

국양은 즉시 모영을 시켜 천군에게 감사하는 표(表)를 지어 올렸다.★
신선처럼 지냈다는 말. '병 속의 해와 달'은 신선 세계를 의미함. 한나라 때 호공이라는 노인이 밤마다 작은 병 속으로 들어가기에 병 안을 들여다보니 그 속에 또 하나의 천지가 있었다는 전설에서 유래한 말

「복초 2년 3월 모일, 옹주·병주·뇌주 삼주 대도독 겸 구수대장군 국양은 황공하여 백번 절하고 아룁니다.

저는 곡식을 먹지 않고 정기를 단련하며 병 속의 해와 달을 길이 보전하고, 어지러움을 평정할 성인을 기다
신선이 되는 방법 중의 하나. 벼슬에 나가기 전 국양의 관심사를 알 수 있음.

리다 마침내 벼슬을 내리시는 은택을 입게 되었으니, 스스로 돌아보매 마음 아프고 분수를 헤아려 보건대 실

로 외람된 일입니다.
중국 동진의 명문가 사람들로, 술과 풍류를 즐겼다고 함.

엎드려 생각하건대 저는 곡성의 후예요 조계의 유파로서, 왕탄지와 사안을 따라 노닐며 강동의 풍류를 뽐냈
중국에 있는 하천 이름으로, 물맛이 매우 항기롭다고 함.

고, 혜강과 유령의 풍치를 함께 즐겨 한적한 정을 죽림에 깃들였습니다. 반평생 동안 드나든 곳은 오직 유리종

과 앵무잔뿐이요, 백 년 동안의 사귐은 오직 습가지와 고양의 술꾼뿐이었습니다.★ 제 행동이 예법에 맞지 않
유리종, 앵무잔, 습가지 모두 술과 관련된 말들로, 국양이 벼슬에 나서기 전 술을 마시며 한가롭게 지냈음을 의미함.

아 오랫동안 강호에 떠다니는 신세였거늘, 전하께서 저를 버리시지 않고 정벌의 임무를 맡기실 줄 어찌 알았

겠습니까? 저 같은 광생이 어찌 큰 벼슬을 감당할 수 있겠습니까?

현인을 등용하면 대적할 자가 없고, 근심을 공격하는 데에는 방책이 있습니다. 전하께서는 제가 가진 한 가

지 작은 재주를 들어 의심치 않고 등용하시며, 뭇사람의 입에 오르내리는 것을 저 홀로 결단하라 하시고, 마침
많은 사람의 비난을 받음. 또는 많은 사람들이 술을 입에 댐.

내 얕은 재주를 바다 같은 도량으로 포용해 주시니, 감히 맑은 절개를 한층 더하고 향기를 더욱 발하지 않을
임금의 바다 같은 은혜 또는 바다와 같이 넓은 주량

수 있겠습니까? 비록 술잔으로 병권을 내려놓게 한 조보의 계책에는 미치지 못하지만, 가슴속에 일만 병사를
'조보'는 송나라 태조의 신하로, 태조가 중국을 평정한 뒤 옛 부하였던 장수들의 권력이 너무 큰 것을 걱정하자 태조에게 잔치를 베풀게 한 후 계책을 써서 장수들이 스스로 권력을 내려놓게 하였음.

간직한 범중엄의 위엄을 따르고자 합니다.」
적을 맞아 싸우는 장군

천군이 표를 읽고는 몹시 기뻐하며 즉시 서주 역사를 영적 장군으로 임명하여 도독의 휘하에 두었다.
▶ 천군은 자신을 돕기로 한 국양에게 고마움을 표하고, 공방은 자신을 등용한 천군에게 감사하는 마음을 담아 표를 올림.

이때 해는 저물어 연기가 피어오르고 산들바람에 제비가 지저귀는데, 양쪽 진영에서는 화살에 매단 격문을 서

로 쏘아 보내고 북소리와 피리 소리는 사기를 북돋고 있었다. 장군은 조구에 올라 주허후 유장에게 분부를 내렸다.

"군령이 지엄하니 네가 군령을 담당하여 기둥을 찌르는 교만한 장수와 술을 피해 달아나는 노병이 없게
각각 한나라 유방과 동진의 환온의 술과 관련된 고사에서 인용한 부분으로 술 마시는 것을 금하는 명령에 해당함.

하라."
'범중엄'은 송나라 인종의 신하로, 원호가 반란을 일으키자 섬서성 일대를 수비했는데, 반란군들은 '범중엄의 가슴속에는 수만 명의 병사가 있다.'라고 말하며 범중엄이 지키는 땅을 감히 침범하지 못했다고 함.

그러자 군중이 엄숙해져 감히 떠드는 자가 없었고, 나아가고 물러서는 데 질서가 있었으며, 공격하여 전투를

벌이는 데 법도가 있었다. 진법은 육화진법을 본받았으니, 이것은 해바라기 모양을 본떠 만든 것이다. 옛날 이정

이 고구려를 공격할 때 산이 험준해서 제갈공명의 팔진법을 쓸 수 없었으므로 육화진법을 대신 썼던 것인데, 지

금 이 진법을 쓴 것이다.

장군은 옥주를 타고 주지를 건너면서 칼로 삿대를 치며 맹세했다.
_{옥으로 만든 배 또는 옥으로 만든 술잔}

"반드시 '근심의 성'을 소탕하고 돌아올 것을 이 물에 걸고 맹세하노라."

이윽고 해구에 배를 정박한 뒤 즉시 장서기 모영을 불러 당장 격문을 짓게 했다.★ 격문은 다음과 같다.

「모월 모일, 옹주·병주·뇌주 대도독 겸 구수대장군은 '근심의 성'에 격문을 보내노라.

잠시 머물렀다 가는 하늘과 땅 사이, 나그네처럼 흘러가는 시간 속에서 장수하든 요절하든 매한가지 꿈이거늘, 살아서 시름겹고 한스러운 것이 해골의 즐거움★만 못하니 어찌 슬프지 않으랴?

너희 '근심의 성'이 우환이 된 지 오래다. 임금에게 쫓겨난 신하, 근심에 잠긴 아낙, 절개 있는 선비와 시인들이 '근심의 성'을 찾아와 거울 속의 얼굴이 쉽게 시들고 머리카락이 서리처럼 하얗게 세니, 그 세력을 더 키워 제압하기 어려운 지경에 이르게 해서는 안 될 줄 안다.
_{술을 가리킴. 신풍은 술로 유명한 중국 서안의 지명으로, 왕유의 시에 '신풍의 좋은 술은 한 말에 만 냥'이라는 구절이 있음.}
지금 나는 천군의 명을 받아 신풍의 병사를 통솔하여, 서주 역사를 선봉으로 삼고, 합리와 해오를 비장으로 삼았으니,
_{술안주를 의미함. '합리'는 조개, '해오'는 게를 말함.}
제갈공명이 진을 벌여 풍운진을 펴고 초패왕 항우가 고금 제일의 용맹을 떨친다 한들 우리 앞에서
_{제갈공명의 팔진법에 속하는 군진(軍陣)의 이름}
는 아이들 장난에 불과하거늘, 어찌 우리를 당해 내겠느냐? 하물며 초나라에서 홀로 취하지 않은 굴원쯤이야
_{굴원이 「어부사」에서 '세상 사람들이 모두 취했지만 나 홀로 깨어 있다.'라고 했으므로 한 말.}
개의할 게 무엇 있겠느냐? 격문을 받는 날로 어서 백기를 들라!」

▶ 국양은 격문을 지어 '근심의 성' 안에 있는 사람들에게 항복할 것을 권유함.

출납관으로 하여금 소리 높여 격문을 읽어 '근심의 성' 안에 두루 들리게 했다. 그러자 성안 가득한 사람들이 모두 항복할 마음이 생겼지만, 오직 굴원만이 굴복하지 않고 머리를 풀어 헤치고 달아나 어디로 갔는지 알 수 없었다. 장군이 해구로부터 병 안의 물을 쏟아붓듯이 기세등등하게 파죽지세로 내려오니, 공격하지 않아도 성문이
_{거침없는 기세 또는 술병 안의 술을 모두 쏟아부음.   대를 쪼개는 기세라는 뜻으로, 적을 거침없이 물리치고 쳐들어가는 기세를 이르는 말}
저절로 열렸고 싸우지 않고도 온 성이 항복했다. 장군은 무용을 뽐내고 위세를 드날리며 군사를 흩어 외곽을 포위하기도 하고 군사를 모아 내부에 진을 치기도 하니, 바다에 밀물이 몰려오고 강가의 성곽에 비가 퍼부어 범람하는 듯했다.

「천군이 영대에 올라 바라보니 구름이 사라지고 안개가 걷히며, 온
_{『 』: 근심의 성으로 인한 어지러움이 사라지고, 마음의 평정을 되찾은 상태를 나타냄.}
화한 바람이 불고 봄날의 따뜻한 햇빛이 비쳤다. 지난날 슬퍼하던 자는 기뻐하고, 괴로워하던 자는 즐거워하고, 원망하던 자는 원망을 잊고, 한을 품었던 자는 한이 녹아 버리고, 분을 품었던 자는 분이 사라지고, 노여워하던 자는 기뻐하고, 근심하던 자는 환희하고, 답답해하던 자는 마음이 탁 트이고, 신음하던 자는 노래 부르고, 팔뚝을 내지르며 분개하던 자는 발을 구르며 춤을 추었다.」

▶ 국양은 '근심의 성'을 평정하고 천군은 마음의 평온함을 회복함.

> **★ 문제 해결 키 [문항 4 관련]**
>
> 작품에 사용된 전고와 동일한 음이 사용된 부분의 맥락을 파악해야 함.
>
> | | |
> |---|---|
> | 전고를 사용한 부분 | • 공방의 국양에 대한 질책
• 천군에게 등용되기 전까지의 국양의 행적
• 근심의 성안 사람들에 대한 항복 권유 |
> | 동일한 음이 사용된 부분 | • 국양에 대한 천군의 고마움과 믿음
• 근심의 성을 평정하라는 천군의 당부 |

＊**공방·국양**: 각각 돈과 술을 의인화한 인물.

＊**금초로 ~ 바라는 게요?**: 더 존귀한 대우를 바라는 것이냐는 뜻. '금초'는 벼슬아치를 뜻하는 말이며, '서량'은 '술이 솟는 샘'이라는 뜻을 지닌 지명인 '주천(酒泉)'을 도읍으로 했던 나라의 이름임.

핵심 개념
이것만은
꼭 익히자

포인트 ① 「수성지」를 통해 알아보는 천군 소설의 서사 구조 `문항 3 관련`

천군 소설의 구조	마음의 화평	→	마음의 혼란	→	마음의 회복
「수성지」의 내용	사단과 칠정이 조화를 이루고, 천군의 명을 잘 받들어 나라를 보살핌.		초나라의 충신 굴원과 송옥이 찾아와 근심의 성을 쌓은 후부터 천군이 근심에서 벗어나지 못함.		국양이 근심의 성을 함락한 뒤에 천군의 마음이 다시 화평해짐.

포인트 ② 「수성지」에 전고와 동일한 음이 있는 한자가 사용된 부분의 맥락 `문항 4 관련`

사용된 전고	• 백안: 동진의 완적이 좋은 사람은 푸른 눈[靑眼]으로 바라보고, 싫은 사람은 눈의 흰자위[白眼]를 드러내고 맞이했다는 고사에서 유래한 말	⇨	국양의 말을 들은 공방이 국양을 꾸짖는 이유를 알 수 있음.
	• 유리종(琉璃鐘)·습가지(習家池): '유리종'은 당나라 시인인 이하의 시 「장진주」에 나오는 술잔의 이름. '습가지'는 중국 동진 사람인 산간이 늘 술을 마시며 지냈다는 습씨 가문의 연못 이름	⇨	천군에 등용되기 전까지 국양이 강호에서 술을 마시며 한가롭게 지냈다는 점을 알 수 있음.
	• 해골의 즐거움: 장자(莊子)가 길에 버려진 해골을 보고 안타까워했는데, 꿈에 그 해골이 나타나서 '죽은 자의 세계에는 위로는 군주가 없고 아래로는 신하가 없으니 자유롭고, 지상의 수고로운 일도 없으니 즐겁기만 하다.'라고 말했다는 이야기가 「장자」, 「지락」 편에 나옴.	⇨	근심의 성안에 있는 사람들에게 항복하지 않고 저항하는 것이 부질없음을 드러냄.
동일한 음이 있는 한자	• 고주: '외로운 군주[孤主]' 또는 '시장에서 파는 술[沽酒]'의 의미로 해석이 가능함.	⇨	• 천군이 국양을 환대하며 근심의 성에 있는 세력들의 토벌을 맡기려 함.
	• 병: '군인이나 군대[兵士]' 또는 '액체를 담는 데 쓰는 그릇[瓶]'의 의미로 해석이 가능함.		• 술을 통해 마음속의 근심을 없앨 수 있음.

포인트 ③ 등장인물의 상징적 의미 및 역할 `문항 1, 3 관련`

천군	마음을 의인화한 인물. 임금으로 화평하게 지내다 근심의 성이 들어선 후 혼란을 겪음. 국양이 근심의 성 세력을 토벌한 후에 마음의 평정을 되찾음.
주인옹	사단과 관련된 '경'을 의인화한 인물. 근심의 성 세력을 토벌하기 위해 국양을 천거함.
공방	돈을 의인화한 인물. 주인옹의 부탁을 받고 천군을 위해 국양을 불러옴.
국양	술을 의인화한 인물. 천군에게 등용된 후 근심의 성 세력을 토벌함. 마음의 근심을 술로 없앤다는 점에서 작가만의 문제 해결 방식이 돋보임.
굴원	슬픔을 유발한다는 점에서 칠정과 관련된 인물. 천군을 찾아와 근심의 성을 쌓음. 근심의 성 사람들이 국양에게 항복하자 자취를 감춤. 굴원이 사라진 후 천군은 마음의 평정을 되찾음.

포인트 ④ '표'와 '격문'을 통해 알아보는 국양의 심리와 태도 `문항 2 관련`

표	• 현인을 등용하면 대적할 자가 없고, 근심을 공격하는 데에는 방책이 있습니다. • 가슴속에 일만 병사를 간직한 범중엄의 위엄을 따르고자 합니다.	⇨	'근심의 성'을 정벌하는 임무 수행에 대한 자신감을 드러냄.
격문	• 살아서 시름겹고 한스러운 것이 해골의 즐거움만 못하니 어찌 슬프지 않으랴? • 초나라에서 홀로 취하지 않은 굴원쯤이야 개의할 게 무엇 있겠느냐? 격문을 받는 날로 어서 백기를 들라!	⇨	'근심의 성' 세력들에게 항복을 권유함.

■ 천군 소설의 효시(嚆矢) 김우옹의 「천군전(天君傳)」

「천군전」은 1566년(명종 21) 김우옹(金宇顒)이 마음을 의인화하여 지은 고전 소설로, 작자의 문집인 『동강집(東岡集)』 권 17에 실려 있다. 마음을 의인화한 인물인 '천군'을 주인공으로 내세우면서, 충신형과 간신형 인물의 대립과 갈등에서 충신형 인물의 승리로 인해 마음의 평온함이 회복된다는 서사 구조를 보인다는 점에서 천군 소설의 효시로 평가받는 작품이다. 「천군전」의 줄거리는 다음과 같다.

> 태초에 건원제(乾元帝)가 하계(下界)를 다스릴 자를 물으니 모두 그의 맏아들을 추천하였다. 태사(太史)에게 책명(策命)을 짓게 하고 유인국(有人國)을 맏아들에게 맡기니 백성들이 그를 높여서 천군이라 불렀다. 초명은 이(理)이고, 사람으로 봉하여져 심(心)이라 개명하여 흉해(胸海)에 도읍을 정하였다. 원년(元年)에 태재(太宰) 경(敬)을 강자(腔子) 속에 거처하게 하여 천군의 궁부(宮府)를 숙청하게 하고 백규(百揆) 의(義)에게는 태재와 협동하여 직무에 순응하도록 하였다. 두 재상이 충성을 다하고 여러 신하가 화합하여 나라가 잘 다스려졌다. 그러나 천군이 미행(微行)을 좋아하여 태재가 간하여도 듣지 않고, 요망한 신하인 공자(公子) 해(懈)와 공손(公孫) 오(傲) 등에 의하여 태재가 쫓겨나고 백규도 가 버렸다. 천군이 방황하여 법궁(法宮)이 비고 법도(法度)가 풀려 간적(奸賊) 화독(華督) 등이 난을 일으켜 습격하여 왔다. 천군의 군대는 패하고 적의 괴수 유척(柳跖)은 스스로 임금이 되어 방촌대(方寸臺)에 들어와 살게 되니 궁궐이 황량해졌다. 천군이 나라를 잃자 공자 양(良)만이 그를 따르며 시를 지어 천군을 깨우쳤다. 깨달은 천군이 군사를 모으고 태재 경의 도움으로 지위를 되찾아 집 안으로 들어가며, 대장군 극기(克己)가 선봉이 되고 공자 지(志)가 원수가 되어 적을 무너뜨렸다. 천군이 신명전(神明殿)에서 위(位)를 바로잡자 백규 의도 와서 태재와 합심하여 다스리며, 적의 잔당이 침범하여 오는 것을 대장군이 추격하여 땅을 모두 되찾았다. 이에 나라가 평안하여지고 각자 직책에 충실하여 나라에 일이 없었다. 천군은 재위 100년 만에 육룡(六龍)을 타고 건원제의 조정에 배알하고 돌아오지 않았다.

■ 임제와 「수성지」에 대한 당대 사람들의 평가는 어땠을까?

택당 이식(1584~1647)은 「백호 임제」라는 시의 주석에서 임제에 대해 다음과 같이 평하며 「수성지」를 언급한 바 있다.

> 공(公)은 병법을 좋아해서 보검을 차고 준마를 타고 날마다 수백 리를 달렸다. 북평사(조선 시대에, 함경도에 있는 북병영에 속한 정6품 무관 벼슬. 함경도 병마절도사의 보좌관)에서 서평사로 벼슬이 바뀌자 일부러 어사의 행차를 가로막는 죄를 짓고 탄핵을 받은 뒤 「수성지」를 지어 자기 마음을 드러냈다. 평생 동안 신기하고 위대한 사적이 매우 많았다.

한편 당대의 일급 비평가였던 허균은 「수성지」의 독특한 발상과 수많은 전고를 능란하게 활용하고 재치 있게 패러디한 고도의 기교를 높이 평가하여 「학산초담」이라는 책에서 「수성지」를 이렇게 평했다.

> 문자가 생겨난 이래로 가장 특별한 글이니, 천지간에 이 글이 없어서는 안 된다.

EBS Q&A

Q 고전 소설에서 어려운 한자 성어나 어휘가 나오면 어떻게 해결해야 하나요? 문항 4 관련

A 「수성지」는 작품 속에 등장하는 수많은 전고 때문에 자세한 주석이 없으면 그 내용을 파악하기가 어렵습니다. 전고를 일일이 확인하고 그것이 문맥 속에서 어떤 의미를 갖는지 꼼꼼하게 살펴야만 작품의 내용과 주제 의식을 제대로 파악할 수 있습니다. 그런 점에서 「수성지」에 사용된 전고를 바탕으로 작품의 내용과 인물의 태도 및 심리를 파악하는 '문항 4'는 학생들에게 매우 어렵게 느껴질 수 있습니다. 하지만 이런 문항일수록 〈보기〉로 제시된 외적 준거나 어휘 풀이를 잘 활용하면 오히려 쉽게 문항을 해결할 수 있습니다. '문항 4'의 〈보기〉에서는 '백안', '유리종·습가지', '해골의 즐거움'에 대한 전고를 제시하고 있는데요, 이 전고 모두 국양의 태도 및 행적과 관련이 있다는 점을 발견할 수 있습니다. 따라서 제시된 전고의 내용과 그 전고가 작품에서 사용된 맥락을 꼼꼼하게 살펴본다면 어렵지 않게 국양이라는 인물에 대해 파악할 수 있을 것입니다. 「수성지」 이외에도 다른 고전 소설 작품에서 어려운 한자 성어나 어휘가 나온다면 지나치게 두려워하지 말고 〈보기〉로 제시된 외적 준거나 어휘 풀이를 꼼꼼하게 살펴보길 바랍니다.

감상 포인트 이 작품은 명나라를 배경으로 청춘 남녀의 애절한 사랑과 비극을 그리고 있는 한문 소설이다. 비극적 애정 소설의 기본 구도를 충실히 따른 작품으로, 사랑만이 유일한 삶의 희망이라는 생각을 바탕으로 이별의 상황에서 죽음을 맞이하게 되는 주인공들의 슬픈 운명을 형상화하고 있다.

주 제 청춘 남녀의 비극적이고 애절한 사랑

전체 줄거리 위경천은 친구와 함께 동정호로 유람을 갔다가 재상의 딸 소숙방을 만나 은밀하게 인연을 맺는다. 그 후 위경천과 소숙방은 이별을 맞이하게 되고 그리움으로 인해 병이 드는데, 두 사람의 사연을 알게 된 양가 부모는 두 사람을 혼인시킨다. 조선에서 임진왜란이 일어나자 위경천의 부친은 황제의 명에 따라 참전하고 위경천도 서기직을 맡아 부친과 함께 떠나게 된다. 위경천은 전쟁터에서 아내에 대한 그리움으로 그만 죽게 되고, 위경천의 죽음을 안 소숙방도 결국 죽음을 맞이하게 된다.

위생이 이 말을 듣고는 놀라 눈물을 흘리더니 잠시 마음을 가다듬고 작은 목소리로 말했다.
<u>위생의 부모가 병에 걸린 위생을 보고 눈물을 흘리며 가슴속에 쌓인 것을 다 털어놓으라고 말함.</u>
"부모님께서는 저를 낳으시어 정성을 다해 길러 주셨습니다. 하늘 같은 그 은혜에 보답하고자 하나, 소자가 불초하여 증삼*과 같은 효성은 본받지 못하고 결국 자하*의 아픔만 끼쳐 드리고 말았으니 불효막심한 죄가 이승과 저승에 쌓일 것입니다. 바라옵건대 제 속마음을 모두 말씀드려 유감이 없도록 했으면 합니다.
<u>소숙방을 그리워하는 마음이 깊어져서 병이 들어 부모님께 심려를 끼쳐 드림.</u>

▶ 위생이 자신이 앓게 된 원인을 부모님께 말하기로 함.

> **★ 문제 해결 키 문항 2 관련**
> 이 작품에서는 남녀 주인공의 재회를 위한 양가 부모의 도움이 분명하게 드러남. 위생과 소숙방이 서로 사랑하고 그리워하는 마음을 양가 부모가 알게 되어 둘을 이어 주기 위해 개입함.

지난날 친구와 함께 좋은 절기를 맞아 배에 술을 싣고 남쪽 지방을 유람한 일이 있습니다. 이때 그만 소상국 댁에 잘못 들어가 경박한 행동으로 담장을 엿보는 죄를 범했으니 만 번 죽어 마땅할 것입니다. 붉은 누각에서
<u>위생은 담장 너머로 소숙방을 보고 마음을 억누를 수가 없어서 그녀의 방으로 들어가서 만남을 갖게 됨.</u>
한번 이별하고 나서는 만리 강물에 산길도 험하여 소식을 통할 방도가 없었습니다. 오직 그 한 가지 생각이 가
<u>위생의 고통의 원인이 사랑의 감정으로 인한 것임.</u>
슴에 맺혀 결국 미친병이 생겼으니, 죽은 뒤에야 편안해질 것이요 다른 방법은 없는 듯합니다."

▶ 위생이 소숙방과의 만남과 이별로 인한 슬픔에 대해 부모님께 설명함.

부모가 손으로 눈물을 훔치고는 눈을 크게 뜨고 말했다.
"우리가 그런 사정을 일찍 알았다면 너를 이 지경으로 만들었겠느냐?"
급히 늙은 하인을 불러 소상국 댁에 보내며, 혼인을 청하여 혼례 날짜를 정하고 오도록 분부하였다.★ 하인이 미처 문을 나서다 말고 허둥지둥 뛰어 들어오더니 기쁜 목소리로 외쳤다.
<u>혼인을 청하러 소상국 댁에 가려고 하던 중에 소상국 댁에서 보낸 심부름꾼이 먼저 도착했기 때문임.</u>
"상국 댁에서 보낸 심부름꾼이 먼저 도착했습니다요!" ▶ 위생의 부모가 아들을 위해 혼례 날짜를 정하려고 하인을 보냄.

위생의 부친이 급히 사랑채로 나가 심부름꾼을 불러들였다. 붉은 관을 쓰고 쇠로 만든 띠를 찬 팔 척 장신의 남자가 뜰에서 두 번 절하고는 무릎을 꿇고 상국의 편지를 바쳤다. 산호로 만든 함 속에 얇은 비단 몇 폭과 함께 좋
<u>소상국 댁의 심부름꾼</u>
은 종이에 쓴 편지 한 통★이 들어 있었다. 편지의 내용은 다음과 같았다.

▶ 먼저 도착한 소상국 댁 심부름꾼을 통해 편지를 전해 받음.

> **★ 문제 해결 키 문항 1 관련**
> '편지 한 통'의 기능
> ▼
> 소숙방 부친의 삶의 내력을 요약하고 있음. 소숙방의 부친은 편지를 통해 자신의 집안에 대한 내력을 겸손하게 전달하며 자녀의 혼인을 추진하고자 하는 의사를 전달하고 있음.

「저는 대대로 높은 벼슬을 지낸 가문의 사람으로, 조정에서 벼슬하여 재상의 지위에 오르고 부귀도 누렸습니다. 지금은 여생을 편안히 보내기 위해 벼슬에서 물러나 집에서 쉬면서 멀리 고적을 답사하기도 하며 지내고 있습니다. 물고기와 새를 벗으로 삼고 꽃과 대나무를 즐기며 맑

은 흥취를 돕기도 하고, 손님을 맞아 술자리를 열고는 하루를 보내기도 합니다. 지난날 아드님께서 아름다운

<u>경치를 따라 우연히 저희 집에 들른 일이 있었습니다.</u> 제 딸아이가 정이 많아 문득 그 미천한 몸으로 꽃이 이
위생과 소숙방의 첫 만남. 딸에게서 사건의 전말을 듣고 알게 됨.

슬에 젖듯 달이 구름을 헤치듯, 홀로 지내며 생긴 원한을 떨치지 못하였으니, 모든 것이 이 늙은 애비의 죄입

니다. 일이 이미 이렇게 되고 말았으니 후회한들 어찌겠습니까? 초나라의 진귀한 옥*이 이미 깨지고 진나라의

난새는 모여들지 않으니*, 이별의 한이 결국 병이 되어 남은 목숨이 실낱과 같습니다. <u>난새가 죽으면 봉황새</u>
고사를 인용하여 부부의 정을 가로막았을 때 발생할 수 있는 비극적인 상황을 가정함.

<u>도 스러지나니,</u> 만일 부부의 정을 가로막는다면 천지가 다하도록 부모의 마음이 어떻겠습니까?

　<u>속히 좋은 날을 잡아 혼례를 올리게 해 주시기 바랍니다.</u> 모쪼록 귀댁에서 저희 집의 한미함을 탓하지 말아
편지의 목적　　　　　　　　　대대로 높은 버슬을 지낸 가문임에도 한미하다고 표현하면서 겸손한 태도를 보임.

<u>주시기를 빕니다.</u>」
　　　　　　　　　　　　　　　　　　　　　▶ 소상국 댁에서 위생과 소숙방의 혼례를 청하는 편지를 보냄.

편지를 다 읽자, 심부름꾼이 두 번 절한 다음 저간의 사정을 아뢰었다.

"저희 집 아씨가 귀댁의 아드님과 헤어진 뒤로 늘 꽃밭 가운데서 기다리다가 며칠 전 어린 종 하나를 강촌으로
소숙방

보내 아드님의 소식을 수소문하게 했습니다. 그랬더니 마을 사람이 이렇게 답했다고 합니다.

　'접때 젊은이 두 사람이 건강부*에서 와 호숫가에 배를 대고 한바탕 즐기다가 돌아갔는데, 그 뒤로는 못 봤

　구려.'

　돌아와 들은 대로 알리자 <u>아씨는 마침내 자리에 누워 일어나지 못했습니다.</u> 주인 어르신께서는 아씨의 마음
　　　　　　　　　　　　　　　위생에 대한 그리움으로 인해 병이 듦.

을 헤아리지 못하고 계셨는데, 어느 날 아씨가 잠든 틈을 타 아씨의 비단 상자를 들춰 보다가 '그리움'을 노래

한 시 몇 수를 발견하시게 되었습니다. 이 일을 가지고 아씨에게 캐묻자 아씨도 더는 숨기지 못하고 모든 사정

을 남김없이 털어놓았습니다. <u>주인 어르신</u>께서 이 말을 듣고는 즉시 말을 달려 혼인을 청하고 오라는 명을 내
　　　　　　　소숙방의 부친

리셨기에 감히 귀댁에 오게 된 것입니다."
　　　　　　　　　　　　　　　　　　　　▶ 소상국 댁 심부름꾼이 위생과 이별한 이후 소숙방의 상황에 대해 전함.

심부름꾼은 손수 파란색 주머니를 열더니 시를 적은 종이를 꺼내 책상에 올려놓으며 말했다.

"아씨가 지은 시입니다." / 위생의 부친이 종이를 펼쳐 보았다.

버드나무 한들한들 연못엔 물 가득

꽃떨기 우거진 속에 꾀꼬리 지저귀네.

슬퍼서★「상사곡」연주하노라니

곡조는 금슬인데 이제 줄이 끊어졌네.★

★ 문제 해결 키 │ 문항 3 관련

소숙방이 처한 상황을 금슬의 줄이 끊어진 상황에 빗대어 표현함. 그리움으로 인한 슬픔의 정서가 제시됨.

　　　　　　　　　　　　　　　　　▶ 소상국 댁 심부름꾼이 위생의 부친에게 소숙방이 지은 시를 전함.

[중략 부분 줄거리] 위생과 소숙방은 좋은 날을 가려잡아 혼례를 행하였다. 이해 팔월에 왜적이 조선을 침략하였는데, 황제는 위생의 부친을 정토제군사(장군)에 임명하여 병사 삼만 명을 거느리고 요양으로 부임케 하였다. 위생의 부친은 위생을 급히 불러 함께 참전하게 되었다.

<u>소숙방은 집 밖까지 따라 나가 통곡하다가 혼절했는데,</u> 한참 뒤에야 깨어났다. 보는 이들이 모두 가련히 여겼다.
남녀 주인공의 두 번째 이별. 임진왜란이라는 사회적 문제로 인한 이별임.

위생이 말을 달려 집에 이르러 보니, 장군은 북을 울리며 군사를 막 출발시키려던 참이었다. 위생은 간신히 그
　　　　　　　　　　　　　　　_{위생의 부친이 위생과 함께 전장으로 나가려고 함.}
뒤를 따랐다.

　위생은 마음이 극도로 허한 데다 산을 넘고 강을 건너며 바람과 서리를 맞다 보니, 잠도 제대로 자지 못하고
밥도 제대로 먹을 수 없어 결국 예전의 병이 재발하고 말았다. 낯선 땅 낯선 곳에서 돌아갈 생각만 더욱 간절하
　　　　　　　　　　　　　　　　　　　_{위생이 소숙방이 있는 곳으로 돌아가고자 하는 마음이 간절해 몸이 쇠약해져 감.}
여, 보는 것마다 마음을 슬프게 할 뿐이요 사람을 마주해도 아무 말이 없었다. 이런 위생을 보고 있자니 장군의
　　　　　　　　　　　　　　　　　　　　　　　　　　　　　　　　_{위생의 부친}
근심 또한 매우 컸다.　　　　　　　▶ 전쟁으로 인해 소숙방과 이별한 위생이 전장에서 병으로 인해 고통스러운 나날을 보냄.

　어느 날 밤 군대가 흥부*에 이르렀다. 병이 매우 위독해져 잠을 이룰 수 없던 위생은 침상에 기대앉은 채 시 한
편을 써서 벽에 붙였다. 그 시는 다음과 같다.

　서리 가득한 외로운★ 성에 군대 머무니

　지는 달빛 아래 뿔피리 소리 군막에 울리네.
　　　_{청각적 이미지를 통해 쓸쓸함의 정서를 부각함.}
　등불 앞에서 괴로이 강남의 밤 생각노라니
　　　_{소숙방을 처음 만나 함께 밤을 보냈던 기억을 떠올림. 소숙방에 대한 그리움}
　기러기는 울며 초나라로 돌아가누나.★

> ★ **문제 해결 키** **문항 3 관련**
> 기러기의 모습을 통해 타지에서 외로움을 느끼는
> 위생의 정서를 드러냄.

▶ 위생이 시를 통해 소숙방에 대한 그리움을 드러냄.

　군막 안에 김생이란 사람이 있었는데, 그 또한 글재주가 뛰어난 인물이었다. 김생은 위생의 병이 위독한 것을
보고는 곁을 떠나지 않고 우스갯소리로 위생의 마음을 편안하게 해 주었다. 그러던 중에 위생의 금란선을 빼앗
　　　　　　　　　　　　　　　　　　　　　　　　　　　　　　　　　_{황금빛으로 난새 그림을 그린 부채}
아 부채 위에 시 한 편을 썼다. 그 시는 다음과 같다.

　힘차게 우는 백마 타고서

　용검 휘둘러 누란* 쳐부술 날 그 언제런가.
　　_{전쟁터에 참전한 장수로서 적을 물리칠 기회를 원하는 호방한 기상을 드러냄.}
　『가을바람은 만리 밖 변방에 불고
　　_{『 』: 감각적 이미지를 통해 멀리 떨어진 곳에서 느끼는 심회를 강조함.}
　피리 소리에 강남의 조각달 서늘하구나.』★

> ★ **문제 해결 키** **문항 3 관련**
> 용검으로 누란을 물리치고자 하는 마음과 달리 기회
> 를 얻지 못하는 상황을 감각적인 표현으로 드러냄.

▶ 김생이 위생을 위로하며, 시를 통해 적을 물리치고자 하는 마음을 드러냄.

　위생이 웃으며 말했다.

　"자네의 시는 이렇게 호방한데 나는 슬프고 괴로운 소리만 내니, 우리 생각이 참으로 다르구만."
　　_{김생은 전쟁 상황에 놓인 군인으로서 적을 물리치고자 하는 기개를 담은 시를 씀.}
　이러구러 몇 달이 지났다. 위생의 맥이 실낱같아 금방이라도 목숨이 끊어질 듯하자 부하 한 사람이 급히 장군
　　　　　　　　　　　　_{소숙방에 대한 그리움으로 위생의 병이 깊어짐.}
에게 소식을 알렸다.　　　　　　　　　　　　　　　　　　　　　　　　▶ 위생의 병세가 점점 악화됨.

＊증삼: 효자로 이름 높은, 공자의 제자 증자(曾子).
＊자하: 문학에 뛰어났던 공자의 제자. 아들이 일찍 죽자 너무 슬퍼한 나머지 실명했다고 함.
＊초나라의 진귀한 옥: 초나라 형산에서 얻었다는 화씨벽(和氏璧)이라는 진귀한 옥을 말함.
＊진나라의 난새는 모여들지 않으니: 진나라의 소사와 농옥이 퉁소를 불면 봉황새가 날아들었다는 고사를 염두에 두고 한 말임. '난새'는 봉황새의 일종임.
＊건강부: 남경이 있는 강소성 일대.
＊흥부: 흥화부, 즉 의주에 있던 진을 가리키는 것으로 추정됨.
＊누란: 한나라 때 서역의 나라 이름.

1 「위경천전」에 나타난 이별의 성격 **문항 4 관련**

개인적 차원의 이별
위생이 임진년 봄에 친구 장생과 함께 양자강을 유람하던 중에 소숙방 집의 담을 넘어 인연을 맺음. 이후 붉은 누각에서 이별하고 각자의 집에서 서로를 그리워함.

↓

만남
남녀 주인공의 간절한 그리움과 양가 부모의 조력으로 혼례를 올림.

사회적 차원의 이별
조선에서 일어난 임진왜란으로 인해 위생의 부친이 참전하게 됨. 이때 위생도 서기직을 맡아 부친과 함께 떠나며 이별을 하게 됨.

↓

영원한 이별
전장에 나가 소숙방에 대한 그리움으로 병이 깊어진 위생이 결국 죽게 됨. 이를 알게 된 소숙방도 자결을 하며 영원한 이별을 하게 되면서 작품의 비극성이 강화됨.

 2 삽입 시의 특징 **문항 3 관련**

소숙방이 위생을 그리워하며 쓴 시	• '슬픔'의 정서를 제시함. • 선경후정의 시상 전개를 보임. • 남녀 간의 인연이 끊어진 상황을 비유적으로 제시함.
위생이 소숙방을 그리워하며 쓴 시	• '외로움'의 정서를 제시함. • 자연적 배경이 그리움의 정서를 심화함.
김생이 전장에서 쓴 시	• 전쟁에 참여한 군인으로서 싸움의 때를 기다리는 호방한 기운을 표현함. • 감각적 이미지를 통해 전장의 쓸쓸한 분위기를 드러냄.

■ 애정 소설로서 「위경천전」의 특징 및 의미

애정 소설은 두 남녀의 결합을 방해하는 요인을 부각하고 그것을 극복하려는 인간의 의지를 통해 갈등을 부각하는 방식으로 이야기를 전개하는 소설이다. 이러한 점에서 15세기에 창작된 김시습의 「이생규장전」과 17세기에 창작된 「위경천전」은 주제가 상통한다. 두 작품 모두 문학을 좋아하고 자유분방한 성격의 주인공이 담장을 넘어 사랑의 밀회를 가진 이후 여러 난관을 넘기고 부부가 되지만, 예상치 못한 전란으로 인해 비극적 이별을 하게 되는 서사 구조를 지닌다. 이와 같은 두 작품의 유사성은 단순히 우연이라기보다는 문학사적으로 영향을 주고받았으리라 짐작할 수 있다. 하지만 「위경천전」이 갖는 고유한 특징도 뚜렷하다. 「이생규장전」에 비해 「위경천전」은 인물이 놓인 환경과 내적 심리 묘사가 자세하게 되어 있다. 또한 위생의 친구 장생과 김생이 등장할 뿐만 아니라, 위생 부친의 역할도 상당한 비중을 차지하고, 임진년이라는 시간적 배경을 설정하는 등 인물 및 사건에 역사적 구체성이 부각되고 있다. 또한 사랑하는 사람을 잃고 난 후 죽은 사람이 다시 환생하여 일정 기간 만남을 지속하다가 이별을 하는 「이생규장전」과는 달리 「위경천전」은 위생이 죽어서 상여에 실려 돌아온 것을 보자 즉시 소숙방도 목숨을 끊으며 비극적 최후로 직행한다. 이는 '전기적' 요소를 줄이고 현실성에 의한 비장감을 높이는 효과가 있다. 이와 같이 「위경천전」이 우리 소설사에서 자리하는 위치는 전기 소설의 양식적 전형성을 이어받으면서도 새로운 형태의 소설 양식을 예고하고 마련했다는 점이다.

04 달천몽유록 _ 윤계선

EBS 수능특강 문학 131쪽

감상 포인트
이 작품은 임진왜란 직후 윤계선(1577~1604)이 지은 몽유록계 소설로서 '꿈'을 매개로 당대의 현실에 대해 발언하는 우리나라 몽유록의 전통을 계승하고 있다. 이러한 몽유록의 전통은 임제의 「원생몽유록」에서 틀이 잡힌 이후에 이어져 내려온 것으로 알려져 있다. 이 작품은 해박한 역사 지식을 수준 높게 구사하고 있으며, 짜임새 있는 이야기 속에 임진왜란의 공과에 대한 치밀한 분석을 보여 주고 있다. 아울러 작품 서두에 제시된 전쟁터에 대한 음산한 묘사, 전사한 유령들의 참혹한 모습을 형상화한 장면은 임진왜란의 비극성을 집약적으로 보여 준다. 작가는 임진왜란 때 참전했던 조선 장수들을 하나씩 등장시켜 그들의 목소리로 전쟁의 공과에 대해 논하게 하는데 가장 높이 평가된 인물은 충무공 이순신이고, 가장 큰 과오를 범한 인물은 신립이다. 원균은 모두의 조롱거리가 되어 혼령들의 모임에 얼굴조차 내밀지 못한다. 그런데 작가는 신립에게 발언의 기회를 주어 그의 목소리를 통해 전쟁 실패의 근본 원인이 '어쩔 수 없는 운명'에 있었다고 이야기한다. 이러한 자기 합리화는 17세기 조선의 지배층이 당면했던 문제, 곧 '실패한 전쟁의 역사를 어떻게 극복할 것인가'에 대한 지배층의 생각이 반영된 것으로 이해된다. 당시 지배층은 전쟁 실패의 책임을 국가나 지배층 전체가 아니라 일부 개인이나 불가피한 운명에 돌리려는 태도를 보였기 때문이다. 이처럼 임진왜란 실패의 원인을 장수 개인의 전술 착오와 불가피한 운명에서 찾을 뿐 국가 제도의 차원에서 근본적인 원인을 찾지 못한 점은 이 작품의 한계로 지적된다.

주 제
임진왜란의 참상 및 전쟁의 공과에 대한 역사적 평가

전체 줄거리
선조 33년(1600) 봄에 파담자는 호서 지방을 암행하라는 어명을 받고 임무를 수행하다가 어느 날 충주 달천에 이른다. 달천은 임진왜란 때 탄금대 전투가 있었던 격전장이다. 그곳에서 파담자는 느끼는 바가 있어 전쟁 패배를 안타까워하고 희생자의 영혼을 위로하는 시를 지은 뒤 잠이 들었는데, 꿈속에서 임진왜란 때 희생당한 병사와 장수들의 영혼을 만난다. 꿈속에서 파담자는 참혹한 형상을 한 병사들의 하소연과 전쟁 패배에 책임이 있는 신립 장군의 이야기를 듣는다. 아울러 왜적에 맞선 이순신 장군과 그 밖의 위대한 장수들을 만나 그들의 공을 기리고 원한을 위로하며, 전쟁의 공과에 대해 논한다. 꿈에서 깬 파담자는 정성껏 제문을 지어 올려 혼령을 위로한다.

'파담(坡潭)'은 작가인 윤계선의 호. '자(子)'는 사람을 높일 때 붙이는 말임. / 충북 충주시를 지나는 강으로, 달천의 강가에 탄금대가 있음.

[앞부분 줄거리] 선조 33년 봄, 파담자는 암행어사가 되어 충주를 순시하던 중 달천 강가에 수북이 쌓인 임진왜란 희생자들의 뼈를 보고, 죽은 병사들의 원혼을 위로하며 달천 전투 패배에 책임이 있는 신립 장군을 풍자하는 시를 여러 편 짓는다. 그 후 어느 날 파담자는 꿈에서 한 무리의 참혹하게 죽은 병사들의 혼백을 보고, 그들의 대화를 엿듣는다.

> 1592년 임진왜란이 일어나자 삼도 도순변사가 되어 충주의 탄금대에서 왜적과 대결했으나 참패하여 종사관 김여물과 함께 강물에 투신해 스스로 목숨을 끊었음.

> 전사한 유령들은 매우 참혹하게 묘사되어 임진왜란의 참상을 집약적으로 드러냄. / 파담자가 자신들의 이야기를 엿듣고 있는 것을 눈치챈 데 따른 반응. 아울러 자신들을 위로하고 신립 장군을 풍자하는 시를 지었던 파담자에 대한 우호적인 감정도 드러냄.

그중에 있던 한 귀신이 미소 지으며 말했다.

> 임진왜란 때 희생당한 병사의 혼백 / 한시의 양식 중 하나로, 모두 여덟 구로 되어 있는 한시를 말함. 한 구가 다섯 자로 된 것을 오언 율시, 일곱 자로 된 것을 칠언 율시라고 함.

"너무 쩨쩨하게 굴지 말게. 속세에서 오신 손님이 지금 엿듣고 있으니."

> = 파담자 / 한시의 양식 중 하나로, 평측이나 자수에 제한이 없어 비교적 자유로운 형식의 한시를 일컬음.

파담자는 자신의 존재를 눈치채이자 급히 나아가 인사했다. 그러자 귀신들이 일어나 공손히 읍하고 말했다.

> 두 손을 마주 잡아 얼굴 앞으로 들어 올리고 허리를 공손히 구부렸다가 몸을 펴면서 손을 내리는 예

"그대는 지난번 여기에 오셨던 분 아니십니까? 그때 우리에게 주신 시를 삼가 잘 받았습니다. 고시와 율시는

> 전에 달천 강가에서 파담자가 임진왜란 때 죽은 병사들의 원혼을 위로하며 지은 시

풍자하는 의미가 깊고 절구는 처절해서 차마 읽을 수 없을 지경이었으니, 이른바 귀신을 울린다는 것이 바로

> 한시의 양식 중 하나로, 모두 네 구로 되어 있는 한시를 말함. 한 구가 다섯 자로 된 것을 오언 절구, 일곱 자로 된 것을 칠언 절구라고 함.

그 시들을 두고 하는 말입니다. 오늘 밤이 어떤 밤이기에 군자를 만나게 되었는지 모르겠습니다. 지난 일은 구름과 같아 자세히 다 이야기할 수 없지만, 그중 한두 가지 이야기할 만한 것을 말씀드릴 테니, 세상에 전해 주시면 참으로 다행이겠습니다."

그러고는 이야기를 시작했다.

> 문맥상 병사들이 지휘관인 장수에게 복종해야 함을 강조하기 위해서가 아니라 전쟁에서 장수의 책임이 매우 크다는 점을 부각하기 위해서 한 말임.

"장수는 삼군(三軍)의 목숨을 담당하는 자리에 있고, 병사는 장수 한 사람의 통제에 따르는 존재입니다. 그러니 만일 장수가 현명하지 못하면 반드시 일을 망치는 것이지요.

▶ 파담자가 죽은 병사들의 대화 자리에 함께하게 됨.

★ 문제 해결 키 문항 1 관련

파담자의 역할
▼
파담자는 이 작품의 작가이자 이야기 세계 안의 서술자로서 자신의 견해를 제시하는 일 없이, 대상에 대한 객관적 거리를 유지하면서 다른 인물들의 이야기를 들은 대로 전달하는 소극적 참여자임.

충주의 지세는 실로 남쪽 지방과 접한 요충지요, 조령은 하늘이

> 충북 괴산군과 경북 문경시를 잇는 고개로 문경 새재라고도 부름. '나는 새도 넘어가기 힘든 고개'라는 뜻에서 붙은 지명임.

내려 준 최고의 요새이며, 죽령은 믿고 의지하기에 충분한 지형을 가지고 있습니다. 이 때문에 한 사람이 관문

> 충북 단양군과 경북 영주시를 잇는 높은 고개로 / 과거에 군사적으로도 교통 면에서도 요충지였던 곳

을 지키면 일만 병사도 길을 뚫지 못하니 저 험하다는 촉도보다도 험난하고, 백 사람이 요새를 지키면 일천 사

촉(蜀): 지금의 중국 사천성 지역)으로 통하는 험준한 길

람이 지날 수 없으니 그 좁고 험하다는 정형구만큼이나 험준합니다. 이곳에 나무를 베어다 목책을 만들고 바

중국 하북성 태항산의 지맥(支脈)으로, 길이 험하고 좁아 예로부터 군사 요충지였음.　　말뚝 따위를 죽 잇따라 박아 만든 울타리

위를 늘어세우면 북방의 군대가 어찌 날아 넘어올 것이며, 남풍 구슬픈 소리가 어찌 예까지 흘러올 수 있겠습

니까? 편안히 앉아 피로한 적을 기다리니 장수와 병졸이 베개를 높이 베고 편히 잘 것이요, 주인의 입장에서 객

왜적이 조령과 죽령을 넘어 북상할 수 없다는 뜻. 남북조 시대 진(陳)나라의 왕이 한 신하가 "양자강

을 제압하니 승리가 분명했을 겁니다.

이 천혜의 요새로 남북을 격리시켜 주니, 북방의 군대(수나라 군대)가 어찌 양자강을 날아서 건널 수
있겠습니까?"라고 말하자 안심하고 방비를 하지 않다가 나라를 잃었다는 고사에서 비롯된 말임.

애석하게도 신 공*은 이런 계책을 세우지 않고 자기 위엄을 내세워 제 고집만 부리며 남의 말을 듣지 않았습니다. ★

전쟁 패배의 책임이 신 공(신립 장군)에게 있음을 주장함.

김 종사의 청이 어찌 근거가 없었겠으며, 이 순변의 말이 참으로 이치에 맞는 것이었건만, 신 공은 귀담아듣지

선조 때의 무신 이일. 임진왜란 때 경상도 순변사를 맡아 상주 전투에서 패함. 이일은 신립에게

않고 감히 자기 억측만으로 결정했습니다. 신 공은 이렇게 말했지요.

넓은 들판에서는 강한 왜적을 당해 내기 어려우니 차라
리 후퇴해 한양을 지키는 것이 낫다고 건의했다고 함.

'배에서 내린 적은 거위나 오리처럼 걸음이 무거울 것이요, 이틀 길을 하루에 달려온 적은 개나 돼지처럼 책

신 공의 '억측'에 해당하는 내용

략이 없을 것이다. 이런 적이라면 너른 벌판에서 한 번의 공격으로 박살 낼 수 있거늘, 무엇 하러 높은 산 험

준한 고개에서 군사를 두 길로 나누어 지킨단 말인가?'

조령과 죽령을 말함.

마침내 탄금대로 물러나 진을 치고는 용추 물가에 척후병을 보낸 뒤 거듭 자세히 명령하며 북을 울리고 오위

조령 가까이에 있는 땅 이름. 그곳에 폭포가 있었음.　　　　　　　　　　　조선 시대의 중앙 군사 조직으로 의흥위, 용양위, 호분위,

의 군사에게 재갈을 물렸습니다*.

충좌위, 충무위를 일컫는 말. 신립은 임진왜란 당시 서울의
오위 병력을 거느리고 충주로 내려왔음.

임진왜란 때 신립의 종사관으로서 왜적과 맞서 싸웠던
김여물. 김여물은 조령의 지형을 이용해 전투를 하자고　　　　　　　　(중략)
건의했으나 신립은 받아들이지 않음.

마침내 관문을 훌쩍 뛰어넘고 수레의 끌채를 끼고 달릴 만한 용력과 큰 쇠뇌를 쏘고 쇠뿔을 뽑을 만한 힘을 가

전쟁 패배의 원인이 병사들에게는 있지 않았음을 나타내는 말

진 병사들이 비분강개한 마음을 품은 채 핏덩이가 되고 말았으니, 당시의 일을 차마 입에 올릴 수 있겠습니

슬프고 분하여 마음이 북받침　　　　(전투에서) 참혹하게 죽음을 당하고 말았으니　　의문형 표현을 사용해 전쟁 당시의 참혹했던 상황을 부각함.

까? 장수는 싸움에 능했지만 병사가 싸움에 능하지 못했다면 우리의 목이 베인들 억울할 게 없습니다. ★ 불세

병사는 싸움에 능했으나 장수가 무능하여 전쟁에서 목숨을 잃은 것에 대한 억울한 감정을 드러냄.

출의 재주로 불세출의 공을 세웠다더니 우리가 여기서 죽음을 당한 건 어째서입니까?"

전쟁 패배 이전에 있었던, 신 공에 대한 세간의 평판

말을 마치고는 근심스러운 얼굴로 비 오듯 눈물을 쏟았다.　▶ 죽은 병사들이 전쟁 패배에 책임이 있는 신 공(신립 장군)을 비판함.

잠시 후 실의에 빠진 한 사내가 얼굴 가득 부끄러운 빛을 띤 채 고개를 떨구고 머뭇머뭇 발걸음을 주저하며 입

신 공의 혼백　　　　　　　　　왜적의 침입이 수포로 돌아갔을 것이라는 뜻. 본래 중국 진(晉)나라의 유명한 악사 사광이 초나라가

을 우물거리다가 읍하고 말했다.

정나라를 공격하기 위해 출정했다는 소식을 듣고 "남풍(초나라를 비롯한 남방의 음악)은 생기가 없
고 구슬픈 소리가 많으니, 초나라는 반드시 공을 이루지 못할 것이다."라고 했던 데에서 온 말임.

"고아가 된 자식들과 과부가 된 아내들의 원망이 모두 나 한 사람에게 모였군요. 제가 비록 죄를 지었지만 오

병사들이 전쟁에서 목숨을 잃어 그들의 자식과 아내들이 고아와 과부가 되었음을 말함. 전란이 야기한 가족 공동체의 파괴를 나타냄.

늘의 이야기에 대해 변명하지 않을 수 없습니다.

사내(신립 장군)의 발언이, 전쟁 패배의 책임을 신립 장군에게 돌렸던 죽은
병사들의 앞선 발언에 대해 해명하려는 의도에서 이루어지는 것임을 드러냄.

저는 본래 장수 집안의 후예요, 귀한 가문 출신입니다. 기운은 소를 삼킬 만하고 말달리기를 좋아해서, 삼대

가 장군을 지내서는 안 된다는 경계를 모르고 병법을 배웠습니다. 그리하여 무과에 급제했는데 장원이 못 된

진나라의 왕전, 왕분, 왕리 삼대가 내리 장수가 되었으나 그 뒤가 좋지 않았던 데서 유래한 말

것은 한스러웠지만, 백 보 밖에서 버들잎을 꿰뚫을 정도로 활을 잘 쏘아 실로 이광*의 활 솜씨를 이었다고 할

중국 고대의 인물인 양유기가 100보 밖에서 활을 쏘아 버들잎을 꿰뚫었다는 고사에서 비롯된 표현

만했습니다. 그러다 현명한 임금께 제 재주가 잘못 알려져 외람되이 변경을 지키는 장수가 되는 은혜를 입었

습니다. 북방의 여진족이 준동하던 시절에 서쪽 요새에 우뚝 성을 쌓고, 한칼로 번개처럼 내리쳐 적의 우두머

리를 모조리 해치우니, 삼군이 우레처럼 떨쳐 일어나 여진의 소굴을 완전히 소탕했습니다. 장료의 이름만 들

어도 두려워 강동의 아이들이 울음을 그치고, 이목의 위세에 굴복해서 북쪽 변방의 말이 감히 나아가지 못했

장료는 중국 삼국 시대 조조 휘하의 장수로 강동(오나라)의　　　　　이목은 중국 전국 시대 조나라의 장군. 그가 북쪽 변경을 방비할 때
군대를 크게 격파하여 이름을 떨침. 이 때문에 강동의 울던　　　　흉노가 이목을 두려워해서 10여 년 동안 침입하지 않았다고 함.
아이가 그의 이름을 들으면 울음을 그쳤다는 고사가 있음.

던 것과 같았습니다*. 세운 공은 미약했지만 보답을 후히 받아서 지위가 높아지니 득의만만했습니다. 이 강 저 강을 누비며 황금 띠를 허리에 차고, 임금의 측근 신하들이 숙직하는 곳에 드나들며 임금의 칭찬을 받았습 <u>니다.</u>

<small>신립은 1583년(선조 16)에 본성 부사가 되어 묵쑥 변경을 침입한 니탕개를 격퇴하고 두만강을 건너가 여진족의 소굴을 소탕한 후 개선했으며, 그 공으로 함경도 병마절도사에 올랐음.</small>

<small>옛날에 임금이 싸움터에 나가는 장수에 대한 극진한 예우의 표시로 수레를 손수 밀어 보냈다는 데서 유래하는 말</small>
<u>변경에 적이 침입해서 석 달 동안 봉화가 그치지 않아</u>「임금께서 수레를 밀어 주시니 싸움터에서 죽겠다고
<small>임진왜란의 발발　　　　　　　　　　　『　』: 어질고 현명한 군주의 후원과 지지가 있었음을 언급함으로써 전쟁 패배의 책임이 임금에게는 없음을 부각함.</small>
결심했습니다. 어전에서 간절히 아뢰자 임금께서 감동하시어 도성 밖에서 장수들을 통솔하는 <u>대장군의 권한</u>
<small>임진왜란이 일어나자 선조가 신립을 충청·경상·전라도의 군사를 총괄하는 삼도 도순변사로 임명한 일을 가리킴.</small>
<u>을 저에게 일임하셨습니다.</u>오랑캐들의 실태를 꿰뚫어 보고 군대를 운용하는 일이 내 손 안에 있다고 쉽게 여
겨서, 처음에는 <u>적장의 맨 어깨를 드러내고 갑옷 위에 채찍질할 일만 생각</u>지, 문을 열어 적을 끌어들였다는
<small>적장의 항복을 받는 일을 뜻함.</small>
것은 깨닫지 못했습니다.「내 의견만 고집하면 작아진다는 옛사람의 가르침을 잊었고, 적을 가벼이 여기면 반
<small>『　』: 자신의 실책을 반성하면서 전쟁 패배의 책임이 자신에게 있음을 밝힘.</small>
드시 패한다는 점에서 마복군의 아들 조괄*과 같은 잘못을 범했습니다.」사람의 계책만 나빴던 게 아니라 하늘
<small>전쟁 패배의 원인이 자신뿐만 아니라 불가피한 운명에도 있음을 강조함.</small>
도 돕지 않았습니다. ★ 어리진(魚麗陳)*을 펼치기도 전에 적의 매서운 선제공격을 받았습니다. '먼저 북산을
<small>중국 조나라의 장군 조사가 적과 맞서 싸울 때 그의 부하였던 허력이 한 말로, 요충지를 먼저 점령해야 싸움에 유리하다는 뜻</small>
<u>점거한 자가 이긴다</u>'는 말처럼 유리한 지형을 가지고 있었거늘, 병사들이 앞다투어 강물로 뛰어들기에 이르렀
으니 대사를 이미 그르치고 말았습니다.

아아! 어디로 돌아가리? 나 홀로 무엇을 한단 말인가? 마침내 팔 척 내 몸을 만 길 강물에 던지고 말았습니
다. 성난 파도와 무시무시한 물결이 넘실넘실 치솟아도 이 수치를 씻기 어렵습니다. 맑은 강과 급한 여울은 슬
피 울고, 원망하고, 부르짖으며 제 마음을 하소연합니다. 계곡 어귀에 구름이 잠기고 연못에 달이 비칠 때면
제 넋은 외로이 기댈 데가 없고, 제 그림자 또한 외로이 스스로를 조문합니다.

시간이 쏜살같이 흘러도 제 답답한 마음을 펴지 못했거늘, 다행히 그대를 만나 속마음을 토로할 수 있었습
<small>중국 진나라 말기의 무인. 유방과 협력하여 진나라를 멸망시키고 스스로 초나라의 군주가 됨. 이후 유방과 패권을 다투다가 패배하여 스스로 목숨을 끊음.</small>
니다. 아아! 항우는 산을 뽑는 힘과 온 세상을 뒤덮는 기개를 가지고 백전백승했지만 끝내 <u>오강</u>에서 패했고,
<small>중국 안휘성에 있는 강. 항우가 유방의 군대에 쫓기다 스스로 목숨을 끊은 곳</small>
제갈공명은 와룡의 재주와 몇 사람 몫의 지혜를 가지고 다섯 번이나 군사를 일으켰지만 결국 <u>기산</u>에서 아무런
<small>제갈공명의 호</small>
소득도 얻지 못했습니다. 하늘이 그렇게 정한 일이니 인간의 힘으로 어찌하겠습니까? ★ 누구를 원망하고 누
<small>전쟁 패배의 원인이 불가피한 운명에 있음을 강조함.　　　　중국 감숙성 서화현에 있는 산. 제갈공명은 이 산에 있</small>
구를 탓하겠습니까? 저 하늘은 유유하기만 하거늘!"
<small>는 위나라의 성을 공격하기 위해 다섯 차례 군사를 일으켰으나 결국 실패하고 군중(軍中)에서 병사했음.</small>

사내는 서글피 노래하고 눈물을 흘리며 몸을 가누지 못했다.　　▶ 전쟁 패배와 관련해 사내(신립 장군)가 자기반성과 해명을 함.

★ 문제 해결 키 [문항 3 관련]

전쟁 패배의 원인에 대한 죽은 병사들과 사내(신립 장군)의 견해에 차이가 있음을 파악해야 함.

죽은 병사들		사내
패전의 주된 원인이 신립 장군의 무능에 있다고 주장하며 그 책임을 장수 개인에게만 돌리고 있음.	↔	패전의 원인이 자신에게도 있지만 '하늘이 돕지 않았다.'라고 말하며 불가피한 운명에도 있음을 주장함.

*신 공: 조선 중기의 무신 신립. 신립은 용맹한 장수로 이름이 높았지만, 임진왜란 때 충주 탄금대에서 배수진을 치고 왜군을 막다가 크게 패하고 스스로 목숨을 끊었음.

*재갈을 물렸습니다: 공격할 때 소리를 내지 않기 위해 군졸의 입에 나무를 물리던 일을 말함.

*이광: 중국 한나라 때의 장군. 활을 잘 쏘았던 것으로 유명함.

*장료의 ~ 같습니다: 장료와 이목은 모두 옛 중국의 용맹한 장수임. 장수로서 자신의 용맹함을 중국의 유명한 장수들에 빗대어 드러낸 표현임.

*마복군의 아들 조괄: 마복군은 중국 전국 시대 조나라의 명장 조사를 가리킴. 조사의 아들인 조괄은 평소 전쟁을 가볍게 여겨 아버지의 근심을 샀는데 훗날 조괄이 장군이 된 후 진나라와의 전쟁에서 참패하고 죽었음.

*어리진: 물고기가 떼를 지어 앞으로 나아가는 것처럼 둥글고 긴 대형이나 진법.

① 「달천몽유록」의 서사 구조 문항 1, 3 관련

① 파담자가 암행어사가 되어 충주를 순시하던 중 달천 강가에서 임진왜란 희생자들의 유골을 보고, 희생자들의 넋을 위로하는 시를 여러 편 지음.

↓

② 이후 어느 날 꿈속에서 도착한 한 장소에서 온몸이 이지러져 참혹한 형상을 한 죽은 병사들의 혼백을 보고, 그들의 대화 자리에 함께 함. 수특

↓

③ 전쟁 패배의 책임을 신립 장군에게 돌리는 원망의 말을 죽은 병사들의 혼백들로부터 들음. 수특

↓

④ 전쟁 패배의 원인이 자기 자신에게도 있으나 불가피한 운명에도 있다는 자기 해명의 말을 신립 장군의 혼백으로부터 들음. 수특

파담자: 들은 대로 이야기를 전달하는 소극적 참여자로 등장함.

↓

⑤ 충무공을 비롯해 임진왜란 때 용맹하게 싸운 장수와 의병장의 혼백들이 나타나 연회를 벌이고 한 사람씩 전쟁에 패한 안타까움과 나라를 위한 충정을 담은 시를 지어서 읊음.

↓

⑥ 충무공의 권유로 파담자가 앞서 시를 지어 읊었던 충신, 장수들을 기리는 시를 지어서 화답함.

파담자: 소극적 참여자에서 벗어나 시를 주고받으며 대화에 함께함.

↓

⑦ 혼백들이 파담자의 시를 칭찬하면서 파담자에게 나라를 위해 힘써 달라는 부탁을 한 후 서로 작별함.

↓

⑧ 충신, 장수들의 혼백과 헤어져서 돌아오는 길에 혼백들의 연회에 참석조차 못 하고 뭇 귀신들에게 조롱을 당하고 있는 원균의 혼백을 발견함. 파담자가 원균을 조롱하면서 기지개를 켜다가 잠에서 깨어남.

꿈 속 / 현실 세계

↓

⑨ 파담자는 제문을 짓고 제수를 준비해서 꿈에서 만난 충신, 장수들의 넋을 위해 제사를 지냄.

「달천몽유록」은 '현실 → 꿈 → 현실'의 서사 구조를 바탕으로 한, 일종의 액자식 구성으로 되어 있다. 이 작품은 작자(파담자)가 이야기 세계 안의 서술자로 등장하여, 임진왜란 때 희생당한 병사들과 충신, 장수들을 꿈속에서 만나 그들과 시를 주고받으며 대화를 나누거나 그들의 모임을 지켜보고 나서 그 내용을 기록으로 남기는 형식을 취하고 있다.

이야기의 전반부에서 파담자는 죽은 병사들의 혼백과 신립 장군의 혼백이 주고받는 이야기에 전혀 개입하지 않은 채 그들이 하는 이야기를 객관적 거리를 두고 듣고 나서, 자신이 들은 바를 그대로 전달하는 소극적 참여자의 모습을 보여 준다. 그러나 이야기의 후반부에서는 소극적 참여자의 모습에서 벗어나, 여러 충신, 장수들의 혼백이 앞서 지은 시에 화답하는 시를 지어서 읊고, 좌중으로부터 칭찬을 받기도 한다.

 ② 작중 인물들의 관점 비교 문항 2, 3 관련

	죽은 병사들	사내(신립 장군)
다른 점	전쟁 패배의 원인: 장수(신립 장군) 개인의 무능	전쟁 패배의 원인: 자신의 실수 + 불가피한 운명
같은 점	전쟁 패배의 책임을 국가 제도나 임금에게는 묻지 않음.	

↓

전쟁 실패의 책임을 일부 개인 또는 불가피한 운명에 돌리려 했던 당대 지배층의 시각을 드러냄.

■ '몽유록' 계열의 다른 작품들

작품명	작자	줄거리
강도몽유록	미상	꿈속에서 병자호란의 희생자인 익명의 여성 14명이 등장해 병자호란 당시 조정 신하들의 무능하고 비겁하며 무책임한 행태와 전쟁 전후의 위선적인 태도를 신랄하게 비판함. 특히 전란 상황에서 여성들에게만 절의를 강요하고 자신들은 절의를 지키지 않았던 남성 사대부들에 대한 야유와 비난이 강하게 나타남.
원생몽유록	임제	원자허라는 인물이 꿈속에서 남효온의 인도로 단종과 사육신을 만나 그들의 원통한 사연을 들음. 세조의 왕위 찬탈에 대한 작자의 저항감과 왕위 찬탈을 막으려 했던 사육신의 거사가 실패한 일에 대한 작자의 평가가 두드러짐.
남염부주지	김시습	주인공 박생이 꿈속에서 남쪽의 염부주에 가서 염라대왕을 만나 서로 긴 문답을 주고받는데, 그 과정에서 작자 자신의 처지에 대한 불만과 당시의 폭압적인 정치에 대한 비판적 입장이 드러남. 특히 세조의 왕위 찬탈과 전제 정치에 반대하는 작자의 문제의식이 표출됨.
달천몽유록	황중윤	윤계선의 「달천몽유록」과 같은 제목의 다른 작품. 임진왜란 때의 탄금대 전투를 소재로 하고 있다는 점에서는 윤계선의 「달천몽유록」과 같음. 그러나 이 작품은 신립 장군을 옹호하는 목소리가 더 두드러지고, 전쟁 패배의 원인을 국가의 제도와 정책에서도 찾고 있다는 점에서 윤계선의 「달천몽유록」과 차이가 있음.

EBS
Q&A

Q 고전 소설에서 '꿈'이 하는 기능은 무엇입니까?

A 고전 소설에서 '꿈'은 작품에 자주 등장하는 소재이며, 이야기 요소로서 다음과 같이 중요한 서사적 기능을 할 때가 많습니다.

고전 소설에서 '꿈'의 기능	예시
주인공의 탄생과 비범한 능력을 암시함.	「낙성비룡」에서 주인공 이경모가 잉태될 때 그의 부모님이 태몽을 꾸는데, 하늘에서 떨어진 별이 용이 되어 올라가는 모습을 봄. 이는 주인공이 태어날 것을 예고하는 태몽이면서 그의 비범함을 암시하는 꿈이기도 함.
앞으로 일어날 사건을 예고함.	「조웅전」에서 주인공 조웅이 악인 이두병의 추격을 받아 위급하게 되었을 때, 조웅의 모친인 왕 부인의 꿈에 조웅의 선친 조 승상이 나타나 큰 환란이 닥칠 것을 알려 줌.
이별 후 재회의 계기가 됨.	「숙향전」에서 주인공 숙향과 이선은 본래 천상계의 월궁선녀와 태을선군으로 서로 사랑하는 사이였는데, 죄를 지어 지상계로 적강하게 됨. 각각 다른 곳에서 인간으로 태어나 서로 모른 채로 살아가다가 꿈속 서왕모의 잔치에서 다시 만남.
주인공의 깨달음과 성장을 이끌어 냄.	「구운몽」에서 주인공 성진은 아리따운 팔선녀를 한 번 보고 난 후 번뇌에 사로잡히는데 꿈속에서 양소유의 삶을 살면서 세속적 욕망을 극진하게 이룬 후, 꿈에서 깨어나 세속 욕망의 무상함을 깨닫고 번뇌에서 벗어나 수도자로서 정진하는 삶을 살게 됨. 「구운몽」에서 꿈은 성진이 깨달음을 얻고, 정신적 성장을 이루게 하는 매개임.
현실에서 발언하기 힘든 내용을 표현할 수 있게 함.	「달천몽유록」, 「강도몽유록」과 같은 몽유록계 소설이 대표적인 예임. 「강도몽유록」에서 꿈속 모임에 참석한 열네 명의 여성들은 위정자들의 무능과 부도덕을 신랄하게 비난하는데, 이처럼 정치적으로 민감한 주제를 다룰 수 있었던 까닭은 그 이야기가 현실이 아닌 꿈속에서 이루어진 것이라는 전제가 있기 때문임.
주인공의 전생담을 들려줌.	「방한림전」에서 주인공 방관주와 그의 부인 영혜빙이 세상을 떠난 후 그들의 아들인 낙성의 꿈에 나타나 낙성에게 그들의 전생담(본래 천상의 신선이었는데, 상제에게 죄를 지어 지상으로 적강했음.)을 들려줌.

조웅전 _ 작자 미상

감상 포인트　이 작품은 조선 후기에 쓰인 대표적인 영웅 소설로, 주인공의 영웅적인 활약을 그려 내고 있다. 중국 송(宋)나라를 배경으로 주인공 조웅이 간신 이두병 때문에 고난을 겪다가 이두병을 처치하고 황실을 바로잡는 과정을 담고 있는 창작 군담 소설이다. 전반부는 조웅의 고행담과 애정담, 후반부는 조웅의 영웅적 무용담으로 구성되며, 당대의 사회상과 민중의 심리를 사실적으로 반영하고 있다.

주 제　나라에 충성하는 마음과 자유연애

전체 줄거리　중국 송나라 문제(文帝) 때 승상 조정인은 이두병의 참소를 받고 음독자살하고, 조 승상의 외아들 조웅은 어머니와 함께 이두병을 피해 도망 다닌다. 천자가 세상을 떠나자 이두병은 어린 태자를 계량도로 유배 보내고 스스로 천자가 된다. 이에 조웅 모자는 온갖 고생을 하며 유랑하다가 월경 대사를 만나 강선암에 들어가 살게 된다. 월경 대사로부터 술법과 글을 배운 조웅은 강선암을 떠나 강호의 화산 도사로부터 조웅검(삼척검)을 얻고, 철관 도사에게서 무술과 도술을 배운 뒤 용마를 얻는다. 조웅은 강선암으로 어머니를 만나러 가던 중 장 소저를 만나 혼인을 약속한다. 이때, 서번이 위국을 침공하므로 조웅은 위국으로 달려가서 위왕을 도와 서번군을 격파한다. 그런 다음 태자를 구출하고, 중국으로 와서 이두병 일파를 처단한다. 조웅은 위왕과 연합하여 수십만 대군으로 황성을 쳐서 이두병의 목을 베고, 태자를 천자의 자리에 등극시킨다. 황실은 다시 회복되고 조웅은 서번의 왕이 된다.

> 남을 헐뜯어서 죄가 있는 것처럼 꾸며 윗사람에게 고하여 바침.

[앞부분 줄거리] 중국 송나라 문제 때 충신 조 승상이 이두병의 참소로 죽는다. 후에 문제가 죽고 간신 이두병이 태자의 왕위를 찬탈하자 조 승상의 아들인 조웅은 어머니와 함께 도망쳐 고난을 겪던 중 어머니를 한 절에 모신 후 세상으로 나와 한 노인을 만난다.

"그대 이름이 웅이냐?"

<u>대 왈,</u>
대답하여 말하기를
"웅이옵거니와 존공은 어찌 소자의 이름을 아시나니이까?"
　　　지위가 높은 사람을 높여 이르는 말
노옹 왈,

"자연 알거니와, 하늘이 보검을 주시매 임자를 찾아 전코자 하여 사해 팔방을 두루 다니더니, 「수개월 전에 장

성(將星)*이 강호에 비치거늘, 찾아와 수개월을 기다리되 종시 만나지 못하매, 극히 괴이하여 밤마다 천기를
　　　　　　　　　　　　　　　　어찌하여 볼 수 없을 만큼 일의 형세가 몹시 절박하다는 뜻
보니 강호에 떠나지 아니하고, 그대의 행색이 짝 없이 곤박하매 분명 유리걸식하는 줄 짐작하였거니와, 찾을
　　　　　　　　　　　　　　　　　　　　　　　　　　　　　　　　「　」: 초월적인 존재가 웅의 운명에 조응하고 있음.
길이 없어 방을 써 붙이고 만나기를 기다렸나니, 그대 만남이 어찌 이리 늦은가?」"

하며 칼을 내어 주거늘, 웅이 머리를 조아리며 고맙다고 인사하고 칼을 받아 보니, 길이 삼 척이 넘고 칼 가운데
　　　　　　　　　　　　　　　　　　　　　　　　　　　　　　　1척은 약 30.3cm에 해당함. 3척 = 약 90.9cm
금자(金字)로 새겼으되, '조웅검'이라 하였거늘, 웅이 다시 절하고 왈,
　　　　　　　　이미 검의 주인이 조웅으로 정해져 있음.
"귀중한 보검을 거저 주시니 은혜 백골난망이라. 어찌 갚사오리이까?"
　'조웅검'　죽어서 백골이 되어도 잊을 수 없다는 뜻으로, 남에게 큰 은덕을 입었을 때 고마움의 뜻으로 이르는 말
노옹 왈,

"그대의 보배라. 나는 전할 따름이니 어찌 은혜라 하리오?"

하고 웅을 데리고 수일을 유하고 못내 사랑하다가 이별하여 왈,

"훌훌하거니와 그대 갈 길이 바쁘니 부디 힘써 대명(大命)을 이루게 하라."
　　　　　　　　　　　　　노옹은 웅이 하늘로부터 받은 사명을 수행한다는 것을 알고 있음.
웅 왈,

"어디로 가면 어진 선생을 얻어 보오리까?"

노옹 왈,

> **★ 문제 해결 키 문항 4 관련**
> 노옹이 웅에게 '보검'을 전해 주며 '대명'을 이루라고 하고, 철관 도사를 만날 수 있도록 알려 주는 것은 하늘의 명을 전하는 조력자로서의 역할이라고 할 수 있음.

"이제 남방으로 칠백 리를 가면 관산이란 뫼가 있고 그 산중에 철관 도사 있나니, 정성이 지극하면 만나 보려니와, 그렇지 아니하면 낭패할 것이니 각별히 살펴 선생을 정하라."★

▶ 조웅이 노옹으로부터 보검을 받고 철관 도사가 있는 곳을 전해 들음.

(중략)

이때 철관 도사 산중에 그윽이 앉아 그 거동을 보더니, 벽상에 글 쓰고 감을 보고 마음에 불쌍히 여겨 급히 내려와 벽의 글을 보니, 그 글에 하였으되,

<u>철관 도사가 웅의 행동을 지켜보고 있었음.</u>   <u>웅이 자신이 왔다 갔다는 내용을 벽상에 글을 통해 남김.</u>

기작십년객(幾作十年客)이 / 영견만리외(迎見萬里外)라

몽택(夢澤)에 용유비(龍有飛)어늘 / 시성(是誠)이 미달야(未達也)라.

(십 년을 지내 온 나그네★가 / 만리 밖에서 찾아보도다.

흐린 연못에 용★이 있어 날아오르거늘 / 이 정성이 도달하지 않는구나.)

★ 문제 해결 키 문항 3 관련

웅은 벽상에 남긴 글을 통해 자기 자신을 '나그네'라고 표현하며 멀리서 찾아왔음을 알리고 있음. 또한 자신을 '용'에 비유하며 자신의 능력에 대한 믿음을 드러내고 있음.

도사 보기를 다하매 대경하여 급히 동자를 산 밖에 보내어 청하니, 웅이 동자를 보고 문 왈,

<u>크게 놀라</u>

"선생이 왔더니까?"

동자 왈,

"이제야 와서 청하시나이다."

웅이 반겨 동자를 따라 들어가니 도사가 시문에 나와 웅의 손을 잡고 흔연 소 왈,

<u>반겨 웃으며 말하기를</u>

"험난한 산길에 여러 번 고생하도다."

하고 동자로 하여금 석반을 재촉하여 주거늘 웅이 먹은 후에 치사 왈,

<u>먼 길을 온 웅을 잘 대접하고자 함.</u>

"여러 날 주린 창자에 선미(善味)를 많이 먹으니 향기가 배에 가득한지라 감사하여이다."

<u>대접받은 석반을 가리킴.</u>

"그대 먹는 양을 어찌 알아서 권하였으리오?"

하고 책 두 권을 주며,

"이 글을 보라."

하거늘, 웅이 무릎을 꿇고 펼쳐 보니 이는 성경현전(聖經賢傳)＊이라.「다 본 후에 다른 책을 청하니, 도사가 웃고 육도삼략(六韜三略)＊을 주기에 받아 가지고 큰 소리로 읽으니, 도사 더욱 기특히 여겨 천문도(天文圖) 한 권을 주거늘, 받아 보니 기묘한 법이 많은지라. 도사의 가르치는 술법을 배우니 의사(意思) 광활하고 눈앞의 일을 모를 것이 없더라.」

「 」: 조력자의 도움으로 웅이 여러 술법을 익힘. 웅이 비범한 능력에 더하여 자발적인 노력을 통해서 성장하는 모습을 알 수 있음.

▶ 웅이 철관 도사를 만나 술법을 배우고 익힘.

일일은 석양이 서쪽으로 기울고 새들이 자려고 숲으로 들어갈 제, 광풍이 대작하며 무슨 소리 벽력같이 산악을 울리거늘 웅이 대경하여 왈,

"이곳에 어찌 짐승이 있나니까?"

한대, 도사 왈,

"다름이 아니라 내 집에 심히 늙은 암말을 두었으되 수척하여 날이 새면 산중에 놓아기르더니 하루는 천지진동하며 산중이 요란하거늘, 괴이하여 말을 찾아 마장(馬場)에 들어가니 오색구름이 만산하여 지척을 분별치 못하고 말이 없더니, 이윽하여 뇌성이 그치고 구름이 걷혀 오며 말이 몸을 적시고 정신없이 섰거늘, 진정하여 이끌고 집에 와 여물과 죽을 먹여 두었더니 새끼를 배어 낳은 후 몇 달이 못 되어 어미는 죽고 새끼는 살았으되, 사람이 임의로 이끌지 못하고 점점 자라나매 사람이 근처에 가지 못하고 날이 새면 산중에 숨고 밤이면 구유 아래 자고 새벽바람에 고함치고 가니 사람이 상할까 염려라."

<u>늙은 암말이 낳은 말은 웅이 아닌 다른 사람들에게는 공순한 모습이 아님.</u>

하거늘, 웅이 다시 보니 높고 높은 층암절벽으로 나는 듯이 오르고 내리기는 비호(飛虎)라도 당치 못할러라. 이윽하여 들어오거늘 웅이 내달아 소리를 크게 지르니 그 말이 이윽히 보다가 머리를 들고 굽을 치며 공순하거늘

<u>늙은 암말이 낳은 말이 굉장한 힘을 지님.</u>
<u>말이 웅에게 순종하는 모습을 통해 영웅으로서의 웅의 비범함을 알 수 있음.</u>

웅이 경계하여 왈,

"말이 사람과 마찬가지라. 임자를 모르는다?"

그 말이 고개를 들고 냄새를 맡으며 꼬리를 치며 반기는 듯하거늘 웅이 크게 기뻐 목을 안고 굴레를 갖추어 마구간에 매고 도사에게 청하여 왈,

<u>웅을 자신의 주인으로 여기는 듯한 행동을 함.</u>

"이 말의 값을 의논컨대 얼마나 하나이까?"

도사 왈,

"하늘이 용마(龍馬)를 내시매 반드시 임자 있거늘, 이는 그대의 말이라. 남의 보배를 내 어찌 값을 의논하리오? 임자 없는 말이 사람을 상할까 염려하더니, 오늘 그대에게 전하니 실로 다행이로다."

<u>철관 도사가 웅의 능력과 비범함을 인정하고 있음.</u>
<u>늙은 암말이 낳은 말</u>

웅이 감사 배(拜) 왈,

"도덕문(道德門)에 구휼하옵신 은덕 망극하옵거늘, 또 천금준마를 주시니 은혜가 더욱 난망이로소이다."

▶ 웅이 철관 도사로부터 말을 얻고 감사를 표함.

도사 왈,

"곤궁(困窮)함도 그대의 운수요, 영귀(榮貴)함도 그대의 운수라. 어찌 나의 은혜라 하리오?"★

★ **문제 해결 키** 문항 4 관련

노옹과 마찬가지로 철관 도사가 웅에게 말을 넘겨주면서도 자신의 은혜를 내세우지 않는 것은 하늘의 명을 전하는 조력자로서의 역할을 한 것으로 볼 수 있음.

웅이 도사를 더욱 공경하여 도업(道業)을 배우니 일 년이 지나자 신통 묘술을 배워 달통하니 진실로 괄목상대(刮目相對)러라.

<u>눈을 비비고 상대편을 본다는 뜻으로, 남의 학식이나 재주가 놀랄 만큼 부쩍 늘음을 이르는 말</u>

▶ 웅이 철관 도사에게 도업을 배우며 날로 성장함.

＊ 장성: 어떤 사람에게 응한 별.

＊ 성경현전: 성인들과 현인들이 지은 책.

＊ 육도삼략: 중국의 병서. 『육도』와 『삼략』을 아울러 이르는 말로, 중국 고대 병학(兵學)의 최고봉인 '무경칠서(武經七書)' 중 두 가지의 책.

포인트 ① 조웅을 위한 조력자의 도움 문항 2, 3 관련

노옹	철관 도사
• '조웅검'이라고 적힌 보검을 조웅에게 전해 줌. • '어진 선생'을 구하는 조웅의 말에 철관 도사를 만날 수 있는 방법을 알려 줌.	• 조웅에게 '도업'과 '술법' 등을 가르쳐 신통 묘술에 달통하게 함. • '용마'를 조웅에게 전해 줌.

↓

조웅이 개인적으로 이두병과의 대립에서 승리하고,
국가적으로 반역자를 처단하는 영웅으로서의 역할을 할 수 있도록 조력함.

 포인트 ② 「조웅전」에 나타난 영웅성 문항 3, 4 관련
• 유리걸식하는 조웅의 상황에 천기가 조응하며 반응함.
• 하늘이 보검의 임자를 정해서 '조웅검'이라는 이름으로 조웅에게 전해짐.
• 조웅이 철관 도사의 가르침을 빠르게 배워 통달하며 괄목상대하는 모습을 보임.
• 조웅이 소리를 크게 지르니 거칠던 말이 순한 말처럼 행동하고, 이를 본 철관 도사가 하늘이 낸 용마가 조웅의 말이라며 전해 줌.

■ 일반적인 영웅·군담 소설과 「조웅전」의 차이점
「조웅전」은 조선 시대의 대표적 영웅·군담 소설로, 간신 이두병(李斗柄)의 간계로 죽은 조 승상(丞相)의 아들 조웅이 태자와 더불어 후일을 기약하고 헤어져 방랑하다가 장 소저와 백년가약을 맺고, 위기에 처한 태자를 구출하고 수십만 대군으로 송나라를 구해 낸다는 내용이다. 이 작품은 '영웅의 일대기' 형식을 거의 그대로 따르고 있으나 일반적인 영웅·군담 소설과의 차이점도 있다. 우선, 주인공의 탄생에 있어서 간절한 기도를 통해 아들을 얻게 되는 기자 치성 모티프가 드러나지 않는다. 또한 주인공이 천상계의 존재였으나 지상에 하강한다는 형식의 천손 하강 모티프도 나타나지 않는다. 애정담 부분에서의 이색적인 점은 전통적인 윤리와 어긋나는 내용으로, 장 소저와 혼인 이전에 동침을 한다는 설정이다. 이는 대중들의 기호에 맞게 통속화된 부분으로 짐작해 볼 수 있다.

EBS Q&A

Q 영웅 소설을 쉽게 이해할 수 있는 방법이 따로 있나요?

A 영웅 소설은 일반적으로 일대기적 구성을 취합니다. 따라서 영웅의 일대기적 구성에 따른 흐름을 알고 있다면 작품의 전후 맥락을 쉽게 파악할 수 있습니다. 일반적인 영웅의 일대기적 구성은 '고귀한 혈통 - 비정상적 출생 - 탁월한 능력 - 위기 - 조력자의 도움 - 성장 후 위기 - 위기 극복과 승리'의 흐름을 지닙니다. 시험 상황에서는 전문이 출제될 수 없기 때문에 이 과정 중 일부가 제시됩니다. 대개는 영웅인 주인공이 겪는 위기 혹은 위기 극복과 승리의 장면이 많이 출제되는 편이지만, [앞부분 줄거리] 혹은 [중략 부분 줄거리]와 함께 대략적인 전체 줄거리를 파악할 수 있도록 출제되기도 합니다. 본문에 제시된 부분의 「조웅전」을 기준으로 본다면, '조력자의 도움'을 받는 부분이 제시되었고, [앞부분 줄거리]를 통해서 조웅과 이두병의 갈등 관계, 조력자를 만나기 직전의 상황 등을 보충해 주고 있습니다. 이처럼 대략적인 영웅의 일대기적 구성을 흐름에 따라 익힌 후에 제시된 본문이 그 흐름 중 어느 부분에 해당하는지를 생각하면서 작품을 읽으면 내용을 훨씬 입체적으로 파악할 수 있습니다.

06 이대봉전 _ 작자 미상

EBS 수능특강 문학 139쪽

감상 포인트

이 작품은 제목이 남성 주인공의 이름으로 되어 있으나, 여성 주인공인 장애황의 활약이 크게 나타난다는 점에서 여성 영웅 소설로 평가받기도 한다. 여성의 사회적 진출이 제한되어 있었던 당시의 시대적 상황으로 인해 남장(男裝) 모티프를 활용하고 있는데, 남장한 장애황이 과거에 급제하여 벼슬길에 진출한 후, 외적이 난을 일으켰을 때 대원수로 출전하여 공을 세우는 모습은 당시 남성 중심의 사회에 대한 여성 독자의 반발 심리를 수용한 것으로 이해할 수 있다. 또한 이 작품의 전개가 어려서 한 남녀의 혼인 약속과 헤어짐, 시련 뒤의 재결합으로 구성되어 있다는 점에서, 인간의 일생에서 결혼의 중요성에 대한 의식이 담겨 있음을 알 수 있다.

주 제

나라를 위기에서 구하고 사랑을 이루는 남녀 주인공의 활약상

전체 줄거리

명나라 때 이 시랑은 백운암에 시주하고 아들 대봉을 낳는다. 이 시랑의 죽마고우인 장 한림도 같은 시간에 딸 애황을 낳아 대봉과 정혼을 시킨다. 간신 왕희가 국권을 마음대로 휘둘러 나라가 위태로워지자 이 시랑은 직간하는 상소를 올리지만 왕희의 참소를 입어 백설도로 유배된다. 유배를 가던 중 왕희는 뱃사공을 매수하여 이 시랑과 대봉을 죽이려고 하지만 대봉 부자는 용왕의 도움으로 살아난다. 대봉 부자의 참변을 듣고 장 한림과 그의 부인은 탄식하다 병을 얻어 죽는다. 왕희는 애황의 미모가 출중하다는 말을 듣고 며느리로 맞이하려 하나, 애황은 남장을 하고 도주하여 이름을 계운으로 바꾸고 무예를 배운다. 과거에 장원 급제하여 한림학사를 제수받은 계운은 남선우가 중원을 침략하자 대원수로 출마해서 적을 크게 무찌른다. 한편 서해 용왕의 도움으로 살아난 대봉은 백운암에서 수련하면서 때를 기다린다. 마침 북흉노가 중원을 침범하여 황성을 점령하고 천자를 핍박하여 위급한 지경에 이르자, 이대봉은 필마단기로 흉노군을 격파하고 적군의 항복을 받아 낸다. 결국 이대봉은 왕희를 처단하고 장애황과 혼인한다. 이후 이대봉은 초왕이 되어 부귀영화를 누리다 일생을 마친다.

밤 11시부터 새벽 1시 사이. 하룻밤을 다섯으로 나눈 시각을 오경이라고 하며, 일경은 저녁 7시부터 밤 9시 사이를 가리킴.

차설. 왕희의 아들 석연이 길일을 당하매 노복과 가마를 갖추어 장미동에 나아가니, 이때 야색이 <u>삼경이라.</u> 노

운이 좋거나 상서로운 날. 왕희는 길일을 택해 애황과 자신의 아들 석연의 혼인을 강제로 진행하려 함.

복이 들어가 소저를 납치하고자 하더니, 이때 소저가 등촉을 밝히고 예기(禮記)를 보더니, 외당에서 사람들이 떠

애황과 석연의 혼인이 강제로 이루어짐을 드러냄.

드는 소리가 들리거늘, 소저가 마음에 놀라 시비 난향을 불러 왈,

자신에게 위기가 닥쳤음을 애황이 인지하게 되는 계기   곁에서 시중을 드는 계집종

> ★ **문제 해결 키** 문항 2 관련
>
> 아래의 공간에서 일어난 사건을 인물을 중심으로 파악해야 함.
> • 애황의 외당과 왕희의 외당
> • 애황의 내정과 왕희의 내당
> • 왕희의 집과 희 씨의 집
> • 희 씨 집의 서헌과 서당

"외당에서 사람 소리가 요란하니, 네 가만히 나가 그 동정을 보라."

난향이 나아가 보고 급히 돌아와 고 왈,

"왕 승상의 아들이 노복과 가마꾼을 거느려 외당에서 머뭇거리고 있더

이다." / 소저가 대경 왈,

"<u>저 즈음께 왕희 청혼하였거늘, 내 허락지 아니하고 중매하는 사람을 물리쳤더니</u> 오늘 밤 작당하여 옴이 분명

왕희가 강제로 혼인을 진행하는 원인이자 애황이 고난을 겪게 되는 계기

나를 납치하고자 함이라. 일이 급박하니 장차 어찌하리오?"

하고 죽으려 하거늘, 난향이 고 왈,

문제 상황에 대한 애황의 소극적 대처

[A] 「"소저는 잠깐 진정하소서. 소저가 만일 목숨을 함부로 여기시면 부모 제사와 낭군의 원수를 누가 갚으리잇

『 』: 난향의 말하기 방식 ① – 위기에서 벗어날 수 있는 해결책을 제시하며 상대의 행동 변화를 촉구함.

고? 바라건대 소저는 소비(小婢)와 의복을 바꾸어 입고 소비가 소저 모양으로 앉았으면 저 사람들이 반드시

소비를 소저로 알지니, 소저는 급히 남자 옷으로 갈아입으신 후 후원을 넘어 피신하옵소서."」★

남장 모티프의 기능 ① – 애황이 위기를 극복하는 데 활용됨.

소저가 왈,

"네 말이 당연하나 내 몸이 규중에서 자라 능히 문밖을 알지 못하거늘 어디로 갈 바를 알리오? 차라리 내 방에

애황이 난향의 제안을 거절하는 이유

서 죽으리라." / 하고 슬프게 우니, 난향이 다시 고 왈,

"천지는 넓고 광활하며 인명은 하늘에 달려 있으니, 어디 가 몸을 보전치 못하리오? 일이 가장 급하오니 소저

난향의 말하기 방식 ② – 물음의 방식과 관용적 표현 방식을 활용하여 상대의 행동을 만류함.

<u>는 천금과 같이 귀한 몸을 가볍게 버리지 마옵소서."</u>★

하며 급히 도망하기를 재촉하니, 소저가 눈물을 흘리며 슬피 울면서 왈,

"난향아, 만일 네 행색이 탄로 나면 왕희의 손에 네 목숨을 보전치 못하리니, 한가지로 도망함이 어떠하뇨?"

_{애황이 난향의 제안을 쉽게 받아들이지 못하는 이유}

난향이 왈,

"소비 또한 이 마음이 있으되, 왕가 노복이 소저를 찾다가 없으면 근처로 흩어져 기를 쓰고 찾을 것이니, 소저가 어찌 화를 면하려 하시나잇고? 빨리 행하시고 지체하지 마옵소서."

소저가 하릴없이 의복을 벗어 난향을 주고 남자 옷을 입고 후원 문으로 나가 수리(數里)를 행하니라. ★

▶ 애황은 난향의 권유를 받아들여 남장을 하고 집을 떠나 위기에서 벗어남.

차시 난향이 소저의 의복을 입고 서안에 의지하여 앉았더니, 이윽고 왕 공자가 노복과 시녀를 거느려 내정(內
_{이때}
庭)에 돌입하여 시녀를 명하여,
_{안채에 있는 뜰. 남녀유별이 있었던 당시의 시대적 상황을 고려하면, 내정에 왕 공자가 돌입한 것은 매우 무례한 행동이라 볼 수 있음.}

"소저 빨리 모셔라."

하니, 시녀가 명을 듣고 들어가 소저를 보고 문안하니, 난향이 들은 체 아니 하거늘, 시녀가 다시 고 왈,
_{난향을 애황으로 알고 있음.}

"왕 공자 내림하였사오니, 소저는 백년가약을 맺으소서. 이 또한 하늘이 정한 연분이오니 이런 좋은 때를 잃지 마옵소서."

하고 가마에 오르기를 재촉하거늘, 난향이 속으로 우습고 분한 마음이 들어 꾸짖어 왈,

"내 집이 비록 가난하고 변변치 않으나 조정 중신의 집이거늘, 너희가 외람되이 무단 돌입하여 어찌하고자 하
_{애황의 아버지는 장 한림으로 조정의 신하였으나, 천자가 간신배인 왕희에 휘둘리는 모습에 병을 얻어 목숨을 잃음.}
나뇨? 내 어찌 더러운 욕을 보리오?"

하고 비단 수건으로 목을 조르니, 왕가 노복 등이 많은지라 강약이 부동(不同)하니 어찌 당하리오? 하릴없이 가
_{강하고 약함이 같지 않으니. 왕가의 노복이 힘으로 난향을 제압했음을 의미함.}
마에 올라 장안으로 향하여 갈 때, 동으로 벽파장 이십 리에 다다르니 동방이 밝는지라. 벽파장 노소인민이 다
구경하며 하는 말이,
_{마을 사람들은 석연과 애황의 혼사가 강제로 이루어진다는 사실을 알지 못함.}

"장 한림의 여아 애황 소저와 승상의 자제가 정혼하여 신행(新行)하신다." / 하더라.

▶ 난향은 애황을 대신하여 왕희의 집으로 향함.

난향이 승상의 집에 다다르니, 잔치를 배설하고 대소 빈객이 구름같이 모였더라. 난향이 가마에서 내려 안채의 대청으로 들어가니, 모든 부인이 모여 앉았다가 난향을 보고 칭찬 왈,

"어여쁘다, 장 소저여! 진실로 공자의 짝이로다."
_{빈객들은 애황을 본 적이 없기에, 애황과 난향을 구별하지 못함.}

하며 칭찬이 분분할새, 난향이 일어나 외당으로 나아가니 내외 빈객이 크게 놀라는지라. 난향이 승상 앞에 나아
_{당시 혼례 절차에 어긋나는 행동이었기 때문임.}
가 좌우를 돌아보며 왈,

┌「"나는 장미동 장 한림 댁 소저의 시비 난향이러니 외람이 소저의 이름을 띠고 승상을 잠깐 속였거니와, 왕희
│ 『 』: 난향의 말하기 방식 ③ – 상대방의 신분과 혼례 절차를 근거로 상대방의 잘못을 지적함.
│ 는 나라의 녹을 받는 중신으로 명망이 일국에 으뜸이요, 부귀
│ 천하에 제일이라. 네 자식의 혼사를 이룰진대, 매파를 보내어
[B]│ 예의를 갖추어 인연을 맺음이 당연하거늘, 네 무도불의(無道
│ 不義)를 행하여 깊은 밤에 노복을 보내어 가만히 사대부가의
│   _{지난밤의 사건을 요약적으로 제시함.}
│ 내정에 돌입하여 규중처자를 납치함은 무슨 뜻이뇨? 우리 소
└ 저는 너의 모욕을 피하여 계시나 결단코 자결하여 원혼이 되었을 것이니 어찌 통분치 않으리오?"」★

★ **문제 해결 키** **문항 3 관련**

난향이 애황과 왕희를 향해 하는 말의 목적과 말하기 방식을 파악해야 함.

애황을 향해 하는 말	애황을 설득하여 무사히 집에서 빠져나가도록 하기 위함.
왕희를 향해 하는 말	왕희의 무도함을 질책하기 위함.

말을 마치고 슬피 통곡하니, 승상이 대경하여 난향을 위로 왈,

> 애황의 아버지인 장 한림과 육촌 관계로, 왕희의 명을 받고 석연과 애황의 혼인을 주선하지만 애황의 거절로 실패함. 빈객 중에서 유일하게 애황의 얼굴을 알고 있는 인물임.

"소저는 백옥 같은 몸으로서 천한 난향에게 비(比)하니 어찌 이런 말을 하나뇨?"

하고 시비로 하여금 내당으로 보내고 소저의 진가(眞假)를 분별치 못하여 장준을 청하여 보라 한데, 장준이 들어

가 보니 과연 질녀가 아니요 난향이라. 대경하여 바삐 승상께 고하니, 왕희 대로하여 난향을 죽이려 한 대, 만좌

빈객이 말려 왈,

"난향은 진실로 충성스러운 시녀이니, 그 죄를 용서하소서."
_{왕희가 난향을 죽이지 못하는 이유}

승상이 크게 부끄러워 장준을 크게 꾸짖고 난향을 보내니라.

▶ 난향은 빈객들에게 왕희의 무도함을 알리고, 왕희는 빈객의 권유를 받아들여 난향을 살려 보냄.

각설. 장 소저가 그날 밤에 도망하여 남으로 향하여 정처 없이 가더니, 수일 만에 여람 땅에 이르러 이름을 고
_{주로 고전 소설에서 화제를 돌려 다른 이야기를 꺼낼 때, 앞서 이야기하던 내용을 그만둔다는 뜻으로 다음 이야기의 첫머리에 쓰는 말}

쳐 장계운이라 하고 한 집에 가 밥을 빌더니, 이 집은 최 어사 집이라. 어사는 일찍 죽고 부인 희 씨 한 딸을 데리
_{남복을 하였기 때문에 이름도 남자 이름으로 바꿈.}

고 집안 살림을 잘 다스려 집의 형편이 넉넉하더라. 부인이 문을 사이에 두고 장 소저의 거동을 보니, 인물이 비
_{애황의 영웅적 면모를 드러냄.}

범하고 풍채 준수하거늘, 부인이 소저에게 왈,

"차인의 행색을 보니 본대 걸인이 아니라."

하고, 시비로 하여금 서헌으로 청하여 앉히고, 부인이 친히 나와 소저를 향하여 문 왈,
_{공부하기 위하여 따로 마련한 방}

"공자는 어디 살며 나이 몇이나 되고, 이름은 무엇이라 하나뇨?"
_{희 씨가 남장을 한 애황을 남자로 알고 있음을 드러냄. 남장 모티프의 기능 ② – 새로운 사건이 발생하는 계기가 됨.}

소저가 대 왈, / "본대 기주 땅에 사는 장계운이라 하옵고 나이는 십육 세로소이다."

부인이 또 문 왈, / "부모는 다 살아 계시며, 무슨 일로 이곳에 이르시나뇨?"

소저가 대 왈, / "일찍 부모를 여의고 의탁할 곳이 없어 여기저기 떠돌아다니나이다."

부인 왈,

★ 문제 해결 키 [문항 4 관련]

애황의 행적을 중심으로 애황의 남장이 지닌 서사적 기능을 파악해야 함.

석연과의 강제 혼인을 피하기 위해 남장을 한 후 집을 나섬.	→	위기 극복에 활용됨.
희 씨의 집에서 능력을 갈고닦음.	→	여성의 사회 진출을 위한 수단으로 활용됨.

"공자의 모양을 보니 걸인으로 다니기는 불쌍하니, 공

자는 아직 내 집에 있음이 어떠하뇨?"

소저가 사례 왈,

"부인이 소생의 가족 없는 외로움을 생각하사 존문에 두고자 하시니, 하해 같은 은혜를 어찌 다 갚으리잇고?"
_{남의 가문이나 집을 높여 이르는 말}

부인이 희열하여 노복을 명하여 서당을 깨끗이 닦고 서책을 주며 왈,

"부디 학업을 힘써 공명을 취하라."
_{남장 모티프의 기능 ③ – 여성의 사회 진출을 위한 수단으로 활용됨.}   _{중국의 병법가인 손무와 오기의 병법에 관한 책}

소저가 서책을 받아 보니, 성경현전(聖經賢傳)과 손오병서라. 소저가 학업을 공부할새 낮이면 시서 백가를 읽
_{유학의 성현(聖賢)이 남긴 글. 성인(聖人)의 글을 '경(經)'이라고 하고, 현인(賢人)의 글을 '전(傳)'이라고 함.}

고, 밤이면 손오병서와 육도삼략을 습독하여 창검 쓰는 법을 익히니, ★ 부인이 각별히 사랑하여 친자식같이 여

기더라.

세월이 흘러 삼 년이 지나니, 장 소저가 나이 십구 세라. 재주는 능히 풍운조화를 부리고 용력은 능히 태산을
_{위기를 극복한 여성 주인공이 영웅성을 획득함.}

끼고 북해를 뛸 듯하더라.

▶ 애황은 희 씨의 도움으로 그녀의 집에 머물며 병법을 익히고 영웅성을 획득함.

포인트 1 공간을 중심으로 한 「이대봉전」의 인물 이해 **문항 2 관련**

애황의 외당		왕희의 외당
애황을 향한 위협을 난향이 확인하는 공간	↔	애황을 향했던 위협을 빈객들이 확인하는 공간

애황의 내정		왕희의 내당
애황에 대한 석연의 처분이 난향에 의해 좌절되는 공간	↔	난향에 대한 왕희의 처분이 빈객들에 의해 좌절되는 공간

왕희의 집		희 씨의 집
고난을 피하기 위해 애황이 회피한 공간	↔	고난을 피하기 위해 애황이 찾아간 공간

(희 씨의) 서헌		(희 씨의) 서당
희 씨의 제안을 애황이 수락하는 공간	→	희 씨의 당부를 실현하기 위해 애황이 노력하는 공간

포인트 2 '난향'의 말하기 방식 **문항 3 관련**

대화 상대	말하기 방식	목적
애황	• 소저가 만일 목숨을 함부로 여기시면 부모 제사와 낭군의 원수를 누가 갚으리잇고? ☞ 가족 간의 인륜을 물음의 방식으로 제시함. • 소비와 의복을 바꾸어 입고 소비가 소저 모양으로 앉았으면 저 사람들이 반드시 소비를 소저로 알지니 ☞ 자신의 방안을 따랐을 때의 예상되는 상황을 언급함. • 천지는 넓고 광활하며 인명은 하늘에 달려 있으니 ☞ 관용적 표현을 활용함. • 왕가 노복이 소저를 찾다가 없으면 근처로 흩어져 기를 쓰고 찾을 것이니, 소저가 어찌 화를 면하려 하시나잇고? ☞ 애황의 제안이 초래할 수 있는 부정적 상황을 물음의 방식으로 제시함.	남장을 하고 집을 벗어나도록 애황을 설득함.
왕희	• 왕희는 나라의 녹을 받는 중신으로 명망이 일국에 으뜸이요, 부귀 천하에 제일이라. ☞ 왕희의 직책과 신분의 우월함을 드러냄. • 매파를 보내어 예의를 갖추어 인연을 맺음이 당연하거늘 ☞ 혼례에서 지켜야 할 예의를 언급함. • 네 무도불의를 행하여 깊은 밤에 노복을 보내어 가만히 사대부가의 내정에 돌입하여 규중처자를 납치함은 무슨 뜻이뇨? ☞ 왕희의 무도함을 물음의 방식으로 질책함.	빈객들에게 왕희의 무도함을 알림.

포인트 3 '남장 모티프'의 기능 **문항 4 관련**

• 소저는 급히 남자 옷으로 갈아입으신 후 후원을 넘어 피신하옵소서. • 소저가 하릴없이 의복을 벗어 난향을 주고 남자 옷을 입고 후원 문으로 나가 수리를 행하니라.	→	여성 주인공이 위기를 극복하는 데 활용
• 수일 만에 여람 땅에 이르러 이름을 고쳐 장계운이라 하고 한 집에 가 밥을 빌더니 • 공자의 모양을 보니 걸인으로 다니기는 불쌍하니, 공자는 아직 내 집에 있음이 어떠하뇨?	→	새로운 사건이 발생하는 계기
부디 학업을 힘써 공명을 취하라.	→	여성 주인공의 사회 진출을 위한 수단

■ 「이대봉전」이 여성 영웅 소설로도 불리는 이유

「이대봉전」의 제목은 남자 주인공의 이름으로 되어 있으나, 작품 내에서 여자 주인공인 장애황의 활약이 더 크다. 여주인공 애황은 남복을 입고 과거에 급제하여 벼슬을 하고, 전쟁에 나가 외적을 물리치는 등 국가에 혁혁한 공을 세운다. 이렇게 여성이 전쟁에 나가서 싸우는 내용이 들어 있는 작품을 여성 영웅 소설이라고 부르는데, 우리에게 잘 알려진 여성 영웅 소설 작품으로는 「홍계월전」과 「박씨부인전」 등이 있다. 이러한 여성 영웅 소설이 나타나게 된 요인은 시대의 변화에 따른 여성 의식의 각성과 관련지을 수도 있지만, 조선 시대 후기에 소설이 큰 인기를 끌면서 작가나 출판사가 재미있는 이야기를 위해 새로운 소재를 찾아 나선 결과 기존의 남성 영웅을 대신하는 여성 영웅을 소설의 주인공으로 내세움으로써 여성 독자층을 확보하기 위한 전략으로도 분석할 수 있다. 한편 「이대봉전」에서 장애황이 선우의 군사들을 물리치는 군담과 이대봉이 흉노왕의 군사들을 물리치는 군담의 경우 별개의 공간에서 전개됨에도 불구하고 두 인물이 예지 능력과 뛰어난 전투 능력을 지니고 있다는 점을 유사한 서사 구조를 통해 부각한다는 점에서, 장애황의 영웅적 면모를 돋보이는 역할을 한다.

■ 여성 영웅으로서 장애황의 삶

고귀한 혈통	나라의 중신인 장 한림의 외동딸로 태어남.
⇩	
신이한 탄생	장 한림의 부인 소 씨가 봉황 중 황이 품에 안기는 꿈을 꾼 후 애황이 태어남. 태어날 때 아름다운 향이 집 안에 가득함.
⇩	
시련과 고난	장 한림과 소 씨가 죽고, 왕희의 아들과 강제로 혼인할 위기에 처함.
⇩	
조력자의 도움	시비 난향의 도움으로 위기에서 벗어난 후 희 씨에게 의탁하여 능력을 기름.
⇩	
비범한 능력 및 위업 달성	선우의 군사를 물리친 후 이대봉과 혼인하여 부귀영화를 누림.

EBS Q&A

Q [A]와 [B]에서 '난향'의 말은 어떤 서사적 기능을 하나요? 문항 3 관련

A 소설에서 인물들이 주고받는 말은 인물 간의 갈등이 발생하는 원인이 되거나 인물 간의 갈등을 해결하는 역할을 합니다. 또한 인물의 말을 통해 갈등이 발생하고 해결된다는 점에서 인물의 말은 사건의 전개 양상을 파악하기 위해 꼼꼼하게 분석할 필요가 있습니다. [A]와 [B]는 난향이 각각 애황과 왕희를 향해 하는 말인데요, [A]를 들은 애황이 난향의 권유를 받아들여 남장을 하고 집을 떠나기로 결심한다는 점에서 [A]는 애황의 내적 갈등뿐만 아니라 애황과 난향 사이의 갈등도 해소하는 역할을 하고 있습니다. 이와 달리 [B]를 들은 왕희는 난향의 정체를 알게 되고, 그녀를 죽이려 하지만 빈객들의 만류로 실패하게 되는데요, 그런 점에서 [B]는 왕희란 인물이 지닌 부정적 속성을 다른 인물들에게 드러냄으로써 새로운 갈등 관계를 형성하는 역할을 하고 있습니다. 이처럼 동일한 인물의 말이라도 상대가 누구냐에 따라, 어떤 목적을 가지고 그 말을 했느냐에 따라 그 말의 서사적 기능이 달라진다는 점을 기억할 필요가 있습니다.

춘향전 _ 작자 미상

EBS 수능특강 **문학 143쪽**

감상 포인트 이 작품은 판소리계 고전 소설 「춘향전」의 대표적인 이본(異本)으로서, '열녀춘향수절가'라는 표제가 붙은 19세기 후반의 완판이다. 제시된 부분은 이몽룡이 서울로 떠난 후 신관 사또가 부임하여 기생 점고를 시행하며 춘향을 찾아내고 수청을 강요하자 춘향이 저항하는 장면이다. 이 작품은 춘향의 절개를 부각하되 '열(烈)'이라는 유교 윤리의 주제 의식을 단순하게 강조하지 않고, 불의에 저항하는 한 인간의 참모습으로 형상화하여 나타내고 있다. 또한 춘향의 신분이 남원 부사 성 참판의 후손으로 설정된 점, 춘향과 월매, 향단의 인간상이 특색 있게 부각된 점, 판소리의 명창들에 의해 다듬어진 사설을 잘 반영하여 예술성을 높인 점, 흥겨움과 한스러움의 정서가 적절하게 조화된 점 등을 이 판본의 주요 특징으로 꼽는다.

주 제 춘향과 몽룡의 신분을 초월한 사랑

전체 줄거리 남원 부사의 아들 이몽룡은 단오에 광한루에서 그네를 뛰는 춘향을 만나고 그녀와 사랑을 나누게 된다. 남원 부사의 임기가 종료되어 몽룡의 부친이 서울로 올라가게 되자 몽룡도 부친을 따라가게 되면서 몽룡과 춘향은 재회를 기약하며 이별한다. 남원에 새로 부임한 사또가 춘향의 아름다움에 매료되어 춘향에게 수청을 강요하고, 춘향은 수청을 거부하다 옥에 갇혀 죽을 지경에 이른다. 그동안 몽룡은 과거에 급제하여 암행어사가 되어 남원으로 내려온다. 사또의 생일 잔칫날에 몽룡은 암행어사 출두를 외쳐 사또를 파직시키고 춘향을 구출하고, 춘향 모녀를 서울로 데리고 가 춘향을 정실부인으로 맞이하여 행복한 삶을 살게 된다.

사또가 수노를 불러 묻는 말이, / "기생 점고* 다 되어도 춘향은 안 부르니 퇴기냐?"
<small>관노의 우두머리</small> <small>은퇴한 기녀</small>

수노 여쭈오되, / "춘향 어미는 기생이되 춘향은 기생이 아닙니다."

사또 묻기를, / "춘향이가 기생이 아니면 어찌 규중에 있는 아이 이름이 그리 유명한가?" / 수노 여쭈오되,
<small>사또는 춘향을 유명한 기녀라고 생각하고 있었음.</small>

"원래 기생의 딸이옵죠. 덕색(德色)이 있는 까닭에 권문세족 양반네와 일등재사(一等才士) 한량들과 내려오신
<small>훌륭한 인격과 뛰어난 외모</small> <small>재주가 뛰어난 남자</small>

관리마다 구경코자 간청하지만 춘향 모녀 거절합니다. 양반 상하 막론하고 한동네 사람인 소인들도 십 년에

한 번쯤이나 얼굴을 보되 말 한마디 없었더니, 하늘이 정한 연분인지 구관 사또 자제 이 도련님과 백년가약 맺
<small>천생연분</small> <small>젊은 남녀가 혼인하여 평생을 함께할 것을 다짐하는 아름다운 약속</small>

사옵고, 도련님 가실 때에 장가든 후에 데려가마 당부하고, 춘향이도 그렇게 알고 수절하여 있습니다."

사또가 화를 내어, / "이놈. 무식한 상놈인들 무슨 소리냐? 어떠한 양반이라고 엄한 아버지가 계시고 장가도
<small>사또는 수노의 말이 상식에 어긋난다고 생각함.</small>

들기 전인 도련님이 시골에서 첩을 얻어 살자 할꼬? 이놈 다시 그런 말을 입 밖에 내면 죄를 면치 못하리라.

이미 내가 저 하나를 보려는데 못 보고 그냥 두랴. 잔말 말고 불러오라." ▶ 기생 점고에 춘향이 빠져 있자 사또가 춘향을 찾음.

춘향을 부르란 명령이 나는데, 이방과 호장이 여쭈오되,

"춘향이가 기생도 아닐 뿐 아니오라 전임 사또 자제 도련님과 맹세가 중하온데, 나이는 다르다 하지만 같은 양
<small>이방과 호장이 사또에게 춘향을 부르지 말 것을 조언함.</small>

반이라. 춘향을 부르면 사또 체면이 손상할까 걱정하옵니다." / 사또 크게 성을 내어,

"만일 춘향을 늦게 데려오면 호장 이하 각 부서 두목들을 모두 내쫓을 것이니 빨리 대령하지 못할까?"
<small>사또가 부하들을 겁박함.</small>

육방이 소동하고, 각 부서 두목이 넋을 잃어,

"김 번수야 이 번수야. 이런 별일이 또 있느냐. 불쌍하다 춘향 정절, 가련케 되기 쉽다. 사또 분부 지엄하니 어

서 가자 바삐 가자." / 사령과 관노가 뒤섞여서 춘향 집 앞에 당도하니, 이때 춘향이는 사령이 오는지 관노가

오는지 모르고 주야로 도련님만 생각하여 우는데, 망측한 환을 당해 놓았으니 소리가 화평할 수 있으리오.
<small>춘향이 당한 상황에 대한 서술자의 편집자적 논평</small>
(중략) ▶ 사또가 하인들에게 춘향을 데리고 오라고 명령함.

사또 매우 혹하여, / "책방에 가 회계 나리님을 오시라고 하여라."

회계 보는 생원이 들어오던 것이었다. 사또 매우 기뻐, / "자네 보게. 저게 춘향일세."

"하 그 계집 매우 예쁜 것이 잘생겼소. 사또께서 서울 계실 때부터 '춘향 춘향' 하시더니 한번 구경할 만하오."
사또는 남원으로 내려오기 전부터 춘향을 알고 있었으며 만나고 싶어 했음.

사또 웃으며, / "자네가 중매하겠나?" / 이윽히 앉았더니,

"사또가 당초에 춘향을 부르시지 말고 중매쟁이를 보내어 보시는 게 옳았을 것을, 일을 좀 경솔하게 하였소만

은 이미 불렀으니 아마도 혼인할밖에 다른 수가 없소."
춘향으로 하여금 사또의 수청을 들게 하겠다는 뜻

사또 매우 기뻐 춘향더러 분부하되, / "오늘부터 몸단장 바르게 하고 수청을 거행하라."
수청 거부

"사또 분부 황송하나 일부종사(一夫從事) 바라오니 분부 시행 못 하겠소."
한 남편만을 섬기는 것   ▶ 사또가 춘향에게 수청을 들 것을 요구하고 이에 춘향은 사또의 수청 요구를 강력히 거부함.

사또 웃으며 말한다.

"아름답도다. 계집이로다. 네가 진정 열녀로다. 네 정절 굳은 마음 어찌 그리 어여쁘냐. 당연한 말이로다. 그
춘향을 회유하기 위한 칭찬의 말

러나 이수재(李秀才)*는 서울 사대부의 자제로서 명문 귀족의 사위가 되었으니, 「한순간 사랑으로 잠깐 기생질

하던 너를 조금이라도 생각하겠느냐? 너는 원래 정절 있어 정절을 지키다가 고운 얼굴 늙어 가고 백발이 난무
「 」: 사또가 춘향의 수절 의지를 단념시키기 위해 춘향의 수절이 불러올 수 있는 결과를 매우 부정적으로 가정하여 말함.

하여 강물 같은 무정한 세월을 한탄할 때 불쌍코 가련한 게 너 아니면 누구랴? ,네 아무리 수절한들 열녀 칭찬
수절이 춘향에게 아무런 도움이 되지 않을 것이라고 말하며 사또가 춘향을 설득함.

누가 하랴? 그것은 다 버려두고 네 고을 사또에게 매임이 옳으냐 어린놈에게 매인 게 옳으냐? 네가 말을 좀 하
이몽룡

여라." / 춘향이 여쭈오되,

"충신불사이군(忠臣不事二君)이요 열녀불경이부(烈女不更二夫)*라. 절개를 본받고자 하옵는데 계속 이렇게

분부하시니, 사는 것이 죽는 것만 못하옵고 열녀불경이부오니 처분대로 하옵소서."

이때 회계 나리가 썩 나서 하는 말이,

"네 여봐라. 어 그년 요망한 년이로고. 사또 일생 소원이 천하의 일색이라. 네 여러 번 사양할 게 무엇이냐? 사
사또의 일생 소원은 천하의 미인을 얻는 것 → 사또가 부패한 관리임을 알게 해 줌.

또께옵서 너를 추켜세워 하시는 말씀이지 너 같은 기생 무리에게 수절이 무엇이며 정절이 무엇인가? 구관은
사또가 춘향의 정절을 칭찬한 것이 진심이 아니라 춘향을 회유하기 위해서 한 말임을 가리킴.

전송하고 신관 사또 영접함이 법도에 당연하고 사리에도 당연커든 괴이한 말 하지 말라. 너희 같은 천한 기생
기생에게 충렬은 어울리지 않는다며 사또의 수청을 들 것을 강요함.

무리에게 '충렬(忠烈)' 두 자가 웬 말이냐?"

이때 춘향이 하도 기가 막혀 천연히 앉아 여쭈오되,
춘향이 회계 나리에게 항변함.

"충효 열녀(忠孝烈女)도 상하 있소? 자세히 들으시오. 기
설의법으로 반문하며 충, 효, 열은 신분을 막론하고 지켜야 한다고 주장함. → 사람의 기본적인 도리로서 충, 효, 열을 강조함.

생으로 말합시다. 충효 열녀 없다 하니 낱낱이 아뢰리다. 「해서 기생 농선이는 동선령에 죽어 있고, 선천 기생

은 아이로되 칠거지악(七去之惡) 능히 알고, 진주 기생 논개는 우리나라 충렬로서 충렬문(忠烈門)에 모셔 놓고
아내를 내칠 수 있는 조건이 되는 일곱 가지의 잘못. 시부모에게 불순한 것 아이를 낳지 못하는 것 음탕한 것 질투하는 것 나쁜 병이 있는 것 말이 많은 것 도둑질하는 것

길이길이 받들고, 청주 기생 화월이는 삼층각(三層閣)에 올라 있고, 평양 기생 월선이도 충렬문에 들어 있고,

안동 기생 일지홍은 살았을 때 열녀문 지은 후에 정경부인 명성이 있사오니,★ 기생 모함 마옵소서."

춘향이 다시 사또에게 여쭈오되,
「 」: 정절이나 충렬을 지킨 기생들을 나열하여, 이를 근거로 삼
아 신분의 높고 낮음을 막론하고 충렬을 지켜야 함을 주장함.

★ 문제 해결 키 【문항 1 관련】
다른 고전 소설들과 구별되는 판소리계 소설의 문체상 특징이 무엇인
지와 관련된 문항임. 구술성과 연행성이 주요 특징인 판소리 사설의
흔적이 이 작품에 어떻게 남아서 나타나고 있는지 살펴보아야 함.

"당초에 이수재 만날 때에 산과 바다를 두고 맹세한 굳은 마음, 소첩의 한결같은 정절을 맹분(孟賁) 같은 용맹
전국 시대 위나라 사람으로 힘과 용기가 대단했다고 전해지는 인물임.

이라도 빼어 내지 못할 터요, 소진(蘇秦)과 장의(張儀)*의 입담인들 첩의 마음 옮겨 가지 못할 터요, 공명 선생
중국 촉나라에서 유비의 책사로 활약한 제갈공명

의 높은 재주로 동남풍은 빌었으되*일편단심 소녀의 마음은 굴복지 못하리라. 기산의 허유(許由)는 요임금의
권력을 멀리한 은사(隱士)의 대명사

천거를 거절했고, 서산(西山)의 백이숙제 두 사람은 주나라 곡식을 먹지 않고 굶어 죽었으니, 만일 허유가 없

<u>충과 지조의 대명사</u>

었으면 속세 떠난 선비 누가 되며, 백이숙제 없었으면 간신 도적 많으리라. 첩의 몸이 비록 천한 계집이나 이

<u>춘향은 자신의 신분이 비록 미천하지만 인용한 고사의 인물들에 대해 알고 있는 것을 바탕으로 하여 수절의 의지를 강조함.</u>

들을 모르리까. 사람의 첩이 되어 남편을 배반하는 것은 벼슬하는 관장님네 나라를 배반하는 것과 같사오니

<u>수절의 가치가 나라에 충성하는 것과 같다는 유추의 논리로 사또에게 자신의 주장을 펼침.</u>

처분대로 하옵소서."★

┌─ ★ 문제 해결 키 ┃문항 3 관련┃ ─┐
│ 등장인물이 대화에서 고사를 사용한 맥락과 고사 속 인물이 가진 │
│ 상징성을 함께 고려하여 인물의 발화 의도를 파악해야 함. │
└─────────────────────────────────────┘

사또 크게 화를 내어,

"이년 들어라. <u>모반과 대역하는 죄는 능지처참하고, 관장을 조롱하는 죄는 율법에 적혀 있고, 관장을 거역하</u>

<u>유사한 통사 구조의 반복을 통해 춘향에 대한 사또의 분노와 죄를 물으려는 의지를 부각함.</u>

<u>는 죄는 엄한 형벌과 함께 귀양을 보내느니라. 죽는다고 설워 마라.</u>"

<u>사또가 춘향을 강하게 처벌하고자 함.</u>

＊점고: 명부에 일일이 점을 찍어 가며 사람의 수효를 조사함.

＊이수재: 이몽룡을 가리킴. '수재'는 미혼 남자를 뜻하는 말.

＊충신불사이군이요 열녀불경이부: 충신은 두 임금을 섬기지 않고, 열녀는 두 지아비를 섬기지 않음.

＊소진과 장의: 중국의 전국 시대에 활약한 유세가들로 언변이 매우 뛰어났음.

＊공명 선생의 높은 재주로 동남풍은 빌었으되: 「삼국지연의」에서 제갈공명이 동남풍을 불게 하여 적벽 대전을 승리로 이끈 일을 말함.

▶ 춘향이 사또의 수청 요구를 거부하고 수절을 위해 저항하자 사또가 분노함.

「춘향전」 사설에 나타난 표현상의 특징 ┃문항 1 관련┃

주요 특징	예시
판소리계 소설로서 율문체가 잘 드러남. (대구 표현을 비롯한 유사한 통사 구조의 반복, (3)4·4조, 4음보 율격 사용)	・모반과 대역하는 죄는 능지처참하고, 관장을 조롱하는 죄 는 율법에 적혀 있고, ~ ・충효 열녀 없다 하니 낱낱이 아리리다. ~
대화에서 고사를 빈번하게 활용함.	소첩의 한결같은 정절을 맹분(孟賁) 같은 용맹이라도 ~ 백이숙제 없었으면 간신 도적 많으리라.
양반층의 언어와 서민층의 언어 공존 (한문 투의 문어체와 일상의 구어체 혼용)	・한문 투의 문어체: 충신불사이군(忠臣不事二君)이요 열 녀불경이부(烈女不更二夫)라. ・일상의 구어: 김 번수야 이 번수야. 이런 별일이 ~ 어 서 가자 바삐 가자.
서술자의 적극적 개입에 의한 편집자적 논평	망측한 환을 당해 놓았으니 소리가 화평할 수 있으리오.

「춘향전」의 신분 문제와 갈등 ┃문항 4 관련┃

춘향의 신분에 대해 작중 인물들은 인식을 달리한다. 이러한 신분 인식의 차이는 인물 간 갈등과 사건 발생의 주요 원인이 된다.

┌─────────────────────────┐   ┌─────────────────────────┐
│ **변 사또, 회계 나리** │   │ **춘향, 수노, 이방과 호장** │
│   │   │   │
│ ・춘향이가 기생이 아니면 ~ 이름이 그리 유명 │   대조   │ ・춘향 어미는 기생이되 춘향은 기생이 아닙니다. │
│ 한가? │ ←→ │ ・춘향이가 기생도 아닐 뿐 아니오라 ~ │
│ ・너희 같은 천한 기생 무리 │   │ ・사람의 첩이 되어 ~ 같사오니 처분대로 하옵 │
│   ↓   │   │ 소서. │
│   춘향을 기생으로 인식함.   │   │   ↓   │
└─────────────────────────┘   │ 춘향을 기생이 아닌 것으로 인식함. │
              ▼   └─────────────────────────┘
┌─────────────────────────┐   ▼
│   춘향에게 수청 강요   │   ┌─────────────────────────┐
└─────────────────────────┘   │ 사또의 수청 요구 만류 및 거부 │
                                      └─────────────────────────┘

- **개념**: 판소리를 공연하며 창자가 흥미로운 부분을 특별히 확대·부연하여 유사한 대상을 나열하거나 반복하여 표현하는 장황한 사설을 말함.
- **원리**: 판소리 광대가 대본 없이 장황한 사설을 공연에서 창으로 풀어내기 쉽게 열거·확장함.(→ 비슷한 언어 구조를 반복함으로써 암기나 즉흥적 변형에 유리함.)

춘향이 회계 나리와 사또의 말에 반박함. + 자신의 주장을 펼침.	기녀들 행적 열거	고사의 인물 열거		춘향의 발화 의도	장면의 극대화의 원리
	해서 기생 농선이는 동선령에 죽어 있고, ~ 안동 기생 일지홍은 살았을 때 열녀문 지은 후에 정경부인 명성이 있사오니	맹분(孟賁) 같은 용맹이라도 빼어 내지 못할 터요, ~ 서산(西山)의 백이숙제 두 사람은 주나라 곡식을 먹지 않고 굶어 죽었으니.	→	• 충렬에 상하 없음 강조 • 춘향의 수절 의지 강조	개념적으로 근접해 있거나 의미상의 등가를 이루는 세부 항목들의 나열과 반복

■ 작품 전체의 구조

춘향과 몽룡의 만남	춘향과 몽룡의 이별	춘향의 시련 **수록**	춘향과 몽룡의 재회	춘향과 몽룡의 사랑 성취
• 몽룡은 단옷날 광한루에서 그네를 타는 춘향에게 한눈에 반하여 구애를 함. • 춘향과 몽룡이 백년가약을 맺음.	• 부친이 한양으로 임지를 옮기게 되자 몽룡도 부친을 따라 한양으로 가게 됨. • 춘향과 몽룡이 이별하게 됨.	• 새로 부임한 변 사또가 춘향에게 수청을 강요함. • 춘향은 목숨을 걸고 수청을 거절하다가 옥고를 치르게 됨.	• 과거에 급제한 몽룡이 암행어사가 되어 남원으로 내려옴. • 몽룡이 옥에 갇힌 춘향을 찾아가 재회함.	• 변 사또의 생일잔치 때 몽룡은 암행어사 출두를 외쳐 춘향을 구해 내고 변 사또를 처벌함. • 춘향을 정실부인으로 삼아 평생을 행복하게 살게 됨.

(화살표: 만남 → 이별 → 시련 → 재회 → 사랑 성취)

■ 춘향이 사또의 말에 반박할 때 사용한 고사와 인용의 의도

고사의 인물	고사 내용		춘향의 인용 의도
맹분	중국 전국 시대 제나라 때 사람으로 물속에서는 교룡을 피하지 않았고 육지에서는 호랑이를 피하지 않을 정도로 힘과 용기가 대단하여 명성이 높았다.	→	그 어떤 강력한 힘으로도 자신의 수절 의지를 꺾을 수 없음을 강조하기 위함.
소진과 장의	중국 전국 시대의 변론가로 귀곡자의 제자들이었으나, 서로 상반된 계책을 실천하였으며, 훌륭한 외교 능력과 뛰어난 언변으로 유명하여 달변의 대명사가 되었다.	→	그 어떤 뛰어난 언변으로도 수절을 지키려고 하는 자신의 마음을 변하게 할 수 없음을 강조하기 위함.
공명	『삼국지연의』에 나오는 이야기로, 촉나라의 유비와 오나라의 손권이 연합하여 조조의 백만 대군에 맞서 적벽에서 싸울 때, 제갈공명이 칠성단에 올라가 주문을 외우자 동남풍이 불게 되어 화공술로 연합군이 승리를 거두게 하였다.	→	그 어떤 신비한 힘으로도 수절하려는 자신의 마음을 바꿀 수 없음을 강조하기 위함.
허유	허유는 상고 시대의 선비로 요임금이 천하를 양보하려 하자 거절하고 기산에 숨었으며, 그를 불러 구주의 장으로 삼으려 하자 영수 물가에 가서 귀를 씻었던 사람이다.	→	그 어떤 권력의 요구에도 굴하지 않고 자신의 소신을 지켜 나가겠다는 의지를 강조하기 위함.
백이숙제	백이와 숙제는 주나라 무왕이 은나라를 정벌하자 수양산에 숨어 주나라 곡식을 먹지 않고 고사리를 캐 먹다가 굶어 죽었다.	→	죽을지언정 자신도 지조를 지켜 나갈 것이라는 의지를 강조하기 위함.

■ 「열녀춘향수절가」의 이중적 주제 의식과 독자층별 수용 양상

판소리계 소설은 오랜 세월에 걸쳐 많은 사람들에 의해 개작된 적층 문학이다. 개작 과정에서 다양한 계층의 욕망이 반영된바 작품은 표면적으로 나타나는 주제와 이면적으로 드러나는 주제라는 이중적 주제 의식을 갖는다.

표면 주제	• 충(忠) · 열(烈)의 유교적 봉건 윤리 이념 추구 • 여성의 굳은 정절(열녀의 덕) 칭송	→	주로 양반 계층의 공감과 대리 만족	→	계층을 초월한 인기
이면 주제	• 신분적 한계를 극복한 남녀 간의 자유로운 사랑 • 사회적 불평등에 대한 저항 • 신분 상승의 욕망과 자유 의지	→	주로 서민 계층의 공감과 대리 만족		

■ 「춘향전」의 결말부

> 호령하니 죄인을 올린다. 다 각각 죄를 물은 후에 죄가 없는 자는 풀어줄새.
> "저 계집은 무엇인고?" / 형리 여쭈오되 / "기생 월매의 딸이온데 관정에 포악한 죄로 옥중에 있삽내다."
> "무슨 죄인고?" / 형리 아뢰되, / "본관 사또 수청 들라고 불렀더니 수절이 정절이라 수청 아니 들려 하고 사또에게
> 악을 쓰며 달려든 춘향이로소이다." / 어사또 분부하되 / "너 같은 년이 수절한다고 관장에게 포악하였으니 살기를
> 바랄쏘냐? 죽어 마땅하되 내 수청도 거역할까?" / 춘향이 기가 막히어,
> "내려오는 관장(官長)마다 모두 명관(名官)이로구나. 어사또 들으시오. 층암절벽 높은 바위가 바람 분들 무너지며, 청
> 송녹죽 푸른 나무가 눈이 온들 변하리까? 그런 분부 마옵시고 어서 바삐 죽여 주오." 하며,
> "향단아, 서방님 어디 계신가 보아라. 어젯밤에 옥 문간에 와 계실 제 천만당부하였더니 어디를 가셨는지 나 죽는 줄
> 모르는가." / 어사또 분부하되 / "얼굴 들어 나를 보라."
> 하시니 춘향이 고개 들어 위를 살펴보니 걸인으로 왔던 낭군이 분명히 어사또가 되어 앉았구나.

→ 춘향의 행동과 대화에서 표면 주제인 여성의 굳은 정절과 이면 주제인 서민의 저항, 사랑의 성취가 함께 잘 어우러져 나타나고 있다.

■ 「춘향전」의 이본과 그 특징

「춘향전」은 이본이 120여 종에 이른다. 이본에 따라 형태는 물론 작품의 제목을 달리하는 경우도 많기 때문에 단일 작품이 아니라 작품군으로 보는 것이 더 합당하다. 각 이본들은 「만화본 춘향가」와 같이 한시로 된 것에서 판소리나 창극의 대본, 「남원고사」와 같은 고전 소설, 「옥중화」와 같은 신소설 등 다양한 장르와 형태에 걸쳐 있다. 소설 형태의 경우 경판본, 완판본, 안성판본 등의 방각본과 필사본으로 전한다. 「춘향가」는 오늘날에도 드라마, 영화, 뮤지컬 등 다양한 장르로 변용되며 내용에 변화를 주는 방식으로 새롭게 재창조되고 있다.

Q 판소리계 소설의 특징 중 구연성이 무엇인가요? 문항 1 관련

A 판소리계 소설에는 판소리의 특징이 많이 남아 있어요. 그 특징 중 하나가 구연성입니다. 구연이란 여러 사람 앞에서 가벼운 몸짓을 섞어 가며 이야기하는 것을 말합니다. 흔히 말하는 '구연동화'에서 '구연'이 바로 그것이지요. 판소리 구연은 창(노래), 아니리(사설), 발림(몸짓)을 동반하는데 판소리계 소설에 그 흔적이 남아 있는바 구어체 표현, 율문체, 장면의 극대화 등을 예로 들 수 있습니다.

Q 소설에서 인물의 말하기 방법을 파악하는 문항이 나왔을 때 어떻게 대처해야 할까요? 문항 3 관련

A '문항 3'은 인물의 말하기 방법에 대해 묻는 문항이 나오면 해당 인물들의 대화에서 문장과 문장이, 또는 한 문장 안에서 구와 구가 논리적으로 또는 의미상 어떤 관계에 놓여 있는지를 살펴야 합니다. 가령, 회계 나리가 "구관은 전송하고 신관 사또 ~ 괴이한 말 하지 말라."의 경우 '당연커든'을 기준으로 하여 먼저 '법도와 사리'라는 근거를 든 다음 수절 요구에 더 이상 반박하지 않도록 설득하고 있는 것을 예로 들 수 있겠네요. 그리고 서술어를 통해 문장의 종류를 파악하여 해당 인물의 태도나 말하기에 담긴 의도를 추리하는 것도 필요합니다.

08 서대주전 _ 작자 미상

EBS 수능특강 문학 147쪽

감상 포인트 작자 미상의 송사 소설, 우화 소설이다. 이 작품은 서대주의 도둑질로 인해 벌어진 송사가 관리들의 불법적 횡포와 수탈, 부정과 비리, 무능 때문에 부당한 판결로 끝나는 과정을 드러내고 있다. 증거가 명백한 죄를 지어 놓고 사령과 옥졸을 매수하고, 교활한 말로 무죄 방면을 얻어 내는 서대주는 타락한 지방 토호들의 모습을 비유적으로 드러낸 것이다. 작품 전체에 조선 후기 서민들의 고달픈 삶과 당시 관리들의 부패한 모습이 잘 반영되어 있다.

주 제 조선 후기 관리들의 부정부패와 무능(지방 관리와 결탁하여 재산과 권력을 유지한 토호 세력에 대한 비판)

전체 줄거리 농서 지방 소토산 절벽 아래 살던 서대주의 무리는 겨울나기를 위해 남악산에 사는 타남주(다람쥐)의 알밤을 훔쳐 간다. 알밤을 훔쳐 간 것이 서대주 무리임을 알게 된 타남주는 관가에 고소한다. 고소장을 접한 원님은 서대주를 잡아 오게 한다. 서대주는 관리들에게 뇌물을 바쳐 편의를 제공받는다. 다음 날 원님이 서대주를 국문하자, 서대주는 비논리적이지만 감정적인 호소를 펼쳐 자신의 잘못을 감추고 원님의 잘못된 판결을 이끌어 내려고 한다. 서대주에게 속아 넘어간 원님은 서대주를 석방하고, 타남주를 외딴섬으로 유배 보낸다. 그 뒤 서대주와 타남주의 자손들이 모두 번성했으나 서대주의 자손들은 사람들에게 미움을 받고, 타남주의 자손들은 사랑을 받는다.

사령이 떠나자고 하니, 서생이 말하였다.
<small>조선 시대에 각 관아에서 일하던 하급 관리. 서대주(서생)를 잡으러 옴.</small>

"늙은 놈이 여러 해 동안 병으로 집 안에 틀어박혀 있어서 다리 힘이 없으니, 먼 길 걷는 것은 실로 감당하기가

어렵습니다. 감히 청하건대, 노새를 타고 가다가 관아에 이르러서야 법대로 잡아들여 주시면, 실낱같은 남은 목
<small>법에서 벗어난, 개인적 편의를 제공해 줄 것을 요청함.</small>

숨일지언정 관아에 가기까지는 보전할 수 있을 것이옵니다. 잘 모르겠습니다만, 사령님의 뜻은 어떠한지요?"

사령은 후한 대접을 받았고 게다가 뇌물까지 받았기 때문에 어쩔 수 없이 그렇게 하도록 허락했다.
<small>사령이 서대주에게 개인적 혜택을 용인한 이유. 부정부패가 심한 현실을 드러냄.</small>   ▶ 사령에게 뇌물을 주고 혜택을 받는 서대주

서생은 머리를 조아리며 고맙다고 인사하고 안으로 들어가 세수 목

욕하고는 「가느다란 망건에 옥관자 달고, 정주 탕건관에 풍잠 찌르고,

대구 허리띠에 누런 주머니 달고, 흰 비단 땀받이에 초록 토시 끼고, 공

단 홑바지, 왜단 장옷, 옥색 조끼, 여우 가죽의 갖옷, 명주 낭의, 흰색의 모시 솜옷, 우단 건, 돼지털로 만든 쓰개,

은으로 된 갓끈, 호박 구슬, 붉은 융사로 감싼 가는 줄의 띠, 중의 머리처럼 꼭지가 둥근 부채, 병투서, 이궁정 현
<small>「 」: 서대주가 챙긴 비싸고 좋은 물건들을 열거함. 장면의 극대화의 일종으로, 당시 부자들이 비싼 물건으로 자신의 몸단장에 치중하는 행태를 풍자적으로 드러냄.</small>

추와 같이,* 이리 매고 저리 매고 하여 든든히 몸단장을 끝내고 노새를 타고 앉았는데, 옷차림은 사치스럽고도 화

려하고 거동은 기세당당하여, 의젓하고 점잖기가 부잣집의 자제와 같았다. ★ 말 앞에서 끄는 마부나 뒤따르는

심부름꾼들도 옷차림이 화려하였다. 어린 쥐 하나가 편발에 기름을 바르고, 푸른 도포에 검은 띠를 매고, 가슴팍

을 꾹 눌러 질근 통영 서랍장을 동여매고는 삼등초를 김해 동래의 좋은 담뱃대에 넣어 법도 있게 손에 들고서 주인

을 부축하여 가는 것이 마치 겸종과도 같았다.
▶ 사치스럽고 화려한 옷차림을 하고 화려하고 기세당당하게 관아로 가는 서대주와 그가 데려간 일행의 모습

> ★ **문제 해결 키** <small>문항 2 관련</small>
>
> '서생'이 다양한 물건을 갖추고 행차 길에 오르는 장면을 통해 작가가 강조하고자 하는 바가 무엇인지를 생각해 볼 것. 아울러, 이렇게 가지고 간 물건들을 서생이 어떻게 활용하였는지를 따져 보는 것도 중요함.

관아의 문이 점점 가까워지자, 사령은 미리 관문 앞에 가서 서 있었다. 서생이 말을 달리게 하여 관문에 도착
<small>지방 관아에서 '형방'에 속한 구실아치. '형방'은 형벌에 관한 일을 맡아보던 부서임.</small>

하니, 사령이 서생을 잡아 내려 관대를 벗기고 문밖에서 결박하였다. 그러고는 급히 형리에게 알리니, 형리가 다
<small>죄인이나 피의자를 호송하는 일반적인 방식. 서대주가 관문 앞까지 편하게 올 수 있도록 사령이 편의를 제공함.</small>

시 바로 원님께 아뢰었다. 원님이 크게 화를 내며 '즉시 잡아들이라.' 하니, 사령이 상투를 틀어쥐고 나는 듯이 재
<small>과장법. 원님의 권위가 높고 무서웠음을 드러냄.</small>

빠르게 서대주*를 잡아가는데 발이 땅에 닿지도 않았다. 머리칼이 바람에 흩날려 더펄거린 채 넋을 잃고, 심한

두려움이 온몸에 엄습하여 덜덜 떨며 앉았는데, 뾰쪽한 입이 오물거리고 두 귀가 발쪽거리며 두 눈이 깜작거리
<small>서대주의 외양 및 행동 묘사. 서대주가 '쥐'라는 사실을 환기해 줌.</small>

는 것이 죽은 것도 같고 산 것도 같았다.

<small>* '겸종'은 양반집에서 잡일을 맡아보거나 시중을 들던 사람을 이름. 서대주가 양반들의 행태를 그대로 따르고 있었음을 드러냄.</small>

원님이 성난 목소리로 물었다.

"네가 서대주냐?"

대주가 정신을 수습하여 얼굴빛이 조금도 변하지 않은 채 대답하였다.

"참으로 그 이름이 적실하옵니다."

원님이 죄상을 막 심문하려 할 즈음, 형리가 앞으로 나아와 고하였다.

"날이 이미 저물어서 심문하기가 어려우니 잠깐 하옥하였다가, 날이

밝기를 기다려 심문하는 채비를 차리시되, <u>둘 모두 잡아들여서 상세히 조사하여 물어보시는 것이 사리에 맞고</u>

또 마땅하옵니다."
피의자인 서대주와 서대주를 고발한 타남주를 모두 불러 양쪽의 의견을 들어야 한다는 의견을 제시함.

원님이 말하였다.

"그러면 옥에 넣어 엄히 가두어라! 내일 심문하겠다."

형리가 사령을 불러 말하였다.

"서생 놈을 칼을 씌워 하옥하라." ▶ 원님 앞에 불려 나간 서대주의 모습과 형리의 조언으로 늦춰진 심문

사령이 형리의 분부를 받고 큰칼을 씌우고, 그 몸을 검은 포승줄로 묶고, 수족에다 차꼬*를 채워 갔다. <u>서생을</u>
<u>모시고 따라온 쥐들은 일시에 슬피 탄식하고, 길가에서 보는 자들은 크게 비웃지 않은 자가 없으니</u>, 차마 보기가
피의자로 잡혀 와 감옥에 갇히는 상황에 대한 일반적인 반응을 두 가지로 나누어 제시함.
딱한 광경이었다. 사령이 데리고 가서 옥졸에게 넘겨주자, <u>옥졸이 옥에 끌고 들어가 단단히 가두고 나서 '돈 내</u>
하급 관리들의 부패가 심하였고 서대주가 옥졸들에게 뇌물을 제공하였음을 드러냄.
<u>라.'고 괴롭히니, 서대주는 가지고 온 물건을 옥졸에게 많이 주었다.</u> 옥졸들이 매우 기뻐하고는 큰칼을 풀어 편히
쉬게 하면서 마치 부리는 하인처럼 돌봐 주니, <u>돈이라도 많으면 존귀해진다고 할 수 있는 것이었다.</u> 서대주가 피
조선 후기의 시대상을 비판적으로 드러내는 말
로에 지쳐 누워 있는데, 대서는 그 손을 주무르고, 중서는 그 다리를 안마하고, 동서는 그 허리를 밟으며* 대주
의 심란한 마음을 위로하고 약간의 대추와 밤 등속으로 시장기를 면케 하면서 밤을 새우니, 「보는 자가 배를 움켜
「 」: 뇌물을 주고 편하게 지내는 서대주의 모습에 대한 반응. 잘못을 저지른 자가 뇌물을 제공하고 편하게 지내는 모습에 대한 비판적 인식을 해학적으로 드러냄.
잡고 웃지 않는 사람이 없었다.」 ▶ 가지고 온 물건을 옥졸에게 바치고 옥에서도 편의를 제공받는 서대주

다음 날, 원님이 심문할 채비를 크게 차리고는 둘 모두를 잡아들여서 동서로 나누어 꿇어앉고, 고소장에 근
거하여 크게 꾸짖었다.

"변변하지 못하고 조그마한 네놈이 간악하기가 매우 심하여 <u>남의 물건을 하룻밤 사이에 모두 훔쳐 갔다는데, 과</u>
타남주가 서대주를 고발한 내용
<u>연 그러하냐?</u> 사실 그대로 말할 것이되, 조금이라도 거짓이 있다면 당장에 엄한 형벌로 무겁게 다스릴 것이다."
서대주가 실제로 타남주의 재산을 훔치는 잘못을 저질렀음을 알려 줌.

[중략 부분 줄거리] 형리가 큰 소리로 꾸짖어 혼을 내자 서대주는 자신이 지은 죄가 드러날까 속으로 벌벌 떨렸으나 겉으로는 태연한 척
하면서 자신이 공훈이 있는 가문의 후예임을 강조한 후, <u>자신의 운수가 순탄하지 못하여 자녀들을 모두 잃고 부인이 곧 죽을 만큼 아픈</u>
자신의 힘들고 괴로운 처지를 부각하면서, 상대방의 감정을 자극함.
<u>상황임을 늘어놓는다.</u>

"이런 신세라서 차라리 돌연 죽고자 했지만 죽지 못했
습니다. 여러 해 동안 쌓인 한스러움에 만념이 모두 재

★ **문제 해결 키** 문항 1 관련
〈보기〉에 언급된 '조선 시대의 소송 절차'와 관련하
여 사령, 형리, 옥졸, 원님이 각각 어떠한 역할을 담
당하고 있는지 생각해 보아야 함. 또한 피고에 해당
하는 서대주가 자신에게 유리한 판결을 얻어 내기 위
해 어떠한 행동들을 하고 있는지를 파악해야 함.

★ **문제 해결 키** 문항 3 관련
자신이 지은 죄가 드러날까 염려하는 서대주가 타남주의 고발이 무고인
것처럼 속이기 위해 어떠한 거짓말들을 늘어놓고 있는지 찾아보아야 함.
또한 자신에게 유리한 판결을 얻어 내기 위해 서대주가 늘어놓는 말들이
논거로서 타당하고 가치가 있는지 객관적 시각에서 검토해 보아야 함.

처럼 식어 버렸으니, 타인의 물건을 훔쳐 가는 일을 할 겨를이 어디에 있었겠습니까?★ 저놈이 올린 고소야말로

어찌 윗분을 속인 것이 아니겠습니까? 하물며 또한 근년 이래 흉년이 극심하여 살아 나갈 길이 없는 터에 어

_{타남주가 재산을 모아 둔 것이 거짓말이라는 서대주의 주장을 드러냄. 타남주가 자신을 거짓 고발한 것으로 몰아가기 위해 나름의 근거를 들고 있음.}

떻게 알밤을 갈무리해 둘 수가 있겠습니까?★ 이것은 더욱 아주 맹랑한 말이옵니다.

▶ 원님의 심문을 받자, 자신에게는 잘못이 없고, 타남주가 자신을 무고했다고 주장하는 서대주

저는 본시 대대로 부유하여 이와 같은 흉년에 한 홉조차 다른 것들한테 꾸지 않아도 되는데, 빌어먹는 놈의

_{잘못을 감추기 위해 자신의 상황에 대해 거짓말을 덧붙여 늘어놓고 있음.}

밤을 훔쳤다는 것이 어찌 옳겠습니까?★ 이놈의 평상시 소행을 제가 하나하나 다 아뢰겠나이다. 매년 봄여름이

되면 농사 잘 짓는 자들을 널리 구하여 밤낮으로 가을걷이를 한 후에는, 그들 중에서 절름발이, 도둑놈, 귀머

거리, 맹인, 쓸모없는 늙은 할미는 방 가운데에 가두어 두고, 그 밖의 자들은 쫓아내어 흩어지게 하였는데, 또

봄여름이면 이와 같이 그대로 하였습니다. 매년 겨울이 되면 방에 가둔 자들을 마을에 떠돌아다니는 거지가

되게 하여, 보는 자가 차마 볼 수 없고 들을 수 없는 짓을 행하였기 때문에 분개하는 바가 있었습니다. 마침 사

_{┌─ 타남주가 예의가 없는 인물이라고 강조함.}

냥하러 나갔을 때, 소토산 왼편의 용강산 기슭에서 만나고도 인사조차 하지 않기에 그 행실머리 없음을 아주

_{타남주가 힘없고 불쌍한 사람들을 괴롭히며 제대로 대우해 주지 않았다면서 타남주가 하지도 않은 행동을 거짓으로}

심하게 꾸짖었습니다.★ _{지어내고 있음. 또한 이는 '서대주가 실제로 타남주의 재산을 훔쳤는가'를 판단하는 재판의 핵심과는 관련이 없음.}

   그 후로 자기의 잘못을 스스로 알지 못한 채 항상 분노의 마음을 품고는, 사리에 맞지 아니한 터무니없는 말

로 저를 얽어매는, 도리에 어긋난 간악한 송사를 꾀했으니,★ 세상천지에 이와 같은 맹랑하고 무뢰한 놈이 있

_{타남주가 자신을 무고했다고 거짓말하여, 판결을 유리하게 이끌어 내려고 함.}

겠습니까? 제가 비록 매우 졸렬하기는 하지만 역시 대대로 공훈이 있는 가문의 후손으로서, 이러한 무도하고

못난 놈한테 구차하게 고소를 당하여 선조의 공훈에 더럽힘을 끼치고 관정을 소란스럽게 하오니, 죽으려고 하

여도 죽을 만한 곳이 없어서 사는 것이 죽는 것만 못하옵니다. 밝게 살피시는 원님께 엎드려 바라건대, 사정을

살피시어 원한을 풀어 주옵소서."

서대주가 옷섶을 고쳐 여미며 단정히 꿇어앉았는데, 뾰족한 입이 오물거리고 두 귀가 발쪽거리며 두 눈이 깜

_{서대주의 행동을 '쥐'가 하는 행동으로 묘사하여, 이 소설이 우화 소설임을 알 수 있음.}

작거리면서 두 손 모아 슬피 빌고 눈물이 흘러내려 옷깃을 적시니, 보는 자가 더할 나위 없이 애처롭고 불쌍하다

고 할 만한 것이었다.

▶ 거짓된 말을 늘어놓으면서 원한을 풀어 달라고 주장하는 서대주

   원님이 서대주의 진술하는 말을 들으니 말마다 사리에 꼭 들어맞고, 형세가 본디부터 그러하여 죄를 주기도

어려워, 결박한 것을 풀고 씌운 큰칼을 벗겨 주고는, 술을 내려 주어 놀랜 바를 진정케 하고 특별히 놓아주었다.

_{원님이 서대주의 말만 듣고 잘못된 판결을 내림. 당시 지배층과 관료들의 무능을 드러냄.}

타남주*는 도리에 어긋난 간악한 소송을 한 죄로 몽둥이 세 대를 맞고 멀리 떨어진 외딴섬으로 귀양을 가니, 서

_{아무런 잘못이 없는 타남주가 억울한 누명을 쓰고 벌을 받게 됨.}

대주가 거듭거듭 절하고 머리를 조아리며 갔다.

▶ 서대주의 말만 듣고 잘못된 판결을 내리는 원님

_{타남주의 재산을 훔친 서대주가 원님을 거짓말로 속여 재판에서 승리함.}

* 중의 머리처럼 ~ 병투서(屛套書), 이궁정(離宮丁) 현추(懸縋)와 같이: '투서'는 '인장'이고, '이궁정'은 '동궁의 호위 무사'를 뜻함. '현추'는 '매달아 늘어뜨려
   꾸미는 것'을 말함. 부채, 인장 등으로 화려하게 꾸며 장식하였다는 뜻임.

* 서대주: '쥐'를 의인화한 인물을 이름.

* 차꼬: 나무토막을 맞대어 구멍 사이에 죄인의 두 발목을 넣고 자물쇠를 채우게 한 형구(刑具).

* 대서는 ~ 밟으며: 대서(大鼠)는 '커다란 쥐', 중서(中鼠)는 '중간 쥐', 동서(童鼠)는 '어린 쥐'를 각각 이름.

* 타남주: '다람쥐'를 의인화한 인물을 이름.

서대주와 타남주 간의 송사 진행 과정 문항 1 관련

타남주가 서대주를 고발함.	원고의 소장 제출
서대주가 자신의 재물을 훔쳐 간 것을 알게 된 타남주가 서대주를 고발함.	원고의 고발로 소송이 시작됨.

원님이 사령을 보내 서대주를 잡아들임.	피고를 재판장에 출두시킴.
• 소송 대상자인 서대주를 잡아 오기 위해 사령을 보냄. • 뇌물을 받은 사령, 옥졸 등이 서대주에게 편의를 베풂.	피고를 잡아들여 재판을 시작함.

서대주와 타남주를 모두 관청에 불러 모음.	심리의 시작
형리의 제안을 듣고, 타남주와 서대주를 잡아다 관청에 꿇어앉힘.	사안에 대해 본격적으로 논의함.

↓

서대주와 타남주의 심문을 진행함.	대질 조사 진행
• 심문 과정에서 양쪽의 말을 들어야 하나, 서대주가 하는 말만 들음. • 대질 조사의 절차가 공정하게 이루어지지 않음.	대질 조사를 통해 옳고 그름을 판단함.

재판의 끝에 판결을 내림.	소송 결과 제시
• 원님이 서대주가 하는 말만 믿고 판결을 내림. • 서대주를 방면하고 타남주를 처벌하기로 한 것은 잘못된 판결임.	사안에 대한 판결을 내림.(제사)

 서대주가 한 말을 비판적으로 검토하기 문항 3 관련

서대주가 원님에게 한 말	서대주의 주장과 근거	주장과 근거에 대한 비판적 검토
이런 신세라서 차라리 ~ 겨를이 어디에 있었겠습니까?	• 주장: 자신은 타남주의 재산을 훔쳐 가지 않았다. • 근거: 자신은 불쌍한 상황에 놓여 있는 가엾은 자로, 어떠한 욕심도 갖지 않게 되었다.	서대주가 불쌍하고 가엾은 것이 서대주가 타남주의 재산을 훔쳐 가지 않았다고 하는 주장의 근거가 될 수 있는가?
하물며 또한 근년 이래 ~ 둘 수가 있겠습니까?	• 주장: 타남주가 재산을 많이 모아 두었다고 한 것은 거짓이다. • 근거: 흉년이 매우 극심하여 타남주가 알밤을 갈무리할 수 없었을 것이다.	흉년이 극심하다고 해도 열심히 노력한 이들 중에는 알밤을 모으는 자도 있지 않을까?
이놈의 평상시 소행을 ~ 차마 볼 수 없고 들을 수 없는 짓을 행하였기 때문에 분개하는 바가 있었습니다.	• 주장: 타남주는 평소 나쁜 행동을 일삼는 악독한 자이다. 그러므로 타남주의 고발은 자신을 무고한 것이다. • 근거: 타남주는 힘없고 불쌍한 사람들을 마을에 떠돌아다니는 거지가 되게 하였다.	타남주가 실제로 나쁜 행동을 한 것이 사실인가? 그것이 사실이라고 할 때, 재판의 핵심과 관련이 있는가?
마침 사냥하러 나갔을 때, ~ 아주 심하게 꾸짖었습니다.	• 주장: 타남주는 행실머리 없는 자이다. 그러므로 타남주의 고발은 자신을 무고한 것이다. • 근거: 용강산 기슭에서 자신을 만났을 때 인사조차 하지 않았다.	타남주가 행실머리 없는 자라는 것이 사실인가? 그것이 사실이라고 할 때, 재판의 핵심과 관련이 있는가?

■ 송사 소설이자 우화 소설인 「서대주전」

흔히 억울한 일을 관청에 호소하여 해결하는 과정을 주로 다루는 소설을 '송사 소설'이라고 한다. 잘 알려진 작품으로는 「황새결송」, 「서대주전」, 「까치전」, 「장화홍련전」, 「다모전」, 「양반전」, 「옥낭자전」 등이 있다. 억울한 피해자가 많이 생겨나기 시작한 현실적 상황에서 송사에 대한 관심이 늘어나기 시작하고, 송사가 보다 공정하게 처리되길 바라는 마음이 투영되어 이러한 유형의 소설이 발전한 것으로 보인다. 송사 소설은 사건의 발생과 해결이 과제 부여와 과제 해결의 수수께끼적 구조를 지니는 경우가 많다. 또한 송사의 결말이 작품의 주제 의식으로 뚜렷이 부각된다는 특징을 갖는다. 송사 소설의 결말을 원억형, 신원형, 화해형으로 구분하기도 하는데, 원억형 결말은 핍박받는 자의 한이 맺히는 모습을 통해 당시 사회의 부패나 타락상을 비판하는 효과를 거둔다. 신원형 결말은 한의 맺힘과 풀림이라는 과정을 통해 문제가 해결되는 즐거움을 중시한다면, 화해형 결말은 윤리적 타락의 상태를 올바로 일깨움으로써 반성을 통한 교화의 효과를 노린다. 「서대주전」의 경우 서대주에게 재산을 빼앗긴 타남주가 오히려 유배를 가게 된다는 점에서 원억형 결말에 가깝다고 할 수 있다.

한편 동물이나 식물 혹은 사물이 주인공이 되어 인간의 삶을 풍자하는 소설을 '우화 소설'이라고 한다. 시대적 분위기나 권력의 횡포 등으로 마음 놓고 현실을 비판할 수 없을 때 동식물의 입을 빌려 주제를 전달하기 위해 주로 창작된다. 대표적인 작품으로는 「토끼전」, 「장끼전」, 「서동지전」, 「두껍전」, 「까치전」 등이 있는데, 「서대주전」처럼 우화 소설이면서 동시에 송사 소설인 경우도 다수 존재한다. 우화 소설은 우화 특유의 표현 방식, 즉 반어와 비유에 의한 우회적 표현을 통해 인간성의 결함이나 부조리를 비판하고 풍자하는 한편 민중들의 새로운 가치와 윤리의식을 제시하면서 그들이 겪는 고통과 갈등을 드러낼 수 있었다. 특히 동식물의 가면을 쓰고 있는 전형적 인물을 통해 보편적인 인간의 본성과 행위 원리를 돌아보게 하고, 윤리적으로 올바른 삶을 제시하려는 취지를 드러내는 작품이 많았다.

■ 여러 가지 오류의 종류 **문항 3 관련**

형식적 오류		논증이나 추론의 형식을 갖추고 있지만, 잘못된 논증 방식을 사용하거나 형식을 갖추지 못하여 발생하는 오류를 말함. 순환 논증의 오류, 자가당착(모순)의 오류, 전건 부정의 오류·후건 긍정의 오류가 여기에 해당함.
비형식적 오류		논증의 형식을 갖추고 있다고 하더라도, 심리적 요인이나 잘못된 자료, 잘못된 언어 표현 등이 사용되어 발생하는 오류를 말함.
	심리적 오류	감정에의 호소, 군중에의 호소, 부적합한 권위에의 호소, 인신공격의 오류, 피장파장의 오류 등이 여기에 해당함.
	자료적 오류	성급한 일반화의 오류, 논점 일탈의 오류, 잘못된 인과 관계의 오류, 우연의 오류, 흑백 논리의 오류 등이 여기에 해당함.
	언어적 오류	애매어의 오류, 강조의 오류, 자의적 재정의의 오류 등이 여기에 해당함.

Q 소설에서 인물의 성격을 드러내는 방식에는 무엇이 있을까요? **문항 4 관련**

A 문학 작품에서는 서사의 전개나 인물의 성격을 드러내기 위해서 '보여 주기'나 '말하기'의 방식을 주로 활용합니다. 보여 주기가 '화자 또는 서술자의 개입 없이 사건이나 대화를 직접적으로 독자에게 재현하여 보여 주는 서술 방식'이라면, 말하기는 '서술자가 인물과 사건을 직접적으로 설명해 주는 서술 방식'에 해당합니다. 예를 들어 '서대주가 피로에 지쳐 누워 있는데 ~ 동서는 그 허리를 밟으며'와 같이 작중 인물들의 행동을 주로 제시하는 부분은 보여 주기에 해당하고, '보는 자가 더할 나위 없이 애처롭고 불쌍하다고 할 만한 것이었다.'는 그러한 상황에 대한 주변 인물들의 반응을 서술자가 직접 설명해 주는 방식인 말하기에 해당하지요. 이렇게 보여 주기와 말하기를 자연스럽게 사용하면서 서사적 사건의 진행 과정이나 인물의 성격을 구체적으로 드러낼 수 있습니다.

감상 포인트 이 작품은 남자 주인공 정을선과 여자 주인공 유추연이 만나 화목한 가정을 이루는 과정에서 일어난 가정 내의 불화와 갈등을 주로 다룬 가정 소설이다. 계모 노 씨의 흉계로 추연이 죽음을 맞이했다가 다시 살아나는 앞부분은 계모형 가정 소설의 구조를, 정렬부인 조 씨의 질투와 모함 으로 인한 위기와 그 극복 과정을 다룬 뒷부분은 쟁총형 가정 소설의 구조를 보인다. 악행을 저지르는 정렬부인 조 씨를 돕는 보조 인물들과 주 인공을 돕는 보조 인물들이 서로 대응되는 것이 특징적이다.

주 제 유추연의 계모 노 씨와 정을선의 정렬부인 조 씨로 인해 발생한 가정의 위기와 권선징악

전체 줄거리 정 승상의 아들 을선은 유 승상의 딸 추연을 보고 상사병이 든다. 정 씨 집안의 청혼으로 두 사람은 혼약을 하게 되는데, 계모 노 씨가 추연을 시기하여 사촌 오빠를 시켜 추연을 모함한다. 을선이 떠나고 억울한 나머지 죽음에 이르게 된 추연은 혼령이 되어 배회하고, 추연이 살던 익주 는 폐촌이 된다. 을선은 추연의 유모에게서 자초지종을 듣고, 추연의 혼령을 만나 추연을 회생시킨다. 추연은 충렬부인이 되어 을선의 사랑을 받 으니, 을선의 또 다른 부인이자 초왕의 딸인 정렬부인 조 씨가 이를 시기한다. 을선이 출정한 사이 정렬부인이 남장한 시비를 보내어 충렬부인 을 오해받게 하니 시어머니가 충렬부인을 죽이려 한다. 시비의 도움으로 겨우 살아난 충렬부인은 을선에게 편지를 보내고 이것을 본 을선이 집 에 돌아와 진상을 밝혀내고 정렬부인 조 씨를 처벌한다. 을선은 충렬부인과 아들을 구한 후 행복한 가정을 꾸린다.

하루는 기운이 쇠진하여 죽기에 임하였더니 문득 해산하니 여러 날 굶은 산모가 어찌 살기를 바라리오. 정신
〔아이를 가진 충렬부인의 고달픔과 괴로운 상황〕
을 수습하여 태어난 아이를 보니 이 곧 남자이거늘 일희일비하여 탄식하고 한탄하기를,

"박명한 죄로 금섬이 죽고 월매 또한 죽기에 이르렀으니 어찌 참혹하지 아니하리오?"
〔자신을 따르고 도와준 이들이 죽거나 죽을 위기에 처했음을 탄식함.〕
하여 아이를 안고 이르되,

"네가 살면 내 원수를 갚으려니와 이 지함 속에 들었으니 뉘라서 살리리오?"

하며 목이 메어 탄식하니 그 부모의 참혹함과 슬픔을 이루 측량치 못할러라.
〔정확한 의미는 '그 어머니의' 또는 '그 모자의'로 보아야 함.〕   ▶ 여러 날 굶은 충렬부인이 참혹한 상황 속에서 남자아이를 출산함.

(중략)

원수가 이에 청총마를 채찍질하여 필마단기로 삼 일 만에 황성에 득달하니라.

이때 조 씨가 다시 형틀을 차리고 월매를 잡아내어 형틀에 올려 매고 엄히 치죄하며 유 부인의 간 곳을 묻되
〔정렬부인. 월매를 괴롭혀 숨어 있는 유 부인(충렬부인)을 찾아내려 함.〕
종시 승복하지 아니하고 죽기를 재촉하는지라. 조 씨가 치다 못하여 그치고 차후에 혹 탄로할까 겁을 내어 가만
〔월매가 충렬부인을 위해 신의를 지키며, 있는 곳을 고하지 않음.〕
히 수건으로 목을 매어 거의 죽게 되었더니 뜻밖에 승상이 필마로 들어와 말에서 내려 정히 들어오더니 문득 보

니 한 여자가 백목으로 목을 매었거늘 놀라 자세히 보니 바로 월매라. ▶ 급히 황성에 돌아온 원수가 죽을 위기에 처한 월매를 구함.

바삐 끌러 놓고 살펴보니 몸에 유혈이 낭자하여 정신을 모르
는지라. 즉시 약을 흘려 넣으니 이슥한 후 정신을 차려 눈물을
흘리며 인사를 차리지 못하니 승상이 불쌍히 여겨 이에 약물로
구호하매 쾌히 정신을 진정하거늘 원수가 연고를 자세히 물으니
월매가 이에 금섬이 죽은 일과 유 부인이 화를 피하여 지함 속에
〔죽다 살아난 월매가 충렬부인의 억울한 사정을 승상에게 이야기함.〕
계심을 자세히 고하니 승상이 분하여 급히 월매를 앞세우고 구

★ **문제 해결 키** 문항 2 관련

'서술자의 개입'을 통해 전달하고자 하는 바를 파악해야 함.

'승상이 분하여 급히 월매를 앞세우고 ~ 어찌 양식을 이으리오?'	승상이 유 부인을 찾아낸 사건을 드러내면서 동시에 유 부인이 어떻게 이 지경에 이르렀는지를 압축적으로 나타냄.
'여러 날을 절곡하매 ~ 그 가련함을 어찌 다 측량하리오?'	유 부인의 가엾은 외양을 묘사하면서 그로 인해 촉발되는 정서를 드러냄.

렁에 가 보니 유 부인이 월매의 양식에 의지하여 겨우 목숨을 보전하다가 해산하매 복중이 허한 중 월매가 옥중

에 곤하매 어찌 양식을 이으리오? 여러 날을 절곡하매 기운이 쇠진하고 지기가 일신에 사무치니 몸이 부어 얼굴

이 변형되어 능히 알아볼 수 없는지라. 그 가련함을 어찌 다 측량하리오?★ 아이와 부인을 월매로 하여금 보호하

라 하고 내당에 들어가 왕비께 뵈오니 왕비가 크게 반겨 승상의 손을 잡고 말하기를,

"만리 전장에 가 대공을 세우고 무사히 돌아오니 노모의 마음이 즐겁기 측량없도다. 그러나 네가 출전한 후 <u>가</u>

<u>내에 불측한 일이 있으니 그 통한한 말을 어찌 다 형언하리오?</u>"
<small>정렬부인에게 속은 왕비(노모)는 충렬부인 유 씨가 부정한 잘못을 저질렀다고 여기고 있음.</small>
하고 충렬부인의 자초지종을 말하니 승상이 고하기를,

"모친은 마음을 진정하옵소서. 처음에 충렬의 방에 간부 있음을 어찌 알았으리오."
<small>서사촌 복록이 정렬부인에게 협조하여 왕비를 속이는 데 동참하였음.</small>
"노모의 서사촌 복록이 와서 이리이리하기로 알았노라."
<small>▶ 승상(원수)이 월매의 말에 따라 유 부인과 아이를 구명한 후, 왕비를 찾아가 자초지종을 들음.</small>

승상이 대로하여 복록을 찾으니 복록이 간계가 발각될까 두려

워하여 벌써 도주하였거늘 승상이 외당에 나와 형틀을 배설하고

옥졸을 잡아들여 국문하되,

"너희들이 <u>옥중의 죽은 시신이 충렬부인이 아닌 줄 어찌 알았</u>
<small>충렬부인의 시비인 금섬. 충렬부인을 대신하여 죽음을 맞이한 과정에 대해 확인하고 있음.</small>
<u>으며 그 말을 누구더러 하였느냐?</u> 은휘*치 말고 바른대로 아

뢰라."★

★ 문제 해결 키 문항 3 관련
승상이 진행한 '국문'에 대한 인물들의 반응을 파악해야 함.

승상은 국문을 통해 사건의 진상을 파악하고 죄인을 처벌하려고 함.
↓
죄를 지은 자들은 국문을 두려워했을 것이고, 억울한 자들은 국문을 통해 진상이 밝혀지기를 원했을 것임.

또한 국문 과정에서 거짓된 진상을 알게 된 이들의 달라진 반응도 과거의 처신과 관련하여 생각해 볼 수 있음.

하는 소리 우레와 같으니 옥졸들이 황겁하여 고하기를,

"소인들이 어찌 알았겠습니까마는 염습할 때에 보니 얼굴과 손길이 곱지 못하여 부인과 다름을 소인 등이 의

심하여 서로 말할 적에 정렬부인의 시비 금련이 마침 지나다가 듣고 묻기에 소인이 안면에 얽매어 말하고 행

여 누설치 말라 당부하올 뿐이요, 후일은 알지 못하나이다." ▶ 승상이 국문 과정에서 정렬부인의 시비 금련이 관련자임을 알게 됨.

승상이 들은 후 대로하여 칼을 빼어 서안을 치며 좌우를 꾸짖어

"금련을 바삐 잡아들이라."
<small>정렬부인의 옆에서 충렬부인을 모함하고, 죽이려는 데 동참한 인물</small>
호령하니 노복 등이 황황하여 금련을 잡아다 계하에 꿇리니 승상이 고성으로 묻기를,

"너는 옥졸의 말을 듣고 누구에게 말하였느냐?"

금련이 혼비백산하여 아뢰기를『정렬부인이 금은을 많이 주며 계교를 가르쳐 남복을 입고 충렬부인 침소에 들
<small>『 』: 정렬부인이 충렬부인의 죄를 꾸며서 억울한 누명을 씌운 과정을 털어놓음.</small>
어가 병풍 뒤에 숨었던 일과 정렬부인이 거짓 병든 체하매 충렬부인이 놀라 문병하고 탕약을 갈아 드려 밤이 깊

도록 간병하시니 정렬부인이 병이 잠깐 낫다 하고 충렬부인더러 '그만 침소로 가소서.' 하니 충렬부인이 마지못

하여 침실로 돌아가신 후 조 부인이 성복록을 청하여 금은을 주고 왕비 침전에 두세 번 참소하던 말을 자초지종

을 낱낱이 고하니 왕비가 하늘을 우러러 탄식하고 통곡하여 말하기를,

"<u>내 불명하여 악녀의 꾀에 빠져 애매한 충렬을 죽일 뻔하였으니 무슨 낯으로 현부를 대면하리오?</u>"
<small>왕비가 자신의 잘못을 깨닫고 충렬부인에게 미안한 마음을 털어놓음.</small>
하고 슬퍼하니 승상이 고하기를,

"이는 모친의 허물이 아니옵고 소자가 집안을 다스리지 못한 죄오니, 바라옵건대 모친은 심려치 마소서."
▶ 승상이 금련을 조사하여 정렬부인이 저지른 잘못을 알게 됨.
왕비가 눈물을 거두고 침석에 누워 일어나지 아니하니 승상이 재삼 위로하고 <u>즉시 조 씨를 잡아들여 계하에</u>
<small>정렬부인의 죄상이 만천하에 드러남.</small>
<u>꿇리고 크게 꾸짖어 말하기를,</u>

"네 죄는 하늘 아래 서지 못할 죄니 입으로 다 옮기지 못할지라. 죽기를 어찌 일시나 용서하리오마는 사사로이 죽이지 못하리니 천자께 주달하고 죽이리라."

조 씨가 애달파 가로되,

"첩의 죄상이 이미 탄로되었으니 상공이 임의대로 하소서."

승상이 노하여 큰칼을 씌워 궁 옥에 가둔 후 상소를 지어 천정에 올리니 그 글에 쓰여 있기를,

「승상 정을선은 돈수백배하옵고 성상 탑전에 올리나이다. 신이 황명을 받자와 한번 북 쳐 서융에게 항복 받고 백성을 진무하온 후 회군하려 하옵더니 신의 집에 급한 소식을 듣고 바삐 올라와 본즉 여차여차한 가변이 있사오니 어찌 부끄럽지 아니하겠습니까? 이 일이 비록 신의 집 일이오나 스스로 처단하지 못하여 이 연유를 자세히 상달하옵나니 원하옵건대 폐하는 극형으로 국법을 쓰시어 죄인을 밝히 다스리시고 신의 집 시비 금섬이

상전을 위하여 죽었사오니 그 원혼을 표창하시기 바라나이다.」

하였고 그 끝에 유 씨가 지함에 들어 해산하고 월매의 충의를 힘입어 연명 보전하였음을 세세히 주달하였더라.

상이 본 후에 대경하사 가라사대,

"승상 정을선이 국가의 대공을 여러 번 세운 짐의 주석지신*이라. 가내에 이런 해괴한 변이 있으니 어찌 한심치 아니리오."

이에 왕명을 내려 말씀하시기를,

"정렬과 금련의 죄상이 전고에 짝이 없으니 당장에 참수하라."

하시니 여러 신하들이 아뢰기를,

"이 여인의 죄가 중하오나 조왕의 딸이요, 승상의 부인이니 참형을 쓰심이 너무 과하오니 다시 전교하사 집에

서 사사하심이 옳을까 하나이다."

천자가 옳게 여기사 비답을 내리시되,

「짐이 덕이 부족하여 경사는 없고 변괴가 일어나니 매우 참괴도다. 비록 그러하나 정렬은 일국 승상의 부인이니 특별히 약을 내려 집에서 죽게 하나니 경은 그리 알고 처리하라. 금섬과 월매는 고금에 없는 충비니 충렬문을 세워 후세에 이름이 나타나게 하라.」

하시니 승상이 사은하고 퇴궐하여「즉시 조 씨를 수죄하여 사약한 후 금련은 머리를 베고 그 나머지 죄인은 경중을 분간하여 다스리고 금섬은 다시 관곽을 갖추어 예로써 장례하고 제 부모는 속량*하여 의식을 후히 주어 살게 하고 충렬문을 세워 주고 사시로 향화를 받들게 하고 월매는 금섬과 같이하여 충렬부인 집 안에 일좌 대가를 세우고 노비 전답을 후히 주어 일생을 편케 제도하니라.」

*은휘: 꺼리어 감추거나 숨김.
*주석지신: 나라에 중요한 구실을 하는 신하.
*속량: 노비의 신분을 풀어 주어서 양민이 되게 하던 일.

핵심 개념
이것만은
꼭 익히자

포인트 1 사건의 진행 과정 **문항 1, 3 관련**

충렬부인(유 부인)의 위기
- 부정한 죄를 저질렀다는 억울한 누명을 쓴 충렬부인이 금섬과 월매의 도움으로 목숨을 연명함.
- 지함(구덩이)에 숨어서 여러 날을 굶다가 승상의 아이를 해산함.

↓

승상의 진상 조사
- 월매를 살려, 충렬부인의 사정을 듣고 부인과 아이를 구해 옴.
- 노모의 말을 듣고 '복록'이 충렬부인을 참소했다는 판단을 내림.
- 국문을 통해 금섬('옥중의 죽은 시신')의 죽음에 대해 정렬부인의 시비 금련이 많은 관심을 가졌음을 알게 됨.
- 금련을 직접 신문하여 정렬부인이 충렬부인을 모함하기 위해 간계를 꾸몄음을 알게 됨.
- 정렬부인을 꾸짖어 죄상을 실토하게 함.

↓

진상 조사 후 처리
- 황제에게 상소를 올려 정렬부인을 처벌하기로 함.
- 황제의 비답에 따라 죄인을 처벌하고, 공을 세운 이들을 포상함.

포인트 2 선악의 대립 구도와 '권선징악'의 실현 **문항 4 관련**

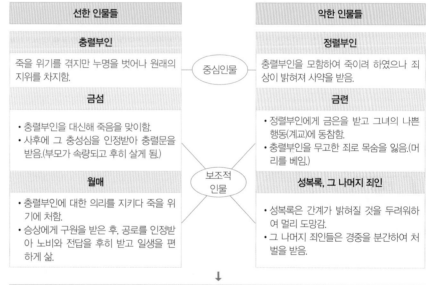

선한 인물들		악한 인물들
충렬부인		**정렬부인**
죽을 위기를 겪지만 누명을 벗어나 원래의 지위를 차지함.	중심인물	충렬부인을 모함하여 죽이려 하였으나 죄상이 밝혀져 사약을 받음.
금섬		**금련**
• 충렬부인을 대신해 죽음을 맞이함. • 사후에 그 충성심을 인정받아 충렬문을 받음.(부모가 속량되고 후히 살게 됨.)		• 정렬부인에게 금은을 받고 그녀의 나쁜 행동(계교)에 동참함. • 충렬부인을 무고한 죄로 목숨을 잃음.(머리를 베임.)
월매	보조적 인물	**성복록, 그 나머지 죄인**
• 충렬부인에 대한 의리를 지키다 죽을 위기에 처함. • 승상에게 구원을 받은 후, 공로를 인정받아 노비와 전답을 후히 받고 일생을 편하게 삶.		• 성복록은 간계가 밝혀질 것을 두려워하여 멀리 도망감. • 그 나머지 죄인들은 경중을 분간하여 처벌을 받음.

↓

선한 인물들은 원래의 자리로 돌아오거나 상을 받고, 악한 인물들은 목숨을 잃거나 벌을 받는다는 점에서 '권선징악'이라는 주제가 부각됨.

포인트 3 '서술자의 개입'과 '편집자적 논평' **문항 2 관련**

작품 바깥에 있던 서술자가 작품 속에 직접 끼어들어 자신의 목소리를 내거나 의견을 표출하는 서술 방법을 '서술자의 개입'이라고 한다. 전지적 서술자는 인물의 행동에 대해 직접적으로 평가하거나, 사건에 대한 자신의 생각을 솔직하게 드러낼 수 있다. 또한 서술자는 작품 속 상황에 대해 자신이 느끼는 감정을 노출하거나, 독자에게 말을 걸면서 반응을 유도하기도 하고, 진행되는 사건을 요약적으로 설명해 주거나, 다음 단계를 위해 장면의 흐름을 끊을 수 있다. 한편 '작가의 사상이나 지식 등을 적당히 배합시켜 작품 속 인물의 감정 상태를 분석하고 행동 및 심리적 변화의 의미까지 자세하게 풀이해 주는 것'을 '편집자적 논평'이라고 한다. 즉, 고전 소설에 빈번하게 나타나는 '편집자적 논평'은 '서술자의 개입'의 일종이라고 볼 수 있다.

■ 「정을선전」 앞부분의 줄거리

정진희라는 재상이 있었는데, 아이가 없어 바라던 중 기도를 하여 정을선을 낳게 된다. 정 승상과 친분이 두터운 유 승상에게는 추연이라는 딸이 있었는데, 정 승상이 유 승상의 회갑 잔치에 초대받아 올 때 함께 온 정을선이 추연을 보고 연정을 품어 상사병에 빠진다. 이를 알게 된 정 승상이 유 승상에게 통혼하여 을선과 추연은 혼례를 약속하지만, 계모 노 씨는 이를 질투하여 혼사를 깨트릴 흉계를 꾸민다. 결국 노 씨의 흉계로 혼사가 깨지고, 추연은 누명을 벗기 위해 혈서를 남기고 죽게 된다. 노 씨와 유 승상 등은 죽고, 원귀가 된 추연으로 인해 마을이 폐읍이 된다.

한편 을선은 조왕의 딸(정렬부인)과 혼인하고 어사가 되어 익주에 다시 와서, 원귀가 된 추연을 만난다. 추연의 유모 부부에게서 모든 사실을 알게 된 을선이 추연을 살리고자 약을 구해 오고, 마침내 추연이 다시 살아난다. 살아난 추연이 을선과 혼인하여 충렬부인이 되고, 천자의 명령으로 원비(정실)의 자리를 맡게 된다.

■ '계모형 가정 소설'과 '쟁총형 가정 소설'

계모의 등장으로 인해 가족 간에 발생하는 갈등을 다루는 소설을 계모형 가정 소설이라고 한다. 흔히 전처소생과의 갈등이나 재산 문제 등을 다룬다. 계모는 전형적 악인으로 나타나며, 전처의 자식을 해치는 과정이 대체로 유사하다. 계모의 학대로 전처의 자식이 죽는 비극적 사건이 발생하지만, 전기적(傳奇的) 요소를 통해 이를 뒤집는 경우도 많다. 즉 귀신이 되어 나타난 전처의 소생이 원한을 풀거나 억울한 죽음을 밝히며 계모를 징치하며 끝나는 것이다. 계모형 가정 소설은 가부장적 제도하에서 남자의 재취와 전처의 자식을 매개로 한 질투와 상속의 문제 등을 포착한 것으로, 대표적인 작품으로는 「장화홍련전」, 「콩쥐팥쥐전」, 「정을선전」, 「어룡전」 등이 있다.

한편 가정 안에서 일어나는 갈등 중 본처와 첩 사이의 갈등을 다룬 소설을 쟁총형 가정 소설이라고 한다. 이때 '쟁총'은 '부군의 총애를 얻기 위해 싸운다.'라는 뜻이다. 한 가정에 여러 명의 부인이 있을 때 남편의 애정이나, 지위의 대물림, 재산의 상속 등을 놓고 서로 경쟁하거나 모함하는 이야기가 주로 나타나는데, 특히 마음 착한 본처에 대한 첩의 질투나 시기로 본처가 죽을 위기에 처하는 경우가 많다. 소설의 결말에서 대체로 권선징악이라는 주제가 강조되는데, 이는 가정 안에서의 교화와 윤리의식의 회복을 중시하던 당시 분위기가 투영된 것이다. 쟁총형 가정 소설은 조선 후기에 많이 창작되었으며, 대표적 작품으로는 「사씨남정기」, 「월영낭자전」, 「소현성록」, 「정을선전」 등이 있다.

EBS
Q&A

Q 소설에서 서술자는 어떤 역할을 하나요? **문항 2 관련**

A 소설에서 서술자는 벌어지는 사건이나 상황의 변화를 전달해 주는 '허구적 화자'를 말합니다. 이야기 속에서 서술자가 수행하는 서술의 수준, 이야기 속의 참여 범위 등은 서술자의 위상을 규정하는 요소입니다. 서술자의 위상에 따라 독자가 이야기를 이해하는 정도나 소설 속 사건에 대한 독자의 태도가 달라집니다. 따라서 작가는 서술자의 위상을 고려하여 서술자의 유형을 결정하게 됩니다.

이야기 바깥에서 이야기의 모든 과정을 전달할 뿐, 자신을 명시적으로 드러내지 않는 서술자를 '이야기 외적 서술자'라고 합니다. 이와 반대로 서술자가 자신이 서술하고 있는 이야기의 등장인물인 경우, '이야기 내적 서술자'라고 하지요.

또한 서술자는 이야기 속에 직접 개입하여 배경의 묘사, 인물에 대한 판단, 시간의 요약이나 장면의 전환, 상황에 대한 논평, 등장인물과 상관없는 사실에 대한 언급 등을 할 수 있습니다. 반대로 인물 간의 대화나 행동만을 담담히 서술하여 서술자가 전혀 없는 것처럼 상황을 진행시킬 수도 있지요. 이는 소설 속 사건을 독자에게 이해시키고, 사건에 대한 독자의 태도를 형성하기 위해 작가가 서술자를 적극적으로 활용한 사례라고 할 수 있습니다.

삼선기 _ 작자 미상

감상 포인트

이 작품에서 주인공 이춘풍의 삶은 전반부와 후반부가 파격적인 대비를 이룬다. 훗날 자신의 아내가 되는 두 기녀를 만나기 전까지는 고고하고 깨끗한 도학자의 삶을 살아온 이춘풍이 두 기녀에게 속아 그들과 연분을 맺게 된 이후에 삶이 180도 바뀌어 기생의 모가비(우두머리)가 되는 것이다. 겉모습만 보아선 삶이 타락한 것처럼 보인다. 그러나 여기서 중요한 것은 이춘풍이 도학자의 삶을 살 때나 기생 모가비의 삶을 살 때나 고결한 삶의 태도를 유지했다는 점이다. 그래서 이춘풍은 평양에서 교방(기생을 양성하고 관리하는 사설 기관)을 운영할 때 기녀들이 재능을 잘 기르고 품위를 지키도록 하여 평양의 교방 문화를 긍정적 방향으로 발전시킨다. 이러한 이춘풍의 모습은 전근대적 신분 질서가 흔들리고 근대적 시민 의식이 높아져 가던 사회상을 반영한 것으로 이해된다. 동명의 주인공이 등장하는 세태 소설로 「이춘풍전」이 잘 알려져 있는데, 여기에 나오는 이춘풍과 「삼선기」의 이춘풍은 아주 다른 인물이다. 「이춘풍전」의 이춘풍이 교만하고 위선적인 인물인 반면, 「삼선기」의 이춘풍은 고결한 정신을 지닌 인물로 그려진다.

주 제

도학군자 이춘풍의 전락과 새로운 삶으로의 전환

전체 줄거리

이춘풍은 명문대가의 후손으로 부귀공명에 뜻을 두지 않고, 여색을 멀리하며 학문에만 전념한다. 한편 홍도화, 류지연은 평안도의 유명한 기녀로, 평생의 반려자가 될 이상적 남성을 찾아 한양에 간다. 한양에 도착한 두 여자는, 홍제원 한량들에게 곤욕을 치르는 이춘풍을 길에서 우연히 보게 되고 한눈에 그의 비범함을 알아본다. 그리하여 두 여자는 남장을 하고 이름도 홍영학, 류봉학으로 바꾼 다음, 이춘풍의 문하생으로 들어간다. 그 후 홍·류 두 여자는 꾸며 낸 이야기로 이춘풍을 속여 평양으로 데려가고, 거기서 선녀로 가장하여 이춘풍을 유혹해 훼절시킨다. 홍·류 두 여자가 이실직고하여 자초지종을 알게 된 이춘풍은 두 여자를 받아들여 인연을 맺는다. 이후 이춘풍은 도학자의 삶을 버리고, 홍·류 두 여자와 함께 평양에서 대규모로 교방을 운영하면서 학식과 덕을 바탕으로 교방 문화의 격을 높인다. 그러던 중 관아의 잡일을 보는 노영철과 기녀 심일청의 모함으로 이춘풍은 귀양을 가고, 교방은 폐쇄된다. 시간이 지나 신임 사또 홍 상서가 이춘풍의 무고함을 알아보고, 그를 귀양에서 풀려나게 한다. 그 후 이춘풍과 홍·류 두 여자는 대성산 아래에 초당을 짓고 아이를 낳아 기르며 행복하게 산다.

두 낭자★가 좌우에 모시고 앉아 다시 술을 권할새, 벽도★ 낭자 왈,

<small>홍도화, 류지연 두 기녀</small>

<small>류지연이 이생을 속이기 위해 선녀로 변장했을 때의 이름(벽도 = 류지연)</small>

<small>홍도화, 류지연이 자신의 신분을 감추고 이생에게 접근할 때 남장을 하고 이생의 문하생으로 들어가는데 그때 홍도화, 류지연은 각각 홍영학, 류봉학이라는 가명을 사용함. 홍·류 두 문생은 홍영학, 류봉학을 가리킴.</small>

"오늘 즐거움이 평양 객점(客店)에서 홍·류 두 문생(門生)★을 데리고 경학 강론(經學講論)하시는 것과 어떠하시니잇고?" / 이생이 기쁜 낯빛으로 왈, / "온자한 재미는 있거니와 몹시 흥거운 풍취야 어찌 이만하오리오!" / 또 문(問) 왈,

"두 문생의 온화 정대하옴이 저희 두 첩과 어떠하니잇고?" / 답 왈,

<small>홍영학(= 홍도화)과 류봉학(= 류지연)</small>

"차이가 없을 듯하여이다." / 또 문 왈,

<small>홍도 낭자(= 홍도화)와 벽도 낭자(= 류지연)</small>

"낭군이 항상 허황한 일을 믿지 아니하시거니와, 만일 홍·류 두 문생이 일조(一朝)에 남화위녀*하여 평생을 모신다 하오면 낭군은 어찌하시리잇고?" / 이생이 추연(惆然)* 왈,

<small>하루아침에</small>

<small>홍·류 두 문생에 대한 그리움을 드러냄.</small>

"그럴 이치가 없으나 두 문생은 나의 지기지우(知己之友)라. 평생을 함께 지내기로 서로 약속하여 잠시 이별을 하였으니, 만일 범절(凡節)과 모양이 그러한 여자 있으면 어찌 아름답지 아니하리오! 그러나 낭자가 속객(俗客)*을 대하여 조롱이 심하도다."

<small>자기의 속마음을 참되게 알아주는 친구</small>

▶ 홍·류 두 여자가 이생을 속여 그의 속마음을 알아보려 함.

이에 두 낭자가 비녀를 빼어 일시에 바닥에 엎드려 사죄 왈,

"백 년을 함께 사는 일이 지중(至重)하여 천첩(賤妾)이 대군자께 중죄를 지었사오니 차생차세(此生此世)에 어찌 다 속죄하오며, 대군자의 하늘 같은 대덕(大德)을 세세생생(世世生生)에 어찌 다 갚사오리까? 일월(日月) 같으신 군자의 안광(眼光)으로 어찌 몰라 보시리잇가? 첩들을 어여삐 여기사 용서하심인가

<small>홍도화, 류지연이 이생과 부부의 인연을 맺기 위해 이생을 속였던 일을 말함.</small>

<small>사물을 보는 힘</small>

홍·류 두 문생과 홍도 낭자, 벽도 낭자의 정체를 모르는 데에서 비롯한 반응

★ **문제 해결 키 문항 1 관련**

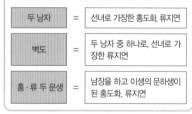

작중 여성 주인공인 홍도화와 류지연은 자신들의 목적을 이루기 위해 이생을 거듭 속이는데, 그 방법은 남장을 하거나 선녀로 가장을 하는 것임. 그렇게 변장을 할 때마다 이름도 바뀌기 때문에 작품에 동일 인물을 가리키는 여러 이름이 등장함. 따라서 이야기의 흐름을 파악하려면 두 여성 주인공을 가리키는 다양한 호칭들을 이해해야 함.

두 낭자	=	선녀로 가장한 홍도화, 류지연
벽도	=	두 낭자 중 하나로, 선녀로 가장한 류지연
홍·류 두 문생	=	남장을 하고 이생의 문하생이 된 홍도화, 류지연

★ **문제 해결 키 문항 3 관련**

속임을 당하는 상황에 대한 이생의 반응이 어떻게 변하는지 살펴볼 필요가 있음.

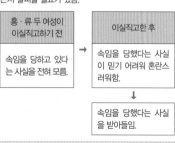

홍·류 두 여성이 이실직고하기 전	이실직고한 후
속임을 당하고 있다는 사실을 전혀 모름.	속임을 당했다는 사실이 믿기 어려워 혼란스러워함.

속임을 당했다는 사실을 받아들임.

하나이다. 당초에 여화위남*하여 몇 달 모실 때와 평생을 배운다 하여 모시고 내려올 때는 혹 분변(分辨)치 못
　　　　　　홍도화, 류지연이 남장을 하고 이생의 문하생으로 들어간 일을 일컬음.

하실 듯하옵고 첩들의 죄상도 오히려 용서하심을 바라려니와, 허황한 휼계(譎計)로 선녀를 가탁(假託)하여*
　　　　　　　　　　　　　　　　　　　　　　　　　　　　　　남을 속이는, 간사하고 능청스러운 꾀

정대하오신 군자를 산 위로 유인하여 연분(緣分)을 맺는다 하옴은 그 죄상이 만 번 죽어도 아쉽지 않으리라.
　　= 이생(이춘풍)

그러하오나 하향(遐鄉)의 천첩들이 대군자의 권고지택(眷顧之澤)*을 받자오니 오늘 죽어도 한이 없을지라. 엎
　　　　　중앙에서 멀리 떨어져 있는 지방

드려 삼가 바라건대 대군자 서방님께옵서 용서하옵소서. 오늘 이후 첩들의 사생영욕(死生榮辱)이 서방님께 달
　　　　　　　　　　　　　　　　　　　　　　　　　　　　　　죽음과 삶, 영예와 치욕

렸사오니 강과 바다와 같은 은혜를 바라나이다.”

하거늘, 이생이 청파(聽罷)에 정신이 어지러워 꿈인지 생시인지 깨닫지 못하다가 한참 후에 왈, ★
　　　　　　듣기를 다 마침.

“말씀이 하도 맹랑하여 믿지 못하겠으니 자세히 해명하라. 중원(中原)에서 밤에 홍도 낭자 만날 때에는 홍생
　　　　　상대방이 한 말을 받아들이기 어려워서 하는 말

이 성천에 간 자취가 분명하고, 이번은 류생이 안주에 간 일이 확실하거늘 어찌 그러하리오?”
　이생이 만난 선녀들(홍도, 벽도 낭자)이 자신의 문하생인 홍생(홍영학), 류생(류봉학)과 같은 인물이라는 사실이 믿기 어려워서 하는 말. 홍생과 류생(= 남

두 낭자가 머리를 조아리며 사죄하여 왈,
　장을 한 기녀인 홍도화, 류지연)은 선녀로 가장하기 위해 각각 고향인 성천과 안주에 다녀온다
　고 이생에게 거짓말을 했음.

“조그마한 천첩들이 하늘이 내신 대군자를 기망하올 때에 무슨 꾀를 아니 쓰리잇고? ‘성천이나 안주에 간다’
　　　　　　　　　　　　　　　　　　　　　　남을 속여 넘김.

하고 지적에 있은들 서방님 눈에 띄지 않으면 어찌 알으시며, 자고로 소인과 천인은 얕은꾀가 많사와 군자를

모함할 때 도리를 벗어난 악한 짓을 갖가지로 하는 법이옵고, 군자는 정직한 심장과 정대한 행세가 평생 거짓

된 일과 사곡(邪曲)한 꾀는 아주 모르시니 어찌 요량하시리잇고? 그런고로 왕왕히 소인의 모함에 빠져도 요행
　　　　　요사스럽고 교활한　　　　　　　　　　　　　　　　　　　　　　종종, 자주

으로 면할 궁리를 아니 하나니, 서방님께옵서 천성이 고상하시와 부귀번화를 좋아하지 않으시고, 세상에 태어

나 이십팔 년 동안 정대한 성인(聖人)의 책만 읽으시어 정대한 마음과 정대한 일만 아시고 바깥 사람들과 접촉

하지 않으시니, 어찌 권변술수(權變術數), 사모기계(邪謀奇計)를 아시리잇고? 맹자 말씀이 ‘군자는 가기이기
　　　　　　　　　부정한 모의와 교묘한 계략

방(可欺以其方)이라*’ 하시오니, 첩들의 백 가지 휼계를 어찌 측량하시리잇고?”★
　　　　　일의 형편에 따라 임기응변으로 일을 처리하는 온갖 재주

　　　이생이 속임을 당한 까닭은 이생의 탓이 아니라 자신들의 탓이라고 말하며 이생을 옹호하고 있음.

하고, 전후 사실을 일일이 이야기하온대, 이생이 다만 두 사람의 입만 보고 아무 말도 아니 하다가, 다시 꿇어앉

으며 왈. / “도무지 학생*의 공부가 차지 못한 연고이니, 누구를 원망하리오.”★
　　　　　자신이 속임을 당한 것은 모두 자신의 잘못이라고 말하며 모든 책임을 자신에게 돌리고 있음.

　　　　　　　　　　　　　　　▶ 홍·류 두 여자가 이생을 속여 온 그간의 사정을 고백하고 사죄함.

[중략 부분 줄거리] 기생 홍도화, 류지연은 이생의 엄숙한 태도를 보고, 그동안

그를 속인 자신들의 행동을 반성한다. 이생은 두 낭자를 불러 그들의 거짓된

말과 행동을 꾸짖는 한편, 앞으로의 삶에 대한 두 낭자의 생각을 묻는다.

★ 문제 해결 키 문항 4 관련

이생이 속임을 당한 이유에 관한 이생과 두 여성의 생각의 차이
에 주목할 필요가 있음.

| 이생 | 자신이 공부가 부족하고 못났기 때문임. 자신의 취약성에서 이유를 찾음. |
| 홍·류 두 여성 | 자신들의 교활함에 비해 이생이 너무 정직하고 정대함. 자신들의 교활함과 속악함에서 이유를 찾음. |

이생이 사색(辭色)*을 내리고 왈, / “내 너희를 버리거나 두는
　이생이 그간의 모든 사정을 파악하고, 냉정을 되찾았음을 나타냄.

것은 내게 달렸거니와, 만일 너희들과 백 년을 함께할 지경에
　　　　　　　　　　　　　　부부가 되어 평생 함께 사는 것을 뜻함.

는 너희 생각에 어찌하고자 하는고?” / 두 낭자가 꿇어 고(告) 왈,
　　　　　　　　　　　　　　　　　　큰 강과 바다

“이왕 죄상은 만 번 죽어도 아쉽지 않사오나, 하해 같으신 홍량대덕(洪量大德)으로 첩들을 거두실진데 첩들이
　　　　　　　　　　　　　　　　　　　　　　넓은 도량과 큰 덕

분골쇄신하고 부탕도화(赴湯蹈火)*라도 사양치 않을 것이어늘 어찌 스스로 편안코자 하리잇고?” / 이생이 왈,
　기상이 뛰어나고 성하게. 문맥상 ‘기생첩을 엽렵히 세고 들어가면’이라는 표현은 ‘부끄러운 줄 모르고 뻔뻔하게 기생첩을 데리고 집에 들어가면’ 정도의 의미임.

“그런 게 아니라 내 명색이 경학하던 선비로 기생첩을 엽렵히 세고 들어가면 우선 아우들의 모양이 어찌 되며,
　　　　　　　　　　　　유가의 경전인 사서오경을 연구하는 학문　　　　　　　　　　　　　아우들이 망신을 당할 것이라는 뜻

또 너희들을 데려다가 규중에 가두고 나는 도로 공부할 지경이면 너희들의 적막함은 고사하고 내 일도 쓸데없

기생첩을 집에 두면서 도학자의 삶을 사는 것은 홍·류 두 여인에게도 불행한 일이고, 자신의 공부도 위선적인 일이 되게 하므로 이율배반이라는 생각이 담겨 있음.

는 짓이라. 공연히 식구만 보탬이니 무슨 효험이 있으리오! 너희들 편함이 곧 내 편함이니 좋은 도리로 의논

홍·류 두 여자의 선택에 따라 그들과 함께하는 삶을 설계하려 하는 이생. 두 낭자에게 속아 훼절을 경험한 후 삶의 방식을 바꾸려고 하는 이생의 생각이 드러남.

하라 함이요, 너희들을 겁주려 하옴은 아니다. 그러므로 예부터 선비 된 자의 조심하기 어려움이 이러한 연고

로다." / 두 낭자가 그제야 안색에 화기가 돌아오고 공경 대(對) 왈,

"서방님께옵서 은택을 드리우사 첩들의 중죄를 용서하옵시고, 천금같이 귀하신 몸이 친히 왕림하실 지경에는

첩들의 재물이 수천 석이오니 무슨 도리를 못 하오리까? 좋을 대로 주선하올 터이옵고 일동일정(一動一靜)을

서방님께 여쭈어 하올 것이어니와, 우선 압경(壓驚)*이나 하사이다." / 이생 왈,

이제까지 이어 온 도학자의 삶을 버리고, 이전과는 다른 삶을 살겠다는 이생의 생각이 드러남.

"오죽 못난 놈이 무당의 서방 되며, 여간 잡놈이 기생의 모가비*가 되겠느냐? 너희 생각대로 하라."

▶ 이생이 도학자의 삶을 버리고, 홍·류 두 여자와 더불어 새로운 삶을 살기로 함.

* 남화위녀: 남자가 변화하여 여자가 됨.

* 속객: '속세에서 온 손님'이라는 뜻으로 이생(이춘풍) 자신을 가리키는 말. 여기서 이생은 홍도화, 류지연 두 여자를 선녀로 착각하여, 그 둘과 달리 자신은 속세의 인간이라는 뜻으로 '속객'이라는 표현을 씀.

* 추연: 처량하고 슬프게.

* 여화위남: 여자가 변화하여 남자가 됨. 여기서는 여자가 남장을 하고 남자처럼 행동한 것을 가리킴.

* 허황한 ~ 가탁하여: 허황하게 남을 속이는, 간사하고 능청스러운 꾀로 선녀인 척하여.

* 권고지택: 돌보아 준 은혜.

* 군자는 가기이기방이라: '군자는 도에서 어긋난 그럴듯한 꾀로 속일 수 있다.'라는 뜻으로, 『맹자』에 나오는 말.

* 학생: '학문을 닦는 사람'이라는 뜻으로, 이생(이춘풍)이 자신을 가리키는 말.

* 사색: 말과 얼굴빛.

* 부탕도화: '끓는 물이나 타는 불에라도 들어간다.'라는 뜻으로, 윗사람의 명령을 따르기 위해 어떤 어려움도 피하지 않는다는 말임.

* 압경: 놀란 마음을 진정시킴. 보통 술을 마시게 함.

* 모가비: 사당패 또는 산타령패 따위의 우두머리. 여기서는 기생 학교인 교방(敎坊)의 우두머리를 뜻함.

앞에서 한 말을 요약한 발언임. 아우들의 체면을 생각해 기생첩을 데리고 고향으로 돌아가기 어려운 것, 기생첩을 집에 둔 채 자신은 도학자의 삶을 이어 가는 것이 쓸데없는 짓이라는 것은 모두 이생이 '선비 된 자'이기 때문에 생겨난 어려움이라는 생각을 담고 있음. 이러한 생각은 이생이 평양에 남아 홍·류 두 여자와 함께 살기로 마음먹은 이유가 되기도 함.

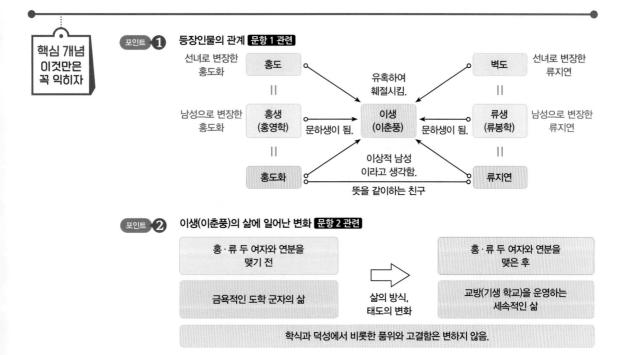

핵심 개념 이것만은 꼭 익히자

포인트 ① **등장인물의 관계** [문항 1 관련]

선녀로 변장한 홍도화 — 홍도 — 유혹하여 훼절시킴. — 벽도 — 선녀로 변장한 류지연

= | 이생(이춘풍) | =

남성으로 변장한 홍도화 — 홍생(홍영학) — 문하생이 됨. — 이생(이춘풍) — 문하생이 됨. — 류생(류봉학) — 남성으로 변장한 류지연

= | 이상적 남성이라고 생각함. | =

홍도화 — 뜻을 같이하는 친구 — 류지연

포인트 ② **이생(이춘풍)의 삶에 일어난 변화** [문항 2 관련]

| 홍·류 두 여자와 연분을 맺기 전 | | 홍·류 두 여자와 연분을 맺은 후 |

| 금욕적인 도학 군자의 삶 | 삶의 방식, 태도의 변화 ⇨ | 교방(기생 학교)을 운영하는 세속적인 삶 |

학식과 덕성에서 비롯한 품위와 고결함은 변하지 않음.

「삼선기」에서 이춘풍의 삶은 평양의 기녀인 홍도화, 류지연 두 여성을 만나기 이전과 이후가 선명한 대비를 이룬다. 두 여성을 만나기 전까지 이춘풍은 학문에만 전념하고 쾌락을 멀리하는 삶을 살면서 도학군자로서 높은 명성을 얻는다. 그러나 자신을 이상적인 배우자로 점찍어 놓고 교묘한 술책으로 속인 홍 · 류 두 여성 때문에 그동안 자신이 부도덕하다고 여겼던 행동을 하게 된다. 이후 그는 고향으로 돌아가지 않고 평양에 머물면서 홍 · 류 두 여성과 함께 대규모로 교방을 운영한다. 도학군자로 이름이 높았던 인물이 '기생의 모가비(우두머리)'가 되어 이전과는 극단적으로 반대되는 살게 된 것이다. 하지만 이춘풍은 비록 교방을 운영하며 전과 다른 삶을 살게 되었지만, 높은 학식과 덕성에서 비롯한 품위와 고결함은 잃지 않는다는 점에서 다른 풍자 소설의 가식적인 남성 주인공과는 차이가 있다. 교방을 운영하는 세속적인 삶은 그의 정신적 품위와 고결함을 훼손시키지 않고, 오히려 그의 높은 정신이 평양 교방 문화의 격조를 끌어올린다.

배경지식
더
알아보기

■ 제목 '삼선기'의 의미
'삼선기(三仙記)'라는 제목의 뜻은 '세 신선의 이야기'이다. 이 제목은 주인공인 이춘풍과 홍도화, 류지연 세 사람이 나중에 속세를 떠나 자연에 머물러 살면서 욕심을 잊고 청정한 생활을 하다가 남은 생을 마쳤는데, 그들을 두고 세상 사람들이 '지상의 세 신선'이라고 불렀다는 데서 비롯한다.

■ 「이춘풍전」과 「삼선기」의 '이춘풍' 비교

	「이춘풍전」의 '이춘풍'	「삼선기」의 '이춘풍'
성격	방탕하고 위선적임.	고결한 정신을 지님.
과오	기생 추월에게 홀려, 아내가 일군 재산을 모조리 탕진하고 추월의 하인 노릇을 하면서 망신을 당하고 비참한 생활을 함.	기생 홍도화, 류지연에게 속아, 그들과 연분을 맺게 되고, 그 때문에 더 이상 도학자의 삶을 지속하기 어렵게 됨.
과오를 저지른 이후의 행동	아내가 구출해 주었으나 반성하지 않고 다시 경박하고 위선적인 행동을 하다가 망신을 당함.	도학자의 삶을 버리고, 홍도화, 류지연과 함께 교방을 운영하며 세속적인 삶을 살지만 품위와 고결한 정신은 잃지 않음.
결말	잘못을 뉘우치고 아내와 잘 지냄.	홍도화, 류지연과 함께 속세를 떠나 자연에 묻혀 행복하게 삶.

EBS
Q&A

Q 고전 소설(국문 소설)을 잘 읽기 위한 효과적인 방법이 있을까요? 문항 1 관련

A 고전 소설(국문 소설)을 읽다 보면 같은 인물이 다양한 호칭으로 불리기 때문에 내용 파악에 어려움을 겪을 때가 많습니다. 고전 소설은 현대 소설에 비해 서사 구조가 단순하므로, 인물 중심으로 '누가 무엇을 했는가'를 짚어 나가면 전체 내용이 쉽게 파악됩니다. 하지만 복잡한 호칭 때문에 인물 파악에서부터 난관에 부딪히면 읽기 과정 전체가 힘들어집니다. 이 문제를 해소하는 데 도움이 될 만한 방법으로 인물의 이름이 나올 때마다 연필로 표시하면서 작품을 읽을 것을 권장합니다. 예를 들면, 「숙향전」에서 주인공 '숙향'과 '이선'은 각각 천상계에 있을 때의 이름인 '소아', '태을'로도 불립니다. 그래서 '숙향'과 '소아'는 동그라미 표시를, '이선'과 '태을'은 네모 표시를 하여 '숙향'과 '소아'가 한 인물이고, '이선'과 '태을'이 한 인물임을 나타내는 것입니다. 이렇게 표시를 하면서 읽으면 인물의 이름 때문에 혼란을 겪는 일이 적어질 것입니다.
고전 소설에 사용되는 과거의 낯선 표현들도 고전 소설 읽기를 어렵게 만듭니다. 그러나 고전 소설에 사용되는 낯선 표현은 고전 소설의 다양한 작품들에 반복해서 쓰이는 관습적 표현인 경우가 많습니다. 고전 소설을 처음 공부할 때 낯선 표현, 뜻을 모르는 어휘가 등장하면 사전을 찾아 그 뜻을 확인하는 습관을 들여 보세요. 그렇게 사전을 찾아 가며 고전 소설을 읽는 시간이 어느 정도 축적되면 그다음부터는 자신이 아는 익숙한 표현이 반복해 등장하기 때문에 고전 소설 읽기가 한결 쉽고 빨라진 것을 느낄 수 있을 거예요.

11 송경운전 _ 이기발

감상 포인트

이 작품의 주인공 송경운은 대략 16세기 말에서 17세기 전반까지 음악가로 활동했던 실존 인물이다. 그는 서울에서 비파의 고수로 이름을 날리다가 정묘호란(1627)을 만나 전주로 내려왔다고 전해진다. 이야기는 작중 인물로 등장하는 작가 이기발(1602~1662)의 목소리로 진술된다. 이기발은 송경운과 비슷하게 서울에서 관직 생활을 하다가 병자호란의 비극을 겪으면서 고향인 전주로 낙향해 여생을 보낸 인물이다. 이기발은 서울에 있을 때부터 송경운과 친분이 있었는데, 전주로 낙향해 살던 중 자신처럼 전주에 내려와 지내던 송경운과 길에서 우연히 마주친다. 이 만남을 계기로 이기발은 송경운의 생애를 회고하게 되고, 그와의 대화를 통해 송경운의 고매한 예술관에 대해 알게 된다. 이 작품은 한 빼어난 예술가의 생애를 기술하고 있지만, 그의 삶을 관통하는 확고한 예술관을 통해 '참된 예술이란 무엇인가'라는 진지한 질문을 독자들에게 던진다.

주 제 음악가 송경운의 고매한 예술 정신과 빛나는 생애

전체 줄거리 송경운은 본래 서울에 살던 노비였으나 어려서부터 몹시 총명하여 주인의 아낌을 받아 일찍이 노비 신분에서 벗어났으며 군공(軍功)으로 벼슬도 한다. 특히 음악에 재능이 있어 열두어 살에 이미 비파 연주자로서 서울과 근방에 명성을 떨쳤으며 궁중 악사로도 크게 활약한다. 나이가 들어 궁중 악사 자리에서 물러난 후 전주로 내려와 살았는데, 그의 영향으로 전주 지역에는 전에 없던 음악 애호의 풍조가 자리 잡게 된다. 송경운은 높은 명성을 지닌 악사였음에도 음악을 듣기 위해 자신을 찾아오는 사람이 있으면 남녀노소, 지위 고하를 막론하고 성심껏 음악을 들려주었다. 그뿐 아니라 음악의 본령은 듣는 사람을 기쁘게 만들어 주는 데 있다는 예술적 신념에 따라, 음악에 대한 자신의 관점을 잃지 않되 청중의 취향에 대한 존중심을 바탕으로 다채로운 음악을 선보였다. 그는 73세의 나이로 세상을 떠났는데 임종 때 제자들에게 '나는 음악을 사랑하는 사람이니 장례식에서 나의 상여를 옮기는 길에 비파를 연주해 달라.'라는 유언을 남기고 숨을 거둔다.

무심자(無心子)*는 이렇게 말한다. 예전에 있었던 일이다. 나는 해진 베옷을 입고 여윈 말을 타고 노복도 없이 혼
　　　　　　　　　　　　　　　　벼슬하지 않는 서민이 입는 옷
자 전주성 서쪽을 따라 얼음 고개*를 오르고 있었다. 그때는 봄이고 삼월 상순이라 복사꽃과 자두꽃이 온 성안에
　　　　　　　　　　　　　　　　　한자 원문은 '단갈(短褐)'인데 지위가 낮은 사람이 입던 무명베로 짠 짧은 옷을 일컬음.
가득 피어 있었다. 저 멀리 어떤 장부 한 사람이 보였다. 대지팡이를 등에 지고 허름하고 짤막한 베옷을 입은 그는
　　　　　　　　　　　　　　　관자놀이와 귀 사이에 난 머리털
마음껏 노래하며 천천히 걸어가고 있었는데, 그 살쩍과 머리칼이 눈처럼 희었다. 그의 노래를 들어 보니 이러했다.
악속. 자연으로 돌아가기로 한 약속　　　갈매기. '욕심 없는 마음'을 상징하는, 고전 시기의 관습적 소재
　　"강호에 기약 두고 십 년을 분주하니 / 그 모르는 백구(白鷗)는 더디 온다 하건마는 / 성은이 지중(至重)하시
　　　자연　　　　　　　　사대부로서의 책무를 다하기 위해 10년 동안 중앙 관료로 바쁘게 살았음을 암시함.　　　임금의 은혜
니 갚고 갈까 하노라."*　「 」: 조선 중기의 문신 한강 정구가 지은 시조로, 자연에 대한 지향과 성은의 지중함에 따른 책임감을 함께
　　　　　　　　　　　　강조함으로써 물러섬과 나아감의 조화를 추구한 사대부의 보편적 정서를 드러낸 작품임.
내가 탄 말 바로 앞에 다가와 그제야 자세히 보았더니, 바로 서울의 옛 악사* 송경운이었다. 무심자는 예전에

그와 교분이 있었기에 웃으며 이렇게 말했다.
서로 사귄 정　　　　　　다음에 이어지는 발화가 진지하게 한 말이 아니라 송경운에 대한 친밀감에서 비롯한 장난스러운 말임을 짐작하게 함.
　　"대지팡이를 짚은 건 늙어서일 테고, 짤막한 베옷을 걸친 건 가난해서일 테고, 그냥 걸어가는 건 말이 없어서
송경운의 초라한 행색과 호탕한 노랫소리 사이의 대비에 주목하여, '늙고 가난한 형편에 무엇이 좋아 그렇게 신나게 노래하는가?' 하는 질문을 농담조로 던진 것임.
일 텐데, 그렇게 마음껏 노래하는 건 어째서인가?" / 경운은 이내 활짝 웃는 표정으로 대답했다.
　　　　　　　　　　　　　무심자의 발화 의도가 조롱이 아니라 친밀감의 표시에 있다는 것을 알고 있기 때문에 나온 반응
　　"쇤네 이제 나이가 일흔이 넘었습니다. 그리고 쇤네는 예전에 음악을 좋아했지요. 그러니 쇤네는 늙은 악사입

니다. 노래란 음악 중에 으뜸가는 것이지요. 늙은 악사로서 봄날

의 흥에 겨워 노래가 나오는 것입니다. 선생님은 이게 이상하신

지요? 쇤네가 알기로 선생님은 옛날에 임금님을 가까이서 모시

던 분인데, 수놓은 비단옷을 해진 베옷으로 바꿔 입고 멋진 청총

마(靑驄馬) 대신 여윈 말을 타고설랑 그 많던 뒤따르던 종들은

어찌하시고 노복 하나도 없이 서울의 큰길 대신 산길을 가고 계

시는지요? 어째서 이렇게 고생을 사서 하고 계십니까? 쇤네는 선생님이 유독 이상해 보입니다."★

★ 문제 해결 키 문항 3 관련
무심자와 송경운이 나눈 대화의 성격
무심자와 송경운은 서로 알고 지낸 지 오래된 사이이고, 과거에 서울에서 화려한 생활을 하다가 만년에 전주에 내려와 살고 있다는 점에서 처지가 비슷함. 두 사람의 대화는 이 점에 착안하여 이해해야 함.
↓
무심자와 송경운의 발화는 일종의 간접 화행으로, 표면적으로는 질문이지만 실제로는 서로에 대한 친근감과 우호적인 감정, 존중심을 표현하기 위한 것임.

그리하여 마침내 서로 즐겁게 노닐며 한나절을 보냈던 것이다.
　　　　　　　　　　　　　　　　　　　　　▶ 전주 얼음 고개에서 우연히 만난 송경운
「 」: 과거 한양에서 잘나가는 중앙 관료로 지내던 무심자가 현재 초라한 행색을 하고 있는 것을 농담조로 언급한
것임. 무심자와 송경운 모두 과거, 서울에서 화려한 생활을 하다가 현재 스스로의 선택에 따라 전주에서 살고 있
다는 점에서 공통점이 있음. 그리고 두 사람 모두 이 점에 착안하여 서로 농담조로 대화를 주고받고 있는 것임.

송경운은 서울 사람이다. 자기 말로는 옛날에 이 절도사(李節度使)의 노복이었는데 민첩하고 재주가 있어 특별히 노비 장부에서 빠져나올 수 있었고 마침내 군공(軍功)으로 사과(司果)* 벼슬까지 얻었다고 한다. 「체구가 훤칠하게 컸고, 풍채가 좋고 피부가 희었으며, 가느스름한 눈은 별처럼 빛나는 데다, 수염이 아름답고 담소를 잘했으니, 말하자면 참으로 호남자였다.」/ 그는 타고나길 유독 음률을 잘 알았다. 아홉 살 때 비파를 배웠는데 노력하지 않고도 잘하게 되어 지극한 경지에 이르렀고, 열두어 살에는 서울과 그 근방까지 이름이 났다. 아로새긴 대들보 아래 화려한 잔치 자리가 그의 거처였고 금인(金印)과 옥관자를 한 고위 관료가 그의 동반자였다. 꽃 장식을 하고 구름같이 풍성하게 머리를 올린 기녀들이 그의 좌우에 있었고, 둥둥 울리는 장구와 삘릴리 하는 피리가 그의 위의를 도왔다. 강물 같은 술에 산과 같은 안주, 일천 속(束)의 비단과 일만 관(貫)의 돈이 그 잔치의 비용으로 쓰였다. 누구의 집에서도 그에게 밥을 주었고 누구든지 그에게 옷을 주었다. 하루가 이렇게 지나갔고 한 달이 이렇게 지나갔다. 한 해가 이렇게 지나갔거니와, 반평생 역시 이렇게 지나간 것이다. 사람들이 어깨를 부딪고 말들이 서로 발굽을 밟으며 서로 밀 틈조차 없을 정도로 북적거리는 연회석에서는 이런 말이 나오곤 했다.

"송 악사 어디 있나?" / "아무 궁가(宮家)*에서 불러 갔다지."

"송 악사 어디 있나?" / "아무개 상공(相公)이 불러 갔다는군." / 그가 이미 한 군데에 불려 가 버리고 나면 남은 자리가 쓸쓸해져 즐거워하는 이가 드물었다. 온 도성 사람들이 모두 그랬다.

온갖 기예들, 이를테면 글씨 쓰기나 활쏘기, 말타기, 그림, 바둑, 장기, 투호 놀이 같은 것을 하는 이들은 서로의 지극한 경지를 칭찬할 때 다들 자기 친구에게 "어째 송경운의 비파 같네!"라고 했고, 나무하고 소 먹이는 아이들이 모여 놀다가 누가 몹시 재미있는 말을 했을 때도 자기 친구에게 "어째 송경운의 비파 같네!"라고들 했으며, 말을 배우는 두어 살 된 어린애들조차도 아무 상관없는 것을 가리키며 '어째 송경운의 비파 같네!'라고 하는 것이었다. 당시 송경운의 이름이 알려진 것이 대략 이러하였다. (중략) ▶ 송경운의 출신과 음악적 재능. 서울에서 그가 얻은 명성

전주는 큰 도회지이다. 인물이 많기로는 우리나라에서 제일가지만 백성들이 살기에는 어려움이 많고 화려한 것을 숭상하지 않는 풍속이 있었기에 관가에서 말고는 그 경내에 음악 소리가 들린 적이 전혀 없었다. 그런데 경운이 전주에 와서 살고부터 이곳 사람들은 그의 음악을 듣고 모두들 즐거워하게 되어 밀려오는 파도인 양 잔뜩 몰려들었다. 손님이 찾아올 때마다 경운은 비록 무슨 일을 하던 중이더라도 어김없이 서둘러 그만두고 비파를 가져오는 것이었다. 그의 말은 이러했다. / "쇤네같이 하찮은 것을 귀하께서 좋게 보아 주시는 이유는 쇤네의 손에 있습지요. 쇤네 어찌 감히 손을 더디 놀릴 수 있겠으며 쇤네 어찌 감히 마음을 다하지 않을 수 있겠습니까?"

그러고는 곡조를 갖추어 비파를 타기 시작하여, 듣는 사람의 마음이 흡족하게 되었다는 것을 알고서야 연주를 끝냈다. 비록 별 볼 일 없는 하인 같은 사람들이 찾아와도 이렇게 응대하지 않는 경우가 없었다. 이러기를 20여 년에 이르도록 게을리하지 않았으니 이로써 전주 사람들의 마음을 기쁘게 해 줄 수 있었다. 전주 사람들은 이렇게 말했다.

"전주는 큰 도회지라 인물도 적지 않은데 사람들 하나하나마다 그 마음을 다해 기쁘게 해 주다니, 송경운은 아마 보통 사람은 아닐 것이야."

병마절도사와 수군절도사를 통칭하는 말로 각 지방의 군대를 통솔하고 경비를 담당하던 종2품 무관직

잔치를 벌이는 장소가 호화로운 고급 주택임을 뜻함.

「 」: 외양 묘사를 통해 송경운의 긍정적 면모를 부각함.

높은 벼슬아치가 사용하는 인장

호화로운 고급 주택에서 벌어지는 화려한 잔치 자리에 송경운이 매우 자주 불려 갔음을 뜻하는 표현

송경운의 명성이 드높아, 화려한 잔치 자리에는 으레 송경운이 있을 것이라는 사람들의 기대에서 비롯된 말임.

관자는 납작한 가락지 모양의 물건으로 망건에 다는 것임.
옥관자는 3품 이상 고위 관료만 사용할 수 있었음.

송경운의 비파 연주가 훌륭하다는 사람들의 인식에서 비롯한 표현으로, '송경운의 비파 같다.'라는 말이 무언가를 아주 잘할 때 칭찬하는 표현으로 일반화됐음을 보여 줌.

송경운의 이름이 널리 알려졌음을 보여 주는 사례

신분의 높고 낮음에 상관없이 모든 사람에게 동등하게 음악을 들려줌.

송경운의 겸손함을 보여 주는 사례. 그의 겸손함은 음악에 대한 그의 깊은 애정에서 비롯함. 예술가로서 자신의 예술을 좋아해 주는 이들에게 정성을 다해야 한다는 생각에서 송경운의 겸손한 태도가 나옴.

송경운의 빼어난 음악 실력뿐만 아니라 모든 이들에게 동등하게 음악을 들려주는 그의 태도를 사람들이 높이 평가해서 하는 말임.

항상 수십 명의 제자를 거느리고 있었는데, 그 행동거지의 범절이나 스승을 사랑하고 존경하는 방식은 유교에서 인륜을 가르치는 경우와 다름이 없었다. 그래서 그의 명성은 나이가 들수록 더욱 성대해졌다. 근방의 고을 수
<small>제자들의 올바른 풍행이 송경운의 명성을 높이는 데 긍정적으로 작용함.</small>
령이나 절도사 등이 틈을 보아 먼저 데려가려고 다툴 지경이었으므로 그가 집에 있는 경우는 드물었다.
<small>▶ 송경운이 전주에 살면서 그곳 사람들에게 준 영향, 전주에서 얻은 명성</small>

언젠가 그와 함께 음악 이야기를 한 적이 있었는데, 경운은 이런 말을 했다.

"비파는 옛 곡조와 요즘 곡조가 다른데, 지금 사람은 대체로 옛 곡조를 내치고 요즘 곡조를 숭상하고 있지요. 유독 저는 옛 곡조에 뜻을 두고 있습니다. 그래서 소리를 낼 때 전부 옛 곡조로 채우고 요즘 곡조가 끼어들지 못하게 하면 저의 마음에 흡족하고 이야말로 음악답다고 여겨집니다. 그렇게 하여 조급하지도 천박하지도 않으며 넉넉하게 여유가 있는 소리를 낸다면 말세의 사악한 소리를 씻어 내고 저 훌륭한 옛날의 바른 음악을 회
<small>송경운이 생각하는 옛 곡조의 특징</small>
복할 수 있을 것 같고, 내 평생에 그런 음악을 하여 후세까지 전하는 것이 마땅하다고 생각하고 있습니다. 그
<small>요즘 곡조에 대한 송경운의 생각을 드러냄.</small>
<small>옛 곡조 또는 옛 곡조의 아름다움을 보존한 음악</small>
렇지만 저의 연주를 듣는 이들은 모두가 평범한 사람들인지라 그렇게 연주를 하면 그다지 기뻐하지도 않고 잘
<small>옛 곡조의 훌륭함을 이해하지 못하는, 안목이 낮은 일반 대중을 가리킴.</small>
이해를 못해 즐거워하지 않더군요. 가만히 생각해 보니 음악에서 중요한 건 사람을 기쁘게 하는 일인데 만약
<small>송경운이 생각하는 음악 예술의 우선적 가치: 사람을 기쁘게 해야 함. → 송경운이 자신의 음악에 요즘 곡조를 섞어 연주하게 된 이유</small>
음악을 듣고도 즐겁지 않다면 비록 안회(顔回)나 증점(曾點)이 여
기서 거문고를 연주한다 한들* 또한 사람들에게 무슨 유익함이
있겠는가 싶습니다.★ 이 때문에 저는 다만 저의 곡조를 변주하
여 요즘 곡조를 간간이 섞음으로써 사람들이 기뻐할 수 있도록 만
들었습니다."
<small>▶ 음악을 통해 사람들을 즐겁게 만드는 것을 중시하는 송경운의 음악관</small>

> ★ **문제 해결 키** 문항 4 관련
>
> 무심자와의 대화에서 드러나는 송경운의 예술관은 작품의 주제에 해당하는 것이어서 주목해야 함.
>
> | 송경운의 발화에서 파악할 수 있는 그의 예술관 |
> | --- |
> | ① 바른 음악은 옛 곡조에 있으므로 옛 곡조를 잘 지켜 후세에 전해야 함. |
> | ② 그러나 음악에서 중요한 것은 사람을 기쁘게 하는 일임. |
> | ③ 따라서 비록 옛 곡조가 중요하지만, 오늘날 사람들이 옛 곡조를 멀리하고 요즘 곡조를 즐거워한다면 오늘날 사람들의 취향에 맞춰 곡조에 변화를 줄 필요가 있음. |

* **무심자**: 이 글의 작가인 이기발의 호(號).

* **얼음 고개**: 전라북도 전주에 있는 한 지역의 명칭.

* **"강호에 ~ 값고 갈까 하노라."**: 조선 중기의 문신 정구가 쓴 시조.

* **악사**: 음악가를 이르는 말. 혹은 조선 시대 아악서(雅樂署)·전악서(典樂署)·장악원(掌樂院)의 악공(樂工)이나 악생(樂生) 중에서 우두머리 구실을 하였던 원로 음악인들로서 잡직(雜職)을 담당하였던 벼슬아치를 가리키는 말.

* **사과**: 정6품 무관직 송경운은 임진왜란 무렵 군공을 세워 노비 신분에서 벗어나 무인의 지위를 획득했다.

* **궁가**: 대원군, 왕자군, 공주, 옹주 등 왕족이 사는 집.

* **안회나 ~ 한들**: 안회와 증점은 공자의 제자로서 곤궁하게 지내면서도 거문고를 타며 도를 즐긴 사람들임. 여기서는 고매한 정신으로 거문고를 연주하지만 평범한 청중에게 다가가지 못하는 상황을 비유함.

 핵심 개념
이것만은
꼭 익히자

 포인트 1 **송경운의 음악관 – 유우춘과의 비교** 문항 4 관련

	송경운	유우춘
문제 상황	자신이 옳다 여기는 음악과 대중들이 좋다 여기는 음악 사이에 괴리가 있음. (예술적 이상과 대중의 취향 사이의 괴리)	
문제 상황에 대한 반응	음악에서 중요한 것은 사람을 기쁘게 하는 일이라고 생각하여, 사람들의 취향에 맞춰 음악에 변화를 줌.	자신이 옳다 여기는 음악을 지키려 하면서, 훌륭한 음악을 이해하지 못하는 사람들의 낮은 취향과 안목을 비판함.
바라는 것	자신의 음악으로 사람들을 기쁘게 해 주기를 바람.	사람들이 자신의 음악을 제대로 이해해 주기를 바람.

포인트 **2** '무심자'의 서사적 기능 **문항 2 관련**

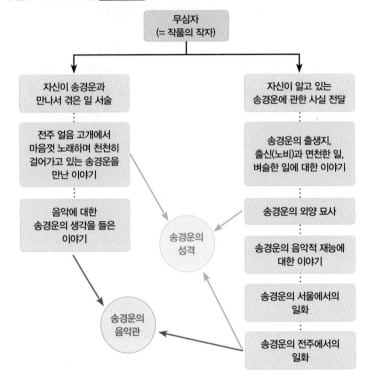

■ **주인공 송경운의 생애**

출생과 성장 수록	**서울에서의 삶** 수록	**전주에서의 삶 (1)**
• 서울에서 태어남. • 이 절도사 집의 노비였으나 민첩하고 재주가 있어 노비 신분에서 벗어남. • 음악에 재능이 뛰어나 9살 때 비파를 배워 12살 무렵에는 서울과 그 근방까지 이름이 남.	• 군에서 공을 세워 사과(司果) 벼슬까지 얻음. • 비파 연주자로 명성이 드높아, 고위 관료들의 화려한 잔치에 불려 다니며 분주한 생활을 함.	• 정묘호란(1627) 때 전주로 이주하여 살기 시작함. • 화초를 가꾸는 데 마음을 부쳐 작은 화단을 가꾸며 조용히 생활함.

→

전주에서의 삶 (2) 수록	**전주에서의 삶 (3)**	**죽음**
• 신분 고하를 막론하고 자신을 찾아오는 사람들을 위해 비파 연주를 해 줌. 송경운의 영향으로 음악 소리가 좀체 들리는 일이 없었던 전주에서 사람들이 음악을 즐거워하게 됨. • 제자들을 훌륭하게 길러 내어 그 명성이 더욱 높아짐.	몇 명의 아전을 인솔하여, 서로 깨우쳐 주고 물품을 모아 도와주는 수계(修禊) 모임을 10여 년 동안 지속하였고, 이로부터 전주 사람들의 칭송을 받음.	• 갑작스레 병에 걸려 향년 73세로 세상을 떠남. • '마지막 길에 너희들이 나의 업인 음악을 연주하여 나의 정신을 즐겁게 해 다오.'라는 송경운의 유언에 따라 송경운의 상여가 가는 길에 그의 제자들이 비파를 연주함.

■ 송경운이 노비 신분에서 벗어나고 벼슬을 얻은 일과 관련한 역사적 배경

송경운은 타고난 능력으로 노비 신분에서 벗어나 무인이 되고, 군공을 세워 벼슬을 얻었다. 그가 군공을 세워 벼슬을 얻은 시기는 임진왜란 무렵이다. 임진왜란은 조선 후기 신분제 동요의 중요한 계기 중 하나로 평가된다. 전란 당시, 병력이 부족했던 조선의 조정은, 천민이 군공을 세울 경우 면천의 혜택을 주었다. 이 제도는 부족한 병력을 보충함과 동시에 부족한 세수를 확보하기 위한 의도에서 시행된 것이기도 했다. 천민이 면천되어 평민이 되면 세금을 내야 했기 때문이다. 특히 전란 초기의 급박한 상황에서 천민들은 면천을 물론이고, 관직에 제수되어 사족(士族)으로 신분이 상승할 수 있는 기회까지 얻을 수 있었다. 송경운이 노비 신분에서 벗어나 벼슬을 얻었던 것은 이와 같은 역사적 배경과 무관하지 않다.

■ 또 다른 예술가의 이야기 – 「유우춘전」(유득공) 줄거리

① '나'가 모임에서 해금을 연주하자, 서기공이 비난하면서 유우춘, 호궁기 같은 이들에게 해금을 배우라는 말을 들음.

② 금대 거사를 따라 유우춘을 만남. 유우춘은 금대 거사의 서얼 이복 동생으로 순박하고 근실한 인상의 무인이었음.

③ 어느 날 유우춘이 '나'를 찾아와 해금 연주를 들려줌. 유우춘은 가난한 살림에 노모를 모시기 위해 해금을 배워 연주하기 시작했다는 이야기를 하고, 아울러 음악에 대한 자신의 생각을 이야기하면서 진정한 음악은 이해하지 못하면서 음악에 대한 잡다한 지식만 과시하는 양반들, 경박한 음악을 즐기는 별감, 환관, 한량들, 무엇이 훌륭한 음악인지 알지 못하는 안목이 낮은 대중들을 비판함.

④ 유우춘은 모친이 세상을 떠난 뒤로 자기 일을 버렸고, 더 이상 '나'를 찾아오지도 않음.

Q 고전 소설을 읽을 때 어디에 초점을 맞춰 읽는 것이 좋을까요?

A 고전 소설은 여러 유형으로 분류되고, 각 유형에 따라 읽기 전략을 조금씩 달리할 필요가 있습니다. 사용 문자를 기준으로 분류할 때 고전 소설은 국문 소설과 한문 소설로 나뉩니다. 여기서 국문 소설은 한글로 쓰인 소설을, 한문 소설은 한문으로 쓰여 현재는 한글로 번역된 소설을 가리킵니다. 국문 소설과 한문 소설의 차이점을 정리해 보면 다음과 같습니다.

	국문 소설	한문 소설
문체의 특징	• 만연체 • 과장된 표현이 두드러짐. • 같은 단어, 표현의 반복이 많음.	간결체 (오늘날의 번역자가 현대 국어로 번역했기 때문임.)
주 독자층	서민 대중, 양반가 여성	양반 사대부
작품의 경향성	• 통속성이 강함. (이야기의 흥미와 재미가 중요함.) • 비현실성이 두드러짐.	• 철학성, 심미성이 강함. (삶·사회에 대한 성찰, 예술적 아름다움이 중요함.) • 현실성이 두드러짐.
세계관	• 사람들이 소망하는 세계 형상화: 권선징악 (착한 일을 권장하고 악한 일을 징계함.) · 복선화음(착한 사람에게는 복을 주고 악한 사람에게는 재앙을 줌.)의 세계 • 이원론적 세계관: 천상계와 지상계를 구분하여, 지상계에서 일어나는 일은 천상계에서 미리 정해 놓은 일로 설명됨.	• 사람들이 소망하는 세계가 형상화되기도 하지만 소망과 어긋나는 세계가 그려지기도 함. 특히 전기 소설의 경우 비극성이 두드러진 작품들이 많음. • 일원론적 세계관: 현실의 논리를 바탕으로 서사가 전개됨.

위와 같은 국문 소설과 한문 소설의 특징에 착안하여 국문 소설을 읽을 때는 인물의 성격(선/악), 사건, 소재의 기능 등 표면적 내용에 초점을 맞춰 읽는 것이 효과적입니다. 반면 한문 소설을 읽을 때는 인물의 내면 심리와 사상, 표현에 함축된 의미 등을 헤아리면서 심층적 읽기를 할 필요가 있습니다.

01 만세전 _ 염상섭

EBS 수능특강 문학 164쪽

감상 포인트　이 작품은 일제 강점기 지식인의 내면과 식민지 현실에 대한 인식을 형상화하고 있는 중편 소설로, 작품의 제목에서 드러나듯이 3·1 운동 직전의 암울한 시대 상황을 배경으로 하고 있다. 작품의 '나'는 동경에서 서울로 향하는 과정에서, 일제의 침탈을 당하면서도 여전히 전근대적 가치관에서 벗어나지 못하고 있는 조선 백성의 모습을 목격하고, 민족이 처한 현실을 희망이 없는 '공동묘지'로 규정한다. 한편 '나'는 이러한 현실로 고뇌하면서도 냉소적이고 무기력한 태도를 드러낸다. 이 작품은 '나'가 서울에서 다시 동경으로 돌아가는 원점 회귀형의 여로형 구조로 되어 있는데, 이는 현실에 대한 적극적인 대응으로 나아가지 못하고 현실 인식의 심화에 머무르고 마는 주인공의 의식 구조와도 관련이 있다고 볼 수 있다.

주 제　일제 강점기 조선의 현실과 지식인의 내면

전체 줄거리　동경 유학생인 '나'(이인화)는 아내가 위독하다는 전보를 받고 귀국길에 오른다. '나'는 귀국 과정에서 일본 형사의 감시를 받고, 조선인을 멸시하는 일본인들의 발언을 들으면서 식민지 백성들이 처한 현실에 분개한다. 한편 조선 땅에서는 굴종적인 태도를 보이며 피폐하게 살아가고 있는 조선 백성의 모습을 목격하고 답답함을 느낀다. 집에 도착한 '나'는 죽음을 맞게 된 아내를 두고 인습에서 벗어나지 못한 모습을 보이는 가족들에게서도 괴리감을 느낀다. 결국 아내의 장례를 치른 뒤 도망치듯 무덤 속과도 같은 조선을 떠나 동경으로 향한다.

"아, 일본 갔다 오시는 분은 모두 그런 양복을 입으십더다그려."

하며 궐자★*는 외투 위로 내다보이는 학생복 깃에 달린 금글자를 바라보고 웃었다. 일본 유학생이 더구나 합병 이후로는 신시대, 신지식의 선구인 듯이 쳐다보이는 때라, 이 촌 청년도 부러운 눈으로 나를 자꾸 쳐다보며 이것
　　　　　　　　　　　　　　　갓 장수가 자신을 보고 부러움과 호기심을 느낄 것이라 생각함.
저것 묻고 싶으나 무얼 물을지 몰라서 망설이는 모양 같다.

> **★ 문제 해결 키** 문항 2 관련
>
> **'궐자'에 대한 이해**
> '궐자'는 갓 장사를 하는 장돌뱅이임. '나'의 차림새를 보고 일본 유학생임을 알아차리고, '나'의 질문에 답하면서 내지어도 할 줄 모르고 시체 학문도 없는 자들은 천대를 받더라도 머리를 깎지 않는 것이 낫다는 생각을 드러냄.

"당신은 무엇을 하슈?"

나는 대답 대신에 딴소리를 하였다.

"네에, 갓[笠] 장사를 다니는 장돌뱅이입니다."

그는 자비(自卑)하듯이 웃지도 않으며 자기 입으로 장돌뱅이라 한다.
　　　스스로 자기 자신을 낮춤.
"갓이오? 그래 요새두 갓이 잘 팔리나요?"

"그저 그렇지요. 촌에서들은 그래두 여전히 갓을 쓰니까요."

나는 좀 의외로 생각하였다. 두 사람은 잠깐 말을 끊었다가, 나는 다시 물었다.

"그러나 당신부터 왜 머리는 안 깎으우? 세상이 바뀌었을 뿐 아니라 귀찮고 돈도 더 들지 않소?"
　　　　　　　　　　　　　　　성가시고 귀찮고
"웬걸요, 촌에서 머리를 깎으려면 더 폐롭고 실상 돈도 더 들죠. …… 게다가 머리를 깎으면 형장네들 모양으
　　　　　　　　　　　머리만 깎고 일본어나 신식 학문에 대한 지식이 없으면 곤란을 겪을 수 있음.
로 '내지어(內地語)'도 할 줄 알고 시체 학문(時體學問)도 있어야지 않겠나요. 머리만 깎고 내지 사람을 만나도

말대답 하나 똑똑히 못 하면 관청에 가서든지 순사를 만나서든지 더 성이 가신 때가 많지요. 이렇게 망건을 쓰

고 있으면 요보*라고 해서 좀 잘못하는 게 있어도 웬만한 것은 용서를 해 주니까 그것만 해도 깎을 필요가 없

지 않아요."
　　　　　　　　　　　　　　　상투를 튼 사람이 머리카락을 걷어 올려 흘러내리지
　　　　　　　　　　　　　　　아니하도록 머리에 두르는 그물처럼 생긴 물건
하며 껄껄 웃어 버린다.
　　　　　　　　　　　　　개화기에, 짧은 지팡이를 이르던 말
"그두 그럴듯하지마는 같은 조선 사람끼리라도 머리만 깎고 양복을 입고 개화장을 휘두르고 하면 대접이 다른
　　　　　　　　　　　　그래도 머리를 깎으면 천대를 덜 받을 수 있지 않겠느냐고 반문함.
것같이, 역시 머리라도 깎는 것이 저 사람들에게 천대를 덜 받지 않소. 언제까지든지 함부로 훌뿌리는 대로 꼽

적꼽적하고 요보란 소리만 들으려우?"

나는 궐자의 말이 일리가 있다고 동정은 하면서도, 무어라고 하나 들어 보려고 이렇게 물었다.

"홀뿌리거나 요보라고 하거나 천대는 받을 때뿐이지마는, 머리나 깎고 모자를 쓰고 개화장이나 짚고 다녀 보슈. 가는 데마다 시달리고 조금만 하면 **뺨따귀**나 얻어맞고 유치장 구경을 한 달에 한두 번쯤은 할 테니! 당신
일제 무단 통치기의 억압적인 시대 상황이 드러남.
네들은 내지어나 능통하시지요? 하지만 우리 같은 놈이야 맞으면 맞았지 별수 있나요!"

천대를 받아도 얻어맞는 것보다는 낫다! 그도 그럴 것이다. 미친 체하고 떡 목판에 엎드러진다는 세음으로 미
사리를 잘 알면서도 모르는 체하고 욕심을 채우려 한다는 뜻의 속담
친 체하고 어리광 비슷한 수작을 하거나, 스라소니 행세를 하거나 하여, 어떻든지 저편의 호감을 사고 저편을 웃기기만 하면 목전에 닥쳐오는 핍박은 면할 것이다. 속으로는 요놈 하면서라도 얼굴에만 웃는 빛을 띠면 당장의 급한 욕은 면할 것이다. 공포, 경계, 미봉, 가식, 굴복, 도회, 비굴…… 이러한 모든 것에 숨어 사는 것이 조선 사람의 가장 유리한 생활 방도요, 현명한 처세술이다. 실상 생각하면 우리의 이러한 생활 철학은 오늘에 터득한 것이 아니요, 오랫동안 봉건적 성장과 관료 전제 밑에서 더께가 앉고 굳어 **빠진** 껍질이지마는, 그 껍질 속으로 점
조선 백성의 굴종적 태도가 전근대 시대부터 이어져 왔고 일제 강점하에서 더욱 심화되고 있다고 생각함.
점 더 파고들어 가는 것이 지금의 우리 생활이다.

"어떻든지 그저 내지인과 동등한 대우만 해 주면 나중엔 어찌 되든지 살아갈 수 있겠죠."

청년은 무엇에 쫓겨 가는 사람처럼 차 안을 휘휘 돌려다 보고 나서 목소리를 한층 낮추어서 다시 말을 잇는다.
▶ '나'가 갓 장수와 머리 깎는 일에 대해 대화를 나누고 조선 사람의 생활 철학에 대해 생각함.

[중략 부분 줄거리] '나'는 서울에 도착해 머물다가 아내의 초상을 치른다. 그리고 동경에서 교분을 나누었던 카페 여급 정자에게서 일을 그만두고 대학에 입학하게 되었다는 편지를 받고 답장을 쓴다.

모든 것이 순조로이 해결되어 가고 학교에 들어가게 되었다 하오니 얼마나 반가운지 모르겠습니다. 과거 반년간의 쓰라린 체험이 오늘의 신생을 위한 커다란 준비 시기이셨던 것을 생각하면, 그동안 나의 행동이 부끄럽지
정자와의 교분을 가볍게만 여기지 않음.
않을 수 없습니다마는, 한편으로는 내 생애에 있어서도, 다만 젊은 한때의 유흥 기분만에 그치지 아니하였던 것을
'과거 반년 간의 쓰라린 체험'과 '오늘의 신생'을 대비하면서 정자가 역경을 극복하고 이룬 성취를 치하함.
감사하며 기뻐합니다. 그러나 뒷날에 달콤하고 아름다운 추억으로 남아 있으리라고 생각할 뿐이라면 이렇게 섭섭한 일도 없고, 당신은 또 자기를 모욕하였다고 노하실지도 모르나, 언제까지 그런 기쁨과 행복에 잠겨 있도록 이 몸을 안온하고 자유롭게 내버려두지 않으니 어찌하겠습니까. 나도 스스로를 구하지 않으면 아니 될 책임을 느끼고, 또 스스로의 길을 찾아가야 할 의무를 깨달아야 할 때가 닥쳐오는가 싶습니다. …… 지금 내 주위는 마
'나'가 안온하고 자유로울 수 없는 이유
치 공동묘지 같습니다. 생활력을 잃은 백의(白衣)의 백성과, 백주에 횡행하는 이매망량(魑魅魍魎)* 같은 존재가
직유적 표현으로 일제 강점기 조선의 암담한 실상과 그에 대한 답답함을 드러냄.
뒤덮은 이 무덤 속에 들어앉은 나로서 어찌 '꽃의 서울'에 호흡하고 춤추기를 바라겠습니까. 눈에 보이는 것, 귀에 들리는 것이 하나나 내 마음을 부드럽게 어루만져 주고 용기와 희망을 돋우어 주는 것은 없으니, 이러다가는 이 약한 나에게 찾아올 것은 질식밖에 없을 것이외다. 그러나 그것은 장미꽃 송이 속에 파묻히어 향기에 도취한 행복한 질식이 아니라, 대기에서 절연된 무덤 속에서 화석(化石) 되어 가는 구더기의 몸부림치는 질식입니다. 우
감각적 묘사를 통해 깊은 절망감과 그로부터 벗어나고 싶은 심정을 드러냄.
선 이 질식에서 벗어나야 하겠습니다. ……
군복에 갖추어 차던 군도(軍刀)
소학교 선생님이 사벨(환도)을 차고 교단에 오르는 나라가 있는 것을 보셨습니까? 나는 그런 나라의 백성이외
일제 무단 통치기의 억압적인 시대 상황이 드러남.

다. <u>고민하고 오뇌하는</u> 사람을 존경하시고 편을 들어 주신다는 그 말씀은 반갑고 고맙기 짝이 없습니다. 그러나
　　　뉘우쳐 한탄하고 번뇌하는
스스로 <u>내성(內省)</u>하는 고민이요 오뇌가 아니라, 발길과 채찍 밑에 부대끼면서도 숨이 죽어 엎디어 있는 <u>거세된</u>
　　　자신을 돌이켜 살펴봄.　　　　　　　　　　　　　　　　　억압적인 상황에서 움츠러들어 있는 모습
존재에게도 존경과 동정을 느끼시나요? 하도 못생겼으면 가엾다가도 화가 나고 미운증이 나는 법입넨다. 혹은
연민의 정이 있을지 모르나, 연민은 아무것도 구하는 길은 못 됩니다. …… <u>이제 구주의 천지는 그 참혹한 살육</u>
　　　　　　　　　　　　　　　　　　　　　　　　　　　　　　제1차 세계 대전이 끝남.
<u>의 피비린내가 걷히고 휴전 조약이 성립되었다 하지 않습니까.</u> 부질없는 총칼을 거두고 제법 인류의 신생(新生)
을 생각하려는 것 같습니다. 그러나 <u>이 땅의 소학교 교원의 허리에서 그 장난감 칼을 떼어 놓을 날은 언제일지?</u>
　　　　　　　　　　　　　　　　　　　세계 평화의 분위기와 대비되는 조선의 상황
숨이 막힙니다. ……

　우리 문학의 도(徒)는 <u>자유롭고 진실된 생활을 찾아가고, 이것을 세우는 것</u>이 그 본령인가 합니다. 우리의 교
　　　　　　　　　　　'나'가 바람직하게 여기는 삶의 모습
유, 우리의 우정이 이것으로 맺어지지 않는다면 거짓말입니다. 이 나라 백성의, 그리고 당신의 동포의, 진실된
생활을 찾아 나가는 자각과 발분을 위하여 싸우는 신념 없이는 우리의 우정도 헛소리입니다. ……

　나는 형님이 떠날 제 초상에 쓰고 남은 것이라고, 동경 갈 노자와 함께 책값이며 용돈으로 내놓고 간 삼백 원
속에서 백 원을 이 편지와 함께 부쳐 주었다. 혹시는 다른 의미나 있는 줄로 오해할 것이 성가시기도 하나, 동경
에서 떠날 제 선사받은 것도 있으려니와, 정자의 새출발을 축하하는 의미라고 한마디 쓰고, 다소 부조가 될까 하
여 보낸 것이다. 실상은 동경 가는 길에 들르지 않겠다는 결심을 다시 하였기 때문에, <u>아주 이것으로 마감을 하</u>
　　　　　　　　　　　　　　　　　　　　　　　　　　　　　　　　　　　정자와의 교분을 끊고자 함.
<u>여 버리고,</u> 나도 이 기회에 가뜬한 몸이 되고 싶었던 것이다.　　　▶ '나'가 정자에게 축하와 이별의 뜻을 담아 답장을 보냄.

* 궐자: 삼인칭 '그'를 낮잡아 이르는 말.
* 요보: 일제 강점기에 일본인들이 조선인을 멸시하여 이르던 말.
* 이매망량: 온갖 도깨비. 산천 목석의 정령에서 생겨난다고 함.

핵심 개념
이것만은
꼭 익히자

 서술상 특징 문항 1, 3 관련
- 일인칭 주인공 시점으로, 이야기 속 인물인 서술자 '나'가 자신이 겪은 일과 내면 심리를 서술함.
- '나'가 정자에게 보낸 편지에서 조선 현실에 대한 인식과 자아 각성의 내용이 집약적으로 나타남.

 「만세전」에 형상화된 지식인과 민중의 모습 문항 4 관련
- 일본 유학생 '나'가 일정한 거리를 두고 조선 백성들의 모습을 바라봄.
- 비참한 상황에서 무기력하게 살아가는 민중의 실상에 대해 냉소적 태도를 드러냄.
- 지식인이면서 적극적으로 행동하기 힘든 상황에 대한 자조와 답답한 심정을 드러냄.

포인트 3 「만세전」의 여로형 구조

| 도쿄(동경) | → | 고베 | → | 시모노세키 | → | 부산 | → | 김천 | → | 대전 | → | 서울 |

이 작품은 '나'가 동경에서 출발하여 서울에 도착한 후 다시 동경으로 향하는 여정을 중심으로 내용이 전개된다. 이러한 여정은 '나'가 일제 강점기 조선의 현실을 새롭게 인식하고 자아를 각성해 가는 과정과 연결되어 있다.

배경지식 더 알아보기

■ **작품 전체의 구조**

발단		전개		위기		절정 수록		결말 수록
동경에서 유학 중이던 '나'가 아내가 위독하다는 전보를 받고 귀국길에 오름.	→	시모노세키 항구에 이르러 부산으로 향하는 배에 탑승함.	→	배 안의 목욕탕에서 일본인이 조선인을 멸시하는 것을 보고 분개함.	→	서울로 향하면서 조선의 실상을 접하고 답답함을 느낌.	→	아내가 죽자 다시 동경으로 떠남.

■ **「만세전」의 원제와 '묘지'의 상징성**

「만세전」은 원래 '묘지'라는 제목으로 연재되다가, 이후 단행본이 출간되면서 '만세전'으로 제목이 고쳐진 바 있다. 이 작품에서 '묘지'는 주인공의 현실 인식을 상징적으로 보여 준다. 즉 '묘지'는 일제의 억압과 수탈이 만연한 현실과, 그러한 현실 속에서 전근대적인 사고방식을 고수한 채 무기력하게 살아가는 조선 백성들의 모습을 함축한다고 볼 수 있다.

■ **「만세전」에 반영된 시대 상황**

「만세전」은 1919년 3·1 운동이 일어나기 직전인 1918년 겨울을 시간적 배경으로 하고 있다. 이때는 일제의 무단 통치기(1910년대)에 속하는 시기로, 당시 일제는 조선을 강제로 병합하고서 헌병과 경찰을 동원하여 강압적인 방식으로 통치하였다. 작품의 주인공은 여행길에서 일본 경찰의 검문을 받고 지속적으로 감시의 시선을 의식하며, 조선의 백성들 역시 억압적인 분위기 속에서 숨죽이며 비굴하게 살아가는 모습으로 묘사된다. 이러한 일제의 통치 방식은 3·1 운동 직후 이른바 문화 통치기(1920년대)에 이르러 변화하게 된다.

EBS Q&A

Q 여로형 구조를 가진 작품으로 「만세전」 외에 어떤 작품이 있나요?

A 황석영의 「삼포 가는 길」(1973)을 예로 들 수 있습니다. 작품의 등장인물인 '정 씨', '영달', '백화'는 노동자 또는 술집 작부 출신으로 모두 가난한 서민들이지만, 여행이 시작되는 상황에서는 서로를 믿지 못하고 경계하는 모습을 보입니다. 그러나 여행의 과정에서 여러 일을 겪으면서 서로에 대한 심리적 거리감을 좁혀 가고, 여행이 마무리될 무렵에는 깊은 유대감을 형성하게 됩니다. 이처럼 여로형 구조를 가진 소설에서는 등장인물이 여행 과정을 거치며 의미 있는 변화를 겪는 모습이 드러납니다.

02 만무방 _ 김유정

현대 소설

감상 포인트
이 작품은 1930년대 일제 강점기 농촌 사회의 피폐한 실상을 고발하고 있는 소설이다. 응칠이나 응오는 모두 성실한 농군이었으나 소작료와 빚으로 응칠은 만무방(염치가 없이 막된 사람)으로 살아가게 되고, 응오는 자기 논에서 자기 벼를 훔치는 아이러니한 상황을 연출한다. 두 형제가 이러한 상황에 처하게 된 원인은 개인이 아니라 이들이 처한 식민지 농촌 현실의 구조적 모순에서 찾을 수 있다. 작가는 이러한 암담한 현실 속에서 나름대로의 선택을 하며 살아가는 이들에게 따뜻한 시선을 보내면서 그들의 모습을 해학적으로 그려 내고 있다.

주 제
일제 강점기 농촌의 피폐한 실상

전체 줄거리
응칠은 원래 성실한 농군이었으나 몰락하여 도박과 절도를 일삼으며 살아가는 만무방이 된다. 그 동생 응오는 여전히 성실하게 농사일을 하며 살아가는데, 그런 그가 논에서 벼를 도둑질당하는 사건이 발생한다. 자신이 의심받을 것을 염려한 응칠은 직접 도둑을 잡으러 나섰다가 새벽에 응오의 논에 숨어든다. 응칠은 도둑질을 하러 온 자를 붙잡고 복면을 벗기는데, 범인이 바로 응오였음을 알게 된다. 응칠은 함께 황소를 훔치자고 제안하려는 자신을 뿌리치는 응오에게 홧김에 몽둥이질을 하고, 쓰러진 동생의 처지를 딱하게 여기며 그를 업고 고개를 내려온다.

응칠이는 모든 사람이 저에게 그 어떤 경의를 갖고 대하는 것을 가끔 느끼고 어깨가 으쓱거린다. 백판 모르던 사람도 데리고 앉아서 몇 번 말만 좀 하면 대번 구부러진다. 그렇게 장한 것인지 그 일을 하다가, 그 일이라야 도적질이지만, 들어가 욕보던 이야기를 하면 그들은 눈을 커다랗게 뜨고

"아이구, 그걸 어떻게 당하셨수!" / 하고 저으기 놀라면서도

"그래 그 돈은 어떡했수?" / "또 그럴 생각이 납디까유?"

"참, 우리 같은 농군에 대면 호강살이유!"
_{마을 사람들이 만무방으로 살아가는 응칠을 오히려 부러워함.}
하고들 한편 썩 부러운 모양이었다. 저들도 그와 같이 진탕 먹고살고는 싶으나 주변 없어 못 하는 그 울분에서
_{마을 사람들이 응칠을 통해 대리 만족을 느낌.}
그런 이야기만 들어도 다소 위안이 되는 것이다. 응칠이는 이걸 잘 알고 그 누구를 논에다 거꾸로 박아 놓고 달아나다가 붙들리어 경치던 이야기를 부지런히 하며
_{혹독하게 벌을 받던}
"자네들은 안적 멀었네, 멀었어."
_{자신의 말을 듣는 사람들에게 우쭐한 기분을 드러냄.}
하고 흰소리를 치면 그들은, 옳다는 뜻이겠지, 묵묵히 고개만 꺼떡꺼떡하며 속없이 술을 사 주고 담배를 사 주고
_{터무니없이 자랑으로 떠벌리거나 거드럭거리며 허풍을 떠는 말}
하는 것이다. ▶ 만무방으로 살아가면서 마을 사람들에게 부러움을 받는 응칠

그런데 이번 벼를 훔쳐 간 놈은 응칠이를 마구 넘보는 모양 같다.
_{응오의 논에서 벼를 훔쳐 간 도둑이 응칠과 비견할 만함.}
이렇게 생각하면 응칠이는 더욱 쾌씸하였다. 그는 물푸레 몽둥이를 벗 삼아 논둑길을 질러서 산으로 올라간
_{벼를 훔쳐 간 자를 응징하고자 응오의 논으로 향함.}
다. / 이슥한 그믐은 칠야……
_{아주 캄캄한 밤}
길은 어둡고 흐릿한 언저리만 눈앞에 아물거린다.

그 논까지 칠 마장은 느긋하리라. 이 마을을 벗어나는 어귀에 고개 하나를 넘는다. 또 하나를 넘는다. 그러면
_{거리의 단위. 오 리나 십 리가 못 되는 거리를 이를 때. '리' 대신 쓰임.}
그담 고개와 고개 사이에 수목이 울창한 산 중턱을 비겨대고 몇 마지기의 논이 놓였다. 응오의 논은 그중의 하나

이었다. 길에서 썩 들어앉은 곳이라 잘 뵈도 않는다. ▶ 벼를 훔쳐 간 도둑을 잡으러 길을 나서는 응칠

[중략 부분 줄거리] 벼 도둑이라는 의심을 받는 상황에 처한 응칠은 진범을 잡기 위해 응오의 논으로 향한다.

얼마나 되었는지 몸을 좀 녹이고자 일어나 서성서성할 때이었다. 논으로 다가오는 희미한 그림자를 분명히 두
_{벼 도둑}

눈으로 보았다. 그러고 보니 피로고, 한고이고 다 딴소리다. <u>고개를 내대고 딱 버티고 서서 눈에 쌍심지를 올</u>
<small>심한 추위로 인한 괴로움</small> <small>도둑을 잡고 정체를 밝히고자 집중함.</small>
<u>린다.</u>

휜 그림자는 어느 틈엔가 어둠 속에 사라져 보이지 않는다. 그리고 다시 나올 줄을 모른다. 바람 소리만 왱왱

칠 뿐이다. 다시 암흑 속이 된다. 확실히 벼를 훔치러 논 속으로 들어갔을 것이다. <u>여깽이</u> 같은 놈이 궂은 날씨를
<small>뜻밖의 이익을 얻을 수 있는 물건, 또는 그런 기회</small> <small>'여우'의 사투리</small>
<u>기화</u> 삼아 맘껏 하겠지. <u>의리 없는 썩은 자식,</u> 격장[*]에서 같이 굶는 터에…… 오냐 대거리만 있어. 이를 한번
<small>도둑이 굶주림에 못 이겨 도둑질을 했을 것이라 생각함.</small>
부윽 갈아붙이고 차츰차츰 논께로 내려온다.
<small>뜻밖에 닥쳐오는 불행</small>
응칠이는 논께로 바특이 내려서서 소나무에 몸을 착 붙였다. <u>섣불리 서둘다간 낫의 횡액을 입을지도 모른다.</u>
<small>도둑을 잡으려다가 자신이 다칠 수도 있음.</small>
다 훔쳐 가지고 나올 때만 기다린다. <u>몽둥이는 잔뜩 힘을 올린다.</u> ▶ 응오의 논에 이르러 도둑을 잡으려 하는 응칠
<small>긴장감이 고조됨.</small>
한 <u>식경</u>쯤 지났을까, 도적은 다시 나타난다. 논둑에 머리만 내놓고 사면을 두리번거리더니 그제야 기어 나온
<small>밥을 먹을 동안이라는 뜻으로, 잠깐 동안을 이르는 말</small>
다. 얼굴에는 눈만 내놓고 수건인지 뭔지 헝겊이 가리었다. <u>봇짐</u>을 등에 짊어 메고는 허리를 구붓이 빼소니를 놓
<small>논에서 훔친 벼</small>
는다. 그러자 응칠이가 날쌔게 달려들며

"이 자식, 남우 벼를 훔쳐 가니!"

하고 대포처럼 고함을 지르니 논둑으로 고대로 데굴데굴 굴러서 떨어진다. 얼결에 호되이 놀란 모양이었다.

응칠이는 덤벼들어 우선 허리께를 내리조겼다. 어이쿠쿠, 쿠 하고 처참한 비명이다. 이 소리에 귀가 번쩍 띄어
<small>정신이 얼떨떨하여 어찌할 바를 모른다.</small>
그 고개를 들고 팔부터 벗겨 보았다. 그러나 <u>너무나 어이가 없었음인지 시선을 치걷으며 그 자리에 우두망찰한</u>
<u>다.</u> / 그것은 무서운 침묵이었다. <u>살똥맞은</u> 바람만 공중에서 <u>북새</u>를 논다.
<small>응오의 논에서 도둑질을 벌인 사람이 바로 응오임을 알아차리고 응칠이 허탈감을 느낌.</small>
<small>말이나 하는 짓이 독살스럽고 당돌한</small> <small>많은 사람들이 야단스럽게 부산을 떨며 움직이는 일</small>
한참을 신음하다 도적은 일어나더니

<u>"성님까지 이렇게 못살게 굴기유?"</u>
<small>형에 대한 원망과 자신의 처지에 대한 서러움</small>
제법 눈을 부라리며 몸을 홱 돌린다. 그리고 느끼며 울음이 복받친다. 봇짐도 내버린 채

"내 것 내가 먹는데 누가 뭐래?"

하고 <u>데퉁스러이</u> 내뱉고는 비틀비틀 논 저쪽으로 없어진다. ▶ 도둑을 잡고 그 정체를 알게 된 응칠
<small>말과 행동이 거칠고 미련한 데가 있게</small>
<u>형은 너무 꿈속 같아서 멍하니 섰을 뿐이다.</u>
<small>허탈감을 느낌.</small>
그러다 얼마 지나서 한 손으로 그 봇짐을 들어 본다. 가뿐하니 끽 말가웃이나 될는지. 이까짓 걸 요렇게까지
<small>한 말 반쯤의 분량</small>
해 가려는 그 심정은 실로 알 수 없다. 벼를 논에다 도로 털어 버렸다. 그리고 아내의 치마이겠지, <u>검은 보자기</u>를
<small>기껏 훔친 벼의 양이 얼마 되지 않는 것을 알고 안타까워함.</small> <small>응오가 훔친 벼를 쌌던 보자기</small>
척척 개서 들었다. 내 걸 내가 먹는다. 그야 이를 말이랴. 하나 내 걸 내가 훔쳐야 할 그 운명도 얄궂거니와 <u>형을</u>

<u>배반하고 이 짓을 벌인 아우도 아우이렷다.</u> <u>에이 고얀 놈, 할 제 볼을 적시는 것은 눈물이다.</u> 그는 주먹으로 눈물
<small>응오 때문에 응칠이 벼 도둑이라는 누명을 쓸 상황에 처함.</small> <small>동생에 대한 연민</small>
을 쓱 비비고 머리에 번쩍 떠오르는 것이 있으니

<u>두리두리한 황소의 눈깔.</u>★ 시오 리를 남쪽 산속으
<small>둥글고 커서 시원하고 보기 좋은</small>

> ★ **문제 해결 키** 문항 3 관련
>
> 응칠이 '황소'를 떠올린 이유
> 응칠은 궁핍을 견디지 못해 도둑질에 나선 응오가 훔친 벼의 양이 정작 얼마 되지도 않는 것을 확인함. 그리고 벼를 털어 버리며 응오의 처지를 안타깝게 여기다가, 응오에게 훨씬 큰 도움이 될 '황소'를 훔치자는 생각을 떠올림.

로 들어가면 어느 집 바깥뜰에 밤마다 늘 매여 있

는 투실투실한 그 황소. <u>아무렇게 따지든 칠십 원은 갈데없으리라.</u> 그는 부리나케 아우의 뒤를 밟았다.
<small>황소를 훔치면 응오가 훔친 벼보다도 훨씬 큰 이익을 얻을 수 있음.</small>

공동묘지까지 거반 왔을 때에야 가까스로 만났다. 아우의 등을 탁 치며

거의 절반 가까이

"얘, 존 수 있다. 네 원대로 돈을 해 줄게 나구 잠깐 다녀오자."

자신과 함께 값나가는 물건을 훔칠 것을 제안함.   마음에 차지 아니하여서 약간 고까워하는 태도를 드러내었다.

씩씩한 어조로 기쁘도록 달랬다. 그러나 아우는 입 하나 열려 하지 않고 그대로 실쭉하였다. 뿐만 아니라 어깨

응칠의 제안을 거부함.

위에 올려놓은 형의 손을 부질없단 듯이 몸으로 털어 버린다. 그리고 삐익 달아난다. 이걸 보니 하 엄청이 나고

기가 콱 막히었다.

"이눔아!"

하고 악에 받치어

"명색이 성이라며?"

대뜸 몽둥이는 들어가 그 볼기짝을 후려갈겼다. 아우는 모로 몸을 꺾더니 시나브로 찌그러진다. 뒤미처 앞정

곤궁한 상황에 처했으면서 명색이 형인 자신의 제안을 거부하는 응오에게 화를 냄.

강이를 때렸다. 등을 팼다. 일지 못할 만치 매는 내리었다. 체면을 불고하고 땅에 엎드리어 엉엉 울도록 매는 내

리었다.

홧김에 하긴 했으되 그 꼴을 보니 또한 마음이 편할 수 없다. 침을 퉤 뱉어 던지곤 팔자 드센 놈이 그저 그렇지

응오에게 연민과 미안함을 느낌. 동생에 대한 응칠의 애정이 드러남.

별수 있냐. 쓰러진 아우를 일으키어 등에 업고 일어섰다. 언제나 철이 날는지 딱한 일이었다. 속 썩는 한숨을 후

하고 내뿜는다. 그리고 어청어청 고개를 묵묵히 내려온다. ▶ 자신의 제안을 거절하는 동생을 때리고 안쓰러워하는 응칠

키가 큰 사람이나 짐승이 이리저리 천천히 걷는 모양

* 격장(隔牆): 담 하나를 사이에 두고 이웃함.

**핵심 개념
이것만은
꼭 익히자**

 서술상의 특징 문항 1 관련

- 전지적 서술자 시점을 사용함.
- 현재형 어미를 자주 활용하여 응칠이 도둑을 잡으러 나서고 도둑의 정체를 알아차리는 상황을 현장감 있게 보여 줌.

 인물 관계도 문항 4 관련

응칠	응오
• 성실한 농군이었지만, 빚 때문에 파산하고 유랑함. • 도박과 절도를 일삼다가 전과자가 됨. • 동생 응오에 대한 형제애를 간직하고 있음.	• 성실한 농군으로 살아감. • 흉작이 들자, 소작료와 빚을 감당할 수 없는 상황이 됨. • 추수를 포기하고 자신의 논에서 벼를 훔침.

 「만무방」의 아이러니 문항 4 관련

- 농사를 포기하고 도박과 절도를 일삼으며 유랑하는 응칠이 마을 사람들에게 배척당하기는커녕 부러움과 존경을 받음.
- 성실한 농군으로 살아가는 응오가 노동의 대가를 얻기는커녕 가난을 못 이겨 자신의 논에서 벼를 도둑질하는 일을 벌임.
- 작품에 형상화된 아이러니한 상황들은 일제 강점기 농촌 사회의 구조적 모순에서 비롯되었다고 볼 수 있음.

■ **작품 전체의 구조**

발단		전개		위기		절정 수록		결말 수록
도박과 절도 전과자인 응칠이 동생 응오의 동네에서 무위도식하며 지냄.	→	성실한 농군인 응오가 추수를 미루다가 벼를 도둑맞는 일이 발생함.	→	응칠은 자신이 의심을 받게 된 상황에서 응오를 위해 도둑을 잡기로 결심함.	→	응칠은 도둑을 잡으러 나섰다가 자신이 잡은 도둑의 정체가 응오임을 알아차림.	→	응칠은 돈을 해 주겠다는 제안을 거절했다가 자신에게 매를 맞고 쓰러진 응오를 업고 고개를 내려옴.

■ **김유정의 농촌 소설**

김유정은 농촌에서의 삶의 경험을 토대로 농촌을 배경으로 한 작품들을 다수 창작하였다. 그의 작품에서 농촌은 남녀 간의 사랑과 함께 다양한 삶의 양상이 펼쳐지는 공간이지만, 그 속에서 인물들이 보여 주는 행위의 이면에는 1930년대 일제 강점기 농촌 현실의 모순과 그로 인한 삶의 아픔이 자리하고 있다. 예를 들어 「동백꽃」에서 소작농의 아들인 '나'가 마름의 딸인 점순과 벌이는 애정 갈등의 양상이나, 「만무방」에서 소작농인 응오가 자신의 논에서 벼를 훔칠 수밖에 없는 상황에 내몰린 것은 이들이 놓여 있는 '지주 – 마름 – 소작농'의 농촌 계층 구조와 밀접한 관련이 있다. 일제의 검열이 삼엄하던 시기에 작가는 농촌에서 살아가는 인물들의 모습을 통해 현실의 모순을 우회적으로 보여 주었고, 이로써 당대 문학계에 새로운 방향과 가능성을 제시하였다는 평가를 받는다.

EBS Q&A

Q 언어적 아이러니와 상황적 아이러니의 차이가 무엇인가요?

A 언어적 아이러니는 겉으로 드러난 말과 실질적 의미 사이에 상반된 관계가 있는 경우를 가리킵니다. 김소월 시인의 「진달래꽃」에서 화자가 임과 이별하기를 원치 않으면서도 '말없이 고이 보내 드리우리다'라고 표현하는 것은 언어적 아이러니라고 볼 수 있습니다. 이에 비해 상황적 아이러니는 독자가 미리 예상했던 상황과 정반대의 상황을 만들어 내는 경우를 가리킵니다. 「만무방」에서 만무방인 응칠이 마을 사람들의 부러움의 대상이 되는 것, 성실한 농군인 응오가 자신의 논에서 벼를 도둑질하게 되는 것은 모두 상황적 아이러니라고 볼 수 있습니다.

03 명일 _ 채만식

감상 포인트 이 작품은 일제 강점기 지식인의 생활상을 형상화한 중편 소설이다. 특히 지식인이 제 역할을 할 수 없게끔 하는 사회 현실과 그러한 현실을 살아가는 지식인의 내면을 풍자적으로 그려 내고 있다. 주인공 범수는 고등 교육까지 받았으면서도 생활고를 겪으며 일자리를 구할 희망조차 없이 살아가는데, 이러한 그의 처지에서 당시 교육 제도의 기만성이 드러난다고 볼 수 있다. 또한 범수는 생활고 끝에 금은상에서 물건을 훔칠까 마음먹다가도 뜻대로 하지 못하는 자신을 조소하는 모습을 보이는데, 이러한 모습에서 지식인이 현실을 대하는 자기기만적 성향이 드러난다고 볼 수 있다.

주 제 일제 강점기 무능력한 지식인의 삶에 대한 풍자

전체 줄거리 범수는 대학을 나오고도 직업을 얻지 못한 채 끼니 걱정을 하면서 살아가며, 자식들을 학교에 보내는 문제를 놓고 아내 영주와 갈등을 겪는다. 이후 외출을 하여 도둑질을 할 마음을 먹기도 하지만 실행에 옮기지 못하는 자신을 조소한다. 한편 영주는 삯바느질감을 받아 마련한 돈으로 저녁을 짓고 식구들을 기다리는데, 자식들이 두부를 훔치다 적발되는 사건을 겪고 충격을 받는다. 집에 돌아온 범수는 그런 자식들이 낮에 도둑질을 하지 못한 자신에 비해 낫다고도 생각한다. 이튿날 영주는 작은아들을 사립 학교에 입학시키러, 범수는 큰아들을 공장에 취직시키러 나선다.

끼니를 걱정해야 할 만큼 가난한 처지
"저녁거리가 없지?"
　　　　　　양복을 전당포에 담보로 맡기고 돈을 빌리려고 함.
범수는 할 수 없으면 양복이라도 잡혀야겠어서 떼어 입고 나가기를 주저하는 것이다.
　　어떤 일의 결과나 상태 따위가 훤하게 들여다보이듯이 분명한
"번연한 속이지 물어서는 무얼 허우?"
　　　　　뻔한 사실을 묻는 범수를 책망함.
영주는 풀 죽은 대답을 한다.

"그럼 저 양복이라두 잽혀 오구려." / "그것마저 잽히구 어떡헐랴구 그러우?"

"그리 긴하게 양복을 입구 출입을 헐 일은 무엇 있나?"
　　　　　자신이 취직할 것이라는 기대를 버림.
영주는 그래도 느긋한 희망을 지니고 있었다. 남편이 몇 군데 이력서를 보내 두었으니 그런 데서 갑자기 오라

는 기별이 올지도 모르는 터에 양복을 잡혀 버리면 일껏 된 취직도 낭패가 되고 말 것이다.

그리고 또 남편이 밖에 나가 있는 동안만은 행여 무슨 반가운 소식이나 가지고 돌아오나 해서 한심한 기대를
　　　　　　　　　　　　　　　범수가 취직했다는 소식을 가지고 돌아올 것을 기대하는 영주
하는 터였었다.

"천하 없어두 그건 안 잽혀요."
　　　　양복을 잡히라는 제안에 대해 거부감을 드러냄.
"거참 괘사스런 성미도 다 보겠네!" / 하고 범수는 더 우기려 하지 아니했다.
변덕스럽게 익살을 부리며 엇가는 듯한 태도가 있는　　　▶ 자신이 취직할 것이라는 기대를 버린 범수와 남편이 취직했다는 소식을 가져올 것을 기대하는 영주
"정말 큰일 났수! 하두 막막한 때는 죽어 바리기라두 하구 싶지만 자식들을 생각하면 그럴 수두 없구…… 글쎄

왜 학교는 안 보내려 드우? 우리는 이 지경이 되었으니 자식이나 잘 가르켜야지?"
범수가 자식들을 학교에 보내지 않고 있음.
영주는 아이들이 생각나자 가슴을 찢고 싶게 보풀증이 나는 것이다. 범수와 영주 사이에 제일 큰 갈등은 아이
　　　　　　　　　　　　　　　앙칼, 제힘에 겨운 일에 몹시 악을 쓰고 덤비는 짓
들의 교육 문제인 것이다.

영주는 아이들을 공부를 시켜서 장래의 희망을 거기다 붙이자는 것이다. 「그는 하다 못하면 자기가 몸뚱이를 팔
　　　　지식의 효용이 있다고 믿음.　　　　　　　　　　　　　　　「 」: 자식 교육을 위해서라면 어떻게든 돈을 마련하고자 함.
아서라도 아이들의 뒤는 댄다고 하고 또 그의 악지로 그만 짓을 못할 것도 아니었다.」
　　　　　　　　　　　잘 안될 일을 무리하게 해내려는 고집　　　　　　　　　　무엇을 배우다가 중도에 그만두어 다 이루지 못한 사람
그러나 범수는 듣지 아니했다. 섣불리 공부를 시켰자 허리 부러진 말처럼 아무짝에도 쓸데없는 반거충이가 될
　　　　　　　　　　　　　　　　　범수가 자식들을 학교에 보내지 않는 이유
것이요, 그러니 그것이 아이들 자신 장래에 불행하게 할 뿐 아니라, 따라서 부모의 기쁨도 되지 아니한다고 내내

우겨 왔던 것이다. 그러면서 그는 자기가 보통학교의 교과서 같은 것을 참고해 가며 산술이니 일어니 또 간단한
　　　　　　　　　　　　　　　　　　자식들이 일상적인 삶을 살아가는 데 필요할 것이라고 생각되는 기초 소양

지리 역사니를 우선 가르치고 있었다.

그러나 영주가 보기에는 그것이 도무지 시원찮고 미덥지가 못했다.

범수는 아내에게 너무도 번번이 듣는 푸념이라 그 대답을 또다시 되풀이하기가 성가시어 아무 말도 아니하려

했으나 아내는 오늘은 기어코 요정을 낼 듯이 기승을 부리려 든다.
　　　　　　　　　　　결판을 내어 끝마침.

"글쎄 여보! 당신은 당신이 희망하는 일이나 있어서 그런다구 나는 어쩌라구 그리우?"

"낸들 희망을 따루 가지구 그리는 건 아니래두 그래! 자식들이 장래에 잘되어 잘살게 하자는 생각은 임자허구

꼭 같지만 단지 내가 골라낸 방법이 옳으니까 그러는 거지……."

"나는 그 말 믿을 수 없어…… 공부 못한 놈이 막벌이 노동자나 되어 남의 하시나 받지 잘될 게 어데 있드람!"
　　　　　　　　　　　　　　　　　　　　　　　　　　　　　　　　　　　　남을 얕잡아 낮춤.

"그건 이십 년 전 사람이 하든 소리야. 번연히 눈앞에 실증을 보면서 그래?"
　　　　　　　　　　　　　　　　　　　확실한 증거

"무어가 실증이란 말이요?"

"허! 그것참…… 여보 임자도 여자 고보를 마쳤지? 나도 명색 대학을 마쳤지? 그런데 시방 우리 둘이 살아가
　　　　　　　　　　　　범수와 영주 모두 높은 수준의 교육을 받았음.　　　　　　　끼니를 걱정할 만큼 가난한 처지

는 꼴을 좀 보지 못해?" / "그거야 공부한 게 잘못이요? 당신 잘못이지……."
　　　　　　　　　　　　　　　　　　가난의 원인을 범수 개인의 노력에서 찾음.

"세상 탓이야……."
가난의 원인을 사회 현실의 문제에서 찾음.

"이런 세상에서두 남은 제가끔 공부를 해 가지구 잘들 살아갑디다."　　　　　▶ 자식 교육 문제를 놓고 다투는 범수와 영주
일제 강점기 교육 제도의 기만성을 간파하지 못함.

『그건 우연이고 인제 세상은 갈수록 우리 같은 인간이 못살게 돼요…… 내 마침 생각이 났으니 비유★를 하나
　　　　　　　　　　　　　　　자본가 계층이나 노동자 계층에 속하지 않는 지식인 계층

허께 들어 볼려우?』
『　』: 자신의 관점을 고수하면서 비유를 통해 영주를 설득하려 함.

"듣기 싫여요."

영주는 말로는 언제든지 남편을 못 당하는지라 또 무슨

묘한 소리를 해서 올가미를 씌우나 싶어 톡 쏘아 버렸다.

"하따 그러지 말구 들어 보아요…… 자, 시방 내가 돈이 일 원이 있다구 헙시다. 그런데 그놈 돈을 어떻게 건사
　　　　　　　　　　　　　　　　　　　　　　　　　　　　　　　　　　　　　　　물건을 잘 가두어 보호하기가

하기가 만만찮거든…… 돈을 넣을 것이 없단 말이야. 알겠수?" / "말해요."

"그래 척 상점에 가서 일 원짜리 돈지갑을 사잖았수?" / "일 원밖에 없는데 일 원짜리 지갑을 사?"

영주는 유도를 받아 무심코 이렇게 대꾸를 한다.

"거봐! 글쎄……." / 하고 범수는 싱글벙글 웃는다.
영주가 자신이 유도한 대로 대답하게 된 것을 흡족해함.

"우리가 시방 공부를 한다는 것이 그렇게 일 원 가진 놈이 일 원을 넣어 두랴고 일 원을 다 주구 지갑을 사는
　　　　　　　　　　　　　　　　　　　　　　　'일 원'으로 '지갑'을 사는 것은 어리석은 행위임.

셈이야." / "어째서?"

"지갑을 쓸데가 있어야지?" / "두었다가 돈 생기면 넣지?"

"그 두었다가 문제여든…… 그 지갑에 돈이 또 생겨서 넣게 될 세상은 우리는 구경도 못 해…… 알겠수?"

"난 모를 소리요."

"못 알아듣기도 괴이찮지…… 그렇지만 세상은 부자 사람허구 노동자의 세상이지, 그 중간에 있는 인간들은
지식인 계층이 쓸모없는 취급을 받는 세상에서 자식들을 노동자로 키우는 것이 낫다고 생각함.

★ 문제 해결 키 문항 3 관련

'일 원'과 '지갑'의 비유
'일 원'은 현재의 경제력을, '지갑'은 교육을 의미한다고 볼 수 있음. 범수는 일 원밖에 없고 돈이 더 생길 수 없는 상황에서 지갑을 사 보아야 그 지갑이 쓸모없게 될 것이라고 하고 있음. 이는 아내의 생각대로 돈을 들여 자식들을 교육하는 것이 쓸모없는 일이라는 생각을 나타낸 것이라고 볼 수 있음.

모다 허깨비야."
▶ 비유를 들어 영주를 설득하고자 하는 범수

(중략)

"이게 몇 돈쭝이지요?"
물건을 훔칠 기회를 엿보면서 점원의 주의를 다른 곳으로 돌리려고 함.
범수는 아까 눈독 들인 금비녀를 빼어 손바닥에 놓고 촐싹거려 보며 묻는다.

점원이 그것을 받아 저울에 달고 있는 동안에 범수는 다른 놈을 두어 개 빼어 가지고는 어림하는 듯이 양편 손바닥에 올려놓고 촐싹거려 본다.

이것이 기회인 것이다. 그는 그 기회를 이용하려고 다뿍 긴장이 되어서 점원이

"닷 돈 두 푼쭝입니다."

하는 소리도 귀에 들어오지 아니했다.

점원이 저울질을 하는 잠깐 동안에 손 빠르게 한 개를 요술하듯이 소매 속엔든지 어디든지 감추었어야 할 것을 막상 닥뜨리고 보니 범수에게는 그러한 재치도 없고 기술도 없으려니와 또한 담보의 단련도 없다.
도둑질할 요령도 없고 용기를 내지도 못함.
첫 시험은 실패를 하고 그담에는 가락지를 가지고 시험을 해 보았다.

그러나 역시 실패를 하고 말았다.
▶ 금은상에서 도둑질을 하려다 실패한 범수

그는 점원의 멸시하는 시선을 뒤통수에 받으면서 금은상을 나와 화신 앞으로 건너왔다. 그는 혼자 속으로 생각했다.

보통학교부터 쳐서 대학까지 십육 년이나 공부를 한 것이 조그마한 금비녀 한 개 감쪽같이 숨기는 기술을 배우니만도 못하다고.
지식인이면서 경제적으로 무능한 자신의 처지를 자조함.

그렇다면…… 그렇다면…… 하고 그는 그 뒤를 생각하다가 도스토옙스키의 『죄와 벌』의 라스콜니코프가 도끼를 높이 들어 전당쟁이 노파를 내리찍는 장면을 생각하고 오싹 등허리가 추워 눈을 감았다.
자신이 지닌 윤리의식을 버리고 도둑질을 감행하였을 때 벌어질 수 있는 극단적인 상황을 떠올림.

그는 허우대가 이만이나 하고 명색이 대학까지 마쳐 소위 교양이 있다는 사람으로 도적질을 하려고 한 자기를 나무라 보았다.
지식인으로서의 자존심과 윤리의식 때문에, 도둑질하려는 마음을 먹은 자신을 책망함.

그러나 그는 바로 자기 자신에게 항거를 한다. / 도적질을 하는 것이 왜 나쁘냐고.

이 말에는 자기로서도 자기에게 대답할 말이 나오지 아니한다.
▶ 지식인으로서의 자존심과 윤리의식 때문에 갈등하는 범수

핵심 개념
이것만은
꼭 익히자

포인트 1 **서술상의 특징** 문항 1 관련
• 전지적 서술자 시점을 취하면서, 장면에 따라 범수와 영주를 각각 초점 인물로 삼아 사건을 서술하기도 함.
• 초점화된 인물의 내면 심리 묘사가 두드러짐.

갈등의 양상 문항 4 관련

범수		영주
• 지식의 효용이 없다고 생각함. • 자식들을 학교에 보내지 않고 공장에 취직시키려 함.	⟷	• 지식의 효용이 있다고 믿음. • 자식들을 교육받게 하여 '명일(내일)'의 희망을 찾고자 함.

포인트 3 **일제 강점기 무기력한 지식인의 모습과 자기 풍자** 문항 4 관련

1920년대 이후 일제는 조선인을 포섭하기 위하여 교육을 장려하였지만 조선인들은 교육의 과정에서 수많은 차별과 불평등을 경험해야 했고 그 과정을 거쳐 고등 교육까지 받은 경우에도 교육 수준에 부합하는 일자리를 구하기는 극히 어려웠다. 범수가 취직할 것이라는 기대를 버리게 된 이유도 이러한 시대적 맥락에서 찾을 수 있다. 그는 대학을 졸업한 지식인임에도 불구하고 '오늘'이 암울할 뿐 아니라 '명일(내일)'의 희망도 없다는 냉소적인 현실 인식을 지닌 채 무기력하게 살아간다. 한편 이러한 범수의 모습은 풍자의 대상이 되기도 한다. 그는 도둑질을 하려다가 실패한 자신을 자조하고, 도둑질을 감행하고 적발된 자식들을 보며 자식들이 자신보다 낫다고 생각하는데, 범수의 이러한 모습에서 지식인의 자기 풍자가 이루어지고 있는 것을 확인할 수 있다.

 배경지식 더 알아보기

■ **작품 전체의 구조**

발단 수록		전개 수록		위기·절정		결말
대학을 졸업하고 실업 상태에 있는 범수와 그의 아내 영주가 생활고를 견디며 지내다가 자식들의 교육 문제로 서로 다툼.	→	범수는 금은상에서 물건을 훔치려다 실패하고 친구 P를 만나 그의 돈을 훔치려다 역시 실패함. 영주는 바느질삯으로 겨우 돈을 구해 끼닛거리를 장만함.	→	범수 부부의 자식 종석과 종태가 굶주림에 못 이겨 두부를 훔쳐 먹다가 두부 장수에게 붙잡힘.	→	영주는 종태를 근처 사립 학교에 보낸다며 나서고 범수는 종석을 자동차 공장에 견습공으로 취직시키러 나섬.

■ **채만식 「명일」과 「레디메이드 인생」**

「명일」(1936)은 채만식이 「레디메이드 인생」(1934)을 발표한 이후 작품 활동을 중단했다가 재개할 무렵 쓴 작품이다. 두 작품은 모두 일제 강점기 실업 상태에 놓인 지식인의 무기력한 모습을 자조적, 풍자적으로 형상화하고 있다는 공통점이 있다. 교육이 무의미하다고 여기는 주인공이 어린 자식을 학교에 보내는 대신 공장에 취직시키는 내용도 서로 유사하다. 한편 「레디메이드 인생」은 지식인인 'P'의 행동과 내면 심리에 초점을 맞추어 사건을 전개하고 있다. 이에 비해 「명일」의 경우 지식인인 '범수'의 행동과 내면 심리뿐 아니라 '범수'와 그의 아내 '영주'의 갈등이 서사 전개에서 큰 비중을 차지하고 있다. 실업 상태에 놓인 지식인의 문제를 개인을 넘어서 가족의 범위로 확장하여 접근하고 있는 것이다.

 EBS Q&A

Q 풍자 소설이 무엇인가요? 문항 4 관련

A 풍자 소설은 주로 시대나 사회의 부조리와 악습, 폐단 등 부정적인 면을 폭로, 고발하는 소설로, 현실을 직접적으로 비판하기보다 조소와 냉소, 웃음을 통해 우회적으로 비판합니다. 풍자 대상보다 우월한 위치에서 상대방을 우습게 만들 수 있는 다양한 방법을 사용하는데, 구체적으로 역설, 과장, 축소, 조롱, 비꼬기, 욕설, 패러디 등이 그 방법에 속합니다. 「명일」에서 범수가 스스로를 비꼬면서 풍자하는 상황을 볼 수 있는데, 더 깊게 보면 이 작품의 궁극적인 풍자 대상은 선량한 지식인인 범수가 그러한 상황에 처할 수밖에 없게끔 만든 일제 강점기의 부조리한 사회 현실이라고 볼 수 있습니다.

04 해방 전후 _ 이태준

EBS 수능특강 문학 175쪽

감상 포인트 이 작품은 제목과 같이 해방을 전후로 한 시기의 작가 '현'에 대한 기록으로, '현'이 해방 전 일본의 패망을 생각하며 서울을 떠나는 상황, 강원도의 시골에서 세월을 기다리며 은거하는 모습 등이 구체적으로 제시되어 있다. 해방 후에는 문학 단체에 관여하는 등의 적극적인 변화와, 해방 전 그렇게도 존경해 마지않았던 김 직원의 설득에 대해 자신의 방향 전환을 피력하는 문학인의 면모 등이 잘 나타나 있다. 이태준의 자전적 소설이라는 평가를 받는 이 작품을 통해 해방을 전후한 작가의 구체적 행적 등을 살펴볼 수 있다.

주 제 해방을 전후로 한 지식인의 갈등과 변화

전체 줄거리 일제 강점기 시국에 대해 소극적이던 현은 시국의 혼란을 피해 강원도 시골에서 생활하던 중 김 직원을 만나 교우하게 된다. 이후 서울 친구의 전보를 받고 상경하던 현은 일제의 패망과 조선 독립의 소식을 듣는다. 8월 17일에 서울에 도착한 그는 조선 문화 건설 중앙 협의회를 찾고, 그들의 선언문을 읽은 뒤 발기인으로 서명한다. 현은 신탁 통치에 대한 찬반 논쟁으로 혼란스러운 현실 속에서 자신의 정치적 기준으로 정세를 판단하고, 일정한 조직의 지도자가 되기도 한다. 이후 서울에서 다시 만나게 된 김 직원과 대화를 나눈 현은 김 직원과 자신이 이념적으로 서로 화해할 수 없는 사이임을 확인하게 된다.

현은 집을 팔지는 않았다. 구라파에서 제이 전선이 아직 전개되지 않았고 태평양에서는 일본군이 아직 라바울을 〔지명으로, 서남태평양에 있는 항구 도시〕
〔현이 서울로 다시 돌아올 계획임을 알 수 있음.〕
지킨다고는 하나 멀어야 이삼 년이겠지 하는 심산으로 집을 최대한도로 잡혀만 가지고 서울을 떠난 것이다.

그곳 공의(公醫)*를 아는 것이 반연으로 강원도 어느 산읍이었다. 철도에서 팔십 리를 버스로 들어오는 곳이요,
〔얽히어 맺어지는 인연〕
예전엔 현감이 있던 곳이나 지금은 면소와 주재소뿐의 한적한 구읍이다. 어느 시골서나 공의는 관리들과 무관하

니* 무엇보다 그 덕으로 징용이나 면할까 함이요, 다음으로 잡곡의 소산지니 식량 해결을 위해서요, 그러고는 가
〔현이 강원도 산읍을 거주지로 택한 이유〕
까이 임진강 상류가 있어 낚시질로 세월을 기다릴 수 있음도 현이 그곳을 택한 이유의 하나였다.

그러나 와서 실정에 부딪쳐 보니 이 세 가지는 하나

도 탐탁한 것은 아니었다. 면사무소엔 상장(賞狀)이 십

> **★ 문제 해결 키** 문항 1 관련
> 현이 강원도 산읍을 거주지로 택한 이유와 관련된 인물들인 공의, 공의의 소개로 알게 된 김 직원 등 다양한 인물들의 특성이 제시됨.

여 개나 걸려 있는 모범 면장으로 나라에선 상을 타나 백성에겐 그만치 원망을 사는 이 시대의 모순을 이 면장이

라고 예외일 리 없어 성미가 강직해 바른말을 잘 쏘는 공의와는 사이가 일찍부터 틀린 데다가, 공의는 육 개월이

나 장기간 강습으로 이내 서울 가 버리고 말았으니 징용 면할 길이 보장되지 못했고 그 외에 아는 사람이라고는

공의의 소개로 처음 지면한* 향교 직원으로 있는 분인데 일 년에 단 두 번 춘추 제향 때나 고을 사람들의 기억에

서 살아나는 '김 직원님'으로는 친구네 양식은커녕 자기 식구 때문에도 손이 흰, 현실적으로는 현이나 마찬가지

의, 아직도 상투가 있는 구식 노인인 선비였다.★ ▶ 서울을 떠나 강원도 산읍에 임시 거처를 마련하였으나 사정이 여의치 않음.

낚시터도 처음 와 볼 때는 지척 같더니 자주 다니기엔 거의 십 리나 되는 고달픈 길일 뿐 아니라 하필 주재소

앞을 지나야 나가게 되었고 부장님이나 순사 나리의 눈을 피하려면 길도 없는 산등성이 하나를 넘어야 되는데
〔낚시터로 향하는 길에 순사나 순사 부장과 마주치고 싶어 하지 않음.〕
하루는 우편국 모퉁이에서 넌지시 살펴보니 가네무라라는 조선 순사가 눈에 띄었다. 현은 낚시 도구부터 질겁을
〔순사와 같은 사람들에게 낚시 도구를 보이고 싶어 하지 않음.〕
해 뒤로 감추며 한 걸음 물러서 바라보니 촌사람들이 무슨 나무껍질 벗겨 온 것을 면서기들과 함께 점검하는 모

양이다. 웃통은 속옷 바람이나 다리는 각반*을 치고 칼을 차고 회초리를 들고 이 사람 저 사람에게 거드름을 부
〔길도 없는 산등성이 길을 돌아서 가더라도 순사를 피하고 싶어 하는 심정이 드러남.〕
리고 있었다. 날래 끝날 것 같지 않아 현은 이번도 다시 돌아서 뒷산등을 넘기로 하였다.

  ▶ 낚시터를 가다가 순사를 피해 길을 놀아가게 됨.

길도 없는 가닥숲을 젖히며 비 뒤의 미끄러운 비탈을 한참이나 헤매어서 비로소 펑퍼짐한 중턱에 올라설 때다. 멀지 않은 시야에 곰처럼 시커먼 것이 우뚝 마주 서는 것은 순사 부장이다. 현은 산짐승에게보다 더 놀라 들었던 두 손의 낚시 도구를 이번에는 펄썩 놓아 버리었다.

_{손에 들고 있던 낚시 도구를 아예 손에서 놓칠 만큼 순사 부장을 보고 매우 놀란 상태임을 알 수 있음.}

"당신 어데 가오?"

현의 눈에 부장은 눈까지 부릅뜨는 것으로 보였다.

_{현은 순사 부장이 자신을 질책하는 것처럼 느끼고 있음.}

"네, 바람 좀 쏘이려오."

그제야 현은 대팻밥모자를 벗으며 인사를 하였으나 부장은 이미 딴 쪽을 바라보는 때였다. 부장이 바라보는 쪽에는 면장도 서 있었고 자세히 보니 남향하여 큰 정구 코트만치 장방형으로 새끼줄이 치어져 있는데 부장과 면장의 대화로 보아 신사(神社) 터를 잡는 눈치였다. 현은 말뚝처럼 우뚝 섰을 뿐 어찌해야 좋을지 몰랐다. 놓아 버린 낚시 도구를 집어 올릴 용기도 없거니와 집어 올린댔자 새끼줄을 두 번이나 넘으면서 신사 터를 지나갈 용기

_{비유적인 표현을 통해 어찌해야 할지 모르는 현의 상황을 나타냄.}

는 더욱 없었다. 게다가 부장도 면장도 무어라고 쑤군거리며 가끔 현을 돌아다본다. 꽃이라도 있으면 한 가지 꺾

_{낚시 도구를 든 현을 못마땅하게 여기고 있음을 짐작할 수 있음.}

어 드는 체하겠는데 패랭이꽃 한 송이 눈에 띄지 않는다. 얼마 만에야 부장과 면장이 일시에 딴 쪽을 향하는 틈을 타서 수갑에 채였던 것 같던 현의 손은 날쌔게 그 시국에 태만한 증거물★들을 집어 들고 허둥지둥 그만 집으

_{비유적인 표현을 활용하여 아무것도 하지 못하고 있던 현의 상황을 나타냄.}

로 내려오고 만 것이다.

"아버지 왜 낚시질 안 가구 도루 오슈?"

_{낚시 도구를 들고 나간 아버지가 낚시질을 하러 가지 않고 도로 돌아온 것을 의아하게 여김.}

현은 아이들에게 대답할 말이 미처 생각나지도 않았거니와 그보다 먼저 현의 뒤를 따라온 듯한 이웃집 아이 한 녀석이,

"너이 아버지 부장한테 들켜서 도루 온단다."

_{순사 부장을 마주친 후 다시 돌아온 것을 어느 정도 알고 있다고 짐작할 수 있음.}

하는 것이었다.

▶ 순사 부장을 만난 후 낚시터로 가지 못한 채 결국 도중에 돌아옴.

★ 문제 해결 키 문항 3 관련

'시국에 태만한 증거물'이 지시하는 대상은 낚시 도구임. 이는 현이 소일거리로 삼은 낚시질과 관련된 것으로, 다른 사람들이 보기에는 '일본 제국의 흥망이 절박한' 시국과 어울리지 않게 나태해 보일 수 있는 사물임.

낚시질을 못 가는 날은 현은 책을 보거나 그렇지 않으면 김 직원을 찾아갔고 김 직원도 현이 강에 나가지 않았음직한 날은 으레 찾아왔다. 상종한다기보다 모시어 볼수록 깨끗한 노인이요, 이 고을에선 엄연히 존경을 받아

_{김 직원에 대한 현의 호감과 긍정적 평가를 알 수 있음.}

야 옳을 유일한 인격자요 지사였다. 현은 가끔 기인여옥(其人如玉)*이란 이런 이를 가리킴이라 느끼었다. 기미년 삼일 운동 때 감옥살이로 서울에 끌려왔을 뿐, 조선이 망한 이후 한 번도 자의로는 총독부가 생긴 서울엔

_{김 직원과 관련한 일화를 통해 그의 강직한 성품을 알 수 있음.}

오기를 피한 이다. 창씨를 안 하고 견디는 것은 물론, 감옥에서 나오는 날부터 다시 상투요 갓이었다. 현과는 워낙 수십 년 연장인 데다 현이 한문이 부치어 그분이 지은 시를 알지 못하고 그분이 신문학에 무관심하여 현대 문학을 논담*하지 못하는 것엔 서로 유감일 뿐, 불행한 족속으로서 억천 암흑 속에 일루의 광명을 향해 남몰래 더

_{1940년대라는 창작 상황을 고려할 때, 나라를 잃은 슬픔 속에서 해방과 같은 광명을 바라는 간절한 마음을 함께 가지고 있음.}

듣는 그 간곡한 심정의 촉수만은 말하지 않아도 서로 굳게 잡히고도 남아 한두 번 만남으로 서로 간담을 비추는

사이가 되었다.

하룻저녁은 주름 잡히었으나 정채* 돋는 두 눈에 눈물이 마르지 않은 채 찾아왔다. 현은 아끼는 촛불을 켜고

맞았다.

"내 오늘 다 큰 조카자식을 행길에서 매질을 했소."

김 직원은 그저 손이 부들부들 떨며 있었다. 「조카 하나가 면서기로 다니는데 그의 매부, 즉 이분의 조카사위

되는 청년이 일본으로 징용당해 가던 도중에 도망해 왔다. 몸을 피해 처가에 온 것을 이곳 면장이 알고 그 처남

더러 잡아 오라 했다. 이 기미를 안 매부 청년은 산으로 뛰어올라 갔다. 처남 청년은 경방단의 응원을 얻어 산을

에워싸고 토끼 잡듯 붙들어다 주재소로 넘기었다는 것이다.」

"강박한 처남이로군!"

현도 탄식하였다.

"잡아 오지 못하면 네가 대신 가야 한다고 다짐을 받았답디다만 대신 가기루서 제집으로 피해 온 명색이 매부

녀석을 경방단들을 끌구 올라가 돌풀매질을 하면서꺼정 붙들어다 함정에 넣어야 옳소? 지금 젊은 놈들은 쓸

개가 없습넨다!"

"그러니 지금 세상에 부모기로니 그걸 어떻게 공공연히 책망하십니까?"

"분해 견딜 수가 없소! 면소서 나오는 놈을 노상이면 어떻소. 잠자코 한참 대설대가 끊어져 나가도록 패주었지

요. 맞는 제 놈도 까닭을 알 게고 보는 사람들도 아는 놈은 알았겠지만 알면 대사요."

이날은 현도 우울한 일이 있었다. 서울 문인 보국회(文人報國會)*에서 문인 궐기 대회가 있으니 올라오라는

전보가 온 것이다. 현에게는 엽서 한 장이 와도 먼저 알고 있는 주재소에서 장문전보가 온 것을 모를 리 없고 일

본 제국의 흥망이 절박한 이때 문인들의 궐기 대회에 밤낮 낚시질만 다니는 이자가 응하느냐 안 응하느냐는 주

재소뿐 아니라 일본인이요 방공 감시 초장인 우편국장까지도 흥미를 가진 듯, 현의 딸아이가 저녁때 편지 부치

러 나갔더니, 너의 아버지 내일 서울 가느냐 묻더라는 것이다.

김 직원은 처음엔 현더러 문인 궐기 대회에 가지 말라 하였다. 가지 말라는 말을 들으니 현은 가지 않기가 도

리어 겁이 났다. 그랬는데 다음 날 두 번째 그다음 날 세 번째의 좌우간 답전을 하라는 독촉 전보를 받았다. 이것

을 안 김 직원은 그날 일찍이 현을 찾아왔다.

"우리 따위 노혼한 것들이야 새 세상을 만난들 무슨 소용이리까만 현 공 같은 젊은이는 어떡하든 부지했다가

그예 한몫 맡아 주시오. 그러자면 웬만한 일이건 과히 뻗대지 맙시다. 지용만 면헐 도리를 해요."

그리고 이날은 가네무라 순사가 나타나서, 이틀밖에 안 남았는데 언제 떠나느냐, 떠나면 여행증명을 해 가지

고 가야 하지 않느냐, 만일 안 떠나면 참석 안 하는 이유는 무엇이냐, 나중에는, 서울 가면 자기의 회중시계 수선

을 좀 부탁하겠다 하고 갔다. 현은 역시,

'살고 싶다!' / 또 한번 비명을 하고 하루를 앞두고 가네무라 순사의 수선할 시계를 맡아 가지고 궂은비 뿌리는

<u>현에게 문인 궐기 대회에 참석하는 것은 괴롭고 내키지 않은 일임을 짐작할 수 있음.</u>

날 서울 문인 보국회로 올라온 것이다.　　　　　　　　　　▶ 괴로워하면서도 어쩔 수 없이 문인 궐기 대회에 참석하게 됨.

＊**공의**: 예전에, 의료법에 따라 의사가 없는 지역에 배치되어 공공 의료 업무에 종사하던 의사.

＊**무관하니**: 서로 허물없이 가까우니.

＊**지면한**: 처음 만나서 서로 알게 된.

＊**각반**: 걸음을 걸을 때 발목 부분을 가뜬하게 하기 위하여 발목에서부터 무릎 아래까지 돌려 감거나 싸는 띠.

＊**기인여옥**: 인품이 옥과 같이 맑고 깨끗한 사람.

＊**논담**: 사물의 옳고 그름 따위를 논하여 말함.

＊**정채**: 정묘하고 아름다운 빛깔.

＊**문인 보국회**: 조선 문인 보국회를 이르는 것으로, 1943년 결성된 반민족적 친일 문학 단체.

핵심 개념 이것만은 꼭 익히자

 포인트 1　**서술상의 특징**

- 전지적 서술자 시점의 형식을 통해 인물의 내면을 제시함.
- 중심인물인 '현'의 내면을 중심으로 사건과 이에 대한 해석이 제시됨.
- 나약한 지식인과 강직한 인물의 대비를 통해 인물들의 특성을 효과적으로 부각함.

 포인트 2　**등장인물의 특징과 시대적 현실** 문항 4 관련

해방 이전의 일제 강점기 말

김 직원	현
• 강원도 산읍에 거주하는 유학자 • 강직한 성품을 지닌 의고적 인물	• 일제 강점기 조선인 작가로서 일제의 감시 아닌 감시를 받고 있음. • 징용도 피할 겸 혼란한 시국을 피해 시골로 거처를 옮김.
• 징용을 가다 도망친 매부를 손수 잡아다 주재소에 넘긴 조카를 한길에서 매질함.	• 낚시를 다니는 것도 일제의 눈치를 봐야 하는 상황일 뿐만 아니라 문인 궐기 대회에도 괴로워하며 참석함.

일제 강점기 우리 민족이 처해 있던 현실을 잘 보여 줌.

 포인트 3　**현의 '낚시 도구'** 문항 3 관련

'낚시 도구'		시국에 태만한 증거물

- 순사의 눈을 피하려는 것이나 순사 부장을 보고 놀라는 이유와 관련됨.
- 현이 일정한 때를 기다리는 데 도움이 된다고 여기는 행위인 낚시질을 위한 도구임.
- 다른 이들에게는 시국과 어울리지 않는 것으로 여겨질 수 있음.

■ 「해방 전후」에 담긴 정치·사회적 현실

우리 민족에게 1940년대는 격동의 시기라고 볼 수 있다. 만주 사변, 중일 전쟁 등으로 일제가 전시 체제를 구축하면서 민족 문화를 탄압, 말살하기 위한 억압 정책을 가속하하였다. 이에 따라 대부분이 신문, 잡지 등이 폐간되면서 시와 소설은 발표할 지면을 잃었으며 많은 문인들이 절필하거나 일제에 동조하게 되는 등 문학사의 암흑기를 겪게 된다. 1945년 광복으로 잃어버린 나라를 찾게 되지만 다시 한반도는 남북으로 갈라지고 강대국의 신탁에 대한 찬성과 반대, 즉 찬탁과 반탁으로 분열되고 사상적으로 좌익과 우익이 대립하는 등 사회적 혼란이 극에 달했다. 문인들 역시 자신들의 이념적·정치적 성향에 따라 단체를 결성하거나 가입하면서 문단 내의 상황도 다양한 이념적 양상을 띠게 되었다. 이후 1950년 6·25 전쟁이 발발하면서 엄청난 인적, 물적 피해를 입게 되었으며 민족 간에 일어난 동족상잔의 비극으로 우리 민족의 삶은 혼란스럽고 피폐해졌다.

**EBS
Q&A**

Q 작가 이태준은 「돌다리」, 「달밤」 등을 통해 종종 들어 본 작가입니다. 그의 작품 세계에 대해 좀 더 알고 싶어요.

A 이태준은 '한국 단편 소설의 완성자'로 평가받을 정도로 한국 단편 소설을 발전시킨 작가입니다. 간결하면서도 운치 있는 문체, 유려한 문장, 탁월한 단어 선택, 짜임새 있는 구성, 개성 있는 인물 묘사 등 소설 문학의 조건들을 두루 갖추고 있는 좋은 작품들을 많이 남겼습니다. 특히 도시의 하층민이나 노인 등 근대 사회에서 소외된 인물들을 그리는 소설에서는 순진하고 순박한 인물들에 대한 따뜻한 시선을 통해 그들이 실패하고 좌절하도록 만드는 각박한 세태에 대해 문제 제기를 하고 있기도 하지요. 또한 사라져 가는 옛것들이 지닌 가치에 대한 일깨움 등을 그림으로써 '소멸해 가는 것의 아름다움'을 표현하고 있다는 평가를 받기도 합니다. 작가의 이러한 경향은 해방을 맞으면서 조금 변모하게 되어요. 작가를 둘러싼 사회·역사적 현실이 바뀌면서 기존의 성향과는 다른 이념적 경향을 띠게 됩니다. 「해방 전후」는 그러한 작가와 관련한 시대적 상황 속에서 이해할 필요가 있는 작품입니다.

05 단독 강화 _ 선우휘

현대 소설

감상 포인트 이 작품은 극한 상황에서 이념의 대립을 초월하는 민족애를 통해 민족의식을 회복해 가는 두 병사의 모습을 보여 주고 있다. 수송기에서 떨어진 보급 식량을 나눠 먹던 두 병사가 대화 중 우연히 서로가 적군임을 알게 되고 적대감을 드러내지만 동굴에서 하룻밤을 함께 보내면서 서로의 절박한 처지를 이해하게 되고 서로에게 마음을 열기 시작한다. 소설의 결말 부분에서 둘이 힘을 합쳐 중공군에 대항하는 장면은 이념 대립이 빚은 전쟁 상황을 극복하고 외세에 저항하기 위해서는 무엇보다 우리 민족이 민족적 동질성을 회복해야 한다는 소설의 주제 의식을 선명하게 드러낸다. 특히 죽은 두 사람의 피가 엉기는 마지막 장면은 두 사람이 죽음을 통해서나마 한 민족으로서의 혈연적 동질성을 회복하는 모습을 보여 준다.

주 제 민족애를 통한 이념 대립의 극복과 전쟁의 비극성 고발

전체 줄거리 무리에서 낙오되어 미군이 떨어뜨리고 간 식량을 나누어 먹던 국군 병사 '양'과 인민군 병사 '장'은 서로가 적군임을 알고는 긴장한다. 서로 적대감을 보이던 둘은 다음 날 아침 각자의 본대를 찾아 떠날 때까지 동굴에서 하룻밤을 지내며 서로 해치지 않기로 약속한다. 각자의 총을 함께 묶은 뒤 그것을 등지고 잠을 청하던 양은 잠결에 장이 심하게 뒤척인 것을 자신을 죽이려는 행동으로 오해하여 장을 때리고 곧이어 그것이 자신의 오해였음을 알아차리고는 미안해한다. 양은 앳되고 순수한 장의 모습에 연민을 느끼고 장은 양을 형이라 부르며 조금씩 마음을 열어 가지만 다음 날 아침이 되자 둘은 약속했던 대로 아쉽게 작별을 한다. 그러나 그사이 나타난 중공군과 양 사이에 총격전이 벌어지고, 장은 돌아와 양을 도와 중공군에게 맞서다 둘은 끝내 죽음을 맞이한다.

[앞부분 줄거리] 6·25 전쟁 중 낙오된 국군 '양'과 인민군 소년 '장'은 우연히 산속에서 마주치게 된다. 이후 서로 해치지 않을 것을 약속하고 동굴 안에서 하룻밤을 같이 보내게 된다.

 둘은 총 묶음을 기대고 어깨와 어깨를 비볐다. 레이숀*의 모닥불은 거의 꺼져 가고 있는데 동굴 밖 설경은 어
<u>공간적 배경(동굴)과 시간적 배경(겨울, 밤)이 드러남.</u>
스름 달밤 속에 고요히 잠들고 있었다.

 장의 가느다란 코 고는 소리를 들으면서 반잠을 자고 있던 양은 깜박 떨어진 지 얼마가 되었을까 갑자기 확!
세차게 <u>가슴을 옥박지르는 충격</u>에 소스라쳐 일어나자 가슴을 쥐어 잡은 장의 두 손을 날쌔게 뿌리쳤다.
<u>장이 잠을 자던 도중 양에게 충격을 가함.</u>
 "이 자식이."

 <u>그의 주먹이 기우는 장의 얼굴에서 터졌다.</u>
<u>장이 자신을 공격한 것이라고 생각한 양이 장에게 반격을 가함.</u>
 "우악!"

하고 장은 땅바닥에 쓰러졌다.

 "너 이 새끼."

 장은 쓰러진 채 우우우 신음하면서 손으로 땅바닥을 더듬었다.

 "너 죽인다."

 전신에 돋았던 소름이 걷히며 양은 어느만큼 마음을 가라앉힐 수 있었다.   ▶ 잠을 자던 도중 장의 공격을 받고 놀라는 양

 장은 신음 소리를 내며 좀처럼 일어나지를 못했다. 양은 조심성 있게
성냥을 그어 레이숀 곽의 조각에 불을 붙였다. 그는 그 불길을 땅바닥을
더듬고 있는 장의 얼굴 가까이로 가져갔다. 장의 코에서 피가 흘러내리
고 있었다.

 불길을 의식한 장은 힘없이 두 눈을 뜨고 조금 부신 듯이 얼굴을 찡그리더니 어어어 하고 헛소리를 틀어 냈다. ★

 "이 새끼야 너!"

> ★ **문제 해결 키 문항 1 관련**
> 대사 없이 양과 장의 행동을 순차적으로 기술하여 잠을 자던 도중 두 사람 사이에 갑작스럽게 일어난 일들을 효과적으로 나타내고 있음.

그 소리에 장은 '예' 하고 정신을 거두었다. 양은 장의 멱살을 잡아 치켜올렸다.

"이 죽일 놈의 새끼." / "예?"

장은 언뜻 흩어진 시선을 모두며 양의 노여움에 찬 얼굴을 건너보았다.
<u>장이 양을 공격하기는 했으나 잠결에 행한 행동으로, 장 역시 겨우 정신을 차리며 상대방인 양을 쳐다봄.</u>
"요 쥐 같은 새끼 날 죽여 볼려구?" / "예? 무어요?"
<u>자신을 공격한 장의 행동이 자신을 죽이기 위한 것이라고 여기는 양의 생각을 알 수 있음.</u>
"너 고런 수작을……."

양은 장의 몸을 힘껏 밀어젖히며 멱살을 잡았던 손을 놓았다. 장은 뒤로 쓰러지며 넋 없는 표정을 지었다.

양은 그것을 한번 노려보고 레이숀 껍데기를 긁어모아 모닥불을 만들기 시작했다.「흥분이 가라앉으며 으스스
「 」: 흥분을 어느 정도 가라앉힌 양이 장의 잘못을 찬찬히 따지기 위해 그를 모닥불 가까이로 부름.
몸이 떨렸다.

"장 이리 가까이 와.」

장은 흐르는 코피를 손등으로 닦아 내며 황급히 모닥불 가까이로 다가왔다. ▶ 자신을 공격한 장의 잘못을 따지려는 양
<u>순순히 양의 말을 따르는 장의 모습</u>
"너 그런 짓이 되리라 여겼나?" / "예?"

"예라니 내 목을 조르려 했지?" / "아뇨, 무슨 말씀예요?"
<u>장이 자신을 죽이려 했다고 생각하고 있음.</u>
"왜, 가슴을 쥐어박았어?" / "아뇨, 전 그저 꿈을, 꿈을 꾸었을 뿐예요."
<u>자신이 양을 죽이려 한 것이 아니며, 그저 꿈을 꾸었을 뿐이라고 언급함.</u>
"꿈?" / "예, 무슨 꿈인지 잊었는데 아주 무서운 꿈을 꾸고 그만 놀래서……."
<u>무서운 꿈을 꾸다 놀라 자신도 모르게 다른 사람을 잠결에 공격하게 됨.</u>
순간 양의 전신을 쭉 소름이 스쳤다. 소름은 연거푸 파상적으로 그의 전신을 스쳐 갔다. 가슴에서 뭉클하고 어
<u>장의 행동 때문에 놀라 화를 내었으나, 장의 행동이 실은 악몽 때문이었음을 알고 자신도 놀라 두려워하고 있음.</u>
떤 커다란 뜨거운 덩어리가 치밀어 올랐다.

"장!"

양은 그 덩어리를 간신히 목구멍에서 삼켜 버렸다.

양은 소용돌이치는 마음을 가누며 장한테로 가까이 가서 손으로
<u>장을 오해한 것에 대한 미안함이 묻어 있는 행동임.</u>
그의 얼굴을 젖히고 장갑을 뒤집어 그것으로 코피를 닦아 주었다.

"장, 난 그것을 모르고 자네가 날……."

"아뇨, 제 잘못이죠, 퍽 놀라셨겠어요." / "아냐, 장."

양은 깡통 속에서 휴지를 꺼내 그것을 조그맣게 말아 그의 콧구멍에 찔러 주었다. ▶ 장의 말을 듣고 오해를 풀게 되는 양

"장, 좀 더 가까이 다가앉어 불을 쪼여, 좀 있으면 날이 밝겠지."★
<u>장에 대한 미안함과 배려가 담긴 말임을 알 수 있음.</u>
장은 모닥불 옆에 다가와서 다리를 꺾으며 쪼그리고 앉았다.

양은 한참 동안 종이가 타는 조그만 불길을 넋 잃은 사람처럼 물끄러미 쳐다보았다.

그는 혼잣말처럼 중얼거렸다. 그 음성은 신음에 가까웠다.

"정말 그들을 죽이고 싶네." / "예?"

"전쟁을 일으킨 놈들을 말야."★

양은 일어서서 동굴 밖으로 나갔다. 희뿌연 하늘을 올려보고 또 흰 눈이 깔린 골짜구니를 굽어보았다.

★ 문제 해결 키 **문항 4 관련**

장에 대한 양의 태도
장이 자신을 공격한 것이라는 오해를 풀고 그를 따뜻하게 배려하고 보살펴 주는 양의 말과 행동을 통해 전쟁이라는 극한 상황 속에서 인간이 느끼는 불안, 긴장감과 더불어 화해와 공존에 대해 생각해 볼 수 있음.

★ 문제 해결 키 **문항 4 관련**

전쟁에 대한 양의 감정
잠결에 나타난 장의 행동에 공격적으로 응대한 이후, 전쟁을 일으킨 자들을 죽이고 싶다며 신음에 가까운 음성으로 말하는 양의 모습을 통해 전쟁으로 인해 인물이 고통을 느끼며 불만을 갖고 있음을 알 수 있음.

한번 크게 숨을 내어 쉬었다.　　　　　　　　　　　　　　▶ 전쟁에 대한 불만과 괴로움을 드러내는 양

날이 밝자 뜬눈으로 드새운 양이 레이숀의 모닥불을 피우고 반합에 눈을 넣어 물이 끓도록 장은 총 묶음에 기
한바탕의 소동이 지나간 이후 다음 날 아침이 밝아온 것, 즉 시간적 배경의 변화가 일어났음을 알 수 있음.
대어 자고 있었다.

볼과 인중에는 아직 여기저기 코피가 말라붙어 있었다. 양이 가만히 그의 어깨를 두드려 깨웠을 때 장은 멋쩍
양이 휘두른 주먹에 맞아 코피를 흘렸던 전날 밤 소동의 흔적이 그대로 남아 있음.　　　　어색하나마 미소를 짓는 것을 통해 장이 양을 두려워하는 것이 아
은 듯이 얼굴에 미소를 지어 보였다.　　　　　　　　　　　　　　　　니라 양과 장 사이에 어느 정도 화해가 이루어진 것을 알 수 있음.

둘은 눈으로 얼굴을 닦고 나서 아침을 먹었다. 장은 따뜻이 데운 통조림과 양이 끓여 낸 커피를 먹으며 퍽이나

즐겨 했다.　　┌ 전쟁이라는 극한 상황임을 고려할 때, 장에게 먹을 것을 양보하는
　　　　　　　　양의 모습에서 장에 대한 배려와 양의 너그러움을 알 수 있음.
"장 너, 저 레이숀을 모두 가져." / "아 저걸 다 어떻게요."

"난 한 통이면 돼, 집어넣을 수 있는 대로 가져가지그래."

장이 갑자기 시무룩해졌다.　　　　　　　　　　　　　★ **문제 해결 키** 〔문항 4 관련〕

"이젠 헤어지게 됐군요?"　　　　　　　　　　　　　**장을 대하는 양의 태도**
　　　　　　　　　　　　　　　　　　　　　　　　　양은 자신보다 나이 어린 병사인 장을 보살피고 배려함. 장을 오
"안 만났던 것만 못하군, 코언저리가 아프지?"　　　　해하여 코피를 나게 만든 것을 미안해하며 오히려 안 만났던 것
　　　　　　　　　　　　　　　　　　　　　　　　　만 못하다는 말을 함. 이는 처음에 서로 대립하던 때의 적대감을
"아뇨, 괜찮아요."★　　　　　　　　　　　　　　　드러내는 것이 아닌 미안함에서 비롯된 말이라고 볼 수 있음.

식사를 끝낸 둘은 저마다 짐을 꾸렸다.

"자 탄환을 받아."

양은 레이숀 한 통을 꾸려 들고, 장은 두 통을 꾸려 메었다.

둘은 함께 동굴을 나섰다.

"장!" / "예?"

"잘 가라니 못 가라니 인사를 말기로 해. 자네는 저리로 가고 난 이리로 갈 뿐이야, 뒤도 돌아보지 마."

양은 동굴을 내려서서 눈을 헤치며 골짜구니를 향해 비탈을 더듬었다.

장은 그것을 한참 보고 섰더니 저편 골짜구니로 발을 옮겼다.　　　　　　▶ 날이 밝자 각자의 길로 헤어지게 되는 양과 장
　└ 양이 떠나는 모습을 장이 한참이나 보고 섰는 것은, 양과의 작별에서 장이 아쉬움을 느꼈거나
　　자신을 보살피고 배려해 준 양에게 고마움을 느꼈기 때문이라고 짐작할 수 있음.

*레이숀: 군인들에게 지급되는 전투 식량으로, 그 갑(곽)을 모아 불을 피우기도 함.

**핵심 개념
이것만은
꼭 익히자**

 ① 서술상의 특징
・비교적 짧고 단순한 문장 형식을 활용하여 사건을 제시함.
・전지적 서술자 시점을 활용하여 등장인물의 내면과 사건을 서술함.
・제한된 공간에서 일어나는 일련의 사건들을 순차적으로 서술함.

제목 '단독 강화'의 의미

'단독 강화'	사전적 의미	한 나라가 동맹국에서 이탈하여 단독으로 상대국과 강화하는 일. 또는 많은 상대국 가운데 한 나라와만 강화하는 일.
	작품 속 의미	남과 북의 전쟁 상황에서도 화합을 이루어 낸 양과 장, 두 사람의 상황을 빗대어 표현한 것.

포인트 3 등장인물 간의 관계 변화 문항 3 관련

대립		가까워짐	
각자의 무리에서 낙오한 국군 병사 양과 인민군 병사 장이 눈 속에서 레이숀을 동시에 발견하고 함께 나눠 먹던 도중 서로를 '괴뢰'라고 부르며 대립함.	서로를 공격하지 않기로 약속하고 총을 내려놓은 후 함께 동굴에서 밤을 지새우게 됨.	장의 행동과 그에 대한 양의 오해로 양이 장을 때리게 되지만 이후 오해를 풀고 화해하고 배려하는 모습을 보임. 수록	날이 밝아 헤어진 이후 중공군의 공격을 받던 중 함께 응전하다 두 사람 다 전사함.

■ **작품 속에 등장하는 '괴뢰'라는 단어의 의미**

'괴뢰'의 사전적 의미는 '꼭두각시놀음'에 나오는 여러 가지 인형을 가리키는 것으로, 꼭두각시와 비슷한 단어이다. 또한 남이 부추기는 대로 따라 움직이는 사람을 비유적으로 이르는 의미이기도 하다. 작품 속에서 수송기에서 떨어진 비상식량을 함께 나누어 먹던 양과 장이 서로를 괴뢰라고 부르며 갈등하는 것은, 이데올로기 대립이 극심하던 1950년대의 상황, 즉 이념 갈등으로 동서 냉전이 극에 달하던 시대적 현실을 잘 보여 준다. 또한 이를 통해 양과 장, 남과 북이 서로를 반대 진영의 꼭두각시로 생각하고 적대시하고 있는 사회·정치적 현실을 상징적으로 보여 주고 있다고도 볼 수 있다.

> "나 보고 뭐라 했어?"
> "뭐 말야. 동무."
> "동무?"
> 순간 키 큰 편은 손에 들었던 깡통을 집어 던지고 몸을 일으키며 허리에 찬 대검을 쑤욱 뽑아 들었다.
> "너 괴뢰구나."
> "괴뢰?"
> "괴뢰지! 꼼짝 마라. 손 들어."
> 가냘픈 편의 손에서 깡통이 떨어져 땅바닥에 굴렀다.
> "너 괴뢰지?"
> "아, 아냐. 난 인민군야."
> "역시 괴뢰군."
> "너, 넌 뭐가?"
> 가냘픈 편의 목소리가 떨렸다.
> "나? 난 국군이다."
> "국방군! 괴, 괴뢰구나."
> "자식이. 꼼짝 마."

■ **공간적 배경인 '동굴'의 의미와 기능**

「단독 강화」의 주된 공간적 배경은 동굴이다. 선우휘의 「단독 강화」에서 남과 북의 두 사병은 어떤 동료 병사나 장교도 없이 고립된 공간인 동굴에서 이념에 따른 구분 없이 인간 대 인간으로 만났기 때문에 화해가 가능했다. 다시 말해 국가의 권력이나 이데올로기로부터 격리되어 있는, 진공 상태와 같은 고립된 동굴 속에서 두 사람이 만나 대화를 나누고 진심을 전했기 때문에 공존할 수 있었던 것이다. 만일 이들 옆에 다른 누군가가 있었다면 두 사람은 자신들의 심정을 진솔하게 토로하기가 쉽지 않았을 수 있다. 이와 같이 공간적 배경인 동굴은 양과 장이 서로를 인정하는 방식의 대화, 자신이 속한 체제나 이데올로기의 우월성을 내세우지 않는 대화가 가능하도록 돕는 기능을 하고 있다.

서울 1964년 겨울 _김승옥

EBS 수능특강 문학 183쪽

감상 포인트 이 작품은 1960년대 서울을 배경으로 일면식도 없던 세 남자가 우연히 만나 하룻밤을 보내면서 벌어지는 일을 서술하고 있다. 이들은 피상적이고 단절된 인간관계, 고독과 소외 등 도시에서 살아가는 사람들의 특징을 형상화하고 있다. 아울러 1964년의 정치적 상황과 관련하여 당대 지식인들의 무력감과 시대 현실에 대한 회의가 드러나 있다. 이 작품은 이러한 주제 의식 외에도 도시와 도시인을 바라보는 '나'의 감각적인 시선과 문체 또한 뛰어나다고 평가받고 있다.

주 제 현대 도시인들의 심리적 방황과 인간적 연대감의 상실

전체 줄거리 '나'는 '안'이라는 대학원생을 우연히 포장마차에서 만나 의미 없는 대화를 나누며 술을 마신다. 그런 둘에게 낯선 사내가 다가와 함께하기를 부탁하는데, 사내는 오늘 아내가 죽어 아내의 시체를 병원에 팔았다고 한다. 그는 아내를 사랑하지만 아내에 대해 아는 것은 거의 없다. 세 사람은 소방차를 따라가 불구경을 하는데, 사내는 아내의 시체를 팔고 받은 돈을 불 속으로 던지고 '나'와 안에게 오늘 밤 같이 있어 달라고 부탁한다. 세 사람은 여관으로 가고, 안의 제안으로 각자의 방에 들어가 밤을 보낸다. 다음 날 아침, 사내가 자살한 것을 확인한 안은 '나'를 깨우고 두 사람은 다른 사람들이 알기 전에 여관을 나와서 헤어진다.

1964년 겨울을 서울에서 지냈던 사람이라면 누구나 알 수 있겠지만, 밤이 되면 거리에 나타나는 <u>선술집</u>★—오
　　　작품의 시·공간적 배경　　　　　　　　　　　　　　　　　　　　　　　　　　술청 앞에 선 채로 간단하게 술을 마실 수 있는 술집

뎅과 군참새와 세 가지 종류의 술 등을 팔고 있고, <u>얼어붙은 거리를 휩쓸며 부는 차가운 바람이 펄럭거리게 하는</u>
　　　　　　　　　　　　　　　　　　　　각박하고 황량한 작품의 분위기를 형성

포장을 들치고 안으로 들어서게 되어 있고, 그 안에 들어서면 <u>카바이드 불</u>의 길쭉한 불꽃이 바람에 흔들리고 있
　　　　　　　　　　　　　　　　　　　　　　　물과 반응하면 아세틸렌가스를 발생시키는 물질. 탄화 칼슘의 상품명임.

고, 염색한 군용 잠바를 입고 있는 중년 사내가 술을 따르고 안주를 구워 주고 있는 그러한 선술집에서, 그날 밤,

우리 세 사람은 우연히 만났다. 우리 세 사람이란 나와 도수 높은 안경을 쓴 <u>안(安)</u>이라는 대학원 학생과 정체는
　　　　　　　　　　　　　　　　　　　　　　　　　　　　　　　□ : '안', '사내'와 같이 사람의 이름으로 호명하지 않음. 익명성을 나타냄.

알 수 없지만, 요컨대 가난뱅이라는 것만은 분명하여 <u>그의 정체를 알고 싶다는 생각은 조금도 나지 않는</u> 서른대
　　　　　　　　　　　　　　　　　　　　　　　타인에게 무관심한 당대 사람들의 모습이 반영됨.

<u>여섯 살짜리 사내</u>를 말한다।　　　　　　　　　　　　　　　　　　　　　　　▶ 선술집에서 '나'와 안과 사내가 만남.

　먼저 말을 주고받게 된 것은 나와 대학원생이었는데, 뭐 그렇고 그런 자기소개가 끝났을 때는 나는 <u>그가 안씨</u>

<u>라는 성을 가진 스물다섯 살짜리 대한민국 청년, 대학 구경을 해 보지 못한 나로서는 상상이 되지 않는 전공을</u>
　　　　　　　　　　　　　　　　　　　'나'와 안에 대한 정보가 제시됨. 두 사람이 서로 다른 삶을 살아왔음을 알 수 있음.

<u>가진 대학원생, 부잣집 장남이라는 걸 알았고, 그는 내가 스물다섯 살짜리 시골 출신, 고등학교는 나오고 육군</u>

<u>사관 학교를 지원했다가 실패하고 나서 군대에 갔다가 임질에 한 번 걸려 본 적이 있고 지금은 구청 병사계(兵事</u>

<u>係)에서 일하고 있다는 것을 아마 알았을 것이다.</u>　　　　　　▶ 자기소개를 통해 '나'와 안이 서로에 대한 기본적인 정보를 교환함.

　<u>자기소개들은 끝났지만 그러고 나서는 서로 할 얘기가 없었다.</u> 잠시 동안은 조용히 술만 마셨는데 나는 새카
　　　　　　　　　　　　　　두 사람 사이의 공감대가 없음을 알 수 있음.

맣게 구워진 군참새를 집을 때 할 말이 생겼기 때문에 마음속으로 군참새에게 감사하고 나서 얘기를 시작했다.

　「"안 형, 파리를 사랑하십니까?"
　『 』: 의미 없는 대화가 오고 감. 인간관계의 무의미성을 드러냄.
　"아니오, 아직까진……." 그가 말했다. "김 형은 파리를 사랑하세요?"

　"예."라고 나는 대답했다. "날 수 있으니까요. 아닙니다. 날 수 있는 것으로서 동시에 내 손에 붙잡힐 수 있는

것이니까요. 날 수 있는 것으로서 손안에 잡아 본 적이 있으세요?"

　"가만 계셔 보세요." 그는 안경 속에서 나를 멀거니 바라보며 잠시 동안 표정을 꼼지락거리고 있었다. 그리고

말했다. "없어요, 나도 파리밖에는……."」　　　　　　　　　　　　　　　　　　▶ 서로 무의미한 대화를 나눔.

　┌ 낮엔 이상스럽게도 날씨가 따뜻했기 때문에 길은 얼음이 녹아서 흙물로 가득했었는데 밤이 되면서부터 다
　　　　　　　　　　　　　　　　질척하고 추운 배경 묘사를 통해 당대인들의 내면 심리를 나타냄.

[A]

시 기온이 내려가고 흙물은 우리의 발밑에서 다시 얼어붙기 시작했다. 소가죽으로 지어진 내 검정 구두는 얼고 있는 땅바닥에서 올라오고 있는 찬 기운을 충분히 막아 내지 못하고 있었다. 사실 이런 술집이란, 집으로 돌아가는 길에 잠깐 한잔하고 싶은 생각이 든 사람이나 들어올 데지, 마시면서 곁에 선 사람과 무슨 얘기를 주고받을 만한 데는 되지 못하는 곳이다. 그런 생각이 문득 들었지만 그 안경잡이가 때마침 나에게 기특한 질문을 했기 때문에 나는 '이놈 그럴듯하다'고 생각되어 추위 때문에 저려 드는 내 발바닥에게 조금만 참으라고 부탁했다.

▶ 질척하고 추운 공간에서 대화를 이어 감.

[중략 부분 줄거리] 아무런 의미가 없는 대화를 주고받던 '나'와 안은 외교원*일을 하는 사내를 만난다. 사내는 '나'와 안에게 자신과 함께 있어 주기를 청하고, 세 사람은 중국집으로 자리를 옮겨 대화를 나눈다.

"말씀드리고 싶은 게 있는데요." 마음씨 좋은 아저씨가 말하기 시작했다. "들어 주셨으면 고맙겠습니다…… 오늘 낮에 제 아내가 죽었습니다. 세브란스 병원에 입원하고 있었는데……." 그는 이젠 슬프지도 않다는 얼굴로 우리를 빤히 쳐다보며 말하고 있었다. / "네에에." "그거 안되셨군요."라고, 안과 나는 각각 조의를 표했다.

"아내와 나는 참 재미있게 살았습니다. 아내가 어린애를 낳지 못하기 때문에 시간은 몽땅 우리 두 사람의 것이
사내와 아내가 좋은 관계를 유지하고 있었음을 짐작할 수 있음.
었습니다. 돈은 넉넉하진 못했습니다만, 그래도 돈이 생기면 우리는 어디든지 같이 다니면서 재미있게 지냈습니다. 딸기 철엔 수원에도 가고, 포도 철엔 안양에도 가고, 여름이면 대천에도 가고, 가을엔 경주에도 가 보고, 밤엔 함께 영화 구경, 쇼 구경하러 열심히 극장에 쫓아다니기도 했습니다……."

"무슨 병환이셨던가요?" 하고 안이 조심스럽게 물었다.

"급성 뇌막염이라고 의사가 그랬습니다. 아내는 옛날에 급성 맹장염 수술을 받은 적도 있고, 급성 폐렴을 앓
수막의 염증. 열이 나며, 뇌척수액의 입력이 올라가기 때문에, 심한 두통·구역질·목이 뻣뻣해지는 증상이 나타남.
은 적도 있다고 했습니다만 모두 괜찮았었는데 이번의 급성엔 결국 죽고 말았습니다…… 죽고 말았습니다."

사내는 고개를 떨구고 한참 동안 무언지 입을 우물거리고 있었다. 안이 손가락으로 내 무릎을 찌르며 우리는
불행한 사내를 연민하기보다는 불편한 상황을 회피하려는 태도가 드러남.
꺼지는 게 어떻겠느냐는 눈짓을 보냈다. 나 역시 동감이었지만 그때 사내가 다시 고개를 들고 말을 계속했기 때문에 우리는 눌러앉아 있을 수밖에 없었다.

▶ 사내가 '나'와 안에게 아내의 죽음을 고백함.

"아내와는 재작년에 결혼했습니다. 우연히 알게 됐습니다. 친정이 대구 근처에 있다는 얘기만 했지 한 번도 친정과는 내왕이 없었습니다. 난 처갓집이 어딘지도 모릅니다. 그래서 할 수 없었어요." 그는 다시 고개를 떨구고 입을 우물거렸다. / "뭘 할 수 없었다는 말입니까?" 내가 물었다.

그는 내 말을 못 들은 것 같았다. 그러나 한참 후에 다시 고개를 들고 마치 애원하는 듯한 눈빛으로 말을 이었다.

"아내의 시체를 병원에 팔았습니다. 할 수 없었습니다. 난 서적 월부 판매 외교원에 지나지 않습니다. 할 수
인간을 사물화하는 비정한 현실을 드러냄.
없었습니다. 돈 사천 원을 주더군요. 난 두 분을 만나기 얼마 전까지도 세브란스 병원 울타리 곁에 서 있었습
아내의 시체를 팔았다는 사실에 괴로워하고 있음을 알 수 있음.
니다. 아내가 누워 있을 시체실이 있는 건물을 알아보려고 했습니다만 어딘지 알 수 없었습니다. 그냥 울타리 곁에 앉아서 병원의 큰 굴뚝에서 나오는 희끄무레한 연기만 바라보고 있었습니다. 아내는 어떻게 될까요, 학

생들이 해부 실습하느라고 톱으로 머리를 가르고 칼로 배를 찢고 한다는데 정말 그러겠지요?"

▶ 사내가 '나'와 안에게 아내의 시체를 병원에 팔았음을 고백함.

우리는 입을 다물고 있을 수밖에 없었다. 사환이 단무지와 파가 담긴 접시를 갖다 놓고 나갔다.

관청이나 회사, 가게 따위에서 잔심부름을 시키기 위하여 고용한 사람

"기분 나쁜 얘길 해서 미안합니다. 다만 누구에게라도 얘기하지 않고서는 견딜 수 없었습니다. 한 가지만 의

아내의 시체를 팔았다는 사실에 괴로워하고 있음을 알 수 있음.

논해 보고 싶은데, 이 돈을 어떻게 하면 좋을까요? 저는 오늘 저녁에 다 써 버리고 싶은데요."

"쓰십시오." 안이 얼른 대답했다.

"이 돈이 다 없어질 때까지 함께 있어 주시겠어요?" 사내가 말했다.

내면적 교감과 연대에 대한 요구로 읽을 수 있음.

우리는 얼른 대답하지 못했다. "함께 있어 주십시오." 사내가 말했다.

우리는 승낙했다.

"멋있게 한번 써 봅시다."라고 사내는 우리와 만난 후 처음으로 웃으

면서 그러나 여전히 힘없는 음성으로 말했다.

현실의 문제를 개선할 수 없는 당대인의 내면적 무기력을 상징함.

[B]
중국집★에서 거리로 나왔을 때는 우리는 모두 취해 있었고, 돈은 천 원이 없어졌고 사내는 한쪽 눈으로는

사내의 내면 심리가 불안정함을 알 수 있음.

울고 다른 쪽 눈으로는 웃고 있었고, 안은 도망갈 궁리를 하기에도 지쳐 버렸다고 내게 말하고 있었고, 나는

"악센트 찍는 문제를 모두 틀려 버렸단 말야, 악센트 말야."라고 중얼거리고 있었고, 거리는 영화 광고에서

굴욕적인 시대 현실에 대한 당대 사람들의 짙은 회의가 반영된 인식

본 식민지의 거리처럼 춥고 한산했고, 그러나 여전히 소주 광고는 부지런히, 약 광고는 게으름을 피우며 반짝

이고 있었고, 전봇대의 아가씨는 '그저 그래요.'라고 웃고 있었다.

▶ '나'와 안과 사내가 함께, 사내가 아내의 시체를 판 돈을 소비함.

★ 문제 해결 키 문항 3 관련

공간의 의미와 기능

선술집	중국집
'나'와 안, 사내가 만나는 공간	사내가 '나'와 안에게 자신의 이야기를 털어놓는 공간

※ **외교원(外交員)**: 은행이나 회사에서 교섭이나 권유, 선전, 판매를 위하여 고객을 방문하는 일이 주된 업무인 사원.

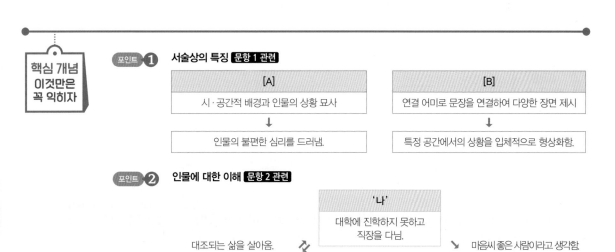

핵심 개념
이것만은
꼭 익히자

포인트 1 서술상의 특징 문항 1 관련

[A]	[B]
시·공간적 배경과 인물의 상황 묘사	연결 어미로 문장을 연결하여 다양한 장면 제시
↓	↓
인물의 불편한 심리를 드러냄.	특정 공간에서의 상황을 입체적으로 형상화함.

포인트 2 인물에 대한 이해 문항 2 관련

'나'
대학에 진학하지 못하고
직장을 다님.

대조되는 삶을 살아옴. ⇄

안
부잣집 장남에 대학원생

마음씨 좋은 사람이라고 생각함.

사내
사이좋게 지내던 아내가 죽자
병원에 시체를 팔고 괴로워함.

'그의 정체를 알고 싶다는 생각은 조금도 나지 않는'	→	타인에 대해 무관심한 당대 사람들의 모습
'이 돈이 나 없어질 때까지 함께 있어 주시겠어요?'	→	내면적 교감과 연대에 대한 당대 사람들의 요구
'여전히 힘없는 음성'	→	현실을 어쩌지 못하는 당대 사람들의 내면적 무기력
'거리는 영화 광고에서 본 식민지의 거리처럼 춥고 한산했고'	→	굴욕적인 현실에 대한 당대 사람들의 짙은 회의

■ 작품 전체의 구조

발단 수록	'나'와 안이 선술집에 만나 무의미한 대화를 나눔.
전개	책 월부 외교원인 사내가 함께하기를 간청함.
위기 수록	사내가 아내의 시체를 팔아 돈을 받은 일을 고백하고, 그 돈을 함께 써 주기를 청함.
절정	세 사람은 불구경을 하고, 사내는 남은 돈을 불 속에 던져 버림.
결말	세 사람은 여관에서 각기 다른 방에 들어가고, 이튿날 사내가 자살한 것을 알게 됨.

■ 김승옥 문학의 특징, '감수성의 혁명'

1960년대 소설 문학사에서 기억해야 할 작가는 단연 김승옥이다. 1965년 겨우 스물네 살이었던 그는 「서울 1964년 겨울」로 동인문학상을 거머쥐고 1960년대의 새로운 문학의 탄생을 알렸다. 평론가 유종호는 그의 문학을 '감수성의 혁명'이라 일컫는다. 이는 기존의 문학과는 구별되는 그의 감각적이고 세련된 한국어 문체를 기반으로 한 지적이지만, 사실 김승옥의 새로움은 기존 작가들이 보여 주었던 전후의 무거운 세계에 대한 거대 담론과 인간 실존의 문제를 벗어나 사소하고 평범한 개인의 일상에 주목하였다는 점에 있다. 또한 그 속에서 개인이 사회 속에서 느끼는 고독과 소외, 익명성과 같은 근대의 문제들을 발견하고 있다는 점도 김승옥 문학의 특징으로 이해할 수 있다.

EBS Q&A

Q 이 작품의 제목 '서울 1964년 겨울'이 의미하는 바는 무엇인가요? 문항 4 관련

A 이 작품의 제목인 '서울 1964년 겨울'은 작품의 시·공간적 배경을 그대로 나타낸 것입니다. 작품 제목의 의미를 이해하기 위해서는 1964년의 상황을 알 필요가 있습니다. 1964년은 일본과의 한일 협정 반대 투쟁이 서울을 중심으로 거세게 일던 시기입니다. 일제의 36년간의 핍박에 대한 충분한 사과 없이 빈약한 보상금을 받고 한일 관계 정상화가 이루어졌다는 것이 한일 협정 반대 투쟁을 이끌던 지식인들의 입장이었습니다. 하지만 이들의 반대와 상관없이 정부 주도로 한일 협정은 진행되었고, 이와 같은 정치, 사회적 분위기 속에서 지식인들 사이에서는 무력감이 만연되어 있었습니다. 이런 배경 속에서 이 작품이 발표되었습니다. 이를 바탕으로 '서울 1964년 겨울'은 그 당시의 무력한 지식인들의 내면에 대한 상징으로 이해할 수 있습니다.

07 날개 또는 수갑 _ 윤흥길

EBS 수능특강 문학 187쪽

감상 포인트 이 작품은 한 회사에서 갑작스럽게 제복 제도를 도입하면서 벌어지는 일련의 사건을 통해 1970년대 개인의 자유보다 국가주의를 앞세워 국민을 통제하던 국가 권력을 우회적으로 비판하고 있다. 준비 위원회라는 절차를 거치지만 결국 사원들의 의견을 묵살하여 제복 제도를 실시하는 회사 운영진의 모습은 절차적 정당성을 형식적으로만 갖춘 채 국가의 통제를 합리화하는 현실을 우회적으로 비판하고 있고, 제복 착용에 반발하던 사원들이 결국은 모두 흩어져 어쩔 수 없이 회사의 지시를 따르는 모습은 현실의 부당함에 대한 비판 의식은 있으나 이를 실천으로 옮겨 저항 행동으로 표출하지 못하는 소시민의 면모를 풍자하고 있다.

주 제 구성원을 획일화하고자 하는 전체주의 문화 비판

전체 줄거리 동림 산업 운영진은 어느 날 갑자기 사원들이 모두 제복을 입는 제도를 도입할 예정이라고 전달하고, 민도식, 장상태, 우기환 등의 직원이 일하고 있는 부서의 부장은 직원들의 불만을 묵살하며 준비 위원회라는 절차를 거칠 것이라고 말한다. 하지만 준비 위원회에서 반대 의견을 묵살한 채 일방적 태도로 제복 제도를 통과시킨다. 민도식, 장상태, 우기환 등은 다방에 모여 불만스러운 의견을 나누는데, 이때 그들 사무직과는 달리 생산부 공원 복장을 한 권 씨가 그들에게 옷과 같이 사소한 일에 불만을 표하는 것에 이질감을 느끼고 있음을 표현한다. 결국 일은 운영진의 뜻대로 진행되어 회사 창업 기념일 행사를 앞두고 모든 직원들은 제복을 맞추지만 민도식과 우기환은 이를 거부한다. 사장과 면담을 거치지만 그들의 의견이 받아들여지지 않자 우기환은 제복 도입에 불복하여 회사를 그만둔다. 회사 창업 기념일, 민도식은 늑장을 피우다가 행사 장소에 뒤늦게 도착하는데 전 사원이 제복 차림으로 질서 정연하게 도열해 있는 모습에서 외로움을 느끼며 행사에 참여하지 못한 채 우두커니 서 있다.

"자네더러 동림 산업 사원 전체의 의사를 대변해 달라고는 안 했어. 최소한 우리 과의 의사만이라도 전달했어

야만 될 게 아닌가. 통과가 되고 안 되고는 문제가 아냐. 책임을 맡았으면 적어도 그 책임을 이행하려는 자세
_{제복 준비 위원회에서 반대 의사를 제대로 전하지 못한 장상태를 비난함.}
만이라도 보여 주는 게 도리라고 생각해."

"회의가 시작되자마자, 똑똑히 잘 들어 달라면서 기획 실장이 자기네가 작성한 초안을 낭독했어. 낭독을 끝내

더니 잘들 들었냐고 물어. 잘 들었다고 끄덕거릴 수밖에. 그랬더니 질문 있으면 하라는 거야. 모두들 어안이

벙벙해서 앉아 있는 판인데 실장이 씨익 웃어. 그러면서 하는 말이, 질문이 없다는 건 원안에 전적으로 찬성하

는 것으로 믿고 수정 없이 실행에 옮기겠다고, 회사 발전을 위한 중요 사업에 이처럼 만장일치로 협조해 줘서
_{절차적, 형식적 정당성을 갖추기 위한 허울 좋은 절차였던 준비 위원회의 실상}
고맙다고 이러는 거야. 용가리 통뼈라도 손가락 하나 까딱 못할 상황이었다니까."
_{반대 의사를 전하기 어려운 상황이었음을 비유적 표현으로 강조하고 있음.}
"장 선배님 말에 좀 어폐가 있는 것 같습니다. 회의는 랑데부가 아닙니다. 특히 노사 간의 회의는 회의라는 형

식을 빌린 전쟁입니다. 사용자 측에서 수단 방법을 다해서 계획을 밀고 나가려 하는 건 당연합니다. 필요하다

면 피용자 측에서 용가리 통뼈 아니라 통뼈 할아버지라도 돼서 따질 건 따지고 반대할 건……."
_{아무리 어려운 상황이었어도 해야 할 말은 해야 했다며, 반대 의사를 전하고 오지 못한 장상태를 비판함.}
"그러게 내 첨부터 뭐랬어. 난 그런 일에 적임이 아니니까 우 군이 맡으라고 했잖아!"
_{제복에 대한 반대 의사를 밝히지 못한 것에 대한 비난을 받는 상황 때문에 갈등이 불거짐.}
"이미 끝난 일이야. 지금 와서 아무리 떠들어 대 봤자 제복은 벌써 우리 몸에 절반쯤이나 입혀져 있어."

민도식이 나서서 험악해진 분위기를 간신히 가라앉혔다.

"준비 위원회를 구성하고 회의를 소집한 건 처음부터 요식 행위에 지나지 않았던 거야. 경영자 독단으로 처리
_{준비 위원회가 무의미하게 끝난 것에 대한 상황 분석}
하지 않고 사원들의 의사를 물어서 전폭적인 지지를 얻어 가지고 결정했다는 인상을 대내외에 풍길 필요가 있

었던 거야. 이제 길은 두 가지뿐야. 나머지 절반을 찾아서 마저 몸에 꿰든가, 아니면 기왕 우리 몸에 입혀진 절
_{현 상황에서 택할 수 있는 선택지를 제시함.}
반을 아예 벗어 버리든가 각자가 알아서 결정할 일이야. 저기 좀 보라고. 저 사람이 아까부터 우릴 비웃고 있

어. 제복 얘기 앞으로는 그만하기로 하지."
▶ 사원들의 거부 의사를 전달하려고 했던 준비 위원회가 별다른 성과 없이 끝나자, 그 책임 소재를 거론하며 다투는 사원들의 모습

생산부 공원 복장을 한 사내가 엇비뚜름한 자세로 이쪽을 돌아다보며 야릇한 웃음을 입가에 물고 있었다. 그

를 보더니 장상태가 화를 벌컥 내면서 큰 소리로 미스 윤을 불렀다.

"이봐, 저기 앉은 저 사람 내가 좀 보잔다구 전해!"

눈이 휘둥그레진 미스 윤이 종종걸음으로 그에게 다가가기 전에 그쪽에서 자진해서 먼저 일어섰다. 그가 충분히 알아들을 수 있을 정도로 장의 목소리가 컸던 것이다.

"저를 부르셨습니까?"

여전히 웃음기를 입에 문 얼굴이 장을 정면으로 상대했다.

"당신 뭐야? 뭔데 어제부터 남의 얘길 엿듣고 비웃지, 비웃길?"

"비웃음으로 보셨다면 용서하십쇼. 엿듣고 싶은 생각은 없었습니다. 가만히 앉아 있어도 들릴 정도로 선생님들 말소리가 컸습니다. 말씀 내용이 동림 산업에 계신 분들 같아서 저도 모르게 관심이 컸나 봅니다."

"오오라, 그러고 보니 당신도 동림 가족의 일원이 분명하군. 부서가 어디야?"

"생산부 제1 공장입니다. 거기서 잡역부로 근무하고 있습니다."

"이름은?"

"권입니다."

"이름이 권이다? 그럼 성까지 아주 짝을 채워 보게."

"성이 권입니다."

★ 문제 해결 키 [문항 3 관련]

'권 씨'
권 씨는 '팔이 뭉텅 잘려져 나간' 동료의 일을 해결하기 위해 투쟁하고 있는 생산직 공원으로, 자신이 처한 상황을 언급하며 사무직 직원들로 하여금 그들이 해 온 언쟁을 성찰하도록 유도하는 인물임.

만만한 상대를 만난 장은 권 씨★를 노리갯감으로 삼아 화풀이할 작정임을 분명히 하면서 동료들에게 은밀히 눈짓을 보냈다. 함께 놀이에 끼어들라는 뜻일 것이다. 그러나 도식이 보기엔 첫눈에 결코 만만한 상대가 아니었다. 그는 참을성 좋게 여전히 웃고 있었다. 그것은 생산부 공원들이 본사의 사무직을 대할 때 일반적으로 갖는 비굴한 표정이 아니었다. 그렇다고 적대감도 아닌 그것은 일종의 자신감의 표현임이 분명했다. 『두툼한 입술과 커다란 눈이 얼핏 눈에 띄는 특징이었다.』 장상태하고 비교해서 둘이 서로 어금어금할 정도로 작은 체구였다. 실제 나이는 장보다 두세 살쯤 위일 것 같은데 적어도 이삼십 년은 더 세상을 살아 냈을 법한 관록 같은 게 엿보이는 얼굴이었고, 그것이 교양이라는 것하고도 연결되어 잡역부라던 자기소개가 아무래도 믿어지지 않는 그런 사람이었다.

"짝을 채우기 싫다 이거지? 좋았어. 그런데 자네가 하는 잡역일하고 무슨 상관이 있어서 우리 얘기에 이틀 동안이나 관심을 갖지?"

"물론 상관은 없습니다. 그렇지만 한쪽에선 작업 중에 팔이 뭉텅 잘려져 나간 사람이 있고 그 팔값을 찾아 주려고 투쟁하는 사람들이 있는 반면에 다른 한쪽에선 몸에 걸치는 옷 때문에 거기에 자기 인생을 걸려는 분들도 계시구나 하는 생각이 들어서 그냥 지나칠 수가 없었습니다."

그 순간 장상태의 얼굴색이 하얗게 질리는 것 같았다. ▶ 사원들의 언쟁을 지켜보던 같은 회사 생산직 공원 권 씨가 등장함.

[밑줄 주석]
만만한 상대를 만난 장은 권 씨를 노리갯감으로 삼아 화풀이할 작정임을 분명히 하면서 동료들에게 은밀히 눈짓을 보냈다. — 잡역부로 근무한다는 사내의 말에 사내를 무시하는 장상태의 태도

그러나 도식이 보기엔 첫눈에 결코 만만한 상대가 아니었다. — 장상태의 반응과 다른 판단을 내린 민도식의 속내를 언급함. 권 씨와 장상태 간의 갈등이 이어질 것임을 암시하고 긴장감을 고조시킴.

『두툼한 입술과 커다란 눈이 얼핏 눈에 띄는 특징이었다.』 — 『 』: 권 씨의 외양 묘사

한쪽에선 작업 중에 팔이 뭉텅 잘려져 나간 사람이 있고 그 팔값을 찾아 주려고 투쟁하는 사람들이 있는 반면에 다른 한쪽에선 몸에 걸치는 옷 때문에 거기에 자기 인생을 걸려는 분들 — 산업 재해를 입은 동료의 권리를 위해 싸우는 자신의 처지와 의복의 자유를 위해 싸우는 사무직원들의 처지를 대비함.

그 순간 장상태의 얼굴색이 하얗게 질리는 것 같았다. — 권 씨의 말에 당황하는 장상태

[중략 부분 줄거리] 회사 창업 기념일 행사를 앞두고 모든 직원들의 제복을 맞추기 위한 절차가 진행되지만, 민도식과 우기환 둘은 이를

거부하기로 의기투합한다. 이에 두 사람은 사장과 면담을 하게 되는데, 사장은 두 사람을 다독이면서 회사의 뜻에 따라 줄 것을 요구한다.

사장실로 들어서기 무섭게 권 씨는 민도식을 향해 눈자위를 하얗게 부릅떠 보였다. <u>우기환의 돌연한 행동에</u>
우기환이 사표를 냄.
초벌 놀랐던 도식은 권 씨의 험악한 표정에 재벌 놀라면서 엉거주춤 궁둥이를 들었다. 빨리 자리를 비켜 달라는

권 씨의 무언의 협박이 빗발치고 있었다.

"죄송해요, 사장님. 한사코 안 된다는데두 부득부득 우기면서 이 사람이⋯⋯."

뒤쫓아 들어온 여비서를 손짓으로 내보낸 다음 사장이 말했다.

"어서 오게, 권 군."

<u>자기보다 더 사정이 절박한 사람</u>을 위해서 민도식은 사장실에서 물러나지 않을 수 없었다.
권 씨
"잘 생각해서 스스로 결정을 내리도록 하게."

도어가 채 닫히기 전에 사장의 껄껄한 목소리가 도식의 등 뒤에 따라붙는다.
▶ 사장을 만나 거부 의사를 전하지만 성과를 얻지 못하고 우기환은 돌연 사표를 던짐.

"장 선생 집에 전화 걸었더니 부인이 받데요. 새로 맞춘 유니폼 입구 아침 일찍 출근했다구요."

<u>아내의 바가지 긁는 소리</u>로 창업 기념일의 아침은 시작되었다. 체육 대회가 열리는 제1 공장까지 가자면 다른
제복 입기를 거부하는 행동을 고수하기 위해 출근하지 않는 민도식과 그것을 걱정하고 출근을 독려하는 아내
날보다 더 일찍 나서야 되는데도 여전히 밍기적거리고만 있는 남편 곁에서 아내는 시종 근심스런 눈초리를 거두
제복 입는 것에 불만을 품어 회사에 출근하지 않고 있음.
지 않았다. 제복 때문에 총각 사원 하나가 사표를 던졌다는 소문을 아내는 믿지 않았다. 사표를 제출한 게 아니

라 강제로 모가지가 잘린 거라고 굳게 믿고 있었다.

"까짓것 난 필요 없어. 거기 아니면 밥 빌어먹을 데 없는 줄 알아? 세상엔 아직도 유니폼 안 입는 회사가 수두

룩하단 말야!"

거듭되는 재촉에 이렇게 큰소리로 대거리는 했지만 결국 민도식은 뒤늦게나마 집을 나서고 말았다.

시내를 멀리 벗어나서 교외에 널찍하게 자리 잡은 제1 공장 앞에 당도했을 때는 벌써 개회식이 시작된 뒤였다.

공장 정문 철책 너머로 <u>검정 곤색 일색의 운동장</u>을 넘겨다보는 순간 민도식은 갑자기 숨이 턱 막혀 옴을 느꼈다.
사원들이 제복을 모두 갖춰 입어 일사불란해 보이는 모습
새로 맞춘 제복으로 단장한 남녀 전 사원이 각 부서별로 <u>군대처럼 질서 정연하게 도열해</u> 서서 연단에 선 지휘자
제복이 상징하는 전체주의적 모습을 강조함.
의 손끝을 우러러보며 사가(社歌)를 제창하기 직전의 예비 운동으로 목청을 가다듬는 헛기침들을 하고 있었다.

이윽고 공장 일대를 한바탕 들었다 놓는 우렁찬 노래가 터지기 시작했다. 노래 부르는 사원들 모두가 작당해서

지각한 사람을 야유하는 듯한 기분이 들었다. 검정 곤색의 제복들이 일치단결해 가지고 사복 차림으로 꽁무니에

따라붙으려는 유일한 사람을 완강히 거부하는 듯한 기분에 사로잡혔다. 세상 전체가 온통 제복투성이인 가운데

저 혼자만 외돌토리로 떨어져 있는 셈이었다. 자기 한 사람쯤 불참한다 해도 아무렇지도 않게 체육 대회 개회식

은 진행될 수 있다는 사실이 민도식을 무척 화나면서도 그지없이 외롭게 만들었다. 정문으로 들어서지도 못하고

그렇다고 뒤돌아서서 나오지도 못한 채 그는 일단 멈춘 자리에 붙박여 버린 듯 언제까지고 움직일 줄을 몰랐다.
▶ 내키지 않는 몸을 이끌고 창업 기념일 행사에 참여한 민도식은 사원들이 제복을 모두 갖추어 입은 모습에 외로움을 느낌.

포인트 ① 서술상의 특징 문항 1, 4 관련

- 제복 착용이 일방적으로 결정된 상황 속에서 진행되는 사원들 사이의 갈등을 논쟁이 오고 가는 대화를 통해 제시함.
- 제복 착용을 수용하지 않으려고 했지만 결국에는 사표를 던지지 못하고, 창업 기념일 체육 행사 개회식에 일제히 제복 입은 사원들의 모습을 보며 경악하는 민도식의 내면을 제시함.
- 이야기 밖 서술자가 인물의 내면을 직접 서술하는 전지적 서술자 시점의 소설임.

포인트 ② 이 작품의 갈등 구조 문항 2, 3 관련

- 〈갈등 1〉 사측과 사원 측의 갈등

사측	• 사원들의 단결을 위해 제복을 입기로 했다고 통보함. • 준비 위원회라는 절차를 거치겠다고 하지만 형식적 절차에 불과할 뿐, 사원들의 의견을 들으려 하지 않음.	사측의 일방적 결정과 그에 반대하는 사원들의 갈등
↕		
사원 측	• 제복에 대한 통보를 받고 준비 위원회를 통해 반대 의견을 전하기로 합의함. • 준비 위원회가 형식적 절차에 불과했을 뿐임을 알게 됨.	

- 〈갈등 2〉 사원들끼리의 갈등

준비 위원회에 다녀온 장상태의 입장	• 준비 위원회는 형식적 절차에 불과했기에, 그 안에서 반대 의견을 제시하는 것이 불가능하였음.	• 제복에 대한 반대 의견을 사측에 전달하는 방법을 둘러싼 갈등 • 생산직 공원과의 갈등
↕		
다른 사원들의 입장	• 제복 착용에 대한 반대 의사가 사원들 내부에 있음을 제시했어야 함. • 제복에 대한 결정이 일방적 결정임에 반발해야 함.	
권 씨의 입장	• 제복 착용에 반대하는 것보다 팔이 잘려 나가는 위험한 작업 환경 개선을 위한 생산직 공원들의 싸움이 더 중요함.	

- 〈갈등 3〉 민도식과 그의 아내 사이의 갈등

민도식의 입장	제복을 입고 회사에 가는 것이 내키지 않아 창업 기념일 행사에 가는 것을 뭉그적거림.	제복을 입는 사원으로서의 생활을 거부하는 민도식과 그의 아내의 갈등
↕		
아내의 입장	출근하지 않는 남편을 걱정하며 회사에 갈 것을 재촉함.	

 포인트 ③ 제목 '날개 또는 수갑'의 상징성 문항 4 관련

날개	수갑
• 속담 '옷이 날개라'에서 착안함. • 자유로운 개인의 개성을 실현하는 것이 '옷'임.	사원들에게 모두 같은 옷을 입힘으로써 사원들에 대한 통제를 강화하고 개인의 자유를 억압하고자 하는 사측의 태도를 '수갑을 채운다'는 말로 비판적으로 꼬집음.

↓

제복을 입혀 사원을 통제하려는 전체주의적 발상을 지적하는 제목

■ 윤흥길의 「아홉 켤레의 구두로 남은 사내」 연작

윤흥길의 단편 「아홉 켤레의 구두로 남은 사내」, 「직선과 곡선」, 「창백한 중년」, 그리고 여기서 학습한 「날개 또는 수갑」은 모두 '권 씨(권기용)'가 등장하는 소설로, 연작 소설로 기획된 작품들이다. 권 씨는 대학을 졸업한 인텔리지만 행정 권력의 부당한 조치에 피해를 입어 셋방살이를 전전하게 된 인물이기도 하고, 그 부당함에 맞서 소리 높여 저항하는 모습도 보이지만 자신의 안위를 우선시하고 비겁하게 권력 앞에 굴복하기도 하는 소시민으로서의 모습도 함께 보이는 인물이다.

작가는 이 연작들을 통해 1970년대 사회 변화 속에서 노동자, 도시 빈민들이 겪는 삶의 어려움과, 그럼에도 불구하고 부당한 권력과 사회 구조에 적극적으로 문제 제기를 하지 못하는 소시민의 삶의 모습을 형상화하고자 하였다. 이 연작 속에는 도시 개발 정책에 기대를 걸었다가 부당한 조치에 거주지를 잃고 빈민이 된 사람들, 아이를 낳는 아내의 병원비조차 마련하기 어려운 가난한 삶, 섬유 공장의 활황 속에서도 그 현장에서 일하고 있는 노동자의 안전을 도외시하는 기업주의 무책임한 모습, 회사의 사원들을 인격체로 존중하기보다는 한 단체의 일원으로만 바라보는 부당한 결정을 내리는 회사 고위 관료의 모습 등이 그려진다. 그러나 권 씨를 비롯한 소설 속 등장인물들은 어려운 현실 속에서 고통스러워하면서도 공동체적 해결 방안을 함께 모색하거나 단결된 모습으로 저항하기보다는 가족과 자신의 안위를 우선적으로 챙기거나 사회적 체면을 우선시하는 행동을 보인다. 이를 통해 작가는 부당한 현실 속 각자도생하는 소시민성을 드러내고자 하였다.

EBS Q&A

Q 우회적이고 간접적으로 사회를 비판하는 작품을 읽을 때 주의할 점은 무엇이 있나요? [문항 4 관련]

A 1960~80년대 창작된 소설 가운데에는 우회적이고 간접적으로 당대의 군부 독재 권력을 비판하고자 한 작품이 많습니다. 윤흥길의 「날개 또는 수갑」도 군부 독재 권력이 만든 전체주의적, 획일적 사회 분위기를 우회적으로 비판한 대표적 작품 중 하나입니다. 이와 같은 소설에는 비판하고자 하는 대상의 부정적인 면을 드러내기 위한 상징적 소재가 있기 마련입니다. 이 작품의 경우, 작가는 '사복(제복)'이 모두가 획일적으로 입어야 하는 옷이라는 특징에 착안하여 작품에서 비판하고자 하는 전체주의적, 획일적 사회 분위기를 상징하는 소재로 사복(제복)을 설정하고 사건과 갈등 구조를 구성해 간 것이라고 볼 수 있습니다. 이와 같이 직접적이지는 않지만 우회적으로 작가가 비판하고자 하는 대상이 있을 때에는 작품 속 소재가 상징하는 의미가 있을 것이라는 점에 주목하며 소설을 읽어 봅시다.

개는 왜 짖는가 _송기숙

감상 포인트

이 작품은 언론 통폐합이라는 시대 현실을 비판하고 있는 소설이다. 어두운 시대 현실을 그리고 있음에도 불구하고 작품의 분위기가 가볍고 유쾌한 것은 해학과 풍자의 방식으로 현실의 문제를 풀어냈기 때문이다. 동네 어르신들의 거침없는 언사와 의기는 과장되어 우스꽝스럽기도 하지만 한편으로는 불의한 시대에 대한 국민의 요구를 담고 있어 풍자적이다. 아울러 표현의 자유를 억압당한 언론의 무기력함과 그에 대한 성찰이 비유적이고 효과적으로 형상화되고 있다.

주 제

언론의 자유를 억압하는 불의한 시대에 대한 비판

전체 줄거리

한때 특종을 여러 개 터뜨릴 만큼 유능한 기자였던 박영하는 최근 들어 어쩐지 사회 현실에 흥미를 잃어 취재도 기사 쓰기도 시큰둥하다. 변두리 동네로 이사 온 박 기자는 동네일에 사사건건 간섭을 해 대는 동네 어르신들을 보고 그들과 엮이지 않으려 피해 다닌다. 그러던 차에 동네 어르신들이 박 기자를 불러 동네의 불효자의 악행을 신문에 내 줄 것을 부탁하고, 이야기 중 당사자가 나와 어르신들과 말다툼이 일어난다. 박영하는 끝내 동네 어르신들의 기사화 요구를 거절했지만 집에 와서 이내 그에 대한 기사를 작성한다. 하지만 신문사 편집실에서 어느 기사를 거절당한 선배의 모습을 보고 자신이 써 놓은 기사를 버려 버린다. 그날 밤 박영하는 술에 취해 동네에서 소리를 고래고래 지르다 순경의 도움을 받아 집에 돌아온다.

[앞부분 줄거리] 한때 특종을 여러 개 터뜨릴 만큼 유능한 기자였던 박영하는 최근 들어 어쩐지 사회 현실에 흥미를 잃어 취재도 기사 쓰기도 시큰둥하다. 변두리 동네로 이사 온 박 기자는 동네일에 사사건건 간섭을 해 대는 동네 어르신들을 보고 그들과 엮이지 않으려 피해 다닌다. 그러던 차에 동네 어르신들이 박 기자를 불러 동네의 한 불효자의 악행을 신문에 내 줄 것을 부탁하고, 이야기 중 당사자가 나와 어르신들과 말다툼이 일어난다.

"젊은 순경, 봤지요? 저렇게 자기 허물을 뉘우칠 줄 모르고 큰소리만 치고 있으니 개가 짖지 않고 배기겠소?
~~부모에게 불효를 저지르는 일~~
정부에서도 충효(忠孝) 어쩌고 했으면, 저런 작자들부터 묶어 가야 할 게 아니요? 그리고 박 기자, 어떻소. 이
~~털보 영감이 사내와의 갈등에 영하를 끌어들이고 있음.~~
런 사람을 신문에 안 내면 뭣을 신문에 낸단 말이요?" / 털보 영감이 이번에는 영하를 물고 들어갔다.

"뭐요? 신문에 내다니, 뭣을 신문에 낸단 말이요?" / 사내가 털보 영감 말을 채뜨리며 시퍼렇게 악을 쓰고 나섰다.
~~'채다'를 강조하여 이르는 말. '채다'는 '재빠르게 센 힘으로 빼앗거나 훔치다'의 의미~~
"임자 같은 사람을 신문에 안 내면 뭣을 신문에 낸단 말이여? 개는 짖으라고 있고 신문은 나팔을 불라고 있는
~~개가 짖는 일과 비교하여 신문의 역할에 대해 말하고 있음.~~
것인데, 개도 못 봐서 짖는 일을 신문 기자가 손 개 없고 있으란 말이여? 신문 기자가 개만도 못한 줄 알아?"

여태 말이 없던 굴때장군이 깡, 내질렀다. 민 영감은 배실배실 웃고만 있었다.

"영감들이 괜히 나를 못 잡아먹어서 환장이지 내가 어째서 신문에 난단 말이요?"

사내는 신문 이야기가 나오자 제정신이 아니었다.

"두고 봐. 신문에 나는가 안 나는가 두고 보라구."

"잡것, 어떤 놈이든지 신문에만 내 봐. 그때는 저 죽고 나 죽고 정말 사생결단을 하고 말 것이다."
□ : 비속어를 사용하여 영하에게 위협을 가하고 있음.
작자는 이를 악물며 들떼놓고* 을러멨다*. 영하는 소한테 물린 것처럼 헤프게 웃고만 있었다.

"신문 기자가 그렇게 만만한 줄 아나?"

"만만 안 하면 신문 기자 배때기에는 철판 깐 줄 아슈?" / "허허, 잘 논다."

"생사람을 못 잡아먹어 환장을 하더니 나중에는 신문 기자까지 끌어다 대는구만."

"환장? 그게 어디다 대고 하는 말버릇이야?" / 좁쌀영감이 소리를 질렀다.

"그럼 환장이 아니고 뭡니까?"

▶ 사내의 악행을 신문에 내는 문제로 갈등하는 사내와 동네 어르신들

사내가 좁쌀영감한테 삿대질을 하며 악을 썼다. 순간 왕왕, 셰퍼드가 짖었다. 스피츠와 포인터도 덩달아 짖고
_{사내의 버릇없는 성격을 엿볼 수 있음.}　　　　　　　　　　　　　　　　　　　　　　_{각각 개의 한 품종}
나섰다.

"또철아, 또철아, 가만있어, 가만!" / 개들이 다시 누그러졌다.
_{'또철'은 사내의 이름임. 사내의 이름을 개에게 붙여 사내를 조롱하고 있음.}

"방금은 저 개들이 왜 짖은 줄 알아? 제 주인한테 대드니까 짖었어. 개는 까닭 없이는 안 짖어. 사람 못된 것들

은 할 소리 안 할 소리 자발없이 씨부렁대지만, 개는 짖을 놈만 봐서 꼭 짖을 때만 짖어. 저 시퍼런 눈 봐. 저
　　　　　　　　　　　　　　　　　_{개를 '사람 못된 것들'보다 나은 존재로 인식하고 있음.}
눈으로 사람 못 보는 데까지 훤히 꿰뚫어 보고 꼭 짖을 놈만 찾아 짖는단 말이야."

털보 영감이 능청을 떨었다.

"뭐가 어쩌고 어째요? 저 영감이 시키니까 짖지 개가 뭣을 알아 짖는단 말이오. 저 개한테 붙인 또철이란 이름

이 뉘 이름이오. 개한테 멀쩡한 사람 이름을 가져다 붙인 것부터가 속내가 환한데, 시키지도 않는데 제 사날*

로 짖는단 말이요?"　　　　　　　　　　　　▶ 개가 짖는 이유를 설명하는 털보 영감과 자신의 이름을 개한테 붙인 사실에 화를 내는 사내

사내는 이를 앙다물며 좁쌀영감을 노려봤다. 작자는 이만저만 끈질긴 성미가 아니었다. 이쯤 했으면 진력이
　　　　　　　　　　　　　　　　　　　　　　_{사내의 끈질긴 성격을 알 수 있음.}
날 법도 한데 기어코 물고 늘어졌다.

"또철이가 뉘 이름이냐 이 말인가? 아까도 말했듯이 그것은 임자 이름인 것 같기도 하지만 저 개 이름이기도

해. 임자가 또철이란 이름을 지을 때 누구한테 허락 맡고 지었나? 나도 내 맘대로 지었는데, 어째서 시비야?

또철이란 이름은 임자 혼자 이름이라고 전세 내서 등기라도 해 두었어?" / 좁쌀영감이 차근하게 따졌다.
　　　　　　　　　　　　　　　　　　_{국가 기관이 법정 절차에 따라 등기부에 부동산이나 동산·채권 등의 담보}
"일부러 내 이름을 개한테 붙인 것이 아니고 뭐요?"_{따위에 관한 일정한 권리관계를 적는 일. 또는 적어 놓은 것}

"저 사람이 남의 말 들을 귀에 말뚝을 박았나? 대한민국에 또철이가 임자 혼자뿐이 아닌데 어째서 그게 임자

혼자 이름이란 말이야?" / 영감이 삿대질을 하자 또 셰퍼드가 컹 짖었다. 영감 말이 옳다는 소리 같았다.

"이 골목에 사는 또철이는 나 하나뿐이니, 나 들으라고 지은 이름이 아니고 뭡니까? 바둑이·도크·쫑·검둥

이, 세상에 쌔고 쌘 개 이름 놔두고, 아무런들 개한테 사람 이름을 붙여 허구한 날 또철아, 또철아, 도대체 이런
　　　　　　　　　　　　　　　　　　　　　　　　　　　　_{사내가 순경에게 자신의 억울한 상황에 대해 호소하고 있음.}
법도 있습니까?" / 사내는 순경을 돌아보며 입에 거품을 물었다. 그가 소리를 지르자 또 개가 으르렁거렸다.

"개한테 그런 이름을 붙이면 안 된다는 무슨 법조문이라도 있단 말이야? 있으면 가져와 봐. 이놈은 일본 총독 이토,
　　　　　　　_{아프리카 우간다의 독재자 이디 아민을 일컬음.}　　　　　　　　_{1905년 초대 조선 통감이었다가 안중근 의사에게 피살된 이토 히로부미를 일컬음.}
이놈은 인규, 이놈은 아민, 이놈은 또철이, 또 이놈은 뭔 줄 아나? 모를 게야. 아직 안 짓고 아껴 뒀어."
_{이승만 정부에서 교통부 장관과 내무부 장관을 지낸 정치인 최인규를 일컬음.}
_{대통령에게 "지당하신 말씀이십니다."라고 아첨을 잘하여 '지당장관'으로 불림.}　(중략)　　　▶ 개 이름에 나쁜 사람들의 이름을 지어 부르는 좁쌀영감

비싼 나무를 사다가 잘 손질한 정원은 인위적으로 정돈된 바로 그만큼 자연의 질서와 조화에서는 어긋나 있는

것이 아니겠는가 하는 생각이 들며 매미가 붙어 있는 오동나무가 새삼 대견스럽게 여겨졌다.

저 오동나무는 통새암거리 노인들 같다는 생각이 들었다. 그 노인들은 저 오동나무처럼 거침없이 살다가 구김
　　　　　　　　　　　　　　　　　　　　　_{통새암거리 노인들을 오동나무와 같다고 생각한 이유}
없이 늙으며, 어디서나 자기 할 소리 하며 자기 분수껏 이 세상에 나온 자기 몫을 하고 죽어 갈 사람들이었다.

화단 한쪽 햇볕에 내놓은 분재★로 눈이 갔다. 오동나무에 비기면 저게 뭔가? 봄이 되어도 가지 하나를 뻗고 싶
_{화초나 나무 따위를 화분에 심어서 줄기나 가지를 보기 좋게 가꿈. 또는 그렇게 가꾼 화초나 나무}
은 대로 뻗지 못하고, 뿌리는 또 비좁은 화분 속에서 얼마나 궁색스럽게 비틀리고 얽혀서 뻗어야 하는가? 저렇게
　　　　　　　　　　　　_{신문 기자로서 해야 할 말을 하지 못한 채 궁색하게 살고 있는 자기 자신에 대한 성찰이 담겨 있음.}

최소한의 생존 조건 속에서 생명을 부지해야 사랑받고, 그 생존 조건의 극한점이 올라가면 올라갈수록 가치도 그에 비례하는 것이 분재였다.

통새암거리 노인들이 오동나무라면 나는 뭔가? 저 분재일까? 그렇게 빗대어 놓고 보니 너무 신통하게 들어맞는 것 같았다. 영하는 멀쩡게 웃었다. ▶ 오동나무와 분재를 보며 통새암거리 노인들과 자신 같다고 생각하는 영하

울음을 그쳤던 매미★가 또 찌이, 장대 같은 소리를 내질렀다. 거침없이 내지르고 있는 매미 소리는, 더위에 내려앉을 것 같은 여름 한낮에 하늘로 치솟아 오르는 한 줄기 시원한 분수였다.

매미는 지상의 생애 1주일 혹은 3주일을 살려고 땅속에서 7년 내지 17년을 유충으로 기다린다는 것이다. 적어도 7년에서 17년을 별러 태어나 7일을 살다 죽는, 그 7일로 응축된 매미의 생애가 이상한 감상을 불러왔다. 찌이 하는 울음소리가 단순한 곤충의 울음으로 들리지 않았다. 그 기나긴 기간을 땅속에서 벼르고 별렀던 자신의 무슨 절실한 의지를 저렇게 단음으로 표출하고 있는 것이 아닌가 싶었다. 저 크고 우람한 소리는 그

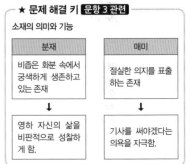

★ 문제 해결 키 문항 3 관련
소재의 의미와 기능

분재	매미
비좁은 화분 속에서 궁색하게 생존하고 있는 존재	절실한 의지를 표출하는 존재
↓	↓
영하 자신의 삶을 비판적으로 성찰하게 함.	기사를 써야겠다는 의욕을 자극함.

매미의 소리에서 절실한 의지를 느낌.

짧은 생애 한순간 한순간을 아껴 내지르는 뭔가 그만큼 절실한 삶의 표출일 것이다.

매미 소리에 취해 있던 영하는 책상머리로 갔다. 아까 그 기사를 써야겠다고 생각했다. 매미처럼 무슨 거창한 불효자 사내에 대한 기사
소리를 지르자는 것이 아니고 매미 소리를 듣다 보니 뭔가 끄적거리고 싶었다. ▶ 매미의 절실한 울음소리를 듣고 기사를 써야겠다는 생각을 하는 영하

＊들떼놓고: 꼭 집어내어 바로 말하지 않고.
＊사날: 제멋대로만 하는 태도.
＊으르메다: 위협적인 언동으로 을러서 남을 억누르다.

핵심 개념 이것만은 꼭 익히자

포인트 1 **서술상의 특징** 문항 1 관련
이야기 밖의 전지적 서술자가 이야기 속 인물인 박영하의 시각에서 사건과 인물을 관찰하고 서술하고 있음.

이야기 밖	이야기 속	
전지적 서술자	→ 박영하	→ 통새암거리 노인들, 불효자 사내

포인트 2 **인물의 심리와 태도** 문항 2 관련

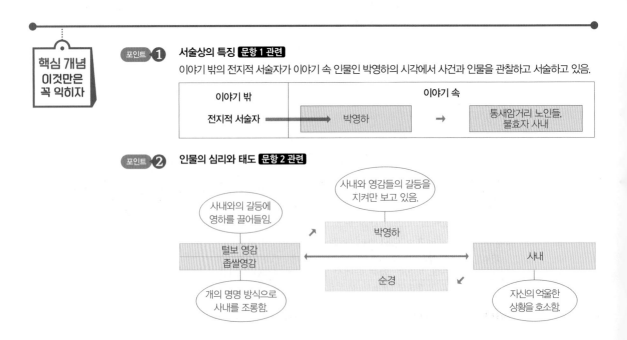

포인트 3 **소재와 인물의 행동에 담긴 시대 현실** 문항 4 관련

'자기 허물을 뉘우칠 줄 모르고 큰소리만 치고 있'는 사내	→	불의한 세력
'소한테 물린 것처럼 헤프게 웃고만 있'는 영하	→	현실의 문제에 무기력한 언론의 모습
'사람 못 보는 데까지 훤히 꿰뚫어 보고 꼭 짖을 놈만 찾아 짖'는 개	→	권력을 견제해야 하는 언론의 책무
사내의 악행을 신문에 내달라고 요구하는 '통새암거리 노인들'	→	정의를 갈망하는 국민의 모습

■ 작품 전체의 구조

발단	한때 유능한 기자였던 박영하는 최근 들어 사회 현실에 흥미를 잃고 변두리 동네로 이사 옴.

↓

전개	박영하는 동네일에 사사건건 간섭을 해 대는 동네 어르신들과 엮이지 않으려 피해 다님.

↓

위기	동네 어르신들이 동네의 불효자의 악행을 신문에 내 줄 것을 부탁함.

↓

절정 수록	**이야기 중 당사자와 어르신들의 말다툼이 일어나고 집에 돌아 온 박영하는 그에 대한 기사를 작성함.**

↓

결말	선배의 기사가 편집실에서 거절된 것을 본 박영하는 자신이 써 놓은 기사를 쓰레기통에 버리고, 그 날 밤 그는 술에 취해 동네에서 소리를 고래고래 지르다 순경의 도움으로 집에 돌아옴.

■ 실천 지식인으로서 송기숙과 그의 작품 경향

송기숙의 소설들은 문학 작품을 통해 우리 사회의 문제들을 날카롭게 파헤치고 비판하고 있다는 점에서 특징적이다. 그는 참여 지식인으로서 '한국 근현대사의 교과서', '참여 지식인의 표상'으로 불릴 만큼 문학 작품으로, 또 실천 지식인의 행동으로 현실의 문제에 끊임없이 개입해 왔다. 그의 대표작인 『암태도』, 『녹두장군』과 같은 역사 소설로 민중 중심의 우리 역사를 조명하였고, 교육자로서 70년대 우리 교육 현실을 비판하다 긴급 조치 위반으로 구속되기도 하였다. 현대문학상(1972), 만해문학상(1994), 금호예술상(1995), 요산문학상(1996) 등을 수상하였다.

Q **소설에서 배경이나 소재는 어떤 서사적 기능을 하나요?** 문항 3, 4 관련

A 소설에서 배경이나 소재는 기본적으로 사건이 전개되는 시·공간이나 사건 진행을 위한 도구로서 기능하지만, 더 크게는 작품의 주제를 상징적으로 드러내거나 사건의 분위기 형성, 인물의 심리나 성격 제시, 사건의 복선 암시 등 다양한 서사적 기능을 합니다. 작품 전체를 관통하는 배경이나 소재가 등장한다면 작품의 주제와 연결하여 대상의 의미를 추론해 보고, 특정 소재가 반복적으로 등장하거나 유사한 소재가 서로 다른 장면에서 나타난다면 해당 소재가 사건들 사이의 관계와 관련될 수 있으니, 작품의 맥락을 보고 그 의미를 파악할 수 있도록 해 보세요.

비 오는 날이면 가리봉동에 가야 한다 _ 양귀자

EBS 수능특강 문학 195쪽

감상 포인트 이 작품은 광복절 휴일 하루 동안 한 가족이 겪는 일을 통해 중산층 서민들의 오만과 불신을 꼬집은 소설이다. 어렵게 소도시에 마련한 연립 주택에서 이어지는 집수리 공사로 형편이 쪼들려 마음에 여유를 갖지 못하고 타인을 믿지 못하는 부부 두 사람이 정직하고 성실한 하층민 노동자 임 씨를 통해 스스로의 삶을 돌아보게 되는 과정을 담았다. 이를 통해 작가는 1980년대의 경제 성장과 풍요 속에서 소외되어 있던 평범한 사람들의 아픔을 그리고, 어려운 상황 속에서도 서로에 대한 존중과 신뢰를 잃지 말아야 함을 말하고 있다.

주 제 도시 중산층의 소시민성과 타자 이해를 통한 자기반성

전체 줄거리 주인공 '그'의 가족인 은혜네 가족은 셋방살이를 전전하던 서울에서의 생활을 청산하고 부천 원미동 연립 주택에 정착하기로 한다. 하지만 서울에 자리 잡지 못했다는 아쉬움, 한 달이 멀다 하고 이어지는 집수리로 겪는 경제적 곤란 탓에 경제적으로도 심리적으로도 여유롭지 못한 생활을 하고 있다. 그러던 어느 날 목욕탕 하수관에 문제가 생겨 광복절 휴일 아침부터 인부들을 불러 공사를 하게 된다. 목욕탕 공사를 위해 급하게 연탄장수 임 씨를 소개받았지만, 임 씨와 그가 데려온 젊은 인부가 영 마땅찮아 보인 '그'와 '그'의 아내는 임 씨가 일한 값보다 부풀린 값을 비용으로 청구하려고 한다고 의심한다. 임 씨가 농촌을 떠나와 도시로 와서 기나긴 고생의 나날을 보내고 있음을 들으면서도 은혜네 부부는 자신들이 거짓 비용을 지불하게 될 것에 대한 걱정이 앞선다. 그러나 '그'는 임 씨의 일손을 도와 함께 일하게 되면서 점차 임 씨의 정직함과 일솜씨를 인정하게 되고, 결국 공사가 마무리되고 임 씨가 어려운 자신의 경제적 처지에도 불구하고 손해에 가까운 정직한 비용을 청구하자 은혜네 부부는 부끄러움을 느낀다. 계산 후 이어진 술자리에서 임 씨는 연탄값 80만 원을 떼여 비가 올 때마다 가리봉동에 가서 떼인 돈을 받으려 하고 있다는 말을 하고, 그 돈을 받으면 도시 생활을 청산하고 농촌으로 돌아가려 한다고 말한다. '그'는 자신이 임 씨를 도시에서 몰아내는 사람 중 하나일 수도 있다고 여긴다.

"까짓거 몸 돌보지 않고 열심히만 하면 농사꾼보다야 낫겠거니 했지요. 처음에는 땅 판 돈이 좀 있어서 생선
_{농사꾼이었던 임 씨는 농사를 접고 장사에 도전했으나 실패함.}
장사를 하다가 밑천 잘라먹고 농사꾼 출신이라 고추 장사는 자신 있지 싶어 덤볐다가 아예 폭삭 망했어요."

밥그릇 비우는 솜씨도 일솜씨 못지않아서 임 씨는 그가 반도 비우기 전에 벌써 숟가락을 놓았다. 그리고 은하
_{임 씨의 숙련된 일솜씨, 식사 속도가 빠름.}
수 한 개비를 물었다.

"밑천 댈 돈이 없으니 그다음부터는 닥치는 대로죠. 서울서 밑천 털리고 부천으로 이사 온 게 한 육 년 되나.
_{농사일을 접고 장사를 했던 곳: 서울 = 이촌향도}
이 바닥서 안 해 본 게 없어요. 얼음 장수, 채소 장수, 개장수, 번데기 장수, 걸리는 대로 했으니까요. 장사를
하려면 단돈 천 원이라도 밑천이 들게 마련인데 이게 걸핏하면 밑천 까먹기라 이겁니다. 좀 되는가 싶어도 자
_{장사로 돈을 벌지 못하고 손해만 보았음.}
식새끼가 많다 보니 쓰이는 돈도 많고. 그래서 재작년부터는 몸으로 벌어먹는 노가다 일을 주로 했지요. 뺑기
쟁이, 미쟁이, 보일러쟁이 뭐 손 안 댄 게 없어요. 잡부가 없다면 잡부로 뛰고, 도배쟁이가 없다면 도배도 해
요. 그러다 겨울 닥치면 공터에 연탄 부려 놓고 연탄 배달로 먹고살지요."

키 작은 하청일과 키 큰 서수남이 재잘재잘 숨넘어가게 가사를 읊어 대는 노래가 생각날 만큼 <u>그가 주워섬기
는 직업 또한 늘어놓기 힘들 만큼 많았다.</u> 그렇게 많은 일을 했다면서 아직도 요 모양 요 꼴인가 싶으니 견적에
_{생계를 유지하기 위해 고단하게 살아온 '임 씨'의 삶}   _{임 씨의 이야기를 듣고 '그'는 의구심이 짙어짐.}
서 돈 남기고 공사에서 또 돈 남기는 재주는 임 씨가 막판에 배운 못된 기술인지도 몰랐다.

"연탄 배달이 그래도 속이 젤로 편해요. 한 장 배달에 얼마, 이렇게 금새가 매겨져 있으니 한철에 얼마큼만 나
르면 입에 풀칠은 하겠다는 계산도 나오구요. 없는 살림에는 애들 크는 것도 무서워요. 지하실에 꾸며 놓은 단
칸방에 살면서 하루에 두 끼는 백 원짜리 라면으로 때우게 되더라구요. 그래도 농사질 때는 명절 닥치면 떡 한
말쯤이야 해 놓을 형편이었는데……. <u>시골서 볼 때는 돈이란 돈은 왼통 도시에 몰려 있는 것 같음서도 정작 나
와 보니 돈 구경하기 힘들데요."</u>
_{성공을 바라고 도시로 왔으나 실패를 거듭함.}

<u>그는 또 공사 맡아서 주인 속여 남긴 돈은 다 뭣 하나 하는 생각에 임 씨 얼굴을 다시 보게 된다.</u> 하기야 임 씨
_{임 씨에 대한 선입견을 거두지 않고 의심함.}

같은 뜨내기 인부에게 일 맡길 집주인도 흔치 않겠지 하고 어림하다 보니 스스로가 바보가 된 것 같아서 그는 입맛이 썼다.

▶ '그'는 점심 식사 후 임 씨의 내력을 듣게 되지만 계속해서 임 씨를 경계함.

[중략 부분 줄거리] 당초 예상보다 이르게 목욕탕 수리를 마무리한 임 씨는 '그'와 '그'의 아내에게 집에 더 손볼 곳이 있으면 봐 주겠다고 제안을 하고, 임 씨가 수리비 비용을 과하게 청구할까 봐 불안했던 '그'는 옥상 방수 공사를 추가로 부탁한다. 임 씨를 도와 옥상 방수 공사를 늦은 시간까지 하면서 '그'는 집수리 일이 생각보다 어렵다는 것을 알게 된다. 또, 임 씨의 정직한 계산서를 받고 자신이 임 씨를 오해했음에 부끄러움을 느낀다.

"좋수다. 형씨. 한잔하십시다."
호칭의 변화(사장님 → 형씨), '그'와 임 씨의 심리적 거리가 가까워짐.
임 씨가 호기를 부리며 소리 나게 잔을 부딪쳤다.

"그렇지, 그렇지. 다 같은 토끼 새끼 주제에 무슨 얼어 죽을 사장이야!"
같은 토끼띠라는 것을 강조하며 심리적 유대감을 형성함.
그의 허세도 임 씨 못지않았으므로 이윽고 두 사람은 주거니 받거니 술잔을 비우기 시작하였다.

"내가 이래 봬도 자식 농사는 꽤 지었지요."

임 씨는 자신의 아들딸이 네 명이란 것, 큰놈은 국민학교 4학년인데 공부를 썩 잘하고 둘째 딸년은 학교 대표
　　　　　　　　　　　　　　　　　　초등학교
농구 선수인데 박찬숙 못지않을 재주꾼이라고 자랑했다.
박찬숙: 유명한 여자 농구 국가대표 선수였음.

"그놈들 곰국 한번 못 먹인 게 한이오, 형씨. 내 이번에 가리봉동에 가면 그 녀석 멱살을 휘어잡아야지."
가족에 대한 임 씨의 애정이 드러난 소재
임 씨가 이빨 사이로 침을 찍 뱉었다. 뭐 맛있는 거나 되는 줄 알고 김 반장의 발발이 새끼가 쪼르르 달려왔다.

"가리봉동에 가면 곰국이 나와요?"

임 씨가 따라 주는 잔을 받으면서 그는 온몸을 휘감는 술기운에 문득 머리를 내둘렀다. 아까부터 비 오는 날에
는 가리봉동에 간다는 임 씨의 말이 술기운과 더불어 떠올랐다.
임 씨의 사연에 대해 관심을 갖게 된 '그'

"곰국만 나오나. 큰놈 자전거도 나오고 우리 농구 선수 운동화도 나오지요. 마누라 빠마값도 쑥 빠집니다요.
자그마치 팔십만 원이오, 팔십만 원. 제기랄. 쉐타 공장 하던 놈한테 일 년 내 연탄을 대 줬더니 이놈이 연탄값
떼어먹고 야반도주했어요. 공장이 망했다고 엄살을 까길래, 내 마음인들 좋았겠소. 근데 형씨, 아, 그놈이 가
임 씨가 가리봉동에 가야 한다고 말하는 이유
리봉동에 가서 더 크게 공장을 차렸지 뭡니까. 우리네 노가다들, 출신이 다양해서 그런 소식이야 제꺼덕 들어
오지, 뭐."

"그럼 받아야지, 암. 받아야 하구 말구."

그는 딸꾹질을 시작했다. 임 씨에게 술을 붓는 손도 정처 없이 흔들렸다. 그에 비하면 임 씨의 기세 좋은 입만
큼은 아직 든든하다.

▶ '그'는 임 씨가 비 오는 날에 가리봉동에 가는 이유를 듣게 됨.

"누군 받기 싫어 못 받수. 줘야 받지. 형씨, 돈 있는 놈은 죄다 도둑놈이오. 쫓아가면 지가 먼저 울상이네. 여
공들 노임도 밀렸다, 부도가 나서 그거 메우느라 마누라 목걸이까지 팔았다고 지가 먼저 성깔 내."
연탄값을 주지 않으려는 스웨터 공장 사장의 이기적이고 부도덕한 모습
"죽일 놈."

그는 스웨터 공장 사장을 눈앞에 그려 본다. 빤질빤질한 상판에 배는 톡 불거져 나왔겠지.
임 씨의 처지를 이해하고, 동정하게 되면서 임 씨의 심정에 동조하게 됨.

"그게 작년 일인데 형씨, 올여름에 비가 오죽 많았소. 비만 오면 가리봉동에 갔지요. 비만 오면 갔단 말이오."

"아따, 일 년 삼백육십오 일 비 오는 날은 쌔고 쌨는디 머시 그리 걱정이당가요?"

김 반장이 맥주를 새로 가져오며 임 씨를 놀려 먹었다.

"시끄러, 임마. 비가 와야 가리봉동에 가지, 비가 와야……."

"해 뜨는 날은 돈 벌어서 좋고, 비 오는 날은 돈 받아서 좋고, 조오타!"

임 씨의 가난한 처지를 반어적으로 표현함.

김 반장이 젓가락으로 장단까지 맞추자 임 씨는 김 반장 엉덩이를 찰싹 갈긴다.

"형씨, 형씨는 집이 있으니 걱정할 것 없소. 토끼띠면 어쩔 거여. 집이 있는데, 어디 집값이 내리겠소?"

"저런 것도 집 축에 끼나……."★

★ 문제 해결 키 **문항 3 관련**

집

'그'는 어렵게 집 마련을 했으나 집수리 비용이 계속 지출되자 골칫거리라고 여김.

↓

임 씨의 가난한 처지 앞에서 '그'는 상대적으로 부유한 자신의 상황을 돌아보게 됨.

이번엔 또 무슨 까탈을 일으킬 것인지, 시도 때도 없이 돈을 삼키는 허술한 집이라고 대꾸하려다가 임 씨의 말에 가로채여서 그는 입을 다물었다.

"난 말요. 이 토끼띠 사내는 말요, 보증금 백오십만 원에 월세 삼만 원짜리 지하실 방에서 여섯 식구가 살고 있소. 가리봉동 그 새끼는 곧 죽어도 맨션아파트요, 맨션아파트!"

집의 규모를 말하며 임 씨는 가리봉동 공장 사장의 처지와 자신을 비교함.

임 씨는 주먹을 흔들며 맨션아파트라고 외쳤는데 그의 귀에는 꼭 맨손 아파트처럼 들렸다.

"돈 받으러 갈 시간도 없다구. 마누라는 마누라대로 벽돌 찍는 공장에 나댕기지, 나는 나대로 이 짓 해서 벌어야지. 그래도 달걀 후라이 한 개 마음 놓고 못 먹는 세상!"

임 씨의 목소리가 거칠어졌다. 술이 너무 과하지 않나 해서 그는 선뜻 임 씨에게 잔을 돌리지 못하고 있었다.

"돌고 돌아서 돈이라고? 돌고 도는 돈 본 놈 있음 나와 보래! 우리 같은 신세는 평생 이 지랄로 끝장이야. 돈? 에이! 개수작 말라고 해."

경제적 형편이 나아질 가능성이 없다며 절망하는 모습

임 씨가 갑자기 탁자를 내리쳤다. 그 바람에 기우뚱거리던 맥주병이 기어이 바닥으로 나뒹굴면서 요란한 소리를 내었다.

"참고 살다 보면 나중에는……."

"모두 다 소용없는 일이야!"

임 씨의 기세에 눌려 그는 또 말을 맺지 못하고 입을 다물었다. 나중에는 임 씨 역시 맨션아파트에 살게 되고 달걀 프라이쯤은 역겨워서, 곰국은 물배만 채우니 싫어서 갖은 음식 타박에 비 오는 날에는 양주나 찔끔거리며 사는 인생이 될 것이다, 라고 말할 수는 없었다. 천 번 만 번 참는다고 해서 이 두터운 벽이, 오를 수 없는 저 꼭대기가 발밑으로 걸어와 주는 게 아님을 모르는 사람이 그 누구인가.

경제적으로 성공한 삶의 모습

경제적 계층을 나누는 경계가 높아 극복하기 어려움.

그는 임 씨의 핏발 선 눈을 마주 보지 못하였다. 엉터리 견적으로 주인 속이는 일꾼이라고 종일토록 의심하며 손해 볼까 두려워 궁리를 거듭하던 꼴을 눈치채이지는 않았는지, 아무래도 술기운이 확 달아나 버리는 느낌이었다.

임 씨의 처지와 실력, 정직한 성정을 모른 채 선입견만으로 부당 청구를 의심하던 낮 동안의 스스로의 모습

자신의 지난 모습을 떠올리며 반성하고 각성함.

▶ '그'는 성실하고 정직한 임 씨의 이야기를 통해 자신의 오해를 반성하게 됨.

포인트 1 **서술상의 특징** 문항 1, 2 관련

- 전지적 서술자 시점으로 사건을 서술하나, 주로 '그'의 시선에서 서술하여 '그'의 내면의 변화를 드러 내고 있음. (초점화자)
- '그'와 임 씨의 대화를 통해 임 씨의 내력과 그의 내면을 드러내고 있음.

포인트 2 **'그'의 변화 과정** 문항 3, 4 관련

임 씨를 이해하기 전	임 씨와의 대화로 임 씨의 처지를 이해하고 난 후
• 연탄 장사가 본업이므로 임 씨는 공사 일에 서툴 것이라고 짐작함. • 공사비를 과다하게 청구하여 자신의 가족에게 손해를 입힐 것이라고 생각함.	• 임 씨가 솜씨 있는 일꾼이며, 자신이 맡은 일에 어느 누구보다 완벽하게 책임을 다하는 인물임을 알게 됨. • 임 씨가 정직한 사람이며 오히려 손해를 감수하는 인물임을 알게 됨. • 임 씨와 같은 이들을 손가락질할 자격이 없다고 생각하게 됨.
서울에 내 집 마련을 하지 못했다는 열등감, 집수리 비용에 쪼들리는 경제적 처지 때문에 쉽게 남을 신뢰하지 못하는 부정적 모습을 보임.	임 씨가 도시에서 겪고 있는 생활고가 그의 게으름 때문이 아니라 극복하기 힘든 사회적 빈부 격차의 문제, 부도덕한 공장 사장의 잘못 때문임을 알게 되고 그의 처지를 동정하고, 자신의 이전 모습을 반성하게 됨.

포인트 3 **제목 '비 오는 날이면 가리봉동에 가야 한다'의 의미** 문항 4 관련

'비 오는 날이면'	휴일도 없이 무슨 일이든 닥치는 대로 하는 임 씨가, 일을 할 수 없는 비 오는 날이면 떼인 돈을 받으러 가느라 제대로 쉬지 못하는 처지임을 드러냄.
'가리봉동에 가야 한다'	가리봉동의 '쉐타' 공장 사장으로부터 떼먹힌 연탄값을 받아야 하는 임 씨의 처지를 드러냄.

↓

더 가난한 이들에게 지불해야 할 돈을 떼먹는 부도덕한 이들이 버젓이 부유하게 살아가는 부당한 현실과 성실하고 정직한 이들이 도시에서 힘겨운 삶을 살아가고 있음을 폭로함.

배경지식
더
알아보기

■ **작품 전체의 구조**

발단	전개	위기 수록	절정	결말 수록
광복절 아침, '그'의 집에 임 씨와 젊은 일꾼이 찾아와 목욕탕 공사를 시작함.	→ 임 씨와 젊은 일꾼을 보며 미덥지 못해 하는 '그'는 서울 밖 원미동에 내 집 마련을 할 수밖에 없었던 자신의 처지를 돌아봄.	→ 임 씨와 점심 식사를 함께 하며 임 씨의 내력을 듣고도 '그'와 아내는 임 씨가 공사비를 부풀려 청구할 것이라고 오해함.	→ 임 씨는 목욕탕 수리를 완벽하게 한 후 옥상 방수 공사도 철저하게 마치고, '그'의 예상과 달리 견적보다도 훨씬 적은 금액을 청구함.	→ 미안해진 '그'는 임 씨와 술자리를 갖게 되고, 가리봉동에 가서 받아야 할 돈이 있는 임 씨의 처지를 알게 됨.

10 마당 깊은 집 _ 김원일

현대 소설

EBS 수능특강 문학 199쪽

감상 포인트

이 작품은 작가의 자전적 소설로 6·25 전쟁 직후의 세태를 사실적으로 그려 내고 있다. '마당 깊은 집'은 주인집을 포함해서 6·25 전쟁으로 피란해 온 가족들이 세 들어 함께 살고 있는 공간으로 당시 우리 사회를 축소해 놓은 공간이라고 할 수 있다. 이 작품은 이 공간에서 살아가는 사람들의 삶을 어린아이인 '나'의 시선으로 그림으로써 6·25 전쟁 직후 우리 사회의 모습을 섬세하게 보여 준다. 또한 어린아이인 '나'의 시점과 함께 어른이 된 '나'의 시점을 교차하여 성장 소설적 성격도 드러내고 있다.

주 제

6·25 전쟁 이후, 서민들의 힘겨웠던 삶의 모습

전체 줄거리

'나'는 시골에서 허드렛일을 하는 중노미로 살면서 초등학교를 마친 후에, 대구 장관동의 '마당 깊은 집'에서 세 들어 살고 있던 가족들과 함께 지내게 된다. 이 집에는 '나'의 가족 외에 6·25 전쟁으로 피란 온 두 가족과, 상이군인 가족이 세 들어 살고 있다. 어머니는 '나'가 아버지의 역할을 해야 한다며 엄하게 기르는 한편, 중학교 입학이 미뤄진 '나'에게 신문팔이를 시킨다. 늦가을 주인집은 세를 든 가족들 중 한 가족을 내보내기로 하는데 '나'의 가족이 제비뽑기에서 뽑힌다. 경제적 형편 때문에 한겨울에 이사 가기가 어려운 어머니는 새로 들어오기로 한 정 기사와의 계약으로 '마당 깊은 집'에서 계속 살게 된다. 3월 말에 집주인은 세를 주었던 곳을 허물고 집을 새로 짓겠다고 하여 세 들어 살던 가족들은 모두 흩어지게 된다.

안마당 정원에 철쭉꽃이 활짝 핀 5월 초순 어느 날이었다. 길중이가 오전반 공부를 끝내고 돌아와, 길수까지
<u>사건의 시간적 배경이 제시됨.</u>　　　　　　　　　　　　　　　　　　　<u>'길중'과 '길수'는 '나'인 길남의 두 남동생</u>
합쳐 네 식구가 점심밥을 먹고 나서였다. 어머니★는 나를 불러 재봉틀 앞에 앉히더니, 재봉틀 서랍에서 돈을 꺼
　　　　　　　　　　　　　　　　　<u>바느질을 하는 기계. 어머니가 재봉 일로 가족을 부양하고 있음.</u>
내어 내 앞에 밀어 놓았다.

"얼만가 세어 봐라."

돈을 세어 보니 80환으로, 공작 담배로 따지면 네 갑을 살 수 있었다. 나는 어머니가 무슨 심부름을 시키려는
<u>우리나라의 옛 화폐 단위. 1환은 1전(錢)의 100배임. 1953년 2월 15일부터 1962년 6월 9일까지 통용됨. 작품의 시대적 배경을 짐작하게 함.</u>
줄 알았다. 어머니는 나를 빤히 바라보았다.　　　　　　　　　　　　　　　　　　　　　　　▶ 어머니가 '나'에게 돈을 내어 줌.

"길남아, 내 말 잘 듣거라. 니는 인자 애비 읎는 이 집안의 장자다. 가난하다는 기 무신 죈지, 그 하나 이유로
　　　　　　　　　　　　　　<u>길남의 아버지가 부재함을 알 수 있음.</u>
이 세상이 그런 사람한테 얼매나 야박하게 대하는지 니도 알제? 난리 겪으며 배를 철철 굶을 때, 니가 아무리
　　　　　　　　　　　　　　　　　　　<u>6·25 전쟁을 의미함.</u>
어렸기로서니 두 눈으로 가난 설움이 어떤 긴 줄 똑똑히 봤을 끼다. 오직 성한 몸뚱이뿐인 사람이 이 세상 파
도를 이기고 살라 카모 남보다 갑절은 노력해야 겨우 입에 풀칠한다. 니는 위채에 사는 학생들과 처지가 다른
　　　　　　　　　　　　　　　　　　　　　　　　　<u>집주인의 자식들. '나'와 환경이 상반된 조건을 가진 사람들</u>
기라. 양친 부모 있고, 집 있고, 묵을 것 넉넉하이까 저들이사말로 머가 부럽겠노. 지만 열심히 공부하모 좋은
대학 졸업하고 좋은 직장을 가지겠제. 돈 있고 집안 좋으이 남보다 출세도 빨리할 끼라. 니가 위채 학생들보다
갑절로 노력해서 어른이 되더라도 그 차이는 하나 달라지지 않고 지금 처지와 똑같을란지 모른다. 그렇다고
<u>가뭄 심한 농사철에 농사꾼이 하늘만 쳐다본다고 어데 양식이 그저 생기겠나. 앞으로도 지금처럼 늘 위채를</u>
<u>'가뭄 심한 농사철'은 가난한 길남이네의 환경을 빗댄 말임. 환경을 탓하지 말고 주어진 환경에서 노력해야 함을 말하고자 함.</u>
올려다보고 살게 되더라도, 니는 니대로 우짜든동 힘자라는 대로 노력해 보는 길밖에 더 있겠나. 내사 인제 너
그 성제간 잘 크고 남한테 눈총 안 받으며 사람 구실 하고 사는 기나 바라보고 살아갈 내리막 인생길 아인
가……."　　　　　　　　　　　　　　　　　　　　　　▶ 가난한 사람이 살아남기 어려운 환경에 대해 이야기하시는 어머니

어머니 목소리에 물기가 느껴졌다. 머리 숙이고 있던 나는 눈을 조금 치켜떠 어머니를 보았다. 어머니 속눈썹
에 눈물이 묻어 있었다. <u>아직 마흔 살도 안 된 나이에 어머니는 노인 티를 내고 있었다.</u> 사실 어머니는 전쟁이 나
　　　　　　　　　　　　　　　　　<u>어머니의 삶이 고달팠음을 알 수 있음.</u>
고 서너 해 사이 나이를 곱절로 먹은 듯 윤기 흐르던 탱탱한 살결은 어디에도 찾아볼 수 없었다. 이머니는 손수
건에 물코를 풀곤 말을 이었다.

"길남이 니는 앞길이 구만리 같은 창창한 세월이 남았잖나. 그러이 지금부터라도 악심 묵고 살아야 하는 기라. 내가 보건대 지금 우리 처지에서 니 장래는 두 가지 길밖에 읎다. 한 가지는, 공부 열심히 해서 배운 바 실력이 남보다 월등하여 훌륭한 사람이 되는 길이다. <u>평양댁 정민이 학생 봐라.</u> 아부지 읎이 저거 엄마가 군복

<small>공부를 열심히 해서 훌륭한 사람이 될 수 있는 모범적 사례</small>

장수해도 공부를 얼매나 잘하노. 위채 학생 둘 가르쳐서 번 돈을 가용에 보태고, 12시 넘어까지 호롱불 켸 놓

<small>아버지가 없고, 가난한 환경이라는 점에서 '나'와 유사한 조건임.</small>

고 자기 공부를 안 하나. 그러이 반장하고 늘 일등이라 안 카나. 갸는 반드시 판검사나 대학교 교수가 될 끼다. 또 한 가지, 니가 이 세상 파도를 무사히 타 넘고 이기는 길은, 세상살이를 몸으로 겪어 갱험을 많이 쌓는 길이다. 재주 읎고 공부하기 싫으모 부지런키라도 해야제. <u>준호 아부지는 한 팔이 읎어도 묵고살겠다고 매일 아침</u>

<small>세상살이를 몸으로 겪어 경험을 많이 쌓은 모범적 사례</small>

<u>에 집을 나서잖나, 남자는 그렇게 밥숟가락 놓자마자 밥상을 걸터 넘고 나서서 부랄이 요령 소리 나도록 뛰댕</u>

<u>겨야</u> 제 식구를 믹이 살린다. 그러이 내 하는 말인데, 니도 이렇게 긴 해를 집에서마 보내기 오죽 심심하겠나.

<small>부지런한 생활을 의미함.</small>

그래서 내가 궁리를 짜낸 끝에 그 돈을 니한테 주는 기다." ▶ 가난한 사람이 먹고살 수 있는 방법을 알려 주시는 어머니

"이 돈으로 멀 우째 하라고예?"

나는 어리둥절하여 손에 쥔 돈을 내려보았다.

"길남아, 그 80환으로 신문을 받아서 팔아 봐라. 신문 팔아 돈을 얼매만큼 벌는 기 문제가 아이라, 니 힘으로

<small>아들에게 돈벌이를 하게 함으로써 세상살이의 어려움을 체험하게 해 주고자 함.</small>

돈벌이해 보모, 돈이 얼매나 귀한 줄 알 수 있을 끼다. 이 세상으 쓴맛을 알라 카모 그런 갱험이 좋은 약이 될

테이께. 초년고생은 돈 주고도 몬 산다는 속담도 있느니라……."

내가 감히 거역할 수 없는 어머니의 옹이 박인 말이었다.

<small>나무의 몸에 박힌 가지의 밑부분</small>

지금 생각해 보면, 어머니 그 말씀은, 입학기가 지난 뒤 나를 대구로 불러올렸을 때 이미 예정해 둔 계산임이 분명했다. 시골서 <u>내놓은 망아지로 지내며</u> 초등학교나마 근근이 마치고 올라왔으니 한 해 동안 도시 물정이나

<small>천방지축으로 자유롭게 지냄.</small>

익히게 하며, <u>제가 벌어 제 학비를 조달할 수 있는 길을 뚫게 해 주자.</u> 어머니는 그런 궁리를 해 두었고, 내가 대

<small>어머니가 신문팔이를 시키는 의도</small>

구시로 나온 지 열흘쯤 지나자 드디어 실행의 용단을 내렸음에 틀림없었다.

나는 돈 80환을 주머니에 넣고 막막한 심정으로 집을 나섰다.

"신문을 팔지 몬하겠거덩 그 돈으로 차비해서 다시 진영으로 내려가 술집 중노미*가 되든 장돌뱅이가 되든 니 마음대로 해라." 어머니의 아귀찬 마지막 말을 떠올리자, 나는 용기를 내지 않을 수 없었다. <u>길거리나 어슬렁</u>

<small>휘어잡기 어려울 만큼 벅찬</small>

<u>거리다 돌아가면 어머니는 틀림없이 저녁밥을 굶기고, 어쩌면 방에서 잠을 자지 못하게 내쫓을는지도 몰랐다.</u>

<small>자식에게 엄격하고 냉정한 어머니의 성품을 짐작할 수 있음.</small>

어머니는 누구보다 자식에게만은 엄격하고 냉정한 분이셨다. ▶ '나'가 신문을 팔아 돈 버는 경험을 하기를 원하시는 어머니

(중략)

어느 날, 저녁 끼니로 보리죽 한 그릇을 먹고도 나는 얼마나 배가 고팠던지 밤중에 위채 부엌으로 몰래 찾아든 적이 있었다. 속이 쓰려 한밤중에 눈을 뜬 <u>나는 주인집 부엌의 남은 밥을 뒤져 먹기로 작정했던 것이다.</u> 그런 작

<small>궁핍과 배고픔 때문에 '나'가 도덕적으로 타락하는 모습을 보임.</small>

정을 하기까지 식모 안 씨★가 남은 밥을 부엌 어디에 두는지를 엿보아 두었다. 나는 살그머니 잠자리에서 빠져 나와 반바지를 껴입고 마당으로 나섰다. 몇 시인지 몰랐으나 사위는 고요했다. 나는 우선 변소로 갔다. <u>먹는 양</u>

이 적다 보니 나올 건더기 없는 똥을 누는 체 변소간에 앉아 위채 동정을 살폈다. 방마다 불이 꺼져 있었다. 나는
_{궁핍한 '나'의 상황을 짐작하게 함.}
위채 부엌으로 살쾡이처럼 다가가 닫힌 부엌문을 살짝 열었다. 안 씨가 쓰는 부엌 골방은 깜깜했다. 나는 부엌
_{큰방의 뒤쪽에 딸린 작은방}
안으로 들어가서 시렁 위를 더듬었다. 소쿠리가 만져졌다. 안 씨는 밤새 남긴 밥이 쉴까 보아 밥뚜껑을 덮지 않
고 소쿠리로 덮어 두곤 했다. 놋쇠 밥그릇은 밥이 반 그릇쯤 남아 있었다. 나는 손으로 밥을 한 움큼 집어내어 찬
도 없이 허겁지겁 먹기 시작했다. 그날은 그렇게 반 그릇 밥을 비워 내고 다시 우리 방으로 돌아와 잠자리에 들
었다. 이튿날 아침, 내가 숯불을 피우자 위채 부엌에서, 쥐가 소쿠리를 벗기고 밥그릇을 뒤졌다고 안 씨가 종알
_{'나'가 한 행위를 쥐가 한 것으로 잘못 알고 있음.}
거렸다. 내가 부리나케 위채 부엌에서 나오느라 소쿠리를 제대로 덮지 않았음을 알았으나, 나는 시침을 뗐다.

  하루걸러 이틀 뒤, 밤중에 나는 또 그 짓을 했다. 이제는 좀 더 대담해져 찬장의 김치 사발까지 부뚜막에 내려
반찬과 함께 남은 밥 한 그릇을 몽땅 비웠다. 종지가 있어 손가락으로 건덕지를 집어내어 먹다 보니 풋고추 넣은
_{'나'의 집안과 대조되는 주인집의 풍족한 환경을 알 수 있게 함.}
쇠고기 장조림이었다. 나로서는 난생처음 먹어 보는 찬이었다. 부자는 쇠고기를 이런 반찬으로도 만들어 먹는구
나 싶었다. 다음은 이틀을 건너뛰어 사흘 만에 위채 부엌을 뒤졌다.　　　　▶ 배고픔을 못 이기고 위채의 밥을 훔쳐 먹은 '나'
_{도둑질이 습관화되고 있음을 알 수 있음.}
  세 차례째 그렇게 훔쳐 먹고 난 이튿날이었다. 나는 신문을 받아 팔려고 집을 나섰다. 내가 바깥마당으로 나서
자 뒤쪽에서, "길남아, 나 좀 보제이." 하고 누군가 불렀다. 돌아보니 안 씨였다.

  "부, 불렀습니꺼?"

  나는 말부터 더듬거렸고 얼굴이 불을 쐰 듯 달아올랐다. 가슴이 뛰었다.
_{자신의 잘못을 알고 부끄러워하고 있음.}
  "길남아, 니가 밤중에 우리 부엌으로 들어오는 거 안데이."

  "아, 아지매가 봤다 말이지예?"

  "내 누구한테도 그 말 안 할 테이 다시는 그런 짓 말거레이. 설령 점심
_{'나'의 잘못을 책망하기보다는 부드럽게 타이르고 있음.}
밥을 굶어 배가 쪼매 고프더라도 사나이 대장부가 될라 카모 그쯤은 꿋꿋이 참을 줄 알아야제. 너거 어무이는
물론이고 성제간도 그렇게 참으미 이 여름철을 힘겹게 넘기고 안 있나. 내 아무한테도 이 말 안 하꾸마."

  안 씨가 부드러운 목소리로 말하며 고개 빠뜨린 내 어깨를 다독거렸다.

  "알았심더." 내가 조그만 소리로 대답했다.　　　　　　　　　　　　　▶ '나'의 잘못을 부드러운 말로 타이르는 안 씨

  안 씨 충고에는 도둑이란 말이 한마디도 들어 있지 않았음을, 나는 지금도 기억하고 있다. 고개 빠뜨린 내 얼굴
_{'나'에 대한 안 씨의 따뜻한 배려를 짐작할 수 있음.}
이 홍당무가 되었고, 어느 사이 뜨거운 눈물이 뺨을 타고 흘러내렸다. 안 씨가 내 밥도둑질을 어머니한테 귀띔했
_{자신의 잘못된 행동에 대한 부끄러움과 후회}
다면 나는 숯포대 회초리로 종아리며 등줄기에 지렁이 자국이 나도록 매를 맞았을 테고, 몇 끼니 밥은 굶게 되었
_{'나'를 엄격하게 대했던 어머니의 성품을 짐작할 수 있음.}
을 터였다. 또한 두고두고 어머니로부터, "집안으 장자가 남으 밥도둑질까지 하다니." 하는 지청구*를 들었을 것
이다. 그러나 안 씨는 내 행실을 왜자기지* 않겠다는 약속을 지켰고, 그 뒤부터 나는 남의 물건이라면 운동장이나
_{자신의 잘못을 뉘우치고 바른 사람으로 성장함.}
교실 바닥에 떨어진 동전, 도막 연필이라도 내 것으로 하지 않았으니, 그때 안 씨의 그 따뜻한 충고 덕분이었다.
　　　　　　　　　　　　　　　　　　　　　　　▶ 안 씨 덕분에 잘못을 뉘우치고 바르게 성장한 '나'

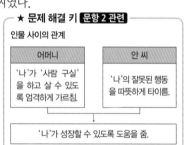

★ **문제 해결 키** 문항 2 관련
인물 사이의 관계

어머니	안 씨
'나'가 '사람 구실'을 하고 살 수 있도록 엄격하게 가르침.	'나'의 잘못된 행동을 따뜻하게 타이름.

↓

'나'가 성장할 수 있도록 도움을 줌.

＊중노미: 음식점, 여관 따위에서 허드렛일을 하는 남자.

＊지청구: 아랫사람의 잘못을 꾸짖는 말.

＊왜자기지: 왁자지껄하게 떠들지.

포인트 1 서로 다른 시점의 서술자 **문항 1 관련**

사건이 일어나던 과거 시점의 '나'	→	• 나는 어리둥절하여 손에 쥔 돈을 내려보았다. • 나는 살그머니 잠자리에서 빠져나와 반지기를 껴입고 마당으로 나섰다.
과거를 회상하는 현재 시점의 '나'	→	• 지금 생각해 보면, • 나는 지금도 기억하고 있다.

 포인트 2 표현상의 특징 **문항 3 관련**

해당 구절	표현 방식	표현 의도와 효과
㉠ '가뭄 심한 농사철에 농사꾼이 하늘만 쳐다본다고 어데 양식이 그저 생기겠나.'	유사한 사례에 빗대어 표현	자신이 말하고자 하는 의도 강조
㉡ '윤기 흐르던 탱탱한 살결은 어디에도 찾아볼 수 없었다.'	인물의 외양 변화 묘사	인물이 처한 고단한 현실을 드러냄.
㉢ '준호 아부지는 한 팔이 읊어도 묵고살겠다고 매일 아침에 집을 나서잖아.'	수사적 의문문 사용	상대방에게 자신의 의견에 대해 동의를 구함.
㉣ '"신문을 팔지 몬하겠거던 그 돈으로 차비해서 다시 진영으로 내려가 술집 중노미가 되든 장돌뱅이가 되든 니 마음대로 해라."'	부정적 미래 상황 가정	자신의 요구를 관철시키고자 함.
㉤ '두고두고 어머니로부터, "집안 장자가 남은 밥도둑질까지 하다니." 하는 지청구를 들었을 것이다.'	일어날 수 있는 상황 예측	인물의 평소 성격을 드러냄.

 포인트 3 작품 속에 담긴 전후의 현실 **문항 4 관련**

작품 속 구절	전후의 현실
초등학교를 갓 졸업한 '나'가 '애비 읊는 이 집안의 장자'	전쟁으로 인한 가족의 상실이나 가족 관계의 왜곡
'이 세상이 그런 사람한테 얼매나 야박하게 대하는지'	각박한 인간관계
'주인집 부엌의 남은 밥을 뒤져 먹'는 '나'	궁핍 때문에 도덕적으로 타락한 모습을 보임.
'그쯤은 꿋꿋이 참을 줄 알아야제'	바람직한 가치관을 정립하고자 하는 노력과 희망

■ 작품 전체의 구조

발단	시골에서 초등학교를 마친 '나'는 대구로 올라와 가족들과 함께 지내게 됨.

↓

전개 수록	'마당 깊은 집'에 세 들어 살던 어머니는 '나'를 엄하게 기르며 신문팔이를 시킴.

↓

위기 수록	'나'는 배고픔에 주인집 밥을 훔쳐 먹다 안 씨의 타이름에 잘못을 뉘우치고, 집주인의 요구로 세 들어 살던 가족 중 한 가족이 집을 비워 주게 됨.

↓

절정	'나'는 어머니의 꾸중에 가출을 하지만 어머니의 사랑을 느끼고 다시 집으로 돌아옴.

↓

결말	집주인이 집을 허물고 새로 짓기로 하면서 세 들어 살던 가족들은 모두 흩어짐.

■ 전쟁의 상처와 소년의 성장: 김원일의 「어둠의 혼」

「마당 깊은 집」은 6·25 전쟁으로 인한 사회 혼란과 그 영향으로 가족이 겪는 고통을 형상화하고 있다. 이와 유사한 배경과 주제 의식을 다루고 있는 작품으로 「어둠의 혼」을 같이 읽어 볼 필요가 있다. 「마당 깊은 집」이 전후의 시대상을 다루고 있다면 「어둠의 혼」은 해방 후 6·25 전쟁 전 이념 갈등이 팽배한 시대 배경을 다루고 있다는 점에서 차이가 있다. 하지만 이념 대립이 초래한 민족의 비극으로 주인공이 소년 시절에 아버지를 잃었다는 점, 그리고 그와 같은 전쟁의 상처를 겪으며 소년이 성장하는 모습을 다룬 성장 소설이라는 점에서 비교해 볼 수 있다.

■ TV 드라마로 각색되어 방영된 「마당 깊은 집」

「마당 깊은 집」은 드라마 대본으로 각색되어 1990년 1월 8일부터 1990년 1월 30일까지 MBC에서 방영되었다. 원작과 마찬가지로 6·25 전쟁 이후의 여러 가지 어려운 시대 환경과 생활상을 사실적으로 잘 그려 내어 시청자들에게 큰 공감을 주었다는 평가를 받았다.

EBS Q&A

Q 소설에서 서술과 관련된 문제가 자주 출제되는 이유는 무엇일까요? 문항 1 관련

A 서술은 극 양식과 서사 양식을 구분하는 핵심 요소가 될 만큼 소설에서 중요한 역할을 합니다. 같은 사건일지라도 어떤 서술 방식을 취하느냐에 따라 작품의 주제가 다르게 나타나기도 하고, 작가의 의도나 인물의 성격, 장면의 특성을 효과적으로 드러낼 수도 있습니다. 따라서 서술 방식이나 서술자의 역할, 특성 등에 주목하면 작품의 의미에 더욱 다채롭게 다가갈 수 있을 겁니다. 그런 의미에서 소설 지문에서 서술과 관련된 문항이 빈번하게 출제되는 것입니다. 따라서 우리는 소설을 감상할 때, 서술자가 누구인지, 서술자를 그렇게 설정한 의도가 무엇인지를 잘 파악해야 하고, 소설에 나타나는 다양한 서술 방식들을 익히고 그것들이 구체적인 장면에서 어떤 효과를 나타내고 있는지 분석하는 연습을 해야 합니다.

속삭임, 속삭임 _ 최윤

EBS 수능특강 문학 203쪽

감상 포인트　이 소설은 민족 분단과 이념 갈등을 소재로 두 속삭임, 즉 ''나'가 딸에게 하는 속삭임'과 '아버지와 아재비가 나눈 속삭임'이 대립을 초월하는 화해와 공존의 방식이 될 수 있음을 형상화한 작품이다. '나'는 여름휴가를 맞이하여 지인의 과수원에서 휴가를 보내게 되는데, 가족이 과수원을 운영하던 어린 시절에 자신을 아껴 주던 어른인 '아재비'와의 일을 떠올리며 아재비를 가족으로 보살펴 준 자신의 부모의 선택이 가치 있는 것이었음을 말하고 있다.

주 제　대화를 통한 분단의 상처 회복 가능성

전체 줄거리　'나'는 여름휴가를 맞이하여 남편, 어린 딸과 함께 지인의 과수원에서 지내게 된다. 어린 시절 과수원을 하던 가족이 떠올라 흔쾌히 그곳을 선택하게 된 '나'는 휴가 동안 자신의 어린 시절을 떠올리게 되고, 가족과 함께 지냈던 '아재비'와의 일을 소개한다. 아재비는 남로당 간부였던 인물로, 검거되어 호송되던 중 우연히 '나'의 가족의 집으로 도피하여 내내 그곳에서 머물게 된 인물이다. 나이가 어려 자세한 사정을 모르던 '나'는 그의 지극한 사랑을 받으며 지내다가 차차 그의 사연을 이해하게 된다. 그리고 어른이 되어 아재비를 다시 떠올리며 그가 자신을 아껴 주던 마음의 소중함, 아재비를 가족 안으로 받아들였던 부모의 두터운 정의 가치를 깨닫게 된다. 그리고 자신의 어린 딸을 바라보며 그 모든 사연을 언젠가는 전할 수 있기를 기원한다.

　과수원. 내가 알고 있던 과수원은 깊은 산골의 야산 자락에 위치한 작고 황량한 것이었다. 그리고 거기에는 호수……가 있었다. 그 호수는 어렸을 때 나의 은근한 자랑거리였다. 일찍이 서울로 단신 유학을 떠난 나에게는 서
〔아재비가 나에게 보여 준 사랑을 상징하는 공간〕
울내기들에게 억울한 놀림을 당할 때마다 내심으로 부르짖을 수 있는 유일한 조커 패였다. 시골 우리 과수원에는 말이지 호수가 있다구. 호수가. 그 호수라는 말을 그토록 자랑스럽게 발음하는 것은, 그 호수라는 마술의 단어를 발음하자마자 어김없이 딸려 오는 얼굴이 있었기 때문이었다. 바로 그 얼굴의 주인에게서 받은 비밀스런
〔'나'를 위해 작은 호수를 만들어 주었던 아재비〕
사랑, 거의 무조건적이라고 느낀 서툰 사랑, 서툴렀기 때문에 오랫동안 남는 사랑이 있었던 것이다.
〔아재비로부터 지극한 사랑을 받았던 '나'〕
　사라져 버린 모든 것이 다 아름답지는 않다는 것을 나는 일찍이 배웠다. 일생 ― 최소한 반생 ― 동안, 내 부모가 어렵사리 장만한 고향의 황량한 과수원의 과수원지기로 일하던 아재비*를 통해서. 그는 스스로를 그렇게 비하해서 칭했고 어느새 그는 누구에게나 아재비가 되었었다. 지금은 과수원도 아재비도 사라져 버렸다. 그의 삶에 대해 나는 많은 시간 거의 잊고 지냈다. 그는 쉰 중반도 못 넘기고 일찍 죽었으며, 오래전부터 누적된 빚을 처리하느라, 딸애가 태어나기 바로 전에 우리는 그 과수원을 팔 수밖에 없었다. 지금 그 자리에는 산장 비슷한 여관이 들어섰으니 어디에고 흔적은 없다. 그도 갔고 과수원도 사라졌으며, 호수도 흙에 묻혔다. 그러나 아무리 생
〔아재비와의 추억이 담긴 공간〕
각해 보아도 그것은 내게 ⟨울먹거림⟩만을 남겼다. 깊이 받은 사랑을 한 번도 갚지 못한 사람이, 삶의 가감 계산에
〔아재비를 추억할 수 있는 공간이 모두 사라짐.〕
어렴풋이 눈떠 그 사랑을 조금이라도 갚으려고 했을 때, 대상이 이미 사라져 버린 것을 느끼는 순간 샘처럼 가득 고이는, 그런 울먹거림. 그리고 그 울먹거림이 치솟아 올 때마다, 나의 자랑이던 그 빚진 사랑에 대해, 그 사랑의 작은 상징인 호수에 대해 끝도 없이 말을 토해 내고 싶은 그 광증과 깊은 욕구. 사라져 버린 모든 것은 사람을 울먹거리게 만든다.
▶ 과수원과 호수를 통해 어린 시절 자신을 지극히 사랑해 주었던 아재비를 떠올림.

　그러나 나는 아무에게도 그 얘기를 끝까지, 모두, 말해 본 적이 없다. 남편에게조차도. 남편도 내게 그토록 중요했던 과수원을 팔 때, 나만큼은 아니더라도 나를 위로할 만큼 충분히 슬픔을 표시했고, 그를 만났을 때는 이미 저세상 사람이 된 지 오래인 과수원지기 아저씨의 존재에 대해 들을 만큼 들었다. 그렇지만 한 사람의 삶에 대해, 그를 알지 못했던 누군가에게 모두를 이야기한다는 것은 얼마나 많은 조바심을 자아내는가 말이다. 처음부

터 하나하나 설명해야 하는 참을성이 내게는 없었다. 그건 그러니까 불가능한 것이었다. 뿐만 아니라 듣는 사람

<u>이야기를 전달하기가 망설여지는 이유 ①</u>

이 나와 동일한 감정의 굴곡을, 같은 장소에서 전달받지 않는 것 때문에 <u>오히려 더 외로움을 겪기 일쑤인 것이</u>

<u>이야기를 전달하기가 망설여지는 이유 ②</u>

<u>다.</u> 이런저런 이유로 그것은 늘 진부하고 싱거운 이야기로 변해 버렸다. 설령 다 얘기했다고 생각하는 순간이 있

어도 바로 다음 순간 예기치 않은 공백이 생겨나 나를 당황시키는 것이다.

<u>이야기를 전달하기가 망설여지는 이유 ③</u>

　내가 의식적으로 무엇을 감지하기도 전에, 때로는 커튼의 미동 때문에, 때로는 화초의 그림자 때문에, 자주 아

무것도 아닌 어떤 것에 부추겨져, 예의 울먹거림이 나도 모르게 심장에서 목구멍으로 여울져 올라올 때면 나는

<u>아재비를 향한 고마움, 그리움</u>

난감해진다. 그 과수원의 이야기는, 아재비의 이런 이야기는 어떤 어조로 말해야 하는 것일까. 금지된 속내 이야

기를 어렵사리 털어놓는 것처럼 속살거려야 하는가. 아니면 무관한 한 사람의 이야기를 전달하듯이 과장을 섞어

서 부산스럽게? ▶ 아재비와의 추억을 다른 사람에게 소개하고 전달하는 데에 어려움을 느낌.

[중략 부분 줄거리] '나'는 남편, 어린 딸과 함께 지인의 과수원에서 여름휴가를 보내는 중이다. 그곳에서 '나'는 어린 시절 과수원지기
로 일하던 아재비와의 일들을 떠올린다. 아재비는 '나'를 정성스럽게 보살펴 주기도 하고 아재비 가족에게 편지를 전해 달라는 부탁을
하기도 했다. '나'는 이런 과거 일들을 떠올리는 동시에 그 추억들이 불러일으키는 상념을 딸에게 털어놓는 이야기의 형식으로 전한다.

　이애, 사람들은 모두가 언제나 너만큼 크냐? 너의 양미간은 참으로 넓고 깊구나. 그 작은 호수 모양, 채송화꽃

이 쪼르르 둘레에 피어 있던 그 호수 모양, 너를 보고 있노라면 나는 목이 마르다. 이애, 저 길 앞으로 나가 보자.

이래서는 안 되는데, 네가 자고 있을 때면 이애, 나는 너를 흔들어 깨우고 싶다. 그리고 자꾸 수다를 떨고 싶구나.

그래 옛날 옛적에 사람들이 모두 평화로이 잠들어 있는 사이에 말이지, 그만 땅에 틈이 생기더니 …… 그게 바로

<u>이념의 갈등, 전쟁, 분단을 상징</u>

옛날이야기가 되어 버린 오늘의 이야기. 아, 이애 나는 아직도 찾지 못했구나. 어떻게 얘기를 해 주랴. 폭풍의 이

야기로, 아니면 가벼운 봄비의 이야기로, 그것도 아니면 지금처럼 피융피융 내리박히는 여름 햇살의 이야기로?

▶ '나'는 아버지와 아재비의 이야기를 자신의 딸에게 전하고 싶다는 소망을 밝힘.

　한때 남로당 고위급 간부였던 그는 사형이 선고된 도망자였다. 그는 고위 간부의 자격으로 월북의 기회를 엿

보며 도피해 있다가 검거되었고, 검거되어 송환되던 중 도망하였다. 도망하지 못하도록 동행하던 호송자들이 소

지품과 의복을 빼앗아 놓은 상태에서 하룻밤을 나던 중, 그는 기적적으로 도망한 것이다. 검은 몇 날의 밤을 말

처럼 집어타고. 한 과수원 속으로. 영원히.

　아버지에 이어 그의 장례를 치르러 시골집에 내려갔을 때 지

쳐 있는 어머니의 입에서 당신도 모르게 넋두리처럼 흘러나온

말들이었다. 아마도 그를 잃은 슬픔이 무한히 컸던 때문이었겠

<u>'나', 아재비의 비밀스러운 삶을 목격한 사람이 되었다는 의미</u>

으나, 나는 그렇게 뒤늦게 들은 사실을 핑계로 그를 미워할 출구를 찾았다. 어떤 종류의 거대한 도망을 나는 그

<u>'나'는 아재비의 과거의 행적, 과수원에 함께 살게 된 자세한 연유를 몰랐다가 그가 죽은 후에야 알게 됨.</u>

에게서 기대했던 것일까. 바보 같은 아재비. 멍청이. 겁쟁이. 아, 비겁한 도피자. 그렇게 딱한 사람의 삶의 증인

<u>아재비</u>

으로 채택된 것이, 그의 삶을 억누르고 있는 음험한 그 무엇인가에 감염되어 입 한번 뻥긋 못 하고 그토록 강한

<u>아재비의 아내, 아들에게 아재비의 소식을 진실되게 전하지 못했음을 가리킴.</u>

열망으로 말을 붙이고 싶었던 그의 아내와 아들과의 만남을 방해한 것이 바로 그이기라도 한 것처럼 말이다. 이

> ★ **문제 해결 키 문항 2 관련**
>
> **아재비의 행적과 내력**
> ① 남로당 간부를 지냄.
> ② 검거되어 사형을 선고받음.
> ③ 송환 중 도망쳐 '나'의 과수원으로 숨어듦.
> ④ '나'의 가족의 배려로 신분을 속인 채 과수원지기로 살아감.
> ⑤ 자신의 가족을 만나지도 못한 채 이른 나이에 세상을 떠남.

상하게 꼬인 감정의 매듭이었다. 당신들의 남편, 아버지가 저기 야산 자락에 살고 있다고 한 번도 외쳐 보지 못하고 그의 편지 심부름을 한 것이 미치도록 미웠던 것이다. 그를 열렬히 미워하면서 조금씩 나의 슬픔이 진정되었다고나 할까. 그 미움의 기간은 다행히도 그리 길지 않았다.

▶ 세월이 지나고서야 아재비의 삶의 내력을 알게 되고, 복잡한 감정에 사로잡힘.

　그가 간 후 한참이 지나, 이미 야산으로 변해 버린 과수원을 정리하기 위해 내려갔었다. 인력도 달렸거니와 무엇보다도 오래된 아버지의 투병으로 진 빚 감당으로 팔려 나간 과수원에 방책을 만들러 벌써 남자 서너 명이 와서 일하고 있었다. 나는 딸애의 출산을 얼마 남겨 놓고 있지 않은 때였다.

　과수원의 길이 곧게 뻗어 나가는 게 보이는 호숫가에 앉아서 나는 다시는 못 보게 될지도 모르는 낯익은 풍경들 하나하나에 나의 애정 어린 시선을 나누어 주었다. 과수원은 황폐했어도 내게는 평화였다. 설령 그것이 어느 날 없어졌다 해도. 그 안에서 일어난 일을 알고 있는 무언의 동반자인 나무들은, 내일에 다가올 걱정에는 무관심한 채 늠연하게 푸른 하늘에 미세한 실핏줄을 그리고 있었다. 잎이 다 진 가을이었던 것이다.

▶ 과수원을 정리하기 위해 내려갔을 때 과수원을 바라보며 과거를 떠올림.

　그 비어 있는 길 위에 하나의 영상이 떠올랐다. 아재비의 어깨에 팔을 얹어 기대고 불편한 몸을 움직이며 짧은 산책을 하는 아버지와 그 옆에 그림자처럼 엉킨 아재비의 모습이었다. 그들은 늘 할 말이 많았다. 단둘이서. 나는 그럴 때의 그들이 제일 아름다웠다고 생각한다. 그들은 무에 그리 할 말이 많았을까. 홀홀단신 가족을 모두 버리고 남쪽을 택해 내려온 아버지였던 만큼 건강이 좋았던 젊은 시절만 해도 읍으로 나가서 또는 내가 다니는 국민학교에 와서 가끔 반공 강연을 하곤 했었다. 모든 사람이 고개를 끄덕여 주어 내 어깨를 으쓱하게 한 강연들

어린 시절에 보았던 아버지와 아재비의 모습을 떠올림.

이었다.

아재비와 아버지가 사상적으로는 지향하는 바가 크게 달랐음.

　바로 그가 남로당의 열성 간부였던 아재비를 과수원에서 발견했고 그의 불안한 신원의 바람막이가 되어 주었으며 그와 일생의 의형제가 된 것이다. 그리고 어머니가 내준 아재비의 공책에는 자연을 읊은 글만 있었던 것이 아니었다. 거기에는 잘 알아볼 수 없을 정도로 흘려 쓴 글씨이기는 하지만 그가 일생 동안 붙잡고 있었던 생각들이 두서없이 채워져 있었다. 그가 겪어 온 사고의 모든 갈피들. 어떻든 그는 변하지 않은 채로 일생을 살았던 것 같고 그것을 아버지나 어머니한테 그다지 숨겼던 것 같지도 않다. 상식으로는 설명되지 않는 일들이, 그 이전 혹

아재비의 메모를 통해 그가 자신의 사상을 포기하지 않은 채로 살았다는 것을 알게 되고, 그럼에도 아버지가 그를 받아들였음에 놀라움을 표현하고 있음.

은 그것을 뛰어넘은 어떤 곳에 그들의 삶과 함께 위치해 있었던 것이다.

　과수원의 사방에 그들의 속삭임이 있었다. 그들이 근본적으로 지니고 있는 차이가 끝도 없는 속삭임을 만들었

아버지와 아재비의 대화　　　　지향하는 사회의 이상적 모습이 서로 달랐던 두 사람의 차이

던 것일까. 특히 늦은 밤의 집 앞에 내놓은 평상 위와 과수원의 좁은 길들, 야산 밑에 파여진 호수 주변…… 사방에서 귀만 기울이면 바람 소리 같은 그들의 속삭임이 들려왔다. 무엇보다도 호수 주변에. 그것이 수많은 세월이 흐른 지금까지도 황량하고 지난하던 과수원의 생활을 안온한 미소로써 기억하게 하는 것이다.

▶ 아버지와 아재비는 사상적 차이가 컸음에도 끊임없는 대화로 소통하며 서로를 보듬어 주었음을 되새김.

　또 다른 영상이 있다. 내가 몇 살 때쯤이었을까. 스물다섯, 스물여섯? 여전히 여름이었고 과수원에서 보낸 연

아재비와의 추억

휴의 끝이었다. 나는 서울에서 직장에 다니고 있었고 주말이 끝나고 출근하기 위해 서울행 기차를 타려고 어머니가 준비해 준 밑반찬을 들고 거기, 호숫가에서 곧바로 보이는 그 길을 거의 다 걸어 나왔었다. 사각사각 흙길 위에 속살거리듯 작은 간지럼을 만드는 자전거의 바퀴 소리가 들렸다. 머리가 허연 아재비였다. 송이야! 하고 부르지도 않았다. 그저 이를 한껏 드러내고 깊은 주름이 잡히는 미소를 짓는 것이 다였다. 자전거의 사각거림이 몇

고 그가 내렸다. 자전거 뒤쪽에 얹혀 있는 허름한 바구니에는 채송화 화분이 하나 들어 있었다.

　창가에 놓고 아재비 생각도 해.

　다시 자전거를 뒤돌아 세우고 이어서 멀어져 가던 사각거리는 소리. 그것이 그를 마지막으로 본 것이었다. 그때 그의 미소는 그토록 깊었는데, 직장 생활에 얽매여 고향에 들르지 못하는 기간이 점점 길어지던 그즈음의 어느 날 아주 갑작스럽게 그는 그렇게 가 버린 것이다. 내게 채송화 화분 하나를 아프게 남겨 놓고.

▶ 서울로 떠나는 자신에게 화분을 전해 주던 아재비를 떠올리며 그가 주었던 사랑을 기억함.

　아, 이애, 오늘은 왜 이리 목이 마르냐, 너의 잠은 또 왜 이리 깊으냐, 사방에 정적이다. 이애, 어서 깨어 내 말을 좀 들어 주렴. 눈을 잠시 감았다가 떴을 때, 저 앞으로 부활한 호수가 걸어온다면…… 그늘에 쉬고 있던 먼지 덮인 자전거의 바퀴가 둥글둥글 소리 없이 홀로 돌기 시작한다면…… 아, 세상의 모든 속삭임이 물이 되어 흐른다면……. 이애, 우리가 한 몸일 때 그랬던 것처럼, 네게 해 줄 속삭임이 이다지도 많은데, 이제는 어떻게 그 얘기를 해야만 할까. 울음처럼, 웃음처럼, 옛날이야기로 혹은 미래의 이야기로, 기체의 이야기 아니면 액체의 이야기로? 이애, 햇볕이 아직도 이렇게 따가운데…… 우리가 예전에 한 몸이었을 때처럼, 그렇게 얘기해 볼까.

이야기를 전달할 가장 좋은 방법을 계속 찾고 있는 중임.

▶ 아버지와 아재비의 이야기를 자신의 딸에게 전할 방법을 찾아야겠다고 생각함.

＊아재비: 아저씨의 낮춤말.

핵심 개념 이것만은 꼭 익히자

 포인트 1 **서술상의 특징** 문항 1, 4 관련

- 1인칭 주인공 시점으로, 휴가지에 와서 자신의 과거를 회상하는 방식으로 자신이 겪은 일을 서술하고 있음.
- 자신의 아이를 보며 떠오르는 상념을 편지글 형식으로 삽입하여 서술자의 내면을 드러냄.
- 분절적으로 접하게 된 아재비와 관련한 정보를 작품 마지막에 노출하여 독자들에게 아재비의 삶에 대한 궁금증을 유발함.

 포인트 2 **'나'와 아재비** 문항 2 관련

어린 시절	'나'가 자란 후	아재비의 죽음, 그 이후
• 아재비가 '나'의 가족과 함께 과수원에서 살게 됨. • 아재비가 '나'를 위해 호수를 만들어 줌.	• 아재비의 부탁으로 '나'는 아재비의 가족에게 편지 심부름을 함. • '나'가 서울에 취직한 후 아재비는 '나'에게 채송화 화분을 건네줌.	• 갑작스레 아재비가 세상을 떠나 이별하게 됨. • 어머니를 통해 아재비의 내력을 알게 됨. • 아재비의 공책을 통해 아재비가 자신의 사상을 포기하지 않은 채로 살았음을 알게 됨.

 포인트 3 **주요 소재의 의미** 문항 3 관련

호수	아재비가 '나'에게 보여 준 사랑, 아버지와 아재비가 대화로 정을 나누던 곳
과수원	아재비와 '나'의 추억이 담긴 곳, 아버지가 아재비를 포용하였음을 상징하는 곳
공책	아재비의 삶, 아버지와 아재비가 나눈 대화의 가치를 이해하게 된 계기
채송화 화분, 자전거	'나'에게 따뜻한 정을 주었던 아재비의 모습을 떠올리게 하는 소재

■ 작가 최윤의 역사 소설들

작가 최윤은 역사적으로 주목할 만한 굵직한 사건이나 우리 현대사 속 특정 시대의 어두운 일면을 개인의 삶을 통해 그려 내는 소설을 많이 썼다. 1980년대 군부 독재 정치 아래 숨죽이고 살아가고, 때로는 가족을 잃거나 자신의 삶을 송두리째 빼앗기는 비극을 겪었던 사람들을 그린 「회색 눈사람」, 「저기 소리 없이 한 점 꽃잎이 지고」 등이 대표적으로 꼽힌다. 여기에서 학습한 「속삭임, 속삭임」은 분단과 이데올로기 갈등으로 인한 상처와 함께 살아온, 많은 사람들의 이야기를 아버지와 아재비의 삶으로 그려 내어 대변하면서, 논리적 대화로는 해결하지 못한 갈등과 상처를 극복할 수 있는 방법을 제안하는 작품이다.

> "이애, 밖은 전쟁이다. 밖은 늘 전쟁이었다. 어느 해, 어느 시, 어느 대륙에 전쟁이 멈춘 적이 있었더냐. 아무리 방으로 방으로 숨어들고 아무리 방패를 꺼내 들어도 사방의 문틈으로 전쟁의 냄새는 새어 들어오지. 그 냄새는 딱딱하고 질기고 직선으로 세상을 자르는 그런 고약한 냄새지. 아, 너를 위해 세상의 미운 단어들을 모두 바꿀 수 있다면. 모든 딱딱하고 근육질이 박인 단어에, 공기 같은 가벼움과 부드러움을 주고 모든 악취 나는 단어에 지상의 들꽃 이름을 대신해 줄 수 있다면 너도개미자리, 둥근방위솔, 찔레, 명아주, 두메투구풀, 미나리아재비, 땅비싸리, 무릇꽃, 청사조, 패랭이, 쑥부쟁이, 아 그리고 채송화, 채송화…… 이애, 너는 아무래도 시인이 되어야겠다. 미운 단어를 아름답게 만드는, 악취에 향기를 주는, 입을 벌리면 음악이 나오는…… 너는 아주 고전적인 시인이어야겠다. 발가락, 땅콩, 꼬딱지 같은 단어를 예쁘게 발음할 줄 아는 너. 처음 글을 배울 때 네 성인 '박' 자를 삐뚤삐뚤하게 써 놓고 글자가 웃고 있다고 말하던 너. 이 먼 과수원에서의 오수의 나른한 틈새에까지 비집고 들어오는, 아 비릿한 그 냄새를 이애, 빨리 지워다오. 아주 강력한, 아주 향긋한 방취 살포제인 너의 웃음. 이애, 그토록 짙은 미소를 지을 줄 아는 너는 아마도 외계인인 모양이다."
>
> — 최윤, 「속삭임, 속삭임」

Q 소설 속에 삽입된 편지, 시, 노래 가사 등을 읽을 때 주목해야 할 점은 무엇인가요? **문항 1 관련**

A 이 글에서 서술자 '나'는 자신이 겪어온 일을 담담히 서술하면서도, 중간중간 어린 딸을 보며 떠오르는 상념들을 딸에게 보내는 중얼거림 또는 편지글의 형식으로 내보이고 있습니다. 이 상념들은 즉흥적이기도 하고 앞뒤가 맞지 않기도 합니다. 소설의 뒷부분으로 갈수록 '나'가 딸에게 하고 싶은 이야기는 아재비와의 기억에 대해 설명하는 것이라는 점이 드러나는데, 다른 사람들에게는 지금까지 그에 대해 설명하는 일에 실패해 왔지만 이제 자신의 딸에게만은 그 기억을 제대로 전하고 싶다는 이야기를 편지글을 통해 말하고 있습니다. 이 작품에서 삽입된 부분은 다른 부분에 비해 상대적으로 ① 더 개인적이고 내밀한 속마음을 드러내고 있고 ② 자신과 같은 세대가 아닌, 다음 세대에게 건네는 대화라는 의미를 띕니다.

소설 속에 이와 같이 편지나 시, 노래 가사 등이 삽입되어 있을 때에는 서술자의 심리를 더 효과적으로 드러내기 위한 서술 전략임을 명심하고, 서술자의 내면이 어떻게 드러나 있는지 주목하며 읽어 보는 것이 좋습니다.

감상 포인트

이 작품은 해방 직후의 혼란한 시대적 상황을 배경으로 기회주의적인 인물을 풍자적으로 형상화한 희곡이다. 주인공 이중생은 친일 행위를 통해 얻은 기득권을 해방 이후에도 유지하고자 수단과 방법을 가리지 않던 친일 세력의 전형이라고 할 수 있다. 그는 재산을 지키기 위해 죽음을 가장하기까지 하는 기상천외한 일을 벌이다가 결국 자신의 꾀에 넘어가 몰락하고 마는데, 그 과정에서 주변 인물인 사위 송달지와 아들 하식은 주인공에게 동조하지 않고 양심을 지키는 모습을 보인다. 작가는 이러한 극적 전개를 통해 당대의 사회 문제를 고발하는 한편, 일제 잔재의 청산과 새로운 시대의 도래에 대한 염원을 드러내고 있다.

주 제

해방 직후 기회주의적인 인물에 대한 풍자

전체 줄거리

이중생은 일제 강점기에 외아들 하식을 징용에 보내면서까지 친일 행위를 하여 막대한 재물을 모은 인물이다. 그는 해방 이후에도 미군정에 빌붙어 권세를 이어 가려 하지만, 비리 혐의로 체포되어 재산을 몰수당할 위기에 처한다. 특별 보석으로 풀려나온 그는 최 변호사와 모의하여 죽음을 위장하고, 거짓 유서를 통해 재산 관리인으로 세운 사위 송달지로 행세하며 살아갈 계획을 세운다. 그런데 이중생의 초상이 치러지던 중 특별 조사 위원인 김 의원이 찾아와 상속받을 재산으로 무료 병원을 설립할 것을 권하고, 송달지는 이를 수락해 버린다. 계획이 수포로 돌아간 이중생은 최 변호사와 송달지를 원망하다가 그들에게 외면받고, 징용에서 돌아온 하식에게마저 비판을 받는다. 자포자기한 이중생은 스스로 삶을 마감한다.

[앞부분 줄거리] 일제 강점기에 친일 행위로 재물을 모은 이중생은 해방 직후에도 기회주의적 행태를 이어 간다. 그러던 어느 날 사기, 횡령, 탈세 등의 혐의를 받아 재산을 몰수당할 위기에 처하자, 허수아비로 세운 사위 송달지에게 재산을 상속하기로 하고 죽음을 위장한다.

최 변호사: 영감, 그만두십쇼. 또 좋은 방법이 서겠죠. 철머리가 없어서 그렇게 된걸.
　　　　　　　　　　　　　　이중생의 사위 송달지에 대한 평가

이중생: (최에게) 뭣이 어쩌구 어째? 그래, 자넨 철머리가 있어서 일껏 맹글어 논 게 이 모양인가?

최 변호사: 고정하십쇼. 저 보구꺼정 왜 야단이슈.
　　　　　　　화가 난 이중생을 진정시키려 함.

이중생: 자네가 뭘 잘했길래 왜 나더러 죽으라고 해, 응. (면도칼을 휘두르며) 여보, 최 변호사. 내가 뭘 잘못했길래
　　　　　　　　　　　　　　　　　　　　　　　　최 변호사에게 원망감과 분노를 표출함.
이걸로 목 따는 시늉까지 하구 나흘 닷새를 두고 이 고생, 이 망신을 시키는 거냐아! 유서는 왜 쓰라구 했
　　　　　　　　　　　　　　　　　　　죽음을 위장하기 위해 최 변호사의 조언에 따라 쓴 유서가 오히려 자신에게 불리하게 작용하고 있는 상황에 대한 원망이 나타남.
어! 내 재산을 몰수하는 증거가 되라고! 고문 변호사라구 믿어 온 보람이 이래야만 옳단 말이야. 이 일을
다 망쳐 버린 게 누구 탓이야, 응? 유서는, 저 사람에게 책잡힐 유서는 왜 쓰랬어! 왜 내 입으로 변명 한마
디 못 하게 죽여 놨냐 말이야, 나를 왜 죽여! 이 이중생을…….
　　　　　　　이중생의 행동이 지나치자 태도를 바꾸어 맞대응함.

최 변호사: 영감, 왜 노망이슈. 누가 당신 서서구 머슴인 줄 아슈. 누구에게 욕설이구 누구에게 패담이야!
　　　　　　　정도에 넘침. 또는 분수에 맞지 아니함.

이중생: 예끼 적반하장두 유만부동이지. 배라먹을 놈 같으니라구! 은혜도 정리두 몰라 보구 살구도 죽은 송장을
도둑이 도리어 매를 든다는 뜻으로, 잘못한 사람이 아무 잘못도 없는 사람을 나무람을 이르는 말
맨들어 말 한마디 못 하구 송두리째 재산을 빼앗기게 해야 옳단 말인가!

최 변호사: 헛헛…… 영감 말씀 좀 삼가시죠. 영감 가정일은 가정일이구 내게 내줄 것이나 깨끗이 셈을 하십쇼.
영감 사위께 내 수수료를 청구하리까?
　　　　　송달지

임표운: 최 선생, 오늘은 어서 그냥 돌아가세요.

최 변호사: 왜? 나만 못난이 노릇을 허란 말인가. 영감이 환장을 해두 분수가 있지, 내게다 욕지거리라니 당찮은
　　　　　　　　　　　　　　　　　　　　자신에게만 탓을 돌리는 이중생을 비난함.
짓 아닌가 말일세, 임 군!

이중생: (벌벌 떨며) 예끼 사기꾼 같으니라구, 아직두!

최 변호사: 사기꾼? 영감은 무엇이구, 응, 영감은 뭐야!

▶ 재산을 지키려는 계획이 실패로 돌아가자 자신을 돕던 최 변호사에게 분노를 표출하는 이중생

(독경 소리 처량히 들려온다. 일동 무거운 침묵과 긴장한 공기 가운데

이중생을 추도하는 소리   험악한 분위기 속에서 눈치를 보는 상황

싸였다. 용석 아범, 룩색을 손에 들고 총총히 등장.)

등산이나 하이킹 따위를 할 때 필요한 물건을 넣어 등에 지는 등산용 배낭

★ 문제 해결 키 문항 1 관련

최 변호사의 태도 변화
이중생의 조력자 역할을 하던 최 변호사가 계획이 수포로 돌아가고 이중생이 그 책임을 자신에게 돌리자 태도를 바꾸어 이중생에게 맞대응함.

용석 아범: 영감마님! 도련님이 돌아오십니다, 도련님이. 이런 경

이중생의 아들인 하식이 일제에게 끌려갔다가 구사일생으로 돌아옴.

사로울 데가 어딨습니까. 어서 좀 나가 보십쇼. (달지, 방에서 뛰쳐 내려와 하수*에서 등장하는 하연과 하식을

하식에 대한 식구들의 반가움이 드러남.

만난다.)

송달지: 오! 하식이! / **하식:** 형님…… 아버지. / **임표운:** 하식 씨. / **하식:** 임 선생.

최 변호사: 영감, 내일 사무원 해서 청구서를 보내 드릴 테니 잘 생각허슈. 괜히 그러시단 서루 좋지 않지! 살구두

죽은 척하는 죄는…… 헛 헛 참, 이건 무슨 죄에 해당하누? 형법인가, 민법인가! (퇴장)

이중생의 생존을 알고 있는 점을 빌미로 이중생을 협박함.

이중생: 하식아!

하식: (비로소 아버지의 의상을 보고) 아버지, 이게 웬일이십니까?

오래간만에 집에 돌아온 하식이 수의를 입고 있는 이중생을 보고 놀람.

이중생: 하식아, 네가 살아왔구나. 네가…… (상수*로부터 우 씨, 하주, 옥순 등장.)

우 씨: 에그 네가 웬일이냐. (운다.) / **하주:** 하식아!

하식: 어머니! 누나 잘 있었수? / **우 씨:** 에그…… 네가 살아 돌아올 줄이야…….

하주: 얼마나 고생했니? 자, 어서 들어가자……. 아버진 나와 계셔두 괜찮수?

▶ 강제 징용에 끌려갔다가 집에 돌아온 하식

이중생이 죽음을 위장한 사실이 들통날까 걱정함.

이중생: 다 틀렸다, 틀렸어! 네 남편 놈 때문에 다 뺏기구 말았어. 네 남편 놈이 내 돈으로 종합 병원을 세우고 싶

다구 했어.

재산을 지키려던 이중생의 계획이 실패로 돌아간 이유

하주: 네?

이중생: 하식아, 최가 놈의 말을 들었지. 내가 죽어서라두 집 재산이나마 보전하려던 게 아니냐. 그런 걸 에끼,

(달지에게) 내가 글쎄 자네에게 뭐랬던가, 응? 난 무료 병원 세울 줄 몰라 자네 내세웠나? 자네만 못해 죽은

형지꺼정 하는 줄 아나? 하식아, 글쎄 그놈들이 나를 아주 모리꾼, 사기횡령으로 몰아내는구나. 그러니,

죽은 형지라두 해야만 집 한 칸이라두 건져 낼 줄 알았구나. 왜 푼푼이 모아 대대로 물려 오던 재산을 그놈

들에게 털꺼덕 내주냐 말이다. 왜 뺏기느냐 말이다. 그래 갖은 궁리를 다했다는 게 이 꼴이 됐구나. 에이

갈아 먹어두 션치 않은 놈! 최 변호사 그놈두 그저 한몫 볼 생각이었지. 하식아, 인제 집에 돈두 없구 아무

것두 없는 벌거숭이다. 내겐 소송할 데두 없구 말 한마디 헐 수도 없게 됐구나. (흐느낀다.) 네 매부 놈이,

죽음을 위장한 데 따른 결과

매부 놈이 다 후려 먹었다. 저놈들이 우리 살림을 뒤집어엎었어! 하식아. ★   ▶ 하식에게 억울함을 토로하는 이중생

하식: 아버지! / **이중생:** 오냐, 하식아.

하식: 제가 하식인 걸 아시겠습니까. 제 이야긴 왜 하나도 묻지 않으십니까?

구사일생으로 돌아온 자신에게 무관심한 이중생을 책망함.

이중생: 오 참! 그래 얼마나 고생했니?

하식: 일본 놈에게 끌려가 죽을 고생을 하다가 그것두 모자라 우리나라가 독립된 줄도 모르고 화태*에서 십 년이

나 고역을 치르고 돌아온 하식이올시다. 화태에서는 아직두 아버지 같은 사람이 떠밀다시피 보낸 젊은이
〔일제가 강제 징용을 시키고자 조선인들을 끌고 간 일에 이중생이 협력한 적이 있음.〕
와 북한에서 잡혀 온 수많은 동포가 무지막도한 소련 놈 밑에서 강제 노동을 허구 있어요.
▶ 이중생의 친일 행각을 비판하는 하식

하주: (달지에게) 여보, 당신은 뭣이 잘났다구 챙견했수.
〔이중생의 재산으로 무료 병원 세우는 것을 수락한 송달지를 책망함.〕

송달지: 누가 하겠다는 걸 시켜 놓구 이래? 이런 탈바가지를 억지로 씌워 논 건 누군데? (상복을 내동댕이친다.)

하주: 누가 당신더러 무료 병원 이야기하랬소?

송달지: 하면 어때? 난 의견두 없구 생각두 없는 천치 짐승이란 말야? 난 제 이름 가지구 살 줄 모르는 인간이
〔자신을 이용만 하려 하고 자신의 생각은 존중하지 않는 이중생과 하주에게 반발함.〕
구? 왜 사람을 가지구 볶는 거야.
▶ 자신을 닦달하는 하주에게 반발하는 송달지

(중략)

이중생: 하식아. / 하식: …… 네?

이중생: 나는 어쩌란 말이냐. 네 애빈 그럼 어떻게 하면 좋단 말이냐?

하식: …… 아버지, 어서 그 구차스러운 수의를 벗으십쇼, 창피하지 않아요?
〔이중생의 행위를 비판함.〕

(하식 퇴장. 무대에서는 이중생 혼자 넋 잃은 사람처럼 서 있다. 독경 소리 커진다. 후원에서는 "아범, 아범! 아까부팀 술상
〔조문하러 온 사람〕 〔이중생이 있는 방 밖에서 이중생의 초상이 치러지는 상황〕
봐 오라는데 뭣 하구 있어." 하는 중건의 소리와 지껄이는 조객의 소리. 박 씨, 혼자 중얼거리며 하수로부터 등장.)

박 씨: 내가 뭐라구 했수. 형님은 참 유복두 허시지, 자기 아버지 장사 전에 생사조차 모르던 아드님이 돌아오셨
〔이중생을 땅에 묻기 전에 하식이 돌아온 것을 축하하는 말〕
다니 천우신조로 하느님이 인도하셨지. 귀, 귀신, 귀신이야! (온 길로 달아난다. 이중생, 다시 나와 사방을 살피
〔죽은 줄 알고 있던 이중생의 모습을 보고 놀람.〕 〔비극적 최후를 암시〕
고 방 안에 떨어져 있는 면도칼을 무심코 들여다본다.)

이중생: 귀신? 헛헛! 그럼 내게는 집두 없구 돈도 없구 자식두 없구…… 벗지 못할 수의밖엔 아무것도 없는 귀신
〔파멸에 이르러 자포자기함.〕
이란 말이냐. 하식아……. (이윽고 후면으로 사라진다. 독경 소리와 달빛이 처량하다. 무대는 잠시 비었다.)
▶ 재산을 잃고 하식에게마저 외면받자 좌절하는 이중생

*하수(下手): 무대 하수를 일컬음. 관객을 향하고 있는 배우의 입장에서 본 무대 중심선의 왼쪽 구역.

*상수(上手): 무대 상수를 일컬음. 관객을 향하고 있는 배우의 입장에서 본 무대 중심선의 오른쪽 구역.

*화태(樺太): 일본식 한자어로 사할린(러시아 동부, 오호츠크해에 있는 섬)을 일컫는 말.

핵심 개념
이것만은
꼭 익히자

 포인트 ① 인물 관계도 문항 4 관련

최 변호사
이중생의 고문 변호사로 이중생을 부추겨 위장 자살극을 벌이게 함. 자신의 이익을 중시하는 인물임.

송달지
하주의 남편으로 생활력이 없음. 우유부단한 모습을 보이나 의사로서의 양심을 간직하고 있는 인물임.

이중생
일제 강점기와 해방 직후에 기회주의적 행위로 재산을 쌓음. 추진력이 강하면서 욕심 많고 이기적인 인물임.

하주
이중생의 첫째 딸로 아버지를 대단한 존재로 생각함. 자존심이 강하고 욕심 많은 인물임.

하식
이중생의 외아들로 아버지의 기회주의적 행위를 비판함. 정의감을 지니고 나라의 미래를 걱정하는 인물임.

 포인트 ② 작품에 반영된 시대상 문항 4 관련

이 작품은 해방 직후의 혼란스러운 시대 상황을 배경으로 하고 있다. 그리고 기회주의자인 이중생의 모습을 풍자적으로 형상화함으로써 친일 잔존 세력이 청산되지 못한 채 활개 치고 있는 병든 사회의 모습을 비판하고 있다. 한편 하식과 같은 미래 지향적 인물을 제시함으로써 부패한 기성 질서의 타파와 정의롭고 건강한 사회로의 전환을 모색하고 있다.

배경지식
더
알아보기

■ 작품 전체의 구조

1막		2막		3막 수록
일제 강점기에 아들 하식을 징용 보내면서까지 친일을 하던 이중생이 광복 후 혼란기를 틈타 재산을 더욱 끌어모으려 함. 그러던 어느 날 이중생의 집에 형사가 들이닥침.	→	사기, 횡령, 탈세 혐의로 체포 구금된 이중생이 가석방되어 나옴. 재산을 몰수당할 위기에 처하자 최 변호사의 도움을 받아 거짓 유서를 쓰고 죽음을 위장한 뒤, 상속자로 정한 사위 송달지의 행세를 하려고 함.	→	국회 조사 위원인 김 의원이 조문을 와서 송달지에게 이중생의 재산을 무료 병원을 건립하는 데 사용하자고 제안하고 송달지가 이를 수락함. 징용에서 돌아온 하식이 이중생의 행위를 비판하고, 모든 것을 잃은 이중생은 자살을 선택함.

■ 「살아 있는 이중생 각하」의 제목이 지닌 상징적 의미

'살아 있는'에는 살아 있으면서도 죽은 척하는 인물의 이중적 행태에 대한 조롱이 담겨 있으며, 이중생이 진정으로 살아 있다고 할 수 없다는 반어적 의미가 담겨 있다고도 볼 수 있다. '이중생(二重生)'이라는 이름은 인물이 '살아 있는 이중생'으로서의 삶과 '죽어 있는 이중생'으로서의 삶을 동시에 살게 되는 상황을 암시한다. 그리고 '각하'는 특정한 고급 관료에 대한 경칭인데, 높임의 대상이 아닌 인물의 호칭으로 쓰여 조롱과 야유의 의미를 드러내고 있다.

EBS Q&A

Q 무대 상연을 전제하여 연출 계획을 묻는 문항에는 어떻게 대처해야 할까요? 문항 3 관련

A 희곡의 지시문이나 대사를 어떤 방법으로 연출할 것인지를 묻는 문항이 출제될 수 있습니다. 이런 경우에는 보통 그 지시문이나 대사가 드러내는 인물의 심리나 극 중 상황 또는 분위기 등의 내용 요소들을 먼저 파악해야 합니다. 문항에 제시된 각 선지가 이러한 내용 요소들을 정확하게 분석하고 있는지 확인하고, 이후 그 요소들이 연출 방법에 대한 선지의 서술과 자연스럽게 연결되는지를 점검해 보세요.

02 한씨 연대기 _ 황석영 원작, 김석만·오인두 각색

극·수필

EBS 수능특강 **문학 212쪽**

감상 포인트 황석영의 「한씨 연대기」라는 동명의 소설을 희곡으로 각색한 작품이다. 이 작품은 한영덕의 개인사 사이사이에, 사회 정치적 상황을 보여 주는 막간극(다큐멘터리)을 삽입하여 한국 현대사의 소용돌이에서 몰락해 가는 한 개인의 삶을 생동감 있게 풀어내고 있다. 한영덕의 일대기는 우리 민족의 수난사를 그대로 상징하는 것으로, 개인적인 비극에서 더 나아가 정치 이데올로기가 빚어낸 사회적 비극으로 그려져 있다.

주 제 분단의 상황에서 겪게 되는 개인과 민족의 비극

전체 줄거리 북한 대학 병원의 산부인과 교수인 한영덕은 6·25 전쟁 당시 특별 병동 담당 의사이지만 자신의 소신에 따라 일반 병동 환자를 치료하는 데 더 몰두한다. 이로 인해 반동분자로 낙인찍혀 사형당할 위기에 처하지만 사형장에서 기적적으로 살아나게 되고 가족을 북에 남겨 둔 채 혼자 월남한다. 이후 생계를 위해 자신의 의사 면허를 박가에게 빌려준 후 낙태 수술 문제로 양심의 가책에 시달리는 등 박가와도 갈등을 겪는다. 무면허 의사인 박가는 한영덕을 배신하고 그에게 간첩 누명을 씌워 정보대에 고발한다. 한영덕은 기관에 끌려가 모진 고문을 겪은 후 어렵게 간첩 누명을 벗지만, 불법 낙태 수술을 한 혐의로 결국 실형을 살게 된다. 형을 살던 중 월남 후 재혼한 아내 윤미경으로부터 휴전이 되었다는 소식을 듣고 절망한다. 만기 출소한 한영덕은 온전한 삶을 살지 못하고 집을 나가 떠돌다가 지방 소도시에서 장의사로 삶을 마감하게 된다. 한영덕의 딸인 한혜자는 아버지의 장례식에 찾아오지만 아버지의 매장은 아직 끝나지 않았다고 말하며 빈소를 떠난다.

[앞부분 줄거리] 평양에서 산부인과 교수였던 한영덕은 6·25 전쟁 당시 처형당할 위기에 처하지만 기적적으로 살아남아 월남한다. 월남 이후 그는 박가의 제안에 생계를 위해 의사 면허를 빌려준 후 불법 낙태 수술을 하며 양심의 가책에 시달린다. 무면허 의사인 박가는 이후 한영덕을 배신하고 간첩 누명을 씌워 당국에 고발한다.

제14장 면회

　무대 전면에 의자가 하나 놓여 있고, 한영덕은 죄수복을 입었다.

소리: 158번 한영덕 면회, 158번 한영덕 면회.

　(몹시 초췌한 모습의 한영덕이 의자 쪽으로 걸어온다. 하얀 한복을 입은 한영숙이 왼쪽 단 위로 올라간다.)
_{한영덕의 누이동생}

한영숙: 오라바니!

한영덕: (기겁을 하고 몸을 사린다.)

한영숙: 오라바니, 저예요, 영숙이예요.

한영덕: (실성한 채) 난 피난민이오….
_{정신줄을 놓은 채, 누이동생인 한영숙을 알아보지 못하고 다른 존재로 착각하고 있음.}

한영숙: 아이고 하나님, 오라바니가 무슨 죄를 졌다고 이 모양입네까, 네?
_{한영덕의 처지에 대해 안타까움과 속상함을 느끼고 있음.}

한영덕: 살기 위해서, 살기 위해서 월남했습니다. (바닥에 엎드려 벌벌 떤다.)
_{한영덕의 내력(분단 상황에서의 월남과 그에 따른 고통)에 대해 대략적으로 알 수 있음.}

한영숙: 나 영숙이예요. 오라바니 정신 차리시라요. 박가, 이놈의 새끼. 무고죄로 고소하갔시오.
_{한영숙은 '박가'를 한영덕의 수감과 관련된 인물로 생각하고 분노하고 있음.}

한영덕: 난 피난민일 따름이오.

한영숙: 그놈의 새끼 뼈를 갈아 한강 물에, 아니 그러면 한이 맺혀서 안 되지, 이다음에 우리 고향 대동강에 개져

　　　다가 훌훌 뿌리갔시오.

한영덕: 나, 난 간첩이 아니오.

한영숙: 우리가 누굴 믿고 남으로 남으로 내려왔갔시오. <u>무조건 빨갱이라고 몰아세우면 우린 누굴 믿고 어드메로</u>

　　　<u>가서 살란 말이야요?</u>
_{한영덕이나 한영숙이 월남한 이후 빨갱이로 몰려 곤란한 처지에 놓여 있으며 이로 인해 매우 괴롭고 힘들어하고 있음을 알 수 있음.}

★ 문제 해결 키 **문항 2 관련**
한영덕은 자신을 면회 온 한영숙의 말과는 전혀 관련이 없는 말들을 하며, 상대방인 한영숙과의 대화에 제대로 참여하고 있지 못함.

한영덕: 난, 난….

한영숙: 오라바니, 오라바니, 오라바니!★

(한영숙, 절규하며 쓰러져 운다. 한영덕은 더욱 겁에 질린다. 사이.)　　　　　▶ 감옥에 갇힌 한영덕과 그를 면회하며 오열하는 한영숙

(중략)

소리: 158번 한영덕 면회. 158번 한영덕 면회.

(오른쪽 무대 위로 아기를 업은 윤미경이 올라온다.)

윤미경: 여보.
한영덕이 월남한 후 결혼하게 된 여인

한영덕: 고생이 많구려.

윤미경: 자주 못 와서 죄송해요. 애 때문에 쉽게 올 수가 있어야죠.

한영덕: 어디, 애 좀 봅시다레.

윤미경: (몸을 돌려 애를 보이며) 딸이에요.

한영덕: (고개를 끄덕이고 나서) 내 간밤에 이름을 지었소. 은혜, 혜, 혜자, 한혜자.
　　　　　　　　　　한영덕이 월남한 이후 결혼한 윤미경과의 사이에서 낳은 딸로, 이후 가출한 한영덕을 두 번 찾아와 만나게 됨.

윤미경: 혜자? 한, 혜, 자? 예쁜 이름이에요.

한영덕: (갑자기 기침을 한다.)

윤미경: 여보, 여보, 어디 아프세요?

한영덕: (서둘러 진정하며) 몸살이 난 모양이오.
　　　　　감옥에 갇힌 채 여러 고초를 겪으며 힘들어하고 있는 한영덕의 상황을 알 수 있음.

윤미경: 서학준 씨 말로는 아무 일도 아니라고 그러시던데,

한영덕: (진정하고 긍정한다.) ….

윤미경: 당신 언제쯤 나오게 될까요?

한영덕: 글쎄, 나도 잘 모르갔소. (기침) 전쟁 통이라 좀 늦어질 수도 있고…. (기침) 이제 가 봐요. 난 괜찮으니까.
　　　　　　　　　　　　　　　　　　　　　　　괜찮다는 말과는 달리, 수감 생활로 인해 지쳐 있는 한영덕의 모습이 나타남.
　　　(기침)

윤미경: 저… 오늘 아침 열 시에, 휴전이 됐어요. 휴전이오, 휴전이 됐어요….
　　　　　　　감옥에 갇혀 바깥소식을 알지 못하는 한영덕에게 휴전이 되었음을 알려 줌.

(한영덕, 허탈해져서 맥이 풀려 그 자리에 무릎을 꿇고 쓰러진다.)　　　▶ 면회를 온 윤미경을 통해 휴전 소식을 듣게 되는 한영덕

소리★: 피고 한영덕, 의료법 위반. 환자의 위탁이나 승낙 없이 낙태 중 치상시킨 죄에 해당하므로 징역 1년 자격

정지 3년에 처한다.

(망치 소리 세 번.★ 조명, 암전. 휴전 협정 조인을 알리는 라디오 뉴스★

가 들린다. 1953년 7월 27일.)

> **★ 문제 해결 키** **문항 3 관련**
> **극적 형상화를 위한 다양한 장치**
> ① '소리': 발화자가 무대 위에 등장하지 않은 채 한영
> 　덕에 대한 판결 내용을 전달함.
> ② '망치 소리 세 번': 한영덕에 대한 판결 확정을 알리
> 　는 소리로 인물의 안타까운 운명을 표현함.
> ③ '라디오 뉴스': 인물의 대사 속 역사적 현실을 알려
> 　주는 것으로 극의 현실성을 높이고 있음.

제15장 1972년 서울

치트 14: 1972년 서울

(모시 적삼을 입은 한영덕이 오른쪽 무대 아래에서 허리를 굽힌 채 염*을 하고 있다. 수술 장면에서 사용했던 수술대와 환
_{한영덕이 예전에 의사였던 사실을 환기하는 기능을 함.}
자용 마네킹이 그대로 이용된다. 허름한 옷차림의 강 노인이 차트를 넘기고 관에 엎드려 잠을 잔다. 여고생 겨울 교복을 입은

한혜자, 한영덕을 쳐다보면서 무대 오른쪽 위로 올라간다.)
_{한영덕이 감옥에 있을 때 어린아이였던 한혜자가, 고등학생이 되어 등장함. 이를 통해 일정한 시간이 흘렀음을 알 수 있음.}

「한혜자: (전보를 보면서) 오늘 아침에 아버지가 돌아가셨다는 전보를 받았습니다. 난, 아버지에 대해 아는 게 별로
_{『 』: 아버지인 한영덕에 대한 한혜자의 회상과 평가로서, 무대 위 다른 인물에게는 들리지 않고 관객만 들을 수 있는 대사인 방백의 방식을 활용하고 있음.}

　　없습니다. 날마다 허리를 앓거나 날마다 폭음을 하던 술꾼이라는 기억뿐이에요. 아버지는 식구들과 말도

　　건네지 않고 항상 골이 난 사람처럼 보였어요. 술이 깨면 무슨 이상한 소리가 들린다면서 솜으로 두 귀를

　　꼭 틀어막고 지냈었죠. 나는 자라는 동안, 양친의 일가친척 집에 거의 왕래를 하지 않고 살았습니다. 어느

　　쪽에서도 혈육의 대접을 기대할 수가 없었거든요. 내가 태어나서 지금까지 아버지가 의사 노릇을 했었다

　　는 기억이 없습니다. 난, 아버지가 의사였는지도 몰랐으니까요.」 ▶ 한영덕의 딸인 한혜자가 한영덕에 대한 이야기를 들려줌.

한영덕: (염을 끝내고 흰 천을 씌우면서) 자, 이제 염이 끝났소. 이승에서 못다 한 일, 저승에 가서라도 꼭 이루시구려.
_{집을 나온 후 가족들과 연락을 끊은 한영덕이 장의 관련 일을 하며 예전과는 다른 삶을 살고 있음을 알 수 있음.}

　　(한영덕이 강 노인 쪽으로 걸어온다.)

강 노인: (인기척에 잠을 깨며) 일은 다 끝났수? / 한영덕: 네. / 강 노인: 내가 깜박 잠이 들었나 보이….

　　(한영덕은 관 앞에서 소주를 마신다.)

한혜자: 어느 날 아침에 아버지는 아무 얘기도 없이 집을 나가서 다시는 돌아오지 않았습니다. 우리 엄마 윤 마담
_{윤미경을 가리킴.}
　　은 내가 열다섯 살 때 여관업을 하던 홀아비 노인과 다시 재혼해 버렸죠. 훨씬 뒤에 난 아버지의 소식을 들

　　었습니다. 미션 계통의 지방 대학 기숙사에서 관리인 노릇을 하신다구요. 첫 번째는 고모와 함께, 두 번째
_{집을 떠나고 일정한 시간이 흐른 이후의 한영덕의 행적을 제시함.}
　　는 나 혼자서 아버지를 만났습니다. 그러나 세 번째 찾아갔을 때는 아버지가 거길 그만두고 떠나 버린 다음

　　이라 만날 수가 없었습니다.
_{가족들과의 인연도 끊어 버린 채 홀로 살아가게 된 한영덕의 상황을 짐작할 수 있음.}

강 노인: (망치를 들며) 에구, 늙으면 죽어야지. 오래 살면 뭐하누. (관을 두드린다.) 에휴, 관 짜는 노릇두 힘이 들어
_{장의 관련 일을 하고 있음을 알 수 있음.}
　　서 못 해 먹겠어.

한영덕: 그럼, 좀 쉬었다가 하시구려. 술 한 모금 하시갔수?

강 노인: (거절하고) 또 술이야? 늙마에 무슨 꼴이야, 그래! 나야 워낙 팔자가 개팔자라서 이러구 산다지만, 한 씨

　　한테는 딸이 하나 있는 모양인데 이제 그만 집으로 들어가지 않구.

한영덕: 여기가 내 집이외다. 내레 갈 곳이 없시오.
_{과거의 삶과 거리를 둔 채 장의 관련 일을 하며 살아가는 현재의 삶만을 생각하고 있음을 알 수 있음.}
강 노인: (혀를 차며) 필시 무슨 사연이 있을 게야. 하기사 한 씨가 우리 장의사에 처음 찾아왔을 때부터 무슨 기막
_{한영덕의 과거 삶에 대해 자세히 알지 못한 채 짐작만을 하고 있음.}
　　힌 사연이 있는 줄 알았지. (사이) 근데, 거 한 씨 염하는 솜씨를 보니까 보통 솜씨가 아니던데 전에두 사람
_{관객 또는 독자로 하여금 한영덕이 과거에 의사였던 사실을 환기함.}
　　몸 다뤄 본 적이 있소?

한영덕: (뭔가 얘기를 하려다 화제를 돌려서) 노인장은 집 짓던 목수가 어째 관을 짜게 되었수?
　　　　　　　　　　자신의 이야기를 털어놓기를 조금 꺼려 하며 의도적으로 화제를 바꾸고 있음.

강 노인: (피식 웃으며) 나야 뭐, 늙어서 쉬운 일을 찾다 보니까 이렇게 되었지. 하지만 이 관으로 말할 것 같으면,

　　　　죽은 사람의 집이니까 마찬가지예요. / 한영덕: 기왕이면 내 것도 하나 짜 주시구레.

강 노인: (어이없다는 듯이) 거 무슨 소리! 나보다 젊은 양반이 못 하는 소리가 없어. 갈라면 이 늙은이가 먼저 가야

　　　　지. (사이) 정말, 한 씨 염하는 솜씨가 내 맘에 꼭 들어. 그러니까 내가 가거들랑 내 염을 해 주고 나서 뒤따

　　　　라올 생각을 해도 늦지가 않아요. / 한영덕: 그럼, 내 관은 누가 짜 줍네까?

강 노인: (한영덕을 바라보다가 망치로 관을 두드린다.)　　　　　　　　▶ 강 노인의 장의사에서 장의 관련 일을 하며 살아가는 한영덕

한혜자: 한영덕 씨가 사망했다는 전보를 받고서도 울음이 나오지 않았습니다. 난 그가 살았던 시대를 새롭게 실

　　　　감했기 때문이죠. 아버지 한영덕 씨는 시대와 더불어 캄캄한 어둠 속에 박제될 거예요. 저 정지된 폐허 가
　　　　　　　　　　　　　　　　　　　한영덕의 삶과 죽음에 대한 한혜자의 인식과 평가가 나타남.
　　　　운데 들꽃과 잡초에 뒤덮여 쓰러진 녹슨 기관차처럼 그의 매장은 아직 끝나지 않았습니다.

　　　　(술에 취한 한영덕은 관 앞에 쓰러져 눕는다. 강 노인의 망치 소리가 계속된다. 음악이 고조되면서 조명 서서히 어두워진다.)
　　　　　　　　　　　　　　　　　　　　　　　　　▶ 한영덕의 죽음에 대한 소감을 밝히는 한혜자

*염: 시신을 수의로 갈아입힌 다음, 베나 이불 따위로 쌈.

핵심 개념
이것만은
꼭 익히자

  이 작품의 특징 문항 4 관련
　• 역사적 사실을 극 중에 삽입함으로써 사실감을 높임.
　• 방백을 활용하여 중심인물의 내력과 그에 대한 평가를 제시함.
　• 시간적·공간적 배경의 변화를 소품을 통해 명시적으로 제시함.

  등장인물 간의 관계 문항 1 관련

한영숙
한영덕의 여동생으로, 먼저 월남하여 남한에서 터를 잡음. 이후 오빠인 한영덕과 재회한 후 곧잘 곤란한 상황에 놓이게 되는 그를 심적, 물적으로 돕고자 노력함.

서학준
한영덕의 고향 친구이자 의사. 자신만의 신념을 고수하는 한영덕과 달리 의사로서의 사명보다는 자신의 목숨을 우선시하는 타협적인 모습을 보이는 보통의 인물임.

한영덕
양심을 지키려 애썼던 의사로, 분단과 전쟁의 소용돌이 속에 온전한 삶을 살지 못한 채 희생당하는 인물임.

박가
무면허 의사로 병원을 운영하며 한영덕을 끌어들여 불법 낙태 수술을 하도록 함. 이후 한영덕을 간첩으로 고발함으로써 한영덕이 체포되어 고초를 치르도록 만듦.

윤미경
경찰이던 남편이 6·25 전쟁으로 납북된 이후 한영덕을 만나 재혼하여 한혜자를 낳음. 이후 한영덕이 집을 나가자 다른 남자와 다시 결혼함.

소리	한영덕의 판결 내용을 알려 주는 것으로, 사건 전개에 기여함.
(첫 번째) 망치 소리	한영덕의 판결 내용의 확정을 의미하는 것으로, 인물의 안타까운 운명을 표현함.
조명	암전을 통해 해당 장면이 마무리됨을 제시함.
라디오 뉴스	효과음과 같이 역사적 사실을 전달하여 극의 현실성을 높임.
차트 14	극의 시·공간적 배경의 변화를 명시적으로 드러냄.

■ 극 속에 삽입된 다큐멘터리의 역할

희곡 「한씨 연대기」는 동명의 소설을 각색한 작품으로, 한영덕이라는 인물의 일대기를 원작 소설의 흐름에 따라 세 부분으로 나누어 제시하고 있다. 첫 번째 부분은 한영덕이 근무하는 대학 병원에 총동원령이 내려지고 한영덕이 고초를 겪다가 단신 월남하는 부분이며 두 번째는 한영덕이 불순분자로 몰려 수사를 받는 것에서부터 박가의 투서로 인해 체포되기까지의 내용이다. 세 번째는 한영덕이 억울한 심문을 받고 의료법 위반으로 결국 징역 일 년을 선고받아 복역한 후 가출하기까지의 내용을 담고 있는 부분으로, 특히 세 번째 부분에서 많은 내용이 창작 가미된 것으로 알려져 있다.

극 전반에 걸쳐 원작과 가장 두드러지게 달라진 점은 한영덕의 삶에 큰 영향을 미쳤던 시대적 상황들을 다큐멘터리의 형식으로 삽입한 것이다. 한영덕의 비극이 분단과 전쟁으로부터 비롯되었다는 점을 감안하여, 제2차 세계 대전과 관련된 강대국의 수뇌부들이 모여 한반도의 문제를 거론하는 1945년 시기를 작품의 첫 배경으로 삼아 이를 다큐멘터리의 한 장면처럼 극을 전개하고 있다. 6·25 전쟁 당시의 미국의 입장과 중공군의 개입, 전쟁 중의 정치·사회적 상황, 휴전에 대한 내용들 역시 독립된 장면으로 처리하고 해설을 삽입하였다. 이러한 다큐멘터리의 삽입은 관객들로 하여금 극의 내용을 현실감 있게 인식할 수 있도록 돕는다고 볼 수 있다. 즉 한영덕이 겪게 되는 사건들과 그의 일생이 허구의 이야기로 머물지 않고 역사의 소용돌이를 지나온 이들이 충분히 겪었을 법한, 혹은 누구나 겪을 수 있는 현실로 인식할 수 있도록 만드는 것이다.

Q 각색된 희곡이나 시나리오는 원작 소설과 비교하여 어떤 점을 중심으로 감상하면 좋을까요?

A 각색된 희곡이나 시나리오는 원작을 토대로 하지만 완벽히 일치하지 않는 경우가 많습니다. 각색한 이의 의도나 상연 또는 상영 당시의 상황을 반영하고 고려하는 과정에서 중점적으로 부각되거나 삭제, 추가되는 내용들이 있어요. 따라서 각색된 희곡이나 시나리오를 읽을 때에는 사건의 전개나 인물의 행동 등 줄거리상의 변화가 있는지를 파악하는 것이 중요합니다. 또한 소설 속에서는 평면적으로 표현되어 있던 시대적 배경이나 공간적 배경들이 구체적이고 보다 현실감 있게 제시되는 경우도 많아요. 따라서 그러한 배경들이 극의 전개에 어떤 영향을 미치는지, 분위기 형성에 어떤 기여를 하는지를 살펴보는 것이 필요합니다.

03 북어 대가리 _ 이강백

감상 포인트 이 작품은 서로 다른 가치관을 지닌 두 명의 창고지기 자양과 기임을 통해, 분업화하고 획일화한 노동의 인간 소외를 비롯한 현대 자본주의 사회의 문제를 비판적으로 다룬 희곡이다. 대량 생산과 유통을 위한 산업 시스템의 대규모 조직 속에서 하나의 부품과도 같은 삶을 살아가는 현대인들의 모습을 창고라는 상징적 공간에서의 삶으로 형상화한 것이다.

주 제 인간적 관계와 존엄이 사라진 현대인의 삶과 인간 소외

전체 줄거리 창고지기 자양은 새벽마다 트럭에 실려 온 상자를 내리고 분류해서 쌓고 다시 실어 보내는 일을 성실하고 꼼꼼하게 처리한다. 반면 그의 동료인 기임은 창고 속에서의 생활에 염증을 느끼기에 아무렇게나 상자를 처리하고 놀러 다니기에 바쁘다. 트럭 운전수의 딸 미스 다링을 만난 기임은 술에 취해 그녀의 부축을 받아 창고로 돌아오고, 다링은 자양을 유혹하지만 자양은 넘어가지 않는다. 이후 자양은 기임에게 잔소리를 하면서도 북어로 해장국을 끓여 준다. 기임은 상자 하나를 고의로 바꿔 트럭에 실어 보내고 나서 이를 자양에게 이야기한다. 자양은 상자 주인에게 편지를 써서 잘못을 바로잡으려고 하지만 기임은 창고를 떠날 생각만 한다. 트럭 운전수는 딸인 다링이 아버지가 누구인지 모르는 아이를 임신한 것을 알고 기임과 다링의 결혼을 서두르면서 기임에게 함께 떠날 것을 권한다. 자양은 상자 주인에게 쓴 편지를 전달해 달라고 운전수에게 부탁하지만, 운전수는 소용없는 일이라며 편지를 찢는다. 기임은 운전수, 다링과 함께 떠나고, 혼자 남은 자양은 북어 대가리를 바라보며 성실한 삶을 지속할 것을 새롭게 다짐한다.

자양: 사람이란 하나를 보면 열을 알 수 있다구. 네 바지는 너무 더러워.

아무렇게나 상자를 다루듯이, 옷을 함부로 입기 때문이지. ★ 자주

세탁을 하구, 미리 깔끔하게 손질해 두면 좀 좋아. 그런데 오늘 저

_{나중에 기임이 결혼하기로 마음먹게 되는 다링(트럭 운전수의 딸)}

녁 또다시 만나기로 한 여자, 어떻게 생겼어?

> ★ **문제 해결 키** 문항 1 관련
>
> 자양은 기임의 차림새가 단정하지 못한 것이 평소 창고에서 상자를 함부로 다루는 조심성 없는 그의 태도와 관련이 있다고 보고 있음.

기임: 그런 건 네가 알 것 없어. / **자양:** 나이는 몇 살인데?

기임: 알 것 없다니까. / **자양:** 이름은? 설마 이름이야 가르쳐 주겠지?

기임: 다링이야. / **자양:** 다링……?

기임: 응, 모두들 그 여자를 보면 마이 다링이라고 불러.

자양: 그건 본명이 아니라 별명 같은데?
_{기임의 대답이 미심쩍다고 느끼기에 던지는 질문}

기임: 그러니까 알 것 없다구 했잖아!
_{짜증 섞인 반응을 보임.}

자양: 걱정이 돼서 그런 거야. 혹시 어떻게 생겼는지 잘 보지도 않고, 그저 여자니깐 쫓아다니는 건 아닌지 말야.

기임: 너 요즘 잔소리가 부쩍 심해졌어! / **자양:** 나도 그걸 느껴. 아마 나이 탓이겠지.

기임: 나이 탓이라구? 천만에! 난 너와 나이가 비슷한데 잔소리가 없잖아.

자양: 어쨌든 늙으면 잔소리가 많아져. / **기임:** 우리가 늙었다는 거야?
_{잔소리가 많다는 이유로 기임은 자양을 '의붓어미'라는 별명으로 부르며 비아냥댐.}

자양: 젊었다곤 할 수 없지. 인정할 건 인정하자구. 너와 나는 이젠 젊진 않아. 여자 뒤를 쫓아다니는 건 젊은 애

들이나 하는 짓이야. 이젠 조용히 자기 자신을 생각해야지.

▶ 기임의 옷차림과 연애에 관해 자양이 잔소리를 하고, 기임은 그에 대해 불평을 표출함.

기임: 나도 생각이 있어. 난 아무 까닭 없이 여자를 쫓아다니는 게 아냐. 빌어먹을, 이 창고 속을 보라구! 상자들
_{창고에서의 삶에 넌덜머리를 느끼고 창고에서 탈출하고자 하는 기임의 심리가 드러남.}

을 운반하고 보관하는 일이 지겨워 죽겠는데, 먹고 자는 생활도 이 창고 속에서 하고 있잖아! 난 늙기 전에

결혼해서 이 창고 속을 빠져나가고 싶은 거야!

자양: 일하는 것과 사는 것은 같은 거야. 그게 서로 다르면, 사람은 불행해져.
_{자양이 지닌 삶의 태도가 드러남.}

기임: 정말 고리타분한 소릴 하고 있군!

자앙: 그리고 말야, 이 창고를 빠져나가면 또 뭐가 있을 것 같아? 저 하늘의 해와 달, 별들이 빛나는 우주는 거대
　　　_{외부 세계와 단절되고 고립된 공간}
　　　한 창고지. 세상은 그 거대한 창고 속에 들어 있는 조그만 창고이고, 우리의 이 창고는 그 조그만 창고 속
　　　　　　　　　　　　　_{인간을 소외시키는 현대 사회의 시스템으로부터 벗어난다는 것은 불가능에 가깝다는 인식을 엿볼 수 있음.}
　　　에 들어 있는 수많은 창고 중에 하나의 아주 작은 창고거든. 결국은 창고를 빠져나가도 또다시 창고에 지나
　　　지 않으니깐, 그 누구든지 완전하게 창고 밖으로 빠져나간다는 건 불가능해. 만약 우리가 이 창고 속에서
　　　행복할 수 없다면, 다른 창고에 들어가 본들 행복할 수는 없어. 그래서 바로 이 창고, 이 창고 속에서 열심
　　　　　　　　　　　　　　_{자앙이 창고에서의 삶에 충실하려고 애쓰는 이유}
　　　히 일하고 성실하게 사는 것이 중요한 거라구. (다림질을 마치고 바지를 기임에게 준다.) 바지 입어. 오늘 입고
　　　　　　　　　　　　　　　　　　　　_{자앙은 기임의 동료이면서 기임을 보호자처럼 돌보는 존재이기도 함을 알 수 있음.}
　　　나갔다가 돌아와서는 벗어 놔. 내가 깨끗하게 빨아 줄게.

　　(기임, 잔뜩 찌푸린 표정으로 바지를 받아 입는다. 자앙은 침대 밑 상자에서 깨끗한 손수건을 꺼내 다림질로 곱게 다려 접

는다.)　　　　　　　　　　　　　　　　　　　　　　　▶ 창고에서의 삶에 대해 자앙과 기임이 서로 다른 의견을 드러냄.

[중략 부분 줄거리] 기임은 상자 하나를 고의로 바꿔 트럭에 실어 보낸다. 기임에게 이 이야기를 들은 자앙은 잘못을 바로잡기 위해 상
자 주인에게 편지를 쓴다. 다링은 아버지가 누군지 모르는 아이를 임신하고, 이를 알게 된 그녀의 아버지 트럭 운전수는 기임에게 다링
과 결혼하여 창고를 떠나라고 권한다.

　　(창고 밖으로 상자들을 옮기고 있던 자앙과 트럭 운전수 사이에 언쟁이 벌어진다. 자앙은 트럭 운전수에게 편지를 전달해

주도록 간청하고 운전수는 목청을 높여 가며 거절의 이유를 설명한다.)
　　　　　　_{간절히 청하고}
운전수: 그건 미친 짓이야! 일부러 잘못했다고 편지를 보낼 필요는 없어!

자앙: (편지를 운전수에게 내밀며) 제발 보내야 해요!

운전수: 여봐, 내가 상자를 운반하고 다니니깐 상자 주인과 통할 수 있다고 생각한 모양인데, 그건 큰 착각이야.
　　　난 말이야, 뭐가 뭔지도 모르고 그냥 싣고 왔다가 그냥 실어 가는 거라구. 실제로 내가 아는 건, 정거장에
　　　　　　　　　　_{분업화하고 단순화한 작업을 수행하는 노동자임이 드러남.}
　　　서 여러 트럭들이 상자를 나눠 받을 때 만나는 분배 반장 딸기코하고, 창고에 보관했다가 다시 나눠 싣고
　　　정거장에 가서 만나는 접수 반장 외눈깔, 그 둘뿐이라구. 딸기코와 외눈깔은 내가 붙인 별명인데, 물론 진
　　　짜 이름이야 있겠지. 하지만 그들이 내 이름을 부르지 않고 노름꾼이라 하듯이 나도 그들을 별명으로만 불
　　　　　　　　　　　　　　　　　　_{일터에서 수시로 만나는 이들끼리도 서로 무관심하고 깊은 교유를 나누지 않음.}
　　　러. 어쨌든 딸기코가 상자를 분배하는 곳은 정거장의 왼쪽이고, 외눈깔이 상자를 접수하는 곳은 정거장의
　　　오른쪽이야. 그래서 그들은 같은 정거장에서 둘 다 상자를 취급하면서도 서로 얼굴 한번 볼 수조차 없어.
　　　　　　　　　　　　　　_{노동 소외의 현장에서 인간적인 관계 맺음이 소멸한 상황을 환기함.}
자앙: 별명이든 이름이든 상관없어요. (편지를 억지로 운전수 손에 쥐여 준다.) 상자를 싣고 가는 곳에 내 편지를 갖
　　　다주면서, 다음 사람에게 전달하라고 하면 되거든요.

운전수: 내가 자네 편지를 외눈깔에게 주면, 외눈깔은 그다음 사람에게 전달하고, 그다음 사람은 또 다음 사람에
　　　　　　　　　　　　　　　　　　_{자앙의 의도에 대한 확인}
　　　게…… 계속해서 운반되는 상자들을 따라가 맨 나중엔 주인에게 전달되기를 바라는 거지?

자앙: 네, 바로 그겁니다.

운전수: 그게 또 큰 착각이라구. 부속품이 든 상자들은 말야, 중간중간에서 여러 갈래로 수없이 나눠지거든.

자앙: 부속품 상자들은 결국 한군데로 모아지는 것이 아닙니까?

운전수: 물론, 모아지는 곳도 있겠지. 상자들이 한군데에서 나와 여러 군데로 흩어지느냐, 여러 군데에서 나와 한군데로 모아지느냐……. 그건 그럴 수도 있구, 그렇지 않을 수도 있어. 어쨌든 중간에 있는 우리가 어떻게 다고 확실하게 알 수는 없지.
<small>개별 노동자는 자신이 담당한 부분적인 일이 전체와 어떤 연관을 맺는지에 대해 정확히 알 수조차 없는 현대 사회의 노동 소외 현실을 환기함.</small>

자앙: 그래도 상자 주인에게는 반드시 알려 줘야죠. 엉뚱하게 바뀌어진 상자 하나 때문에 뭔가 잘못 만들어지면 안 되잖아요.
<small>책임감이 강한 성격임을 알 수 있음. ／ 자앙이 편지를 상자 주인에게 전달하려는 이유</small>

운전수: 잘못 만들어진다니……. 그게 뭔데?

다링: (멀리서 듣고 있다가 큰 소리로 외친다.) 어떤 굉장한 기계래요! 이 세상 모든 사람들을 즐겁고 기쁘게 해 주는 신기한 기계죠!

운전수: (다링에게 외친다.) 무슨 기계라구?

다링: (큰 소리로) 기계가 아니라 폭탄이래요! 이 세상 모든 사람들을 한꺼번에 죽여요!

운전수: 도대체 무슨 소리인지 모르겠네! (자앙에게) 어쨌든 상자 속의 부속품으로 뭘 만드는지 알 수는 없어. 만
<small>바뀐 상자 속 물건들로 잘못 만들어질까 걱정하는 것이 '굉장한 기계'라고 했다가 '폭탄'이라고 했다가 하는 다링의 말을 이해할 수 없다는 말임.</small>
약 폭탄을 만든다면 오히려 상자가 바뀐 것이 사람들의 목숨을 살릴 테니깐 잘된 일이잖아? (자앙의 편지를 허공에 들고 두 조각으로 찢으며) 여봐, 자넨 너무 배짱이 약해.

이 조그만 창고 속에서 모든 걸 성실하게 잘했다는 것이, 창고 밖에서는 매우 큰 잘못이 된다고 생각해 봐.★ 그럼 상자 하나쯤

> ★ 문제 해결 키 문항 3 관련
> '이 조그만 창고 속에서 모든 걸 성실하게 잘했다는 것이, 창고 밖에서는 매우 큰 잘못이 된다고 생각해 봐.'에는 자신들의 소외된 노동이 의도와 무관한 결과를 초래할 수도 있다는 생각이 깔려 있음.

틀렸다고 안절부절못하진 않을 거야. (두 조각으로 찢은 편지를 자앙의 바지 양쪽 호주머니에 쑤셔 넣는다.) 무슨 일이 생겨도 창고 밖으로 알릴 필요는 없어. 그게 잘한 일인지 못한 일인지 모를 바에야 그냥 덮어 두라구. 창고 속의 자네한테는, 그게 배짱 편한 거야.

자앙: (손에 들고 있는 서류를 가리키며) 그렇다면 이런 서류들은 뭡니까? 누군가 이 서류들을 보면, 상자가 잘못된 것을 알 수 있을 텐데요?

운전수: 서류가 완전하다고 믿는 건 바보들뿐이지! 좋은 예가 있어. 내 아내는 옛날에 죽었는데 사망 신고를 안 했거든. 그래서 구청에서 호적을 떼어 보면 지금도 서류상으로는 버젓하게 살아 있는 것으로 나온다구.
<small>운전수가 서류를 믿지 않는 이유</small>
자, 굼벵이 양반, 꾸물대지 말고 어서 상자들이나 옮겨!

▶ 자앙은 뒤바뀐 상자 주인한테 보내는 편지를 전해 달라고 트럭 운전수에게 부탁하고, 트럭 운전수는 그 일이 불가능하며 불필요하다고 주장함.

(자앙과 트럭 운전수, 핸들 카에 실은 상자들을 창고 밖으로 운반해 간다. 침대에 앉아 있던 기임은 일어나서 자신의 담요

를 둘둘 말아 걷는다. 그리고 침대맡의 낡은 트렁크를 꺼내 물건을 주워 담는다. 미스 다링, 기임의 곁으로 다가온다.)
<small>운전수와 다링을 따라 창고를 떠나기로 결심하고 짐을 챙기는 기임</small>

다링: 마침내 결정한 거예요? / 기임: 그래, 함께 가서 살기로 했어.

다링: (살림 도구들이 있는 곳에서 접시, 그릇, 찻잔들을 가져와 낡은 트렁크에 담으며) 무조건 다 가져가요.

기임: (다링이 담은 것들을 다시 꺼내 놓으며) 아냐, 절반만 내 것인걸!

다링: 둘이서 함께 쓰던 물건은 어쩌려구요? 반절로 나눌 수도 없잖아요.

▶ 기임이 창고를 떠나 다링과 살기로 결심하고 짐을 싸기 시작함.

핵심 개념
이것만은
꼭 익히자

포인트 1 등장인물들의 성격 및 관계 문항 1, 2 관련

```
        자양  ····ⓐ····  기임
         ⋮                ⋮
         ⓑ                ⓒ
         ⋮                ⋮
        운전수 ····ⓓ····  다링
```

ⓐ	창고에서의 삶에 관해 상반된 태도를 보이는, 대조적 성격의 친구. 오래 함께 지내 우정이 쌓여 있음.
ⓑ	• 성실하고 책임감 강한 자양과, 맡은 일만 하고 노름에 빠져 있는 운전수는 대조된 성격임. • 바뀐 상자의 주인에게 편지를 보내는 문제에 관해서도 대립된 견해를 드러냄.
ⓒ	쾌락을 추구한다는 점에서 유사한, 함께 창고를 떠나는 연인 관계임.
ⓓ	세속적이라는 점에서 비슷한 성격을 지닌 부녀지간임.

포인트 2 「북어 대가리」에 나타난 노동의 인간 소외 문항 3 관련

노동의 인간 소외	→	「북어 대가리」
• 자율성 없는 노동 • 공정의 분업화와 단순화 • 조직 구성원 간의 인간적 관계 소멸 • 본래의 이름을 잃고 익명화되는 개인		• 운전수가 상자를 '뭐가 뭔지도 모르고 그냥 싣고 왔다가 그냥 실어 가는 거'라서 '어떻다고 확실하게 알 수는 없'다고 말하는 것 • 운전수가 동료들을 '딸기코와 왜눈깔'이라고 하면서 '그들이 내 이름을 부르지 않고 노름꾼이라 하듯이 나도 그들을 별명으로만' 부른다고 말하는 것 • 노동자들이 '같은 정거장에서 둘 다 상자를 취급하면서도 서로 얼굴 한번 볼 수조차 없'고 운전수가 나르는 상자들이 '중간중간에서 여러 갈래로 수없이 나눠'진다는 것

배경지식
더
알아보기

■ 다른 대목 읽어 두기

기임: 미안해! 그런데 막상 떠나려니까 조금은 서운하군. (창고 안을 둘러보며) 너하고 여기서 얼마나 살았더라…… 몇십 년은 훨씬 더 될 거야, 아마…….

자양: 그래…… 우린 철부지 시절부터 이 창고지기였어.

기임: 언제나 너는 나를 고맙게도 보살펴 줬지.

자양: 날 의붓어미라고 미워했으면서 뭘…….

기임: 진짜로 미워한 건 아니잖아?

자양: 나도 알아. (기임을 껴안는다.) 제발 가지 말아! 이 창고도, 나도, 전혀 달라진 게 없잖아?

기임: 그건 안 돼. 이 창고는 더 이상 내가 살 곳이 아냐.

운전수: 남자들끼리 헤어지면서 무슨 말이 그렇게 많아? (창고 밖으로 나가며) 시간 없어! 나 먼저 트럭에 가서 있을 테니까 너희는 어서 짐 싸 들고 나와!

다링: (놋쇠 국자로 소리 나게 두드리며) 그만하고, 서로 자기 물건들이나 골라 봐요.

기임: (자양의 포옹을 풀며) 나 내 물건을 잘 모르겠어. 굼벵아, 네가 골라 줘.

자양: 아냐, 쓸 만한 게 있거든 모두 네가 가져.

기임: 너는 이 창고 속에서 혼자 살 텐데…….

자양: 내 걱정은 말고 어서 먼저 골라 봐. 그리고 내가 너한테 줄 게 있어. (침대 밑의 상자들 중에서 화려한 색깔의 스웨터를 찾아낸다.) 너의 생일날 주려고 두었던 건데, 헤어지는 날 선물이 됐군.

기임: (자양에게서 스웨터를 받아 몸에 대본다.) 근사한데!

다링: (자양의 침대 밑을 바라보며) 좋은 건 이 속에 다 있잖아요! 이걸 가져가도 돼요?

기임: 안 돼, 그건 손대지 마.

자양: 가져가요.

다링: (자양의 침대 밑에서 상자 하나를 꺼낸다.) 이건 뭐죠?

자양: 북어 대가리죠. 그건 가져가세요. 꼭 필요할 겁니다.

다링: 북어 대가리……?

기임: 이게 왜 필요한지는 두고 보면 알게 될 거야. (상자를 열어서 북어 대가리를 하나 꺼내 자양에게 준다.) 난 너한테 이것밖에 줄 게 없군. 내 생각이 날 거야, 항상 곁에 두고 보라구.

자양: (북어 대가리를 받으며) 그래, 언제나 내 곁에 두고 볼게.

(창고 밖에서 트럭의 재촉하는 경음기가 울린다. 미스 다링은 서둘러서 물건들을 담요에 담는다.)

다링: 아버지가 재촉해요. (상자와 담요를 들며) 어서 들고 나가요.
기임: (트렁크를 들고, 자양에게) 그럼 잘 있어.
자양: (마지못해 대답한다.) 잘 가…… 가서 행복해.

(기임과 미스 다링, 창고 밖으로 나간다. 자양은 북어 대가리를 식탁 위에 놓고, 떠나는 기임을 바라본다. 창고 문 앞에서 자양과 기임의 외치는 소리가 들린다.)

기임: (소리) 이 창고 앞의 상자들은 어쩔 거야? 내가 좀 창고 안에 옮겨 주고 갈까?
자양: 괜찮아! 나 혼자서도 할 수 있어!

(창고 밖으로 떠나는 것이 즐겁다는 기임의 환호성이 들린다. 트럭 운전수와 다링의 웃음소리도 들린다. 잠시 후, 트럭이 경음기를 울리며 떠나는 소리가 들린다. 창고는 조용해진다. 자양, 식탁 앞에 힘없이 주저앉는다. 늙고 허약해진 모습이다. 그는 식탁 위에 놓여 있는 북어 대가리를 물끄러미 바라본다.)

자양: 그래, 나도 너처럼 머리만 남았군. 그저 쓸쓸하고…… 허무한 생각으로 가득 찬…… 머리만…… 덜렁…… 남은 거야. (두 손으로 북어 대가리를 집어서 얼굴 가까이 마주 바라보며) 말해 보렴, 네 눈엔 내가 어떻게 보이는지? 그토록 오랜 나날…… 나는 이 어둡고 조그만 창고 속에서…… 행복했었다. 상자들을 옮겨 오고…… 내보내며…… 내가 맡고 있는 일을 성실하게 잘하고 있다는 뿌듯한…… 그게 내 삶을 지탱해 왔었는데…… 그러나 만약에…… 세상이 엉뚱하게 잘못되고 있는 것이라면…… 이 창고 속에서의 성실함이…… 무슨 소용 있는 거지? (사이) 북어 대가리야, 왜 말이 없나? 멀뚱멀뚱 바라만 볼 뿐 왜 대답이 없어? (북어 대가리를 식탁 위에 내려놓는다.) 아냐, 내 의심은 틀린 거야. 덜렁 남은 머릿속의 생각만으로 세상을 잘못됐다구 판단해선 안 돼. (핸들 카에 실린 상자를 서류와 대조하며 혼자서 쌓기 시작한다.) 제자리에 상자들을 옮겨 놓아라! 정확하게 쌓아! 틀리면 안 돼! 단 하나의 착오도 없게. 절대로 틀려서는 안 된다!

(자양, 느릿느릿 정성을 다해 상자들을 쌓는다. 무대 조명, 서서히 자양에게 압축되면서 암전한다.)

이 작품의 결말부, 즉 대단원 부분이다. 자양과 기임이 이별하는 장면에서 '북어 대가리'는 두 사람이 서로에게 가진 애틋한 우정을 드러내 주는 소재이지만, 그 후 창고에 혼자 남은 자양의 독백 부분에서는 '북어 대가리'가 자양의 처지, 나아가 방향성을 잃고 가치관의 혼란을 겪는 현대인의 처지를 상징적으로 보여 주는 소재라고도 할 수 있다. 마지막 부분에서 자양은 잠시 드러냈던 회의적인 태도를 거두고 다시 기계적인 일상으로 돌아감으로써 소외된 삶에서 벗어나지 못하는 모습을 보여 준다.

Q 소설 지문을 읽는 요령과 희곡 지문을 읽는 요령 간의 공통점과 차이점은 무엇인가요?

A 매우 실험적인 성격의 작품들은 예외이겠지만, 일반적인 유형의 소설과 희곡이라면 서로 근본적인 유사성을 지니고 있습니다. 인물(들)이 등장해 어떤 사건이 벌어진다는 것입니다. 따라서 수능 시험에서는 소설이든 희곡이든 간에 인물의 성격을 잘 파악하고 사건 전개의 양상을 제대로 이해하는 것이 지문 독해의 기본이 되어야 하지요. 그러나 차이점도 존재합니다. 차이가 생기는 가장 중요한 이유는 서술자의 존재 여부라고 할 수 있을 거예요. 소설에는 이야기를 들려주는 존재인 서술자가 있지만 희곡에는 서술자가 없지요. 즉 소설에서는 누군가가 인물이나 사건에 대해 이해하기 쉽도록 어떤 설명을 한다든지 인물의 심리를 제시한다든지 하는 역할을 해 주지만, 희곡에서는 이런 정보가 누군가의 설명이 아니라 인물의 대사와 행동을 통해 전달되어야 한다는 것입니다. 희곡을 '대사와 행동의 문학'이라고 하는 이유가 여기에 있습니다. 따라서 소설 지문은 서술자가 어떤 존재이고 어디에 위치해 있는지, 어떤 태도로 인물과 사건을 독자에게 전달하고 있는지 등을 의식적으로 파악하며 읽어야만 합니다. 그게 바로 소설 지문에서, 특히 현대 소설 지문에서 반드시 출제되는 '시점과 서술상 특징 파악' 문제 유형에 대한 대비이기도 하지요. 반대로, 희곡 지문을 읽을 때는 인물의 대사에 담긴 뉘앙스, 표정이나 동작을 담은 행동 지시문의 맥락적 의미, 조명이나 음향 같은 사항들에 관한 무대 지시문에 담긴 작가의 의도 등등까지 적극적으로 추론할 수 있어야 합니다. 그런 능력이 있는지 점검하기 위해서, 희곡을 지문으로 삼은 세트에서는 극의 연출 방법과 효과에 관한 문제가 반드시 출제되는 것입니다.

04 인어 공주 _송혜진·박흥식

EBS 수능특강 **문학 221쪽**

감상 포인트 이 작품은 2004년 개봉한 영화 「인어 공주」의 시나리오이다. 시간 여행이라는 환상적 요소를 통해 젊은 날의 엄마의 모습을 지켜보게 된 딸의 이야기로, 딸은 이 과정을 통해 현실에서 도저히 이해할 수 없었던 엄마의 삶을 연민의 눈으로 받아들이게 된다.

주 제 모녀간의 갈등과 이해

전체 줄거리 우체국 직원으로 일하는 나영은 쪼들리는 생활 속에서 억척스럽게 살아온 어머니(연순)와 생계를 어렵게 만들었던 무능한 아버지(진국)와의 생활에서 벗어나고 싶다고 여기며 연인 도현과의 관계에서도 미래를 설계하기 두려워한다. 아버지의 병이 깊어진 것을 알면서도 동정하지 않는 어머니, 가족들로부터 멀어지고자 사라져 버린 아버지를 외면한 채 해외여행을 떠나려던 나영은 결국 아버지를 찾아 고향인 제주로 향하는데, 그곳에서 젊은 시절의 어머니를 만나 함께 생활한다. 주워 온 아이로 자라 배우지 못하고 해녀가 된 채 어린 나이에 동생을 혼자 돌보며 살아가는 어머니 연순의 앳되고 씩씩한 모습, 젊은 우체부 진국과 사랑을 키워 가는 풋풋한 모습을 보며 나영은 현실에서의 부모의 모습을 이해하고 연민을 느끼게 된다. 결국 현실로 돌아온 나영은 아버지를 만나 어머니와 함께 아버지의 임종을 맞이하고, 세월이 흘러 자신도 어머니가 되어 또 하나의 가정을 꾸려 살아가게 된다.

S# 7. 나영네 집

도현: 어머니 해녀셨어? / **나영**: 그랬나 봐.
<u>어머니에 대해 말하는 것을 불편하게 여기는 모습이 드러남.</u>

도현 와아… 멋지다. 왜 말 안 했어? / **나영**: 뭐든지 다 말해야 되냐?

도현: 당연하지. 어? 너랑 많이 닮았다.

나영: (엄마의 사진을 본다. 바다를 배경으로 수줍게 웃는 엄마 연순의 젊은 모습)

도현: 와…. / **나영**: (안 닮았다는 뜻으로) 어디이….

도현: 원래 자기는 몰라. 닮았어. (나영의 얼굴에 대보고) 닮은 게 아니라 진짜 똑같아. 너 나이 들면 어머니하고 똑같겠다.

나영: (사진을 확 낚아채며) <u>안 닮았어. 하나도 안 닮았어.</u>
<u>엄마에 대한 부정적 감정의 표현</u>

핸드폰 벨이 울린다. / 나영, 발신자를 확인, 반갑지는 않다. 핸드폰을 열어 두고 딴짓.

여보시오— 이게 짐 왜 이러냐 여보시오 — 여보시오 —. / 전화기 너머에서 소리가 들리면 그제야 핸드폰을 드는 나영.

나영: 어. 왜요. 소리 좀 지르지 마아… 아이… 참… 그냥 두고 와아…. (자기 할 말만 하고 일방적으로 전화를 끊은
<u>모양이다.</u>) 엄마! 엄마! …… 아이 참…. <u>일방적으로 통화가 끊긴 것에 당황한 상황임을 표현하도록 지시함.</u>
▶ 엄마를 닮았다는 말에 불편함을 표하고, 엄마와의 소통에 어려움을 느끼는 나영의 모습

S# 8. 아파트 앞

구청에서 발급한 노란색 폐기물 처리 딱지. / 연순은 길가에 앉아 낡은 서랍장 옆면에 붙은 폐기물 처리 노란 딱지를 떼고 있다. / 나영이 오는 것을 확인하고 캬악~ 하고 침을 뱉는다.

나영: (찡그리고) 아이 참! 아무 데나 뱉으면 어떡해.

연순: 아이고. 올 거면 기분 좋게 오지. (나영을 가로등 빛이 있는 쪽으로 끌며) 보자, 주둥이 얼마나 부었나.

나영, 대답하지 않고 서랍장 한쪽을 든다.

연순, 서랍장이 썩 마음에 드는지, 침을 탁 뱉고 일어서며 서랍장을 탁탁 친다.

연순: 내 눈이 귀신이지, 멀쩍한데도 보니께 딱 좋은 거더라고, 내가 부로 저그다 숨켜 놨으니께 있지, 암만, 암만, 그냥 냅뒀으면 누가 실어 갔어도 발싸 실어 갔지, 암만.

나영: 아, 됐어. 빨리 가.

흐뭇한 연순과 불만에 찬 나영이 끙끙 어설프게 서랍장을 들고 걸어온다. 서로 발이 맞지 않아 스텝이 엉키고 힘이 더 들자

연순: 아, 발 쫌 맞춰 봐. 자꾸 엉키잖어. 내가 하나 하면 오른짝이고 두울 하면 왼짝이다이.

연순이 하나아 두울 하는 소리가 반복된다. 발맞추어 걷기 시작한다. 나영의 얼굴이 더 찌푸려진다.

▶ 버려진 서랍장을 가져가는 것을 두고 갈등하는 모녀

S# 9. 나영의 집

나영 들어오다 빨랫줄에 걸린다. 짜증스런 표정.

아버지는 텔레비전을 보고 있고, 엄마는 나영 방으로 서랍장을 넣으려고 끙끙대고 있다.

연순: 잘 왔다, 이것 좀 들어 봐. 말만헌 년이 다 늦게 워딜 그리 쏘댕기냐….

나영: 엄마! 뭐 하는 거야, 하지 마. / 연순: 뭘 하지 마.

나영: 싫어. 뭐 하는 거야, 남의 방에서. / 연순: 넘의 바앙? 말뽄새 하고는….

<u>나영, 서랍장을 다시 끄집어낸다. 실랑이.</u>
　　　　모녀간의 갈등　　　　　　　　　　　▶ 주워 온 서랍장을 방에 두는 것을 두고 갈등하는 모녀
　　　　　　　　　　　　　　1인2역(나영, 젊은 시절의 연순) 설정

[중략 부분 줄거리] 부모와 불화를 겪는 나영은 어느 날 아버지가 잠적하자 그를 찾기 위해 부모가 젊은 시절을 보냈던 섬마을로 간다. 이때 <u>갑작스레 시간이 과거로 이동하여</u> 나영은 그곳에서 자신과 동일한 모습을 한 젊은 시절의 연순과 만난다. 나영은 이곳에서 연순과 지내며 그녀가 학교도 제대로 다니지 못하고 소녀 가장으로 살림을 꾸려 가는 모습, 훗날 나영의 아버지가 된 우체부 진국을 짝사랑하여 그를 보고픈 마음에 가슴앓이하는 모습을 지켜보게 된다.
└─── 시간 여행 모티프

S# 53. 연순의 방

파도 소리만 들리는 밤. / 나영과 연순, 얇은 이불을 덮고 각기 누워 있다.

<u>뒤척거리며 잠을 이루지 못하는 연순.</u>
우체부 진국을 만나고픈 마음에 가슴앓이하고 있는 상황

나영: 연순 씨, 잠이 안 와요?

대답 없이 돌아눕는 연순. / 그런 연순을 보다 한숨을 쉬며 돌아눕는 나영.

▶ 짝사랑으로 가슴앓이하는 연순을 지켜보며 안타까워하는 나영

S# 54. 길

나영, 주위를 둘러보며 연순을 찾는다. / 연순은 보이지 않고 멀리 진국의 자전거가 온다.

나영과 진국, 가볍게 목례를 한다.

나영: (지나쳐서 저만큼 간 진국에게) 저기요….
　　　　　　　　어젯밤 잠들지 못하고 뒤척이던 연순을 돕고자 함.

진국: (자전거를 세우고 나영을 본다.)

나영: 저 시간 있으시면… 아니에요. 안녕히 가세요.

★ 문제 해결 키 **문항 3 관련**

나영의 행동에 담긴 의도 파악

・지나쳐 간 진국에게 말을 걺.
・해녀 2의 다급한 상황을 보고 자신이 돕겠다고 나섬.
・연순이 전보 부칠 주소를 외우도록 도움.

↓

우체부 진국과 연순이 만날 수 있는 기회를 만들어 짝사랑으로 가슴앓이하는 연순을 돕고자 함.

진국, 어색하게 웃고는 돌아서 길을 간다.

나영, 조금 걷기 돌아보면 진국의 자전거가 멀어지다 얼추 사라진다. 나영이 다시 걷기 시작하는데 샛길에서 해녀 2기 이리저리 길을 둘러보며 황급히 걸어온다.

해녀 2: (급한 목소리로) 아, 연순네 샥시이…. / 나영: (인사를 하며) 밭에 가세요?

해녀 2: (길을 둘러보며) 자전차 못 봤능가아, 우체부 자전차아. / 나영: 방금….

해녀 2: (너무 급해서 숨 쉬느라 나영의 말을 듣지 못하고 이어서 말한다.) 이를 워째… 아이고 이를 워째… 큰일 났네 에… 관씨네 할매가 오락가락하는데… 자전차 못 봤지?

나영: (나영의 표정에 밝은 빛이 스친다.) 아아까… 저기… 아아까 지나갔어요. 한참 됐는데….
　　　우체부 진국과 연순을 만나게 해 줄 구실이 생겼다고 생각하여 표정이 밝아짐.

해녀 2: 아이고… 그라지… 아이고… 큰일 났네에… 우체국꺼지 가야겠네…. / 나영: 저기 제가 갔다 올까요.

해녀 2: (화들짝 반가워서 고마워서 어쩔 줄을 모르며) 그라 줄랑가, 고마워서 워쩐디아….

　　　나영, 쪽지를 들고 뛰기 시작한다.　　　　　　　　　▶ 우체부 진국과 연순이 만날 수 있는 기회를 만들어 주고자 하는 나영

S# 55. 조밭이 보이는 들

조밭 끝에 김매는 연순이 보인다.

나영: 연순 씨! 조연순 씨이!

S# 56. 조밭 가장자리

화면 가득 삐뚤삐뚤 주소가 쓰여진 종이 / 그 위로 들리는

나영: (소리) 한 번 더 해 봐요. / 연순: (자신 없는 목소리) 경기도 시흥군 군곡면….
　　　　　　　　　　　　　　　　　　　글을 읽는 것에 서툰 연순
나영: 연순 씨 안되겠다. 이거 아주 중요한 전보 같던데. 제가 갔다 올게요, 주세요.

연순: 아, 아니요! 경기도 시흥군 군곡면 박. 달. 리 24에 5 관. 석. 용 씨 댁. 모친 위독 빨리 오라이. 딩겨올께요이!

　　　급하게 뛰어가는 연순. / 그 뒷모습에 기대와 설렘이 묻어 있다.
　　　　　　　　　　　　　　　　　　짝사랑하는 우체부 진국을 만날 수 있어 기대하는 모습
나영, 그 모습을 보고 돌아서서 한 번 뿌듯하게 호, 하고 숨을 뱉는다.
　　　　연순을 도울 수 있어 기쁨.　　　　　　　　　　▶ 우체부 진국과 연순이 만날 수 있게 도와주고 뿌듯함을 느끼는 나영

 장면 간의 연결을 통해 표현하는 내용 **문항 3, 4 관련**

S# 7 ~ S# 8	엄마의 전화 내용이 서랍장을 함께 들고 가자는 제안이었음을 보여 줌.
S# 53 ~ S# 54	잠들지 못하고 가슴앓이하는 연순을 도와주기 위해 나영이 진국에게 말을 건다는 것을 드러냄.
S# 54 ~ S# 55	나영이 쪽지를 들고 뛴 이유가 연순을 찾기 위해서였음을 보여 줌.

등장인물의 관계 변화 문항 1, 4 관련

현실 : 갈등	환상(과거) : 조력
• 나영: 엄마를 닮았다는 말에 불쾌감을 느끼고, 버려진 서랍장을 집으로 들이려 하는 엄마의 행동에 못마땅해함. • 연순: 상냥하지 않은 딸의 말과 행동에 못마땅해함.	• 나영: 우체부 진국을 짝사랑하여 괴로워하는 연순을 돕고자 함. • 연순: 우체부 진국을 만날 수 있는 기회가 생기기를 바람.

현실에서의 갈등을 시간 여행이라는 환상적 방법으로 극복

포인트 3 **지시문의 역할** 문항 2 관련

등장인물의 행동을 지시함.	• 전화를 받지 않으려는 행동 • 서랍장을 들고 함께 걷는 행동 • 쪽지를 들고 뛰는 행동
감정 표현을 지시함.	• 도현의 말에 불쾌감을 표현하도록 함. • 엄마의 행동을 못마땅하게 여긴다는 것을 표현하도록 함. • 잠을 이루지 못하고 고뇌하고 있음을 표현하도록 함.

■ 시간 여행 모티프와 갈등의 해소

현실 세계에서 엄마에 대한 서운함과 못마땅함으로 갈등을 겪던 나영은 영화 속 시간 여행 모티프에 따라 과거로 이동하면서 엄마 연순의 불우한 어린 시절을 목격하고, 엄마의 삶을 이해하고 수용하게 된다.

> **연순** 나가 말여요, 다시 태어난다면 … 엄니하고 헤어지고 싶덜 않아요. 물질도 하고 싶덜 않아요. 그냥 넘들맨키로 학교도 다니고 … 그라구 ….
> **나영** (눈물이 나올 것 같지만 참고 있다.)
> **연순** (나영이 품으로 파고든다.) 고마워요. 고마워요.
>
> 연순, 나영의 품속에서 다시 잠이 든다. 한동안 연순을 바라보던 나영.
>
> **나영** 우리 엄마는 때밀이예요. 매일 목욕탕에서 젊은 여자들 때 밀어 주고 돈을 받아요. 한 명 밀어 주면 만 원, 10명이면 10만 원. 돈이 제일 중요하죠. 엄마한텐. 욕도 잘해요. 창피한 것도 모르죠. 아버지한테도 모질게 대해요. 그게 우리 엄마예요. 나는 엄마를 싫어해요. 절대로 엄마처럼은 살지 않겠다고 생각하고 또 생각했어요. 근데 왜 이러지 … 엄마 … 엄마가 가엽고 엄마가 불쌍하고 자꾸 엄마 생각이 나요. 이렇게 엄마를 보고 있는데도 자꾸 엄마 생각이 나.
>
> 나영, 잠든 연순의 손을 잡고 참았던 눈물을 흘린다.
>
> – 송혜진·박흥식, 「인어 공주」

Q 시나리오를 읽을 때 지시문과 대사의 관계를 어떻게 봐야 할까요? 문항 2 관련

A 극 갈래는 서사 양식이지만 서술자가 없기 때문에, 등장인물의 말과 행동으로 갈등과 사건이 전개됩니다. 때문에 대사와 지시문을 통해 등장인물의 말과 행동, 그리고 그에 담긴 감정을 놓치지 않고 파악하기 위해 노력해야 합니다. 특히, 지시문은 대사로 다 표현되지 않는 등장인물의 감정과 등장인물의 행동, 행동에 담긴 인물의 내면을 표현하도록 지시하는 것이므로 반드시 유의하여 살펴야 합니다.

감상 포인트 이 작품은 6·25 전쟁 당시 강원도의 한 산골 마을인 동막골에 국군과 인민군, 그리고 미군 조종사가 함께 오면서 벌어지는 사건을 다루고 있다. 서로 적대시하던 군인들이 동막골 사람들의 순수하고 인정 넘치는 삶에 감화되어 친밀하게 지내는 모습을 통해 전쟁과 이데올로기 대립의 허구성을 깨우쳐 준다. 또한 동막골을 폭격으로부터 지키기 위해 희생하는 군인들을 통해 인간애와 평화가 소중한 가치라는 것을 전달하고 있다.

주 제 이념 대립을 넘어선 순수한 인간애와 희생정신

전체 줄거리 강원도 산골 마을 동막골에 미군 조종사 스미스가 추락하게 된다. 곧이어 국군과 인민군 일행도 동막골로 들어와 이들은 서로 대립한다. 이렇게 모인 군인들은, 전쟁이 무엇인지도 모르고 순수하게 살아가는 동막골 사람들에게 동화되어 서로 친밀하게 지내게 된다. 그러나 동막골에 추락한 미군기가 적군에 의해 폭격됐다고 오인한 연합군이 마을을 집중 폭격하기로 한다. 이 사실을 알게 된 국군과 인민군 일행은 동막골을 지키기 위해 동막골과는 다른 위치에 가짜 적군 기지를 만들어 연합군의 폭격을 유도하고, 자신들은 그곳에서 죽음을 맞이한다.

S# 22. 조종사가 누워 있는 방 N* / INT*

갑자기 소란스러워진 밖이 궁금한 조종사, 부상당한 몸을 간신히 움직여 머리로 문을 밀어낸다.
_{비행기 추락으로 부상을 당하고 동막골 사람들에게 구조된 미군 조종사}

겨우 열린 틈으로 밖을 내다본다. "저건 또 뭐 하는 짓들이지…?"

평상★ 위에 부락민들이 죽 올라서 있는 이상한 행동을 보며 갸웃거리는 조종사.
▶ 부락민들이 평상 위에 올라간 상황을 의아하게 지켜보는 조종사

S# 23. 다시 촌장집 마당 N / EXT*

부락민들 사이사이로 간간이 보이는 적군의 모습들… 싸늘한 기운이 흐르고….
_{부락민들을 사이에 두고 북한군과 국군이 대치하고 있음을 짐작할 수 있음.}

영희: (겁에 질린 투로) 상위 동지… <u>아니 군대 없다서 왔는데…</u> 결정하는 것마다 와 이럽네까?
_{북한군 장교의 계급. 중위와 대위의 사이}　　_{마을에 들어오기 전에 만난 이연이 총을 무서워하지 않는 것을 보고, 이 마을에 군대가 들어온 적이 없다고 치성이 이야기함.}

치성: (이를 악문다)……!!

택기: 열 발 안짝에 있습니다… 우린 셋이고 저게는 둘입니다… 확 까 치웁시다!!
_{북한군 병사의 가장 낮은 계급}　　_{치성, 영희, 택기는 북한군이고, 상상, 현철은 국군임.}

치성: 전사 동무, 그냥 내 뒤에 있으라우…! _{□: 택기가 나서서 일을 크게 만들지 않기를 바라는 마음이 담겨 있음.}

영희: 아새끼래… 쫄랑거리며 일 맨들디 말구 가만 좀 있수라우….

상상: 수적으로 우리가 밀리는데 어떡해요? 그러게… 그냥 지나쳐 가자니까… 왜 여기까지 와 가지구… 씨

　　바… 난 되는 게 없어… 니미….

현철: (무섭게 인민군을 노려보다 소리 지른다) 야—!!

인민군 셋… 침묵….

마을 사람들… 인민군과 국군을 번갈아 보다가….

달수: (인민군들에게) 안 들려요? 부르는 거 같은데…. _{○: 우스꽝스러운 반응으로 해학적 분위기를 연출함.}

달수 처: (현철에게) 우리한테 말해요. 전해 줄 테니….

치성: 와?… 방아쇠에 손가락 집어넣었으면 땡겨야지… 다른 볼일 있네?

영희: 상위 동지… 거 괜히 세게 나가디 마시라요… 우린 총알도 없는데….
_{북한군이 들고 있는 총이 빈총임을 알 수 있음.}

현철: 여기서 이러지 말고 나가서 제대로 한번 붙자!!
_{현철은 자신들 때문에 부락 사람들이 피해를 받지 않기를 바람.}

상상: 미쳤어요… 수적으로 밀린다니까….

현철: 죄 없는 부락 사람들 피해 주지 말고 일단 나가자…!

석용: 우리 때문이면 괜찮아요….

촌장: (지긋이) 석용아….
　　상황 판단이 제대로 되지 않는 석용이가 나서지 않도록 만류하고 있음.　　　　　　　　▶ 부락민들을 사이에 두고 대치하고 있는 국군과 인민군

　치성… 자신의 빈총이 의식됐는지 고민하다 이를 악물고 수류탄을 빼 든다.

치성: 내 말 잘 딛으라우…! 괴뢰군 아새끼나 부락 사람이나 조금만 허튼짓했단 그 즉시 직살하는 거야…!

　　　지금 한 말 허투루 딛디 말라!

　영희와 택기도 눈치챘다… 옆으로 총★을 집어 던지고 모두 수류탄★을 꺼내 든다.

　부락민들 치성의 말뜻을 전혀 이해하지 못했는지 그저 수군거리고만 있다.
　　　　　　　　　　　　부락 사람들의 순수성이 부각되어 있음.

치성: 뭐 이런 것들이… 야 말 같디 않네!! (버럭) 전체 손 버쩍 들라우!!

　부락민들 서로 눈치를 보다 하나둘… 손 올린다… 왼손을 드는 사람… 오른쪽 손을 드는 사람….
　　　　　　　　　　　　　　　　　해학적 분위기를 연출함.
　현철의 소총 가늠자로 보이는 흥분한 치성의 얼굴… 옆으로 팬*하면 손에 들린 수류탄이 보인다.

　무슨 이유에선지 불안한 표정이 되는 현철….　　　　　　　　　　　　▶ 수류탄으로 부락민들을 위협하는 인민군들

　이때, 밖에서 용봉이 뛰어 들어온다.

용봉: 촌장님요!!

　일제히 용봉을 향해 총과 수류탄을 겨누는 군인들. 무슨 상황인지 몰라 잠시 멍하게 서 있는 용봉.

부락민 모두: 거 섰지 말고 얼른 일루 올라와. 이 사람들 부애가 마이 났어.
　　　　　　　　　　　'부아'의 방언. '부아'는 노엽거나 분한 마음을 뜻함.

치성: 올라 가라우.

택기: 썅!! 빨리 게바라 올라가간!!

　소리치는 바람에 깜짝 놀라… 평상 위로 올라서는 용봉.

촌장: 용봉아 우터 이리 늦었나?
　　　'어찌'의 방언
용봉: 벌토으— 좀 보고 오느라고요… 아 그보다 짐 난리 났어요!
　　　　　　　　화제 전환을 통해 양쪽 군인 간의 대립으로 인한 긴장감을 일시적으로 완화시킴.
달수 처: 용봉 아재… 소느— 들고 얘기하래요….
　　　　　　해학적 분위기를 조성함.
　어색하게 손 하나 드는 용봉…. "아… 예…."

용봉: 그 뭐냐… 실천 위 감자밭 있잖아요… 새로 심군 데… 그 밭 초입부터 멧돼지★가 길을 내 버렸어요!! 길 크

　　기를 보이 그기 한두 마리가 아인 거 같애요.

　부락민들, 그 말에 모두 놀라고….

마님: 우터 거다 길을 냈데….

융식: 재작년에도 옥시기밭을 헤집고 돌아댕기미 싹 마호나서 겨울 한 달을 굶었는데….
_{'옥수수'의 방언}

촌장: (아주 근심스럽게) 흥분하지들 말고 차근차근 얘기르— 해 보자고….
_{군인들에게 위협받는 상황보다 감자밭이 망가진 것을 더 근심함.}

석용: 감재나 캐믄 그리지… 우리 천식이 좋아하는 감재 인제 엄따.

아쉬워하는 꼬마 천식… 사람들 모두 한숨… 휴—.

<u>군인들은 안중에도 없고 모두들 멧돼지 문제로 걱정이 태산이다.</u>
_{마을 사람들의 순수함을 부각시킴.}

치성: 이보라우…! (수류탄 치켜들며) 이거이 안 보이네? 까딱하면 다 죽을 판에… 그깟 돼지 길이 뭐이가 걱정이

가…!! (여전히 반응은 없고) 이놈 까문 이 마당에 송장 길 생게!!
_{마을 사람들에게 수류탄을 터뜨리면 모두 죽게 될 것이라고 말하며 위협함.}

버럭 겁을 줘도 심각하게 논의를 하는 건지… 수군수군… 시끄럽다.

_{영희의 말을 통해 이 마을이 일반적인 마을과는 다른 분위기로 인해 신비로움마저 느껴짐을 알 수 있음.}

영희: (혼란스러운) 기리니까니… 이 부락… 뭐이래 좀… 이상하디 않습네까…? **(중략)**

▶ 군인들의 위협에 아랑곳하지 않고 멧돼지가 망친 감자밭만 걱정하고 있는 부락민들

S# 28c. 촌장집 마당 D* / EXT (시간 경과)

쨍하게 내리쬐는 햇볕.

<u>이제 군인들은 지칠 대로 지쳐 사물이 일렁이며 보인다.</u> 피로와 졸음이 그들을 괴롭히고 있다.
_{대치 상태로 많은 시간이 지났음.}

이 와중에도 <u>김 선생은 심각한 얼굴로 아이들에게 글을 가르치고… 부락민은 자연스레 일상을 보내고… 이제 군인들도 선 채로</u>
_{대치 상태로 긴장감을 유지하고 있는 것은 군인들뿐임.}

눈을 감고 있다.

수류탄을 쥐고 있는 택기만이 잔뜩 인상을 찌푸린 채 군인들을 둘러본다… 야속하지만 어쩔 수 없다. / 이제 손도 저리고, 졸음

도 밀려오고…. / 끝내 졸음을 참지 못하고 스르르 감기는 택기의 눈. 손에 힘이 풀리면서 수류탄이 떨어진다. 수류탄이 굴러가는

대로 이연의 시선도 따라간다… 배시시 웃는 이연.
_{수류탄이 위험한 물건임을 모르는 이연의 순수함이 드러남.}

평상 밑을 굴러 현철의 발에 맞고 멈춰 서는 수류탄. 뭔가 부딪히는 느낌에 눈을 뜨는 현철….

현철: (화들짝 놀라서) 위험해!! 모두 피해!!

악!! 소리를 지르며 급하게 수류탄을 끌어안고 엎드리는 현철. 놀란 군인들 사방으로 피한다. <u>폭발 일보 직전… 이를 악무</u>
_{부락민들을 위해 자기를 희생하고자 하는 현철}　　　　　_{극적 긴장감이 극에 달함.}

<u>는 현철….</u> / …. / …. / 잠잠하다… 불발탄….

하나둘 고개를 들고… 잔뜩 웅크렸던 현철도 슬며시 눈을 뜨며 수류탄을 살핀다. / 그런 현철을 예의 주시하는 치성의 눈

빛. / 겨우 안심이 되는 현철… 불발탄을 집어 들고는 인민군을 본다. 비웃듯 코웃음을 치고는 불발탄을 뒤로 던진다.

현철: (조롱 섞인) 뭐 하나 제대로 된 것도 없는 것들이….

영희: 뭐… 좀 종종 그 따우메두 있을 수 있디 뭐… 아새끼 노골적으루다….

▶ 택기가 떨어뜨린 수류탄이 불발탄임을 알고 안도하는 현철

인민군들… 좀 쪽팔리다… 자신이 들고 있는 수류탄도 한번 보고는… "혹시 이것도…?" / 갑자기, 엄청난 폭발음과 함께

곡간의 지붕이 날아간다. 놀란 군인들, 몸을 날려 엎드린다. / 거대한 불길과 함께 치솟는 곡물들… 하늘로 치솟았던 노란색
_{고조된 긴장이 해학적으로 전환되어 이완됨. 폭발로 옥수수가 팝콘이 되는 것은 비현실적 사건임.}
옥수수들… 내려올 땐 하나씩 터져 팝콘이 된다.

(그 광경이 아이러니하게도 벚꽃이 날리는 것처럼 너무나 아름답다.)
공간의 풍경이 달라짐으로써 공간에서 벌어지는 사건 역시 긍정적으로 전환될 것임을 암시함.

"눈이다…." 웃음 띤 얼굴로 팝콘 비★ 사이로 걸어 들어가는

이연……. / 그리곤 이상한 몸짓으로 춤을 추기 시작한다. 엎드린

채 그 모습을 보는 군인들. / 조종사도. 내리는 팝콘 비를 물끄러

미 본다.

이연의 몸짓에 신비로운 음악이 덧씌워지면서 춘장집 마당은
공간의 분위기를 통해 공간의 신비로운 속성을 부각함.
묘한 기운으로 출렁인다. / 사방이 조용해지고… 오직 신비한 음

악 소리와… / 이연의 몸짓…. / 서서히 환각에 휩싸이는 군인

들… 정신이 혼미해지고… / 한 명씩 두 명씩 자신도 모르게 스르르 눈이 감긴다. / 누렁이도 쩍 하품을 한다.
서로 대치하던 군인들이 같은 행동을 하게 되는 것을 통해 이들의 갈등이 해소될 것임을 짐작할 수 있음.

엎어진 채로 아이처럼 잠이 드는 군인들… / 마지막까지 안간힘을 쓰며 잠들지 않으려는 현철… 퀭한 눈으로 이연을 보다가…

스르르 빨려 들어가듯 잠이 든다. / 바닥에 떨어지는 팝콘이 점점 흐릿하게 보인다. 아주 천천히 F.O.
'잠'은 긴장의 이완을 상징함.   Fade out: 화면 점차 어두워지며 전환
▶ 현철이 던진 불발탄이 곡간에서 터져 팝콘 비가 되어 내리고, 군인들이 서서히 잠이 듦.

★ 문제 해결 키 문항 4 관련	
소재의 기능	

소재	기능
평상	국군과 인민군 사이의 완충 기능
총	인물들 사이의 갈등 상황 부각
수류탄	긴장감 고조
멧돼지	외부인의 존재가 마을을 위기로 몰아넣을 수 있음을 암시
팝콘 비	긴장 관계를 변화시킴.

＊N: 밤(Night) 장면.　　　　　　＊INT: 실내 장면.　　　　　　＊EXT: 실외 장면.
＊팬(PAN): 카메라의 위치를 바꾸지 않고 카메라를 좌우로 움직이면서 촬영하는 기법.　　＊D: 낮(Day) 장면.

**핵심 개념
이것만은
꼭 익히자**

포인트 ❶　극적 형상화 방식의 특징 문항 1 관련

현실적 장면	환상적 장면
마을에서 부락민들을 사이에 두고 국군과 인민군이 대치함.	수류탄의 폭발로 옥수수가 터져 팝콘 비가 되어 마을에 내림.

＋

↓

공간의 신비로움 부각

포인트 ❷　대사에 나타난 인물의 심리와 태도 문항 2 관련

㉠ '상위 동지… 아니 군대 없대서 왔는데… 결정하는 것마다 와 이럽네까?'	자신들을 위험에 빠뜨린 치성을 원망하는 감정을 드러냄.
㉡ '여기서 이러지 말고 나가서 제대로 한번 붙재!!'	자신들 때문에 부락 사람들이 위험에 빠지지 않기를 바람.
㉢ '석용아…'	상황 판단을 잘 못하는 석용이 함부로 나서지 않기를 바람.
㉣ '벌토으… 좀 보고 오느라고요… 아 그보다 짐 난리 났어요!'	눈앞에서 벌어지고 있는 위험한 상황을 감지하지 못함.
㉤ '이놈 까문 이 마당에 송장 길 생게!!'	자극적인 말로 부락 사람들을 통제하려는 의도를 드러냄.

포인트 3

	원작 희곡	시나리오
공통점	• 지시문을 통해 마을에 모인 인물들의 행동과 심리를 설명함. • 국군이 인민군보다 마을에 먼저 들어와 있는 것으로 상황이 설정됨.	
차이점	• 인민군이 처음부터 수류탄을 들고 국군을 위협함. • '작가'라는 인물이 등장하여 장면 속 사건을 설명함.	• 인민군이 처음에는 빈총으로 위협을 하다가 수류탄을 뽑아 듦. • 장면 속에 사건을 설명하는 인물이 따로 설정되어 있지 않음.

■ 작품 전체의 구조

발단	강원도 산골 마을 동막골에 미군 조종사가 추락함.
전개 수록	**마을에 국군과 인민군 낙오자가 들어와 서로 대립함.**
절정	마을 '곡간'을 폭발시킨 사건으로 마을에 머물던 국군과 인민군은 차츰 마을 사람들에게 동화되고 서로 친밀감을 느끼게 됨.
하강	추락한 비행기가 적군에 의해 폭격됐다고 오인한 연합군이 마을을 집중 폭격하기로 하고, 이 사실을 알게 된 국군과 인민군 일행은 동막골을 지키기 위해 협력하여 작전을 짬.
대단원	동막골이 아닌 다른 위치로 연합군의 폭격을 유도하여 마을을 구하고, 국군과 인민군 일행은 그곳에서 함께 죽음을 맞이함.

■ 유사한 주제의 다른 영화 「공동 경비 구역 JSA」에 대하여

박상연의 장편 소설 「DMZ」를 원작으로 박찬욱 감독이 2000년에 제작하여 개봉한 영화이다. JSA의 '돌아올 수 없는 다리'를 사이에 둔 남북의 초소 군인들의 우정과 그들 사이에 벌어진 비극적 사건을 다루었다. 제21회 청룡영화상 최우수 작품상, 감독상을 수상하였으며 2001년 제38회 대종상 최우수 작품상, 남우주연상을 수상하였다. 2001년 제51회 베를린 국제 영화제 경쟁 부문 초청작이었다.

Q 이 작품에서 '해학'은 어떤 기능을 하나요?

A 이 작품에서 등장인물들은 상황에 맞지 않는 말이나 행동을 하여 해학적인 웃음을 유발하고 있습니다. 이와 같은 웃음은 국군과 인민군이 총과 수류탄을 들고 대치하고 있는 일촉즉발의 긴장 상황에서 주로 등장하는데요, 이를 통해 작품을 보는 독자(관객)들의 긴장을 완화시키는 기능을 합니다. 또한 이와 같은 웃음은 전쟁으로 벌어진 긴장 상황에 대한 부락민들의 무지에서 비롯되는데, 이를 통해 부락민들의 순수함을 부각하는 동시에, 그들을 위협하는 전쟁과 이념 대립의 문제점을 드러내기도 합니다.

06 규정기 _ 조위

감상 포인트 이 글은 글쓴이가 의주로 유배를 가서 정자를 짓고 이름을 '규정'이라고 붙인 이유를 밝힌 한문 수필이다. 글쓴이는 '손님'이 정자 이름에 해바라기를 뜻하는 '규(葵)'를 붙인 이유를 묻는 질문에 자신이 해바라기와 닮았기 때문이라고 답한다. 자신이 해바라기처럼 보잘것없다고 멸시당하지만, 충성과 지혜가 있는 존재임을 우회적으로 드러낸 것이다. 이를 통해 글쓴이는 유배지에서도 임금에 대한 충정이 변치 않음을 드러내려 한 것이다.

주 제 정자의 이름을 '규정'이라고 한 이유

내가 의주로 귀양 간 이듬해 여름이었다. 세 든 집이 낮고 좁아서 덥고 답답함을 참을 수가 없었다. 그래서 채
_{유배지의 열악한 환경 – 정자를 짓게 된 이유}
소밭에서 좀 높고 바람이 잘 통하는 곳을 골라 서까래 몇 개로 정자를 얽고 띠로 지붕을 덮어 놓으니, 대여섯 사
_{정자의 입지 조건} _{정자의 모습과 규모}
람은 앉을 만했다. 옆집과 나란히 붙어서 몇 자도 떨어지지 않았다. 채소밭이라고 해야 폭이 겨우 여덟 발인데
_{길이의 단위. 한 발은 두 팔을 양옆으로 펼쳤을 때의 길이임.}
단지 해바라기 수십 포기가 푸른 줄기에 부드러운 잎을 훈풍에 나부끼고 있을 뿐이었다. 그걸 보고 이름을 규정
_{규(葵)} _{해바라기}
(葵亭)*이라고 했다.   ▶ 기: 정자의 이름을 '규정'이라고 지음.
_{글쓴이, 조위}

손님 가운데 나에게 묻는 이가 있었다.
_{보편적 사고를 지닌 사람}
"저 해바라기는 식물 가운데 보잘것없는 것입니다. 옛날 사람들은 여러 가지 풀이나 나무, 또는 꽃 가운데서
_{해바라기에 대한 통념}
어떤 이는 그 특별한 풍치를 높이 사기도 하고, 어떤 이는 그 향기를 높이 치기도 하였습니다. 그래서 많은 이
_{식물의 가치를 판단하는 일반적 기준 – 풍치, 향기}
들이 소나무, 대나무, 매화, 국화, 난이나 혜초*로 자기가 사는 집의 이름을 지었지, 이처럼 하찮은 식물로 이
_{일반적으로 가치가 높다고 판단되는 식물의 종류} _{해바라기}
름을 지었다는 말은 아직까지 들어 보지 못했습니다. 당신은 해바라기에서 무엇을 높이 사신 것입니까? 이에
_{무슨 이유로 정자의 이름을 '규정'으로 지었는지 묻고 있음.}
대한 말씀이 있으십니까?"

내가 그 말에 이렇게 대답했다.
_{사물을 새로운 관점으로 바라보는 사람}
「"사물이 한결같지 않은 것은 그리 타고나서 그런 것입니다. 귀하고 천하고 가볍고 무겁고 하여 만의 하나도 같
_{모든 사물은 태생적으로 다른 특성을 지님.}
은 것이 없습니다. 저 해바라기는 식물 가운데 연약하고 보잘것없는 것입니다. 사람에 비유하면 더럽고 변변
_{글쓴이도 해바라기에 대한 손님의 평가를 인정하고 있음.}
치 못하여 이보다 못한 것이 없는 것과 같습니다. 소나무, 대나무, 매화, 국화, 난초, 혜초는 식물 가운데 굳고

도 세어서 특별한 풍치가 있거나 향기를 지닌 것들입니다. 사람에 비유하면 무리에서 뛰어나며, 세상에 우뚝

홀로 서서 명성과 덕망이 우뚝한 것과 같습니다.」『 』: 해바라기를 다른 식물과 대조하고, 특정 인간에 빗대어 해바라기가
                                      가치 있는 식물이 아님을 밝힘.
내가 지금 황량하고 머나먼 적막한 바닷가로 쫓겨나서, 사람들은 천히 여겨 사람대접을 하지 않고, 식물도 나
_{유배지에서의 비참한 삶}
를 서먹서먹하게 내치는 형편입니다. 내가 소나무나 대나무 같은 것으로 나의 정자 이름을 짓고자 한다 해도, 또
_{정자 이름을 소나무나 대나무로 짓지 않은 이유를 밝힘. 설의법}
한 그 식물들의 수치가 되고 사람들의 비웃음거리가 되지 않겠습니까?

버림받은 사람으로서 천한 식물로 짝하고, 먼 데서 찾지 않고 가까운 데서 취했으니 이것이 나의 뜻입니다. ★
_{귀양 온 자신과 해바라기를 동일시함. → 천하게 취급받는 처지}
또 내가 들으니 천하에 버릴 물건도 없고 버릴 재주도 없다고 합니다. 그래서 어저귀나 삽바귀, 무나 배추 같은
                                      _{해바라기도 버리면 안 되는 것임을 밝힘.}
하찮은 것들도 옛사람들은 모두 버려서는 안 된다고 했습니다. 거기다 해바라기는 두 가지 훌륭한 점을 가지고

있습니다. 해바라기는 능히 해를 향하여 그 빛을 따라 기울어집니다. 그러니 이것을 충성이라고 해도 괜찮을 것
_{해바라기의 충성스러운 면모}

입니다. 또 분수를 지킬 줄 아니 그것을 지혜라고 해도 괜찮을 것입니다. 대개 충성과 지혜는 남의 신하 된 자가
해바라기의 지혜로운 면모   신하로서 반드시 지녀야 할 덕목
갖추어야 할 정조이니, 충성으로써 임금을 섬겨 자기의 정성을 나하고 지혜로써 사물을 분별하여 시비를 가리는

데 잘못됨이 없는 것, 이것은 군자도 어렵게 여기는 바이지만, 내가 옛날부터 흠모해 오던 덕목입니다.
                                                                예전부터 충성스럽고 지혜로운 신하가 되기를 소망해 옴.

　　이런 두 가지의 아름다움이 있는데도 연약한 뭇풀들에 섞여 있다고 해서 그것을 천하게 여길 수 있겠습니까?
　　　　　　충성, 지혜   천하게 여길 수 없음. 설의법
이로써 말하면 유독 소나무나 대나무나 매화나 국화나 난이나 혜초만이 귀한 것이 아님을 살필 수 있습니다.

　　지금 내가 비록 귀양살이를 하고 있지만, 자고 먹고 하는 것이 임금님의 은혜가 아님이 없습니다. 낮잠을 자고
　　　　　　　　　　　　　　　　　　　　　　　　　　　　　　일상생활의 모든 순간에 임금을 생각함.
일어나 밥을 한술 뜨고 나서 심휴문(沈休文)*이나 사마군실(司馬君實)*의 시를 읊을 때마다 해를 향하는 마음을
일어나 밥을 한술 뜨고   임금을 상징함.
스스로 그칠 수가 없었으니, 해바라기로 나의 정자의 이름을 지은 것이 어찌 아무런 근거도 없다 하겠습니까?"
　　　　　　　　　　　　　　　유배지에서도 임금에 대해 변함없는 충심을 지녔음을 드러내기 위해서　　▶ 서: 정자의 이름에 대한 손님의 질문과 글쓴이의 답변
　　손님이 말했다.

　　"나는 하나는 알고 둘은 알지 못했는데, 그대 정자의 이야기를 듣고 보니 더할 것이 없어졌소이다."
　　　　　　　자신의 생각이 부족했음을 인정함.　　　　　　　　　　정자의 이름을 '규정'이라 지은 이유를 깨닫게 되었음.
그러고는 배를 잡고 웃으면서 가 버렸다.

　　기미년 유월 상순에 적는다.
　　　　　　　　　　　　　　　　　　　　　　　　　　　　　　　　　　▶ 결: 글쓴이의 답변을 듣고 깨달음을 얻은 손님

　　★ 문제 해결 키 문항 2, 3 관련

　　'나'와 손님이 정자 이름을 두고 주고받은 대화로 구성된 글
　　이지만, '나'가 어떤 처지에서 이 작품을 썼는지 이해하여야
　　창작 의도를 짐작할 수 있음. 특히 글쓴이가 자신을 해바라기
　　와 동일시한 이유를 알아야 글의 주제를 파악할 수 있음.

*규정: 해바라기 정자라는 뜻임.

*혜초: 콩과의 두해살이풀.

*심휴문: 본명은 심약(沈約). 중국 양나라 사람으로 박학하고 시문에 뛰어남.

*사마군실: 본명은 사마광(司馬光). 중국 북송 때 학자이자 정치가임.

'규정기'의 구성 문항 2, 3 관련

기(起)	서(敍)		결(結)
유배지에서 지은 정자의 이름을 '규정'이라고 붙임.	손님이 글쓴이에게 정자 이름을 '규정'이라고 한 이유를 물음.	글쓴이가 정자 이름을 '규정'이라고 붙인 이유를 답함.	손님이 글쓴이의 말을 듣고 웃고 떠남.
「규정기」를 쓰게 된 배경 제시	정자 이름을 '규정'이라고 붙인 것에 대한 손님의 문제 제기와 이에 대한 글쓴이의 해명		'규정'이라는 이름에 관한 손님의 깨달음

 비유를 통한 주제 의식 표현 문항 1, 3 관련

글쓴이는 자신을 해바라기에 빗대어 유배 생활의 비참한 처지와 신하로서 지향하는 바를 밝히고 있음.

해바라기	글쓴이
특별한 풍치나 향기를 지니고 있지 않은 천한 식물로 여김.	황량하고 적막한 바닷가로 쫓겨나 천한 대접을 받으며 살고 있음.
• 해를 향하여 그 빛을 따라 기울어짐. • 분수를 지킬 줄 아는 성질을 지님.	• 임금을 섬겨 자기의 정성을 다하고 싶음. • 지혜로써 사물을 분별하여 시비를 가리는 데 잘못됨을 없게 하고 싶음.

EBS
Q&A

Q 고전 수필 중 '기(記)'와 '설(說)'은 어떻게 다른가요? 문항 3 관련

A '기(記)'와 '설(說)'은 한문 수필의 대표적인 양식입니다. 먼저 '기'는 건조물이나 산수의 유람 등을 기록한 글로, 대상과 관련 있는 경험을 구체적으로 전달할 뿐 아니라 그 경험을 통한 깨달음도 전달합니다. 큰형님이 지은 정자인 '수오재'와 관련한 깨달음을 소개한 정약용의 「수오재기」, 청나라 여행 중 얻은 교훈을 소개한 박지원의 「일야구도하기」가 이에 해당합니다. '설(說)'은 개인적 체험 혹은 자신을 알고 있던 예화를 소개한 후, 이를 통해 얻은 교훈을 전달합니다. 그 예로 거울에 대한 예화를 바탕으로 깨달음을 전달한 이규보의 「경설」, 물 위에 떠 있는 노인을 통해 얻은 교훈을 소개한 권근의 「주옹설」이 있습니다.

감상 포인트 이 작품은 한국 전통의 정서를 회고적인 필치로 그려 내고 있는 수필이다. 과거의 전통적인 농촌 마을에서는 매우 흔한 새였으나 지금은 씨가 져서 보호 대책이 시급해진 참새에 대한 상념이 글쓴이의 체험을 바탕으로 나타나고 있다. 작고 보잘것없는 자연물일지라도 따뜻한 애정을 가지고 바라보는 태도가 돋보인다고 할 수 있다. 또한 참새와 관련하여, 참새를 대하는 우리 민족의 후덕한 정서와 풍요로운 마음을 자연스럽게 드러내고 있다. 우리의 것에 대한 글쓴이의 관심, 사라져 가는 옛것에 대한 그리움의 정서, 삭막해져 버린 현대 사회에 대한 비판 등을 담담하게 그려 내고 있다.

주제 잃어버린 어린 시절을 떠올리게 하는 참새에 대한 상념

짹짹 짹. 짹 짹. 뭇 참새의 조잘대는 소리. 반가운 소리다. 벌써 아침나절인가. 오늘도 맑고 고운 아침. 울타리에 햇발이 들어 따스하고 명랑한 하루를 예고해 주는 귀여운 것들의 조잘대는 소리다. 기지개를 켜며 눈을 비빈다. 캄캄한 밤이 아닌가. 전등의 스위치를 누르고 책상 위의 시계를 보니, 새로 세 시다. 형광등만 훤하다. 다시
<small>참새에 대한 우호적인 태도가 드러남.</small>
눈을 감아도 금방 들렸던 참새 소리는 없다. 눈은 멀거니 천장을 직시한다. ▶ 잠결에 들은 듯한 참새 소리에 잠에서 깨어남.

참새는 공작같이 화려하지도, 학같이 고귀하지도 않다. 꾀꼬리의 아름다운 노래도, 접동새의 구슬픈 노래도 모
<small>참새의 외양이나 노랫소리가 특별하지 않으며 큰 인기가 있는 새가 아님을 나타냄.</small>
른다. 시인의 입에 오르내리지도, 완상가에게 팔리지도 않는 새다. 그러나 그 조그만 몸매는 귀엽고도 매끈하고,
<small>참새의 특징 ①</small>
색깔은 검소하면서도 조촐하다. 어린 소녀들처럼 모이면 조잘댄다. 아무 기
<small>참새의 특징 ② – 비유적인 표현을 통해 참새의 특징을</small>
교 없이 솔직하고 가벼운 음성으로 재깔재깔 조잘댄다. 쫓으면 후루룩 날아
<small>긍정적으로 드러냄.</small>
갔다가 금방 다시 온다. 우리나라 방방곡곡, 마을마다 집집마다 없는 곳이
<small>참새의 특징 ③</small>
없다.★

★ 문제 해결 키 문항 1 관련
글쓴이의 경험을 제시하여 독자의 흥미를 자극하거나 대상의 다양한 특성을 나열하고 비유적인 표현을 활용하는 등의 방법을 통해 글의 중심 소재를 부각하고 있음.

▶ 참새의 다양한 특징들

진달래꽃을 일명 참꽃이라 부르는 것은 무슨 까닭인가. 삼천리강산 가는 곳마다 이 연연한 꽃이 봄소식을 전해 주지 않는 데가 없어 기쁘든 슬프든 우리의 생활과 떠날 수 없이 가까웠던 까닭이다.
<small>진달래꽃을 참꽃이라 부르는 이유를 드러냄.</small>

민요 시인 김소월이 다른 꽃 다 버리고 오직 약산의 진달래를 노래한 것도 다 이 나라의 시인인 까닭이다. 하고한 새가 많건만 이 새만을 참새라 부르는 것도 같은 뜻에서다. 이 나라의 민요 시인이 새를 노래한다면 당연히
<small>진달래꽃을 이르는 말인 참꽃과 참새에 공통적으로 '참'이라는 단어가 쓰이고 있음을 언급함.</small>
이 새가 앞설 것이다. 우리 집 추녀에서 보금자리를 하고 우리 집 울타리에서 자란 새가 아닌가. 이 새 울음에 동
<small>진달래꽃과 마찬가지로 참새가 우리의 생활과 밀접한 관련이 있음.</small>
창에 해가 들고 이 새 울음에 지붕에 박꽃이 피었다. ▶ 진달래꽃과 마찬가지로 우리의 삶과 밀접한 참새의 존재

미물들도 우리와 친분이 같지가 않다. 제비는 반갑고 부엉새는 싫다. 까치 소리는 반갑고 까마귀 소리는 싫다. 이 참새처럼 한집안 식구같이 살아온 새도 없고, 이 참새 소리처럼 아침의 반가운 소리도 없다.

"위혀어, 위혀어." 긴 목소리로 새 쫓는 소리가 가을 들판에 메아리친다. 들곡식을 축내는 새들을 쫓는 소리
<small>음성 상징어를 활용하여 새를 쫓는 상황을 생동감 있게 제시함.</small>
다. 그렇게 보면 참새도 우리에게 해로운 새일지 모르지만 봄여름에
는 벌레를 잡는다. 논에 허수아비를 해 앉히고 새를 쫓아, 나락 먹는
것을 금하기는 하지만 쥐 잡듯 잡아 없애지는 않는다. 만일 참새를
없애자면 그리 불가능한 일은 아니다. 반드시 추녀 끝에 서식하기 때문이다. 그러나 그렇게 매몰하지도 않았고,
이삭이나 북데기까리나 겨 속의 낟알, 수채의 밥풀에까지 인색하지는 아니했다. "새를 쫓는다."라고 하지 않고

★ 문제 해결 키 문항 3 관련
우리 삶에 깃들어 있는 참새를 너그럽고 부드러운 태도로 대하며, 집안 식구와 같이 매우 가까운 존재로 인식하고 있음을 알 수 있음.

"새를 본다."라고 하는 것도 애기같이 귀엽게 여긴 부드러운 말씨다. 그리하여 저녁때는 다 같이 집으로 돌아온다. ★

> ▶ 참새에게 너그러운 우리 민족

지금 생각하면 황금빛 들판에서 푸른 하늘을 향하여 "위혀어, 위혀어." 새 쫓는 소리도 유장하기만 하다. 새보

> 급하지 않고 느릿하기만

는 일은 대개 소녀들의 일이다. 문득 목단이 모습이 떠오른다. 목단이는 우리 집 앞 논에 새를 보러 매일 오는 아

> 참새를 통해 과거의 인물인 '목단이'를 떠올림.

랫말 처녀다. 나는 웃는 목단이 공주 같다고 생각한 일이 있다. 나보다 네댓 살 손위라 누나라고 불러 달라고

했지만, 나는 굳이 목단이라고 부르고 누나라고 불러 주지 아니했다. 그는 가끔 삶은 밤을 까서 나를 주곤 했다.

> 참새를 통해 떠올리게 된 '목단이'와의 추억을 회상함.

혼자서는 종일 심심한 까닭에 내가 날마다 와서 같이 놀아 주기를 바라는 것이었다. 그도 만일 지금 살아 있다면

물론 할머니가 되었을 것이다.

> ▶ 새를 보던 목단과의 추억

패가한 집을 가리켜 "참새 한 마리 안 와 앉는 집"이라고 한다. 또 참새 많이 모이는 마을을 복 마을이라고도

> 인용의 방식을 활용하여 풍족한 곳에 참새가 모여드는 것과 대비되는 상황을 드러냄.

한다. 후덕스러운 말이요, 이유 있는 말이기도 하다. 참새는 양지바르고 잔풍한 곳을 택한다. 여러 집이 오밀조

밀 모인 대촌(大村)을 택하고 낟알이 풍족하고 방앗간이라도 있는 부유한 마을을 택하니 복지일 법도 하다. 풍족

한 마을에서는 새한테도 각박하지가 않다. 언제인가 나는 어느 새 장수와 만난 적이 있었다. 조롱 안에는 십자

> 새를 넣어 기르는 장, 새장

매, 잉꼬, 문조, 카나리아 기타 이름 모를 새들도 많았다. 나는 "참새만 없네." 하다가, 즉시 뉘우쳤다. 실은 참새

> 참새에 대한 글쓴이의 관심과 애정의 크기를 짐작할 수 있음.

가 잡히지 아니해서 다행인 것을……. 나는 어려서 조롱을 본 일이 없다. 시골서 새를 조롱에 넣어 기르는 사람

은 한 사람도 없었다. 제비는 찾아와서『논어』를 읽어 주고, 까치는 찾아와서 반가운 소식을 전해 주고, 꾀꼬리는

> 『논어』 위정편의 한 대목을 빨리 읽으면 새 울음소리와 비슷하다는 데서 유래된 이야기임.

문 앞 버들가지로 오르내리며 "머리 곱게 빗고 담배밭에 김매러 가라."라

고 일깨워 주고, 또한 참새는 한집의 한 식구인데 조롱이 무엇이 필요하

> 참새를 매우 가깝고 소중한 존재로 인식함.

랴. 뒷문을 열면 진달래 개나리가 창으로 들어오고, 발을 걷으면 복사꽃

> 자연 본래 모습 그대로가 지니고 있는 아름다움을 언급함.

★ 문제 해결 키 문항 3 관련
자연의 생태를 거스르거나 소유하여 마음대로 다루려 하는 행동을 언급한 후 이에 대한 글쓴이의 비판적 태도를 '악취미', '살풍경'이라는 단어를 통해 제시하고 있다.

살구꽃 가지각색 꽃이 철 따라 날고, 뜰 앞에 괴석에는 푸른 이끼가 이슬을 머금고 있다. 여기에 만일 꽃꽂이를

한다고 꽃가지를 꺾어 방 안에서 시들리고, 돌을 방구석에 옮겨 놓고 먼지를 앉혀 이끼를 말리고 또 새를 잡아

가두어 놓고 그 비명을 향락하는 자가 있다면, 그는 분명 악취미요, 그것은 살풍경이었을 것이다. ★

> ▶ 자연물의 본성을 억압하는 현실에 대한 비판

그런데 이제는 이 참새도 씨가 져서 천연기념물로 보호 대책이 시급하다는 이야기다. 세상에 참새들조차 명맥을

보존할 수가 없게 되었는가. 그동안 이렇게 세상이 변했는가. 생각하면 메마르고 삭막하고 윤기 없는 세상이다.

> 영탄적 어조를 통해 참새들조차 보기 힘들어진 삭막한 현실에 대한 안타까움을 드러냄.

달 속의 돌멩이까지 캐내도록 악착같이 발전해 가는 인간의 지혜가 위대하다면 무한히 위대하지만, 한편 인간

의 행복을 위하여 한 마리의 참새나마 다시금 아쉽고 그립지 아니한가.

> ▶ 참새가 사라져 가는 세상에 대한 비판과 참새에 대한 그리움

연화봉(蓮花峯)에서 하계로 쫓겨난 양소유(楊少遊)가 사바 풍상을 다 겪고 또 부귀공명을 한껏 누리다가, 석장

> 고전 소설 '구운몽'과 관련된 부분으로 우리 역시 성진의 깨달음과 같은 각성이 필요함을 나타냄.

(錫杖) 짚은 노승의 "성진아." 한 마디에 황연대각, 옛 연화봉이 그리워 다시 연화봉으로 돌아갔다.

짹 짹 짹. 잠결에 스쳐 간 참새 소리는 나에게 무엇을 깨우쳐 주려는 것인가. 날더러 어디로 돌아가라는 것인

가. 사십 년간 꿈에도 생각해 본 적이 없는 네 소리. 무슨 인연으로 사십 년 전 옛 추억— 가 버린 소년 시절, 고

향 풍경을 이 오밤중에 불러일으켜 놓고 어디로 자취를 감춘 것이냐. 잠결에 몽롱하던 두 눈은 이제 씻은 듯 깨

> 참새 소리가 글쓴이에게 과거의 추억, 고향 등을 떠올리게 하는 매개체로 작용했음을 알 수 있음.

끗하다.

나는 문득 일어나 불을 피워 차를 달이며 고요히 책상머리에 앉는다.

> ▶ 어린 시절에 대한 상념과 그에 따른 사색

표현상의 특징

- 과거 회상을 통해 중심 소재를 부각함.
- 비교와 대조의 방식을 통해 중심 소재의 다양한 특성을 언급함.
- 직유법, 의인법, 열거 등을 통해 자연물의 구체적인 이미지를 효과적으로 드러냄.

 중심 소재 '참새' 관련 주요 내용

화려하지 않은 외양, 기교 없는 울음소리를 지녔으나 우리나라 방방곡곡 없는 곳이 없음.	'참꽃'이라 불린 진달래꽃과 같이 우리의 삶과 매우 밀접하여 '참새'라 불림.

참새

잡아 없애지도, 인색하지도 않게 대했을 뿐만 아니라 '애기'같이 귀엽게 여기며 너그러이 받아들이게 되는 존재임.	글쓴이에게 과거를 회상하게 하고 보다 깊은 깨달음으로 나아가게 하는 계기를 제공함.

'참새'를 통해 제시된 과거와 현재를 바라보는 글쓴이의 태도

과거	현재
• 우리의 삶 속에서 가깝고 친근하게 볼 수 있었던 존재임. • 참새를 대하는 태도에서 자연과 더불어 살아온 우리 민족의 풍요롭고 너그러운 마음을 알 수 있음.	• 무척 흔했던 참새마저 보호 대책이 시급할 정도로 씨가 마름. • 자연의 생태를 거스르고 소유하려 드는 삭막하고 윤기 없는 세상임.
↓	↓
자연과 더불어 지냈던 과거에 대한 긍정적 인식과 우호적인 태도	자연을 이용하려 드는 현재 세태에 대해 부정적인 인식과 비판적인 태도

■ **윤오영의 작품 세계**

윤오영은 대표적인 수필가로서 다양한 내용을 다룬 많은 수필들을 남겼는데 향토성이 짙고 서정적이며, 간결하면서도 적절한 비유 등을 특징으로 들 수 있다. 그의 작품 세계 내지는 수필 세계는 자연과의 친화, 전통문화에의 향수, 고독감 등으로 내용을 구분할 수 있다. 먼저, 자연과 교감하는 인간의 모습을 통해 자연 친화적인 삶의 가치를 돌아보게 만드는 내용을 담은 작품들로 「달밤」, 「산」, 「붕어」, 「까치」 등이 있다. 우리 고유의 멋을 담은 전통문화의 가치를 언급하며 그것에 대한 그리움과 그러한 전통문화의 아름다움과 멋이 사라져 가는 현실에 대한 안타까움에 대한 작품으로, 「방망이 깎던 노인」, 「마고자」, 「온돌의 정」 등을 들 수 있다. 끝으로 인간이 지니고 있는 근원적인 고독의 의미와 그에 대한 통찰 등을 담은 「행화」, 「와병 수감」 등이 있다.

08 두물머리 _ 유경환

EBS 수능특강 문학 236쪽

감상 포인트

이 작품은 글쓴이가 두물머리를 볼 수 있는 운길산을 여행하고서 여행의 감상을 담아 쓴 기행 수필이다. 글쓴이는 두물머리에서 두 물줄기가 만나는 모습에 주목하고 만남의 의미에 대해 생각한다. 우주 만물이 만남의 이치를 따름을 인식하고서 그러한 이치가 인간에게 어떻게 적용되는지를 떠올리고, 인간에게 비추어 볼 때 물이 얼마나 큰 미덕을 지녔는지에 대한 깨달음을 얻는다. 또한 이러한 깨달음의 결과 두물머리의 모습이 더욱 아름답게 다가온다는 미적 체험의 내용을 진술하게 형상화하고 있다.

주 제

두물머리를 바라보며 떠올린 삶의 이치

사람들은 이곳을 두물머리라고 부른다. 한자로 표기되면서 양수리(兩水里)가 된 것이나, 사람들은 여전히 두물머리라 일컫는다. 두물머리. 입속으로 가만히 뇌어 보면, 얼마나 정이 가는 말인지 느낄 수 있다.

그토록 오래 문서마다 양수리로 기록되어 왔어도, 두물머리는 시들지 않고 살아 우리말의 혼을 전해 준다. 끈
　　　　　　　　　　　　　　　　　　　　　'두물머리'라는 우리말 지명이 사라지지 않음.
질기고 무서운 힘이기도 하다.　　　　　　　　　　　　　　　　　　　▶ '두물머리'라는 말의 느낌과 힘

두물머리를 시원스럽게 볼 수 있는 곳은, 물가가 아닌 산 중턱이다. 가까운 운길산. 남양주 운길산에 이르는
　　　　　　　　　　　　　　　　　　　　　　　　　　　　　　　　　　　글쓴이가 여행한 장소
산길에 올라 보면, 눈앞에 두물머리가 좍악 펼쳐진다. 두 물줄기 만나는 모습이 한눈에 들어온다.
　　　　　　　　　　　　　　북한강과 남한강

교통 체증에 걸리지 않는다면 서울에서 불과 한 시간. 그래 주말은 피하고, 날씨가 고우면 오늘처럼 주중에 온다. 주위엔 볼거리가 여러 곳에 있다. 다산 선생의 유적지, 차 맛을 제대로 맛볼 수 있는 수종사, 연꽃이 볼 만한
　　　　　　　　　　　　　　　　　　　　　구체적인 장소를 열거하여 운길산의 위치와 관련된 정보를 드러냄.
세미원, 또 종합 영화 촬영소도 있다.　　　　　　　　　　　　　　　　　▶ 두물머리를 볼 수 있는 운길산

만나면 만날수록 큰 하나가 되는 것이 물이다. 두 물줄기가 만나 큰 흐름이 되는 모습을 내려다보노라면, '물이 사는 방법이 저것이로구나.' 하는 생각이 절로 든다. 만나고 만나서 줄기가 커지고 흐름이 느려지는 것. 이렇게 불어난 폭으로 바다에 이르는 흐름이 되는 것.

바다에 이르면 엄청난 힘을 지닌 승천이 가능해진다. 물의 승천이야말로 새롭게 다시 사는 실제 방법이다. 만
　　　　　　　　　　物이 수많은 만남을 통해 큰 하나를 이룬 결과
약 큰 하나가 되지 못하고 갈라지게 되면, 지천이나 웅덩이로 빠져들어 말라 버리게 된다. 이것은 물의 실종이거
　　　　　　　　　　　　　　　　　　　강의 원줄기로 흘러들거나 원줄기에서 갈려 나온 물줄기
나 죽음인 것이다.　　　　　　　　　　　　　　　　　　　　　　　　　▶ 바다에 이르기까지의 물의 흐름

두 물이 만나서 하나의 물이 되는 것을 글자로 표기할 때 '한'은 참으로 크고 넓다는 뜻을 지닌다. 두 물줄기가 서로 껴안듯 만나, 비로소 '한강'이 된다. 운길산 산길에서 내려다보면, 이 모든 것을 실감하게 된다.

한강을 발견하는 곳이 운길산이라고 말하고 싶다. 만나도 격정이 없는 다소곳한 흐름. 서로가 서로를 편안하
　　　　　　　　　　　　　　　　　　　　　의인법을 통해 두물머리의 모습이 주는 조화로운 인상을 부각함.
게 받아들이는 모습은 정말 아름다운 풍광이다. 만나서 큰 하나가 되는 것이 어디 이곳의 물뿐이랴.
　　　　　　　　　　　　　　　　　　　　　　　　　　　　　　　　　▶ 운길산에서 보는 한강의 모습

살펴보면 우주 만물이 거의 다 그렇다. 들꽃도 나무도 꽃술의 꽃가루로 만난다. 그리하되, 서로 만나서 하나
물에서 발견한 자연의 이치를 우주 만물로 확장하여 생각함.
되는 기간이 봄 여름 가을 겨울의 네 철 안에 이루어지도록 틀 잡혀 있어 짧은 편인데, 다만 사람의 경우엔 이 계
　　　　　　　　　　　　　　　　　　　　　　　　사람의 만남은 네 계절의 순환이라는 짧은 시간에 종속되지 않음.
절의 틀이 무용이다. 계절의 틀을 벗어날 능력이 사람에겐 주어져 있다.

하나가 다른 하나를 만나서 새로운 하나를 만들지 못하면, 그 끝 간 데까지 외로울 수밖에 없다. 외롭지 않을
수 없는 이치가 거기 잠재해 있다. 다른 하나를 선택하기 위한 기다림. 선택을 결정하기까지, 채워지지 아니하는
　　　　외로움이 인간의 숙명이라 생각함.

목마름이 자리 잡기에, 외로울 수밖에 없는 노릇이다. 원래 거기 자리 잡고 있는 바람은, 완성을 기다리는 바람인 것이다.

이 외로움을 견디면서 참아 내느라 스스로 생각하고 또 생각하다가 때로는 뒤를 돌아보게 된다. 여기 반성과 성찰의 기회가 오며, 명상도 따르게 마련이다. 명상은 해답을 찾는 노력의 사색이다.

<u>'외로움'에서 비롯된 물음의 해답</u>
해답을 얻는다 하여도, 그것은 물음표인 갈고리 모양 또 다른 물음을 이어 올리고 끌어올리기 일쑤다. 이런 과정을 통해 삶을 진지하게 짚어 보는 기회와 만난다. 곧 자기와의 만남이 가져오는 성숙인 것이다.★
외로움이 완전히 해소되기는 어려움.   반성과 성찰, 명상의 결과   ▶ 만남을 위한 인간의 기다림과 외로움, 성숙

물은 개체(個體)라는 것을 만들지 않는다. 스스로 그것을 받아들이지 않기에, 큰 하나를 만들 수 있다. 개체를 부정하기 때문에, 새로운 하나에로의 융합이 가능하다.
물의 전체성

개체를 허용치 않으므로 큰 하나일 수 있다는 사실, 이는 큰 하나가 되기 위한 순명일 수도 있다. 다른 목숨들이 못 따를 뜻을 물이 지니고 있음을 이렇게 안다.   ▶ 개체를 허용하지 않고 큰 하나를 이루는 물
물의 숭고함 예찬

사람이 그 어떤 목숨보다 길고 긴 사색을 한다지만, 물이 바다에 이르기까지 맞고 또 겪는 것에 비하면, 입을 다물어야 옳다. 흐르면서 부딪혀야 하고, 나뉘었다 다시 만나야 하고, 갇히면 기다렸다 넘어야 한다. 이러기를
물이 바다에 이르기까지의 오랜 인고의 시간
얼마나 되풀이하는가. 그러면서도 상선약수(上善若水)의 본을 잃지 않는다.
최고의 선은 물과 같다는 뜻으로, 노자의 사상에서, 물을 이 세상에서 으뜸가는 선의 표본으로 여기어 이르던 말

두물머리를 내려다보며 이곳에 이르기까지 얼마나 많은 만남이 있었던가를 짐작해 본다. 수없이 거친 만남.
두물머리에 이르기까지 작은 물줄기들이 합류하며 큰 물줄기를 이루어 온 과정을 상상함.
하나, 작은 만남은 이름을 얻지 못하고, 큰 것만 이름을 얻는다. 작은 것들이 있기에 큰 것이 있거늘, 큰 것에만 이름이 붙은 것을 어쩌랴.

산전수전 다 겪은 사람이 지닌 인품의 향기처럼, 두물머리에서부터 물은 유연한 흐름을 지닌다. 여기 비끼는 햇살이 비치니, 흐름이 반짝이기 시작한다. 두물머리는 그 어느 곳보다 아름답다. 보기에 아름다운 것보다 깊이 지니고 있는 뜻이 아름답다.   ▶ 물의 덕성과 아름다움
물이 지닌 덕성

낮에는 꽃들이 앉고 밤에는 별들이 앉는 숲이 아름답다고 여겼는데, 오늘 보니 두물머리는 그 이상이다. 조용한 물고기들 삶터에 날이 저물자, 하늘의 별이 있는 대로 다 내려와 쉼터가 된다. 만나서 깊어진 편안한 흐름. 이
물의 포용력
흐름이 그 위의 모든 것 다 받아 안을 수 있는 넉넉한 품까지 여니, 이런 수용이 얼마나 황홀한지, 어느 시인이
두물머리의 모습에서 느끼는 감동
이를 다 전해 줄 수 있을까 묻고 싶다.   ▶ 두물머리를 바라보며 느끼는 황홀함
글로 다 표현할 수 없을 만큼 깊은 감동을 받음.

포인트 **1** 내용 전개상의 특징 **문항 1 관련**

핵심 개념 이것만은 꼭 익히자

포인트 **1** 내용 전개상의 특징 **문항 1 관련**
- 여행지의 지명, 위치 등과 관련된 정보를 드러냄.
- 자연물에 대한 사색을 바탕으로 자연의 이치와 인간의 삶에 대한 통찰을 드러냄.
- 다양한 비유적 표현을 통해 두물머리의 모습을 묘사하고 물의 긍정적 속성을 예찬적 어조로 드러냄.

포인트 **2** 글쓴이가 '물'을 예찬하는 이유 **문항 3 관련**

글쓴이가 두물머리에서 바라본 '물'	개체를 만들지 않고 융합하여 큰 하나를 이룸.
	바다에 이르기까지 오랜 인고의 시간을 거침.
	모든 것을 다 받아 안을 수 있는 포용력을 지님.

배경지식 더 알아보기

■ '상선약수'에 대하여

'상선약수(上善若水)'는 도가의 무위(無爲) 사상을 물의 성질에 비유한 말이다. 노자의 『도덕경(道德經)』 제8장에 다음과 같은 말이 나온다.

> 최고의 선(善)은 물과 같다. 물은 만물을 이롭게 하는 데 뛰어나지만 다투지 않고, 모든 사람이 싫어하는 곳에 머문다. 그러므로 도에 가깝다.(上善若水 水善利萬物而不爭 處衆人之所惡 故幾於道)

■ 유경환의 다른 수필 작품 「돌층계」

「돌층계」는 1981년 도서출판 연희에서 출간된 수필집 『나무의 영혼』에 실린 유경환의 수필이다. 글쓴이 유경환은 시인이자 아동 문학가로, 대상에 대한 관조와 참신한 이미지가 어우러진 작품을 주로 창작해 왔다. 서정적이면서도 현실에 대한 비판을 암시하는 수필을 여럿 남겼다. 「돌층계」는 돌층계에 비유하여 인생의 본질을 꿰뚫어 본 글쓴이의 사색의 깊이를 느낄 수 있는 수필이다.

「돌층계」는 인생의 여정을 돌층계에 빗대어 자신의 삶을 돌아보면서, 결과보다는 과정을 중시하며 성실하게 살아가는 삶의 가치를 되새기는 수필이다. 진정한 삶의 가치라는 추상적이면서도 본질적인 문제를 돌층계라는 구체적인 사물의 속성을 이용하여 일상적인 언어로 서술하고 있다. 진지한 자세로 자신의 삶을 되짚어 보는 글쓴이의 고백적 성찰을 따라가면서 독자 또한 현재 자신이 삶의 층계에 어디쯤 서 있는지 되돌아보게끔 한다.

- 권영민, 『한국 현대 문학 사전』

EBS Q&A

Q 수능에서 수필 작품은 어떻게 대비해야 할까요?

A 수필에서 사용되는 표현 방법이나 내용 전개 방식은 시나 소설에서도 발견할 수 있는 경우가 많습니다. 또한 수필은 특정한 형식에 구애받지 않으므로 정형화된 갈래의 특징이 잘 드러나지 않는 경우가 많습니다. 다만, 수필에서는 대체로 글쓴이의 경험과 성찰, 깨달음의 과정이 개성적으로 드러나므로, 이 과정을 섬세하게 살펴보고 글쓴이만의 가치관이나 세계관이 어떻게 형상화되고 있는지 파악할 필요가 있습니다. 그리고 일반적으로 수능에서 수필 작품은 단독 세트로 구성되기보다 다른 갈래의 작품과 복합 세트로 구성되어 출제됩니다. 따라서 표현 방법이나 주제 측면에서 다른 작품과의 관련성을 묻는 문항에 대비할 필요가 있습니다.

(가) 벌의 줄 잡은 갓을 ~ _ 신헌조

감상 포인트 이 작품은 작가가 강원 감사로 있을 때, 선정을 다짐하고 지은 시조이다. 백성의 뜻을 바르게 알아야 선정을 베풀 수 있는데, 아전들의 고압적인 자세에 백성이 위축되어 할 말을 제대로 전하지 못하는 안타까운 현실을 비판하고 있다.

주 제 백성의 뜻이 제대로 전달되지 못하는 현실 비판

벌의 줄* 잡은 갓을 쓰고 헌 옷 입은 저 백성★이 ▶ 초장: 전할 뜻이 있어 공사문에 와 있는 초라한 백성의 모습

그 무슨 정원(情願)*으로 두 손에 소지(所志)* 쥐고 공사문(公事門) 들이달아 앉는고나 동헌(東軒) 뜰에 쥐

같은 형방★ 놈과 범 같은 나졸★들이 아뢰어라 한 소리에 혼비백산하여 하올 말 다 못 하니 옳은 송리(訟理)
　　　　비유적 표현. 직유법　　　　　　　직접 인용　　　　몹시 놀라 넋을 잃음.　　　　소송을 하는 까닭이 제대로 전해지지 않음.

굽어지네
　　　　　　　▶ 중장: 형방과 나졸들이 윽박질러 뜻을 제대로 전하지 못하는 백성의 모습에 대한 안타까움

아마도 평이근민(平易近民)* 하여야 도달민정(道達民情)* 하리라★ ▶ 종장: 도달민정을 위해 평이근민하는 태도의 중요성
　　　　백성의 속사정을 제대로 알기 위해 필요한 태도

＊벌의 줄: 벌레가 쳐 놓은 줄. 거미줄.

＊정원: 진정한 바람.

＊소지: 백성이 관아에 제출하는 진정서.

＊평이근민: 평상시에 백성과 가까이 지냄.

＊도달민정: 백성의 속사정을 잘 앎.

★ 문제 해결 키 문항 5 관련

화자의 관점 파악하기

화자가 시적 대상인 '백성', '형방', '나졸'에 대해 어떤 태도를 취하는지 단서를 파악하고, 종장에서 백성들의 속사정을 제대로 알기 위해 취해야 할 '평이근민'의 자세를 강조하고 있음을 알아야 함.

핵심 개념 이것만은 꼭 익히자

포인트 ① **묘사를 통한 '백성'의 상황 제시**

외양 묘사	'벌의 줄 잡은 갓을 쓰고 헌 옷 입은'	가난하고 힘든 상황에 놓인 백성의 모습
행동 묘사	'공사문 들이달아 앉는고나'	다급한 상황에 처한 백성의 모습

포인트 ② **비유를 통한 인물 제시 문항 1 관련**

형방	나졸
'쥐'에 비유	'범'에 비유

↓

백성들에게 두려움의 대상이자 간사한 이미지로 표현됨.

배경지식 더 알아보기

■ **탐관오리의 횡포와 허세를 비판하는 사설시조**

두터비 프리를 물고 두험 우희 치드라 안자
것넌 산 브라보니 백송골이 떠 잇거늘 가슴이 금즉
ᄒ여 풀덕 쒸여 내드다가 두험 아래 쟛바지거고.
모쳐라 놀낸 낼식만졍 에헐질 번ᄒ괘라.

〈현대어 풀이〉

두꺼비가 파리를 물고 두엄 위에 뛰어올라 앉아
건너편의 산을 바라보니 흰 송골매가 떠 있거늘 가슴이
섬뜩하여 펄쩍 뛰어 내닫다가 두엄 아래에 자빠졌구나.
마침 날랜 나였기에 망정이지 피멍이 들 뻔하였구나.

01 (나) 착빙행(鑿氷行) _ 김창협

감상 포인트 이 작품은 엄동설한에 얼음을 채취하는 노동에 시달리는 백성들의 모습과 무더위 속에서 얼음을 즐기는 양반들의 모습을 대조적으로 그려 내고 있다. 이를 통해 고통받는 백성들의 삶을 사실적으로 드러내고 부조리한 현실을 비판하고 있다.

주 제 고통받는 백성들의 현실 고발

섣달에 한강이 처음 꽁꽁 얼어붙자
　백성들의 노동 현장
천 사람 만 사람이 강 위로 나와서는
　얼음을 캐는 일을 하는 백성들
쩡쩡 도끼 휘두르며 얼음을 깎아 내니
　음성 상징어
은은한 그 소리가 용궁까지 울리누나
　　　　　　과장법
깎아 낸 층층 얼음 흡사 설산과도 같아
　　　　　　과장법
쌓인 음기 싸늘히 뼛속까지 스며드네

아침마다 등에 지고 빙고에 저장하고
　　　　　얼음을 넣어 두는 창고
밤마다 망치 끌을 들고 강에 모이누나

낮은 짧고 밤은 길어 밤에도 쉬지 않고

강 위에서 노동요를 서로 주고받네

정강이 가린 짧은 홑옷에 짚신도 없어
　　　　　백성의 외양 묘사 – 초라한 행색
세찬 강바람에 손가락이 떨어져 나갈 듯하네
　　　　고통스럽고 열악한 노동 환경
▶ 1～12행: 겨울에 얼음을 채취하는 부역에 시달리는 백성들

유월이라 푹푹 찌는 여름 고당 위에서는
　　　　높다랗게 지은 집. 양반들이 사는 크고 넓은 집(↔ 섣달 한강)
미인이 고운 손으로 맑은 얼음을 전해 주니
　무더위로 인한 고통과 대비되는 시각적 이미지
칼로 내리쳐서 좌중에 고루 나눠 주면

햇살 쨍쨍한 공중으로 하얀 눈발 흩날리네
　　　　얼음을 깨는 과정에서 흩날리는 얼음 부스러기
온 당 안이 더운 줄 모르고 즐거워하지만
　　　↔ 얼음 캐는 백성들의 고통
얼음 깨는 수고로움을 그 누가 말해 주랴★
　　　설의적 표현, 누구도 그 고통을 알아주지 않음을 강조함.
그대는 못 보았나 더위 먹고 길에서 죽어 가는 백성들
　백성의 고통을 외면하는 양반(말을 건네는 형식)
그들은 대부분 강에서 얼음 캐던 사람이라네
▶ 13～20행: 무더위 속에서 얼음을 즐기는 양반들

季冬江漢氷始壯
계 동 강 한 빙 시 장
千人萬人出江上
천 인 만 인 출 강 상
丁丁斧斤亂相斲
정 정 부 근 란 상 착
隱隱下侵馮夷國
은 은 하 침 빙 이 국
斲出層氷似雪山
착 출 층 빙 사 설 산
積陰凜凜逼人寒
적 음 늠 름 핍 인 한
朝朝背負入凌陰
조 조 배 부 입 릉 음
夜夜椎鑿集江心
야 야 추 착 집 강 심
晝短夜長夜未休
주 단 야 장 야 미 휴
勞歌相應在中洲
노 가 상 응 재 중 주
短衣至骭足無屝
단 의 지 한 족 무 비
江上嚴風欲墮指
강 상 엄 풍 욕 타 지
高堂六月盛炎蒸
고 당 유 월 성 염 증
美人素手傳淸氷
미 인 소 수 전 청 빙
鸞刀擊碎四座徧
난 도 격 쇄 사 좌 편
空裏白日流素霰
공 리 백 일 류 소 산
滿堂歡樂不知暑
만 당 환 락 부 지 서
誰言鑿氷此勞苦
수 언 착 빙 차 로 고
君不見道傍喝死民
군 불 견 도 방 갈 사 민
多是江中鑿氷人
다 시 강 중 착 빙 인

★ 문제 해결 키 문항 2 관련

대비를 통한 시상 전개를 파악해야 함. 추위 속에서 얼음을 캐는 백성들의 고통스러운 노동의 모습과 무더위 속에서 얼음을 즐기는 양반들의 모습이 대조됨. 이를 통해 백성들의 비참한 노동의 모습이 부각되는 효과가 있음.

포인트 ❶ 시구의 대비를 통한 의미 강조 **문항 2 관련**

백성들의 삶	양반들의 삶
• 섣달 한강 • 쩡쩡 도끼 휘두르며 얼음을 깎아 내니 • 더위 먹고 길에서 죽어 가는	• 고당 위 • 미인이 고운 손으로 맑은 얼음을 전해 주니 • 온 당 안이 더운 줄 모르고 즐거워하지만

→ 백성들의 삶의 모습과 양반들의 삶의 모습이 대비되는
상황을 제시하여 정서를 강조하고 있음.

포인트 ❷ 표현상의 특징 **문항 1 관련**

• **과장법**: 백성들의 노동 현장의 모습을 과장하여 표현함.
• **말을 건네는 형식**: 부정적으로 인식하는 시적 청자에게
  말을 건네는 형식을 통해 집중 및 강조의 효과를 얻음.
• **다양한 감각적 이미지**: 시각적·청각적 이미지를 통해
  백성들의 노동의 모습을 사실적으로 드러냄.

■ 「착빙행」의 시상 전개

1~12행		13~20행
늦겨울 얼음을 채취하는 부역에 시달리는 백성들	→	여름 무더위 속에서 얼음을 즐기는 양반들

↓

추운 겨울에 얼음을 채취하는 백성들의 모습에 대한 화자의 안타까움과
무더위 속에서 얼음을 즐기는 양반들에 대한 비판적 태도를 효과적으로 드러냄.

■ 시적 대상에 대한 화자의 태도

화자	백성들	• 극한 상황의 노동에 시달리는 백성의 모습에 연민을 느낌. • 추운 겨울에 얼음을 캐던 백성들이 더운 날 더위 먹고 죽어 가는 현실을 비판적으로 바라봄.
	양반들	백성들의 고통에는 관심 없이 여름날 고당에서 더운 줄 모르고 얼음을 즐기는 양반들을 비판함.

EBS Q&A

Q 시대 상황에 대한 비판적 태도가 드러나는 작품은 어떻게 감상해야 할까요? **문항 6 관련**

A '문항 6'은 〈보기〉를 참고하여 문학이 폭로하는 부조리한 현실과 이를 통해 독자가 지향하게 되는 당위
적 현실이 무엇인지를 중심으로 작품을 감상할 것을 요구하고 있습니다. (가)는 사설시조, (나)는 한시,
(다)는 고전 소설로 갈래는 다르지만 문학 작품을 통해 부조리한 현실을 폭로하고 진정으로 이루어야 할
당위적 현실을 제시하고 있다는 측면에서 공통점이 있습니다. 이처럼 시대 상황에 대한 비판적 태도가
드러나는 작품은 작품 속에서 말하는 사람을 먼저 찾아야 합니다. (가)와 (나)의 경우는 화자를, (다)의
경우는 서술자를 찾고, 그들이 문제 삼고 있는 것이 무엇인지를 확인해야 합니다. (가)는 화자가 백성들
의 정원이 제대로 전달되지 못하게 방해하는 '쥐 같은 형방 놈과 범 같은 나졸들'을 비판하고 있고, (나)
는 화자가 비참한 노동에 시달리는 백성들의 모습에 연민을 갖고, 백성들의 고통에는 아랑곳하지 않고
'고당'에서 '더운 줄 모르고' 편안한 생활을 즐기는 양반들을 비판하고 있습니다. (다)는 서술자가 '팔 수
없는 것이 없'는 세상에 대해 비판하고 있는데, 과거 시험 답안을 팔아 생계를 유지하며 사는 유광억의
행위가 '마음을 파'는 행위이고 '주는 것과 받는 것이 죄가 같다'라고 하며 모든 것이 거래의 대상이 되는
부조리한 현실을 비판하고 있습니다.

01 (다) 유광억전 _이옥

갈래 복합

감상 포인트 이 작품은 유광억이라는 인물을 통해 과시를 파는 행위가 만연한 사회의 타락상을 비판하고 있다. 작가는 가난하고 지위가 낮은 주인공이 남의 과거 시험 답안을 대리로 작성해 살아가는 처지를 드러내면서 이 세상에 팔지 못할 물건이 없게 된 상황을 풍자하고 있다. 작가의 별호인 '외사 씨'와 '매화외사'를 등장시켜 과거에 부정행위가 만연한 당시 세태와 유광억에 대한 논평을 덧붙이고 있다.

주 제 과거 시험의 부정과 타락한 사회상 비판

전체 줄거리 유광억은 일찍이 영남 향시에 급제하여 서울로 시험을 치르러 올라가다가 은밀하게 어느 부잣집으로 인도된다. 유광억은 부잣집 주인의 아들을 위해 과거 시험의 답안을 대신 작성해 주는데, 이로 인해 주인의 아들이 진사가 되자 유광억은 후한 대가를 받게 된다. 유광억은 그 후에도 계속 해서 다른 사람의 과거 시험 답안을 대리로 작성해 이익을 취한다. 그러던 중 경상 감사와 경시관이 유광억의 글을 찾아내는 것으로써 글에 대 한 안목이 있음을 입증하는 내기를 하는데, 경시관이 과장에서 뽑은 시험 답안들에는 유광억이라는 이름이 나오지 않는다. 그래서 경시관이 몰 래 알아보니, 시험 답안들은 모두 유광억이 돈을 받은 액수에 따라 차등을 두고 지어 준 것이었다. 경시관은 감사와 내기를 한 터였으므로 죄를 범한 사실을 증거로 얻기 위해 유광억을 잡아 오게 한다. 유광억은 지레 겁을 먹고 잡혀가면 죽음을 면할 수 없다고 생각하고 술을 마신 뒤 강물 에 빠져 죽는다.

천하가 버글거리며 온통 이끗*을 위하여 오고 이끗을 위하여 간다. <u>세상이 이(利)를 숭상함이 오래되었다. 그</u>
러나 이끗을 위하여 사는 사람은 반드시 이끗 때문에 죽는다. 그렇기 때문에 군자는 이를 말하지 아니하고, <u>소인</u>
<u>은 이끗을 위하여 죽기까지 한다.</u>
　　　　　　　　　　　　　　　　　　　　　　　　▶ 이익을 좇는 세태 속 군자와 소인의 태도 차이

서울은 장인바치와 장사치들이 모이는 곳이다. 뭇 거래할 수 있는 물품은,「그 가게들이 별처럼 벌여 있고 바둑
판처럼 펼쳐 있다. 남에게 손과 손가락을 파는 사람이 있고, 어깨와 등을 파는 사람도 있고, 뒷간 치는 사람도 있
고, 칼을 갈아서 소 잡는 사람도 있고, 얼굴을 꾸며 몸을 파는 사람도 있으니,」세상에서 사고파는 것이 이처럼 극
도에 달하고 있다.
　　　　　　　　　　　　　　　　　　　　　　　　　　　▶ 사고파는 행위가 극도에 달한 세태

(중략)

유광억은 영남 합천군 사람이다. <u>시를 대강 할 줄 알았으며 과체*를 잘한다고 남쪽 지방에 소문이 났으나, 그</u>
<u>의 집이 가난하고 지체 또한 미천하였다. 먼 시골 풍속에 과거 글을 팔아 생계를 삼는 자가 많았는데, 광억 또한</u>
<u>그것으로 이득을 취하였다.</u> 일찍이 영남 향시에 합격하여 장차 서울로 과거 보러 가는데, 부인들이 타는 수레로
길에서 맞이하는 사람이 있었다. 당도해 보니 붉은 문이 여러 겹이고 화려한 집이 수십 채인데, 얼굴이 희고 수
염이 성긴 몇 사람이 바야흐로 종이를 펼쳐 놓고 팔 힘을 뽐내며 글을 써 보여 그 진퇴를 기다리고 있었다. 그 집
안채에 광억의 숙소를 정해 두고 매일 다섯 번의 진수성찬을 바치고, 주인이 서너 번씩 뵈러 와서 공경히 대하는
것이 마치 아들이 부모를 잘 봉양하듯이 하였다. 이윽고 과거를 치렀는데 주인의 아들이 과연 광억의 글로 진사
에 올랐다. 이에 짐을 꾸려 보내는데, 말 한 필과 종 한 사람으로 자기 집에 돌아와 보니 이만 전을 가지고 온 사
람도 있었고, 그가 빌렸던 고을의 환자는 이미 감사가 갚은 터였다.
　　　　　　　　　　　　　▶ 유광억이 주인의 아들을 대신해 과거 시험을 치르고 극진한 대접을 받음.
광억의 문사는 격이 별로 높은 것이 아니고, 다만 <u>가볍게 잔재주를 부리는 것</u>★이 장기인데, 이로써 또한 과거
글에 득의하였던 것이다. 광억은 이미 늙었는데도 더욱 나라에 소문이 났다.

경시관이 감사를 만난 자리에서 물었다.

"영남의 인재 가운데 누가 제일입니까?"

> ★ **문제 해결 키** 문항 4, 6 관련
>
> 유광억에 대한 서술자의 평가 ①
>
> 유광억의 글의 수준이 가벼운 잔재주에
> 지나지 않는다고 평가함.

EBS 수능특강 문학 240쪽

감사가 답하였다. / "유광억이라는 사람이 있습니다."

"이번에 내가 반드시 장원으로 뽑겠소."
_{유광억의 글을 알아볼 수 있다는 자신감이 담김.}
"당신이 그렇게 골라낼 수 있을까요?" / "능히 할 수 있습니다."

마침내 서로 논란하다가 광억의 글을 알아내느냐, 못 하느냐로 내기를 하게 되었다. 경시관이 이윽고 과장에
_{경시관과 감사의 내기}
올라 시제를 내는데 '영남 시월에 중구회를 여니, 남쪽과 북쪽의 기후가 같지 않음을 탄식한다.'라는 것이었다.
조금 있다가 시권 하나가 들어왔는데 그 글에,
_{시가 적힌 종이}

중양절 놀이가 또한 중음달에 펼쳐지니,　　　　　　　　　　　　重陽亦在重陰月
　　　　　　　　　　　　　　　　　　　　　　　　　　　　중 양 역 재 중 음 월
북쪽에서 오신 손 남쪽 데운 술 억지로 먹고 취하였네.　　　北客强醉南烹酒
　　　　　　　　　　　　　　　　　　　　　　　　　　　　북 객 강 취 남 팽 주

라고 하였다. 시관이 그것을 읽고 말하였다.

"이것은 광억의 솜씨가 틀림없다."　　　　　　　　　　　▶ 유광억의 글을 찾을 수 있는지 경시관과 감사가 내기를 함.
_{유광억의 글이라고 확신하는 태도}
주묵으로 비점을 마구 쳐서 이하의 등급을 매겨 장원으로 뽑았다. 또 어떤 시권이 있어 자못 작법에 합치되므
로 이등으로 하였고, 또 한 시권을 얻어 삼등으로 삼았는데, 미봉을 떼어 보니 광억의 이름은 없었다. 몰래 조사
해 보니 모두 광억이 남에게 돈을 받고 돈의 많고 적음으로써 선후를 차등 있게 한 것이었다. 시관은 비록 그러한
_{돈의 액수에 따라 글의 등급을 결정할 수 있는 유광억의 능력}
사실을 알았지만, 감사가 자신의 글 보는 안목을 믿지 않을 것으로 염려하여 광억의 공초*를 얻어 증거로 삼기
위해 합천군에 이관*하여 광억을 잡아 보내도록 하였다. 그러나 실상 옥사를 일으킬 뜻이 있었던 것은 아니다.
　　　　　　　　　　　　　　　　　　　　　　　　　　　▶ 경시관이 유광억을 잡아들이고자 함.
광억이 군수에게 잡혀 장차 압송되기 직전에 스스로 두려워하면서,

"나는 과적*이라 가더라도 역시 죽을 것이니, 가지 않는 것만 같지 못하다."라고 여겨, 밤에 친척들과 더불어
_{유광억 스스로 자신의 행위가 떳떳하지 못함을 인식하고 있음.}
마음껏 술을 마시고 이내 몰래 강에 투신하여 죽었다. 시관은 듣고 애석해하였다. 사람들은 그 재능을 아까워하
　　　　　　　　　　　　　　　　　　　　　　　　　　　　　　　　　　_{군자와 사람들의 평가가 대비됨.}
지 않는 이가 없었지만, 군자는 "광억이 죽어 없어지는 것이 마땅하다."라고 말하였다.
　　　　　　　　　　　　　　　　　　　　　　　　　　　▶ 유광억이 두려움에 스스로 목숨을 끊음.

★ **문제 해결 키** 문항 4, 6 관련

유광억에 대한 서술자의 평가 ②
과거 시험 답안을 써서 판 유광억의 행동이 마음을 파는 것과 다름없는 행동이라고 평가하며, 그러한 세태에 탄식함.

매화외사는 말한다.
_{작가 이옥의 별호임. 작가의 생각을 대변함.}
세상에 팔 수 없는 것이 없다. 몸을 팔아 남의 종이 되는 자도 있
_{부패한 사회의 모습}
고, 미세한 터럭과 형체 없는 꿈까지도 모두 사고팔 수 있으나 아직 그 마음을 파는 자는 있지 않았다. 아마도 모
든 사물은 다 팔 수 있지만 마음은 팔 수가 없어서인가? 유광억과 같은 자는 또한 그 마음까지도 팔아 버린 자인
　　　　　　　　　　　　　　　　　　　　　　　　　　　　　_{유광억에 대한 작가의 비판적 평가}
가? 아! 누가 알았으랴, 천하의 파는 것 중에서 지극히 천한 매매를 글 읽은 자가 하였다는 사실을. ★ 법전에 "주
는 것과 받는 것이 죄가 같다."라고 하였다.　　　　　　　　　　　▶ 유광억의 행동에 대한 부정적인 평가

──────────────────

＊**이곳**: 이익.
＊**공초**: 죄인이 범죄 사실을 진술한 말.
＊**과적**: 과거에 합격하기 위하여 옳지 못한 짓을 하는 사람.

＊**과체**: 문과 과거에서 보던 문체.
＊**이관**: 공문을 보내는 것.

포인트 ❶

「유광억전」에 나타난 인물전의 특징 문항 4 관련

- 인물의 내력을 먼저 기록하는 형식을 따르지 않고 이끗을 추구하는 행위를 경계하는 말로 글을 시작함.
- 언행 및 사건의 장면을 중심으로, 한 인물의 행적에 초점을 맞추어 서술함.
- '군자'의 말을 빌려 당대의 논평을 소개하고, 이어서 '매화외사'의 말이라고 하여 작가 자신의 평결을 실음.
- 작가가 인물의 행적을 비판하는 것에 그치지 않고, 당대 사회를 향한 비판도 함께 제시함.

 포인트 ❷

작가가 폭로하는 현실의 부조리와 지향하는 당위적 현실 문항 6 관련

작가가 인간과 현실의 부조리와 모순을 인식하고 폭로함.		진정으로 이루어야 할 당위적 현실을 지향함.
• 과거 시험 답안을 팔아서 생계를 삼는 사람이 많은 현실을 비판함. • 숙소를 정해 두고 진수성찬을 바치면서까지 돈을 주고 글을 사려고 하는 부조리한 현실을 비판함.	→	팔 수 없는 것이 없는 물질 만능주의가 지배하는 세상이라고 할지라도 마음만은 팔아서는 안 된다고 생각함.

■ **인물전의 일반적 특징과 「유광억전」의 특징**

일반적인 인물전은 '인물의 내력 — 행적 — 논평'의 삼단 구성을 취한다. 「유광억전」 역시 기본적으로는 이와 같은 구성을 취하면서도 다소 변형된 특징을 보이기도 한다. 먼저 인물의 내력을 바로 제시하기 전에 '이끗(이익)'을 추구하는 행위를 경계하는 말로 글을 시작한다. 이후 유광억의 내력과 행적을 기술한다. 인물의 행적을 기술하는 과정에서도 다른 사람의 과거 시험 답안을 대신 써 주며 이익을 챙긴 유광억의 행동과 이후 죽음을 택하는 과정 등 사건의 장면을 중심으로 서술하고 있다. 마지막으로 '군자'의 말을 빌려 당대의 논평을 소개하고, 이어서 작가 이옥의 별호인 '매화외사'의 말이라고 하여 작가의 유광억에 대한 평가와 사회에 대한 비판 의식을 드러내고 있다.

■ **조선 시대 과거 제도**

과거 제도는 고려 시대 이후 조선까지 행해진 제도로서 갑오개혁으로 폐지될 때까지 양민들을 대상으로 관료를 선발하는 제도였다. 거의 대부분 관직으로의 진출이 과거로 집중되었기 때문에 사대부들 간에는 과거를 둘러싼 대립과 충돌이 일어날 수밖에 없었고, 이는 시간이 거듭됨에 따라 과거 제도의 문란과 사회 질서의 붕괴로 이어졌다. 과거 제도를 둘러싸고 대리 시험 등 부정행위로 물질이 거래되는 여러 가지 불미스러운 일들이 자행되었다. 이옥은 「유광억전」에 이러한 시대의 모습을 반영하여 글을 파는 세태와 당시 사회의 과거 제도의 모순을 풍자하였다.

감상 포인트

이 작품은 늙은 소의 행태에 대한 묘사를 통해 평생 동안 고난을 겪은 화자가 느끼는 인생무상을 표현한 한시이다. 이광사는 대대로 고관대작을 지낸 명문가 출신으로서 서화에도 이름이 높았으나, 영조 대에 이르러 당쟁의 여파로 집안도 몰락하고 본인도 유배를 당하였고 유배지에서 죽음을 맞이하였다. 화자가 늙은 소를 보면서 자신을 투사하여 읊은 작품일 수도 있고, 늙은 소를 화자로 내세워 자신의 삶을 형상화한 작품일 수도 있다.

주 제 늙은 소와 같은 신세가 된 삶에 대한 탄식

★ **문제 해결 키 문항 6 관련**
당쟁의 여파로 벼슬길에 나아가지도 못한 채 유배를 당한 작가의 모습이 늙은 소에 빗대어 표현되어 있음.

소의 탄식, 청각적 이미지

진창에 빠지고 흙덩이에 넘어져 다만 큰 소리로 울고
자신의 몸을 제대로 가누기도 힘든 소의 모습, 시각적 이미지

오르막이든 평지든 무거운 짐 끌 가망은 전혀 없네
아무런 일도 할 수 없음.

아침엔 푸른 언덕에 누워 해그림자에 의지하고
할 일 없이 보내는 일상

밤엔 배곯으며 쓸쓸한 외양간에서 날 밝기만 기다린다
음식도 제대로 섭취하지 못하는 모습 / 소에 대한 갈까마귀의 연민

갈까마귀조차 등을 쪼다가 수척한 것 슬퍼하고
제대로 먹지 못해 야윈 모습

망가진 쟁기 허리에 걸치고 밭 갈던 옛일 떠올리네
기력이 왕성했던 과거의 모습

쓸모 다해 버려짐은 예부터 그러하니
토사구팽(兎死狗烹: 토끼 사냥이 끝나면 개를 삶아 먹음.)

다만 실속도 없이 명성만 남음이 불쌍쿠나
무기력한 신세에 대한 한탄

▶ 1, 2행: 늙어서 힘이 빠진 소의 고난

▶ 3, 4행: 일이 없는 늙은 소의 쓸쓸한 처지

▶ 5, 6행: 수척해진 현재와 건장했던 과거의 대비

▶ 7, 8행: 무기력한 현재의 삶에 대한 한탄

陷泥躓塊但雷鳴
함 니 궐 괴 단 뢰 명

無望高平引重行
무 망 고 평 인 중 행

朝臥綠坡依日晷
조 와 록 파 의 일 귀

夜饑空囤待天明
야 기 공 돈 대 천 명

寒鴉啄背悲全瘠
한 아 탁 배 비 전 척

敗耒橫腰認舊耕
패 뢰 횡 요 인 구 경

用盡身捐終古事
용 진 신 연 종 고 사

憐渠祇得下邳名
연 거 지 득 하 비 명

핵심 개념 이것만은 꼭 익히자

포인트 ❶ **시상 전개 방식 문항 1 관련**

• 과거와 현재의 대비를 통해 현재 대상이 처해 있는 부정적 상황을 강조함.

시점	표현	효과
과거	망가진 쟁기 허리에 걸치고 밭 갈던 옛일	쟁기를 허리에 차고 밭을 갈 정도로 기력이 좋았던 과거의 모습을 강조함.
현재	갈까마귀조차 등을 쪼다가 수척한 것 슬퍼하고	음식을 제대로 먹지 못해 수척해진 현재의 처지를 강조함.

• 시각적·청각적 이미지를 통해 대상의 모습을 부각함.

이미지	표현	효과
시각적	진창에 빠지고 흙덩이에 넘어져	늙고 수척해져 제대로 몸을 가누지도 못하는 소의 외양을 부각함.
청각적	큰 소리로 울고	

EBS Q&A

Q 이 작품의 화자는 누구일까요? 문항 6 관련

A 이 작품에서 화자는 작가가 자신의 목소리로 늙은 소를 보면서 자신의 처지를 투영하여 그 회한을 읊은 것으로 볼 수도 있고, 작가가 자신의 불우한 생애에 대한 한탄을 늙은 소의 목소리를 빌려 표현한 것으로 볼 수도 있습니다.

(나) 노비 반석평 _ 유몽인

감상 포인트 이 작품은 유몽인이 편찬한 『어우야담』에 실린 이야기로서 재능이 뛰어난 노비의 삶을 통해 그 재능을 알아보는 재상의 안목과 끝까지 은혜를 저버리지 않는 노비의 진실한 마음을 아울러 보여 준다. 이 지문에서는 유몽인의 논평을 생략하였는데, 원문에서는 이 논평을 통해 유몽인은 신분을 절대적인 기준으로 삼는 인재 등용 제도에 대해 비판도 하면서 재상과 노비의 아름다운 마음을 고평하였다.

주 제 능력 있는 노비의 성취와 진실한 처신

반석평(潘碩枰)이란 자는 재상가의 노비였다. 그가 어렸을 적에 재상이 그
<small>반석평의 신분</small>
의 순수하고 명민함을 아껴 시서(詩書)를 가르쳤는데, 여러 아들, 조카들과
<small>재상이 반석평을 아낀 이유</small>
더불어 같은 자리에 앉혔다. 반석평이 조금 성장하자 먼 시골의 아들 없는 사
<small>신분에 따라 사람을 차별하지 않는 재상의 면모</small>　　　　<small>반석평을 가족으로 받아들이기 좋은 조건을 갖춤.</small>
람에게 주어, 종적을 감추고 배움에 힘쓰며 주인집과는 통하지 못하게 했다. ★
　　　　　　　　　　　　　　　　　　　<small>노비의 신분을 감추기 위한 재상의 의도</small>

> ★ **문제 해결 키** 문항 2 관련
> 재상은 반석평의 유능함을 알아보고 '노비'라는 반석평의 신분적 제약을 감추기 위해 시골의 아들 없는 사람에게 주면서 주인집과의 관계를 끊게 하였음을 알 수 있음.
>
> ▶ 재상의 배려로 배움에 힘쓴 반석평

반석평은 장성하여 국법을 어기고 과거에 응시했는데, 아무도 그것을 알지 못했다. 드디어 과거에 급제해 재
　　　　　　　　　　　<small>반석평은 노비라는 신분으로 과거를 볼 수 없게 막았던 국법을 어김.</small>
상의 반열에 올랐는데, 겸손하고 공경하며 청렴, 근실하여 나라를 위해 충성을 다하는 신하가 되었다. 팔도의 관
<small>노비라는 신분적 한계를 뛰어넘은 성취</small>　　　<small>반석평의 성품</small>
찰사를 역임하고 지위가 2품에 이르렀다.

　　　　　　　　　　　　　　　　　　　　　　▶ 사회적으로 성공한 반석평

주인집은 재상이 이미 죽고 그의 아들과 조카들은 모두 곤궁하고 천하게 되어, 외출할 때는 나귀도 없이 걸어
　　　　　　　　　　　　　<small>재상의 죽음 이후 몰락한 주인집의 모습</small>
서 다녔다. 반석평은 길거리에서 그들을 만날 때마다 매양 가마에서 내려 달려가 진흙탕 길에서 절을 하니, 곁에
　　　　　　　　　　　　　　　　　　<small>높은 버슬의 상징</small>　　<small>노비 신분을 숨길 수 있게 배려해 준 재상과 그 후손에 대한 예우</small>
서 지켜본 사람들 대부분이 괴이하게 여겼다.
　　　　　　　　　　　　　　　　　▶ 몰락한 재상가의 후손들을 깍듯하게 예우한 반석평
　　　　<small>재상(반석평)이 천한 사람들에게 예를 갖추는 모습에 대한 사람들의 반응</small>
반석평은 이에 글을 올려 사실을 실토하고 자신의 관작(官爵)을 삭탈하고 주인집의 아들과 조카들에게 관직을
　　　　　<small>자신의 신분이 노비이고 국법을 어긴 채 과거에 응시했다는 사실</small>
줄 것을 청하였다. 조정에서는 이를 의롭게 여기고 후하게 장려하여 국법을 파기하고 본래의 직책에 나아가기를
　　　　　　　　　　　　　　　　　　　　　<small>신분보다 반석평의 능력과 성품을 높이 산 결정</small>
예전처럼 하게 하였다. ★ 또한 그 주인집 아들에게도 관직을 주었다.
　　　　　　　　　　　　　　　　　　　▶ 과거를 자백하고 국가의 인정을 받은 반석평

> ★ **문제 해결 키** 문항 3 관련
> 반석평이 노비 출신이라는 것이 드러났음에도 불구하고 그의 의로움을 높이 평가함으로써 관직을 그대로 유지함.

다른 인물을 대하는 인물의 태도 문항 2 관련

작품에는 인물의 행동을 통해 그 인물이 다른 인물을 대하는 태도가 드러난다.

인물	대상	행동		태도
재상	반석평	반석평을 아들, 조카들과 같은 자리에 앉히고 공부를 시킴.	→	신분과 관계없이 반석평을 다른 사람들과 동등하게 대우함.
반석평	재상의 아들과 조카	가마에서 내려 달려가 진흙탕 길에서 절을 하며 예우를 갖춤.	→	과거 자신이 재상에게 입은 은혜를 생각하여 예의를 갖춤.

■ **유몽인의 논평**

교재에 생략된 유몽인의 논평에는 신분 차별에 근거한 인재 등용 제도에 대한 비판이 드러난다. 반석평의 일화를 통해 유몽인은 재상이 사람을 알아보고 선비를 얻었다고 함으로써, 신분이 아닌 개인의 능력을 기준으로 인재를 등용해야 함을 역설하고 있다.

> 우리나라는 땅이 치우쳐 있고 작아서 인재가 배출되는 것이 중국의 천분의 일도 되지 못한다. 또 고조선 시대의 팔조법금에 구속되어 노비가 된 자들에게는 벼슬길이 허용되지 않는다. 현명한 이를 세움에 차별을 두지 않는 것이 삼대(三代)의 성대한 법도였다. 그런데 우리나라에서는 벼슬을 못 하게 막는 것이 더욱 견고하니 사대부의 의론이 편협하고 또 배타적인 것이다.
> 반석평은 충성스럽고 의로운 사람이다. 몸이 법망을 빠져나와 조정의 대관(大官)이 되었으니 보통 사람의 마음으로 헤아린다면 종적을 숨기기에 겨를이 없었을 것이다. 그런데 수레에서 내려 한미한 선비에게 몸을 굽히고, 또 조정에 알려 스스로 그 친한 자취를 드러냈으니 진실로 우리나라에 드물게 있는 미담이다.
> 그의 주인집 재상은 편협하고 배타적인 마음을 통렬히 없앴을 뿐만 아니라 다른 사람의 아름다움을 이루어 주었다. 그 어짊이 있었기에 또한 사람을 알아보고 선비를 얻었다고 할 것이다.

감상 포인트 이 작품은 게를 그림의 소재로 즐겨 선택하는 까닭을 풀어내는 과정에서 번잡한 세상사에 대한 글쓴이의 은근한 비판을 드러낸 수필이다. 글쓴이 김용준은 화가이자 미술 평론가, 미술사학자로서 해방 전후에는 특정 이념 중심의 당대 문화 예술계와 비판적인 거리를 두면서 활동해 왔다. 이 작품은 그의 예술관을 드러내면서 게의 생태적 속성을 인간사에 비추어 보는 발상을 바탕으로 당시의 우리 민족이 처한 현실과 이에 대응하는 인간들의 다양한 면모를 함축적으로 그려 내고 있다.

주 제 그림을 그릴 때 게를 화제로 삼는 이유

정소남*이란 사람이 난초를 그리는데 반드시 그 뿌리를 흙에 묻지 아
_{정소남이 난초를 그릴 때 지키는 원칙}
니하니 이민족에게 짓밟힌 땅에 개결(慨潔)한 몸을 더럽히지 않으려 함
_{난초의 뿌리를 흙에 묻지 않는 이유}
이란다. ★

> ★ 문제 해결 키 문항 4 관련
> 난초를 그린다는 것이 단순하게 난초의 형상을 담아내는 것이 아니라 작가의 현실 인식을 담아 드러내는 과정임을 보여 줌.

붓에 먹을 찍어 종이에다 환*을 친다는 것이 무엇이 그리 대단한 노릇이리오마는 사물의 형용을 방불하게 하
_{누군가는 난초를 그리는 행위를 대수롭지 않게 여길 수 있음.}
는 것만으로 장기(長技)로 치는 데 그치지 않고, 자연을 빌려 작가의 청고한 심경을 호소하는 한 방편으로 삼는
_{작가는 단순히 자연을 그리는 것이 아니라, 작가의 심경을 자연을 빌려서 표현하는 것}
다는 데서 비로소 환이 예술로 등장할 수 있고 예술을 위하여 일생을 바치기도 하는 것이다.
_{예술의 가치} ▶ 작가의 청고한 심경이 담긴 예술의 가치

그런데 나란 사람이 일생을 거의 3분의 2나 살아온 처지에 아직까지 나 자신 환쟁인지 예술가인지까지도 구별

하지 못한다는 것은 딱하고도 슬픈 내 개인 사정이거니와, 되든 안 되든 그래도 예술가답게나 살아 보다가 죽자
_{단순히 그림을 그리는 것이 아니라 작가의 심경을 담아내고자 하는 의지}
고 내 딴엔 굳은 결심을 한 지도 이미 오래다. 되도록 물욕과 영달에서 떠나자, 한묵(翰墨)으로 유일한 벗을 삼아
_{문한과 필묵. 문필(文筆)을 의미함.}
일생을 담박하게 살다 가자 하는 것이 내 소원이라면 소원이라 할까.

이 오죽잖은 나한테도 아는 친구 모르는 친구한테로부터 혹시 그림 장이나 그려 달라는 부질없는 청을 받을

때가 많다. 내 변변치 못함을 모르는 내가 아닌지라 대개는 거절하고 마는 것이나, 그러나 경우에 따라서는 할

수 없이 청에 응하는 수도 있고, 또 가다가는 자진해서 도말(塗抹)해* 보내는 수도 없지 아니하니 이러한 경우에

택하는 화제(畵題)란 대개가 두어 마리의 게를 그리는 것이다.

게란 놈은 첫째, 그리기가 수월하다. 긴 양호(羊毫)에 수묵을 듬뿍 묻히고 붓끝에 초묵을 약간 찍어 두어 붓 좌
_{게를 화제로 선택하는 이유 양털로 촉을 만든 붓}
우로 휘두르면 앙버티고 엎드린 꼴에 여덟 개의 긴 발과 앙증스런 두 개의 집게발이 즉각에 하얀 화면에 나타난
_{게 그림에 대한 묘사}
다. 내가 그려 놓고 보아도 붓장난이란 묘미가 있는 것이로구나 하고 스스로 기뻐할 때가 많다.
_{자신의 그림에 대한 감탄}

그러고는 화제(畵題)를 쓴다.

滿庭寒雨滿汀秋(만정한우만정추)	뜰에 가득 차가운 비 내려 물가에 온통 가을인데
得地縱橫任自由(득지종횡임자유)	제 땅 얻어 종횡으로 마음껏 다니누나.
公子無腸眞可羨(공자무장진가선)	창자 없는 게가 참으로 부럽도다.
平生不識斷腸愁(평생불식단장수)	한평생 창자 끊는 시름을 모른다네.

_{창자 없는 게가 참으로 부럽도다. → 게를 부러워하는 이유}
_{한평생 창자 끊는 시름을 모른다네. → 게는 창자가 없으니 창자 끊는 시름도 알 리가 없음.}

역대로 게를 두고 지은 시가 이뿐이랴만 내가 쓰는 화제는 십중팔구 윤우당의 작이라는 이 시구를 인용하는

것이 항례(恒例)다.
  보통 있는 사례

　왕세정의 "橫行能幾何(횡행능기하) 終當墮人口(종당타인구) 마음껏 횡행하기를 얼마나 하겠는가. 결국에는 사
  　　　　　　　　　　　　　　　　　　　　　　　　　　　　　　　　　　창자가 끊어짐.

람 입에 떨어질 신세인 것을" 하는 대문도 묘기기는 하나 무장공자(無腸公子)로서 단장(斷腸)의 비애를 모른다는
　　　　　　　　　　　　　　　　　　　'공자'는 지체가 높은 집안의 아들을 뜻함. '무장공자'는 창자가 없는 공자라는 의미로서 게를 이르는 말

대문이 더 내 심금을 울리기 때문이다.　　　　　　　　　　　　　　　▶ 게를 화제로 즐겨 선택하는 이유

　이 비애의 주인공은 실로 나 자신이 아닌가. 단장의 비애를 모르는 놈, 약고 영리하게 처세할 줄 모르는 눈치
　　　　　　　자신의 처지가 게와 유사하다는 인식　　　　　　　　　　　　자신의 삶의 방식에 대한 자조적 태도

없는 미물! 아니 나 자신만이 아니라 우리 민족 중에는 이러한 인사가 너무나 많지 않은가.
　　　　　　　　　　　　　　　　　　우리 민족의 삶의 방식에 대한 자조적 인식. 영탄법

　맑은 동해 변 바위틈에서 미끼를 실에 매어 달고 이 해공(蟹公)을 낚아 본 사람은 대개 짐작하리라.「처음에는
　　　　　　　　　　　　　　　　　　　　　　　　　　　　　　　　　　　　　「　」: 미끼를 대하는 게의 태도

제법 영리한 듯한 놈도 내다본 체 않다가 콩알만큼씩 한 새끼 놈들이 먼저 덤비고 그 곁두리를 보아 가면서 차츰

차츰 큰 놈들이 한꺼번에 몰려나와 미끼를 뺏느라고 수십 마리가 한 덩어리가 되어,동족상쟁을 하는 바람에 그
　　　　　　　　　　　　　　　　　　　　　　　　　　　　　　　　같은 종족끼리 서로 다툼.

때 실을 번쩍 치켜올리면 모조리 잡혀서 어부의 이(利)가 되게 하고 마는 것이다.
　　　　　　　　　미끼를 두고 다투는 게의 싸움에서 어부만 이득을 보게 됨.

「어리석고 눈치 없고 꼴에 서로 싸우기 잘하는 놈!
「　」: 게의 행태에 대한 글쓴이의 평가

　귀엽게 보면 재미나고, 어리석게 보면 무척 동정이 가고, 밉살스레 보면 가증하기 짝이 없는 놈!」

　게는 확실히 좋은 화제다. 내가 즐겨 보내고 싶은 친구에게도 좋은 화제가 되거니와 또 뻔뻔스럽고 염치없는

친구에게도 그려 보낼 수 있는 확실히 좋은 화제다. ★　　　　　　　▶ 게의 생태적 특성과 그에 대한 복합적 감회

★ **문제 해결 키** 문항 5 관련

게를 그리는 것은 그림을 받을 사람에 대
한 글쓴이의 평가를 숨긴 채 그 뜻을 전할
수 있는 좋은 방법임을 드러냄.

＊**정소남**: 송나라 때의 사람으로 조국이 몽고족에 의해 망하자 망국의 한을 품고 은거하며 난을 그렸다고 함.
＊**환**: 아무렇게나 마구 그리는 그림.
＊**도말해**: 이리저리 임시변통으로 발라맞추거나 꾸며 대어.

핵심 개념
이것만은
꼭 익히자

포인트 1 **표현상의 특징**

　• 정소남의 일화를 통해 자신의 예술관을 보여 줌.
　• 한시를 인용하여 대상에 대한 독특한 관점을 제시함.
　• 게의 생태적 속성을 빌려 인간의 삶의 모습을 드러냄.
　• 의문의 표현을 사용하여 글쓴이의 부정적인 현실 인식을 드러냄.

포인트 2 **글쓴이가 생각하는 자신의 삶의 모습** 문항 6 관련

　글쓴이는 해방 이후 혼란스러운 정국을 살아갔던 인물로 당시 사회의 중심에 있던 주요 세력들과는 다소
먼 거리를 유지한 채 삶을 살았다. 그러나 이러한 자신의 삶의 방식을 동족상쟁하는 게의 모습에 빗대어 표
현함으로써 영리하게 처세하지 못해 약자적 위치에 놓여 있는 자신의 현실을 자조적으로 드러내고 있다.

포인트 ③ 예술가에 대한 김용준의 관점 문항 4 관련

김용준에게 '예술가'답게 산다는 것은 '물욕'과 '영달'에서 떠나 '담박'하게 사는 것이다. 물욕과 영달은 부와 명예와 같은 세속적인 조건이다. 이런 외부적인 요소에서 벗어나는 것이 자신의 '소원'이라고 하는 김용준은 예술가로서의 강직한 삶을 이어 가겠다는 의지를 보인다. 환쟁이와 예술가가 갈리는 지점은 그곳에 있는 것이다. 외부의 조건에서 벗어나 인간의 고독을 채울 수 있는 예술을 하며 살아가는 것이 진정한 '예술가'가 되는 길인 것이다. 따라서 그에게 삶을 살아가는 인격이란 예술가의 중요한 덕목으로 자리한다. 예술가의 인격이 완성되지 않는다면 훌륭한 예술품이 나올 수 없기 때문이다. (중략)

그래서인지 그의 글에는 이런 '인격 도야'에 관한 관심을 드러낸 글이 많은데, 이는 그의 개인 성정에서도 확인할 수 있는 부분이기도 하다. 최태만은 김용준이 중앙고보 시절, 학업 성적이 뛰어났음에도 불구하고 학내 문제로 일어난 동맹 휴학에 적극적으로 참여했던 일화에서 그의 강직한 성격을 확인할 수 있다고 말한다. 그뿐 아니라 일제에 의해 창씨개명이 있었던 때, 창씨 한 사람의 열에 끼이지 아니했던 사례를 통해서도 이런 강직한 성정에 대한 철학을 확인할 수 있다. (중략) 일제에 휩쓸리지 않으려는 그의 강직한 태도는 예술 행위로도 연결되는데, 그에게 일제와 타협하는 예술이란 있을 수 없었다.

– 강정화, 「근원 김용준의 수필 연구 – 김용준의 예술관과 '문인화식 글쓰기'를 중심으로」

■ '게'를 소재로 한 다른 작품

「게」에서 게의 별칭으로 '무장공자'라는 표현이 나온다. 이 별칭 외에도 '횡행개사'라는 별칭이 있다. 이 두 가지 별칭을 엮어서 쓴 다음 작품을 읽으면 게라는 동물의 문화적 상징성을 더욱 깊이 있게 이해할 수 있다.

전시에는 두 화가의 게 그림이 나왔다. 양기훈과 지창한. 둘 다 이북 출신 작가다. 재미있다면, 이들이 게를 그린 뒤 붙인 글이 똑같다는 것이다. 이렇게 썼다. 물론 한문이다. '껍질이 딱딱하고 집게는 뾰족하니 / 온 바다를 옆걸음 치며 가네.' 옛 화가가 게를 그릴 때 작심하는 뜻은 흔히 '과거 급제'다. 등딱지[甲]에서 '장원'을 떠올려 보라는 수작이다. 두 작가의 속내도 어금지금한데, 그들은 제시에서 한 발 더 나아갔다. 거기에 게의 딴 이름이 숨어 있기 때문이다. 곧 '무장공자(無腸公子)'와 '횡행개사(橫行介士)'다. 게의 본성에서 따온 이 별칭은 내력이 기발하다.

먼저 '무장공자'를 보자. 남도 사투리로 할작시면 '창시 없는 아그'다. 딱딱한 껍질은 갑옷이요 뾰족한 집게는 창에 비유되니, 겉보기는 용맹한 무사와 빼닮았는데 막상 속을 까 보면 창자가 없다. 배알 빠진 떠꺼머리 꼴이다. 창자가 빠지면 영판 실없는 꼬락서니가 될까. 천만에, 외려 남부러운 장점이 생긴다. '창자가 끊어지는 설움'을 모른다는 것. 미물에게 그나마 '공자'라는 점잖은 신분을 안겨 준 연유다. 게 그림을 그린 두 화가와 같은 시대를 산 학자 윤희구는 그래서 '공자는 창자가 없으니 진정 부럽구려 / 평생 단장의 아픔을 모를 터이니'라고 읊었다. 정초에 이별수를 뽑은 관객이라면 게 그림이 부러웠을지도 모르겠다.

다음으로 '횡행개사'는 '기개 있는 옆걸음질의 무사'란 뜻이다. 김시습은 「금오신화」에서 게를 '곽(郭)개사'라 부르는데, 이 역시 걷는 모양에서 따온 지칭이다. 또 단원 김홍도는 게 그림에 '용왕 앞에서도 옆걸음 치네'라고 써넣었다. 게는 게걸음을 할 뿐인데 사람 눈에 모두가 '예스'라고 할 때 혼자 '노'라고 하는 존재처럼 보였나 보다. 게는 강골의 이단아가 됐다. 이런 이미지는 문예를 넘어 정치에 등장하는 것을 나는 지난해 영양 서석지에 가서 알았다. 서석지는 광해군의 서슬을 피해 영양에 은거하던 석문 정영방이 조성한 연못이다. (중략) 인조반정 뒤에 판서를 지내던 우복이 석문을 조정에 천거했다. 이에 석문이 우복에게 편지와 선물을 보낸다. 편지에 '화합하지 못하니 벼슬에 머물지 못합니다.'라고 씌어 있었다. 우복이 선물 꾸러미를 풀었더니 바닷게 한 마리가 나왔다. 우복은 얼른 알아차렸다. "비켜 걷는 생물을 보냈구나. 나마저 정치에서 물러나란 뜻이군." / 사연이 얄궂어서일까, 시절이 하 수상한 탓일까. 게 그림이 맘에 와닿은 까닭이 있을 터인데 속없이 사는 게 나은지 시속을 거스르는 게 옳은지, 나는 모른다. 다만, 게 한 마리 보낼 사람을 찾고 있다.

– 손철주, 「게 한 마리 받을 사람 찾습니다」(한겨레 칼럼, 2009)

Q 수필 작품은 수능에서 어떻게 출제되나요?

A 수필 작품은 단독으로 출제되기보다는 주로 시가 작품(현대시 혹은 고전 시가)과 함께 복합 지문으로 출제되는 경우가 많습니다. 이 경우 작품 사이의 주제나 발상의 유사성을 중심으로 세트가 구성되곤 합니다. 수필 문학에서 중요한 요소는 발상과 표현, 주제 의식이고, 이 두 요소에 집중하여 출제가 됩니다. 따라서 수필 작품을 감상할 때에는 이 두 요소에 집중하여 접근하는 것이 좋습니다.

감상 포인트

이 작품은 조선 중기 때의 문신인 김상용이 지은 총 9수로 이루어진 연시조이다. 작가는 병자호란 때에 왕족을 모시고 강화도로 피난했다가 강화 산성이 함락되자 자결한 것으로 알려져 있다. 이 작품은 대의명분을 중시한 유학자인 작가가 유교의 도덕적 가치관과 규범에 기반하여 후손들에게 올바른 삶을 살 것을 권고할 목적으로 지은 것이다.

주 제

바람직한 삶에 대한 가르침

화자의 가르침

이봐 아이들아 내 말 들어 배워스라
시의 청자인 후손들   명령형의 어미를 통해 화자가 후손들에게 교훈을
어버이 효도하고 어른을 공경하여   전하고자 하는 강한 의지를 보여 줌.
부모에게 효도하는 것과 어른을 공경해야 한다는 유교적 가치를 강조함.
일생에 효제를 닦아 어진 이름 얻어라   〈제1수〉
부모에 대한 효도와 어른에 대한 공경   명예를 얻기를 바람.

▶ 제1수: 어버이께 효도하고 어른을 공경할 것을 권고함.

다른 사람에 대해 하는 말
남의 말 하지 말고 내 몸을 살펴보아
스스로를 성찰함.
허물을 고치고 어진 데 나아가라
잘못을 저지름.
내 몸에 온갖 흉 있으면 남의 말을 하리요   〈제2수〉
설의법을 통해 남에 대한 말을 해서는 안 된다는 것을 강조함.

▶ 제2수: 남을 험담하지 말고 자신의 허물을 먼저 돌아볼 것을 권고함.

사람이 되어서 착한 길로 다녀스라

언충신 행독경(言忠信行篤敬)*을 마음속에 잊지 마라

내 몸이 착하지 않으면 마을 안인들 다니랴   〈제3수〉
설의법. 착하지 않으면 동네에서 돌아다니기도 어렵다는 뜻

▶ 제3수: 바른 언행을 할 것을 권고함.

남과 싸우지 마라 싸움이 해 많으니라
송사를 말함.
크면 관가 소송이요 적으면 수치스런 욕이니라
남과 싸우는 것은 싸움이 크든 작든 문제를 일으키고 당사자에게 해가 됨.
무슨 일로 내 몸을 그릇 다녀 부모 욕을 먹이리   〈제5수〉
그른 일을 행하는 것은 부모께 불효하는 일(남과 싸우지 않는 것이
효도하는 일)이라는 의미를 내포함.

▶ 제5수: 남과 싸움하지 말 것을 권고함.

그른 일 몰라 하되 뉘우치면 다시 마라
그른 일을 반복해서는 안 됨을 강조함.
알고도 또 하면 끝끝내 그르리라

진실로 허물을 고치면 어진 사람 되리라   〈제6수〉
어진 사람이 될 수 있는 조건으로서 개과천선(改過遷善)을 강조함.

▶ 제6수: 허물을 고쳐 어진 사람이 될 것을 권고함.

욕심이 난다고 몹쓸 일을 하지 마라
자기의 욕심으로 남에게 해를 끼치는 일
나는 잊어도 남이 내 모습 보느니라
다시 깨끗해지기 어려움. → 나빠진 평판을 회복하기 어려움.
한번 악명을 얻으면 어느 물로 씻으리   〈제8수〉
한번 나쁜 평판을 받게 되면

▶ 제8수: 욕심을 버리고 악행을 금할 것을 권고함.

현대어 풀이

이봐 아이들아 내 말을 들어 배워라.
부모님께 효도하고 어른을 공경하여
일생에 효도와 공경함을 닦아 어진 이름 얻어라.
〈제1수〉

남의 말을 하지 말고 내 몸을 살펴보아
허물을 고치고 어진 곳에 나아가라.
내 몸에 온갖 흉이 있으면서 남의 말을 하겠느냐.
〈제2수〉

사람이 되어서 착한 길로 다녀라.
말은 미덥게 하고 행동은 공손하게 해야 함을 마음속에 잊지 마라.
내 몸이 착하지 않으면 동네 안엔들 다니랴.
〈제3수〉

남과 싸우지 마라. 싸움이 해가 많다.
크면 관가에서 소송이요 적으면 부끄럽고 욕됨이라.
무슨 일로 내 몸을 그르쳐 부모님을 욕되게 하리오.
〈제5수〉

잘못된 일을 모르고 하면 뉘우쳐 다시 하지 마라.
알고도 또 하면 끝끝내 잘못되리라.
진실로 허물을 고치면 어진 사람이 되리라.
〈제6수〉

욕심이 난다고 하여 몹쓸 일을 하지 마라.
나는 잊어도 남이 내 모습 보느니라.
한번 악명을 얻으면 어느 물로 씻으리.
〈제8수〉

일찍 일어나 세수하고 부모께 문안하고

좌우에 모여 있어 공경하여 섬기되

여가에 글 배워 읽어 못 미칠 듯하여라 〈제9수〉

틈나는 대로 성실하게 공부하기를 권함.

▶ 제9수: 부모를 잘 섬기고 학업에 충실할 것을 권고함.

※언충신 행독경: 말은 미덥게 하고 행동은 공손하게 함.

> 일어나 세수하고 부모님께 문안 인사를 드리고
> 좌우에서 모셔서 공경하여 섬기되
> 여유가 날 때 글 배워 읽어 못 미칠 듯하여라.
>
> 〈제9수〉

핵심 개념 이것만은 꼭 익히자

포인트 ❶ 「훈계자손가」의 교훈적 가치 **문항 1, 6 관련**

〈1수〉	〈2수〉	〈3수〉	〈5수〉	〈6수〉	〈8수〉	〈9수〉
효도, 공경, 효제 ↓ 어진 이름 얻기	• 남의 말 하지 않기 • 자기 성찰하기 • 허물 고치기 ↓ 어진 데 나아가기	• 착한 길로 다니기 • 언충신 행독경	남과 싸우지 않기	그른 일 뉘우치고 반복하지 않기, 허물 고치기 ↓ 어진 사람 되기	욕심내서 몹쓸 일 하지 않기	• 일찍 일어나기 • 부모 문안과 공경하기 • 성실히 공부하기

유교 윤리에 기반한 올바른 생활 권고

효도, 공경, 효제, 언충신 행독경 ↔ 남의 말, 싸움, 그른 일, 몹쓸 일 대조

효도, 공경, 효제, 언충신 행독경 ↓ 지켜야 할 것

남의 말, 싸움, 그른 일, 몹쓸 일 ↓ 경계해야 할 것

교훈

포인트 ❷ 화자의 어조와 의도 **문항 1 관련**

• 직설적 어조
• '–라'의 명령형 어조
• ~하면[행위가 일어난 상황 가정] + ~ 하리요, –랴, –으리, –리라[행위로 인한 긍·부정의 결과]

→ 후손들에게 유교의 교훈 전달과 실천 권고, 잘못된 행동에 대한 권계

배경지식 더 알아보기

■ 「훈계자손가」의 미수록 부분

말을 삼가하야 노(怒)할 때 더 참아라
한번을 실언(失言)하면 일생에 뉘우치네
이 중(中)에 조심할 것이 말씀인가 하노라 〈제4수〉

빈천(貧賤)을 슬퍼 말고 부귀(富貴)를 부러워 마라
인작(人爵)곧 닦으면 천작(天爵)이 오느니라
만사(萬事)를 하늘만 믿고 어진 일만 하여라 〈제7수〉

〈현대어 풀이〉
말을 삼가 화났을 때 더 참아라.
한번을 실언하면 일생에 후회하게 된다.
이 중에 조심할 것이 말씀인가 하노라. 〈제4수〉

가난하고 천함을 슬퍼 말고 부유하고 귀함을 부러워 마라.
사람이 주는 벼슬을 닦으면 하늘이 주는 벼슬이 오느니라.
모든 일을 하늘만 믿고 어진 일만 하여라. 〈제7수〉

■ 작가 김상용의 삶
조선 중기 때의 문신으로 호는 선원(仙源)이다. 1623년의 인조반정 후 집권당인 서인(西人)의 한 사람으로 벼슬이 우의정에까지 이르렀다. 1636년 병자호란 때 왕족을 시종하고 강화도로 피난했다가 이듬해 강화산성이 함락되자 성에 있던 화약에 불을 지르고 순절하였다. 목숨을 걸고 충·효의 유교 윤리를 지켜 내려 했던 인물로, 병자호란 때 청과 끝까지 싸울 것을 주장했던 대신인 김상헌의 형이기도 하다.

03 (나) 옥린몽(玉麟夢)_이정작

갈래 복합

EBS 수능특강 **문학 250쪽**

감상 포인트

이 작품은 조선 후기의 문인 이정작이 지은 것으로 알려졌으며, 한글본과 한문본이 모두 전해지고 있는 고전 소설이다. 이 소설은 중국 송나라를 배경으로 범(范) 공자와 그의 두 처인 유(柳) 부인과 여(呂) 부인 사이의 갈등과 화해가 주요 내용을 이룬다는 측면에서 「사씨남정기」와 같은 쟁총형 가정 소설로 구분되기도 하며, 일련의 사건들이 가문 간의 관계와 연결된다는 점에서 가문 소설의 앞선 형태로 보기도 한다. 이 작품의 서사는 종국적으로 유원(柳原)의 입신양명과 가정의 화평을 강조하는데, 이는 작가가 유교 이념에 기반한 덕목의 실천을 철저히 구현한 결과로 볼 수 있다.

주제

혼인에 의한 인물의 갈등 극복과 가정의 화평 추구

전체 줄거리

범경문과 유 소저는 양가 부모들의 약속에 의해 정혼을 맺었으나, 부마 여 씨가 황제를 동원하여 범경문을 자신의 딸과 먼저 혼인시킨 후에 유 소저와 혼인하게 한다. 범경문이 여 부인보다 유 부인을 편애하자 여 부인은 질투심을 못 이겨 유 부인을 제거하려고 한다. 한편, 유 부인의 동생 유원은 높은 벼슬에 오르고, 범경문은 호국(胡國)과 화의를 맺기 위해 사절로 간 곳에서 정변이 일어나 구금된다. 경문이 부재한 틈에 여 부인은 일을 꾸며 유 부인을 집에서 떠나게 한다. 유원도 여 부인이 보낸 자객의 습격을 받아 죽게 될 위기를 겪지만, 모 부인의 간호로 회복한 후, 호국이 침범해 오자 대원수가 되어 호군을 격파하고 구금되었던 범경문을 구하여 돌아온다. 유 부인의 시비인 운홍의 역할로 여 부인의 죄악이 밝혀지자 유 부인은 유배지에서 돌아오고 여 부인은 귀양을 가게 된다. 이에 여 부인의 악행으로 흩어졌던 유원의 가족들이 모두 모이게 되고, 여 부인도 잘못을 뉘우쳐 유 부인의 탄원으로 죄를 용서받고 풀려남으로써 양가 모두 영화와 화평을 누린다.

[앞부분 줄거리] 송나라 때 예부 상서 유담은 딸 혜란을 친구 범질의 아들 경문과 정혼시킨다. 그러던 어느 날 범질이 죽고, 유담도 죽게 되는데, 혼약을 지키라는 당부의 말을 남긴다. 그런데 부마 여 씨(呂氏)가 황제에게까지 청원하여 자기 딸 교란(嬌蘭)을 경문과 혼인시키려 한다.

부마가 범 공자의 금옥같이 빼어난 문장과 용모를 듣고 매파를 보내어 구혼하다가 물리침을 당하고 또 소저가
〈문장 능력과 외모가 훌륭함. → 재자가인형 인물〉
〈'부마도위'의 준말로 임금의 사위를 뜻함.〉 〈혼인을 중매하는 늙은 여자〉
처음 범생의 아름다운 소식을 듣고 매우 흠모하더니 매파가 돌아와 범가의 소식을 낱낱이 전하니 마음속에 번뇌
〈청혼을 거절당한 결과〉
함을 마지아니하더라.

공주가 딸의 그러한 거동을 보시고 마음속으로 딱하고 안타깝게 여겨 예의에서 금하는 것을 어기고 황제께 조
〈공주가 딸의 상심을 걱정함.〉 〈공주가 딸을 위해 윤리에 어긋난 행동을 하기로 함.〉
회할 때 정사가 한가한 틈을 타 말씀드리기를,

"신이 아들이 없고 다만 늦게야 천한 딸아이를 하나 두었는데 그 아이의 나이가 바야흐로 비녀를 꽂아 시집을
〈여 씨는 공주의 외동딸임.〉
갈 나이가 되었습니다. 노국공 범질에게 아들이 있다는 말을 듣고 구혼했더니 저쪽에서 말하기를 범질이 생시

에 정혼한 곳이 있다고 하며 허락하지 아니합니다. 만일 황상께서 권고하지 않으시면 일이 진실로 이루어지지
〈미리 혼인을 정함.〉
못할 것 같습니다. 엎드려 바라건대 폐하께서는 이 뜻을 살피셔서 소녀로 하여금 태평성대에 원한을 품은 여
〈황제의 권력에 힘입어 자기 딸을, 청혼을 거절한 집안의 아들과 혼인시키려 함.〉
자가 되지 않게 하신다면 신의 모녀는 하늘 같은 폐하의 성덕을 뼈에 새겨 저승에 가더라도 그 은혜를 가히 잊

지 못할 것입니다." / 황제가 말없이 한참 동안 생각에 잠겼다가 말씀하시되,

"임금과 부모는 한가지다. 범질이 생시에 정하였을 것 같으면 어찌 임금의 명령으로써 아버지의 명령을 어그
〈황제가 공주의 요청을 수용함.〉
러지게 할 수 있겠는가?" / 공주가 거듭 빌기를 간절하게 하니 황제가 어쩔 수 없어 허락하시더라.
▶ 공주가 자신의 딸이 경문과 혼인할 수 있도록 도와 달라고 황제에게 부탁함.
공주가 매우 기뻐하며 집에 돌아와 이 말을 이르니 소저가 입으로 말하지는 아니하나 기쁜 빛이 얼굴에 가득

하더라.

황제가 다음 날 조회를 받으실 때 모든 신하들이 예의를 갖추기를 마칠 때까지 기다렸다가 말씀하시기를,

"지금 부마도위 여방이 하나의 딸을 두었는데 금지옥엽이요 덕과 재주를 겸하였다. 젊은 남자를 얻어 그 짝을 이
〈귀한 자식〉

루고자 한다. 승상과 간의대부는 각각 한 명의 남자아이를 들은 대로 아뢰어라. 짐이 마땅히 친히 중매가 되리라."

_{황제가 공주의 딸 여 씨의 중매에 직접 나서게 됨. 늑혼 모티프}

이날 조정의 대신들이 비록 자식을 둔 자가 있으나 어찌 감히 임금의 뜻을 감당하겠는가? 조정의 모든 관리들

_{서술자의 편집자적 논평}

이 함께 말씀드리기를,

"비록 천한 자식을 둔 사람이 있으나 재주와 용모가 충분하다고 일컬을 사람이 없고 이제 간의대부 범경완의

한 아우가 있으니 아름답고 잘생긴 외모와 소년의 문장이 당대에 제일인가 합니다. 폐하께서 부마의 집을 위

하여 사위를 구할 것 같으면 이 사람이 거의 폐하의 찾음에 합당할까 합니다."

황제가 매우 기뻐서 말씀하시기를,

★ 문제 해결 키 문항 5 관련

정혼과 혼인을 둘러싸고 등장인물들 사이에 어떤 갈등과
사건이 발생하는지 살피면서 사대부가의 젊은 남녀가 처
한 상황이 신분이나 권력관계와 관련되어 있음을 염두에
두고 서사를 파악해야 함.

"부마는 짐이 매우 소중하게 여기는 사람이다. 이제 딸을 위하여

사위를 선택함에 그 아들 범생이 또 이렇게 뛰어나니 어찌 하늘

의 뜻이 아니겠는가? 사천감으로 하여금 빨리 날짜를 가려서 혼인을 이루게 하라."

_{천문·역수·측후·각고의 일을 맡아보던 관아}

경완이 머리를 조아리며 빌어서 말하기를,

"신의 아우는 재질이 용렬하고 학문이 부족하니 이미 폐하가 구하시는 것에 미치지 못하고 또 신의 아비가 생

_{겸양의 표현}　　　　　　　　　　　　_{황제의 혼인 제안을 수용할 수 없는 이유를 완곡히 말함.}

시에 고승상 유담으로 더불어 정혼한 지 오래되었습니다. 폐하의 명령이 비록 엄하시나 이제 돌아가신 부친의

약속을 저버리는 것은 인간의 자식으로서는 차마 하지 못할 것입니다. 신이 감히 폐하의 명령을 따르지 못하

_{황제의 혼인 제안을 수용할 수 없는 가장 큰 이유}

오니 어진 군자를 다시 찾아보시고 신의 아우를 물리쳐 사사로운 정을 펴게 하소서."

_{황제의 혼인 제안에 거절 의사를 표함.}

황제가 말씀하시되,

_{혼인에 대한 거절 의사와 그 사유}

"경의 말과 같다면 먼저 여 씨를 아내로 맞고 과거에 급제한 후에 다시 유 씨를 맞는 것이 마땅하다."

_{경문에게, 먼저 여 씨를 첫째 아내로 맞게 한 다음, 유 씨를 둘째 아내로 맞게 하려고 함.}
_{→ 경문과 여 씨의 혼인 추진에 대한 황제의 강한 의지를 엿볼 수 있음.}

경완이 다시 아뢰되,

"신의 아우는 재주와 학문이 얕고 짧아서 만일 등용문에 오르지 못할 것 같으면 돌아가신 아버지의 남긴 말씀

_{높은 벼슬길과 같이 입신출세에 연결되는 어려운 관문이나 운명을 결정짓는 중요한 시험을 가리키는 비유적 표현}

을 헛되게 할 것입니다. 어찌 한평생의 한이 되지 않겠습니까?" / 황제가 말씀하시되,

"경의 아우는 뛰어난 재주가 있는데 어찌 과거에 급제하지 못할까 근심하겠는가? 짐의 뜻은 이미 결정되었으

_{혼례 추진 의사}

니 다시 물리쳐서 내치지 말라."　　　▶ 황제가 공주의 딸 여 씨와 경문의 혼인을 친히 추진함.

_{경완의 동생, 경문}

경완이 능히 마지못하여 황제의 은혜에 감사를 드리고 집에 돌아와 태 부인께 말씀드리니 부인과 공자가 놀라

_{경완의 어머니　　　유담의 아내, 유혜란의 어머니}

움을 이기지 못하여 서로 돌아보며 말이 없고 이 소식을 모두 유가에 알리니 유가의 정 부인이 쓸쓸하게 얼굴빛

_{유담의 가족　　　　　　　범가에서 온 소식을 듣고 딸의 앞날을 염려함.}

을 바꾸고 눈썹을 찡그리며 소저를 돌아보아 말하기를,

"저가 이미 황제의 명령을 받들어 여 씨를 취하여야 되는데 여 씨가 만일 사람 된 바탕과 타고난 성품이 인자하

_{늑혼으로 인해 정혼을 추진할 수 없게 된 형편}

다면 너의 화목하고 숙성되며 너그럽고 어진 마음씨로 자매의 정을 맺어 함께 군자를 받드는 것이 어찌 아름답

_{두 아내가 투기 없이 서로 의좋게 지내는 상황}

지 않겠는가마는 다만 여 씨가 황실의 친척으로서 황상이 중매하였음을 자랑스럽게 여겨 의기양양한 가운데

_{정 부인이 여 씨가 투기할 경우 딸 혜란에게 일어날 일을 걱정함.}

현명한 사람을 시기하여 상대방을 재해에 빠지게 한다면 어찌 너의 일생이 가련할 뿐이겠는가? 반드시 범생의

총명을 가리고 황제의 은혜로운 조치를 욕되게 할 것이다. 걱정이 이런 것에 미치니 어찌 한심하지 않겠는가?"

소저가 즐겁고 기쁜 말씀으로 나직하게 말씀드리기를,

"이것은 모두 팔자에 있는 앞날의 운수입니다. 사람의 힘으로 어찌할 수 있는 것이 아닙니다. 「여 씨는 금지옥
<u>헤란이 자신에게 닥친 일을 운명으로 수용함.</u>
엽으로 좋은 가문에서 생장하였으니 몸가짐과 어른 섬기는 법도가 반드시 저보다 뛰어날 것입니다.」 어머니께
「 」: 헤란이 여 씨를 긍정적으로 생각함.
서는 어찌 저의 마음속을 먼저 알아서 지나치게 허물을 말씀하시는 것이 옳겠습니까? 쓸데없는 걱정으로 귀
<u>어머니를 안심시키려 하며, 딸 헤란이 자신을 염려하는 어머니의 건강을 오히려 걱정함.</u>
하신 몸을 상하게 하지 마소서," / 하더라.
▶ 황제의 뜻에 따라 여 씨와 경문이 혼인하게 되었음을 유가에서 알게 되고 정 부인이 딸의 앞날을 걱정함.
범씨 집안에서 혼례일이 다다름에 여 씨를 맞을 때 빛난 위의와 풍성한 추종들이 십 리에 이어져 있으니 보는
자가 공경하여 부러워하지 아니할 사람이 없더라. 다만 태 부인이 홀로 기쁜 마음이 사라져 삭막하고 비록 밖으로
<u>성대한 혼례식의 모습을 보여 줌.</u>   <u>경문의 어머니</u>   <u>정혼을 지키지 못한 것에 대한 안타까움</u>
손님들의 축하를 받으나 얼굴에는 근심을 띠시니 어찌 황제의 은혜가 도리어 좋은 일에 방해가 되지 않겠는가?
<u>늑혼의 폐해를 암시함.</u>   ▶ 경문과 여 씨가 혼인하게 되고 이에 태 부인이 근심하게 됨.

 핵심 개념 이것만은 꼭 익히자

포인트 ① 「옥린몽」의 배경 사상 **문항 5, 6 관련**

• **사대부 중심주의**: 작가는 사대부를 다른 어떤 계층보다 고귀하게 그려 냄.

사대부를 하층 인물보다 신분적으로 우월하게 형상화		황족들보다 도덕적으로 우월하게 형상화

• 사대부의 도덕적 인격, 글재주, 교양 강조
• 사대부끼리의 혼인 관계 부각

▼

배타적 신분 의식에 의해 사대부를 고귀하게 그려 냄.
▼
사대부 중심주의

• **유교적 현실주의**: 이 작품은 전편에 걸쳐 유교 사상이 일관되게 기저 사상을 이루고 있음. 주인공들의
사회적인 행위도 유교 윤리 규범에서 어긋나지 않는 것을 최선으로 여기며 입신양명과 가정의 화평과
같은 유교적 현실주의를 표방함.

포인트 ② 「옥린몽」의 이원적 주제 의식

유원의 행위에 초점	이원적 주제 의식	범경문의 가정 내 갈등에 초점
유원의 영웅적인 행적		범경문의 두 아내인 여 부인과 유 부인의 갈등
▼		▼
「구운몽」과 유사한 양반 영웅 소설의 면모		「사씨남정기」와 유사한 쟁총형 가정 소설의 면모

사대부 남성의 입신양명과 현실적 공리주의	+	유교 도덕에 따른 가정의 화평 강조

포인트 ③ 혼사 장애와 늑혼 모티프 **문항 3 관련**

가문 간 정혼을 한 다음에 혼인이 이루어지기까지 많은 갈등과 시련이 있어 혼인이 막히거나 순조롭게
이루어지지 않는 것을 혼사 장애라고 한다. 혼사 장애를 유발하는 요인 중 권력자에 의해 강제적으로 혼
인하게 되는 경우가 있는데, 이를 늑혼이라고 한다. 「옥린몽」에서는 황실에 의한 늑혼으로 인한 폐해를
작품 전반에 걸쳐 서술함으로써 황실에 대한 사대부의 부정적 인식을 드러내고 있다.

배경지식 더 알아보기

■ 작품 전체의 구조

범경문의 혼인담 수록	여 부인의 질투로 인한 유 부인의 시련	유원의 위기 극복과 전쟁에서의 승리	유 부인의 귀환과 여 부인의 귀양	여 부인의 뉘우침과 양가의 화평
• 범씨 가문과 유씨 가문이 정혼함. • 황제의 개입으로 인해 범경문이 여 씨를 첫째 아내로 맞음. • 범경문이 유 씨를 둘째 아내로 맞음.	• 범경문이 유 부인을 편애함. • 여 부인이 질투심으로 유 부인을 제거하려 함. • 범경문이 부재할 때 여 부인의 모략으로 유 부인이 집을 떠남.	• 여 부인의 음모로 유원이 죽음의 위기를 겪음. • 유원이 대원수가 되어 호군을 격파하고 구금된 범경문을 구하여 함께 귀환함.	• 여 부인의 죄악이 밝혀짐. • 유 부인이 집으로 돌아옴. • 여 부인이 귀양을 가게 됨.	• 유원의 가족들이 모두 모이게 됨. • 여 부인이 잘못을 뉘우치고 귀양에서 풀려남. • 양가 모두 영화와 화평을 누리게 됨.

■ 인물 대비를 통한 복선화음과 작가의 의도 문항 6 관련

인물 유형	선인		악인
등장 인물	• 유 씨: 선한 마음으로 온갖 고초를 이겨 내고 상원 부인이 됨. • 운홍: 유혜란을 진심으로 섬기고 죽은 후 유혜란의 아들로 환생함.	↔ 대비	• 여 씨: 자신의 악행으로 인해 유배를 가게 됨. • 취섬: 여 씨의 시비로서 유 씨를 적극적으로 모해하고 후에 능지처참을 당함.
작가의 의도	선행 장려		악행 경계

→ 「옥린몽」에서는 착한 사람은 복을 받고, 악한 사람은 재앙을 입는다는 복선화음의 주제 의식을 등장인물의 대비를 통해 형상화하고 있다. 작가는 부당한 현실 속에서 시련과 고난을 겪더라도 선한 마음으로 견디면 복을 받게 된다는 이치를 독자들에게 가르치려고 했던 것이다.

■ 유씨 가문과 범씨 가문의 가계도

EBS Q&A

Q 고전 소설에서 등장인물의 성격을 쉽게 파악할 수 있는 방법은 무엇일까요? 문항 3, 6 관련

A 고전 소설의 인물들은 전형적이고 평면적이면서 선악이 분명하게 드러나는 경우들이 많습니다. 고전 소설에서도 인물의 성격은 서술자의 직접적인 설명을 통해 제시되기도 하고, 인물의 대화나 행동 묘사를 통해 간접적으로 나타나기도 합니다. 따라서 서술자가 인물의 외모나 성격에 대해 직접적으로 서술하고 있는 부분에 주목하거나 인물의 대화, 인물의 외모, 특정 대상의 행동 방식을 언급한 부분 등을 살펴보면 인물의 성격을 좀 더 수월하게 파악할 수 있습니다. 한편, 「옥린몽」의 경우 작품에 사대부들이 추구한 유교 이념의 가치가 강하게 반영되는바 선악의 판단 기준이 유교 이념의 준수 여부와 관련되어 있습니다. 이는 인물의 성격에 대해 가치 판단을 내려야 할 때 그 기준이 무엇인가에 대해서도 먼저 고려해야 함을 보여 줍니다. 판단 기준은 당대의 중요한 가치가 무엇이냐에 따라 달라지기 때문입니다.

04 (가) 관서별곡 _ 백광홍

EBS 수능특강 문학 255쪽

감상 포인트

이 작품은 1555년에 작가가 평안도 평사가 되어 관서 지방을 순찰하면서 그곳의 경치를 노래한 기행 가사이다. 평안도 평사가 되어 부임지로 가는 심정을 노래하는 것으로 시작하는 이 작품은 관서 지방을 순찰하면서 본 자연 풍경의 아름다움과 흥취를 읊은 후, 마지막으로 이 아름다운 경치를 임금에게 전하고 싶은 심정을 노래하고 있다는 점에서 임금에 대한 충정을 드러내기 위해 지어진 것이라 볼 수 있다. 우리나라 기행 가사의 효시로 알려진 작품으로, 정철의 「관동별곡」에 직접적인 영향을 준 것으로 평가받고 있다.

주 제

관서 지방의 아름다운 경치 소개와 임금에 대한 충절

마천령의 서쪽 지방으로, 평안도와 황해도 북부 지역을 이르는 말임.
관서 명승지에 왕명(王命)으로 보내심에
작가인 백광홍은 1555년에 평안도 평사가 되어 국경 지대의 방위 상황을 두루 살펴보는 임무를 맡게 됨.
행장을 꾸리니 칼 하나뿐이로다
　　　　　　　화자의 신분이 무관임을 나타냄.
연조문 내달아 모화 고개 넘어드니
서울 서대문 밖에 있던, 중국 사신을 맞아들이던 문
임지로 가고픈 마음에 고향을 생각하랴

벽제에 말 갈아 임진에 배 건너 천수원 돌아드니
　　　시간의 흐름에 따른 화자의 여정을 속도감 있게 제시함.
개성은 망국이라 만월대도 보기 싫다

황주는 전쟁터라 가시덤불 우거졌도다　　　　　　　　　▶ 서사: 임지로 떠나는 심정을 노래함.
황해도 황주에 있는 정방산성(正方山城)에 대한 설명. 이 성은 고려 때 홍건적에게 우리 군사가 섬멸당한 옛 전장으로 당시의 이름은 가시나무
석양이 지거늘 채찍으로 재촉해 구현원 넘어드니　　　'극(棘)'을 쓴 극성이었음. 그 이름에 착안하여 과거를 회상한 구절임.
시간적 배경과 화자의 행동을 제시하여 여정을 서두르는 모습을 나타냄.
생양관 기슭에 버들까지 푸르다

재송정 돌아들어 대동강 바라보니　　　★ 문제 해결 키 문항 1 관련

기행 가사로서 화자가 여정을 드러내는 방식과 부임지로 가는 과정에서 마주한 자연에 대한 화자의 태도를 파악해야 함.

여정 제시 방법	자연에 대한 화자의 태도
자연에 대한 화자의 태도	우호적 태도

십 리의 물빛과 안개 속 버들가지는 위아래에 엉기었다

춘풍이 야단스러워 화선(畫船)을 비껴 보니
춤과 노래로 하는 궁중 연희인 정재를 베풀 때에 선유락(船遊樂)이라는 궁중 무용에 쓰던 배
녹의홍상 비껴 앉아 가냘픈 손으로 거문고 짚으며
연두저고리와 다홍치마. 곧 젊은 여자의 고운 옷차림을 이르는 말로, 여기서는 고운 옷차림을 한 젊은 여인을 의미함.
붉은 입술과 흰 이로 채련곡을 부르니　　色채어와 직유법을 사용하여 대상에 대한 예찬적 태도를 드러냄.
　　　중국 양(梁)나라 때 강남에서 유행한 남녀의 사랑 노래
신선이 연잎 배 타고 옥빛 강으로 내려오는 듯

슬프다, 나랏일 신경 쓰이지만 풍경에 어찌하리
물음의 형식을 활용하여 왕명을 따르는 것과 자연을 즐기는 것 사이의 내적 갈등을 드러냄.
연광정 돌아들어 부벽루에 올라가니　　1,000여 년 전에 세워진 것으로, 대동강에 면하여 있어 마치
　　　　　　　　　　　　　　　　물 위에 떠 있는 듯한 느낌을 주는 아름다운 누각
능라도 꽃다운 풀과 금수산(錦繡山) 안개 속 꽃은 봄빛을 자랑한다
　　　자연물을 의인화하여 봄날 풍경의 아름다움을 제시함.　　□ : 계절적 배경을 나타냄.
천 년 평양(平壤)의 태평 문물은 어제인 듯하다마는
대동강에 있는 섬. 경치가 아름다워 예로부터 기성 팔경(箕城八景)의 하나로 꼽힘.
풍월루에 꿈 깨어 칠성문 돌아드니

단출한 무관 차림에 객수(客愁) 어떠하냐
　　　　　　　　객지에서 느끼는 쓸쓸함이나 시름
누대도 많고 강과 산도 많건마는

백상루에 올라앉아 청천강 바라보니
　　　　　　　　　　　　　　평안남도 안주군 안주읍 북쪽 교외의 청천강 기슭에 있는
세 갈래 물줄기는 장하기도 끝이 없다　　누각. 관서 팔경의 하나로 경치가 아름다움.
　　　아름다운 경관에 대한 화자의 평가를 직접적으로 드러냄.

하물며 결승정 내려와 <u>철옹성</u> 돌아드니
쇠로 만든 독처럼 튼튼하게 둘러쌓은 산성
구름에 닿은 성곽은 백 리에 벌여 있고
매우 높은 산에도 성곽을 쌓았다는 점에서 외적의 침입에 철저히 대비하고 있음을 알 수 있음.
여러 겹 산등성이는 사면에 뻗어 있네

사방의 군사 진영과 웅장한 경관이 팔도에 으뜸이로다   ▶ 본사 1: 부임하는 도중의 자연 경물에 감탄함.

「동산에 배꽃 피고 진달래꽃 못다 진 때
「 」: 계절적 배경을 나타내는 자연물을 언급한 후 경치를 즐길 수 있는 이유를 드러냄.
진영에 일이 없어, 산수를 보려고」

약산동대(藥山東臺)에 술을 싣고 올라가니
평안도 영변(寧邊) 약산에 있는 천연의 대(臺)로, 관서 팔경 중의 하나임.
눈 아래 구름 낀 하늘이 끝이 없구나
화자의 시선이 위에서 아래를 향하고 있고 '약산동대'가 매우 높은 곳에 있음을 알 수 있음. '약산동대'에 올라온 화자가 자연의 장엄함을 느끼는 풍경
백두산 내린 물이 향로봉 감돌아

천리를 비껴 흘러 대(臺) 앞으로 지나가니   동적인 자연물인 '백두산 내린 물'을 환상의 동물인 '용'에 비유하며 흐르는 물의 역동성과 아름다움을 강조함.

굽이굽이 늙은 용이 꼬리 치며 바다로 흐르는 듯

형승(形勝)도 끝이 없다, 풍경인들 아니 보랴   ▶ 본사 2: 임지를 순시하면서 보고 느낀 바를 노래함.

★ 문제 해결 키 문항 6 관련

여정 중에서 단순히 지명만 언급하고 지나치는 장소와 풍경에 대한 묘사를 통해 화자의 정서를 구체적으로 제시한 장소를 구별하고, 이러한 차이가 발생한 이유를 파악해야 함.

재송정에서 바라본 대동강, 부벽루에서 바라본 능라도, 백상루에서 바라본 청천강, 철옹성의 성곽, 약산동대에서 바라본 풍경	풍경에 대한 묘사와 화자의 정서가 구체적으로 제시된 장소임.

핵심 개념 이것만은 꼭 익히자

포인트 1 서사 부분을 통해 살펴보는 「관서별곡」과 「관동별곡」 문항 2 관련

	「관서별곡」	「관동별곡」
공통점	1) 임금의 명을 받고 부임하는 지역 제시 2) 부임하는 지역으로 가면서 들렀던 곳 제시 3) 부임지로 떠나는 과정을 속도감 있게 제시 4) 자연물을 활용하여 화자가 방문한 지역의 모습 제시	

↓ 「관동별곡」에 추가된 내용

1)′ 임금의 명을 받기 전의 화자의 행적
2)′ 부임지로 떠날 때 임금을 향해 하직하는 모습
3)′ 늦은 나이에 부임하는 화자의 외양적 특징
4)′ 부임 과정에서 임금을 그리워하는 마음

포인트 2 「관서별곡」의 주요 여정 문항 6 관련

재송정	왕명을 수행해야 하는 작가의 직분과 아름다운 풍경을 즐기고 싶은 바람 사이의 갈등을 유발하는 장소
철옹성	견고한 군사 진영과 웅장한 경관이 팔도의 으뜸가는 경치라고 평가하는 장소
약산동대	눈 아래 깔린 구름과 흐르는 물을 바라보며 자연의 장엄함을 느끼는 장소

■ 사대부 기행 문학의 특징

「관서별곡」과 같이 다양한 공간을 비교적 긴 시간 동안 여행한 경험을 다루고 있는 사대부들의 기행 문학에서 각각의 장면은 여정이나 경치를 제시하는 경(景)과 경치에서 촉발된 흥취나 안타까움 등의 주관적 정서인 정(情), 그리고 경치에 대한 품평이나 자연 현상에 대한 해석과 같이 작가가 펼치는 평가나 주장이 논리적으로 드러나는 의(議)의 반복을 통해 단절되지 않고 유기적으로 연결된다. 이때 작가의 여행 경험을 효과적으로 드러내기 위해 특정한 장소와 관련된 '정'을 상세히 제시하거나, 속도감 있는 전개를 위해 '정'과 '의'를 생략하고 '경'만 제시하기도 한다.

■ 교재에 수록되지 않은 「관서별곡」 전문

선녀처럼 가냘프고 아름다운 기생들이 / 화려하게 단장하고 좌우에 늘어선 채
거문고, 가야금, 생황, 피리를 불거니 타거니 하는 모양은 / 주목왕 요대에서 서왕모 만나 노래 부르는 듯
서산에 해 지고 동쪽 고개 달 오르고 / 아리따운 기생들이 교태 머금고 잔 받드는 모양은
낙포의 선녀가 양대에 내려와 초왕을 놀래는 듯 / 이 경치도 좋거니와 근심인들 잊을쏘냐
어진 소백과 엄격한 주아부가 / 일시에 동행하여 강변으로 내려가니
빛나는 옥절과 휘날리는 깃발은 / 넓은 하늘 비껴 지나 푸른 산을 떨치고 간다
도남을 넘어들어 배고개 올라앉아 / 설한령 뒤에 두고 장백산 굽어보니
연이은 언덕과 관문은 갈수록 어렵다 / 백이 중관과 천리 검각도 이러하던가
팔만 용사는 앞으로 내달리고 / 삼천 기병은 뒤에서 달려오니
오랑캐 마을이 우러러 항복하여 / 백두산 내린 물에 한 곳도 없도다
긴 강이 요새인들 지리로 혼자 하며 / 군사와 병마 강한들 인화 없이 하겠는가
시대가 태평함도 성인의 교화로다 / 봄날도 쉬이 가고 산수도 한가할 때 아니 놀고 어찌하리
수항루에 배를 타 압록강 내려오는데 / 강변의 진영은 장기알 벌인 듯하였거늘
오랑캐 땅을 역력히 지내 보니 / 황성평은 언제 쌓았고 황제묘는 뉘 무덤인가
지난 일 감회 젖어 잔 다시 부어라 / 비파곶 내리 저어 파저강 건너가니 층암절벽 보기도 좋다
구룡연에 배를 매고 통군정에 올라가니 / 웅장한 누대와 해지는 오랑캐와 중국 사이에 있도다
황제국이 어디인가 봉황성 가깝도다 / 서쪽 가는 이 있으면 좋은 소식이나 보내고 싶네
천 잔 먹고 크게 취해 덩실덩실 춤추니 / 저물 녘 추운 날 북, 피리 소리 울리는구나
하늘은 높고 땅은 멀고 흥진비래하니 이 땅이 어디인가 / 어버이 그리는 눈물이 절로 흐르는구나
서쪽 변방 다 보고 감영으로 돌아오니 / 장부의 마음 조금이나마 풀리겠네
슬프도다, 화표주 천년 학인들 나 같은 이 또 보았는가 / 어느 때 풍광을 기록하여 임금께 아뢰리오
조만간 임금께 글로 알려 드리리라

Q 두 작품 이상의 표현상 특징이나 화자의 정서·태도의 공통점을 묻는 문항은 어떻게 해결해야 하나요? 문항 1 관련

A '문항 1'은 「관서별곡」의 특정 구절이 아닌, 작품 전체의 표현상의 특징과 화자의 정서·태도를 파악한 후, 이를 바탕으로 함께 제시된 「산정무한」과의 공통점에 대해 묻고 있습니다. 두 작품 이상이 제시되는 갈래 복합 문항의 경우, 대부분 작품 간의 공통점을 묻는 경우가 많은데요, 이럴 때는 당황하지 말고 하나의 작품을 선택한 후 작품에서 두드러진 특징과 화자의 정서와 관련된 시어를 중심으로 작품 전체의 표현상의 특징과 화자의 정서·태도를 파악하는 것이 중요합니다. 이를 바탕으로 전체 선지에서 자신이 찾는 내용에 부합하는 선지를 찾아낸 후, 같은 방법으로 다른 작품의 표현상의 특징과 화자의 정서·태도를 파악하여 남아 있는 선지 중 자신이 찾는 내용과 부합하는 선지를 고른다면 조금 더 수월하게 문항을 해결할 수 있을 것입니다.

감상 포인트

이 작품은 금강산 기행 과정에서 바라본 금강산의 아름다움과 그에 따른 여정을 다채로운 표현 방식을 사용하여 나타낸 현대 수필이다. 금강산의 등정 과정에서 마주한 금강산 계곡의 풍경과 정상에서 바라본 모습, 그리고 마의 태자에 얽힌 이야기 등을 다양한 비유적 표현과 설의적, 영탄적 표현 등을 통해 감각적으로 드러냄으로써 금강산의 아름다움을 절묘하게 표현했다는 평가를 받고 있다. 특히 마의 태자에 대한 추모를 통해 인간의 삶과 역사에 대한 성찰을 이끌어 내고 있다는 점에서 수필 문학의 성찰적 기능도 확인할 수 있는 작품이다.

주 제

금강산 기행에서 접한 자연의 풍경과 그에 따른 감회

자꾸 깊은 산속으로만 들어가기에, 어느 세월에 이 골[谷]을 다시 헤어나 볼까 두렵다.
'은사다리'라는 고개 이름으로, 흰 이끼가 끼어 있는 가파른 고개
깊은 산속이어서 세상과 단절감을 느낌. 이대로 친지와 처자를 버리고 중이 되는 수밖에 없나 보다고 생각하며 고개를 돌이키니, 몸은 어느새 구름을 타고 두리둥실 솟았는지,
속세와의 인연을 끊고 *자신도 모르는 사이에 높은 곳까지 올라옴.* 군소봉(群小峯)이 발밑에 절하여 아뢰는 비로봉 중허리에 나는 서 있었다. 여기서부터 날씨는 급격히 변화되어,
글쓴이의 여정 ① – 날씨가 급격히 변화됨. 이 골짝 저 골짝에 안개가 자욱하고 음산한 구름장이 산허리에 감기더니, 은제(銀梯) 금제(金梯)에 다다랐을 때
글쓴이의 여정 ② – 비가 내리기 시작함. 단풍의 아름다움을 감상함. 기어코 비가 내렸다. 젖빛 같은 연무(煙霧)가 짙어서 지척을 분별할 수 없다. 우장 없이 떠난 몸이기에 그냥 비를
비옷 맞으며 올라가노라니까 돌연 일진광풍이 어디서 불어왔는가, 휙 소리를 내며 운무를 몰아가자, 「은하수같이 정다운 은제와 주홍 주단(綢緞) 폭같이 늘어놓은 붉은 진달래 단풍이 몰려가는 연무 사이로 나타나 보인다. 은제와
「 」: 색채어와 비유법을 활용한 감각적 표현으로 은제와 금제의 아름다운 풍경을 묘사함. 단풍은 마치 이랑이랑으로 엇바꾸어 가며 짜 놓은 비단결같이 봉에서 골짜기로 퍼덕이며 흘러내리는 듯하다.」진
'금사다리'라는 고개 이름으로, 누런 이끼가 끼어 있는 가파른 고개 달래는 꽃보다 단풍이 배승(倍勝)함을 이제야 깨달았다.
'은제'에서 글쓴이가 새롭게 알게 된 내용 ▶ 은제와 금제의 아름다운 풍경을 바라보며 감탄함.
오를수록 우세(雨勢)는 맹렬했으나, 광풍이 안개를 헤칠 때마다 농무(濃霧) 속에서 홀현홀몰(忽顯忽沒)하는 영
짙은 안개가 바람이 불어 흩어질 때마다 나타나는 산봉우리의 모습이 매우 아름다움. 봉을 영송하는 것도 가히 장관이었다. ★

산마루가 가까울수록 비는 폭주로 내리붓는다. 일만 이천 봉을
등반하기에 매우 어려운 기상 상황 단박에 창해(滄海)로 변해 버리는 것일까? 우리는 갈데없이 물에
빠진 쥐 모양을 해 가지고 비로봉 절정에 있는 찻집으로 찾아드니,
글쓴이의 여정 ③ – 사람들의 따뜻한 인정을 느낌. 유리창 너머로 내다보고 섰던 동자가 문을 열어 우리를 영접하였
고, 벌겋게 타오른 장독 같은 난로를 에워싸고 둘러앉았던 선착객
글쓴이가 선착객들로부터 따뜻한 인정을 느끼게 된 계기 들이 자리를 사양해 준다. 인정이 다사롭기 온실 같은데, 밖에서는 몰아치는 빗발이 어느덧 우박으로 변해서, 창
을 때리고 문을 뒤흔들고 금시로 천지가 뒤집히는 듯하다. 용호(龍虎)가 싸우는 것일까? 산신령이 대로하신 것
비유적 표현과 물음의 방식을 활용하여 기상 현상에 대한 경이로움을 표출함. 일까? 경천동지(驚天動地)도 유만부동이지 이렇게 만상(萬象)을 뒤집을 법이 어디 있으랴고, 간장을 죄는 몇 분
하늘을 놀라게 하고 땅을 뒤흔든다는 뜻으로, 세상을 몹시 놀라게 함을 비유적으로 이르는 말 이 지나자, 날씨는 삽시간에 잠든 양같이 온순해진다. 변환도 이만하면 극치에 달한 듯싶다.
글쓴이의 여정 ④ – 운해로 인해 보고 싶던 경치를 볼 수 없음. ▶ 빗속에서 보는 봉우리의 모습과 변화무쌍한 기상 현상에 감탄함.
비로봉 최고점이라는 암상(岩床)에 올라 사방을 조망했으나, 보이는 것은 그저 뭉게이는 운해(雲海)뿐 — 운해
운해로 인해 아무것도 보이지 않음. '뿐'이라는 조사에 글쓴이의 실망감과 아쉬움이 드러남. 는 태평양보다도 깊으리라 싶다. 내·외·해 삼금강을 일망지하(一望地下)에 굽어 살필 수 있다는 일지점에서 허
전망을 가리는 운해의 심리적 깊이 *한눈에 다 바라볼 수 있는 아래* 무한 운해밖에 볼 수 없는 것이 가석(可惜)하나, 돌이켜 생각건대 해발 6천 척에 다시 신장(身長) 5척을 가하고
금강산의 높이에 글쓴이의 신장을 더했다는 의미 오연히 저립해서 만학천봉을 발밑에 꿇어 엎드리게 하였으면 그만이지 더 바랄 것이 무엇이랴. 마음은 천군만마
태도가 거만하거나 그렇게 보일 정도로 담담하게

★ **문제 해결 키 문항 3 관련**

여정에 따른 글쓴이의 견문과 감상을 파악할 수 있어야 함.

'오를수록 우세는 맹렬했으나, 광풍이 안개를 헤칠 때마다 ~ 가히 장관이었다.'

↓

악화되는 기상 상황에서도 간헐적으로 아름다운 풍경을 만나는 상황에 대해 긍정적으로 평가하고 있음.

에 군림하는 쾌승장군(快勝將軍)보다도 교만해진다.　　　　　　　　　　　▶ 비로봉에서 운해를 바라보며 호연지기를 느낌.

비록 아름다운 경치를 보진 못했지만, 비로봉 최고점을 오른 것에 대해 자부심을 느낌. 호연지기(浩然之氣)

　　비로봉 동쪽은 아낙네의 살결보다도 흰 자작나무의 수해(樹海)였다. 설 자리를 삼가 구중심처가 아니면 살지
　　　　　　　　　　　　　　　　　　　　　　　바다만큼 넓음.　　　　　　　　　　밖으로 잘 드러나지 않는 깊숙한 곳

않는 자작나무는 무슨 수중(樹中) 공주이던가? 길이 저물어 지친 다리를 끌며 찾아든 곳이 애화(哀話) 맺혀 있는
　　　　　자작나무의 아름다움을 공주에 비유하며 찬사함.　　　　　　　　　　　　　　　　　　　슬픈 이야기

용마석(龍馬石) — 마의 태자의 무덤이 황혼에 고독했다. 능(陵)이라기에는 너무 초라한 무덤 — 철책도 상석도
　　　　　　　　글쓴이의 여정 ⑤ – 인생무상을 느낌.

없고, 풍림(風霖)에 시달려 비문조차 읽을 수 없는 화강암 비석이 오히려 처량하다.
　　　　　　　글쓴이가 인생무상을 느끼는 이유

　　무덤가 비에 젖은 두어 평 잔디밭 테두리에는 잡초가 우거지고, 창명히 저무는 서녘 하늘에 화석된 태자의 애
　　　　　외롭고 쓸쓸해 보이는 모습. 또는 그런 그림자

기(愛騎) 용마의 고영(孤影)이 슬프다. 무심히 떠도는 구름도 여기서는 잠시 머무는 듯, 소복한 백화(白樺)는 한
　　　　　　　　마의 태자의 무덤과 그 주변을 보며 느낀 글쓴이의 감정을 직접적으로 드러냄.

결같이 슬프게 서 있고 눈물 머금은 초저녁 달이 중천에 서럽다.★
　　　　　　　　　　　　　　　　　　　　　　　　　　　　　　　　　　　▶ 마의 태자에 대한 추모와 인생무상

└ 금강산에 있는 바위 이름으로, 마의 태자의 말이 변한 것이라는 이야기가 전해짐.

★ **문제 해결 키** 문항 4 관련

글쓴이는 여정에 대한 자신의 감상을 드러내기 위해 다양한 비유적 표현을 사용하고 있으며, 대상에 감정을 이입하여 자신의 감정을 드러내고 있음. 이러한 표현 기법을 사용하여 얻을 수 있는 효과가 무엇인지 파악해야 함.

핵심 개념
이것만은
꼭 익히자

 포인트 ❶ 「산정무한」의 서술상의 특징과 그 효과 문항 1, 4 관련

서술상의 특징이 드러나는 부분	효과
군소봉(群小峯)이 발밑에 절하여 아뢰는 비로봉 중허리	의인법을 사용하여(비로봉 중허리: 임금 / 군소봉: 신하) 화자의 시선에 비치는 풍경을 제시함.
은제와 단풍은 마치 이랑이랑으로 엇바꾸어 가며 짜 놓은 비단결	은제와 단풍의 아름다움을 밭이랑에 비유하여 감각적으로 제시함.
용호가 싸우는 것일까? 산신령이 대로하신 것일까?	비유적 표현과 물음의 방식을 활용하여 기상 현상에 대한 경이로움을 드러냄.
설 자리를 삼가 구중심처가 아니면 살지 않는 자작나무는 무슨 수중(樹中) 공주이던가?	자작나무의 아름다움을 공주에 비유하며 찬사함.
소복한 백화(白樺)는 한결같이 슬프게 서 있고 눈물 머금은 초저녁 달이 중천에 서럽다.	'소복한 백화'와 '초저녁 달'에 감정을 이입하여 마의 태자 무덤을 보고 느낀 인생무상의 감정을 드러냄.

포인트 ❷ '비로봉 최고점'에 오른 글쓴이의 심리 변화 문항 5 관련

- 비로봉 최고점이라는 암상에 올라 사방을 조망했으나, 보이는 것은 그저 뭉게이는 운해뿐
- 내·외·해 삼금강을 일망지하에 굽어 살필 수 있다는 일지점에서 허무한 운해밖에 볼 수 없는 것이 가석하나

→

- 만학천봉을 발밑에 꿇어 엎드리게 하였으면 그만이지 더 바랄 것이 무엇이랴.
- 마음은 천군만마에 군림하는 쾌승장군보다도 교만해진다.

▼

힘들게 올라온 비로봉에서 아름다운 경치를 보지 못하는 것에 대해 아쉬움을 느낌.

▼

최고봉에 오른 것에 대해 자부심을 느낌.

↓

글쓴이가 금강산 등정의 의미를 자신의 시각에서 생각하고 있음을 나타냄.

배경지식 더 알아보기

■ **마의 태자(麻衣太子, ?~?)란?**

신라 56대 경순왕의 태자이자 신라의 마지막 왕자로, 경순왕 9년(935) 10월 신라는 후백제의 견훤(甄萱)과 고려 태조 왕건(王建)의 신흥 세력에 대항할 길이 없자 군신 회의를 열고 고려에 항복할 것을 논의하였다. 태자는 신라의 천 년 사직을 버리고 항복하는 것에 반대하였지만, 결국 회의 결과 고려에 스스로 복종할 것을 청하는 항복 문서를 전하게 된다. 이에 태자는 통곡하며 금강산에 들어가 마로 된 옷[麻衣]을 입고 풀뿌리와 나무껍질을 먹으면서 여생을 보냈다는 이야기가 『삼국사기』와 『삼국유사』에 전해지고 있다. 태자의 이름은 사서에 전해지지 않으며, 마로 된 옷을 입고 살았다고 하여 후대 사람들이 '마의 태자(麻衣太子)'라고 불렀다고 한다. 금강산에는 마의 태자와 관련된 전설이 담긴 장소가 많은데 태자성(太子城), 용마석(龍馬石), 삼억동(三億洞)이 그러한 장소이며 비로봉 정상에서 외금강으로 내려가는 서남쪽 비탈길에 무덤이 있는데 이 무덤을 마의태자릉이라고 부른다.

■ **「산정무한」에서의 글쓴이의 여정과 감상**

여정	감상
장안사 가는 길 (내금강 역사, 문선교)	• 내금강 역사에서 발견한 한국식 건축 양식에 대해 반가움을 느낌. • 속세를 벗어나 신선이 된 듯한 느낌을 받음. • 멀리 보이는 단풍과 산의 위용을 예찬함.
명경대	거울이 자아 성찰의 매개가 된 점을 인식하며, 전생의 업에 대한 두려움을 느낌.
황천 계곡과 망군대	• 수목과 단풍의 아름다움에 대해 예찬하며 물아일체의 심경을 느낌. • 봉우리의 모습에서 전쟁 영웅의 모습을 발견함.
마하연 여사	• 여관집의 정성 어린 환대에 고마움을 느낌. • 남포등을 매개로 과거를 떠올리고, 여관집 아가씨가 읽는 책의 내용을 상상함.
비로봉	• 빗속에서 보는 봉우리의 모습과 변화무쌍한 기상 현상에 감탄함. • 비로봉에서 운해를 바라보며 호연지기를 느낌.
마의 태자 무덤	마의 태자에 대한 추모와 인생무상

EBS Q&A

Q 수필 작품은 수능에서 어떻게 출제되나요? **문항 3, 6 관련**

A 수필 작품은 단독으로 출제되는 경우는 거의 없고, 시가 작품(현대시나 고전 시가)과 함께 출제되는 경우가 대부분입니다. 2025학년도 수능특강에서도 정비석의 「산정무한」은 백광홍의 「관서별곡」과 연계하여 5개의 문항(백광홍의 「관서별곡」 단독 문항 제외)이 출제되었고, 2024학년도 수능에서도 유한준의 「잊음을 논함」이라는 고전 수필이 현대시인 김종길의 「문」, 정끝별의 「가지가 담을 넘을 때」와 연계하여 출제되었습니다. 수필 작품이 출제되었을 경우, 다른 작품과의 표현상 특징의 공통점을 묻거나 주제나 발상의 유사성을 다룬 외적 준거를 제시하여 작품 감상의 적절성을 묻는 경우가 많습니다. 또한 수필에 드러난 글쓴이의 태도나 심리를 이해할 수 있는가를 묻는 경우도 있습니다. 따라서 수필 작품을 감상할 때에는 앞서 언급한 출제 요소를 염두에 두고 감상하는 것이 좋습니다.

감상 포인트   이 작품은 사신의 임무를 수행하기 위해 고국을 떠나 일본으로 간 정몽주가 고향과 가족에 대한 그리움을 표현하고 있는 한시이다. 화자는 봄을 맞이하여 고향에 대한 그리움을 더욱 절절하게 느끼는데, 하늘에 떠 있는 달이 고향을 비출 것이라 생각하고, 매화 핀 창가에서 판잣집에 내리는 빗소리를 들으면서 고향을 그리워하는 마음을 표출하고 있다.

주 제   타지에서 느끼는 고향에 대한 그리움

섬나라에 봄빛이 움직이지만
'봄'이라는 계절적 배경을 알 수 있게 함.
水國春光動
수 국 춘 광 동

하늘가의 길손은 못 돌아가네
해석에 따라 '하늘 끝'으로 번역하기도 함. 고향으로부터 멀리 떨어져 있는 자신의 처지를 가리킴.
天涯客未行
천 애 객 미 행

풀★은 천리 잇달아 푸르러 있고
봄의 계절감이 구체적인 자연물과 색채 이미지를 통해 드러남.
草連千里綠
초 연 천 리 록

달은 타향 고향에 함께 밝구나
화자가 이국땅에서 바라보는 달은 고향도 비추고 있을 것이라 생각함. 즉 '달'은 화자와
月共兩鄕明
월 공 양 향 명

유세에 황금 죄다 써 없어지고
고향을 이어 주는 매개물의 역할을 함.
사신으로서의 임무
遊說黃金盡
유 세 황 금 진

고향이 그리워서 흰머리 나네
고향에 대한 그리움으로 인해 생긴 것
思歸白髮生
사 귀 백 발 생

사나이가 사방에 뜻 두는 것은
男兒四方志
남 아 사 방 지

공명만을 위한 것은 아니라네
사신으로서의 임무를 다하는 것은 공명만을 위한 것이 아니라
나라와 임금에 대한 충성심 때문임을 드러냄.
不獨爲功名
불 독 위 공 명   〈제3수〉

▶ 제3수: 고향에 대한 그리움과 대장부의 큰 뜻

평생동안 남과 북에 분주했지만
平生南與北
평 생 남 여 북

마음먹은 일은 자꾸 빗나가도다
心事轉蹉跎
필 사 전 차 타

고국은 바다 서편 언덕에 있고
화자와 고향 간의 공간적 거리감
故國海西岸
고 국 해 서 안

외로운 배는 하늘 이쪽에 있네
화자의 감정이 이입된 대상
孤舟天一涯
고 주 천 일 애

매화★ 핀 창가에는 봄빛 이르고
봄의 계절감이 드러남.
梅窓春色早
매 창 춘 색 조

판잣집엔 빗소리 크게 나누나
화자의 어지러운 심경을 반영함.
板屋雨聲多
판 옥 우 성 다

홀로 앉아 긴 해를 보내거니와
설의적 표현
獨坐消長日
독 좌 소 장 일

집 생각의 괴로움 어찌 견디랴
화자가 괴로움을 느끼는 근본적 원인
那堪苦憶家
나 감 고 억 가   〈제4수〉

▶ 제4수: 사신으로서의 괴로움과 고향에 대한 그리움

★ **문제 해결 키** 문항 1 관련
제3수와 제4수에는 각각 '풀'과 '매화'라는 시어를 통해 계절적 배경이 제시되어 있는데, 봄이라는 계절은 만물이 생동하는 계절로 화자로 하여금 고향에 돌아가고자 하는 마음이 더욱 간절하게 일어나게 함.

화자의 정서 형성에 영향을 미치는 배경

문항 1, 5 관련

시간적 배경		공간적 배경		
봄	+	이국땅인 일본	→	고향에 대한 그리움

  감각적 이미지의 효과적인 사용

문항 2, 6 관련

시각적 이미지	청각적 이미지
풀, 달, 흰머리, 매화	빗소리

고향에 대한 간절한 그리움을 효과적으로 표출함.

배경지식
더
알아보기

■ 「홍무 정사년 일본에 사신으로 가서 지음[洪武丁巳奉使日本作]」의 다른 수

타향살이 적막하게 세월만 가고	僑居寂寞閱年華	교거적막열년화
뉘엿뉘엿 창살엔 해그림자 지나가네	苒苒窓櫳日影過	염염창롱일영과
해마다 봄바람은 이 길손을 멀리하니	每向春風爲客遠	매향춘풍위객원
비로소 알겠다, 호기가 사람 많이 그르침을	始知豪氣誤人多	시지호기오인다
복사꽃 붉고 오얏꽃 흼은 근심 속의 고운 자태	桃紅李白愁中艶	도홍리백수중염
땅 낮고 하늘 높음을 취중에 노래하네	地下天高醉裏歌	지하천고취리가
나라 보답에 공이 없어 병든 몸 되었으니	報國無功身已病	보국무공신이병
돌아가 강호에서 늙는 것만 못하리	不如歸去老煙波	불여귀거로연파 〈제2수〉
꿈꾸는 건 계림의 우리 옛집뿐인데	夢繞鷄林舊弊廬	몽요계림구폐려
해마다 무슨 일로 돌아가지 못하나	年年何事未歸歟	연년하사미귀여
반평생을 괴로이 허무한 공명에 묶여	半生苦被浮名縛	반생고피부명박
만리 밖 풍속 다른 나라에 있네	萬里還同異俗居	만리환동이속거
바다가 가까워서 먹을 고기 제공하나	海近有魚供旅食	해근유어공려식
하늘 멀어 소식 전할 기러기 없네	天長無雁寄鄕書	천장무안기향서
배 돌아갈 때는 매화를 얻어 가서	舟回乞得梅花去	주회걸득매화거
양지바른 남쪽에 심어 성긴 모양 보리라	種向溪南看影疏	종향계남간영소 〈제5수〉

EBS
Q&A

Q 소재의 기능이나 역할을 묻는 문제는 어떻게 해결해야 할까요? 문항 2 관련

A '문항 2'는 소재의 기능이나 역할을 묻고 있습니다. 소재의 기능과 역할은 작품 속 맥락을 통해 파악해야 합니다. 이 작품에서 '빗소리'는 판잣집에 떨어지면서 아주 큰 소리를 낸다고 표현되어 있습니다. 그리고 이어지는 시구를 보면 집 생각의 괴로움을 느끼는 화자의 모습이 제시됩니다. 따라서 판잣집에 떨어지는 큰 빗소리는 고향으로 돌아가고 싶지만 언제쯤 돌아갈 수 있을지 기약이 없는 상황에서 화자가 느끼는 고향에 대한 그리움, 어지러운 심경 등을 나타낸다고 볼 수 있습니다. 이처럼 소재의 기능과 역할은 화자의 정서와 함께 주어진 맥락에서 파악해야 합니다.

감상 포인트   이 작품은 곧 다가올 아름다운 봄날의 모습을 상상하면서, 사별한 임에 대한 애잔한 슬픔과 그리움을 노래하고 있다. 1연에서 화자는 풀빛이 서러움다고 말하는데, 4연에서 그 이유가 나타난다. 봄이 오면 따뜻한 날씨와 함께 아지랑이가 피어오를 터이지만, 그 아지랑이는 '임 앞에 타오르는' 향불의 연기와도 같은 것으로 여겨지기 때문이다.

주 제   봄비가 내리는 날에 느끼는 애상감

이 비 그치면
특정 상황을 가정하여 시상을 전개함.
내 마음 강나루 긴 언덕에
실제 존재하는 물리적 공간이라기보다는 화자의 마음을 나타낸 공간. 추상적 대상을 구체적으로 제시함.
서러운 풀빛이 짙어오것다.
화자의 마음 상태를 구체적으로 제시함. 화자의 감정이 직설적으로 노출됨.

▶ 1연: 서러운 풀빛이 짙어 올 강 언덕

푸르른 보리밭길★
색채어(푸르른)를 통해 봄의 생명력을 부각함. 임과 사별한 화자의 슬픔과 대조됨.
맑은 하늘에

종달새만 무에라고 지껄것다.
봄의 생동감을 유발하는 소재

▶ 2연: 종달새 지껄일 보리밭길

★ 문제 해결 키 문항 2 관련
'푸르른 보리밭길'은 색채어를 통해 봄의 싱그러운 생동감을 드러내는 소재로 볼 수 있는데, 이는 임과의 사별로 인해 서러움을 느끼고 있는 화자의 처지와 대비되어 화자의 슬픔을 부각하는 효과가 있음.

이 비 그치면
           봄의 생명력이 충만하게 표출되는 공간
시새워 벙글어질 고운 꽃밭 속
봄의 생명력을 부각하는 시각적 이미지
처녀애들 짝하여 새로이 서고

▶ 3연: 처녀애들 짝하여 설 고운 꽃밭

임 앞에 타오르는

향연(香煙)과같이
향이 타며 나는 연기. 화자가 느끼는 서러움이 임과의 사별로 인한 것임을 짐작하게 함.
땅에선 또 아지랑이 타오르것다.
        봄의 계절감을 나타내는 소재

▶ 4연: 아지랑이 타오를 땅

핵심 개념 이것만은 꼭 익히자

 포인트 1 대립적 이미지의 제시 **문항 5 관련**

하강적 이미지		상승적 이미지
비	↔	풀, 종달새, 꽃, 아지랑이

→ 내리는 비는 피어오르는 꽃, 풀, 아지랑이, 맑은 하늘을 날고 있는 종달새와 대립적 이미지를 형성함. 이러한 대립적 이미지의 시어들을 대비하여 화자가 느끼는 서러움의 정서를 부각함.

포인트 2 전통시를 계승한 것으로 볼 수 있는 이유

· 3음보의 율격

> 이 / 비 / 그치면
> 내 마음 / 강나루 / 긴 언덕에
> 서러운 / 풀빛이 / 짙어것다

· 전통적인 한(恨)과 애상의 정서: 임과의 사별이라는 상황에서 임에 대한 그리움을 느끼고 있는 화자의 모습을 제시하여 전통적인 한(恨)과 애상의 정서를 표출함.

배경지식 더 알아보기

■ 정지상의 「송인」과의 비교

비 갠 긴 둑엔 풀빛이 짙은데	雨歇長堤草色多 우헐장제초색다
그대 보내는 남포엔 슬픈 노래 울리네	送君南浦動悲歌 송군남포동비가
대동강 물이야 어느 때 마를 건가	大同江水何時盡 대동강수하시진
해마다 흘린 눈물 푸른 강물에 더하는 것을	別淚年年添綠波 별루년년첨록파

– 정지상, 「송인」

→ · **공통점**: 이수복의 「봄비」에서 제1연의 시상은 정지상의 「송인」의 기연(起聯)과 동일함.
· **차이점**: 이수복의 「봄비」는 사별로 인한 슬픔을 노래하고 있는 반면, 정지상의 「송인」은 이별로 인한 절대적 슬픔을 과장법을 활용하여 표출함.

EBS Q&A

Q 추상적 대상을 구체적으로 표현한 것은 어떤 효과를 줄 수 있을까요? **문항 5 관련**

A 추상적 대상의 구체화는 시에서 자주 살펴볼 수 있는 발상 중에 하나입니다. 이 작품에서도 1연에서 '내 마음 강나루 긴 언덕에'라고 표현하고 있습니다. 여기서 '강나루 긴 언덕'은 실제로 존재하는 물리적 공간이라기보다는 화자의 마음이라는 추상적 대상을 구체화한 것이라고 보는 것이 타당합니다. 화자는 임과 사별한 후 서러움과 슬픔을 느끼고 있습니다. 이때 화자가 자신의 마음을 서럽다거나 슬프다고 직설적으로 말하기보다는 자신의 마음은 '서러운 풀빛이 짙어오'는 '강나루의 긴 언덕'이라고 표현하여 슬픔의 정서를 더욱 부각하고 있습니다. 이처럼 추상적 대상을 구체화하면 화자의 정서가 더욱 부각되는 효과와 더불어 그 정서의 실체를 생동감 있게 나타내는 효과가 있습니다.

감상 포인트 이 작품은 아파트가 들어서면서 사라져 가고 있는 다락에 대한 추억과 그리움을 담고 있다. 글쓴이는 다락에 얽힌 다양한 추억을 회상하고 있다. 그리고 기억 속에 남아 있는 다락의 모습과 특징들을 감각적 표현과 비유를 통해 구체적으로 설명하고 있다. 끝부분에서는 한옥의 다락과 아파트의 다용도실을 비교함으로써 점점 사라져 가고 있는 다락의 의의를 효과적으로 드러내고 있다.

주 제 사라져 가는 다락에 대한 추억과 안타까움

예전엔 집집마다 다락들이 있었다. 하긴 지금도 한옥이라든가 하는 집들엔 다락이 있겠지만 <u>양옥 혹은 아파트</u>
<u>가 주거 생활의 많은 부분을 차지하고, 도시가 점점 위로 솟아만 가는 동안 옆으로 푸근하게 펼쳐 앉았던 한옥들</u>
〔주거 공간의 형태 변화 / 현대적 공간과 전통적 공간의 이미지를 대비하여 표현함. 수직적 공간과 수평적 공간으로 대비됨.〕
은 어느새 사라졌고 그 속 가장 깊은 곳에 있던 다락들도 사라져 갔다.

그때 다락 속의 어둠에선 <u>향내</u>가 났다. 그것은 무수한 것들을 '품던 공간'의 향내이기도 했다. 그건 좀 해지
〔다락과 관련하여 글쓴이가 떠올린 인상을 나타내는 말 중의 하나〕
고 허접스러운, 그러나 가장 우리의 삶에 가까운 것들에게서 풍기는 향내 ─ 다락엔 무엇인가 보여 주고 싶지 않
은 그 집의 비밀스러운 것들이 많이 있었으니까 ─ 이기도 했다.

'품는다'는 것이야말로 모든 집의 출발점이다. <u>거기서부터 사람들은 자기들이 어느 곳에선가 보호받고 있음을</u>
<u>느낀다.</u> 그 '보호소'에서 어둡고 천장이 낮은 그리고 가장 깊숙한 곳에 자리 잡았던 다락. 그 안온함은 마치 생명
〔글쓴이가 다락을 '보호소'에 빗댄 이유 / 글쓴이는 다락에서 느껴지는 안온함에 기대어 다락을 '자궁'으로 비유함.〕
이 품어지는 자궁과도 같다고나 할는지. 그뿐만 아니라 사람들에겐 간혹 자기의 삶을 숨기고 홀로 충만한 존재
감을 느끼고 싶은 '구석'이라는 공간이 필요한 법인데, 다락은 이런 역할을 충분히 하는 것이었다고 생각한다.

하긴 다락의 내음을 향기라고 표현하는 것에 반발하는 사람도 있으리라. 거기선 오랫동안 방치된 어둠 속으로
〔다락의 의미와 가치를 알지 못하는 사람들〕
부터 혹은 낡고 곰팡이 낀 것들로부터 풍기는 음습한 습기 같은 것이 다락에 들어가는 이의 살을 건드려 움츠리
〔다락에 대해 부정적 생각을 가진 사람들이 가질 수 있는 느낌〕
게 한다고 말이다. 그러나 다락의 그 음습함을 음습함으로만 돌릴 수는 없다. 거기엔 곰삭은 것들에게서만 풍기
는 향내, 어떤 이에게는 악취로밖에 생각되지 않는 것을 어떤 이들은 기가 막힌, 아무 데서도 맡을 수 없는 향내
〔다락에 대한 상반된 반응을 '악취'와 '향내'라는 대비적 성격을 지닌 어휘를 통해 나타냄.〕
로 인식하는 어떤 젓갈의 냄새와도 같은 향기를 풍긴다.　　　　　　　　　▶ 우리의 삶을 품어 주는 공간인 다락

<u>어린 시절 우리 집엔 다락이 안방에 붙어 있었다.</u> 사다리처럼 높은 곳에 달린 문을 열고, 기어 올라가야 하는
〔유년 시절의 추억을 회상하며 '다락'이라는 소재가 글쓴이에게 지닌 의미를 제시함.〕
다락, 나는 거기서 많은 것들을 찾아내곤 하였다. 온갖 귀한 것들이 거기 있었다. 아버지가 돌아가신 다음엔 다
락을 정리하던 끝에 아버지의 새 모자가 거기서 나오기도 했다. 반짝반짝 윤이 나는, 첨 보는 회색 중절모였다.
아까워서 한 번도 쓰시지 않으셨던 것이다. "한 번 써 보시지도 못하고……." 어머니는 살그머니 눈물을 훔치셨
〔모자를 아끼다 한 번 써 보지도 못하고 돌아가신 아버지에 대한 어머니의 안타까움〕
다. 우리들이 함부로 못 꺼내게 감춰 놓은 수밀도 캔도 있었다. 하긴 '복숭아 깡통'이라고 해야 그 시절의 기분이
〔수밀도 캔이 귀한 것이었던 시절이므로 어머니는 이를 다락에 감추었음.〕
난다. 그때 '복숭아 깡통'이 준 거부의 경험 때문에 결혼하자마자 내 돈으로 맨 처음 실컷 사 먹은 것이 그것이었
〔복숭아 깡통을 먹고 싶었지만 그럴 수 없었던 유년 시절의 경험〕
다. 그런가 하면 아주 낡은 사진첩도 있었다. 어느 날 다락 속으로 올라가 잔뜩 몸을 웅크리고 그 사진첩을 넘기
〔젊은 시절의 아버지와 어머니의 모습을 발견할 수 있게 해 주는 소중한 물건〕
니, 어머니와 아버지의 젊은 시절의 사진이 있었다. 두 분이 어떤 바위 앞에서 찍은 사진이었다. 어머니와 아버
지에게도 이런 시절이 있으셨나 내심 어둠에 뒤통수라도 한 대 맞은 듯 놀라면서 사진첩을 넘겼던 기억이 난다.

또 이런 일도 생각난다. 어느 날 나는 가족들로부터 깊은 소외감을 느끼고 다락에 숨었다. 다락의 어두운 한구석에 웅크리고 앉아 나를 찾아 집의 이곳저곳을 살피는 식구들의 발걸음 소리를 들었다. 드디어 어머니에게 들켜 화가 나신 어머니의 손을 잡으며 다락에서 끌어내려질 때 나는 세상에서 가장 다정한 힘을 경험했다. 아, 그
<u>가족으로부터 버려지지 않았다는 안도감에서 느낀 다정함</u>
것이야말로 다정함이다. '버려지지 않았다'는 안도감이 나의 숨에서는 그대로 흘러나왔다.

그 집의 가장 깊은 곳에 있으며 그 집의 많은 비밀을 품고 있기 마련인 다락은 집의 혼이다. 집의 구석에 달린 심장이다. 그것이 두근거릴 때 그 집에 살고 있는 이들은 모두 가슴이 두근거린다.　　▶ 다락에 얽혀 있는 유년 시절의 추억

<u>요즘의 아파트들은 그 깊은 자궁, 다락을 잃어버린 셈이다.</u> 아파트의 집들을 방문하면 실은 우리는 그 집의 나
<u>현대적 주거 공간인 아파트에 대해 글쓴이가 느끼는 아쉬움</u>
신(裸身)과 만난다. 없어진 문패라는 것에서부터 시작하여 문을 열고 들어서면 바로 그 집 사람들이 사는 벌거벗은 공간과 한 치의 가림도 없이 맞닥뜨리는 것이다. 옛날 마당을 지나 댓돌을 밟고 올라서야 했던 그런 휴지기(休止期)가 없이 곧바로 그 집의 내부와 부딪히는 것이다. 하긴 <u>아파트에도 다락과 같은 역할을 일정 부분 한다고 할 수 있는 다용도실이 있긴 하지만, '구석'이라는 것이 없이 온몸을 일시에 노출하기 마련인 아파트의 다용도실과 다락을 어떻게 비견하랴.</u>
<u>아파트의 다용도실과 한옥의 다락의 비교. 공통점과 차이점이 있음.</u>

이제 한 해도 저물어 간다. 우리의 이 생명이라는 다락 앞에서, 생명의 자궁★인 다락 앞에서, 잠시 합장하고
<u>뒤를 돌아봐야 하는 시점이다.</u>　　　　　　　　　　　　▶ 다락을 잃고 살아가는 현대인의 삶에 대한 안타까움
글쓴이는 독자로 하여금 현재의 삶에 대해 반성적으로 돌아볼 것을 유도하며 글을 마무리 짓고 있음.

★ **문제 해결 키** 【문항 5 관련】

글쓴이는 유년 시절의 추억의 공간인 '다락'을 '생명의 자궁'이라는 말로 빗대어 표현하고 있음. 자궁은 생명이 잉태되어 세상에 나올 때까지 따뜻하게 품어지는 공간이라는 점을 고려할 때 글쓴이는 다락이 누군가로부터 보호받는 듯한 안온함을 느끼게 하는 공간이라는 인식을 가지고 있다는 것을 알 수 있음.

핵심 개념 이것만은 꼭 익히자

포인트 ① '다락'을 비유한 표현 | 문항 5 관련 |

다락	보호소	사람들은 다락에서 자기가 보호받는 느낌을 받기 때문에 '보호소'에 비유함.
	자궁	다락은 생명이 품어지는 자궁과 같은 안온함을 주기 때문에 '자궁'이라고 비유함.

포인트 ② '다락'의 의미 | 문항 4 관련 |

다락
- 집의 가장 깊은 곳에 있는 공간
- 우리 삶의 가까운 것들로 채워져 있는 공간
- 보호받는 듯한 따뜻한 느낌을 주는 공간
- 충만한 존재감을 주는 공간

배경지식 더 알아보기

■ 「다락」의 내용 전개

1~4문단		5~7문단		8문단		9문단
생명을 품어 주는 자궁과 같은 공간이자 누군가를 보호하는 보호소와 같은 다락의 의미를 드러냄.	→	유년 시절의 추억을 떠올리며 다락이 글쓴이에게 어떤 의미였는지를 기술함.	→	현대적 공간인 아파트에 대한 비판적 인식을 드러내고, 아파트의 다용도실과 한옥의 다락의 공통점과 차이점을 비교함.	→	현대인의 삶에 대한 비판적 성찰을 유도함.

■ 사라져 가는 옛것에 대한 아쉬움을 표출한 또 다른 작품

　　다듬이질은 혼자서도 하고 둘이 마주 앉아 하기도 했다. 혼자 하는 소리는 좀 둔탁한 느낌이었지만, 맞다듬이질을 할 때의 그 소리는 경쾌하고도 청량한 것이었다. 휘영청 달이 밝은 가을밤에 혼자 뒷간에 앉아 있자면, 마을은 온통 그 경쾌하고 청량한 다듬이 소리투성이었다. 소년은 그 다듬이 소리에 취했다가 달 한 번 쳐다보고, 그리고 갑자기 생각난 듯이 아랫배에다 힘을 주었다. 그러다가 뒷간을 나와 보면, 환히 불 밝은 아랫방 문에 맞다듬이질하는 그림자가 보였다. 그때 사립문 뒤에 세워 놓은 수숫대의 마른 잎사귀가 우수수 소리를 내기도 했다. 어디선가 컹컹 개 짖는 소리도 들려왔다.
　　다듬이질을 하다가 밤이 이슥해지면, 감 껍질 말린 것을 내다 놓고 주근주근 먹었다. 도토리묵이나 메밀묵으로 밤참을 하는 일도 있었다. 그러면 소년은 배 아픈 핑계로 홍시나 곶감을 졸랐었다. 홍시나 곶감을 먹으면 설사도 그친다고 했다. (중략)
　　이제 다듬잇돌은 서서히 사라지고 있다. 바야흐로 지금은 물에 빨아서 다리지도 않고 입는 옷의 시대인 것이다. 그래서 내 아내는 그것으로 북어나 두들길 뿐이다.

　　　– 정진권, 「다듬이」

EBS Q&A

Q 수필 문학은 어떻게 감상하는 것이 좋을까요? | 문항 3 관련 |

A 수필은 글쓴이의 체험과 가치관이 글쓴이 특유의 개성적인 문체로 표출되는 문학입니다. 따라서 수필을 감상할 때는 글쓴이가 어떠한 경험을 했는지, 그리고 그러한 경험으로부터 무엇을 느끼고 깨달았는지를 파악하는 것이 중요합니다. 이를 통해 독자는 삶에 대한 글쓴이의 가치관이나 인생관을 발견할 수 있으며 자신의 삶을 성찰하고 자신의 인생관이나 가치관을 정립하는 기회로 삼을 수 있습니다. 또한 글의 내용을 파악하는 것에만 치중하는 것이 아니라 글쓴이 특유의 문체적 특징이 글의 내용과 어떠한 조화를 이루는지를 생각해 보는 것도 작품을 읽으면서 감동을 느낄 수 있는 좋은 방법이라 할 수 있습니다.

감상 포인트 이 작품은 자연에 묻혀 사는 즐거움을 표방하는 은일 가사이다. 화자는 세속적 욕망을 초탈한 내면 의식과 속세를 버리고 자연 속에서 은거하며 신선과 같은 정신적 자유를 누리고 싶은 소망을 드러내고 있다. 아울러 아름다운 자연 속에서 안빈낙도하며 편안하고 한가롭게 지내고자 하는 삶의 자세를 노래하고 있다.

주제 자연 속에 은거하며 누리는 삶의 즐거움

여파(餘波)*에 정을 품고 그 근원을 생각해 보니,

연못의 잔물결은 맑고 깨끗이 흘러가고

오래된 우물에 그친 물은 담연(淡然)히* 고여 있다. ▶ 1~3행: 물을 통해 드러나는 평안한 마음

짧은 담에 의지하여 고해(苦海)를 바라보니
　　　　고통의 바다 → 속세 　　　□: 화자의 평안하고 안정된 정서와 심리를 나타냄.
욕심의 거센 물결이 하늘에 차서 넘치고 　　△: 세속의 욕망을 나타냄.

탐욕의 샘물이 세차게 일어난다.

흐르는 모양이 막힘이 없고 기운차니 나를 알 이 누구인가.

「평생을 다 살아도 백 년이 못 되는데
　「」: 자연 속의 소박한 삶을 추구하는 이유
공명이 무엇이라고 일생에 골몰할까.」★

낮은 벼슬을 두루 거치고 부귀에 늙어서도

남가(南柯)*의 한 꿈이라 황량(黃粱)*이 덜 익었네.
　　└ 세속적 욕망의 허무함 ┘
나는 내 뜻대로 평생을 다 즐겨서

천지에 넉넉하게 노닐고 강산에 누우니

사시(四時)의 내 즐김이 어느 때 없을런가.
　1년 내내
누항(陋巷)에 안거하여 단표(簞瓢)의 시름없고
　　　　소박한 삶의 자세
세상 길에 발을 끊어 명성이 감추어져

은거행의(隱居行義) 자허(自許)하고* 요순지도(堯舜之道) 즐기니

내 몸은 속인이나 내 마음 신선이오.

진계(塵界)*가 지척이나 지척이 천리로다.
　　　　속세에 대한 거부감
제 뜻을 높이려니 제 몸이 자중(自重)하고

일체의 다툼이 없으니 시기할 이 누구인가.
　　　자연을 차지하려는 다툼과 시기가 없음.
뜬구름이 시비 없고 날아다니는 새가 한가하다. / 남은 생이 얼마런고 이 아니 즐거운가.
▶ 20~23행: 세속을 떠나 살아가는 삶의 한가로움과 만족감

★ **문제 해결 키 문항 2 관련**
'평생을 다 살아도 백 년이 못 되는데 / 공명이 무엇이라고 일생에 골몰할까.'라는 시구를 통해 화자가 자연 친화적 태도를 갖게 된 이유를 파악해야 함.

▶ 4~11행: 탐욕과 고통으로 가득 찬 세속의 삶을 되돌아봄.

▶ 12~19행: 세속을 멀리하고 자연 속에서 소박하게 살아감.

* 여파: 잔잔히 이는 물결.
* 남가: '남가일몽'에서 온 것으로, 인생의 덧없음을 뜻함.
* 자허하고: 자기 힘으로 넉넉히 할 만한 일이라고 여기고.
* 담연히: 맑고 깨끗하게.
* 황량: '황량몽'에서 온 것으로, 인생의 덧없음을 뜻함.
* 진계: 속세.

핵심 개념 이것만은 꼭 익히자

포인트 1 설의법을 통한 화자의 정서 표현
문항 1 관련

흐르는 모양이 막힘이 없고 기운차니 나를 알 이 누구인가.	→	속세와 단절된 삶에 대한 만족감
공명이 무엇이라고 일생에 골몰할까.	→	세속적 삶에 대한 거부
사시(四時)의 내 즐김이 어느 때 없을런가.	↘	
일체의 다툼이 없으니 시기할 이 누구인가.	→	자연 속의 삶에 대한 만족감
남은 생이 얼마런고 이 아니 즐거운가.	↗	

포인트 2 '물'을 통해 나타나는 화자의 정서
문항 2, 3 관련

• 연못의 잔물결 • 오래된 우물에 그친 물	↔	• 고해(苦海) • 욕심의 거센 물결 • 탐욕의 샘물
↓		↓
잔잔하며 맑고 깨끗한 속성	↔	거칠고 역동적인 속성
↓		↓
속세를 벗어나 자연 속에 머무르는 화자의 편안함과 만족감이 느껴짐.	↔	속세의 경쟁적이고 탐욕적인 속성이 드러남.

↓ ↙

대비를 통해 속세와 단절된 자연의 세계에서 평안함을 느끼고 있는 화자의 정서를 드러냄.

배경지식 더 알아보기

■ 「낙지가」에 드러난 화자의 가치관

속세		자연
• 거칠고 고통스러운 공간 • 벼슬과 부귀를 얻기 위해 힘쓰는 공간 • 서로 다투고 시비가 끊이지 않는 공간	↔	• 마음이 평안하고 안정되는 공간 • 여유롭게 즐기고 한가하게 지내는 공간 • 다툼과 시기할 이 없는 공간

↘ ↙

속세와 단절한 채 자연 속에 한가롭게 머물며 즐기는 삶에 만족하며 기쁨을 느낌.

■ '강호가도'의 세계 **문항 6 관련**

'강호가도'란 조선 시대 시가 문학에 널리 나타나는 자연 예찬의 문학 사조를 말한다. '강호가도'의 개념은 국문학자였던 조윤제에 의해 정립되었다. 조윤제는 자연 예찬이라는 조선 시대 시가의 내용적, 주제적 경향을 토대로 이런 문학의 경향을 문학 사조로 파악하고, 이를 '강호가도'로 명명했다. 그는 강호가도의 형성 원인을 사대부층의 정치상과 생활상으로 설명했다. 연산군 때부터 당쟁에 휩쓸리던 사대부들은 자칫하면 일신을 보전하기 어려웠으며, 자신을 보전하기 위해 벼슬길에 나가려 하지 않는 경우가 많았다. 이미 벼슬에 있는 사람들도 세상이 어지러워지면 벼슬에서 물러나려고 하였다. 이런 이유로 사대부들은 자연 속에서 한가롭게 즐기며 살아가고자 하는 경향을 보이게 되었다. 한편 사대부들은 세조 때 토지의 사유화가 이루어지면서, 사유지를 통해 생활 근거가 마련되어 있었으므로 강호의 한가한 생활을 할 수 있었다.

EBS Q&A

Q 고전 문학 작품 중 사대부가 창작한 작품들은 어떤 경향을 보이나요? **문항 6 관련**

A 고전 시가 중 상당수는 귀족이나 지배 계층이 창작한 것입니다. 특히 조선 시대 사대부의 작품들은 사대부 계층의 이념이나 사고를 반영한 경우가 많습니다. 사대부들은 유교 사상에 충실하여, 충의, 효, 입신양명을 통한 세상의 구제를 추구하는 경향을 보였습니다. 그래서 임금에 대한 충성과 연모, 우국충정 등이 시가 속에 드러나는 경우가 많습니다. 그리고 16세기 들어 강호가도가 확립되면서 자연 친화의 경향이 뚜렷이 나타나, 자연을 즐기는 한가한 삶에 대한 만족감을 드러내는 작품들이 많이 창작되었습니다. 그러므로 사대부가 창작한 고전 시가가 출제되는 경우, 이런 경향을 염두에 두고 작품을 감상하면 큰 도움이 될 것입니다.

(나) 청산행 _ 이기철

EBS 수능특강 문학 265쪽

감상 포인트 이 작품은 속세를 떠나 '청산'에 들어온 화자가 점점 청산에 동화되어 가는 과정을 보여 주고 있는 시이다. 화자는 속세를 떠나온 이후 자신이 버린 속세의 가치에 미련이 없다고 하면서도 실제로는 미련을 완전히 버리지 못하고, 속세에서의 삶의 모습을 반추하며 번잡한 심정을 느끼곤 한다. 하지만 결국 화자는 속세의 고뇌와 갈등을 떨쳐 버리고 자연에 동화되어 살고 싶다는 소망을 드러내면서 시상을 마무리하고 있다.

주 제 자연에 동화되고 싶은 소망

손 흔들고 떠나갈 미련은 없다

며칠째 청산(靑山)에 와 발을 푸니
　　　　　자연　　　　비유적 표현
흐리던 산(山)길이 잘 보인다.　　　　　▶ 1~3행: 속세를 떠나 청산으로 옴.

상수리 열매를 주우며 인가(人家)를 내려다보고
　　　　　　　　　　○: 속세의 것 ┐속세에 대한 미련
쓰다 둔 편지 구절과 버린 칫솔을 생각한다.　　　　　▶ 4, 5행: 속세에 대한 미련

남방(南方)으로 가다 길을 놓치고
　청산의 세계에 익숙하지 않음.
두어 번 허우적거리는 여울물

산 아래는 때까치들이 몰려와

모든 야성(野性)을 버리고 들 가운데 순결해진다.

길을 가다가 자주 뒤를 돌아보게 하는
　　속세에 대한 미련, 번잡한 마음
서른 번 다져 두고 서른 번 포기했던 관습(慣習)들★
　　속세를 벗어나고자 했으나 실패했던 경험
서(西)쪽 마을을 바라보면 나무들의 잔숨결처럼

가늘게 흩어지는 저녁 연기가

한 가정의 고민의 양식으로 피어오르고
　　속세의 현실적 문제
생목(生木) 울타리엔 들거미줄

맨살 비비는 돌들과 함께 누워
　　　　　　　　　　□: 속세와 유리된 자연물
실로 이 세상을 앓아 보지 않은 것들과 함께

잠들고 싶다.　　　　　▶ 15~18행: 자연과 동화되고 싶은 소망

> ★ **문제 해결 키** 문항 2 관련
> '서른 번 다져 두고 서른 번 포기했던 관습들'이라는 시행에서 '서른 번 다져 두'었던 것은 속세를 떠나 청산으로 귀의하겠다는 생각이고, '서른 번 포기했던 관습들'이란 속세에 대한 미련으로 인해 청산의 삶에 귀의하는 것을 습관처럼 포기했던 것을 의미한다는 것을 파악해야 함.

▶ 6~14행: 청산에서 내려다본 속세의 풍경과 지난날에 대한 반추

핵심 개념 이것만은 꼭 익히자

포인트 **1** 「청산행」에 사용된 표현 방법 [문항 1 관련]

청산에 와 발을 푸니	비유, 상징	→	청산에 들어와 머무는 화자를 표현함.
• 나무들의 잔숨 결처럼 • 가늘게 흩어지는 저녁 연기가	• 비유(직유) • 시각적 이미지	→	가는 저녁연기가 피어오르는 모습을 표현함.
• 맨살 비비는 돌들과 함께 누워 • 이 세상을 앓아 보지 않은 것들과 함께 / 잠들고 싶다.	의인 (또는 활유)	→	자연물과의 친근감을 드러내며 자연에 머물고자 하는 마음을 표현함.

포인트 **2** 「청산행」에 제시된 상반된 세계

[문항 2, 3 관련]

속세		청산
• 인가가 있는 곳 • 쓰다 둔 편지와 버린 칫솔이 있는 곳 • 서른 번 다져 두고 서른 번 포기했던 경험이 있는 곳 • 저녁 식사를 준비하는 연기가 피어오르는 곳	↔	• 며칠 동안 화자가 머무른 곳 • 길을 놓치는 등 아직 익숙하지 않은 곳 • 자연물과 함께 잠들고 싶은 곳
↓		↓
화자의 미련이 남아 있는 곳		화자가 동경하는 곳

배경지식 더 알아보기

■ 「청산행」에 나타난 화자의 심리 [문항 5, 6 관련]

1~3행		4~14행		15~18행
청산에 와 머무르며 긍정적인 경험을 함.	→	청산에 있으면서도 두고 온 속세를 생각함.	→	속세와 단절된 채 자연 속에 동화되어 살아가기를 소망함.

■ **이기철의 문학 세계와 『청산행』**

이기철은 도시 문명 속의 삶에서 벗어나 태초의 순수한 공간으로 귀의하려는 소망을 노래한 시인으로 알려져 있다. 그는 파괴적 속성을 지닌 도시 문명을 비극적으로 바라보며 그러한 세계로부터 구제되기를 염원하였다. 특히 『청산행』(1982)에서는 억압적 도시 문명에서 벗어나 청산을 향한 시인의 그리움을 주로 노래하였으며, 청산으로 대표되는 순수한 공간인 고향에 대한 회귀 의식은 그의 시가 추구하는 대표적인 주제 의식이 되었다.

EBS Q&A

Q 대립적인 시어나 세계가 드러난 작품은 어떤 관점으로 감상하는 것이 좋을까요?

A 시인이 대립적인 시어나 세계를 작품 속에 드러내는 이유는 바로 대비의 효과를 염두에 둔 것이라고 할 수 있습니다. 그리고 대비는 당연히 서로 다른 속성을 지닌 두 대상을 돋보이게 하는 역할을 합니다. 하지만 시인은 대비를 통해 서로 다른 두 대상을 모두 부각하기보다는 특정한 하나의 대상을 부각하려는 의도를 가진 경우가 많습니다. 따라서 대립적인 시어나 세계가 드러난 작품을 감상할 때에는 먼저 서로 다른 두 대상은 무엇인지 파악하고, 시인이 화자를 통해 어떤 대상을 부각하려고 하는지 그 의도를 간파할 수 있어야 합니다. 그리고 이와 같이 시인이 염두에 두고 있는 특정한 대상은 작품 전체의 주제 의식과 밀접한 관련을 맺고 있을 것이므로 주의를 기울여 감상할 필요가 있습니다. 이기철의 「청산행」에서도 속세와 청산이라는 상반된 속성을 지닌 대상이 대비를 이루고 있습니다. 그리고 시인은 이 두 가지 대상 중 청산에 더 큰 비중을 두고 있고, 결국 청산으로 대표되는 자연에 동화되어 살고 싶은 소망이라는 주제 의식을 구현하고 있다는 것을 확인할 수 있습니다.

(다) 서울 사람들 _ 최일남

EBS 수능특강 문학 266쪽

감상 포인트

이 작품은 문명화된 사회에 편입되어 도시에서 생활하고 있는 도시인들의 허위의식을 개성적 문체, 사실적 배경과 인물을 통해 표현하고 있다. 이 작품에 등장하는 '나'와 친구들은 모두 시골 출신으로 서울이라는 도시 공간에 정착해 각박한 삶을 살아가며 시골에 대한 막연한 동경을 가지고 있는 인물들이다. 그들은 각박한 도시 생활에서 벗어나 시골에서 마음의 안식과 즐거움을 누리고자 여행을 떠나게 되지만 그들의 생각과 다른 시골의 모습과 익숙해져 버린 도시의 생활 습관을 그리워하며 계획보다 일찍 상경하게 된다. 이러한 여행의 경험은, 마음의 고향마저 상실하게 된 도시인들의 비극적 현실을 드러낼 뿐만 아니라, 도시의 생활 습관에 젖어 있으면서도 시골(고향)을 막연히 아름답고 여유로운 공간으로 동경하지만 정작 그곳의 생활을 며칠도 견디어 내지 못하는 도시인의 허위의식을 드러내는 데 기여하고 있다.

주 제

문명화된 사회의 각박함과 도시인들의 허위의식

전체 줄거리

'나'와 국영 기업 비서실장 김성달, 고교 교사 윤경수, TV 가게를 하는 최진철은 모두 시골 출신으로 서울에 정착해 살고 있는 친구들이다. 그들은 각박하고 현기증이 나는 서울에서 벗어나 시골로 함께 여행을 떠나기로 결정한다. 이윽고 나와 친구들은 여행을 떠나 버스를 타고 강원도에 있는 읍으로 향하게 되고, 흥이 난 일행은 종착지에서 백 리나 더 깊은 산골로 들어간다. 나와 친구들은 자신들을 수상히 여기는 이장 집에서 머물기로 하고, 처음에는 김치와 우거짓국뿐인 밥상에 흥겨워하지만 그들의 흥은 곧 깨지기 시작한다. 커피를 먹고 싶어 하는 김성달, 맥주 타령을 하는 최진철, TV 쇼를 보고 싶어 하는 윤경수 등, 일행은 떠나온 서울의 삶을 그리워하며 조기에 상경하기로 한다. 상경하는 차를 놓친 일행은 산행을 하게 되는데, 산 중턱의 초가집에서 술 취한 작부들과 마주치게 된다. 이로 인해 일행은 모두 씁쓸한 감정을 느끼게 되고 숨이 막힐 듯 답답한 시골을 떠나 서울로 돌아와 커피와 생맥주를 마시며 안도감을 느낀다.

판이 어느 정도 식어 간다 싶을 무렵인데 TV 상회를 하는 ⟨최진철⟩이 불쑥 밑도 끝도 없이 한마디했다.

"언제 날을 잡아서 우리끼리 여행이나 한번 갔다 오면 어떨까?"　　　○: 시골 출신으로 서울에 정착해 살고 있는 도시인

마침 화제가 시들해서 별다른 의도도 없이 한 말인 것 같았는데 의외로 ⟨윤경수⟩와 ⟨김성달⟩이도 금방 동의를 하고 나섰다.

"그거 좋지, 맨날 서울 바닥에서 비비적거리고 살다 보니까 고단해 죽겠어. 계절이 어떻게 바뀌는지도 모르겠
　　　　　　　　　　　도시 생활의 각박함과 피로함　　　　　　　　　　　　　바쁘게 흘러가는 도시 생활
단 말야."

"사실 그러고 보니까 우리끼리 이렇게 만나면서도 한 번도 여행을 해 본 적이 없군그래. 지금쯤 시골은 좋을
거야. 추수도 끝났것다, 뜨뜻한 아랫목에 지지고 앉아서 동동주라도 한잔 마시면, 아 그 기분 서울 사람들은
　　　　　　　　　　　　　　　시골에 대한 막연한 그리움과 기대
모를걸."

얘기의 방향이 좀 엉뚱하다 싶었지만 나 자신도 그것이 굳이 싫은 것은 아니었고 가능하다면 언젠가 그런 기회
　　친구들과 여행하는 것
를 만들어 보자고 말했다. 그랬는데 최진철이는 이런 일은 기왕 얘기가 나왔을 때 아주 결정을 보고 말아야지 차
　　　　　　　　추진력 있는 성격
일피일하다가는 흐지부지되고 마는 법이라고 우습게 다그치는 바람에 오늘의 모임까지 발전하고 만 것이다. 그
날 밤 내친걸음에 날짜까지 정해 놓고 나머지 몇 가지 원칙까지 세웠다. 「우선 목적지를 미리 정하지 말고 어느
　　　　　　　　　　　　　　　　　　　　　　　　　　　　　　　　　「 」: 일시적이나마 도시 문명에서 벗어나고자 하는 의도가 반영됨.
날 어느 시 버스 터미널에 모여서 가장 멀리 가는 버스를 집어타고 갈 것, 짐은 일체 갖지 말고 되도록 빈 몸으로
갈 것 등이었는데, 그것은 이번 우리의 여행이 도시의 문명이나 잡답(雜沓)* 등을 피해서 다만 며칠이라도 깊숙
이 자연의 품에 안기러 가는 것이므로 우리가 일상생활에서 쓰던 잡동사니들을 끌고 가지 말자는 의도에서였다.」
누군가가 그러나 최소한도 치약, 칫솔 따위는 있어야 할 것이 아니냐고 하자, 제안자인 최진철이 시골에 가면 왜
돌소금이라는 게 있지 않으냐, 그걸로 닦아야 그런 곳에 간 기분이 나는 법이라고 우겼다.

"그래 좋았어. 비록 우리들의 고향은 아니라도 좋아. 고향과 엇비슷한 데로 가서 우리를 키워 준 고향 같은 무
　　　　　　　　　　　　　　　　　　　　　　　　　여행에 대한 막연한 기대

드 속에 며칠 묻혔다 오는 거야. 알고 보면 우리들 넷이 모두 산골 촌놈들 아니니. 먹고사느라고 너무 오래 그런 정경과 등을 지고 살아왔고."

비서실장으로 있는 김성달이 마침내 이렇게 결론을 내리는 바람에 넷이 이구동성으로 그러자 그러자 하고 손뼉을 치고 말았다.

▶ 시골 출신인 '나'와 친구들이 서울을 떠나 시골로 여행을 가기로 함.

(중략)

서울로 오는 버스 속에서 우리는 너무 말이 없었다. 그까짓 삼 박 사 일을 제대로 채우지도 못하고 하루를 앞
<u>여행을 떠나기 전의 호기로움과 달리 시골 생활을 견디지 못하고 조기 상경했기 때문임.</u>
당겨 온다든가 하는 것보다도 달라진 환경 속에 다만 며칠을 견디어 내지 못하고 도망하듯 그 마을을 떠나온 데 대한 <u>부끄러움</u> 같은 것이 있었는지도 몰랐다.★ 무교동이나 종로 바닥에서 맥주를 마시며 <u>산촌의 정경을 얘기하</u>
<u>도시인들의 모순성과 허위의식</u>
던 자신들이 얼마나 얄팍하고, 배부른 여담이었던가를 느끼는 순간이기도 했는데, 그러나 우리는 그런 한편으로 <u>숨이 칵칵 막히는 지점에서 쉽게 빠져나온 것을 다행으로 생각하는 것 같은 안도감을 느끼는 자신들을 발견하고</u>
<u>시골</u>   <u>도시 생활에 익숙해진 자신들을 발견하게 됨.</u>
있었다. 우리는 밤늦게 서울에 도착하자마자 그 길로 다방에 들러서 △<u>커피</u>를 마시고 다시 무교동으로 나가 오백시시짜리 △<u>생맥주</u>를 단 한 번에 꺾어 단숨에 들이켰다.

"인제 살 것 같군." △: 도시의 일상에서 마주하는 것(소비적, 향락적 세태가 반영됨.)

우리는 동시에 이런 말을 뇌까리고 그전에 그랬던 것처럼 떠들고 웃곤 하였다.

▶ 시골의 생활을 견디지 못하고 조기 상경하여 안도감을 느낌.

> **★ 문제 해결 키** 문항 5 관련
> '나'가 느끼는 부끄러움은 시골이나 고향을 그리워하고 동경한다고 하면서도, 실제는 도시 문명에 익숙해져 짧은 시골 생활을 견뎌 내지 못하는 모순성과 허위의식 때문이라는 것을 파악해야 함.

＊집답: 사람들이 많이 몰려 북적북적하고 복잡함. 또는 그런 상태.

핵심 개념
이것만은
꼭 익히자

 포인트 1 공간의 이동에 따른 이야기 전개 문항 4 관련

고향인 산골을 떠나 서울로 감.	→	서울에서 정착하여 생활함.	→	고향과 닮은 시골로 여행을 떠남.	→	삼 박 사 일을 채우지 못하고 서울로 돌아옴.	→	서울에 돌아와 안도감을 느낌.

 포인트 2 「서울 사람들」에 나타난 공간의 속성 문항 5 관련

서울(주거지)	시골(여행지)
• 도시 문명이 지배하는 공간 • 물질 만능주의와 자본주의가 지배하는 공간 • 각박하고 복잡한 인간 소외의 공간	• 과거의 정감과 순수가 사라진 공간 • 무료하고 따분하여 숨이 막히는 공간 • 산업화와 도시화의 여파로 피폐해진 공간

산업화, 도시화로 인해 두 공간 모두 사람들이 마음의 안식과 평안을 느낄 수 없는 공간이 됨.

여행 이전	여행 중	여행 후	
• 도시 문명이나 잡답을 피해 자연의 품에 안기러 간다며 즐거워함. • 치약, 칫솔조차 가지고 가지 말자고 함. • 시골의 고향의 분위기를 느껴 보자고 함.	• 처음에는 흥겨워하지만 이내 흥이 깨지기 시작함. • 도시의 일상에서 경험하던 것들을 그리워함. • 시골의 생활을 답답하다고 느끼며 조기 상경을 결정함.	서울로 돌아와 커피와 생맥주를 마시며 안도감을 느낌.	시골에 대한 막연한 애정과 기대를 가지고 있지만 실제적으로는 소비적이고 향락적이며 물질적인 도시 문명에 익숙해져 있다는 점에서 서울 사람들의 모순성과 허위의식이 드러남.

■ 최일남의 작품 세계

1953년 《문예》에 「쑥 이야기」가 추천되고, 1956년 《현대문학》에 소설 「파양」이 추천되면서 등단하였다. 1960년대 언론인으로 왕성한 활동을 하면서 창작 활동을 거의 중단하였으나, 1970년대 창작 활동을 재개하였다. 이 시기 그의 소설의 주류는 도시화·산업화 시기 피폐해진 고향의 모습과 그러한 고향의 희생을 딛고 출세한 시골 출신의 도시인들이 느끼는 부채 의식이었다. 그는 급격한 도시화와 산업화의 물결 속에서 이른바 '출세한 촌사람들'이 겪는 이야기를 풍부한 토착어 구사와 건강한 해학성을 통해 개성적으로 표현하였다. 1975년에 발표된 「서울 사람들」 역시 이러한 부류의 소설이라고 볼 수 있다. 1980년대 들어, 그는 신군부의 언론 탄압으로 해직되었다가 복직되는 경험을 하면서, 권위주의 극복과 민주화를 위해 힘쓰기도 하였다. 그 결과 그는 날카로운 역사적 감각과 현실에 대한 비판 의식을 바탕으로 정치권력과 부조리한 사회에 대한 비판의 메시지를 해학적이고 개성적인 문체로 표현하는 작품들을 창작하였다.

EBS Q&A

Q 소설 작품의 사회·역사적 배경을 파악할 수 있는 방법은 무엇인가요? **문항 6 관련**

A 소설은 이야기가 중심이 되는 문학 갈래로, 이야기를 구성하는 배경이 매우 중요한 역할을 하며, 특히 우리나라의 역동적인 근현대사는 소설 작품의 창작에 지대한 영향을 미쳤습니다. 그런 맥락에서 현대 소설 작품의 내용이나 주제를 심층적으로 파악하기 위해서는 소설의 이야기를 구성하는 사회·역사적 배경을 파악하는 일이 중요합니다. 소설의 배경을 파악하기 위해서는 소설 속에 등장하는 큰 사건, 인물, 정책이나 제도, 기관과 같은 요소에서부터 각각의 인물과 관련된 사물이나 소재 등도 단서가 될 수 있습니다. 가령 「서울 사람들」에 등장하는 '서울 바닥', '버스 터미널', '치약', '칫솔', '커피', '생맥주' 등의 단어들을 통해 이 소설의 배경이 이촌향도가 많이 이루어진 시기이고, 어느 정도의 경제 성장을 이루어 도시 생활 속에서 소비적인 문화가 형성되었던 시기임을 알 수 있습니다. 그리고 이러한 내용을 바탕으로 이 작품이 대략 산업화·도시화가 이루어진 1960년대와 70년대를 배경으로 하고 있음을 알 수 있습니다. 한편 이러한 추론과 더불어 사회나 역사 교과 시간에 배웠던 이 시기의 특성 등을 환기하고, 이를 작품 감상에 활용한다면 이 소설의 내용과 주제를 한층 손쉽게 파악할 수 있을 것입니다.

(가) 찔레 _문정희

EBS 수능특강 **문학 270쪽**

감상 포인트 이 작품은 아름답지만 가시가 있는 찔레에 빗대어 사랑의 아픔과 그것을 극복하는 태도를 형상화하고 있다. 찔레의 가시는 사랑의 아픔을 상징하며, 가시가 있음에도 봄날 흰 꽃을 피우는 찔레는 사랑의 아픔을 아름답게 승화하려는 화자를 의미한다고 할 수 있다. 특히 '무성한 사랑으로 서 있고 싶다'라는 구절에는 지난날의 아픈 사랑을 아름답게 승화시키겠다는 화자의 다짐이 집약되어 있다.

주 제 이별의 아픔을 승화시킨 성숙한 사랑

꿈결처럼 / 초록이 흐르는 이 계절에
_{찔레가 피는 봄}
그리운 가슴 가만히 열어
_{아픔을 간직한 화자의 사랑을 상징함.}
한 그루 / 찔레로 서 있고 싶다★
_{동일한 시구의 반복 → 화자의 소망 강조}
▶ 1연: 찔레로 서 있고 싶은 소망

사랑하던 그 사람
_{과거의 사랑}
조금만 더 다가서면
_{아름다운 사랑}
서로 꽃이 되었을 이름 / 오늘은
_{이루지 못한 사랑에 대한 아쉬움을 드러냄.}
송이송이 흰 찔레꽃으로 피워 놓고
▶ 2연: 이루지 못한 사랑의 아픔을 담고 있는 찔레꽃

먼 여행에서 돌아와
_{사랑의 아픔으로 방황했던 시간}
이슬을 털듯 추억을 털며
_{아팠던 사랑의 추억을 털어 버리고 새로운 사랑을 시작하고 싶은 바람을 드러냄.}
초록 속에 가득히 서 있고 싶다
▶ 3연: 아팠던 사랑의 추억을 털어 내고 싶은 마음

 문제 해결 키 **문항 3 관련**
이 작품은 자연물을 통해 사랑하는 사람과의 이별에 대해 노래하고 있는 작품임. '찔레'의 상징적 의미와 '찔레로 서 있고 싶다'는 태도에 담긴 의미를 파악해야 화자가 사랑에 대해 전달하려는 바가 무엇인지 알 수 있음.

그대 사랑하는 동안

내겐 우는 날이 많았었다
_{사랑으로 인해 아팠던 적이 많았던 과거를 회상함.}

아픔이 출렁거려 / 늘 말을 잃어 갔다
_{진실한 사랑이 실패로 끝났던 과거를 회상함.}
▶ 4, 5연: 사랑의 아픔 속에서 살았던 날들

오늘은 그 아픔조차

예쁘고 뾰족한 가시로
_{아팠지만 아름다웠던 과거의 사랑(역설적 표현)}
꽃 속에 매달고
_{사랑의 아픔을 극복하는 상황을 형상화함.}
▶ 6연: 사랑의 아픔을 아름다운 사랑으로 승화하려는 의지

슬퍼하지 말고 / 꿈결처럼

초록이 흐르는 이 계절에

무성한 사랑으로 서 있고 싶다★
_{소박한 사랑의 감정이 깊은 사랑의 정신으로 승화되는 내면의 변화 양상을 드러냄.}
▶ 7연: 아픔을 승화시킨 성숙한 사랑의 태도

 문제 해결 키 **문항 4 관련**
화자가 사랑하는 사람과의 이별 후 어떻게 생각과 태도가 바뀌었는지 확인해야 화자가 전달하려는 진정한 사랑의 의미를 파악할 수 있음.

핵심 개념 이것만은 꼭 익히자

포인트 1 시구에 담긴 화자의 정서와 태도 **문항 3, 4 관련**

내겐 우는 날이 많았었다	과거 사랑으로 인해 괴로워했던 날들이 많았음을 표현함.
먼 여행에서 돌아와 / 이슬을 털 듯 추억을 털며	더 이상 과거의 사랑으로 인해 아파하며 방황하지는 않겠다는 태도를 표현함.
찔레로 서 있고 싶다	아팠던 과거의 사랑을 소중히 간직하겠다는 소망을 표현함.
무성한 사랑으로 서 있고 싶다	사랑의 아픔마저 내면의 성숙으로 승화시키고자 하는 태도를 표현함.

포인트 2 표현상의 특징 **문항 1, 5 관련**
• 색채 대비('초록', '흰 찔레꽃')를 통해 사랑의 아픔까지 아름답게 간직하려는 화자의 모습을 부각함.
• 동일한 시구를 반복('서 있고 싶다')하여 사랑의 아픔을 승화시키고자 하는 화자의 소망을 강조함.
• 추상의 관념을 구체적으로 표현하여('추억을 털며') 사랑으로 인한 방황을 끝내겠다는 태도를 표현함.
• 역설적 표현('예쁘고 뾰족한 가시')을 활용하여 과거의 사랑이 아픔도 주었지만 아름답기도 했음을 드러냄.

07 (나) 낙화, 첫사랑 – 김선우

갈래 복합

EBS 수능특강 **문학 271쪽**

감상 포인트 이 작품은 떨어지는 꽃에 빗대어 사랑하는 사람과의 이별을 통해 얻게 된 정신적 성숙을 형상화하고 있다. 첫사랑에 실패한 화자는 그러한 상황을 담담히 수용하고, 사랑하는 사람을 위해 이별의 고통마저 기꺼이 감내하겠다는 의지를 드러내고 있다. 특히 떨어지는 '나'를 온몸으로 받겠다는 것은 진정한 사랑을 위해서는 자신부터 먼저 구원해야 한다는 깨달음을 드러낸 것이라 할 수 있다.

주 제 첫사랑의 실패를 통해 깨달은 사랑의 본질

1

그대가 아찔한 절벽 끝에서
_{떨어지는 꽃}
바람의 얼굴로 서성인다면『그대를 부르지 않겠습니다
　　_{바람처럼 떠나려 한다면}　『 』: 담담히 이별을 수용하겠다는 뜻을 나타냄.
옷깃 부둥키며 수선스럽지 않겠습니다』

그대에게 무슨 연유가 있겠거니 / 내 사랑의 몫으로
　　　　　　　　　　　　　_{그대를 사랑하는 자신이 마땅히 해야 할 일}
그대의 뒷모습을 마지막 순간까지 지켜보겠습니다

손 내밀지 않고 그대를 다 가지겠습니다
_{떠나는 그대를 이해하고 포용하는 것이 사랑의 완성이라는 생각을 드러냄.}

▶ 1연: 이별의 수용과 사랑의 완성에 대한 의지

★ 문제 해결 키 문항 4 관련

이 작품은 낙화라는 자연 현상을 통해 사랑의 본질을 형상화하고 있음. 따라서 낙화하는 상황, 즉 임과의 이별 상황에 대해 화자가 어떤 생각과 태도를 지니는지 파악해야 화자가 생각하는 진정한 사랑의 의미를 알 수 있음.

2

아주 조금만 먼저 바닥에 닿겠습니다

가장 낮게 엎드린 처마를 끌고
　　　　　　　　_{'치마'의 방언}
추락하는 그대의 속도를 앞지르겠습니다
_{그대보다 더 먼저 자신을 구원하겠다는 의지를 드러냄.}
내 생을 사랑하지 않고는

다른 생을 사랑할 수 없음을 늦게 알았습니다　　┐ _{사랑에 대한 새로운 깨달음}
_{진정한 사랑을 위해서는 자신의 구원이 우선되어야 한다는 인식을 드러냄.}
그대보다 먼저 바닥에 닿아 / 강보에 아기를 받듯 온몸으로 나를 받겠습니다

▶ 2연: 이별을 통해 얻게 된 깨달음과 정신적 성숙

핵심 개념 이것만은 꼭 익히자

포인트 1 시상의 흐름 문항 4, 5 관련

그대가 ~ 그대를 부르지 않겠습니다	손 내밀지 ~ 그대를 다 가지겠습니다	내 생을 ~ 늦게 알았습니다	그대보다 ~ 나를 받겠습니다
이별을 담담히 수용하겠다는 태도를 드러냄.	그대를 담담히 떠나보냄으로써 사랑을 완성하겠다는 의지를 드러냄.	자신을 사랑할 줄 알아야 다른 사람도 사랑할 수 있다고 자각했음을 드러냄.	사랑에 대한 깨달음을 실천하려는 의지를 드러냄.

포인트 2 제목의 의미 문항 4 관련

'낙화, 첫사랑'이라는 제목은 '낙화'라는 자연 현상에 빗대어 중요한 인간사 중 하나인 '첫사랑'의 본질에 대해 말하고 있다. 아름다운 꽃이 떨어지는 장면은 아픔이나 아쉬움, 절망 등의 감정을 유발하는데, 첫사랑도 이별로 끝나는 경우가 대부분이므로 이러한 감정을 동반한다. 그런데 낙화 후에는 열매가 맺는 것처럼 첫사랑도 정신적 성숙을 가져온다. '내 생을 사랑하지 않고는 / 다른 생을 사랑할 수 없음을 늦게 알았습니다'는 바로 첫사랑이 경험을 통해 알게 된 진정한 사랑에 대한 깨달음이다.

감상 포인트

이 작품의 원제는 '신산종수기(新山種樹記)'로, 1792년 아내를 사별한 슬픔과 이를 이겨 내려는 의지를 그린 한문 수필이다. 글쓴이는 아내와 함께 자신의 고향인 파주로 돌아가 집을 짓고 꽃나무를 가꾸는 일을 꿈꾸어 왔는데, 정작 집이 완성되었을 때는 아내가 죽어 꿈을 이루지 못한다. 글쓴이는 아내의 무덤이 있는 파주의 산에 나무를 심어 꿈을 이루려 한다. 둘 사이에 살아온 삶은 짧지만 자기가 죽어 아내와 무덤 속에서 누릴 시간은 영원하다는 믿음으로 나무를 가꾸었던 것이다.

주 제

사별한 아내에 대한 영원한 사랑의 다짐

나의 남원(서울 남산 아래 필동) 집은 옛날부터 꽃나무가 많았는데 날이 갈수록 황폐해졌다. 내가 주변이 없고
_{아내가 죽은 후 나무를 대하는 글쓴이의 태도가 달라졌음을 보여 주는 소재}
게을러서 가꾸지 않은 탓도 있지만, 한편으로는 집이 낡아서 집 안의 꽃나무까지 가꾸기가 싫어서 그렇기도 하다. ★
_{꽃나무를 가꾸려 하지 않은 이유}

아내가 언젠가 내게 말했다.

> ★ **문제 해결 키 [문항 2 관련]**
> 이 작품은 글쓴이가 자신의 체험과 생각을 솔직히 전달하는 글이므로, '나무'를 심는 일과 관련하여 글쓴이의 생각과 태도가 어떻게 변했는지 파악하며 감상해야 함.

「"다른 집 남자들을 보면, 꽃나무를 좋아하는 자가 많아 방에 들
_{「 」: 꽃나무를 가꾸지 않는 남편을 탓하며 남편이 꽃나무를 가꾸도록 유도함.}
어가 비녀와 팔찌를 뒤져 사들이기까지 한다는데, 당신은 어째

서 그와 반대로 집이 낡았다고 꽃나무까지 팽개쳐 두나요? 집은 비록 낡았지만 꽃나무를 잘 가꾸면 우리 집의

좋은 구경거리가 될 거예요."」 / 나는 이렇게 대꾸했다.

"꽃나무를 가꾸려 한다면 집도 손을 봐야 할 게요. 나는 이 집에서 오래 살 마음이 없으니 남들 구경거리를 만
_{낡은 집을 핑계로 꽃나무를 가꾸지 않으려 함.}   _{꽃나무를 가꾸지 않는 이유}
들어 주자고 신경 쓸 필요가 굳이 있겠소? 늙기 전에 당신과 고향에 돌아가 집을 짓고 꽃나무를 심어 ★ 열매는

따서 제사상에 올리고 부모님이 드시도록 하며, 꽃을 구경하며 머리가 세도록 함께 즐길 생각이오. 내 계획은
_{고향에 돌아가 집을 짓고 꽃나무를 가꾸며 살 계획}
이런 것이오." / 내 말에 아내는 웃으며 즐거워하였다.

지난해 파주(坡州)에 작은 새집을 짓기 시작하자 아내는 기뻐하며 / "이제야 당신의 뜻을 이루겠어요."
_{글쓴이의 고향}   _{계획}
라고 말했다. 「뜰과 담장을 배열하고 창문과 방의 위치를 잡는 일을 아내와 상의하여 하였다. 공사가 끝나기도 전
_{「 」: 일어난 사건들을 시간 순서에 따라 압축적으로 제시함.}
에 그만 아내가 병들고 말았다. 나는 아내의 병을 간호하다 차도가 있으면 파주로 가서 공사를 감독하였다. 공사

가 거의 끝날 무렵 아내가 위독해졌다.」임종을 앞에 두고 내게

"파주 집은요? 집 옆에 묻어 줄 거죠?" / 라고 말하며 눈물을 흘렸다.
_{자신의 운명을 예상함.}   ▶ 가: 파주에 돌아가 살겠다는 글쓴이의 생각에 동조하는 아내
온 집안이 파주로 이사 오던 날, 아내는 관에 실려서 왔다. 집에서 백 보도 떨어지지 않은 곳에 장지를 정하니
_{죽은 아내를 애틋하게 여기는 마음이 드러남.}
기거하고 밥을 먹을 때 아내가 오가는 듯했다.

우리 산에는 아름드리나무가 많아 울창하기 때문에 서도(西道)의 많은 산들 가운데 으뜸이다. 선조고(先祖考) 무

덤 아래에 아내의 무덤을 썼기 때문에 굳이 나무를 심을 필요가 없었다. 하지만 장례를 치르고 나서 무덤 가까운 곳

의 나무를 베어, 칡넝쿨과 나무뿌리가 뻗어 그늘이 드리우는 것을 막았다. 또 좋지 못한 나무들을 베어 내고 소나무

와 삼나무 따위만을 남겨 두자 나무들이 듬성듬성 서 있게 됐다. 그래서 다시 나무를 심기로 하여 이듬해 한식날, 삼

나무 치목(稚木) 서른 그루를 심었다. 지금부터 내가 죽기 전까지 봄가을에 나무 심는 일을 관례로 할 것이다. ★
_{나서 하두 해쯤 자란 나무}   _{남원에서와 달리 나무를 심고 가꾸는 데 열의를 보임.}
오호라! 이것은 참으로 오래 묵은 계획이었다. 남원을 떠나 파주로 옮기겠다고 떠벌려 왔던 지난날의 내 계획

은, 아내와 하루도 함께하지 못하고 뒤에 남은 자에게 슬픔만을 더하는 꼴이 되고 말았다. 그러고 보면 인간이

구구하게 살기를 도모하여 장구한 계획을 세우는 것이 미혹이 아닌가!

> 아내와 함께하지 못할 계획을 세운 것에 대한 안타까움, 허무함

　　돌아보면 나는 심기가 허약해서 스스로 어떻게 될지 자신이 없다. 여생이라야 수삼십 년을 넘지 않을 것이고,

한번 죽고 나면 그 뒤로는 천년 백 년 끝이 없는 세월이다. 그렇다면 내가 어떤 길을 선택할지 알겠으니 남원 집

에서 파주 집으로 옮겨 산 정도에 그치지 않는다. 살아서는 파주의 집에서 살지를 못했지만 죽어서는 영원히 파

주의 산에서 서로 살 수 있기에 그 즐거움이 그지없다. 이것이 내가 무덤을 새로 쓴 산에 나무를 심고, 집에 심었

> 아내와의 인연이 저승에서도 이어지기를 바라는 마음을 표현함.

던 것을 종류에 따라 하나같이 산에다 옮겨 심는 까닭이다. ★ 그렇게 하여 나의 꿈을 보상받고, 나의 슬픔을 실

어 보내며, 또 나의 자손과 후인들로 하여금 내 마음을 알게 하노니 손상치 말지어다.

> 아내의 무덤 근처에 나무를 심는 이유

> ▶ 서: 아내의 죽음과 아내의 무덤 근처에 나무를 심는 글쓴이

　　누군가는 이렇게 말하리라. / "그대는 앞으로 살아갈 방도는 꾀하지 않고 사후의 일만 계획한다. 죽은 뒤에는

> 저승에서 아내와 영원히 함께하는 것

지각이 없으니 계획한들 무슨 소용이 있는가!" / 나는 말한다.

> 죽을 때까지 나무를 심으려 하는 것

"죽은 뒤에는 지각이 없다는 말은 내가 차마 들을 수 없는 말이다."

> 매년 나무를 심는 일을 지속하겠다는 의지를 드러냄.

　　계축년(1793) 4월 3일, 태등*은 분암(墳菴)에서 쓴다.

> ▶ 결: 글쓴이가 아내의 무덤 근처에 나무를 심는 이유

*태등: 심노숭의 자(字).

★ 문제 해결 키 문항 3, 4 관련
아내가 죽은 후 글쓴이가 아내의 무덤 근처에 나무를 심고 있는데, 이에
담긴 의미를 정확히 이해해야 이 작품을 쓴 의도를 파악할 수 있음.

**핵심 개념
이것만은
꼭 익히자**

포인트 **1** **작품의 구성** 문항 2 관련

생전의 아내 와 나누었던 대화	아내의 죽음 과 파주로의 이사	파주에서의 삶	누군가와의 대화 상상
아내가 자신에 대해 불만을 표현하자 글쓴이는 파주로 이사 가겠다는 뜻을 밝힘.	죽으면 파주에 묻어 달라는 아내의 소원대로 아내의 관을 파주에 묻음.	아내의 무덤 근처에 좋지 못한 나무는 베어 내고 집에 심었던 종류의 나무를 심음.	누군가 무덤에 나무를 심는 것에 대해 비판하면 이에 대해 적극적으로 반박할 것임.

포인트 **2** **글쓴이가 아내의 무덤에 '나무'를 심는 이유**

문항 4 관련

- 생전의 아내에게 파주에 가 꽃나무를 심어 늙을 때까지 함께 즐기며 살자고 계획을 밝힘.
- 살아서는 파주의 집에 살지 못했지만 죽어서라도 영원히 아내와 함께 살기를 바람.

↓

아내의 무덤을 쓴 산에 나무를 심는 것은 생전의 아내와 했던 약속을 실현한 것으로, 영원히 아내를 사랑하겠다는 글쓴이의 극진한 마음을 드러낸 것임.

**배경지식
더
알아보기**

■ **주제를 드러내는 방법**

이 작품은 체험과 예화를 먼저 제시한 후 이에 대한 글쓴이의 생각을 밝히는 주제를 드러내는데, 이는 일반적 고전 수필의 구성 양식을 따른 것이라 할 수 있다. 즉 글쓴이는 남원에서의 삶, 아내의 죽음과 파주로의 이사 등 자신이 겪었던 사건을 순차적으로 제시한 후, 자신의 운명관을 언급하며 아내의 무덤에 나무를 심는 이유를 제시하고 있다. 이때 생전의 아내와의 대화를 회상하는 장면은 파주에서 나무를 심는 것이 아내와 관련 있음을 밝히는 역할을 하고, 누군가와의 대화를 상상하는 장면은 앞으로도 나무를 심는 일을 지속하겠다는 의지를 드러내는 역할을 한다. 이처럼 대화 장면은 죽은 아내에 대한 글쓴이의 절절한 사랑의 마음을 효과적으로 드러내는 기능을 한다.

08 (가) 무의도 기행 _ 함세덕

갈래 복합

EBS 수능특강 문학 275쪽

감상 포인트

이 작품은 1941년에 발표된 2막의 희곡으로, 무의도라는 가난한 섬마을을 배경으로 일제 강점기 어부들의 빈곤한 삶을 소학교 교사인 '나'의 시선으로 담담하게 전하고 있다. 이 작품의 중심에는 고기잡이배를 타지 않으려는 천명과 그를 바다로 내보내려는 부모와의 갈등이 있다. 천명은 배를 타지 않기 위해 마을을 떠나지만, 천명이라는 이름이 암시하듯이 그도 다른 어부들의 운명처럼 배를 타고 바다로 나가고, 결국 그곳에서 죽음을 맞는다. 어른들의 욕망에 희생당하는 천명의 삶을 통해 작가는 자연이나 운명의 절대적인 힘 앞에서 무기력하게 패배할 수밖에 없는 인간의 비극성을 형상화하고 있다.

주 제 일제 강점기를 살아가는 무의도 어민들의 처참한 현실과 천명의 비극적인 삶

전체 줄거리 강원도에서 농사를 짓다가 여의찮게 무의도로 옮겨 와서 바다에 삶의 터전을 잡은 공 씨는 두 아들을 모두 바다에서 잃었다. 공 씨의 셋째 아들인 천명은 형들의 죽음으로 인해 바다를 죽음의 공간으로 인식하며 배를 타는 것을 피한다. 천명의 부모는 생계 문제를 해결하기 위해 천명에게 공주학의 배에 탈 것을 강권하고, 천명은 어부의 삶을 살기보다 기술을 배워 뭍에 정착하기를 갈망한다. 결국 천명은 부모의 강권과 애원을 이기지 못하고 배를 타게 되고, 고기를 잡고 돌아오는 길에 풍랑을 만나 파선하여 죽게 된다.

[앞부분 줄거리] 강원도에서 농사를 짓다가 무의도로 옮겨 온 낙경과 공 씨는 두 아들을 모두 바다에서 잃었다. 낙경은 셋째 아들인 천명도 뱃사람이 되어 집안의 생계에 보탬이 되기를 기대하지만, 천명은 그러한 기대를 외면하고 집을 떠나 인천을 떠돌다가 돌아온다. 낙경은 돌아온 천명에게 공주학의 배에 탈 것을 강권하나 천명은 그 배가 낡고 부실하다며 거부한다.

공주학의 아내, 공 씨 앞으로 나온다.

공주학의 아내: 형님, 저 녀석을 그대루 뒀다간, 또 항구루 도망가서 외상 밥 처먹구, 우리 못 할 일 할 거요. 우리가
〔천명을 가리킴.〕
그 밥값 장만하느라구 얼마나 애쓴 줄 아우? 내년 봄에 팔랴든 새우젓을 모두 미리 팔아서 변통을 했었소.
〔과거 천명이 여관집에서 외상으로 먹은 끼니의 비용을 공주학이 대신 치른 일을 가리킴.〕

공 씨: 자네 볼 낯 없네.

공주학의 아내: 저 담 밑에, 보퉁이 보시구료. 어쩐지 하는 짓이 수상합디다만, 설마 그러랴 했었소.
〔보퉁이는 물건을 보에 싸서 꾸려 놓은 것이라는 점에서 물으로 떠나려는 천명의 바람을 대변함.〕

공 씨, 비로소 보퉁이를 발견하고 경악한다.
〔공 씨는 집을 다시 떠나려는 천명의 마음을 보퉁이에서 확인하고 놀람.〕

공주학의 아내: 내가 쌍심지가 나서두, 저 녀석을 기어쿠 내보내구 말겠수. 저런 녀석은 댁기*에서 안짱물두 뒤
〔공주학의 아내는 천명의 뜻과는 달리 그를 억지로 뱃사람을 만들려고 함.〕 〔'갑판에서 배 안에 들이치는 바닷물을
집어써 보구, 마파람에 돛줄 붙들구 휘날려 보기두 해야, 정신을 좀 차릴 거요. 뒤집어쓰고'라는 의미임.〕

공 씨: (천명에게) 어서 개루 나가, 이놈아.

공주학의 아내: 싫다는 놈을 달래면 듣겠수? 그냥 끌구 나갑시다.
〔천명을 억지로 뱃사람으로 만들려는 강압적 태도가 드러남.〕

공주학의 아내, 목반을 땅에다 내려놓고, 달려가 천명을 잡아끈다.　　　　　▶ 천명을 바다로 보내려는 공 씨와 공주학의 아내

천명: (다리에 힘을 주고 버티며) 뇨요, 뇨요.

공주학의 아내: 놓으면 또 항구에 가서 사람 디려받구 이번엔 벌금 가조라구 하게?
〔가져오라고〕

천명: 누나가 천진으루 갈 때, 나한테 한 말이 있어요.
〔천명이 뱃사람이 되지 않으려고 결심하게 된 이유 중 하나임.〕

공 씨: 이렇게 에미 속 썩이라구 하든?

천명: 죽어두 항구에 가서 죽지, 떼무리서 사공은 되지 말라구 했어요.
〔주요 공간인 '무의도'의 또 다른 이름임.〕

공주학의 아내: 사공하구 무슨 대천지원수가 졌다든? 지금 세상에 어수룩한 건 뭐니 뭐니 해두, 백정하구 괴기잡
이밖엔 없어. 잡아먹는 덴 밑질 게 없거든?

천명: <u>큰성두 작은성두 벌에서 죽었어요.</u> 큰성은 조기사리 나갔다가, 덕적서 황 서방이 베 등거리만 찾아왔구,
_{천명이 뱃사람이 되지 않으려는 이유} _{등만 덮을 만하게 걸쳐 입는 홑옷}
　　　작은성은 새우사리 나갔다가 댐마 다리 밑에 대가릴 처박구 늘어진 걸, 누나하구 어머니가 끌어내 왔어요.
　　　　_{큰 배와 육지 또는 배와 배 사이의 연락을 맡아 하는 작은 배}

공주학의 아내: 그때 노대에 죽은 사람이, 어디 네 성들뿐이었든? 떼무리서만 엎어진 낙배가 스무 척이 넘었구,
_{공주학의 아내는 천명의 형들이 당한 사건을 무의도에서 자주 일어나는 사건으로 일반화하면서, 이를 이유로 뱃사람이 되지}
　　　옘평서 깨진 중선이 쉰 척이 넘지 않았냐?　　_{않으려는 천명의 결심을 유별난 것으로 취급함.}

천명: 내가 나가구 나서, 비나 억수같이 퍼붓구, 높새에 부엌 문짝이 덜그덕거리기나 해 보세요? 우리 어머닌, 또
　　　<u>산으루 개루, 밤새 울구 댕길 거예요.</u> 난, 배 타면 속이 울렁거려서 그러는 게 아니에요. 어머니 울구 댕기
　　　_{비바람이 몰아치면 바다의 상황이 악화할 것이고, 천명의 어머니인 공 씨는 배를 탄 아들의 안위가 걱정되어 마음을 졸이며 울 것이라는 뜻임.}
　　　는 게 진절머리가 나서 그래요.

공 씨: 너 같은 애물에 자식은, 하루바삐 잡아갑시사구, 내가 서낭님께 축수하겠다. 이놈아.

　　<u>공 씨, 말은 모질게 하나, 눈에서는 눈물이 펑펑 쏟아진다.</u>　　　　▶ 가족들을 언급하며 바다로 가기를 거부하는 천명
　　　　_{천명에게 연민을 느끼면서도 일부러 모진 말을 하고 있음.}

천명: (다시 어머니에게 매달리며) 「어머니, 뭍에서 하는 일이면, 뭐든지 할 테예요. 어렸을 때부터 일하면서 한 번
　　　이라두, 투정한 적 있었어요? 학교 갔다 와선, 물 끝 따라 십 리나 나가서 밤새 조개를 잡었지요? 행여 조
　　　개가 밟힐까 하구, 개펄을 일 년 열두 달 후비적거리는 발자죽을 봐 보세요? 만주를 가구두 남을 테니. 겨
　　　우내 동아젓·황새기젓을 절이구 나믄, 손등이 터진 자리에 호소금이 들어가, 씨라려 죽겠지만, 한 번인가
　　　난 싫다구 안 했어요.」　「 」: 무의도의 가난한 살림으로 인해 어린아이도 생계를 위해 일해야 했던 어
　　　　　　　　　　　_{려운 사정과 이를 묵묵하게 참으며 생계를 거든 천명의 행적이 드러남.}

공주학의 아내: 아주 청산유수 같구나. 이를테믄 어머니한테 네가 공치사하는 셈이냐?

천명: (숙모의 말에는 대답지 않고, 흐느껴 우는 듯한 소리로 말을 계속한다.) 야기 상점에서두 그렇지. 6시면, 어업 조
　　　합서 생선을 받어 오니까, 새벽 3시부터 쓰루배[釣瓶]*질을 해서 물을 길어요. 고길 혀 가지구, 하루 종일
　　　호—죠—[鉋丁]*루 펄펄 뛰는 놈을, 대가리 토막을 치구, 창자를 가르고 있으면, 나중엔 그놈의 조기 눈깔
　　　들이, 모두 나를 흘겨보는 것 같어, 몸서리가 쳐요. 그렇지만, 난 참을 때까진 참어 왔어요.

공 씨: (울며) 이놈아, 에미 애비하구 살어갈랴는데, 어디 수월한 게 있는 줄 아니?

천명: 없으니까, 선창*에서 소금을 날르면서두, 어디 내가 고생한다구 편지했어요? 안 했지요?

공 씨: 이놈아, 네가 지금 뭍에서 버느니, 물에서 버느니 하구 있게 됐니? <u>긴긴 겨울을 뭘 먹구살구, 할 때가 아니냐?</u>

천명: <u>그러니까 항구에 가서 벌면 되지 않어요?</u> 축항에 가서, 마가대[起重機]* 짐두 지구, 선창에 가서 하시깨[浮
　　　船]* 날일두 할 테예요.　　　　　　　　　　└ 천명이 배를 타는 문제와 관련하여 공 씨와 천명의 생각이 다른 이유: 공
　　　　　　　　　　　　　　　　　　　　　　　　_{씨는 긴 겨울을 앞두고 가족의 생계 문제를 해결하기 위한 유일한 방법은}
　　　▶ 바다가 아닌 뭍에서 일을 하겠다며 공 씨를 설득하는 천명　　_{뱃일이라고 생각함. 하지만 천명은 바다로 가지 않고 항구에서 짐을 나르}
　　　　　　　　　　　　　　　　　　　(중략)　　　　　_{는 일 등으로도 생계의 문제를 충분히 해결할 수 있다고 생각함.}

젊은 어부: 아, 뭣들 하구 있는 거예요? 빨리빨리, 개루 나오시지들 않구? 어젯밤 물에 동아 떼가 여덟미서 덕적
　　　으루 몰려가는 걸, 용유 춘필 할아버지가, 추수 곡 싣구 지나다가 봤대요. 어떻게 떼가 큰지, 바다가 시커
　　　멓드라구 해요. / **노틀 할아범:** 곧 갈 테니, 돛이나 올려놓게.　□ : 바다를 까맣게 덮을 정도이며, 이를 잡아 절인다면 그 양이
　　　　　　　　　　　　　　　　　　　　　　　　　　　　_{상당할 정도로 물고기 떼가 많다는 점을 강조하는 표현임.}

젊은 어부: 동아 떼, 이렇게 큰 것 보긴, 십 년 만이라구 하대. 갔다 와서 쉰 독을 저릴랴믄, 어지간히 손등이 또
　　　터질걸요.

젊은 어부, 다시 개로 나간다. 공주학, 헌 고무장화를 한 켤레 들고, 가도에서 나온다. 사금 파는 광부들이 신는 볼기짝까지 닿는 신이다. 뒤따라 그의 아내.

공 씨: 아범, 나간다구 하네.

공주학: (천명에게) 나갈 테니?

천명: (꺼질 듯한 소리로) 나가요. <u>천명은 전혀 원하지 않지만, 가족 등 다른 사람의 강권을 거스르지 못하고 뱃사람이 될 수밖에 없다는 점을 체념적으로 인정함.</u>

공주학: 안짱물이 뱃전을 넘드라두, 발 시렵지 않게, 이거 신구 나 가라.

　공 씨, 장화를 받아 천명에게 신긴다. 천명, 신을 신고 어머니를 따라 개 로 나간다. ★ 일동 뒤따른다. 무대 공허. 판성이가 개에서 떠들며 달려온다.

<table>
<tr><td>★ 문제 해결 키 문항 2 관련</td></tr>
</table>

'고무장화'의 의미

▼

- 고무장화는 공주학이 천명에게 주는 것으로, 배에서 일할 천명이 배로 넘어오는 바닷물에 발이 젖어 춥지 않게 하려는 공주학의 배려가 담겨 있음.
- 천명이 뱃사람인 공주학의 신을 물려받은 것이라는 점에서 뱃사람이 된 천명의 처지를 상징하는 것으로 볼 수 있음.

판성: 내가 걸어서 천진은 못 갈 줄 알구? 걸어선 못 갈 줄 알구? 죽어두 내가 한 번 보구 죽을걸. 천순일 꼭 한 번 보구 죽을걸. <u>판성은 천명의 누이인 천순과 혼인을 약속했던 사이로, 배를 타고 돈을 벌어 중국 천진에 있는 천순을 데리고 오고자 함.</u> ▶ 바다로 가야 한다는 부모의 강권을 체념적으로 수용하는 천명

　판성, 가도로 달려간다. 공 씨, 잊어버린 거나 있는 듯이, 사장에서 창황히 올라온다. <u>부엌으로 들어가더니, 사발에 물을 떠서 소반에 받쳐 들고나와, 사당 앞에 내려놓고, 서낭님께 두 손을 비비며 축수를 한다.</u> <u>공 씨가 배를 타게 된 아들의 안전을 기원하는 모습임.</u>
　개에서는 배를 내는 벅적한 소요. 노를 할아범이 메기는 가락에 응하여, 서해안 어부들의 청승이 뚝뚝 떠는 뱃노래가 이어 들려온다. 동리 아이들이 "그물안네 배 나간다." "장안에 개미 새끼 한 마리 없구나." 등등 떠들며 무대를 달려간다.

　공 씨, 기도를 끝마치고, 개로 다시 나간다. 무슨 생각을 했는지, 발을 뚝 멈춘다. 돌연 전신에 설움이 복받치나 보다. 휘청 휘청 마당으로 들어오더니, 마루 기둥에 얼굴을 묻고, 조용히 오열한다. ｜ 깜깜한 부엌에 공 씨 혼자 우두커니 앉아서 멀 거—니 바다를 내다보고 있다. 마이크를 통해 흘러오는 소리. ▶ 바다로 나가는 뱃사람과 천명의 안전을 기원하는 공 씨

낭독: 나는 이 서글픈 이야기를 그만 쓰기로 하겠다. 그 후 이 배는 동아를 만재(滿載)하고 돌아오다, 10월 하순의 <u>후일담의 형식으로 천명 등이 배를 타고 바다로 나간 후 발생한 사건을 요약적으로 제시함.</u> 모진 노대*를 만나 파선*하였다 한다. 해주 수상 경찰서의 호출장을 받고, 공주학과 낙경이 달려가 천명 의 시체는 찾아왔다 한다. 그는 부서진 널쪽에다 허리띠로 몸을 묶고 해주 항내까지 흘러갔던 모양이다.

　노를 할아범 외 여러 동사들은 모두 행방불명이었다고 한다.

　내가 작년 여름 경성이 너무도 우울하여 수영복 한 벌과 책 몇 권을 싸들고 스물한 살의 내 꿈과 정열과 감상이 흩어져 있는 이 섬을 찾았을 때, 도민들은 여전히 고기를 잡으러 나갔고 동리에는 부녀자와 노인들 만 있었다. 천명의 집을 찾아가니, 공 씨는 얼빠진 사람같이 부엌에서 멀거—니 바다만 내다보고 있었다. <u>나를 보더니 달려와 손을 꼭 붙들고 "선생님, 그렇게 나가기 싫다는 놈을, 그렇게 나가기 싫다는 놈을……." 할 뿐, 말끝을 잇지 못하고 울기만 하였다.</u> <u>뱃사람이 되기를 거부했던 아들이 바다로 나가도록 강권했던 공 씨의 회한이 드러남.</u>

　<u>천명은 그가 6학년 때 내가 가르치던 아이였다.</u> ▶ 바다로 나간 뱃사람의 비극적 최후와 공 씨의 회한
　<u>낭독의 주인공과 천명이 사제 간임을 밝히는 것으로 끝내면서 안타까운 여운을 남김.</u>

* **댁기**: 갑판.
* **호조**: 식칼.
* **마가대**: 배에서 짐을 부리는 기구.
* **노대**: 바다에서 바람이 사납고 물결이 크게 일어나는 현상.

* **쓰루배**: 두레박.
* **선창**: 물가에 다리처럼 만들어 배가 닿을 수 있게 한 곳.
* **하시깨**: 거룻배.
* **파선**: 풍파를 만나거나 암초 따위의 장애물에 부딪쳐 배가 파괴됨.

핵심 개념 이것만은 꼭 익히자

포인트 ① **인물 간의 갈등** 문항 2, 6 관련

이 작품의 중심에는 천명이 뱃사람이 되는 문제와 관련된 엇갈린 바람과 의지의 충돌이 놓여 있다. 천명의 부모인 낙경과 공 씨는 천명을 무의도의 여느 사람들처럼 뱃사람으로 만들려고 한다. 하지만 당사자인 천명은 뱃사람이 되는 것을 거부한다. 주변 인물들의 바람과 기대도 이 문제와 얽혀 있다. 공 씨의 남동생이자 선주인 공주학과 그의 아내는 자신의 배에 조카인 천명이 타기를 바란다. 반면, 천명의 누이는 천명에게 뱃사람은 되지 말라고 당부하며, 의원인 구 주부는 천명을 자신의 딸인 희녀와 혼인시키면서 뱃사람이 아닌 의원으로 만들기를 바란다.

| 천명 | → | 뱃사람이 되는 문제 | ← | 낙경과 공 씨 |

천명의 바람과 의지	낙경과 공 씨의 바람과 의지
• 뱃사람이 되는 것을 원하지 않음. • 하역 노동 등을 하면서 뭍에서 생활하고자 함.	• 셋째 아들인 천명이 뱃사람이 되기를 기대함. • 천명의 바람을 알고 있지만 뱃사람이 될 것을 그에게 강권함.

포인트 ② **'바다'라는 공간의 성격** 문항 6 관련

이 작품은 '바다는 만조라 푸른 감벽이 수건을 넣으면 물들 듯하다. 단조한 파도 소리와, 이따금 들리는 물새 떼의 울음소리.'라는 묘사로 시작하는데, 이처럼 바다는 무의도라는 조그만 섬과 함께 이 작품의 주요 공간이다. 바다는 섬사람들이 어업에 종사하면서 생계를 해결하며 살아갈 수 있는 생업의 공간이다. 하지만 '큰성두 작은성두 벌에서 죽었어요.'라는 천명의 말이나 '떼무리서만 엎어진 낙배가 스무 척이 넘었구, 옘평서 깨진 중선이 쉰 척이 넘지 않았냐?'라는 공주학 아내의 말에서 알 수 있듯이, 기상의 변화와 자연의 위력으로 섬사람들이 자주 해를 입었던 재난의 공간이다. 바다의 이러한 이중적 성격은 천명, 낙경, 공 씨, 공주학 등의 인물에게 다양하게 경험되고 인식되면서 그들의 생각과 행동에 영향을 미친다.

공간의 성격		인물의 공간에 대한 인식
무의도가 위치한 바다(서해) – 생업의 공간 – 재난의 공간	←	• 공 씨: 긴긴 겨울을 포함하여 일상의 생계를 유지하기 위해서 섬사람들이 할 수 있는 일은 어업이기 때문에 바다는 생업의 공간이라는 인식이 강함. • 천명: 형들이 바다에서 목숨을 잃은 사건 때문에 바다는 재난의 공간이라는 인식이 강함.

포인트 ③ **'낭독'의 특성과 기능** 문항 5 관련

이 작품의 특징은 '나는 이 서글픈 이야기를 그만 쓰기로 하겠다.'라는 낭독을 통해 일종의 후일담을 들려주는 방식으로 이야기를 마무리한다는 점이다. 이 낭독은 무대에서 벌어지는 사건의 뒷이야기, 즉 천명이 탄 배가 숭어 새끼인 동아를 가득 잡았으나 돌아오는 길에 바다의 사나운 물결로 파선되었다는 점, 그 배를 탄 천명과 뱃사람들이 모두 죽거나 실종되었다는 점, '작년 여름' '나'가 무의도를 방문하면서 직접 본 공씨의 회한 등을 담고 있다. 낭독을 통한 후일담의 전달은 사건을 무대화하는 희곡에서 잘 사용하지 않는 독특한 방식이다. 하지만 이런 설정을 통해 관객은 천명이 배를 탄 이후의 파국적 사건과 인물의 회한을 요약적으로 이해할 수 있으며 이를 바탕으로 무대의 장면을 바라보면서 비극적 결말의 의미를 숙고할 수 있다.

■ '천명'이 공주학의 배를 타지 않으려는 이유

천명이 뱃사람이 되지 않으려고 한 이유에는 바다에서 형들이 겪었던 불행한 사건만 있는 것은 아니다. 천명이 뱃사람이 된다는 것은 공주학의 배를 탄다는 것을 의미하는데, 천명은 결코 그 배를 타지 않겠다고 강변한다. 그 이유는 공주학의 배가 구멍 난 부분을 대깔(대나무 부스러기)로 메울 만큼 낡고 부실하기 때문이다. 이러한 배의 상태는 일제 강점기의 우리 어선이 처한 열악한 현실을 대변한다. 당시 일본의 어선은 충분한 자본과 기술력을 바탕으로 우리의 바다를 빠르게 잠식하고 있었다. 우리의 어선은 이러한 불리한 경쟁에서 충분히 정비하지 못하고 고기잡이에 나서야 하는 상황에 내몰린다.

> 공 씨: (불쌍해서) 이놈아, 어서 삼춘네루 가라. 가믄 안 맞지.
> 천명: (쥐어짜는 듯한 소리로 규환을 친다.) 죽으면 죽었지 그 배는 안 타요. 그 밴 부자리가 헐었어요.
> 낙경: 헐긴, 그 배가 왜 헐어? 이놈아, 나가기 싫든 참에 핑계 하나 잘 잡았구나?
> 천명: 성 서방이 거짓말했을 리가 없어요. 그 배는 대깔루 구멍을 며 놔서, 겨우 물이 안 들오지만, 대깔만 빠지면, 배 밑으로 고태굴이 빌 거예요. 더군다나, 골관에서 노대나 한번 만나믄, 부자리가 철썩 갈라질 거예요.
> 공 씨: 이놈아, 그건 구 주부가 너를 배에 못 타게 하느라구, 꾸며서 한 소리야.
> 천명: 내가 배에 가서, 대깔을 빼 봤어요. 나무가 썩어서, 욱이적 욱이적 해요.

■ 이 작품의 등장인물 문항 1 관련

천명	낙경과 공 씨의 셋째 아들. 형들의 죽음으로 인해 바다를 재난의 공간으로 인식하면서 뱃사람이 되지 않으려고 하는 인물
낙경	천명의 아버지. 능력 있는 뱃사람이었으나 한때의 과욕으로 파산한 후 가족의 생계 문제를 해결하기 위해 아들인 천명에게 뱃사람이 될 것을 강요하는 인물
공 씨	천명의 어머니. 가족의 생계 문제를 해결하는 방편으로 천명에게 배 타는 것을 강권하지만 싫어하는 아들의 모습을 보며 연민을 느끼는 인물
공주학	천명의 외삼촌. 매부인 낙경의 도움으로 중선을 부리게 된 후 낙경의 집안을 보살피고 있으며 천명을 뱃사람으로 만들려는 강한 의지를 지닌 인물
판성	천명의 누나인 천순의 약혼자. 천순이 중국으로 팔려 간 후, 그녀를 그리워하며 다시 만날 방법에 골몰하는 인물

EBS Q&A

Q 문학 작품에서 인물의 이름은 어떤 기능을 하나요? 문항 2 관련

A 문학 작품에서 인물은 현실 세계의 인간처럼 대부분 이름을 가지고 있습니다. 작품 창작의 차원에서 인물에게 이름을 붙이는 것은 인물의 인상을 형성하고 성격을 드러내는 가장 편리한 방법이기 때문입니다. 독자는 인물의 이름을 근거로 인물의 성격을 유추하거나 삶의 방향을 짐작할 수 있습니다. 이런 점에서 이 작품에서 가장 주목할 만한 인물의 이름은 천명(天命)입니다. 천명은 낙경과 공 씨의 셋째 아들의 이름으로 '타고난 운명'이라는 뜻을 지니고 있습니다. 천명이라는 이름을 마주하며 우리는 그의 삶이 타고난 운명과 관련된 것은 아닌지 추측할 수 있습니다. 실제로 작품 속 천명은 가난한 섬사람의 자식으로 태어났기 때문에 그가 뱃사람이 되는 것은 타고난 운명과도 같습니다. 천명은 형들이 바다에서 당한 불행한 사건을 계기로 이 운명에서 벗어나고자 노력합니다. 하지만 부모와 주변 사람들의 기대와 강권으로 인해 체념적으로 이 운명에 순응하게 됩니다.

감상 포인트
이 작품은 1966년에 발표된 단편 소설로, 1943년 이후 한동안 작품을 발표하지 않았던 작가의 복귀작이다. 작품은 조마이섬을 배경으로 하여 격동의 근현대사에서 삶의 터전을 일구고 지키려는 하층민의 연대와 저항의 의지를 담은 소설이다. 조마이섬의 사람들은 선조에게 물려받은 삶의 터전을 일제 강점기에는 총독부 권력에 의해, 광복 후에는 유력자에 의해 빼앗기는 수난을 당한다. 섬사람들은 발을 붙이고 살아오던 자신들과는 무관하게 소유자가 뒤바뀌는 이러한 모순적 현실에 대해 분노를 느끼고 힘을 모아 저항한다. 작품은 저항에 앞장선 갈밭새 영감이 투옥되고 건우의 행방도 묘연해지는 것으로 끝을 맺는데, 이러한 결말을 통해 모순된 현실의 문제와 억압받는 사람들의 고통이 여전히 계속되고 있음을 고발하고 있다.

주제
부당한 권력에 맞서 삶의 터전을 지키려는 섬사람들의 시련과 저항 의지

전체 줄거리
'나'는 K 중학교의 교사로 재직하면서 나룻배 통학생인 건우에게 관심을 가지게 되고 가정 방문차 그의 집을 방문한다. 그곳에서 '나'는 윤춘삼과 건우 할아버지인 갈밭새 영감을 만나고 그들이 들려주는 조마이섬 사람들의 비참한 삶에 관한 이야기를 들으며 안타까움을 느낀다. 어느 날, 폭풍우로 인해 홍수가 나면서 조마이섬 주민들은 고립되어 죽음의 위기에 빠진다. 그때 갈밭새 영감은 섬사람들과 함께, 힘 있는 자들이 섬 매립을 목적으로 만들어 놓은 둑을 허물려 하는데, 그것을 막는 사람들과 마찰을 빚다가 한 사람을 물속에 집어 던진다. 그리고 이 일로 갈밭새 영감은 경찰에게 붙들려 간다. 폭풍우가 끝났으나 갈밭새 영감은 기약 없이 감옥에 갇히고, 새 학기가 되어도 건우는 학교에 오지 않는다. 그리고 군대가 조마이섬의 땅을 반반하고 고르게 만들고 있다는 소문이 들린다.

[앞부분 줄거리] K 중학교 교사로 부임한 '나'는 건우에게 관심을 가지게 되고 건우네 집에 가정 방문을 하게 된다. '나'는 윤춘삼 씨와 건우 할아버지인 갈밭새 영감으로부터 근현대사의 역사 속에서 부당한 권력에 의해 삶의 터전을 빼앗기며 고난을 겪어 온 조마이섬 사람들의 비참한 삶의 내력을 듣고 안타까움을 느낀다.

건우 할아버지와 윤춘삼 씨가 들려준 조마이섬 이야기는 언젠가 건우가 써냈던 '섬 얘기'에 몇 가지 기막히는
<small>덧붙인 일화가 상식적인 일과는 거리가 있다는 뜻으로 비판적 시각을 엿볼 수 있음.</small>
일화가 붙은 것이었다.

"우리 조마이섬 사람들은 지 땅이 없는 사람들이요. 와 처음부터 없기싸 없었겠소마는 죄다 뺏기고 말았지요.

옛적부터 이 고장 사람들이 젖줄같이 믿어 오는 낙동강 물이 맨들어 준 우리 조마이섬은……."
<small>조마이섬에 대한 섬사람들의 인식 ① – 낙동강 물이 만들어 준 곳</small>
건우 할아버지는 처음부터 개탄조로 나왔다. 선조로부터 물려받은 땅, 자기들 것이라고 믿어 오던 땅이 자기
<small>조마이섬의 역사에 대한 섬사람들의 정서를 엿볼 수 있음.　　조마이섬에 대한 섬사람들의 인식 ② – 선조들로부터 물려받은 삶의 터전</small>
들이 겨우 철들락 말락 할 무렵에 별안간 왜놈의 동척 명의로 둔갑을 했더란 것이었다.
<small>'동양 척식 주식회사'를 줄여 이르는 말</small>
"이완용이란 놈이 '을사 보호 조약'이란 걸 맨들어 낸 뒤라 카더만!"

윤춘삼 씨의 퉁방울 같은 눈에도 증오의 빛이 이글거리기 시작했다. ▶ 건우 할아버지와 윤춘삼 씨가 들려준 조마이섬 이야기
<small>조마이섬을 빼앗은 사람과 세력에 대한 감정</small>
1905년 — 을사년 겨울, 일본 군대의 포위 속에서 맺어진 '을사 보호 조약'이란 매국 조약을 계기로, 소위 '조

선 토지 사업'이란 것이 전국적으로 실시되던 일, 그리고 이태 후인 정미년에 가서는 "한국 정부는 시정 개선에

관하여 통감의 지도를 수할 사"란 치욕적인 조목으로 시작한 '한일 신협약'에 따라, 더욱 그 사업을 강행하고

역둔토(驛屯土)의 대부분과 삼림 원야(森林原野)들을 모조리 국유로 편입시키는 등 교묘한 구실과 방법으로써
<small>국유지의 별칭. 역토와 둔토를 의미하는 말이었으나, 1906년 이후 일제가 황실 재산과 국유 재산을 정리하면서 역둔토를 국유지의 별칭으로 쓰기 시작함.</small>
농민들로부터 빼앗은 뒤, 다시 불하하는 형식으로 동척과 일인 수중에 옮겨 놓던 그 해괴망측한 처사들이 문득
<small>조선의 토지를 교묘한 구실과 방법으로 강탈하고 동척과 일본인에게 팔아넘긴 일제의 행적을 비판하는 표현임.</small>
내 머릿속에도 떠올랐다. ▶ 조마이섬 이야기에서 역사적 사건들을 떠올리는 '나'

"쥑일 놈들." / 건우 할아버지는 그렇게 해서 다시 국회 의원, 다음은 하천 부지의 매립 허가를 얻은 유력
<small>부당한 권력에 대한 분노와 비판을 단적으로 나타냄.　　　　　　　　　　근현대사에서 조마이섬에 대한 권리는 해방 후에도 지속적으로 유력자들에 의해</small>
자…… 이런 식으로 소유자가 둔갑되어 간 사연들을 죽 들먹거리더니,
<small>유린되어 감.</small>

"이 꼴이 되고 보니 선조 때부터 둑을 맨들고 물과 싸워 가며 살아온 우리들은 대관절 우찌되는기요?"
<small>조마이섬에 대한 섬사람들의 인식 ③ – 둑을 만들고 물과 싸워 가며 일군 땅</small>

그의 꺽꺽한 목소리에는, 건우가 지각을 하고 꾸중을 듣던 날 "나릿배 통학생임더" 하던 때의, 그 무엇인가를 서주하듯 한 감정이 꿈틀거리고 있는 것 같았다. 얼마나 그들의 땅에 대한 원한이 컸던가를 가히 짐작할 수가 있었다. **(중략)**

▶ 조마이섬 사람들의 분노와 원한

바로 어제 있은 일이었다. 하단서 들은 대로 소위 배짱들이 만들어 둔 엉터리 둑을 허물어 버린 얘기였다.

— 비는 연 사흘 억수로 쏟아지지, 「실하지도 않은 둑을 그대로 두었다가 물이 더 불었을 때 갑자기 터진다면 영락없이 온 섬이 떼죽음을 했을 텐데, 마침 배에서 돌아온 갈밭새 영감이 설두를 해서 미리 무너뜨렸기 때문에 다행히 인명에는 피해가 없었다는 것이다.」

「 」: 갈밭새 영감을 포함한 섬사람들이 둑을 무너뜨린 이유

"그런데 와 건우 할아버진 끌고 갔느냐고요?"

윤춘삼 씨는 그제야 소주를 한 잔 훅 들이켜고 다음을 계속했다. 섬사람들이 한창 둑을 파헤치고 있을 무렵이었다 한다. 좀 더 똑똑히 말한다면, 조마이섬 서쪽 강둑길에 검정 지프차가 한 대 와 닿은 뒤라 한다. 웬 깡패같이 생긴 청년 두 명이 불쑥 현장에 나타나더니, 둑을 허물어뜨리는 광경을 보자, 이내 노발대발 방해를 하기 시작하더라고. 엉터리 둑을 막아 놓고 섬을 통째로 집어삼키려던 소위 유력자의 앞잡인지 뭔지는 모르되, 아무리 타일러도, "여보, 당신들도 보다시피 물이 안팎으로 이렇게 불어나는데 섬사람들은 어떻게 하란 말이오?" 해 봐도, 들어주긴커녕 그중 힘깨나 있어 보이는, 눈이 약간 치째진 친구가 되레 갈밭새 영감의 괭이를 와락 뺏더니 물속으로 핑 집어 던졌다는 거다.

유력자의 앞잡이

섬사람들의 안전보다는 섬의 소유에만 신경 쓰는 유력자 편의 행동

▶ 둑을 허무는 문제로 갈등하는 섬사람들과 유력자의 앞잡이

그러곤 누굴 믿고 하는 수작일 테지만 후욕패설을 함부로 뇌까리자, 순간 화가 머리끝까지 치밀었을 갈밭새 영감도, / "이 개 같은 놈아, 사람의 목숨이 중하냐, 네놈들의 욕심이 중하냐?"

유력자를 가리킴.

섬을 통째로 집어삼키려는 욕심

말도 채 끝내기 전에 덜렁 그자를 들어 물속에 태질을 해 버렸다는 것이다. 상대방은 '아이고' 소리도 못 해 보고 탁류에 휘말려 가고, 지레 달아난 녀석의 고자질에 의해선지 이내 경찰이 둘이나 달려왔더라고.

세게 메어치거나 내던지는 짓

"내가 그랬소!" / 갈밭새 영감은 서슴지 않고 두 손을 내밀었다는 거다. 다행히도 벌써 그때는 둑이 완전히 뭉개지고, 섬을 치덮던 탁류도 빙 에워 돌며 뭉그적뭉그적 빠져나가고 있었다는 것이다.

"정말 우리 조마이섬을 지키다시피 해 온 영감인데…… 살인죄라니 우짜문 좋겠능기요?"

게까지 말하고 나를 쳐다보는 윤춘삼 씨의 벌건 눈에서는 어느덧 닭똥 같은 눈물이 뚝뚝 떨어지기 시작했다.

법과 유력자의 배짱과 선량한 다수의 목숨…… 나는 이방인처럼 윤춘삼 씨의 캉캉한 얼굴을 건너다보았다.

▶ 건우 할아버지가 경찰에게 끌려간 사연

폭풍우는 끝났다. 육십 년래 처음이니 뭐니 하고 수다를 떨던 라디오와 신문들도 이젠 거기에 대해선 감쪽같이 말이 없었다. 그저 몇몇 일간 신문의 수해 구제 의연란에 다소의 금액과 옷가지들이 늘어 갈 뿐이었다.

조마이섬의 사람들과 그들의 시련에 관해 진심으로 관심을 갖지 않는 모습

섬사람들의 애절한 하소연에도 불구하고 육십이 넘는 갈밭새 영감은 결국 기약 없는 감옥살이로 넘어갔다.

그리고 구월 새 학기가 되어도 건우 군은 학교에 나타나지 않았다. 끝내 돌아오지 않았다. 그의 일기장에는 어떠한 글이 적힐는지.

땅을 반반하고 고르게 만듦. 또는 그런 일

황폐한 모래톱 — 조마이섬을 군대가 정지를 하고 있다는 소문이 들렸다.

▶ 기약 없는 감옥살이를 하는 갈밭새 영감과 학교로 돌아오지 않은 건우

'나'의 역할 문항 3 관련

이 소설의 서술자는 일인칭 관찰자 시점의 '나'이다. '나'는 건우, 윤춘삼, 갈밭새 영감 등 조마이섬 사람들의 삶과 그들이 겪었던 사건을 관찰하고 전달한다는 점에서 기본적으로 보고자의 역할을 한다. 주목할 점은 '나'의 이러한 보고가 고발의 성격을 띠고 있다는 점이다. '나'는 건우의 '섬 얘기', 윤춘삼과 갈밭새 영감의 '조마이섬 이야기'에서 표출되는 분노, 슬픔, 증오의 감정도 함께 전달하는데, 이를 통해 조마이섬 사람들이 겪은 부조리와 그들을 억압하고 수탈한 권력자와 유력자의 횡포를 고발한다.

 인물 간의 갈등 문항 6 관련

이 작품의 사건은 조마이섬에서 살고 있는 거주자와 조마이섬을 자기의 것으로 가지려는 권력자와 유력자 간의 갈등과 관련이 깊다. 이 작품의 주요 인물인 건우, 윤춘삼, 갈밭새 영감은 모두 조마이섬에서 뿌리내리며 살아온 거주자로, 그들은 이 섬을 낙동강 물이 만들어 준 곳, 선조로부터 물려받은 땅, 둑을 만들고 물과 싸워 가며 일군 땅으로 인식한다. 반면, 일제, 국회 의원, 어느 유력자는 권력을 활용하여 거주자의 의사와는 무관하게 조마이섬을 가지려는 소유자로, 그들에게 조마이섬은 탐욕의 대상이다.

조마이섬의 거주자들	→ 조마이섬 ←	조마이섬의 소유자들
조마이섬에 대한 인식: 삶의 터전	VS	**조마이섬에 대한 인식: 탐욕의 대상**
• 낙동강 물이 만들어 준 곳 • 선조로부터 물려받은 삶의 터전 • 둑을 만들고 물과 싸워 가며 일군 땅		• 일본은 조마이섬을 교묘하게 강탈하여 동양 척식 주식회사의 소유로 만듦. • 해방 후 국회 의원, 유력자는 거주자의 의사와는 무관하게 권력을 악용해 소유함.

 '후일담'의 기능 문항 5 관련

이 작품의 특징 중 하나는 '폭풍우는 끝났다.'라는 문장으로 시작하는 후일담으로 작품을 마무리한다는 점이다. 이 후일담은 폭풍우가 쏟아진 '어제 있은 일' 이후의 뒷이야기, 즉 폭풍우에 대한 언론의 관심은 금세 사그라들었다는 것, 섬사람들이 갈밭새 영감을 위해 애절하게 하소연했다는 것, 그러한 호소에도 불구하고 갈밭새 영감은 기약 없는 감옥살이를 하게 되었다는 것, 새 학기가 되어도 건우는 학교로 돌아오지 않았다는 것 등의 사실을 담고 있다. 독자는 이러한 후일담을 통해 폭풍우 이후 조마이섬 사람들이 마주한 비극적 상황을 요약적으로 이해할 수 있다. 또한 이 후일담을 이 소설의 시작 부분에서 밝힌 글을 쓴 동기와 연계하면서 모래톱 이야기를 쓰고 읽고 기억하는 행위의 의미를 생각할 수 있다.

> 이십 년이 넘도록 내처 붓을 꺾어 오던 내가 새삼 이런 글을 끄적거리게 된 건 별안간 무슨 기발한 생각이 떠올라서가 아니다. 오랫동안 교원 노릇을 해 오던 탓으로 우연히 알게 된 한 소년과, 그의 젊은 홀어머니, 할아버지, 그리고 그들이 살아오던 낙동강 하류의 어떤 외진 모래톱─이들에 관한 그 기막힌 사연들조차, 마치 지나가는 남의 땅 이야기나, 아득한 옛날이야기처럼 세상에서 버려져 있는 데 대해서까지는 차마 묵묵할 도리가 없었기 때문이다.

■ 「모래톱 이야기」의 등장인물 문항 4 관련

'나'	건우의 중학교 담임 교사이자 조마이섬의 사건을 전달하는 서술자
건우	조마이섬에서 나룻배로 등교하는 통학생으로, 섬 얘기를 통해 조마이섬의 현실을 잘 표현함.
윤춘삼	조마이섬의 주민으로 '나'와 감옥에서 같이 지낸 일이 있음. '나'가 건우의 집을 방문했다가 우연히 다시 만남.
갈밭새 영감	조마이섬에서 평생을 살아온 토박이. 6·25 전쟁에서 큰아들을, 바다에서 작은아들을 잃은 후 며느리, 손자 건우와 함께 살고 있음.

감상 포인트 이 작품은 1953년에 발표된 전후 소설로, 6·25 전쟁을 겪으며 삶의 궤적이 변화한 세 인물의 삶을 그리면서, '어떻게 살아야 하는가'의 문제를 탐구하고 있다. 이 작품에는 한때 세속적 가치에 초연한 작가였으나 운수업을 통해 경제적으로 성공하면서 정신적 가치를 잊고 타락한 조운, 그를 따르던 명랑한 문학소녀였으나 전쟁으로 집안이 몰락한 이후 시대적 사명을 깨닫고 정신적으로 성숙한 미이, 그리고 생계의 문제를 해결하기 위해 교직에 종사하며 작가로서의 삶을 포기한 채 미련만 갖고 있는 석 등 세 인물이 등장한다. 작가는 이 세 가지 삶의 유형을 통해, 인간성이 황폐해지고 생존 자체가 지상 과제가 되는 전쟁의 비극적 상황에서 바람직한 삶의 방향이 무엇인지를 독자에게 묻고 있다.

주 제 사명과 생활 사이에서 방황하며 삶의 방향을 고민하는 지식인의 고뇌

전체 줄거리 6·25 전쟁 전에 작가였던 석은 피란지인 부산에서 교사로 일하고 있다. 석은 교직을 통해 생계의 문제를 해결하면서 안정감을 느끼지만, 곧 생활에 치여 잡문 하나 쓸 수 없다는 사실에 초조함과 공허함을 느낀다. 그러던 어느 날, 동료 작가였다가 전쟁 때 소식이 끊기고 온갖 소문만 무성하던 친구 조운이 그를 찾아온다. 석은 조운이 타고 온 고급 차에 동승하고, 술을 마시며 궁금했던 것들을 물었으나, 조운은 종이 꾸러미를 꺼내며 미이에 대해 이야기한다. 미이는 부유하게 자란 명랑한 성격의 문학소녀로, 세속적 가치에 초연했던 조운을 따르던 사람이다. 전쟁의 와중에 자동차 운수업을 통해 경제적으로 성공한 조운은 전쟁으로 인해 집안이 풍비박산이 난 미이를 부산에서 우연히 만나게 되고, 그녀를 돕고자 한다. 조운은 미이에게 다방을 차려 주겠다고 제의하지만, 미이는 생각할 여유를 달라고 한다. 며칠 후 조운을 만나기로 한 날 미이는 간호 장교에 지원하여 시험을 보러 간다는 내용의 편지와 검정 넥타이를 담은 종이 꾸러미를 다방에 남겨 두고 떠난다. 이를 계기로 조운은 자신의 정신적 타락을 뼈저리게 느끼며 석을 찾은 것이다. 석은 조운의 이야기를 들으면서 미이에게 강한 인상을 받게 되고, 그날 밤 집으로 돌아와 잠을 이루지 못하며 자신의 삶을 돌아본다.

서로 말로 하는 수작을 보아서는 지극히 친밀하고 흉허물 없는 사이인 것 같은데, 어쩌면 하나는 저렇게 풍부
하고 기름이 흐르고, <u>하나는 저렇게도 몰골이 초라할까?</u> 둘 사이의 주고받는 대화와는 어울리지 않는 외면의 현
<small>조운</small>
<small>석</small>
격한 차이가 마치 만화의 인물이 튀어나와 실제로 움직이는 것을 보는 듯했을 것이다. 동료들의 호기심은 이 점
에 있는 것은 아닐까?

사실, 석도 몸집과 차림차림이 얼른 알아볼 수 없으리만큼 변해 버린 작가(作家) 조운을 대할 때, <u>경이의 눈을</u>
<small>조운의 변화에 대해서 석도 놀라고 있음.</small>
뜨지 않을 수 없었다.

억지로 전에 하던 버릇대로 농조로 말을 끄집어는 냈으나, 그와 대조하여 석 자신의 몰골이 얼마나 초라할까
가 마음에 걸려 미상불 주눅이 잡히기까지 하였다.

"아니, 자네도 이렇게 몸이 나고, 이렇게 좋은 옷을 입고, 이렇게 훌륭한 모자를 쓰고, 또 고급 차로 출입을 하
고 할 때가 있었던가? 세상은 변하고 볼 일일세."

"기적 같단 말이지?"

<u>사실 기적이라고 말할 수도 있었다.</u>   ▶ 몸집과 옷차림 등이 크게 바뀐 조운의 변화와 석의 놀람
<small>석이 본 조운의 모습이 사변 전의 '초라한 모습'과 비교할 때 '풍부하고 기름이 흐르'게 변한 것임을 부각한 표현</small>
작가 조운이라면, <u>독특한 철학적인 명제를, 그것을 담는 난삽한 문체를 고집하는 작가</u>로서 개성이 뚜렷한 존
<small>조운이 쓴 작품의 문학적 개성에 해당함.</small>
재였다. 더욱이 <u>자신에 충실하고 문학에 대한 결백성을 굳게 지켜 오는 것</u>으로 문단인의 존경을 받아 오던 사람
<small>조운의 문학적 신념이자 조운이 문단에서 존경을 받는 이유</small>
이었다.

그를 따르는 문학소녀가 많았다. 무엇이 깃들어 있는 것 같은 풍모와 작품, 범속한 것을 싫어하는 문학소녀들
의 단순한 호기심이라고 할까?

그러나 그 반면에 문학적인 적도 많이 가지고 있는 사람이었다.

그리고 그의 난해한 문장은 녹자를 많이 갖고 있지 않았다.

'신음하면서 찾아 얻으려는 사람만을 시인(是認)할 수 있다'는 그의 인간적인 신념은 그대로 그의 문학적인 신
_{문장이 어렵더라도 그 뜻을 이해하려는 사람을 자신의 독자로 인정하려는 조운의 신념을 드러내는 표현}
조였다.

항상 생각하고, 자신이 생각해서 도달한 것만이 진리라고 단정하는 그는, 그러므로 과작이었고 생활은 늘 궁
_{조운은 자신의 문학적 신조로 인해 창작하는 작품이 많지 않았고 그로 인해 수입도 적어 생활이 어려웠음.}
하였다. / 그러나 생활을 유지하기 위하여 매문(賣文)은 하지 않았다.
_{조운은 생계를 위해 실속 없는 글을 써서 팔지 않음.}
항상 초라한 몰골을 하고 있는 그는 외면적인 차림에 도무지 무관심이었다.
_{조운이 석을 다시 찾아왔을 때의 몸집. 옷차림과 대조됨. 석이 재회한 조운에게 놀란 이유임.}
생활력이 어지간한 부인의 덕으로 아이들은 굶기지 않았으나, 가정을 돌보지 않는 것이 몸차림에 무관심한 것

이나 다를 것이 없었다. 무슨 회합에든 공식 모임에는 통 나가지 않았다.
▶ 외면적 차림에 무관심했으나 작가로서 존경을 받던 조운의 과거

[중략 부분 줄거리] 석은 오랜만에 만난 조운과 식사를 하고, 그 자리에서 미이가 조운에게 보낸 검정 넥타이를 보게 된다. 검정 넥타이
는 조운이 6·25 전쟁 전에 일상적으로 매던 것으로, 미이가 속세에 초연했던 당시의 조운과 잘 어울린다고 생각했던 물건이다. 전쟁을
겪으며 삶의 태도를 바꾸고 부유한 사업가가 된 조운은 자신의 경제적 성공이 타락에 지나지 않는다고 석에게 고백한 후, 부산에서 다시
만난 미이와의 일화를 들려준다.

"선생님은 살아가는 것을 즐겁다고 생각하세요?" / 오금 박듯 말하였네.

나는 뜨끔하였네. 그리고 일부러 내 편에서 더 명랑성을 띠며 응수했네.
_{조운}   _{조운이 뜨끔한 마음을 감추기 위해 기분을 꾸며 말하는 모습}
"건 미이답지 않은 질문인데. 오오라, 사변* 통의 불행으루 미이 인생관 변했군그래…… 그러니까, 이를테면

백팔십도 전환으루 지금은 인생을 비관한단 말이지?"
_{전쟁 전의 미이는 인생을 낙관했음을 알 수 있음.}
"비관하는 건 아녜요."

"비관 안 해? 그럼 안심이야. 비관 안 함 역시 낙관이겠군."

"비관두 낙관두 아니에요." / "그럼? 중간판가? 중간판 없어졌어."
_{중간파. 1920년대 후반, 계급주의 문학론과 민족주의 문학론 간의 갈등을 해소하기 위하여 절충적인 문학론을 제기한 작가들을 이르는 말}
"호, 호, 호, 말재주 어디서 그렇게 느셨어요?"   ▶ 다시 만난 미이의 기분을 풀기 위해 노력하는 조운

미이의 침울이 풀려지는 듯해 나는 될 수 있으면 그로 하여금 명랑하였던 서울 시절을 회상하도록, 기억에 남

아 있는 서울서의 화제를 끄집어내었네.

"이것두 저것두 아님, 세상 나오질 않을 걸 그랬군. 오빤지 언닌지 모르는 그 애기에게 양보할 걸 그랬어……

하, 하 ……."

"선생님 기억두 참 좋으시네. 그 말 잊지 않으셨군요…… 그러나 그렇게 생각진 않아요. 역시 이 세상에 나온

걸 고맙게 여겨요. 기쁘게 여겨요."

"그렇게 생각한다? 그럼 더욱 안심이군. 그러니까 결국 미이 생각 변한 게 없구먼…… 서울 때처럼 명랑해지

구 기운을 내라구."

"생각 변한 게 있다면 이걸까요?" / "뭐? 역시 변한 거 있나?"
_{미이가 전쟁 전과는 다르게 생각하는 것}
"그 어려운 목숨과 형체를 받아 사람이 세상에 나오게 된 것이니, 필요 없이 내보내지 않았을 거예요. 이 세상

에 꼭 할 일이 있기에 내보낸 것이 아닐까요."

"사명(使命)을 지고 나왔다는 말이지?"

"예. 사명이에요. 보람 있는 사명이에요."

_{미이가 전쟁을 겪으며 변화한 생각의 핵심 내용}

"……." / 문득, 나는 나 자신을 돌이켜 보고 움찔했으나, 미이는 말을 이었네.

"그러나 제 사명을 바루 찾아 그 사명을 다하는 사람두 있구, 못 찾구 거지처럼 보람 없이 인생을 마치는 사람이 있을 게라구 생각해요."

"그럼, 미이 사명은?" / "……."

미이는 머리를 숙이더니 숙인 채로 낮은 목소리로 중얼거리듯 말하였네.

"헤치구 찾아봐야잖아요." ▶ 보람 있는 사명을 찾고자 한다는 생각을 조운에게 밝히는 미이

이튿날부터 부산에서의 새 사업 계획에 분망한 틈을 타서, 나는 미이를 하루 한 번씩은 만났고, 그의 판잣집에도 찾아가 보았네. 그 생활이란 말이 아니데. <u>꼼짝 못 하고 누워 있는 미이 아버지의 얼빠진 모양, 고생 모르고 늙던 어머니의 목판 장사하는 정경.</u>

_{전쟁 전에는 부족함이 없었으나 전쟁을 통해 많은 것을 잃은 미이의 가족}

나는 미이의 가족을 구해야겠다는 생각이 더욱 간절했네. 그러나 미이와 자주 만나는 사이 처음의 순수했던 생각보다도 야심이 더 앞을 섰다는 것을 고백하네. 술과 계집이 마음대로였던 내 생활이라, 미이에 대해 밖으로 나타나는 태도도 좀 다르다고 미이 자신이 눈치챘을 것일세. ▶ 부산에서 미이의 삶과 미이를 돕고자 하는 조운의 속내

_{조운이 미이를 돕는 방편}

나는 다방을 하나 차려 줄 것에 생각이 미치었네. <u>이것이면 내 힘으로 자금 유통도 되고, 미이의 명랑성도 셀스도 살릴 수 있고, 수입 면도 문제없다고 생각했네.</u>

_{조운이 다방을 차려 미이를 돕고자 하는 이유. 보람 있는 사명을 찾겠다는 미이의 말을 조운이 진지하게 경청하지 않았음이 드러남.}

이 계획을 말했더니, 처음에는 그럴싸하게 듣고, 얼굴에 희망의 불그레한 홍조까지 떠올렸던 미이였으나, 다음 날 오 일간의 생각할 여유를 달라는 것이었네. 더 생각할 여지도 없는 일일 터인데 망설이는 것이 수상쩍었으나, 그러마 하고 나는 동아 극장 옆에 있는 마침 물려주겠다는 다방 하나를 넘겨 맡기로 이야기가 다 되었었네. 그 닷새 되는 날이 오늘이고, 정한 시각에 연락 장소인 다방엘 갔더니, <u>레지가 내민 것이 종이 꾸러미였네. 펴 보고 놀라지 않을 수 없었네.</u> 다른 길과 달라 간호 장교이고

_{다방 종업원}　　　_{조운이 예상하지 못한 쪽지의 내용과 물건을 확인하며 느낀 감정}

보니, 생활 방편을 위한 것이 아님이 대뜸 짐작이 갔고, 더욱 나의 뒤통수를 때린 것이 검정 넥타이였네. 그러면 미이가 첫날 다방에서 '사명 운운'했던 것은 그 길을 말함이었던가? 나는 부끄럽기

_{미이의 선택과 자신의 삶을 대조하면서 조운이 느낀 감정}

짝이 없었네. <u>검정 넥타이를 들고, 나는 비로소 삼 년 동안 내가 정신적으로 타락의 길을 걷고 있었다는 것을 뼈아프게 느끼었네.</u> ★

_{검정 넥타이를 보면서 조운이 자신의 삶을 성찰한 결과}

> ★ 문제 해결 키 ┃ 문항 5 관련 ┃
>
> ┃　'넥타이'의 의미　┃
>
> ▼
>
> 넥타이는 조운이 미이에게 받은 것으로, 조운의 뒤통수를 때리면서 현재의 삶이 타락한 삶임을 일깨웠다는 점에서 현재의 삶을 반성하게 되는 계기로 볼 수 있음.

미이가 말하는 그 사명을 찾는 길, 사명을 다하는 일을 나는 사변이라는 외적인 격동 때문에 포기하고 만 것일세. 가장 잘 생각하는 체하던 나는 가장 바보같이 생각했고, 부박하다고 세상을 모른다고 여기었던 미이는 사변에서 키워졌고 굳세어졌고, 올바른 사람이 된 것일세. <u>이렇게 생각하자 나는 천야만야한 낭떠러지를 굴러떨어지는 듯했네.</u> 구르면서 걸어잡으려고 한 것이 친구의 구원이었네. 자네를 찾은 것은 이 때문일세……

_{간호 장교가 되겠다는 미이의 편지와 검정 넥타이를 보고 조운이 자신의 삶을 직시하면서 느낀 충격을 표현함.}

▶ 미이를 통해 자신의 삶을 직시하며 충격을 느끼는 조운

* **사변**: 한 나라가 상대국에 선전 포고도 없이 침입하는 일. 여기에서는 6·25 전쟁을 가리킴.

이 작품의 서술상 특징 문항 1 관련

이 작품의 서술자는 삼인칭 전지적 시점의 서술자로, 6·25 전쟁을 거치며 삶의 궤도가 달라진 세 인물의 행적을 이야기한다. 이 작품의 서술상 특징은 크게 두 가지이다. 하나는 서술자가 여러 인물의 인식과 정서를 전달하되 대체로 석의 시선에서 서술하고 있다는 점이다. 석의 생활과 고민뿐만 아니라 조운과의 만남과 그의 행적, 미이의 현실과 선택 중 많은 부분이 석의 시선을 매개로 전달되고 있다. 또 다른 특징은 작품의 종반부인 7장에서 조운의 말이 그대로 인용되면서 시점이 일인칭 주인공 시점으로 교체되는 효과를 보인다는 점이다. 7장에서 '나'는 조운이 자신을 지칭하는 것으로, 미이와의 만남, 특히 부산에서 미이를 다시 만난 '나'의 생각과 정서, 즉 조운의 내면이 생생하게 드러난다.

- 시점의 유형: 삼인칭 전지적 시점의 서술자
- 서술자가 여러 인물의 인식과 정서를 전달하되 대체로 석의 시선에서 서술함.
- 작품의 종반부에서는 조운의 말을 그대로 인용하며 일인칭 주인공 시점으로 교체되는 효과를 보임.

 사건의 전개에 따른 인물의 변화 문항 6 관련

이 작품에서 전쟁은 여러 인물의 삶이 극적으로 변화하는 계기다. 인물들은 전쟁을 겪으며 전쟁 전과는 다른 삶의 조건에 놓이며 그에 따라 문학이나 삶에 대한 그들의 인식과 태도를 바꾼다. 전쟁 전의 조운은 자신만의 문학 세계를 구축한 작가였다. 하지만 그는 전쟁을 겪으면서 작가의 길을 떠나 사업가로 변신하며 경제적으로 성공한다. 전쟁 전의 미이는 부유한 가정에서 자란 낙천적인 문학소녀였다. 전쟁으로 집안은 풍비박산이 나고 생존의 고통을 겪지만, 그녀는 절망하지 않고 간호 장교가 되고자 한다. 전쟁 전의 석은 문학을 마음의 지주이자 생활의 목표로 삼았던 문학인이었다. 그는 전쟁의 과정에서 생계를 해결하기 위해 교사가 되지만, 작가의 길에서 멀어지는 자기 모습에 초조함을 느낀다. 이처럼 이 작품은 전쟁이 인간의 삶을 어떻게 변화시키는지를 다양하게 제시하고 있다.

 제목의 의미 문항 5, 6 관련

이 작품의 주요 인물은 곧 전후의 현실을 살아가는 인간의 세 유형을 대표한다. 이러한 유형은 석의 내적 갈등과 관련된 사명과 생활의 관계로 구분할 수 있다. 조운은 경제적 성공을 꿈꾸며 작가의 길을 버렸다는 점에서 생활을 위해 사명을 저버린 유형에 해당한다. 반면, 미이는 생존의 고통에도 불구하고 '이 세상에서 꼭 할 일'을 고민하고 모색했다는 점에서 생활에 얽매이지 않고 사명을 선택한 유형에 속한다. 마지막으로 석은 생계를 위해 선택한 교육자의 길과 마음의 지주였던 작가의 길 사이에서 갈팡질팡하고 있다는 점에서 사명과 생활 사이에서 방황하는 유형이다. 작품의 제목인 '제3 인간형'은 바로 석이 대표하는 인물 유형을 가리킨다. 이 작품은 사명과 생활 사이에서 고뇌하고 방황하는 인물형의 시각을 중심으로 생활에 안주한 세속된 인물형과 사명을 선택한 성숙한 인물형을 양편에 제시함으로써 전후 지식인의 고뇌와 방황을 생생하게 그려 내고 있다. 또한 이를 통해 전후 현실에서 어떻게 살아야 할 것인가라는 본질적인 질문을 효과적으로 제기하고 있다.

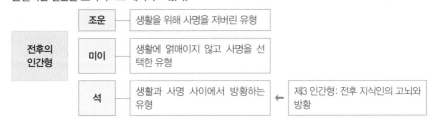

감상 포인트 1979년에 발간한 작가의 첫 시집 『우리를 적시는 마지막 꿈』에 실린 시로, 기성세대가 된 중년의 화자가 18년 전의 순수했던 청년 시절을 회상하고 현재의 소시민적 삶을 반성하는 내용을 담고 있다. 젊은 시절의 화자와 친구들은 세상을 바꿀 수 있다는 꿈을 품고 노래를 목청껏 불렀지만, 18년이 흐른 후의 그들은 세속적 가치를 좇으며 현실 순응적인 소시민의 삶을 영위하고 있다. 4·19가 불러일으킨 이상과 열정, 순수함을 의미하는 '옛사랑'은 이제 '희미한 그림자'로만 남아 화자를 부끄럽게 만들고 있다.

주 제 젊은 날의 순수와 열정을 잃고 소시민의 삶을 영위하는 4·19 세대의 자기 성찰

4·19가 나던 해 세밑 / 우리는 오후 다섯 시에 만나
　　한 해가 끝날 무렵
반갑게 악수를 나누고 / 불도 없이 차가운 방에 앉아
　　　　　　　　가진 것이 적고 열악했던 젊은 시절의 상황
하얀 입김 뿜으며 / 열띤 토론을 벌였다
　'차가운 방'과 대비되면서 젊은 시절의 열정을 더욱 부각함.
어리석게도 우리는 무엇인가를 / 정치와는 전혀 관계없는 무엇인가를
반어적 표현　　　　　이상적 가치　　　이들이 지향한 이상적 가치가 정치보다 더 중요하고 정치보다 더 영원한 것임을 의미함.
위해서 살리라 믿었던 것이다 / 결론 없는 모임을 끝낸 밤

혜화동 로터리에서 대포를 마시며 / 사랑과 아르바이트와 병역 문제 때문에
　　　　　　큰 술잔으로 마시는 술　　　　젊은 시절의 일상적 고민
우리는 때 묻지 않은 고민을 했고 / 아무도 귀 기울이지 않는 노래를
　　　　　　　　　　　세속적 관심사와는 거리가 있음을 의미함.
누구도 흉내 낼 수 없는 노래를 / 저마다 목청껏 불렀다
다른 어떤 세대가 아닌 청년만이 가질 수 있는 것임을 의미함.
돈을 받지 않고 부르는 노래는 / 겨울밤 하늘로 올라가
물질적 가치와 타협하지 않는 것임을 의미함.
별똥별이 되어 떨어졌다　　　　　　　　　　　▶ 1~19행: 4·19를 겪은 젊은 시절의 순수한 이상과 열정

그로부터 18년 오랜만에
　　　　시간의 경과
우리는 모두 무엇인가 되어 / 혁명이 두려운 기성세대가 되어

넥타이를 매고 다시 모였다★ / 회비를 만 원씩 걷고

처자식들의 안부를 나누고 / 월급이 얼마인가 서로 물었다
　　□ : 현실에 얽매여 살아가는 현재의 삶
치솟는 물가를 걱정하며 / 즐겁게 세상을 개탄하고

익숙하게 목소리를 낮추어 / 떠도는 이야기를 주고받았다

모두가 살기 위해 살고 있었다 / 아무도 이젠 노래를 부르지 않았다

적잖은 술과 비싼 안주를 남긴 채 / 우리는 달라진 전화번호를 적고 헤어졌다

몇이서는 포커를 하러 갔고 / 몇이서는 춤을 추러 갔고 △ : 현재의 향락적인 삶을 의미함.

몇이서는 허전하게 동숭동 길을 걸었다　　　　▶ 20~37행: 이상과 열정을 잃고 현실에 순응하며 사는 중년의 세속적인 모습
동숭동은 서울 종로구에 있는 행정 구역으로, 젊은 시절의 우리가 노래를 불렀던 혜화동 로터리와 바로 인접한 곳임.
돌돌 말은 달력을 소중하게 옆에 끼고
　　　　　　젊은 시절의 순수한 이상과 열정을 상징함.
오랜 방황 끝에 되돌아온 곳 / 우리의 옛사랑이 피 흘린 곳에
젊은 시절의 순수한 이상과 열정이 깃든 장소로 돌아왔다는 점에서 그러한 이상과 열정을 잃고 살아온 삶을 오랜 방황으로 표현함.
낯선 건물들 수상하게 들어섰고 / 플라타너스 가로수들은 여전히 제자리에 서서
시간이 흘러 변해 버린 것들을 상징함.　　　　시간이 지났어도 변하지 않은 것으로 낯선 건물들뿐만 아니라 변해 버린 '우리'와 대조됨.
아직도 남아 있는 몇 개의 마른 잎 흔들며 / 우리의 고개를 떨구게 했다

★ 문제 해결 키 문항 5 관련

'넥타이'의 의미

- 넥타이는 순수한 열정을 지니던 젊은 시절의 우리가 시간이 지나 생활인이 되면서 매는 것임.
- 넥타이는 흔히 성인으로서 직업을 가지게 되면서 착용하는 것이라는 점에서 직장인이 되었다는 것을 의미하는데, 특히 이 작품에서 넥타이는 혁명이 두려운 기성세대가 매는 것이라는 점에서 이상과 열정을 잃고 생활에 구속된 '우리'의 현실을 상징한다고 볼 수 있다.

부끄럽지 않은가 / 부끄럽지 않은가
　현재의 소시민적 삶에 대해 느낀 반성의 정서
바람의 속삭임 귓전으로 흘리며 / 우리는 짐짓 중년기의 건강을 이야기했고

또 한 발짝 깊숙이 늪으로 발을 옮겼다　▶ 38~49행: 변함없는 플라타너스 가로수를 바라보며 느끼는 소시민의 삶에 대한 부끄러움

핵심 개념
이것만은
꼭 익히자

 포인트 1 **표현상의 특징** 문항 3 관련
• 쉬운 일상어로 삶과 현실의 구체적 체험을 형상화하여 보편적 공감을 이끌어 냄.
• 이야기의 형식을 취하면서 시간의 경과에 따른 인물의 태도 변화를 그리고 있음.
• 의문형 종결 어미를 사용하여 화자의 성찰적 태도를 나타냄.

 포인트 2 **시상의 전개** 문항 6 관련

과거(1~19행)		현재(20~37행)		성찰(38~49행)
• 4·19 시기의 청년들 • 차가운 방의 열띤 토론 • 때 묻지 않은 고민 • 목청껏 부른 노래	↔	• 혁명이 두려운 기성세대 • 적잖은 술과 비싼 안주를 곁들인 모임 • 처자식의 안부, 월급과 물가에 관한 관심 • 아무도 노래를 부르지 않음.	←	• 허전하게 동숭동을 걷는 몇 • 우리의 옛사랑이 피 흘린 곳이라는 회상 • 변함없이 서 있는 플라타너스 가로수들 • 부끄러움

 포인트 3 **소재의 의미** 문항 4 관련
이 작품은 '차가운 방, 노래, 별똥별, 넥타이, 술과 비싼 안주, 포커와 춤, 달력, 플라타너스 가로수들, 늪' 등 여러 소재를 상징으로 활용하여 주제 의식을 효과적으로 형상화하고 있다. 이들 소재는 시기적으로 4·19 혁명이 일어난 과거와 18년이 지난 현재로 나뉘는데, 대체로 전자에 속하는 것은 젊은 시절의 순수한 이상과 열정을, 후자는 기성세대의 소시민적 삶을 상징한다.

노래	젊은 시절의 '우리'가 불렀던 것으로, 아무도 귀 기울이지 않지만, 누구도 흉내 낼 수 없는 노래라는 점에서 순수한 이상의 열정을 상징함.
별똥별	노래가 하늘로 올라가 된 것이라는 점에서 젊은 '우리'가 지향하는 순수한 이상의 열정을 낭만적으로 상징함. 하지만 별똥별이 지닌 하강의 이미지는 이러한 순수와 열정이 시간이 지나면서 희미해지거나 타락한 것으로 변질될 수 있음을 시사함.
포커, 춤	기성세대가 된 '우리' 중 몇몇이 즐기러 가는 것이라는 점에서 소시민의 향락적인 삶을 상징함.
늪	중년기의 건강을 이야기하며 부끄러움의 정서를 외면하면서 발을 옮긴 곳이라는 점에서 벗어나기 어려운 소시민의 삶을 상징함.

배경지식
더
알아보기

■ **제목의 의미**
'희미한 옛사랑의 그림자'라는 제목에서 '옛사랑'은 젊은 시절의 순수한 이상과 열정을 의미한다. 이러한 옛사랑이 '희미한' 이유는 시간이 지나면서 순수한 이상과 열정이 잊히고 있기 때문이다. 작품 속 '우리'는 점차 순수한 이상과 열정을 잃고 현실에 안주하며 살아가는 소시민이 되어 가는데, 그림자는 이를 상징하는 어휘이다. 이런 점에서 이 작품의 제목은 젊은 시절의 순수한 이상과 열정을 잃고 현실에 안주하는 소시민의 삶을 가리키며 그에 대한 부끄러움의 정서를 담고 있다.

(가) 설일(雪日) _ 김남조

감상 포인트 이 작품은 대상에 대한 관찰과 사색을 통해 너그러운 삶의 태도를 다짐하며 새해를 맞는 화자의 모습이 드러난 시이다. 화자는 외로이 서 있는 겨울나무를 보고 있다가 그 나무도 바람과 함께 있는 것이라는 생각을 하게 된다. 이어서 화자는 이러한 인식을 확장·심화하여, 어떤 존재도 혼자인 것은 아니며 황송한 마음과 너그러운 태도로 인생을 살아야 한다는 생각을 드러내고 있다. 하늘 아래 홀로 서 있을 때도 하늘만은 함께 있어 준다는 생각과, 삶과 사랑이 은총과 섭리라는 진술에는 경건한 종교적 관점과 태도가 반영되어 있다.

주 제 긍정적인 태도로 삶을 영위하려는 다짐

겨울나무와 바람

머리채 긴 바람들은 투명한 빨래처럼 ⎤
　　　　　　　　　　　　　　　　　　 │ 직유를 사용하여 바람을 눈에 보이는 것처럼 표현함.
진종일 가지 끝에 걸려 　　　　　　 ⎦

나무도 바람도 / 혼자가 아닌 게 된다　　　　　　　　　　　　　▶ 1연: 겨울나무와 바람이 함께라는 인식
고독해 보이는 겨울나무도, 떠도는 존재인 바람도,
함께 있기에 외롭지 않다는 화자의 깨달음

혼자는 아니다

누구도 혼자는 아니다
겨울나무와 바람으로부터 얻은 깨달음을 모든 존재에 적용할 수 있는 보편적 진술로 확장함.
나도 아니다

하늘 아래 외톨이로 서 보는 날도

하늘만은 함께 있어 주지 않던가　　　　　　　　　　　　　　　▶ 2연: 어느 누구도 혼자가 아니라는 깨달음
작품의 종교적 성격을 고려할 때, 절대자를 환기하는 것으로 해석 가능함.

삶은 언제나 　　　　　　　⎤
　　　　　　　　　　　　　 │
은총의 돌층계의 어디쯤이다 │　삶과 사랑에 비록 어려움이 있을지라도
추상적 관념을 구체적 사물에 빗댄 은유 ①　그것 또한 은총과 섭리의 일환이라는 긍
사랑도 매양 　　　　　　　 │　정적인 태도
　　　　　　　　　　　　　 │
섭리의 자갈밭의 어디쯤이다 ⎦　　　　　　　　　　　　　　　　▶ 3연: 삶과 사랑을 은총과 섭리로 여기는 생각
추상적 관념을 구체적 사물에 빗댄 은유 ②

이적진 말로써 풀던 마음
이제까지는
말없이 삭이고★

얼마 더 너그러워져서 이 생명을 살자
　　　　　　　　　삶에 대한 관용적인 태도
황송한 축연이라 알고 / 한세상을 누리자
삶이 자신의 분에 넘치는 잔치라고 여기는 겸손한 태도　　　　　▶ 4연: 너그러운 삶에 대한 다짐

★ **문제 해결 키** 문항 6 관련
'이적진 말로써 풀던 마음 / 말없이 삭이고'는 지금까지는 불평, 불만, 원망의 말을 해 왔지만, 앞으로는 그런 말을 자제하고 자신을 성찰하며 살겠다는 다짐을 드러낸 것임.

새해의 눈시울이 / 순수의 얼음꽃
　　　　　　　　　　　　백설
승천한 눈물들이 다시 땅 위에 떨구이는★

백설을 담고 온다　　　　　　　　　　　　　　　　　　　　　▶ 5연: 새해를 맞는 순수한 마음
순수함의 상징

★ **문제 해결 키** 문항 2 관련
'승천한 눈물들이 다시 땅 위에 떨구이는'은 삶의 고통이나 슬픔도 하늘로 올라갔다가 순수한 백설이 되어 내려오는 것을 가리킴.

핵심 개념 이것만은 꼭 익히자

포인트 ❶ 화자의 인식이 확대, 심화되는 과정 [문항 4 관련]

관찰과 사색	고독하게 서 있는 겨울나무의 가지가 바람에 흔들리는 것을 관찰하며 사색에 잠김.

↓

관점을 바꿔 얻은 깨달음	겨울나무와 바람이 함께 있으니 둘 다 외롭지 않다고 생각하게 됨.

↓

깨달음을 다른 대상에 확대 적용한 보편적 차원의 진술 구성	세상 어떤 존재든 혼자 있는 것은 아니니 외롭지 않다고 봄.

↓

삶에 대한 긍정적인 인식 표출	삶이나 사랑이 괴롭고 슬플지라도 그것마저 은총과 섭리의 일부분이라는 생각을 드러냄.

↓

바람직한 삶의 태도 도출	마음에 맺힌 것은 말없이 삭이며, 너그럽고 겸손한 태도로 삶을 살자고 다짐함.

포인트 ❷ 표현상의 특징 [문항 1 관련]

'머리채 긴 바람들은 투명한 빨래처럼 / 진종일 가지 끝에 걸려'	직유법을 활용하여 비가시적 대상을 시각화함.
'혼자는 아니다 / 누구도 혼자는 아니다'	시구를 반복하여 의미를 부각함.
'하늘 아래 외톨이로 서 보는 날도 / 하늘만은 함께 있어 주지 않던가'	설의적 표현을 사용하여 화자의 생각을 강조함.
'삶은 언제나 / 은총의 돌층계의 어디쯤이다 / 사랑도 매양 / 섭리의 자갈밭의 어디쯤이다'	대구법을 활용하여 리듬감을 형성함.
'이 생명을 살자', '한세상을 누리자'	청유문을 통해 삶에 대한 다짐을 드러냄.

배경지식 더 알아보기

■ 김남조의 다른 시 엮어 읽기

> 겨울 바다에 가 보았지
> 미지(未知)의 새
> 보고 싶던 새들은 죽고 없었네
>
> 그대 생각을 했건만도 / 매운 해풍에
> 그 진실마저 눈물져 얼어 버리고
>
> 허무의 / 불
> 물이랑 위에 불붙어 있었네
>
> 나를 가르치는 건
> 언제나 / 시간……
> 끄덕이며 끄덕이며 겨울 바다에 섰었네
>
> 남은 날은 / 적지만
>
> 기도를 끝낸 다음
> 더욱 뜨거운 기도의 문이 열리는
> 그런 영혼을 갖게 하소서
>
> 남은 날은 / 적지만
>
> 겨울 바다에 가 보았지
> 인고(忍苦)의 물이
> 수심(水深) 속에 기둥을 이루고 있었네
>
> — 김남조, 「겨울 바다」

→ 「겨울 바다」는 소멸과 죽음의 이미지인 '불'과, 역경 극복과 생명의 이미지인 '물'을 대립시키면서 대상의 부재와 이별로 인한 상실감에서 기인한 허무 의식을 극복하고자 하는 화자의 의지를 강조한 작품이다. 시적 공간인 '겨울 바다' 역시 소멸의 공간이자 깨달음의 공간이라는 대립적인 구도를 통해 삶의 의지를 다지는 공간으로서의 의미가 강화된다. 깨달음을 통해 삶에 대한 긍정적 인식에 도달한다는 점, 종교적 색채가 묻어나는 경건한 어조를 보여 주는 점 등에서 「설일」과 엮어 읽을 만한 작품이라고 할 수 있다.

감상 포인트 이 작품은 시련에 굴하지 않고 강인한 의지로 어려움을 극복해 나가는 삶의 태도를 노래한 시이다. 화자는 '상한 갈대', '부평초 잎' 등이 그러하 듯, 얼핏 절망적으로 보이는 상황에 처할지라도 삶의 고난을 직시하고 적극적인 자세로 수용하면 그 고통과 설움을 이겨 낼 수 있으며 암담한 현실에서도 연대할 동반자를 만나게 된다는 생각을 상징적인 시어들을 통해 전달하고 있다.

주 제 고통을 대면하고 수용하는 성숙한 삶의 태도

<u>상한 갈대</u>라도 하늘 아래선
≒ 상한 영혼
한 계절 넉넉히 흔들리거니
　고통에 의연한 여유 있는 태도에 대한 긍정적 평가
뿌리 깊으면야 / 밑둥 잘리어도 새순은 돋거니
의지만 강하다면 시련과 고통 속에서도 희망을 가질 수 있다는 생각이 드러남.
충분히 흔들리자 상한 영혼이여★

충분히 흔들리며 고통에게로 가자

> ★ **문제 해결 키 문항 1 관련**
> '상한 영혼이여', '고통이여' 등은 청자
> 를 부르며 소통의 대상을 드러낸 것임.

▶ 1연: 고통을 직시하려는 각오

：청유형 진술로 다짐을 드러냄.

뿌리 없이 흔들리는★ 부평초 잎이라도 / 물 고이면 꽃은 피거니

「이 세상 어디서나 개울은 흐르고
「 」: 대구를 통해 희망의 근거를 제시함.
이 세상 어디서나 등불은 켜지듯」

> ★ **문제 해결 키 문항 4 관련**
> '뿌리 없이 흔들리는'은 비록 그렇게 열악한 상황에 있
> 는 부평초 잎이라도 조건만 충족되면 꽃을 피울 수 있다
> 는 희망적인 진술을 하기 위해 사용된 시구임.

가자 고통이여★ 살 맞대고 가자

외롭기로 작정하면 어딘들 못 가랴
　　　　　　　　　　　　　　　　　┐ 대구, 설의
가기로 작정하면 지는 해가 문제랴

▶ 2연: 고통에 맞서 현실을 수용하는 자세

고통과 설움의 땅 훨훨 지나서 / 뿌리 깊은 벌판에 서자
　　　'고통과 설움의 땅'과 대비되는, 상한 영혼이 굳은 의지로 치유된 공간
두 팔로 막아도 바람은 불듯

영원한 눈물이란 없느니라　┐
　　　　　　　　　　　　　├ 대구를 통해 삶에 대한 긍정적 인식을 드러냄.
영원한 비탄이란 없느니라　┘

<u>캄캄한 밤</u>이라도 하늘 아래선 / 마주 잡을 손 하나 오고 있거니
암담한 상황　　　　　　　힘겨운 상황을 이겨 내는 데에 도움이 될 연대의 대상

▶ 3연: 성숙한 삶의 태도와, 자신이 연대할 존재에 대한 기대

핵심 개념 이것만은 꼭 익히자

 포인트 1 **화자의 인식 확장 문항 4 관련**

자연물에 관한 생각		인간 삶에 적용한 깨달음
'상한 갈대'가 '한 계절 넉넉히 흔들리'는 여유로움을 긍정적으로 평가함.	→	고통에 좌절하지 말고 고통과 '살 맞대'며 '목숨 걸'고 살아가려는 태도를 지녀야 한다고 다짐함.
'갈대'가 '밑둥 잘리어도 새순은 돋'는다는 것, '부평초 잎'도 '물만 고이면 꽃은 피'는 것을 떠올림.		'눈물'과 '비탄'이 영원하지 않음을 알고, '캄캄한 밤'이라 해도 '마주 잡을 손 하나 오고' 있음을 믿으며 살고자 함.

포인트 ② **표현상의 특징** 문항 1 관련

'충분히 흔들리자 ~ / 충분히 흔들리며 ~'	유사한 시구를 반복하여 고통스러운 현실과 맞서자는 의미를 강조함.
'상한 영혼이여', '고통이여'	청자를 호명하며 화자의 다짐을 전달하는 형식을 취함.
'이 세상 어디서나 개울은 흐르고 / 이 세상 어디서나 등불은 켜지듯', '외롭기로 작정하면 어딘들 못 가랴 / 가기로 작정하면 지는 해가 문제랴', '영원한 눈물이란 없느니라 / 영원한 비탄이란 없느니라'	대구법을 활용하여 리듬감을 형성함.
'고통에게로 가자', '살 맞대고 가자'	청유문을 통해 고통에 맞서는 삶에 대한 다짐을 드러냄.
'외롭기로 작정하면 어딘들 못 가랴 / 가기로 작정하면 지는 해가 문제랴'	설의적 표현을 사용하여 적극적인 현실 대응에 대한 화자의 생각을 강조함.

 포인트 ③ **주제의 효용** 문항 6 관련

- '가기로 작정하면 지는 해가 문제랴' 같은 시구가 환기하는 삶의 자세는 고통과 시련에 시달리는 독자에게 암울한 현실을 극복할 의지를 줄 수 있음.
- '영원한 비탄이란 없느니라' 같은 시구에 담긴 깨달음은 슬픔이 지속될 것이라는 불안에 시달리는 독자에게 미래를 낙관하는 계기를 마련해 줄 수 있음.

EBS Q&A

Q 수능이나 모의평가에서 출제된 적이 있는 작품의 경우에 특별히 유의할 점이 있다면 무엇일까요?

A 어떤 작품이든 간에 시험 문제로 만들 만한 중요한 요소들은 정해져 있다고 할 수 있습니다. 시로 한정하자면, 시적 상황을 바탕으로 한 화자의 태도와 정서, 그리고 그것을 효과적으로 형상화하기 위해 활용된 표현법 같은 것이지요. 그렇기 때문에 언제 누가 출제하든 그 작품의 중요 요소는 구체적인 형태만 달라질 뿐 전체적으로는 대동소이할 수밖에 없습니다. 따라서 수능이나 모의평가에서 다루어진 적이 있는 작품의 경우, 당시 시험에서 어떤 것들이 출제 요소로 활용되었는지 잘 정리해 둘 필요가 있습니다. 만약 다시 시험에 나온다면 예전과 제시 형식만 달라질 뿐 동일한 출제 요소가 선택될 가능성이 크기 때문이지요.

이 작품 「상한 영혼을 위하여」는 2014학년도 수능 9월 모의평가 국어 A형에 출제된 적이 있습니다. 그때는 이 시에서 총 세 문제가 출제되었는데, 첫 번째 문제는 표현상 특징을 묻는 것으로, 대구적 표현을 통해 시상을 강조하고 있다는 내용의 선지가 정답이었습니다. 두 번째 문제는 시어 및 시구의 의미와 기능을 묻는 것이었는데, '새순'과 '등불'이 고난 극복의 가능성을 환기한다는 선지가 정답이었습니다. 마지막 문제가 대표 문항으로, 주요 시어들의 함축적 의미를 통해 '뿌리 깊은 벌판'의 의미를 다양하게 해석해 보게 하는 문제였는데, 대체로 다음과 같은 내용을 다루었습니다.

시어	함축적 의미		'뿌리 깊은 벌판'의 의미
갈대	흔들리는 존재	→	흔들리는 존재도 뿌리를 내릴 수 있는 굳건한 삶의 공간
하늘	초월적인 공간	→	초월적인 공간과 대비되는 현실적인 공간
밤	부정적인 상황	→	부정적인 상황 속에서 피할 수 없는 시련에 맞서야 하는 공간
손	만남의 대상	→	누군가를 만날 수 있다는 희망이 예비된 공간

이렇듯 기출 목록에 있는 작품들의 경우에는 그 당시의 출제 요소들이 무엇이었는지를 한 번쯤 정리해 둠으로써 앞으로 나올 문제에 대비해 보는 능동적인 공부 방법을 활용해야 합니다.

(다) 아름다운 흉터 _ 이청준

감상 포인트 이 작품은 어린 시절 손에 생긴 흉터에 대한 인식의 변화를 통해 인생의 참된 가치와 올바른 태도에 관한 생각을 드러낸 수필이다. 글쓴이는 자기 손의 흉터를 부끄럽게 여기던 사춘기를 지나, 청년 시절에 직장 선배의 말을 들으며 흉터에 대한 자부심을 갖게 된다. 글쓴이는 이런 경험을 통해 사람은 누구나 시련을 겪기 마련이며, 흉터는 그 극복 과정에서 더욱 단단해진 삶을 보여 주는 흔적이라는 점을 깨닫고 이를 독자들에게 전달하고 있다.

주 제 시련과 고통을 성실히 극복해 가는 삶의 가치

나의 두 손등과 손가락들에는 세 종류의 흉터가 선명하게 남아 있다. / 초등학교 1학년 때 첫 소풍을 가기 전날
〔중심 소재〕   〔갑작스러운 판국〕
오후 마음이 들뜨다 못해 토방 아래에 엎드려 있는 누렁이 놈의 목을 졸라 대다 졸지에 숨이 막힌 녀석이 내 왼손을
                            〔첫 소풍을 앞둔 설렘 때문에 무심코 했던 과한 행동〕
덥석 물어뜯어 생긴 세 개의 개 이빨 자국 세트가 하나. 역시 초등학교 5학년 때쯤 남의 산으로 나무를 하러 갔다가
            〔글쓴이의 손에 있는 첫 번째 흉터〕   〔글쓴이의 집이 가난했을 것이라고 짐작할 수 있음.〕
조급한 도둑 톱질 끝에 내 쪽으로 쓰러져 오는 나무둥치를 피하려다 마른 가지 끝에 손등을 찍혀 생긴 기다란 상처
자국이 그 둘, 고등학교엘 다닐 때까지 방학이 되면 고향 집으로 내려가 논밭걸이와 푸나무를 하러 다니며 낫질을   〔글쓴이의 손에 있는 두 번째 흉터〕
                                                        〔풀과 나무를 아울러 이르는 말〕
실수할 때마다 왼손 검지와 장지 손가락 곁쪽에 하나씩 더해진 낫 상처 자국이 나중엔 이리저리 이어지고 뒤얽히며

풀려 흐트러진 실타래의 형국을 이루고 있는 것이 그 세 번째 흉터의 꼴이다. ★   **★ 문제 해결 키** 문항 3 관련
     〔글쓴이의 손에 있는 세 번째 흉터〕   세 가지 흉터가 생긴 이유 모두 무모한
    그런데 나는 시골에서 광주로 중학교 진학을 나오면서부터 한동안 그 흉터   용기를 드러내는 일과는 관련이 없음.
               〔시골과 대비되는 도회지〕
들이 큰 부끄러움거리가 되고 있었다. 도회지 아이들의 희고 깨끗하고 부드러운 손에 비해 일로 거칠어지고 흉
〔자기 손의 흉터들에 대한 중학교 때의 인식〕   〔글쓴이가 열등감을 느낀 대상〕
터까지 낭자한 그 남루하고 못생긴 내 손꼴새라니.   ▶ 어린 시절 손에 생긴 세 군데 흉터와 그로 인한 열등감
〔여기저기 흩어져 어지러운〕
    그러나 그 후 세월이 흘러 직장 일을 다니는 청년기가 되었을 때 그 흉터들과 볼품없는 손꼴이 거꾸로 아름답
                                              〔청년기에 경험한, 자기 손의 흉터들에 대한 인식의 변화〕
고 떳떳한 사랑과 은근한 자랑거리로 변해 갔다.

    "아무개 씨도 무척 어려운 시절을 힘차게 살아 냈구만. 나는 그 흉터들이 어떻게 생긴 것인 줄을 알지."
                  〔성실한 삶의 태도로 고통에 맞서며 살아왔음을 알고 있다는 의미〕
    직장의 한 나이 든 선배님이 어떤 자리에서 내 손등의 흉터를 보고 그의 소중스런 마음속 비밀을 건네주듯 자
신의 손을 내게 가만히 내밀어 보였을 때, 그리고 그 손등에 나보다도 더 많은 상처 자국들이 수놓여 있는 것을
                                              〔선배가 글쓴이의 힘겨웠던 지난 삶을 짐작할 수 있었던 이유〕
보았을 때부터였다. / 그렇다. 그 흉터와, 흉터 많은 손꼴은 내 어려웠던 어린 시절의 모습이요, 그것을 힘들게
                        〔삶에 대한 깨달음의 매개〕
참고 이겨 낸 떳떳하고 자랑스런 내 삶의 한 기록일 수 있었다. 그 나이 든 선배님의 경우처럼,『우리 누구나가 눈
                                                            『 』: 글쓴이의 깨달음
에 보이게든 안 보이게든 삶의 쓰라린 상처들을 겪어 가며 그 흉터를 지니고 살아가게 마련이요, 어떤 뜻에선 그
                            〔드러나지 않으나 진정한 가치〕
상처의 흔적이야말로 우리 삶의 매우 단단한 마디요 숨은 값이라 할 수도 있을 것이기 때문이다.
                                                        ▶ 청년기에 직장 선배의 손을 보고 갖게 된, 자기 흉터에 대한 자부심
    그렇다면, 그것은 오직 나만의 자랑이나 내세움거리로 삼을 수는 없으리라. 그것은 오히려 우리 누구나가 자신의
                              〔자랑거리〕
삶을 늘 겸손하게 되돌아보고, 참삶의 뜻과 값이 무엇인가를 새롭게 비춰 보는 거울로 삼음이 더 뜻있는 일일 것이다.
                        〔흉터에 관해 얻게 된 삶의 교훈〕
    이런 생각 속에서도 때로 아쉽게 여겨지는 일은 요즘 사람들 가운데엔 작은 상처나 흉터 하나 지니지 않으려
                                        〔세태에 대한 비판적 견해〕
함은 물론, 남의 아픈 상처 또한 거기 숨은 뜻이나 값을 한 대목도 읽어 주지 못하는 이들이 흔해 빠진 현상이다.

    아무쪼록 자기 흉터엔 겸손한 긍지를, 남의 흉터엔 위로와 경의를, 그리고 흉터 많은 우리 삶엔 사랑의 찬가를
                                                                            〔찬양하는 노래〕
함께할 수 있기를!   ▶ 고난을 극복하는 참된 삶의 가치에 대한 예찬

핵심 개념 이것만은 꼭 익히자

 포인트 **1** **흉터가 생긴 이유와 흉터에 대한 생각의 변화** 문항 3, 5 관련

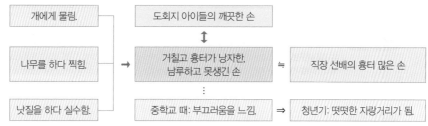

개에게 물림.

나무를 하다 찍힘. → 거칠고 흉터가 낭자한, 남루하고 못생긴 손 ≒ 직장 선배의 흉터 많은 손

낫질을 하다 실수함.

도회지 아이들의 깨끗한 손 ↕

중학교 때: 부끄러움을 느낌. ⇒ 청년기: 떳떳한 자랑거리가 됨.

 포인트 **2** **인식의 확장** 문항 4 관련

'흉터 많은 손꼴'을 매개로 얻은 깨달음

↓… 심리적 상처에 확대 적용

'우리 누구나가 눈에 보이게든 안 보이게든 삶의 쓰라린 상처들을 겪어 가며 그 흉터를 지니고 살아가게 마련'이라는 보편적 진리

배경지식 더 알아보기

■ **문학 작품을 보는 효용론적 관점** 문항 6 관련

문학 작품과 독자의 관련 양상에 주목한 문학관으로, 문학이 독자에게 심미적 쾌락이나 교훈을 준다는 관점이다. 고대 로마의 시인 호라티우스는 『시작법(詩作法, Ars Poetica)』에서 "시인의 소원은 가르치는 일 또는 쾌락을 주는 일 또는 그 둘을 아울러 하는 일"이라고 말하기도 했다. 시의 효용은 교훈의 전달과 쾌락을 주는 것에 있다는 것이다. 따라서 효용론적 관점에서는 문학 작품을 감상하면서 독자가 얻은 교훈이나 심미적 쾌락이 무엇인지에 주목한다.

독일의 문학자인 볼프강 이저(Wolfgang Iser)는 "작가에 의해 만들어진 텍스트는 독자를 만나지 않으면 아직 작품이 될 수 없다."라고 말했다. 문학에 대한 효용론적 관점을 잘 보여 주는 말이다. 시인이 쓴 시를 독자가 능동적으로 의미를 재구성하고, 어떠한 효용을 얻었을 때 비로소 그 시가 작품이 될 수 있다는 것이다. 이러한 관점에 따르면, 독자마다 시를 다르게 해석하므로 다양한 해석이 허용된다. - 『두산백과 두피디아』

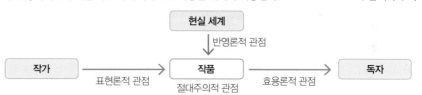

현실 세계

↓ 반영론적 관점

작가 ——표현론적 관점→ 작품 ——효용론적 관점→ 독자

절대주의적 관점

EBS Q&A

Q **소재의 기능을 비교하는 문제는 어떻게 출제되나요?** 문항 5 관련

A 소재의 기능을 비교하는 문제는 주로 현대시 복합이나 갈래 복합처럼 두 작품 이상이 엮이는 세트형 지문에서 출제됩니다. 둘 이상의 작품이 엮이는 세트형 지문이므로 비교의 대상이 되는 두 소재는 각기 다른 작품들에서 선택되기 마련이고요. 또 선택되는 두 소재는 주로 동일하거나 유사한 범주에 속하는 것들일 때가 많습니다. 이때 각 소재의 기능은 당연히 해당 작품 속 맥락을 바탕으로, 그리고 시적 화자나 글쓴이와의 관계를 중심으로 파악해야 합니다. 그리고 이 유형의 문제는 '가장 적절한 것'을 고르라는 최선답 선택형으로 출제되는 경우가 대부분이므로, 비교 대상이 되는 두 소재에 대한 설명 모두가 틀린 선지, 그리고 어느 한쪽에 대한 설명은 맞고 다른 한쪽에 대한 설명은 틀린 선지 등을 오답으로 골라내는 과정이 필수적이라고 할 수 있습니다.

감상 포인트 이 작품은 1956년에 발간된 시집 『초토의 시』에 실린 15편의 연작시 중 여덟 번째 시로, 시인이 6·25 전쟁의 휴전 직후에 친구가 지휘하는 포병 부대를 방문했다가 목격한 장면에서 얻은 감동을 시로 창작한 것이다. 이 작품은 6·25 전쟁으로 황폐해진 분단의 현실을 초토로 표현하면서 전쟁의 상처를 인간성의 회복으로 치유하려는 의지를 드러내는 시이다. 전사자의 묘지는 전쟁의 참상을 환기하는 곳이다. 화자는 이 장소에서 적개심과 미움이 어린, 적군과 아군이라는 이분법을 넘어 적군 전사자의 원한을 자신의 바람에 담고 그들의 넋을 추모한다. 이러한 모습에서 연민과 사랑으로 전쟁의 비극을 넘어서려는 화자의 의지를 엿볼 수 있다.

주 제 적군 묘지 앞에서 느낀 전쟁의 아픔과 치유의 의지

오호, 여기 줄지어 누웠는 넋들은 / 눈도 감지 못하였겠구나.
　　전쟁으로 생명을 잃은 전사자들의 넋　　죽은 적군의 원통함을 이해하려는 화자의 태도가 드러남.
▶ 1연: 눈을 감지 못한 적군 묘지의 넋들

어제까지 너희의 목숨을 겨눠

방아쇠를 당기던 우리의 그 손으로

썩어 문드러진 살덩이와 뼈를 추려 / 그래도 양지바른 두메를 골라

고이 파묻어 떼마저 입혔거니

전쟁의 상황에서 너에 대한 나의 행위는 적대적인 것이지만 죽음 앞에서는 추모와 애도로 사랑을 실천하고자 함.

죽음은 이렇듯 미움보다도 사랑보다도 / 더 너그러운 것이로다.
　　전쟁의 감정　　민족애와 인간애
▶ 2연: 죽음 앞에서 숙연해지는 적군의 묘지

이곳서 나와 너희★의 넋들이

돌아가야 할 고향 땅은 삼십(三十) 리면 / 가로막히고
　　휴전선으로 인해 더 이상 고향으로 갈 수 없는 분단의 상황을 가리킴.
▶ 3연: 분단으로 인해 고향으로 돌아가지 못하는 '나와 너희'

무인공산의 적막만이 / 천만근 나의 가슴을 억누르는데
○ : '적막'의 분위기를 '천만근'이라는 심리적 무게감으로 전환하면서 화자의 답답한 마음을 드러냄.
▶ 4연: 분단된 현실에 대한 답답함

> ★ **문제 해결 키** 문항 2 관련
> 구름과 '나와 너희'의 관계는 중층적임. 작가의 실질적 고향이 함경도라는 점. 작품에서 구름이 흘러가는 곳이 '북'이라는 점을 고려하면 구름은 고향에 가 보고 싶은 '나와 너희'의 염원을 대변하는 것으로 이해할 수 있음. 하지만 '나와 너희'는 구름과는 달리 북쪽으로 갈 수 없는 상황에 있다는 점에서 구름은 '나와 너희'가 처한 분단의 문제를 부각하는 소재임.

살아서는 너희가 나와

미움으로 맺혔건만

'너희'에 대한 태도가 '미움'에서 '바람'으로 변화함.

이제는 오히려 너희의 / 풀지 못한 원한이 나의

바람 속에 깃들어 있도다.
▶ 5연: 적군의 풀지 못한 원한에 대한 연민과 이해

손에 닿을 듯한 봄 하늘에
평화로운 자연의 이미지는 분단의 현실과 대조됨.
구름★은 무심히도 / 북(北)으로 흘러가고
▶ 6연: 분단의 아픔과 대비되는 자연의 풍경

어디서 울려오는 포성 몇 발
포성은 전쟁 무기인 대포를 쏠 때에 나는 소리라는 점에서 남북한의 대치가 지속되고 있음을 환기함.
나는 그만 이 은원(恩怨)의 무덤 앞에 / 목 놓아 버린다.
　　적군에 대한 원한과 은혜라는 복합적인 감정이 깃든 표현
▶ 7연: 추모와 애도를 통한 현실 극복의 의지

핵심 개념 이것만은 꼭 익히자

포인트 ① 표현상의 특징 문항 1 관련

- '오호'라는 감탄사를 사용하여 '너희'를 향한 화자의 슬픔을 부각함.
- '너희'라는 이인칭 대명사를 사용하여 청자에게 화자의 심경을 전하는 말하기의 방식을 취함.
- 시각적 이미지와 청각적 이미지를 활용하여 전쟁의 참상과 분단의 아픔을 감각적으로 표현함.
- 상반된 의미를 결합한 시어를 활용하여 화자의 복합적인 감정을 드러냄.

포인트 ② '너희'에 대한 '나'의 관계 문항 6 관련

전장에서	적대
	'너희의 목숨을 겨눠 / 방아쇠를 당기던', '미움'

묘지에서	추모와 애도
	'양지바른 두메를 골라 / 고이 파묻어 떼마저 입혔거니', '바램', '목 놓아 버린다.'

포인트 ③ '적군 묘지'라는 공간적 배경 문항 5 관련

적군 묘지

- 전쟁으로 죽게 된 많은 사람을 떠올리게 한다는 점에서 전쟁의 참상을 환기하는 공간임.
- 긍정하거나 위로하기 어려운 적군의 죽음을 추모하는 공간이라는 점에서 전쟁으로 훼손된 인간성을 회복하는 공간임.

배경지식 더 알아보기

■ 『초토의 시』 연작

「초토의 시·8 - 적군 묘지 앞에서」는 구상의 시집 『초토의 시』에 실린 작품으로, 이 시집은 총 15편의 연작시로 구성되어 있다. 구상은 이 연작에서 한국 전쟁의 비극적 현실 앞에서 절망하거나 좌절하는 데 멈추지 않고 현실의 비극을 응시하면서 이념을 넘어선 사랑의 가치를 지향하고 실천하는 모습을 형상화한다. 예를 들어 연작시의 첫 번째 작품인 「초토의 시·1」에서는 전쟁의 비극적 현실을 바라보는 무거운 심정에서 시작하지만, 개나리와 소녀의 미소를 통해 희망의 싹을 노래한다.

■ 작품에 담긴 작가의 경험

이 시의 부제는 '적군 묘지 앞에서'로, 시의 화자는 적군 묘지 앞에서 생각하고 느낀 것을 노래하고 있다. 이는 작가의 경험에 토대를 둔 것으로, 작가인 구상은 그의 창작 노트에서 이 시에 대해 "1953년 휴전 직후 친구가 지휘하는 어느 포병 부대를 찾아갔다가 목격한 사실의 그 감동을 시화한 것으로, 여기서 적군은 본시가 적일 수 없는 북한 공산군을 가리킨다."라고 밝혔다.

감상 포인트 이 작품은 1984년에 발표된 단편 소설로, 동족상잔의 비극인 6·25 전쟁 전후로 우리 민족에게 생긴 상처와 그 치유 과정을 형상화하고 있다. 이 작품은 야영 훈련 중인 부대가 야전 진지를 구축하기 위해 참호를 파다 유골을 발견하면서 일어나는 사건에 한 번도 본 적 없는 아버지와 그를 기다리는 어머니와 관련한 '나'의 기억과 생각을 겹치는 방식으로 이야기를 전개한다. 유골 수습을 계기로 어린 시절부터 막연히 가졌던 아버지에 대한 증오에서 점차 벗어나 이해와 연민에 이르게 되는 인물의 심리 변화를 주로 다루고 있다. 이를 통해 이데올로기의 차이로 인한 갈등과 대립, 그리고 민족사의 앙금으로 남아 여전히 고통을 초래하고 있는 전쟁의 상흔을 해소하려는 작가의 노력을 확인할 수 있다.

주 제 전쟁과 분단의 상처와 이해와 연민을 통한 치유

전체 줄거리 '나'는 홀어머니와 살고 있는 군인으로, 공산주의자였던 아버지로 인해 피해 의식을 갖고 살아온 인물이다. '나'와 오 일병은 야전 진지를 구축하기 위해 참호를 파는 과정에서 이름 모를 유골을 발굴하고, 유골의 주인이 누구인지 확인하기 위해 인근 마을을 방문한다. 그 마을에서 '나'와 오 일병을 따라온 노인은 유골이 묻힌 곳과 그 인근이 6·25 전쟁의 막바지에 숱한 시신이 묻혔던 곳임을 알려 준다. 노인은 군인들과 함께 유골을 수습하고 술과 안주로 간단히 제사를 지낸다. '나'는 노인을 집으로 모셔다드리게 되고 노인으로부터 전쟁의 와중에 실종된 그의 형님에 관한 이야기를 듣는다. '나'는 첫눈을 맞으면서, 아버지를 애타게 기다렸던 어머니를 회상하며 그녀의 슬픔을 이해하고, 얼어붙은 땅 밑에 웅크리고 누운 아버지의 모습을 상상하며 그의 고통과 죽음에 연민을 느낀다.

"알고 보면 조금도 이상스런 일은 아니지요. 이 부근이 워낙 그런 자리였으니까요."
　이 마을에서 벌어진 과거의 사건에 비춰 보면 참호를 파려던 곳을 포함하여 마을의 인근에서 유골이 발견되는 일을 이해할 수 있음.
노인은 한동안 묵묵히 그것들을 내려다보고 있다가 입을 열었다.

"그럼, 역시 우리 짐작대로 육이오 때에……."

"여기만은 아니지요. 마을에서 십여 리 안팎 어디를 파 보더라도 이렇듯 주인 없는 **뼈다귀 하나쯤 찾아내기란**
　　　　　　　　　　　　　　　　　6·25 전쟁 때 이 마을에서 발생한 인명 피해가 광범위했음을 알 수 있음.
그리 어려운 일이 아닐 거외다."

"그렇게까지 심했습니까. 예전에 여기서 무슨 유명한 전투가 있었다는 말은 듣지 못한 것 같은데."

부쩍 호기심을 보이며 되묻는 소대장의 앳된 얼굴을 흘깃 쳐다보더니, 노인은 몸을 돌려 짧은 동안 먼 산을 응시하는 것 같았다.

"하기야 그게 어디 꼭 이 마을에 한한 일이겠소만, 유난히도 여기선 사람 죽는 꼴을 지겹도록 지켜본 셈이지
　많은 사람이 죽게 되는 참상이 전쟁 중 여러 장소에서 발생했음을 알 수 있음.
요. 저기를 보시구려."　　　　　　　　　　　　　▶ 마을의 근방에서 유골이 발견된 연유를 짐작하는 노인

노인은 손가락을 들어 멀리 산을 가리켰다.「반도의 등줄기라고들 하는 태백산맥의 거대한 모습이 잔뜩 찌푸린
　　　　　　　　　　　　　　　　「 」: 노인이 가리킨 산에 대한 묘사
하늘 한쪽을 가린 채 몸을 틀고 엎드려 있었다. 그러고 보니 사방 어디에나 험준한 산으로 시야가 꽉 막혀 있는
지형이었다.」어디를 향해 나아가든지 이내 깎아 세운 듯한 산허리에 맞부딪히고 말 게 **뻔했다.**

"저기가 바로 태백산맥의 원 등줄기인 셈이오. 저길 타고 올라 등성이만 따라가노라면 남북으로, 지리산에서
부터 금강산까지 곧장 이어져 있다고들 하지요. 예전엔 하늘이 뵈지 않을 만큼 울창한 산이었소."

우리는 노인의 손가락 끝을 따라 시선을 움직였다. 거대한 파충류의 등허리처럼 꿈틀거리며 뻗어져 나온 산맥
의 등줄기는 곧바로 마을 북쪽에 마주 뵈는 산으로 잇닿아 있었다. 그런데 그 산엔 사람의 힘으로는 도저히 건널
수 없는 깎아지른 벼랑이 병풍처럼 둘러쳐져 있다는 것이었다. 때문에 어쩔 수 없이 그 절벽을 멀리 돌아 나가자
면 자연히 이 마을 근처를 지나가게 된다는 것이었다.

노인의 말로는 그게 바로 문제였다고 했다. 전쟁이 끝나 갈 무렵부터 낯선 사람들이 밀어닥치기 시작하더라는
　마을을 둘러싼 지리적 특성이 전쟁 때 발생했던 인명 피해를　　　　북한으로 후퇴하는 인민군
　극심하게 한 이유 중 하나임.

것이었다. 「전선이 훨씬 남쪽으로 내려갔을 때엔 정작 총성조차 뜸하던 마을은 느닷없이 쑥밭이 되다시피 했다.
『 』: 마을 사람들이 경험했던 비극적 사건을 요약적으로 제시함.
산사람들은 주로 밤에만 나타나 식량이며 옷가지를 약탈해 갔고, 때로는 길잡이로 쓰기 위해 마을 주민들을 끌
고 가기도 했다. 지리산에서부터 줄곧 걸어왔다는 패거리들도 있었는데, 그들은 모두 한결같이 굶주리고 지친
몰골로 북쪽을 향해 도주하는 중이었다. 마침내 그들의 퇴로를 막기 위해 국군이 들어왔고, 그때부터 전투는 산
발적이나마 밤낮으로 계속되어졌다.」

"끝내는 소개령이 내려져서 마을은 이주를 하게 되었으나 그 와중에 주민들의 수효도 꽤 줄었지요."
공습이나 화재 등에 대비하기 위해, 한곳에 집중되어 있는 주민이나 물자, 시설물 등을 분산시키는 명령
노인은 밤새 총소리가 어지럽던 다음 날엔 들녘이며 산기슭에 허옇게 널린 시체를 모아다 묻는 일을 해야 했
다는 것이다. 전쟁이 끝났고 사람들은 마을로 되돌아왔다. 그리고 이름도 고향도 모르는 그 숱한 낯선 시신들을
묻었던 자리엔 해마다 키를 넘기는 잡초들이 무성하게 돋아나곤 했다. 그 때문에 몇 년 동안은 누구도 아예 감자
나 무 따위는 밭에 심으려고 하지 않았노라고 노인은 말했다. ▶ 6·25 전쟁이 끝날 무렵 마을의 많은 사람들이 죽게 된 비극적 사건

누군가가 헌 타월과 신문지를 가져왔다. 노인은 뼛조각을 하나씩 집어 들고 수건으로 흙을 닦아 낸 다음 그것
유골을 수습하기 위한 도구   경건한 자세로 유골을 수습하는 노인의 모습
을 펼쳐진 신문지 위에 가지런히 정리해 놓기 시작했다. / "그렇다면 이치도 아마 빨갱이였겠구만. 안 그래요?"
이념을 잣대로 유골의 주인을 부정적으로 규정하는 인식
소대장이 지휘봉의 뾰족한 끝으로 쿡쿡 찌르듯 유해를 가리키며 말했다. 인사계가 되물었다.

"어째서요." / "산을 타고 도망치던 빨치산들이 그리 많이 죽었다잖아. 이치도 보기엔 군인은 아니었을 것 같
소대장이 유골의 주인을 빨치산이라고 추측하는 근거
고, 그렇다고 근처의 주민이었다면 가족이 있을 텐데 임자 없이 이 꼴로 팽개쳐 뒀을라구."

"그걸 누가 압니까. 그때야 워낙 피차에 서로 죽고 죽이던 판인데……."   ▶ 유골의 정체를 추측하는 소대장과 인사계
인사계는 소대장의 추측에 선뜻 동의하지 않음.
그때였다. 쭈그려 앉아서 손을 움직이고 있던 노인이 불쑥 소리치는 것이었다.

"어허, 대관절…… 대관절 그게 어떻다는 얘기요. 죽어서까지 원, 아무리 이렇게 죽어 누운 다음에까지 이쪽이니 저
쪽이니 하고 그런 걸 군이 따져서 무얼 하자는 말이오. 죽은 사람이 뭣을 알길래…… 죄다 부질없는 짓이지. 쯔쯧."
죽은 사람마저 이념의 잣대로 판단하는 이분법적 사고에 대한 비판적 인식
노인의 음성은 낮았지만 강하고 무거웠다. 「그러면서도 노인은 고개를 숙인 채 뼛조각에 묻은 흙을 정성스레 닦아
『 』: 유골을 수습하기 위해 정성을 다하는 노인의 모습
내고 있었다. 무슨 귀한 물건마냥 서두르는 기색도 없이 신중히 손질하고 있는 노인의 자그마한 체구를 우리는 둘러
서서 지켜보았다.」 모두들 한동안 입을 다물었고, 나는 흙에 적셔진 노인의 손끝이 가늘게 떨리고 있음을 깨달았다.
노인이 과거 전쟁의 상처를 떠올리면서 유골의 주인을 연민하고 있음을 암시함.
"땅속에 누운 사람의 잠을 살아 있는 사람이 깨워서야 되겠소. 또 그럴 수도 없는 법이고. 원통한 넋이니 죽어
서라도 편히 눈감도록 해야지, 암. 그것이 산 사람들의 도리요…… 하기는, 이렇게 불편한 꼴로 묶여 있었으니
전쟁으로 인해 죽은 사람들의 넋을 기리는 것이 전쟁의 폭력으로 훼손된 인간성을 회복하는 길임을 암시함.   철사로 묶여 묻힌 유골의 주인에 대한 연민
그 잠인들 오죽했을까만."   ▶ 이쪽과 저쪽이라는 이분법적 사고를 꾸짖으며 산 사람의 도리를 강조하는 노인

노인은 어느 틈에 꾸짖는 듯한 말투로 혼자 중얼거리고 있었다. 두개골과 다리뼈를 꼼꼼히 문질러 닦은 뒤, 노
인은 몸통뼈에 묶인 줄을 풀어내기 시작했다. 완강하게 묶인 매듭은 마침내 노인의 손끝에서 풀리어졌다. 금방
이라도 쩔걱쩔걱 쇳소리를 낼 듯한 철삿줄은 싱싱하게 살아 있었다. 「살을 녹이고 뼈까지도 녹슬게 만든 그 오랜
전쟁의 고통과 속박을 상징함.
시간과 땅 밑의 어둠을 끝끝내 견뎌 내고 그렇듯 시퍼렇게 되살아 나오는 그것의 놀라운 끈질김과 냉혹성이 언
뜻 소름 끼치도록 무서움증을 느끼게 했다.」『 』: 전쟁의 고통과 속박이 현재까지 지속되는 것에 대한 두려움과 비판

노인은 손목과 팔에 묶인 결박까지 마저 풀어낸 다음 허리를 펴고 일어서더니 줄 묶음을 들고 저만치 걸어 나

갔다. 그가 허공을 향해 그것을 멀리 내던지는 순간, 나는 까닭 모르게 마당가에서 하늘을 치어다보며 서 있는
<u>집을 떠난 아버지가 무사히 돌아오기를 염원하며 기다리는 어머니의 모습</u>
<u>어머니의 가녀린 목줄기</u>와 그녀가 아침마다 소반 위에 떠서 올리곤 하던 하얀 물사발이 눈앞에 떠올랐다가 스러

져 버리는 것이었다.   ▶ 유골을 수습하는 노인과 어머니가 떠오른 '나'

나는 담배를 피워 물었다. 멀리 메마른 초겨울의 야산이 헐벗은 등을 까 내놓고 죽은 듯이 엎드려 있었다. 사

위는 온통 잿빛의 풍경이었다. 피잉, 현기증이 일었다.

광주리를 머리에 인 어머니가 모래밭을 걸어오고 있었다. 돌돌거리며 흐르는 물소리를 거슬러 강변 모래밭을
<u>아버지가 없는 상황에서 행상하며 생업을 책임지는 어머니의 모습</u>
어머니가 혼자 저만치서 다가오고 있었다. 모래밭은 하얗게 햇살을 되받아 쏘며 은빛으로 반짝였다. 허리띠를

질끈 동인 어머니의 치맛자락이 흐느적이며 바람결에 흔들리고 있었다. 나는 햇살에 부신 눈을 가늘게 오므리고

줄곧 그녀를 지켜보고 있었다. 그때였다. <u>꿈속에서처럼 나는 그녀의 뒤를 바짝 따라오고 있는 한 사내의 환영을</u>
                          여기서 '한 사내'는 아버지로, 어머니에 대한 기억에 아버지의 환영이 겹치고 있음.
<u>보았다.</u> 그건 아버지였다. 언젠가 어머니의 낡은 반닫이 깊숙한 옷가지 밑에 숨겨져 있던 액자 속에서 학생복 차

림으로 서 있던 그대로 그건 영락없는 그 사내였다. <u>나를 어머니의 배 속에 남겨 놓은 채 어느 바람이 몹시 부는</u>
                   아버지가 좌익 활동을 위해 임신한 아내를 두고 집을 떠났음을 암시함.
<u>날 밤, 산길을 타고 지리산인가 어디로 황황히 떠나가 버렸다는 사내.</u> 창백해 뵈는 뺨에 마른 몸집의 그 사내가

어머니와 함께 걸어오고 있는 것이었다. 놀란 눈으로 풀밭에 앉아 나는 그들을 지켜보고 있었다. 이윽고 어머니

의 눈썹과 코, 입의 윤곽과 야윈 목줄기까지 뚜렷이 드러날 만큼 가까워졌을 때 사내의 환영은 어느 틈에 사라져

버리고 없었다. 몇 번이나 눈을 비비고 보았으나 역시 마찬가지였다. 하얗게 반짝이는 모래밭 위로 어머니가 찍

어 내는 발자국만 유령처럼 끈질기게 그녀의 발꿈치를 뒤따라오고 있을 뿐이었다.
                                       ▶ 어머니에 대한 기억에서 아버지의 환영이 겹치는 '나'

우리는 관 대신에 신문지로 싼 유해를 맨 처음 그 자리에 다시 묻어 주었다. 도톰하니 봉분을 만들고 뗏장까지 입

혀 놓고 보니 엉성한 대로 형상은 갖춘 듯싶었다. <u>노인은 술을 흙 위에 뿌려 주었다. 그리고 자신이 먼저 한 모금 마</u>
                              유골의 넋을 위로하기 위해 제사를 지내고 음복 형식을 갖추는 모습
<u>신 다음에 잔을 돌렸다. 오 일병이 노파가 준 북어를 내놓았고, 덕분에 작은 술판이 벌어졌다. 음복</u>*인 셈이었다.

"얌마, 이런 느닷없는 장례식도 모두 너희 두 놈들 때문이니까, 자 한잔씩 마셔라."

"그래그래, 어쨌든 너희들은 좋은 일 했으니 천당 가도 되겠다."
       땅에 묻혔던 이름 없는 유골을 수습한 일
소대장이 병을 기울였고 다른 녀석들도 낄낄대며 한마디씩 보태었다.   ▶ 유골의 수습을 마무리하며 음복하는 모습

술이 가득 차오른 반합 뚜껑을 나는 두 손으로 받쳐 들었다. <u>저것 봐라이. 날짐승도 때가 되면 돌아올 줄 아는</u>
                            어머니의 말을 회상한 것으로, 어느 때가 되면 아버지가 돌아올 것이라는 믿음이 담겨 있음.
<u>법이다.</u> 어머니가 말했다. 저만치 웬 사내가 서 있었다. <u>가슴과 팔목에 철삿줄을 동여맨 채 사내는 이쪽을 응시</u>
       아버지의 환영   수습했던 유골의 모습을 아버지의 모습으로 투영하고 있음.
하며 구부정하게 서 있었다. 퀭하니 열려 있는 그 사내의 눈은 잔뜩 겁에 질려 있는 채로였다. 애앵. 총성이 울렸

고 그는 허물어지듯 앞으로 고꾸라지고 있었다. 불현듯 시야가 부옇게 흐려 왔다.

아아. 아버지는 지금 어디에 쓰러져 누워 있을 것인가. 해마다 머리맡에 무성한 쑥부쟁이와 엉겅퀴꽃을 지천으로

피워 내며 이제 아버지는 어느 버려진 밭고랑, 어느 응달진 산기슭에 무덤도 묘비도 없이 홀로 잠들어 있을 것인가.
                                     ▶ 어머니의 말을 떠올리며 아버지의 고통과 죽음에 대해 연민을 느끼는 '나'

＊음복: 제사를 지내고 난 뒤 제사에 쓴 음식을 나누어 먹음.

유골의 발견과 수습이 지닌 의미 문항 6 관련

이 작품의 사건은 유골의 발견으로 시작한다. '나'와 오 일병은 야전 진지를 구축하기 위해 참호를 파는 과정에서 이름 모를 유골을 발견한다. 이들은 유골의 주인을 확인하기 위해 인근 마을을 방문하고 그곳에서 만난 노인과 함께 유골을 수습하고 봉분을 만든다. 유골은 전쟁의 비극적 결과라는 점에서 유골의 발견은 전쟁의 폭력과 상처가 지속되고 있음을 의미한다. 주목할 점은 이 작품이 전쟁의 상처를 들추는 것에 멈추지 않는다는 점이다. 노인은 발견한 유골을 수습하는 행위에 대해 '원통한 넋이니 죽어서라도 편히 눈감도록 해야지, 암. 그것이 산 사람들의 도리'라는 의미를 부여한다. 전쟁으로 원통하게 죽은 사람들의 넋을 기리는 행위를 통해 전쟁의 폭력으로 훼손된 인간성을 회복하려는 것이다.

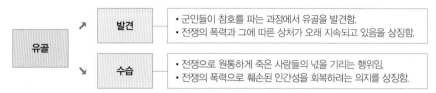

 사건의 전개에 따른 '나'의 변화 문항 4 관련

유골의 발견과 수습을 포함한 이 소설의 사건은 그 자체로 상징적 의미를 지닐 뿐만 아니라 서술자이자 주인공인 '나'에게 중요한 영향을 미친다. 사건을 겪으며 아버지와 어머니에 대한 '나'의 인식이 변화하기 때문이다. '나'는 어린 시절 이념의 문제로 인해 집을 나가 돌아오지 않은 아버지를 미워하고 있으며, 그러한 아버지를 기다리는 어머니의 그리움에도 거부감을 지니고 있다. 하지만 유골을 수습하며 불행했던 과거를 돌아보게 되고, 이를 통해 아버지의 고통과 죽음에 연민을 느끼고 어머니의 그리움과 슬픔도 이해하게 된다.

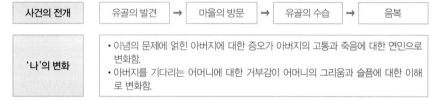

포인트 3 **이 작품의 주요 인물** 문항 3 관련

'나'	어머니를 모시며 살다가 입대한 군인. 유골을 발견하고 수습하는 과정에 참여하면서 불행했던 과거를 회상하며 부모님의 고통스러운 삶을 이해하게 됨.
어머니	좌익 활동을 하다가 집으로 돌아오지 못한 남편을 그리워하며 오랜 기간을 기다리는 인물
노인	'나'와 오 일병이 유골의 주인을 찾기 위해 찾은 마을에서 만난 인물. 산 자의 도리를 강조하면서 유골을 수습하는 과정을 주재함.

배경지식
더
알아보기

■ 「아버지의 땅」의 서술상 특징

이 작품의 서술자는 일인칭 주인공 시점의 서술자인 '나'이다. '나'는 유골 수습의 과정을 보고하면서 과거의 인물과 일들을 회상하는 등 현재와 과거를 교차하면서 사건을 서술한다. 특히 '나'의 내면을 집중적으로 조명할 수 있는 일인칭 주인공 시점의 강점을 잘 활용하여 사건의 전개에 따른 '나'의 심리 변화를 섬세하게 드러내고 있다.

• 시점의 유형: 일인칭 주인공 시점의 서술자
• 보고와 회상 등을 교차하면서 사건을 서술함.
• 사건의 전개에 따른 '나'의 심리 변화를 섬세하게 드러냄.

III

실전 학습

1회
실전 학습

(가) 그림과 시 _정민
(나) 불일암 인운 스님에게 _이달

EBS 수능특강 문학 298쪽

감상 포인트

㉮ 한시의 감상 방법을 소개하는 예술 이론으로 현대 수필의 일종이다. 시와 그림이 공통적으로 가지고 있는 회화적 성질에 주목하여 경물의 묘사를 통한 정의의 포착을 중시하는 한시의 성격을 설명하고 있다. 객관적 물상에 지나지 않는 경물에 자신의 마음을 얹어 표현해 내는 것이 시와 그림의 공통적 수법임을 밝히고 있다.

㉯ 이 작품은 조선 선조 때 이달이 지은 한시로 오언 절구에 해당한다. 속세와 떨어져 있는 절에 묻혀 살아가는 스님을 중심으로 탈속의 경지를 드러내고 있다. 구름 속에 묻혀 길도 쓸 필요가 없는 고요하고 한적한 절에서 수양을 하던 스님이 손이 오고 난 후에야 계절의 변화를 깨달은 상황을 드러내고 있다. 회화적 풍경 속에 속세를 벗어난 스님의 삶을 투영하고 있다.

주 제

㉮ 시와 그림이 지닌 유사성
㉯ 자연 속에 묻혀 수양하는 스님과 탈속의 세계

㉮ 시와 그림은 전통적으로 서로 연관이 깊다. ★시는 '소리 있는 그림'이요, 그림은 '소리 없는 시'란 말도 있다.
_{시와 그림의 표현 방법에서 공통점이 있음을 드러냄.}
특히 한시는 경물의 묘사를 통한 정의(情意)의 포착을 중시한다. 이는 마치 화가가 화폭 위에 자신의 마음을 담
_{경물은 '경치와 사물', 정의는 '감정과 의미'를 이름.}
아 표현하는 것과 같다. 경물은 객관적 물상에 지나지 않는다. 여기에 어떻게 자신의 마음을 얹을 수 있는가. 화
_{'자연계의 사물과 그 변화 현상'을 통틀어 이르는 말}
가는 말을 할 수 없으므로 경물이 직접 말하게 하지 않으면 안 된

다. ★이를 '사의전신'이라 한다. 말 그대로 경물을 통해 '뜻을 묘사

하고 정신을 전달'해야 한다. 그 구체적 방법은 '입상진의'이니, 상

> **★ 문제 해결 키 문항 1 관련**
> '시와 그림은 전통적으로 서로 연관이 깊다.'라는 글쓴이의 말이 무엇을 의미하는지 정확히 이해해야 함. '경물이 직접 말하게 하지 않으면 안 된다.'라는 문장의 의미를 '사의전신'이나 '입상진의'와 관련하여 파악해야 함.

세한 설명 대신 형상을 세워 뜻을 전달한다. 이제 몇 가지 실례를 들어 보기로 하자.
_{글쓴이가 말하는 '입상진의'. 한시를 쓰거나 그림을 그릴 때 중요시해야 하는 표현 방법}　　　　　▶ 처음: 경물의 묘사를 통해 정의를 포착하는 방법

　송나라 휘종 황제는 그림을 몹시 좋아하는 임금이었다. 그는 곧잘 유명한 시 가운데 한두 구절을 골라 이를 화

제로 내놓곤 했다. 한번은 "어지러운 산이 옛 절을 감추었네."란 제목이 출제되었다. 깊은 산속의 옛 절을 그리
_{'입상진의'가 잘된 첫 번째 사례: 송나라 휘종 황제가 출제한 화제}
되, 드러나게 그리면 안 된다는 주문이었다. 화가들은 무수한 봉우리와 계곡, 그리고 그 구석에 보일 듯 말 듯 자

리 잡은 퇴락한 절의 모습을 그리느라 여념이 없었다. 그런데 1등으로 뽑힌 그림은 화면 어디를 둘러보아도 절을

찾을 수가 없었다. 그 대신 숲속 작은 길에 중이 물동이를 지고 올라가는 장면을 그렸다. 중이 물을 길으러 나왔
_{화가가 제시한 물상: 물동이를 지고 올라가는 중}
으니 가까운 곳 어딘가에 분명히 절이 있겠는데, 어지러운 산에 가려 보이지 않는다. 절을 그리라고 했는데, 화
_{화가가 전달하려는 뜻: 가까운 곳 어딘가에 있는 절}
가는 물 길으러 나온 중을 그렸다. 화제에서 요구하고 있는 '장(藏)'의 의미*를 화가는 이렇게 포착했던 것이다.
　　▶ 중간 1: 입상진의의 구체적인 예 ①

　유성의 『형설총설』에도 이런 이야기가 보인다. 한번은 그림 대회에서 "꽃 밟으며 돌아가니 말발굽에 향내 나
_{'입상진의'가 잘된 두 번째 사례: 『형설총설』에 언급된, 그림 대회의 화제}
네."라는 화제가 주어졌다. 말발굽에서 나는 꽃향기를 그림으로 그리라는 희한한 요구였다. 모두 손대지 못하고

끙끙대고 있을 때, 한 화가가 그림을 그려 제출하였다. 달리는 말의 꽁무니로 나비 떼가 뒤쫓는 그림이었다. 말
_{화가가 제시한 물상: 달리는 말과 그를 뒤쫓는 나비 떼}
발굽에서 향기가 나므로 나비는 꽃인 줄 오인하여 말의 꽁무니를 따라간 것이다.　　　▶ 중간 2: 입상진의의 구체적인 예 ②
_{화가가 전달하려는 뜻: 말발굽에서 꽃향기가 나고 있음.}
└ '어지러운 산이 옛 절을 감추었네'라는 휘종 황제의 화제에서 '감추어야 **(중략)**
_{하는 바'를 이름. '보이지 않는 절이 어딘가에 분명히 있다'라는 것을 드러냄으로써 화제를 해결함.}
화가가 그리지 않고 그리는 방법과 시인이 말하지 않고 말하는 수법 사이에는 공통의 정신이 있다. 구름 속을
_{□ : 글쓴이가 말하는 그림과 시의 공통적 표현 방법 – 경물을 통해 뜻을 묘사하고 정신을 전달하는 방법}
지나가는 신룡은 머리와 꼬리만 보일 뿐 몸통은 다 보여 주지 않는다. "한 글자도 덧붙이지 않았으나 풍류를 다

얻었다."라는 말이 있다. 또 "단지 경물을 묘사했는데도 정의가 저절로 드러난다."라고도 말한다. 요컨대 한 편

의 훌륭한 시는 시인의 진술을 통해서가 아니라 대상을 통한 객관적 상관물의 원리로써 독자와 소통한다. 시인
└ '어떤 특별한 정서를 나타낼 공식이 되는 한 떼의 사물, 정황, 사건'들이나 '특정한 정서를 곧장 환기시키도록 제시된 외부적 사건'을 이르는 말
은 하고 싶은 말을 직접 건네는 대신, 대상 속에 응축시켜 전달한다. 그래서 "산은 끊어져도 봉우리는 이어진
└ 시인이 시를 통해 자신의 마음을 표현할 때 주로 쓰는 방법. '사의전신', '입상진의'를 이름.
다."라는 말이 나왔다. 지금 눈앞에 구름 위로 삐죽 솟은 봉우리의 끝만 보인다 해서 그 아래에 봉우리가 없는 것

이 아니다. 다만 가려져 보이지 않을 뿐이다. 이와 같이 시 속에서는 "말은 끊어져도 뜻은 이어진다." 시인이 말

하고 있는 것은 구름 위에 솟은 봉우리의 끝뿐이지만, 그것이 결코 전부는 아니다. <u>시인이 진정으로 하고 싶은</u>

<u>말은 구름 아래 감춰져 있다.</u>　　　　　　　　　　　　　　　　　　　　　▶ 끝: 말하지 않고 말하는 그림과 시의 수법
└ 시를 읽을 때 '구름 아래 감춰져 있는' 핵심적 의미를 찾아 읽어 내야 함을 강조함.

＊'장'의 의미: '藏'은 '감추다', '숨기다'라는 의미임. 여기서는 '드러나게 그리면 안 된다는 주문'을 뜻함.

 절이 흰 구름 속에 묻혀 있는데　　　　　　　　▶ 기: 속세와 떨어진 깊은 산속의 절　寺在白雲中
　　└ 시인이 주목하는 공간적 배경　　　　　　　　　　　　　　　　　　　　　　　　　　　　사 재 백 운 중
　　스님은 흰 구름을 쓸지도 않네　　　　　　　▶ 승: 흰 구름을 쓸지 않는 스님　白雲僧不掃
　　└ 시인이 관심을 가진 시적 대상　　　　　　　　　　　　　　　　　　　　　　　　　　　백 운 승 불 소
　　손님이 와서야 비로소 문이 열리니　　　　　▶ 전: 손님이 온 후에야 문을 열어 보는 스님　客來門始開
　　└ '스님'이 절의 '문'을 열게 된 계기　　　　　　　　　　　　　　　　　　　　　　　　　객 래 문 시 개
　　온 골짜기의 송화꽃 벌써 쇠었네.　　　　　▶ 결: 시간의 흐름에 얽매이지 않는 탈속의 경지　萬壑松花老
└ 계절적 배경과 절 주변의 └ 시간의 흐름과 계절의 변화를 드러냄.　　　　　　　　　　　　　　　　　　　만 학 송 화 노
　분위기를 알려 주는 소재

★ 문제 해결 키 문항 4 관련
시인이 제시하고 있는 '절'이나 '스님'과 관련하여 어떠한 상황이나 분위기를 드러내고 있으며, 그것을 통해 어떤 주제 의식을
표현하고 있는지를 파악해야 함. 특히 경치의 묘사에 초점을 맞춤으로써 드러나는 서정적 분위기를 포착하는 것이 중요함.

핵심 개념
이것만은
꼭 익히자

 포인트 ❶ '시'와 '그림'의 연관성 문항 1, 2 관련

구분	특징	공통점
시	소리 있는 그림	• 경물의 묘사를 통한 정의의 포착을 중시함. • 사의전신, 입상진의의 방법을 활용함. • 말하지 않고 말하는 시의 수법, 그리지 않고 그리는 그림의 방법에 공통의 정신이 들어 있음.
	시인이 하고 싶은 말을 직접 건네는 대신, 대상 속에 응축시켜 전달함.	
	말하지 않고 말하는 수법	
그림	소리 없는 시	
	화가가 화폭 위에 자신의 마음을 담아 표현함.	
	그리지 않고 그리는 방법	

 포인트 ❷ '입상진의'의 사례들 문항 1, 2 관련

〈사례 1〉 송나라 휘종 황제가 낸 화제
'어지러운 산이 옛 절을 감추었네.'

• 깊은 산속의 옛 절을 그리되, 드러나게 그리면 안 된다.
• 그림에 나타나 있지 않은 '절'을 그림을 보고 상상해 낼 수 있도록 경물을 제시하라는 의미로 해석됨.

〈사례 2〉 「형설총설」 속 그림 대회에 제시된 화제
'꽃 밟으며 돌아가니 말발굽에 향내 나네.'

• 말이 꽃을 밟았다는 것과 그 때문에 꽃향기가 진동한다는 것을 동시에 인식할 수 있는 그림을 그려라.
• '말발굽에서 나는 꽃향기'는 눈으로 확인할 수 없지만, 관련이 있는 경물을 통해 그것을 상상해 낼 수 있도록 하라는 의미로 해석됨.

배경지식 더 알아보기

■ 엘리엇이 처음 사용한 '객관적 상관물'

'객관적 상관물'은 문학 비평가인 토머스 S. 엘리엇이 처음 사용한 용어이다. 그는 처음에 개인의 정서와 문학 작품에 구현된 정서의 절대적 차이를 드러내기 위해 이 말을 사용했는데, 추후 문학 비평에 빈번하게 언급되면서 문학의 중요한 개념으로 굳어졌다. 엘리엇은 '예술 형식으로 정서를 표현하는 유일한 방법은 객관적 상관물의 발견, 즉 어떤 특별한 정서를 나타낼 공식이 되는 일단의 사물, 정황, 일련의 사건들을 찾아내는 것이며, 이것은 독자에게 똑같은 정서를 불러일으킬 수 있다.'라고 설명했다. 즉 문학 작품에서 표현하고자 하는 어떤 정서나 사상을 그대로 나타낼 수는 없으므로 어떤 사물이나 정황 또는 일련의 사건을 발견해서 그러한 정서나 사상을 표현해야 한다고 판단한 것이다. 개인적인 감정이 문학 작품에 그대로 노출되는 것이 아니라, 그 감정과는 직접적 관계가 없는 어떤 심상, 상징, 사건 등을 통해 그러한 감정이 전달되어야 한다고 본 것이다. 다시 말해, 개인이 느끼는 감정의 예술적 객관화를 위해 특정한 심상, 사건, 상징 등이 사용될 수 있는데, 이러한 것들을 통틀어 '객관적 상관물'이라고 설명한 것이다.

- 『두산백과』

■ 「불일암 인운 스님에게」 깊이 읽기

「불일암 인운 스님에게」는 조선 중기의 문인 이달의 문집 『손곡시집』에 실린 오언 절구이다. 정확한 제목은 '불일암 인운 스님에게 주다.'이다. 동일한 제목으로 2편의 한시가 수록되어 있다. 제1구 기(起)의 표현은 평범하다. 그런데 이러한 평범한 표현을 뒤집는 것은 제2구 승(承)의 '스님은 흰 구름을 쓸지도 않네'이다. 여기에서 '구름'의 의미가 중의적 표현으로 확산된다. 절은 구도자가 거처하는 공간이고, 구도자인 스님은 참선을 통해서 속세의 번뇌와 잡념을 없애려고 노력한다. 그런데 스님은 굳이 '흰 구름'을 쓸어 없애려고 하지 않는다. 번뇌와 잡념 속에서 행해지는 구도가 진정한 수행자의 길일 수 있기 때문이다. 제3구 전(轉)에서는 '왜 구름을 쓸지 않았을까'에 대한 의문이 풀린다. 하루 종일 닫혀 있는 '문'. '문' 밖에 나오지 않으니 구름을 쓸지 않았던 것이다. 찾아오는 사람이 없으니 구름을 쓸 필요도 까닭도 없는 것이다. 그렇다면 방 안에서 스님은 무엇을 하고 있었을까? 결가부좌를 하고 참선 수행에 전념하고 있었음은 말할 필요도 없다. 제4구 결(結)에서는 어느 결에 봄이 끝나가고 있음을 알 수 있다. 시간의 흐름을 망각한 상황이 '송화꽃 벌써 쇠었네.'를 통해 드러나고 있다. 세속을 벗어난 공간적 배경과 시간에 얽매이지 않는 탈속의 경지가 '송화꽃' 가루가 흩날리는 풍경 속에 함께 제시되는 것이다. 작가는 전적으로 '송화꽃' 가루가 흩날리는 깊은 산속 절, 스님의 모습을 시각적으로 드러냄으로써 구도자가 지향하는 탈속의 경지를 표현해 내고 있다.

- 양현승, 『낯선 문학 가깝게 보기: 한국 고전』

Q 〈보기〉의 내용을 바탕으로 여러 작품을 해석할 때, 무엇에 주의해야 할까요? 문항 6 관련

A '문항 6'의 〈보기〉는 문학 작품을 감상하는 일반론을 설명하면서 각 작품에서 초점을 맞추어야 하는 내용들을 소개하고 있습니다. 각 작품을 지은 시인과 작품의 창작 배경을 함께 제시하고 있는 것이지요. 그래서 이 문항의 선지들은 〈보기〉에서 설명한 내용을 바탕으로 각 작품을 다시 읽고, 문학 이론을 적용하여 해당 작품을 설명하는 형식을 취하고 있습니다. 따라서 자신이 알고 있는 문학 이론이나 〈보기〉에 제시된 설명들에 벗어나지 않는지를 기준으로 삼아야 합니다. '문항 6'의 경우, 화자와 청자의 관계, 작가와 작품 속 인물들 간의 관계, 작가가 청자를 활용하는 방식 등을 염두에 두고 각 작품들의 내용을 파악해야 합니다.

1회

실전 학습

[01~06]
(다) 재 너머 성 권농 집에 ~ _ 정철
(라) 서방님 병들어 두고 ~ _ 김수장

EBS 수능특강 **문학 299쪽**

감상 포인트

다 조선 시대 유명한 작가인 정철이 지은 시조로, 성 권농 집에 도달하기까지의 과정을 경쾌하게 서술하고 있다. 시적 화자인 '정 좌수'는 정철의 분신과 같은 존재로 '술 익단 말'을 듣고 누구보다 빠르게 대응하고 있다. 술과 벗을 좋아하는 작가의 풍류와 멋스러움을 생동감 있게 드러낸 작품이다.

라 이 작품은 김수장이 지은 사설시조로, 병든 남편을 위해 화채를 만들어 주려는 여성을 화자로 삼고 있다. 여인은 자신이 가진 '다리'를 팔아 화채의 재료를 구입하는데, 오화당을 잊은 것을 깨닫고 한숨을 짓는다. 병든 남편을 위하는 여인의 정성과 사랑을, 맛있는 화채를 만들려고 준비하다가 빠진 재료를 떠올리며 안타까워하는 상황과 관련지어 효과적으로 구현해 낸 것이 특징이다.

주 제

다 전원생활의 풍류와 술을 즐기는 삶
라 병든 남편을 위하는 아내의 정성과 사랑

화자가 '성 권농 집'을 찾아가게 된 계기, 이유

다 **재 너머 성 권농 집에 술 익단 말 어제 듣고** ▶ 초장: 성 권농의 집에 술이 익었다는 소식을 들음.

화자의 친구로 제시됨. 권농은 '농사를 주관하는 직책'을 이름.

누운 소 발로 박차 언치 놓아 지즐 타고 ▶ 중장: 소를 발로 박차 일으켜 허둥지둥 성 권농의 집을 찾아감.

'지질러 타고'의 의미로 파악됨. '눌러 타고'

아이야 네 권농 계시냐 정 좌수 왔다 하여라 ▶ 종장: 친구 집에 도착하여 아이에게 자신이 성 권농을 찾아왔음을 알림.

'성 권농 댁'의 하인이나 아이 / 화자가 '정 좌수'임을 알 수 있음. 성 권농 집에 도착하여 친구를 찾는 모습을 드러냄.

안장이나 길마 밑에 깔아 소나 말의 등을 덮어 주는 방석이나 담요

★ **문제 해결 키** 문항 3 관련

각 작품에 활용된 표현 방법과 그러한 표현 방법을 통해 전달하고자 하는 내용을 정확하게 파악했는지를 따져야 함.

화자가 화채를 만들게 된 계기, 시장에 나가 물건을 사게 된 까닭

라 **서방님 병들어 두고 쓸 것 없어** ▶ 초장: 병이 든 서방님을 위해 해 줄 것을 고민함.

화자가 사랑하는 대상. 화채를 만들어 주고 싶은 대상임.

종루 저자 다리* 팔아 배 사고 감 사고 유자 사고 석류 샀다 아차아차 잊었구나 오화당*을 잊어버렸구나

▶ 중장: 저자에 나가 다리를 팔아 화채를 만들 재료를 사 왔으나, 오화당을 잊어버린 것을 깨달음.

수박에 술* 꽂아 놓고 한숨 겨워하노라 ▶ 종장: 수박에 숟가락을 꽂은 채로 한숨을 지으며 안타까워함.

화자의 마음이 급함을 드러 / 화자의 행위를 통해 아쉬운 마음을 드러냄. / 감탄사를 활용하여 화채에 넣을 재료 중 '오화당'을 잊어버리고 사지 못한
내는 행위. 역동성을 부여함. 안타까운 마음을 드러냄.

* **다리**: 예전에, 여자의 머리숱이 많아 보이게 하거나 머리 모양을 꾸미기 위하여 머리에 얹거나 덧넣는 딴머리. '가체(加髢)'라고도 함.

* **오화당**: 오색 사탕.

* **술**: '숟가락'을 뜻함.

화자가 여성임을 알 수 있는 소재. 경제적 형편이 넉넉지 않음을 드러냄.

★ **문제 해결 키** 문항 5 관련

'시인이 하고 싶은 말은 구름 아래 감춰져 있다.'라는 말은 작품 표면에 드러난 것뿐만 아니라 표현하지 않은 것까지 읽어 내야 한다는 의미임. (다)와 (라)를 창작하면서 시인이 진정으로 하고 싶은 말이나, 감추고 있는 것이 무엇인지를 파악해 내는 것이 중요함.

**핵심 개념
이것만은
꼭 익히자**

 포인트 1

(다)의 화자의 이동 과정 문항 3, 5 관련

공간적 배경의 변화	화자의 집	• 성 권농 집에 가야겠다고 결심한 계기: '술 익단 말 어제 듣고' • 성 권농 집에 가기 위한 준비: '누운 소 발로 박차 언치 놓아'	• 공간의 이동 과정을 압축적으로 제시함. • 풍류를 즐기려는 화자의 모습을 해학적으로 전달함.
	↓		
	재 너머 성 권농 집	도착하자마자 화자가 한 말: "아이야, 네 권농 계시냐, 정 좌수 왔다 하여라."	

포인트 2 (라)의 화자의 이동 과정 **문항 3, 5 관련**

공간적 배경의 변화	화자의 집	병든 서방님께 드릴 음식을 고민함.: '서방님 병 들어 두고 쓸 깃 없어'
	↓	
	종루 저자	• 재료를 사기 위한 비용을 마련함.: '다리 팔아' • 화채를 만들 재료를 구입함.: '배 사고 감 사고 유자 사고 석류 샀다'
	↓	
	화자의 집	• 집에 도착한 후 화자가 떠올린 생각: '아차아 차 잊었구나 오화당을 잊어버렸구나' • 아쉬움에 화자가 한 행동: '수박에 술 꽂아 놓 고 한숨 겨워하노라'

• 공간의 이동 과정을 압축적으로 제시함.
• 영탄적 표현을 사용해 안타까운 상황을 효과적으로 표현함.

■ 정철의 생애와 「장진주사」

정철은 조선 중기 때의 문신으로 호는 송강이다. 임억령, 김인후, 송순 등에게 학문을 배웠으며 이이, 성혼 등과 친분을 맺었다. 1580년 45세로 강원도 관찰사가 되었을 때 「관동별곡」, 「훈민가」 등을 지어 가사 문학의 대가로 서 인정받기 시작하였다. 46세 때 예조 판서로 승진하였고 이듬해 대사헌이 되었으나 동인의 탄핵을 받아 고향 창평으로 돌아가 은거 생활을 하였다. 이때 「사미인곡」, 「속미인곡」, 「성산별곡」 등의 가사와 시조, 한시 등 많은 작품을 지었다. 대표적 시조로는 「장진주사」 등이 잘 알려져 있다. 그의 작품들은 대체로 임금을 사모하는 마음과 백성을 사랑하는 사상을 저변에 깔고 있다. 그 외에도 훈훈한 인정을 느끼게 하는 인간미 넘치는 작품, 강호 산수의 자연미를 노래한 작품들을 주로 지어 사랑을 받았다. 그의 작품들은 선취적 기풍과 멋스러운 호방함을 담고 있어 폭넓은 사대부의 정신세계를 잘 보여 준다.

다음은 정철이 쓴 사설시조 「장진주사」이다.

> 한잔 먹세그려. 또 한잔 먹세그려. 꽃 꺾어 산 놓고 무진무진 먹세그려.
> 이 몸 죽은 후면 지게 위에 거적 덮어 주리어 매여 가나, 유소 보장의 만인이 울어 예나, 어욱새 속새 덥가나무 백양 숲에 가기만 하면, 누른 해 흰 달 가는 비 굵은 눈 소소리바람 불 제, 뉘 한잔 먹자 할까.
> 하물며 무덤 위에 잔나비 휘파람 불 제 뉘우친들 어찌하리.

■ 사설시조의 발전과 전문 가객의 등장

평시조, 단형 시조 형식에서 벗어나 두 행 이상이 6음보 이상이거나 어느 한 행이 8음보 이상 늘어난 시조들을 사설시조라고 한다. 사설시조는 평시조보다 길이가 길어 장형 시조라고도 하고, 평시조의 형식을 파괴했다고 파형 시조라고도 한다. 사설이란 음악적으로 '말을 촘촘히 박아 넣는다.'라는 뜻을 지니고 있다. 사설시조가 언 제 처음 생겨났는지 확실히 말하기는 어렵지만 대개 17세기부터 형성되었을 것이라 추정된다. 사설시조가 성 행했던 시기는 18세기 이후부터이고, 오늘날까지 대략 400여 수의 작품이 전해지고 있다.

임진왜란과 병자호란을 기점으로 조선 왕조의 정치·사회 체제는 여러 가지 면에서 모순과 허점을 드러내게 된 다. 이후 사대부 자체 내에서도 실학사상을 중시하는 세력이 나타나고, 평민들의 의식도 함께 성장하면서 사실 성과 실용성을 강조하는 사회적 분위기가 형성된다. 문학·예술 분야에서도 현실과 밀착되어 사실성을 부각하 는 산문 문학이 발전할 수 있는 분위기가 형성되는데, 이러한 상황 속에서 전문 가객과 같이 새로운 향유층이 등 장하기도 하였다.

시조는 문학이면서 음악이기도 하여 공연을 통해 더욱 인기를 끌었다. 전문 가객 중에는 시조창을 하는 사람들 이 등장했는데 대표적인 인물이 김수장이다. 전문 가객들은 대개 중인보다 한 등급 낮은 서리 정도의 계급으로 문벌이나 지위가 낮은 인물들이며, 사회적으로 크게 대우를 받지 못했다. 하지만 이들은 당대 예술계의 중심을 이루고 있던 사족들과의 교류를 통해 시조 문학의 발달에 크게 기여하였다. 전문 가객들은 사설시조라는 새로 운 시형을 발굴하고 발전시켰다. 특히 김수장은 36수의 사설시조를 창작하였다고 알려져 있는데, 독자적인 미 의식을 추구하면서 시조 문학의 다변화를 이끌었다는 점에서 인정받고 있다.

감상 포인트 이 작품은 김시습의 「금오신화」 5편 중 한 편이다. 한문으로 지어졌으며 내용상 명혼(冥婚) 소설, 애정 전기 소설로 구분된다. 양생이 한스럽게 죽은 여인의 원혼을 만나 생사를 초월하여 사랑을 나누다가 운명으로 인해 이별하게 된다는 것이 주요 서사를 이룬다. 이 소설은 중국이 아닌 우리나라를 배경으로 하고 있다는 점과 남녀의 강렬한 사랑이 세계의 횡포 앞에 좌절되는 비극을 잘 보여 준다는 점에서 우리나라 소설사에서 그 의의가 매우 큰 작품으로 평가된다.

주 제 삶과 죽음을 초월한 남녀 간의 사랑

전체 줄거리 전라도 남원에서 외롭게 살던 양생은 짝이 없어 슬퍼하다가 만복사의 불상과 저포 놀이를 하며 좋은 배필을 만나게 해 달라고 기도한다. 잠시 후 아름다운 한 여인이 나타나 자신의 한스러운 사연과 운명적 인연과의 만남을 위한 기원을 담은 축원문을 불상 앞에 바친다. 양생과 여인은 인연을 맺고 행복한 시간을 보낸다. 며칠 후 여인은 양생에게 은그릇을 주며 재회를 기약하고 헤어진다. 다음 날 양생은 여인이 말한 대로 딸의 대상을 치르기 위해 보련사로 가는 여인의 부모를 만나게 된다. 양생은 여인의 부모로부터 여인이 왜구의 침입 때 죽은 원귀임을 알게 되고, 양생과 여인은 절에서 재회한 뒤 운명에 따라 이별한다. 그 후 양생은 지리산에 들어가 약초를 캐며 지냈는데, 이후 양생이 어떻게 생을 마쳤는지 아무도 모른다.

양생은 여인의 말대로 은그릇을 들고 보련사로 가는 길가에서 기다리고 있었다. 그런데 과연 어떤 귀족 집안
_{여인이 양생에게 앞으로 일어나게 될 일들을 미리 알려 줌.}
에서 딸자식의 대상(大祥)*을 치르려고 수레와 말을 길게 늘여 세우고 보련사로 올라가는 것이었다. 그러다가 길
_{여인이 말한 일이 실제로 일어남.}
가에서 한 서생이 은그릇을 들고 서 있는 것을 보고, 하인이 아뢰었다.

"아가씨의 무덤에 묻은 물건을 벌써 어떤 사람이 훔쳤습니다."
_{하인은 양생이 무덤 속의 물건을 훔쳤다고 생각함.}
주인이 말하였다. / "그게 무슨 말이냐?"

하인이 대답하였다.

> **★ 문제 해결 키** **문항 8 관련**
> 인물들이 해당 소재를 어떤 맥락에서 주고받는지 살펴보고 그러한 행위의 결과에 따라 인물 간의 관계, 사건 전개 양상이 어떻게 바뀌는지 파악해야 함.

"이 서생이 들고 있는 은그릇 말씀입니다."

주인이 마침내 양생 앞에 말을 멈추고 어찌 된 것인지, 은그릇을 지니게 된 경위를 물었다. 양생은 전날 여인
_{여인이 은그릇을 주며 자신의 부모를 양생과 함께 만나자고 한 것을 말함.}
과 약속한 그대로 대답하였다. 여인의 부모가 놀랍고도 의아하게 여기다가 한참 후에 말하였다.
_{여인의 부모는 양생이 자신들의 죽은 딸과 만났다는 이야기를 듣고 이상하게 생각함.}
"나에게는 오직 딸아이 하나만이 있었는데 왜구가 침입하여 난리가 났을 때에 적에게 해를 입어 죽었다네. 미
_{귀한 외동딸}   _{여인이 죽은 이유}
처 장례도 치르지 못하고 개령사 골짜기에 임시로 묻어 주었지. 이래저래 미루다가 오늘에 이르게 되었다네.
_{여인의 실체가 귀신이라는 것을 알려 주는 정보}
오늘이 벌써 대상 날이라 재나 올려 저승길을 추도하려고 한다네. 자네는 약속대로 딸아이를 기다렸다가 함께
_{사람이 죽은 지 두 돌 만에 지내는 제사}
오게. 부디 놀라지 말게나."

그는 말을 마치고 먼저 보련사로 떠났다.   ▶ 양생이 여인의 부모를 만나고 여인이 죽은 사연을 듣게 됨.

양생은 우두커니 서서 기다렸다. 약속한 시간이 되자 과연 어떤 여인이 계집종을 거느리고 나긋나긋한 자태로

걸어오는데 바로 그 여인이었다. 양생과 여인은 서로 기뻐하면서 손을 잡고 보련사로 향하였다. 여인은 절 문에

들어서서 부처님께 예를 올리더니 흰 휘장 안으로 들어갔다. 그러나 여인의 친척들과 절의 승려들은 모두 그것
_{사람들은 이승의 양생과 저승의 여인이 서로 소통한다는 사실을 믿지 못함.}
을 믿지 않았다. 오직 양생만이 혼자 볼 수 있을 뿐이었다. 여인이 양생에게 말하였다.
_{양생만이 비현실계와 소통함.}
"함께 차와 음식이나 드시지요."

양생은 그 말을 여인의 부모에게 고하였다. 여인의 부모는 시험해 보고자 양생에게 함께 식사를 하라고 시켰
_{여인의 부모에게는 여인이 보이지 않으므로 여인이 양생과 함께 있다는 사실을 확인하고 싶어 함.}
다. 그랬더니 오직 수저를 놀리는 소리만 들렸는데 마치 산 사람이 식사하는 소리와 같았다. 그제야 여인의 부모
_{여인의 부모가 양생과 여인의 인연을 인정함.}

가 놀라 탄식하면서 양생에게 휘장 곁에서 같이 잠자기를 권하였다. 한밤중에 말소리가 낭랑히 들렸는데 사람들

이 자세히 엿들으려 하면 갑자기 그 말이 끊어졌다. ▶ 여인의 부모 앞에 양생과 여인이 다시 만남.

여인이 양생에게 말하였다.

"제가 법도를 어겼다는 것은 저 스스로 잘 알고 있어요. 어려서 『시경』과 『서경』을 읽었으므로 예의가 무언지
여인이 유교의 경전을 공부함으로써 예법을 익혔음.
조금이나마 알지요. 『시경』의 「건상(褰裳)」*이 얼마나 부끄럽고, 「상서(相鼠)」*가 얼마나 얼굴 붉힐 만한 것인
예의와 법도를 알고 지켜야 한다고 생각함.
지 모르는 것이 아닙니다. 그러나 오랫동안 쑥 덤불 우거진 속에 거처하며 들판에 버려져 있다 보니 사랑하는
여인의 한과 애정 추구 욕망
마음이 한번 일어나자 끝내 걷잡을 수가 없었답니다.

지난번에 절에 가서 복을 빌고 부처님 앞에서 향을 사르며 일생 운수가 박복함을 혼자 탄식하다가 뜻밖에도

삼세의 인연을 만나게 되었지요. 그래서 머리에 가시나무 비녀를 꽂은 가난한 살림이라도 낭군의 아낙으로서
과거·현재·미래   여인의 소원
백 년 동안 높은 절개를 바치고, 술을 빚고 옷을 지으며 한평생 지어미로서의 도리를 닦으려 했던 것이랍니다.

하지만 한스럽게도 업보는 피할 수가 없어서 저승길로 떠나야만 하게 되었어요. 즐거움을 다 누리지도 못했는
저승(명부)의 운명에 따라 양생과 여인이 이별할 때가 임박함.   양대는 중국 사천성에 있는 땅으로 초나라 회왕과 양왕이 꿈에 선
데 슬픈 이별이 갑작스레 닥쳐왔군요.   녀를 만났던 곳임. 무산 선녀가 양왕을 모셨다가 떠나면서 아침에
                                                           는 구름이 되고 저녁에는 비가 되어 양대에 있겠다고 하였다 함.
이제 제 발걸음이 병풍 안으로 들어가면 신녀 아향이 수레를 돌릴 것이고, 구름과 비는 양대에서 개고, 까치

와 까마귀는 은하수에서 흩어질 거예요. 이제 한번 헤어지면 훗날 다시 만나기를 기약하기 어렵겠지요. 작별

을 당하고 보니 정신이 아득하기만 해서 무어라 말씀드려야 할지 모르겠군요."

이윽고 여인의 영혼을 전송하자 울음소리가 그치지 않았다. 영혼이 문밖에 이르자 다만 은은하게 다음과 같은
                                                        이별의 슬픔을 담은 시
소리만이 들려왔다. ▶ 양생에게 여인이 자신이 겪은 사연을 전하고 이별을 고함.

저승길이 기한 있어, 슬프게도 이별합니다.
저승의 시간에 따른 여인의 운명
우리 임께 바라오니, 저를 멀리 마옵소서.
이별을 앞두고 여인이 양생에게 바람을 고함.
애달파라 우리 부모님, 나를 짝지어 주지 못하셨네.

아득한 저승에서, 마음에 한 맺히리.
갑작스러운 이별로 여인은 원한을 완전히 해소하지는 못함.

★ 문제 해결 키 문항 9 관련

삽입 시가 사용된 맥락을 떠올리며 소설 속 인물의 심리, 사건
전개 양상이 삽입 시의 화자, 상황, 정서와 서로 어떻게 연결되
는지를 파악해야 함.

소리가 차츰 잦아들면서 우는 소리와 분별할 수 없게 되었다. 여인의 부모는 이제야 그동안의 일이 사실임을
                                여인의 부모가 여인의 환신이 양생에게 찾아와서 인연을 맺은 일에 대한 의심을 거두고 완전히 믿게 됨.
깨닫고 다시는 의심하지 않았다. 양생 또한 그 여인이 귀신이었음을 알고는 슬픔이 더해져서 여인의 부모와 함

께 머리를 맞대고 흐느꼈다. 여인의 부모가 양생에게 말하였다.

"은그릇은 자네가 맡아서 쓰고 싶은 대로 쓰게나. 딸아이 몫으로 밭 몇 마지기와 노비 몇 명이 있으니 자네는
                                         양생을 사위로 인정하고 유산을 내려 줌.
이것을 신표로 삼아 내 딸을 잊지 말아 주게."

다음 날 양생은 고기와 술을 마련하여 전날의 자취를 더듬어 찾아갔다. 그랬더니 과연 그곳은 시체를 임시로 묻
          여인의 제물로 씀.
어 둔 곳이었다. 양생은 제물을 차려 놓고 슬피 울면서, 그 앞에서 종이돈을 불사르고 장례를 치러 주었다. (중략)

이후에도 양생은 여인에 대한 애정과 슬픔을 이기지 못하였다. <u>밭과 집을 모두 팔아 사흘 저녁을 계속해서 재를 올리니 공중에서 여인의 목소리가 울렸다.</u>

여인을 위한 양생의 지극정성

"당신이 지성을 드려 주신 덕분에 저는 다른 나라에서 <u>남자의 몸으로 다시 태어나게 되었습니다.</u> 비록 이승과 저승이 멀리 떨어져 있다고 해도 당신의 은혜에 깊이 감사드립니다. 당신은 부디 다시 깨끗한 업을 닦아 함께 윤회의 굴레를 벗어나시기 바랍니다."

여인이 남자로 환생함.

양생은 이후 다시 장가들지 않았다. <u>지리산에 들어가 약초를 캐며 살았는데 그가 어떻게 생을 마감했는지 아무도 알지 못한다.</u>

미완성의 결말 → 여운과 신비감 조성
▶ 양생과 여인이 이별하고 양생은 슬픔에 빠져 살다가 종적을 감추게 됨.

＊대상: 사람이 죽은 지 두 돌 만에 지내는 제사.
＊건상: 여인이 남자를 유혹하는 시.
＊상서: 예의가 없는 것을 풍자한 시.

핵심 개념 이것만은 꼭 익히자

 포인트 1 '은그릇'의 서사적 기능과 의미 문항 8 관련

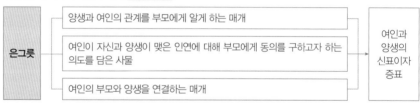

은그릇	양생과 여인의 관계를 부모에게 알게 하는 매개	여인과 양생의 신표이자 증표
	여인이 자신과 양생이 맺은 인연에 대해 부모에게 동의를 구하고자 하는 의도를 담은 사물	
	여인의 부모와 양생을 연결하는 매개	

 포인트 2 「만복사저포기」에서 삽입 시의 기능 문항 9 관련

- 산문의 단조로움을 극복하게 해 줌.
- 여인의 슬픔을 효과적으로 보여 줌.
- '이별'을 맞은 상황을 압축해서 전달함.
- 앞으로 전개될 사건인, 양생과 여인의 이별을 암시함.

포인트 3 원혼(귀신) 등장 이야기의 핵심 서사 구조 문항 10 관련

	원혼의 출현	원한 형성의 배경	원한 해소의 과정과 결과
이야기의 요소	• 귀신이 나타나는 분위기와 배경 조성 • 귀신이 나타남. • 귀신의 형상에 대한 설명과 묘사	• 원혼의 성격이 나타남. • 원혼이 된 과거의 사연이 서술됨.	• 원한을 해결하는 방식이 제시됨. • 원한 해결의 결과가 나타남.
「만복사저포기」의 내용	여인은 절에 가서 복을 빌고 부처님 앞에서 향을 사르는 귀신의 모습으로 양생에게 나타나 양생과 인연을 맺게 됨.	여인은 왜구가 침입했을 때 적에게 해를 입어 죽고 장례도 없이 그 시신이 묻혔으며, 남성과 인연을 맺어 보지도 못한 채 죽은 것으로 인해 원한을 품게 됨.	• 여인은 양생과 인연을 맺고 난 후 자신이 품은 원한을 어느 정도 해소하고 저승길로 떠남. • 여인은 양생이 지성을 드린 결과 다른 나라에서 남자의 몸으로 다시 태어나게 됨.

만남	이별	의미	작가 의식
현실계의 인물인 양생이 비현실계의 인물인 여인(환신)과 만나 인연을 맺게 됨. → 전기성, 환상성	여인이 업보에 의해 저승길로 가게 되자 남녀가 이별하게 됨. (이루어질 수 없는 사랑) → 비극성	• 죽음을 초월한 남녀 간의 애절한 사랑(욕망 추구) • 운명에 따른 비극적 이별(욕망 좌절)	계유정난과 같은 현실의 부조리에 실망하여 절에서 홀로 지내는 작가 본인의 모습을 양생에게 투영 → 이상 추구의 좌절을 표현

■ 『금오신화(金鰲新話)』에 수록된 나머지 네 작품의 주요 내용

작품명	주요 내용
「이생규장전」	젊은 남녀인 이생과 최랑이 서로 사랑하여 혼인에 이르지만, 홍건적의 침입으로 최랑이 죽게 된다. 간신히 목숨을 부지한 이생에게 죽은 최랑이 귀신이 되어 찾아오고 못다 한 사랑을 나눈 뒤 다시 이별하게 된다.
「취유부벽정기」	홍생이란 사람이 평양의 부벽정에서 술에 취하여 시를 읊던 중, 기자 조선의 시녀였다가 선녀가 된 기 씨를 만난다. 하룻밤 동안 둘은 서로 시를 주고받고 즐기다가 기 씨가 떠나자 홍생은 병이 나서 죽게 되는데, 장례한 지 몇 달이 지나도 안색이 변하지 않았다.
「남염부주지」	경주의 박생이 남쪽 염라국이라는 지옥에 가 염왕을 만나 귀신, 왕도, 불도 등에 대하여 토론을 하게 된다. 염왕은 박생의 학식에 감동하여 왕위를 물려준다는 약속을 한다.
「용궁부연록」	고려 시대 개성에 글재주가 매우 뛰어난 한생이 살았는데, 그는 꿈에 용궁으로 초대되어 용왕의 딸이 기거하는 별궁의 상량문을 지어 준다. 그 보답으로 선물을 받고 용궁 구경을 한 후 현실로 돌아오게 된다.

■ 애정 전기 소설의 일반적인 특징

• 남녀 주인공은 재자가인(才子佳人)이면서도 둘 사이에 신분의 격차가 있는 경우가 많음.
• 애정에 적극적이고 서사를 능동적으로 이끌어 가는 매력적인 여성 주인공이 다수 등장함.
• 서사의 진행 과정은 대개 남녀의 '결연', '수난', '극복'으로 나타나며 이 과정에서 부모의 반대나 전쟁과 같은 사회의 횡포가 애정 성취에 장애로 작용함.
• 원귀(冤鬼)와의 만남 혹은 재회와 같은 환상적이고 비현실적인 사건이 나타나 소설적 흥미 요소로 작동하면서 인간이 삶에서 겪는 운명론적 고통과 비애를 형상화함.

EBS Q&A

Q 전기 소설에는 서사 중간에 '시'가 삽입된 경우가 많은데 이때 삽입 시는 어떤 기능을 하나요?

A 소설 중간에 삽입된 시는 하나의 서사적 장치로서 매우 중요한 역할을 합니다. 우선 서사 갈래에 서정 갈래가 개입되어 서사, 혹은 산문의 형식적인 단조로움을 극복하게 해 줍니다. 그리고 시로 표현된 만큼 사건이 진행되는 상황을 압축적인 소재나 이미지로 표현하고 인물의 정서를 효과적으로 표현할 수 있게 해 주기도 합니다. 그에 따라 작품의 서정성을 배가하기도 하지요. 또한 때에 따라 앞으로 전개될 사건을 암시하기도 합니다.

[11~13]

(가) 꽃을 위한 서시 _ 김춘수

감상 포인트

이 작품은 꽃을 통하여 존재의 본질을 탐색한 시이다. 여기에서 '꽃'이란 화자가 그 본질을 탐색하고자 하지만 쉽게 그 본질에 가닿을 수 없는 존재를 의미한다. 이것은 마지막 행의 '얼굴을 가리운 나의 신부'라는 이미지로 집약된다. 화자는 '꽃'의 내면적 의미의 실상을 파악해 보려고 '추억의 한 접시 불을 밝히고', '한밤내' 치열한 노력을 계속한다. 하지만 '나의 손이 닿으면 너는 / 미지의 까마득한 어둠이 된다.'에서처럼 이러한 노력은 끝내 실패로 돌아가게 된다. 어떤 존재의 진정한 의미를 파악하기란 이처럼 매우 어려운 일인 것이다. 하지만 '미지의 까마득한 어둠'은 존재의 세계로 진입할 수 있는 역설적인 통로가 될 수도 있다는 가능성을 함께 제시했다고도 볼 수 있다.

주제

존재의 본질 탐색에 대한 염원

나는 시방 <u>위험한</u> 짐승이다.
존재의 본질을 규명하지 못한 채 미궁 속으로 빠져 들게 할 수 있기 때문에
나의 손이 닿으면 너는
존재의 본질
미지의 까마득한 어둠이 된다. ★   ▶ 1연: 존재의 본질 탐색에서 마주하는 한계

존재의 흔들리는 가지 끝에서

너는 이름도 없이 피었다 진다. ★

눈시울에 젖어드는 이 무명의 어둠에
존재의 본질을 규명하지 못한 슬픔 ①
추억의 한 접시 불을 밝히고

나는 한밤내 운다.   ▶ 2연: 존재의 본질을 탐색하기 위한 노력과 고통
존재의 본질을 규명하지 못한 슬픔 ②

나의 울음은 차츰 아닌 밤 돌개바람이 되어
존재의 본질을 규명하기 위한 노력
탑을 흔들다가

돌에까지 스미면 금(金)이 될 것이다.   ▶ 3연: 존재의 본질 탐색을 위한 간절한 염원과 기대
            존재의 본질을 규명한 상태

……얼굴을 가리운 나의 신부여,   ▶ 4연: 미지의 존재에 대한 설렘
언젠가는 본모습을 규명할 수 있을 것이라는 기대와 희망

★ 문제 해결 키 **문항 11 관련**

'된다'는, 어둠의 상태로 빠져들기 쉬운 존재의 본질로 다가가는 순간에 느낄 수 있는 긴장감을 나타내는 기능을 한다는 것을 파악해야 함. 또 '진다'는, 위태로운 상태에 있는 존재의 본질이 어둠의 상태로 빠져드는 상황에서 느껴지는 긴장감을 나타내는 기능을 한다는 것을 파악해야 함.

핵심 개념 이것만은 꼭 익히자

포인트 ① **'나'와 '너'의 관계** 문항 13 관련

나(화자)		너(존재의 본질)
• 너, 즉 존재의 본질을 규명하기 위해 노력하는 존재 • 존재의 본질을 규명하려고 시도하지만 성공하지 못하고 슬퍼하는 존재 • 존재의 본질을 규명할 수 있을 것이라고 기대하며 노력하는 존재	→ 본질을 규명하기 위해 노력하고 시도함.	• '꽃'으로 설정되어 있지만 단순한 '꽃'이 아니라 실존하는 대상의 본질을 뜻함. • 본질을 규명하는 것이 매우 어려우며, 이러한 노력이 실패하기 쉬움.

포인트 ② **'어둠'의 의미** 문항 12 관련

1연	까마득한 어둠	존재의 본질을 규명하려는 나의 시도로 인해 손새의 본실이 숨어 버린 상태
		+
3연	무명의 어둠	존재의 본질이 규명되지 않은 부정적인 상태

배경지식 더 알아보기

■ '얼굴을 가리운 나의 신부여'에 내포된 의미

'얼굴을 가리운'		'나의 신부여'
자신의 모습을 드러내지 않은	+	울음으로 밤을 지새운 신랑('나')을 맞이하게 될 신부
↓		↓
존재의 본질이 규명되지 않은		언젠가는 규명될 것이라는 기대와 희망을 갖게 하는 존재의 본질

■ 김춘수의 '존재 탐구'의 시

6·25 전쟁을 전후로 하여 유럽의 실존주의가 우리나라에 도입되면서 인간의 존재론적 의미나 내면 의식을 탐구하는 경향이 두드러지게 나타났다. 전후의 참혹한 폐허 속에서 현실 문제를 직접 다루기가 어려웠던 시인들은 인간과 사물의 본질이라는 추상적인 문제에 관심을 갖게 된 것이다. 김춘수는 독일 시인 라이너 마리아 릴케의 영향을 받아 존재론적 입장에서 사물의 내면적 의미를 탐구하는 작품을 여러 편 썼다. 그의 시집 『꽃의 소묘』 (1959)에 수록된 「꽃」, 「꽃의 소묘」, 「꽃을 위한 서시」가 중요한 연작인데, 「꽃을 위한 서시」가 그 흐름을 압축한 완결판이다.

- 이숭원, 『작품으로 읽는 한국 현대시사』

EBS Q&A

Q 현대시 작품의 공통점을 묻는 문항은 어떻게 접근해야 하나요? 문항 11 관련

A 현대시 관련 문항 세트에서는 두 작품의 공통점을 묻는 문항이 종종 출제됩니다. 현대시 세트를 구성할 때에는 각 작품이 엮인 이유가 여러 가지 있게 마련입니다. 이러한 이유 중 작품의 주제나 의미와 관련한 심층적 요소가 있다면, <보기>와 함께 제시되는 외적 준거에 의한 작품 감상 문항에 사용될 가능성이 높습니다. 따라서 주로 1번 문항으로 출제되는 두 작품 간의 공통점에는 작품의 심층적 주제나 의미보다는 1줄 내외의 선지로 서술될 수 있는 요소들, 가령 화자의 처지, 표현상의 공통점, 시상의 전개 방식 등이 정답이 되는 경우가 많습니다. 이 문항 세트에서도, '문항 11' 역시 두 작품의 공통된 표현상 특징을 파악하는 문항으로 출제되었습니다. 그러므로 이처럼 공통점을 묻는 문항의 경우, 화자의 처지, 표현상의 공통점과 시상 전개 방식 등에 주목하며 접근하는 것이 좋습니다.

[11~13]

(나) 등산 _ 오세영

EBS 수능특강 문학 307쪽

감상 포인트 이 작품은 산을 오르며 느끼고 깨달은 바를, 진리를 추구하는 삶으로 확장하고 있는 시이다. 화자는 무명을 더듬는 벌레로 비유되어 있는데, 이를 통해 빛, 즉 진리를 탐구하는 진지한 열정을 형상화하고 있다. 등산을 하며 좀처럼 흔들리지 않을 것 같았던 인생의 믿음조차 심하게 흔들릴 수 있음을 느낀 화자는 인생이란 쉼 없이 빛을 찾아가는 과정임을 깨닫게 된다. 또한 화자는 등산을 하며 세상의 모든 것이 내 것이 아니라는 것과 행복과 불행 등 여러 가지 요인에 의해 흔들리지 않고 묵묵히 목표를 향해 나아가는 것 자체가 인생임을 깨닫고 있다.

주 제 빛(진리)에 도달하기 위한 노력

자일*을 타고 오른다. ★

흔들리는 생애의 중량

『확고한
「 」: 세상의 모든 것은 불완전하다는 인식
가장 철저한 믿음도

한때는 흔들린다.」 ▶ 1연: 흔들리는 삶의 무게

암벽을 더듬는다. ★

빛을 찾아서 조금씩 움직인다.
삶의 진리
결코 쉬지 않는
진리는 발견하지 못한 상태
무명의 벌레처럼 무명을
이름 없는, 보잘것없는
더듬는다. ▶ 2연: 쉼 없이 빛을 찾으려는 노력

함부로 올려다보지 않는다. ★
등산을 하는 화자의 모습
함부로 내려다보지도 않는다.

벼랑에 뜨는 별이나,

피는 꽃이나,

이슬이나,

세상의 모든 것은 내 것이 아니다.
세상에 대한 깨달음, 세상의 이치
다만 가까이 할 수 있을 뿐이다. ▶ 3연: 세상의 모든 것에 대한 깨달음

조심스럽게 암벽을 더듬으며
가까이 접근한다.
└ 화자의 태도 ①: 조심스럽고 꾸준한 태도

행복이라든가 불행 같은 것은
생각지 않는다.
└ 화자의 태도 ②: 결과를 고려하지 않음.
▶ 4연: 암벽을 오르는 바람직한 자세

『발붙일 곳을 찾고 풀포기에 매달리면서
「 」: 등산을 하는 화자의 모습
다만,

가까이,

가까이 갈 뿐이다.」 ▶ 5연: 목표를 향해 가까이 가려는 노력

*자일: 등산용 밧줄.

★ 문제 해결 키 문항 11 관련

'오른다', '더듬는다', '않는다' 등의 현재형 표현을 통해, 등산 과정에서 느껴지는 긴장감이 전달되고 있음을 파악하여야 함.

핵심 개념 이것만은 꼭 익히자

포인트 ① 「등산」의 표현상 특징 문항 11 관련

• 자일을 타고 오른다 • 암벽을 더듬는다 • 함부로 올려다보지 않는다	• 더듬는다 / 무명 • 함부로 ~ 않는다 / 않는다
짧은 문장, 현재형 표현의 사용	유사한 시어와 시구의 반복적 사용
↓	↓
등산 과정에서 느껴지는 긴장감 전달	운율 형성, 시적 의미 강조

포인트 ② '무명의 벌레'의 의미 문항 12 관련

무명(無名)	무명(無明)
• 이름이 없거나 이름을 알 수 없음. • 이름이 널리 알려져 있지 않음.	잘못된 의견이나 집착 때문에 진리를 깨닫지 못하는 마음의 상태.

보잘것없고 삶의 진리를 깨닫지 못한 존재

배경지식 더 알아보기

■ 화자의 인식과 태도를 통해 드러나는 '등산'의 상징적 의미 문항 13 관련

현실적 의미	화자의 인식과 태도	상징적 의미
자일을 타고, 가파르고 위태로운 암벽, 벼랑 등을 오르며 산의 정상에 가까이 가는 행위	• 쉬지 않고 빛(목표)을 향해 조심스럽게 움직임. • 세상 만물은 내 것으로 만들 수 없으며 그저 가까이 갈 수 있을 뿐임. • 결과의 성공과 실패를 생각하지 않은 채 묵묵히 접근함.	마음의 동요 없이, 온갖 어려움을 견디어 내며 쉼 없이 빛(삶의 진리)에 도달하기 위해 노력하는 삶의 과정

■ 오세영의 작품 세계와 '무명'

오세영은, 1968년 박목월의 추천으로 「잠깨는 추상」이 『현대문학』에 발표되며 시인으로 등단했다. 그의 첫 시집 『반란하는 빛』(1970)은 기교적이고 실험 정신이 두드러지는 모더니즘 경향의 시들이 상당수를 차지했다. 이후 그는 언어의 예술성과 철학을 접목하는 방법에 대해 고민하였으며, 이 과정에서 불교에 관심을 기울이게 된다. 이후 불교적 상상력을 기반으로 사물의 인식을 통해 존재론적 의미를 파악하는 데 주력하게 된다. 특히 세 번째 시집 『무명연시(無名戀詩)』(1986)에서는 존재의 실존적 고뇌를 '무명(無名)'이라는 불교적 진리를 통해 탐구하였다. 『무명연시』는 총 84편의 시가 기승전결로 구성되어 있으며, 사랑의 고통과 극복을 노래한 연작시이다. 이 시집은 '님이 떠남(춘) — 님이 떠난 후의 괴로움(하) — 무의 깨달음(추) — 님이 돌아올 것을 믿고 기다림(동)'이라는 기승전결의 구조 속에서 사랑의 고통과 허무를 인생의 고통과 허무로 치환하며 존재의 극복과 초월을 시도한다. 불교적 세계관, 주역 사상, 한(恨)의 가락을 통해 존재의 본질인 무(無)를 확인하고, 이를 극복하려는 끈질긴 노력 속에 삶의 진리가 놓여 있음을 문학적으로 형상화한 작품이라고 평가할 수 있다.

EBS Q&A

Q 표현상 특징과 관련한 문항을 해결하는 방법은 무엇일까요?

A 현대시 문항 세트에서 주로 첫 번째 문항으로 출제되는 문항이 바로 표현상 특징 문항입니다. 그리고 표현상 특징을 묻는 문항은 크게 선지의 진술부가 두 부분으로 이루어져 있습니다. 먼저 시에 사용된 표현 방법을 구체적으로 거론하는 부분이 있고, 이어 그러한 표현 방법의 효과를 언급하는 부분이 제시됩니다. 과거에는 선지의 서술이 대부분 표현 방법만을 제시하였고, 학생들도 기술적으로 표현 방법의 유무만을 확인하고는 했습니다. 그래서 요즘도 많은 학생들이 표현 방법의 유무만을 확인하고 선지를 고르는 경우가 많습니다. 하지만 이러한 선지 서술에 대해 많은 비판이 있어 왔습니다. 시에 사용된 표현 방법이 단순히 무엇인지를 파악하는 것보다 그러한 표현이 시의 주제 형상화에 어떻게 기여하는지를 파악할 때 표현 방법이 지닌 가치, 문학 작품에 대한 깊이 있는 이해에 도달할 수 있기 때문입니다. 그래서 최근에는 구체적 표현 방법과 그러한 표현 방법의 문학적 효과와 가치를 함께 선지에 서술하고 있습니다. 그러므로 학생들은 이러한 선지를 분석하며, 단순히 구체적 표현 방법의 유무만을 따질 것이 아니라 그러한 표현 방법이 주제의 형상화와 문학적 의미 전달에 어떤 효과를 가져오는지를 모두 따져볼 수 있어야 할 것입니다.

1회 모범 동화 _ 최인호

> EBS 수능특강 문학 310쪽

감상 포인트

최인호의 초기 단편에 속하는 작품으로 순수한 아이들의 세계만큼은 보호되어야 한다는 당위를 전제로 깔고 있다. 결코 모범적이지 않은, 다소 사기성이 농후한 행동을 일삼는 어른과 이를 추종하는 아이들, 어른들 세계의 위선과 타락 등을 간파하고 폭로를 서슴지 않는 소년의 모습을 통해 1970년대 산업화 시대의 사회상을 비판하고 있다. 특히 어린이에 대한 일반적 이미지인 생기와 발랄함, 순수함과는 달리 늘 피곤한 표정으로 어른들에게 냉소를 드러내는 아이 같지 않은 아이, 애어른과 같은 소년의 모습을 통해 현실의 부조리함과 모순을 보여 준다.

주제

아이답지 않은 아이를 통해 드러나는 현실의 부조리

전체 줄거리

피란민 출신으로 D 국민학교 앞에서 아이들을 상대로 장사를 하는 강 씨는 아이들을 잘 닦인 동전과 같이 물질적 대상, 돈을 벌게 해 주는 대상 쯤으로 생각한다. 학교 앞 장사를 독점하다시피 했던 강 씨는 다른 장사치들을 얼씬도 못 하게 막았고, D 국민학교 아이들 역시 강 씨 이외의 장 사꾼들을 허용하지 않는다. 강 씨가 D 국민학교 아이들로부터 인정받을 수 있었던 것은 경험에서 우러나온 처세와 교묘한 그의 연기력 때문이 었다. 그는 아이들의 모범이 되기 위해 학교 앞을 손수 비로 쓸거나 수재 의연금을 내는 등의 연기를 펼쳐 아이들의 신뢰를 얻는다. 강 씨는 그 런 점을 이용하여 온갖 사행성 짙은 놀이를 통해 아이들을 상대로 돈을 벌어 나간다. 그러던 중 전학을 온, 아이답지 않은 아이를 만나게 되는데, 그 아이는 학교 선생님, 마술 쇼의 마술사 등을 조롱하며 어른들 세계의 위선과 거짓을 폭로한다. 강 씨 역시 전학생 소년에게 자신이 돈벌이로 활용하던 사행성 짙은 놀이를 통해 농락 아닌 농락을 당하는 등의 큰 상처를 입고 좌절을 겪게 된다.

요술은 자꾸 진행되었다. 누웠던 사내가 공중으로 뜨기도 하고 주전자에서 물이 나오기도 하고 나오지 않기도 했다. 그럴 때마다 그 선병질*적인 아이는 설명을 하고 마치 그 여인과 대결하듯 기침을 발했다.

「"저건 주전자 손잡이에 구멍이 뚫려 있는 것이다. 물이 나올 때는 구멍을 열고, 나오지 않을 때에는 구멍을 닫

> 「 」: 요술(마술)을 보고 있는 상황에서 소년이 요술을 속임수라고 말하며 원리를 설명하기 시작함. 이러한 소년의 말을 듣고 다른 아이들도 동요하게 됨.

는 것이다. 마치 우리가 생달걀을 먹을 때 한쪽만 구멍을 뚫어서는 먹을 수 없는 이치와도 같은 것이다. 우리

는 속아서는 안 된다."

"저건 이중 뚜껑이다. 우리가 보고 있는 것은 다른 면이다. 아까 까 넣은 달걀은 그 이중 뚜껑 속으로 들어가게

된다. 때문에 아무리 저 상자를 거꾸로 놓아도 달걀은 쏟아지

지 않는다. 속아선 안 된다. 저것보다 신기한 요술일지라도

속아서는 안 된다."」

> ★ **문제 해결 키** 문항 14 관련
>
> 인물의 발화, 인물들의 행동에 대한 서술을 활용함으로써 사건의 분위기가 어떻게 확산되어 가고 있는지를 효과적으로 제시하고 있음.

한 아이 두 아이 그렇게 합세하기 시작했다. 그들은 그 전학생을 앞세운 한 무리의 아웃사이더였다. 그들은 주위의 분위기를 파괴하기 시작했다. 몇몇 아이들은 큰 소리로 기침을 하기 시작했고 여자애들은 수군거렸다. 몇몇 아이들은 휘파람을 날리기도 했다. 그 아이로부터 불붙은 최초의 동요는 기괴한 반응을 일으켰다. 그들은 자기들이 속았다는 것에 굉장한 분노를 느끼는 것 같았다. ★ 그러면서도 그들의 얼굴엔 저 톱으로 써는 어릿광대가 결국엔 죽지 않고 그저 죽는 척하는 것뿐으로, 결국엔 일어나리라는 새로운 확신에 일종의 아슬아슬한 안도

> 요술(마술)을 보며 놀라워하며 긴장하던 것과는 달리, 소년의 폭로를 통해 새로운 사실을 알게 된 후 안도감을 느끼는 아이들의 모습을 짐작할 수 있음.

감까지도 넘쳐흐르고 있었다.

▶ 요술의 원리를 설명하며 속지 말라고 말하는 소년과 이에 동조하는 아이들

[중략 부분 줄거리] 요술(마술) 쇼에서 요술을 하던 여인을 곤경에 빠뜨린 전학생 소년은 나이에 어울리지 않게 조숙하고 아는 것이 많아 아이들로부터 만물박사라 불린다. 아이들의 관심을 이용하여 학교 앞 장사를 통해 돈을 벌던 잡화상 강 씨는 여름 불경기를 타개하기 위해 도박에 가까운 새로운 장사를 시작한다.

그들이 영영 자리를 뜨려 하지 못하는 데는 두 가지 이유가 있었다. 물론 그 두 가지 이유를 강 씨 자신도 미리

> 아이들을 상대로 사행성이 짙은 놀이로 돈을 벌려는 과정에서 강 씨가 아이들의 호기심과 열망 등을 이미 고려하고 이용하려 하고 있음.

계산에 넣지 못한 바는 아니지만.

그중의 하나는 다섯 개의 동전으로만 <u>가능한 열 개의 사탕을, 단 하나의 동전으로 획득할 수 있다는 명제가,</u>
아이들이 강 씨가 벌인 원판 경기에 빠져들게 되는 이유 ①
전혀 강냉이 튀기듯 허무맹랑한 것이 아니라, 실제로 손을 내밀어 낚아챌 수도 있으리라는 가능성의 유희에 말
려든 때문이었다. 눈앞에서 엄청나게 불어 가는 이자의 묘미, <u>맞는다는 가정하에 눈앞에 황홀히 전개되는 다섯</u>
아이들을 유혹하는 요행
<u>배의 자본,</u> 네 개의 답 중에서 골라 쓰는 객관식 시험에서 우연히 아무 번호나 동그라미를 쳐서 맞은 경험이 있
는 아이들에겐 이 가능성이 유독 자기만을 저버리리라고는 생각지 않았고, 그들은 더욱이 성장하는 이자의 생생
한 환희를 벌써 알고 있었기 때문이었다.

다른 하나는 오 원을 가지고 <u>다섯 번 비수를 던지다가 그중의 하나가 적중하면 최소한도 본전을 뽑을 수 있으</u>
아이들이 강 씨가 벌인 원판 경기에 빠져들게 되는 이유 ②
<u>리라는 가정,</u> 더욱이 단 한 번의 승부가 아니라 적어도 다섯 번은 겨누어 볼 수 있으리라는 막연한 기대로 말미
암아 아이들은 한 번의 실패에도 굴하지 않고 그 모순적인 논리에 말려들어 대여섯 번 비수를 던지게 되어 버리
원판 경기에서 이긴다는 것이 사실은 확률적으로 매우 낮은 가능성을
갖고 있음에도 불구하고 막연한 기대를 하게 되는 과정을 가리킴.
는 것이었다.

드디어 아이들은 손의 온기에 뜨겁게 익은 동전을 내던지고,
침을 삼키며 비수를 들어 시도해 보는 것이나, 그들의 꿈은 일
시에 무너져 버리는 것이었다.★

> ★ 문제 해결 키 `문항 16 관련`
> 확률적으로 낮은 가능성에도 불구하고 아이들은 원판 경기에서
> 이길 것을 기대하며 동전을 지불하게 됨. 그러나 원판 경기에서
> 이기는 경우, 즉 숫자를 맞히는 경우는 실제로 매우 드물게 일
> 어나며 아이들의 기대와 꿈은 무너지게 됨.

<u>다섯 배의 꿈은 이상이었고, 사탕 두 알은 현실이었던 것이다.</u>　　　▶ 강 씨의 장사에 헛된 기대를 갖고 응하게 되는 아이들
아이들이 꿈꾸던 다섯 배의 꿈은 이뤄지지 않는 이상에 불과했으며, 사탕 두 알을 얻는 데서 그치게 되는 것을 가리킴.
그러던 어느 날 웬 아이가 원판 앞에 모여 선 아이들을 비집고 앞으로 나서며 강 씨에게 얼굴을 내밀었다.

"아저씨, 정말 열 개 주는 겁니까?"

강 씨는 소리 나는 쪽을 보았는데 그곳엔 방금 낮잠을 깬 듯한 얼굴을 가진 아이가 서 있었다.
비유적인 표현을 통해 아이의 생기 없음과 나른한 표정을 짐작할 수 있음.
"아무렴, 자 할 테냐?" / "……."

그 아이는 대답 대신 누런 이빨을 내보이며 노파처럼 웃었다. 그러고는 손바닥 안에서 동전을 굴렸다.
비유적인 표현을 활용하여 아이의 아이답지 않은 이미지를 효과적으로 부각함.
"몇 번으로 할 테냐?" / "아무 번호나."

그 아이는 굉장히 피로하고 귀찮아하는 소리로 대답하며 바지허리를 추켜올렸다.
어른들이 보통의 아이들에게 부여하는 생기발랄함이나 호기심 어린 모습과는 대조적인 소년의 행동을 통해 아이답지 않은 소년의 이미지를 짐작할 수 있음.
"애, 몇 번으로 할까?" / 갑자기 그는 옆에 서 있는 급우에게 생각난 듯 물었다.

"글쎄 일 번이 어때?" / "일 번 그래, 참 좋은 번혼데."

<u>그는 과장의 수긍을 했다. 그는 서서히 비수를 들었고 길든 원판을 내려다보았다. 그의 태도는 어딘가 치수가</u>
갑자기 질문을 한 후 과장된 대답을 하거나 조금은 모자라 뵈는 듯한 소년의 언행 등에서 여느 아이들과 다른 소년의 이미지를 짐작할 수 있음.
<u>모자란 녀석처럼 별스러웠다.</u>

"돌려요, 아저씨." / 강 씨는 원판을 쥐고 힘껏 잡아당겼다. 소년의 높이 쳐든 손아귀 안에서 비수는 소리도 없
이 번득였다. 그와 동시에 그 아이의 입은 날카롭게 비틀렸다.

"사 번. 사 번이에요, 아저씨." / 원판은 비수를 맞고 태엽 풀린 구식 축음기같이 점점 지쳐 갔다. 정확한 결정
비유적인 표현을 바탕으로 원판과 같은 사물을 '지쳐 가는', '권투선수인 양'과 같이 생명이 있는 존재로
타를 맞은 권투선수인 양 원판은 그의 매니저 앞에 처참하게 무릎을 꿇었다.
부각하여 나타냄.

"사 번이다!"

둘러서서 원판을 응시하고 있던 아이들이 감격의 환호성을 발했다. 비수는 정확히 사 번에 꽂혀 있었다. 강 씨는 순간 그 아이를 처다보았는데, 벌써부터 그 아이는 나른한 표정으로 강 씨를 올려다보고 있었다.

아이가 단번에 번호를 맞힌 것에 강 씨가 놀라는 것과 대조적으로 소년은 별다른 감동이 없음을 알 수 있음.

▶ 강 씨의 원판 경기에서 수월하게 번호를 맞히게 되는 소년

"한 번 더 하겠어요. 이번에도 맞으면 열 개 주는 거죠?"

"물론이지." / 강 씨는 어딘가 겁먹은 말투로 대답했다. ★

★ 문제 해결 키 문항 17 관련

원판 경기에서 이긴 후 한 번 더 하겠다고 말하며 사탕의 개수를 확인하는 등의 당당한 태도를 보이는 소년에 대해 강 씨가 당황스러움을 느끼고 있음.

"애, 이번엔 몇 번으로 할까?"

이번에도 그 소년은 비수를 피살자의 가슴에서 뽑아 들며 조금 전의 급우에게 물었다. 그러나 그 아이는 자기가 말했던 번호가 무시당했음을 의식했기 때문에 무안해하며 대답하지 않았다.

비유적인 표현으로, 원관념은 원판을 가리킴.

"사 번이 어떨까, 사 번이 괜찮지."

"그래."

딴 아이가 뒤에서 대답하자, 소년은 비수를 높이 쳐들었다. 원판은 새로운 경주를 시작했고 비수는 사생아처럼 내던져졌다.

원판을 생명이 있는 존재로 표현하고 있으며, 던져지는 비수의 모습을 '사생아처럼'과 같이 비유적인 표현을 통해 효과적으로 표현함.

"일 번이에요, 아저씨."

▶ 첫 번째 원판 경기 이후 다시 원판 경기에 참여한 소년

긴장감이나 흥분 없이 담담하고 다소 권태로운 태도를 보이기까지 하는 소년의 모습에서 여느 아이들과는 다른 소년의 이미지를 확인할 수 있음.

소년은 권태로운, 마치 낮잠이 오는 듯한 그런 나른한 목소리를 내었다. 순간 원판을 둘러싼 모든 것은 정지 상태로 일변하였다. 둘러서 있는 아이들과 강 씨의 시선은 필사적으로 회전하는 원판 위에서 꼼짝도 할 수 없었다.

강 씨와 아이들 모두 원판 경기에 몰두하여 경기 결과에 집중하고 있다는 것을 알 수 있음.

이윽고 한 무리의 정지 상태는 뻣뻣이 고개를 돌리기 시작했고 나지막하게 숨을 고르면서 기지개를 켜기 시작했다. 한바탕의 소요가 가라앉자, 원판은 일 번을 가리키고 있었다. 그 녀석은 단 두 개의 동전으로 스무 개의 사탕을 획득했다.

다른 아이들은 한 번도 얻기 힘든 행운을 소년은 두 번이나 거머쥐었으며 이로 인해 큰 이익을 취하게 됨을 알 수 있음.

소년은 그 사탕들을 둘러서서 감탄의 눈으로 바라보고 있는 아이들에게 골고루 나누어 주었다. 그의 얼굴엔 기쁨도 환희도 아무것도 엿보이질 않았다. 그는 오직 매우 피로하고 지쳐 있는 것처럼 보였을 뿐이었다.

흥분이나 환희 없이 피로하고 지친 모습으로 사탕을 나눠 주는 것에서 아이답지 않은, 여느 아이들과는 다른 소년의 특징을 짐작할 수 있음.

소년은 사탕을 모조리 나누어 준 다음, 천천히 책가방을 들고 시내 쪽으로 걸어 나갔다. 아이들은 배급 탄 사탕을 굴리며, 그가 전차가 달리는 거리로 꼬부라질 때까지 한 번 정도 뒤를 돌아다봐 줄 것을 기대하였다. 허나 소년은 한 번도 뒤를 돌아보지 않았다.

아이들에게 사탕을 모조리 나누어 준 것을 통해 소년이 원판 경기에 참여한 목적이 사탕을 얻어 단맛을 즐기기 위한 것이 아니었을 수도 있음을 짐작할 수 있음.

▶ 원판 경기에서 이긴 후 얻은 사탕들을 모두 나누어 주고 자리를 뜨는 소년

그날 저녁 강 씨는 가게 문을 일찍 닫았다. 이상하게도 더 이상 경기를 계속하고 싶지 않았기 때문이었다. 그 꼬마 녀석이 한바탕 휘저어 놓은 끈적끈적한 불쾌감과 도전해 오는 듯한 태도는 좀처럼 가라앉지 않았다. 저녁밥을 해치운 그는, 꽁초를

★ 문제 해결 키 문항 17 관련

아이들을 상대로 사행성이 높은 놀이를 통해 돈을 벌려 했던 강 씨는 여느 아이들과는 다른 소년과의 만남 이후 묘한 불쾌감과 불편함을 느끼게 됨. 아이들의 호기심을 이용하여 손쉽게 돈을 벌려 했던 자신의 속내를 들킨 듯한 낭패감으로 소년과 원판 경기 상황을 떠올리게 됨.

갈아 피우며 바람 소리를 듣고 있었다. 그는 쉽사리 잠들 수가 없었다. 눈을 감으면 그 아이의 힐책하는 눈초리와 굽은 어깨, 작은 손아귀에 들린 쇠꼬챙이가 번득이며 원판을 내리찍던 광경이 나타나는 것이었다. ★

"뛰어 봐라, 아무 데건 뛰어 봐라."

그 안색 나쁜 소년은 이죽이면서 속삭였다. 강 씨는 얼핏 잠이 들면 그 아이가 비수로 내리찍는 꿈을 꾸었고
　　　　자꾸 밉살스럽게 지껄이며 짓궂게 빈정거리는 것을 의미하는 것으로, 소년으로 인해 강 씨가 느낀 불쾌감을 나타냄.
그럴 때마다 숨 막히는 비명을 지르며 몸을 일으켜야 했다. 이상한 일이었다. 그에게는 좀처럼 없었던 불면의 밤
　　　　　　소년이 강 씨의 원판 경기에서 이긴 후 강 씨가 쉽게 잠들지 못하는 등 심리적으로 위축되고 괴로워하고 있음을 알 수 있음.
이었다.
　　　　　　　　　　　　　　　　　　　　　▶ 원판 경기 이후 기분 나쁜 소년을 떠올리며 악몽을 꾸게 되는 강 씨

※ **선병질**: 피부샘병의 경향이 있는 약한 체질 신경질을 이르기도 함.

**핵심 개념
이것만은
꼭 익히자**

 서술상의 특징
- 전지적 시점을 통해 등장인물의 행동과 내면 심리, 사건의 정황을 자세히 서술함.
- 청각적 이미지를 사용함으로써 대상에 대한 인물들의 태도를 드러냄.
- 의인법을 활용하여 사건이 벌어지는 상황을 좀 더 생생하게 표현함.

 등장인물 간의 관계 문항 17 관련

소년	⟷	강 씨
• 새로 전학 온 학생으로, 어른들의 의도나 비밀을 폭로하려 하는 등의 분위기를 선동함. • 일반적인 아이의 이미지와는 다른, 생기 없고 지루한 모습을 보이기 일쑤임. • 원판 경기를 이용한 강 씨의 장사를 접도록 만듦.		• 아이들의 호감과 호기심을 이용하여 돈을 벌려 함. • 자신이 벌여 놓은 놀이판에서 소년이 이긴 이후 장사에 의욕을 잃음. • 소년으로부터 도전해 오는 듯한 태도를 느낀 후 불쾌감을 느끼고 괴로워함.

 소재의 의미 문항 16 관련

동전	목적 달성을 위해 아이들이 기꺼이 내어놓게 되는 대가
열 개의 사탕	아이들이 간절히 바라지만 쉽게 얻을 수 없는 요행의 결과물
원판 경기	아이들의 욕망을 이용하여 돈을 벌기 위해 강 씨가 고안해 낸 사행성 짙은 놀이

**배경지식
더
알아보기**

■ **소설 속 '아이답지 않은 아이' - 기성세대의 부조리에 대한 폭로와 비판**
최인호의 초기 소설에는 부조리한 세계를 일찍 알아 버린 조숙한 아이들이 많이 등장한다. 「술꾼」, 「모범 동화」,
「처세술개론」, 「예행연습」 등에 등장하는 조숙한 아이들은 부정적인 세계의 질서를 너무 일찍 깨달아 버린 인물
들로서, 거짓과 위선으로 가득 찬 어른의 세계에 맞서는 태도를 보인다. 「모범 동화」 역시 세계의 부조리와 위선
을 일찍 알아 버린 아이가 등장한다. '얼굴엔 나이답지 않게 주름살이 가득'한 아이는 지각을 도맡아 하고 수업
시간에는 졸거나, 원숭이 흉내를 내는 바보 같은 아이로 보이지만 실은 교묘한 태도로 기성세대의 질서를 비판
한다. 아이는 자신들을 현혹하려 드는 서커스 요술의 속임수나, 빨갱이를 무찌른 용감한 어른이자 학교에 봉사
하는 모범 어른으로 위장하고 있는 강 씨의 상술을 간파하고 그러한 수법들을 들추고 폭로하는 방식으로 위선과
부조리로 가득 찬 어른들의 세계를 조롱한다.

설홍전 _ 작자 미상

감상 포인트

이 작품은 명나라를 배경으로 하여 주인공 설홍의 고난과 영웅적 일대기를 다루고 있는 영웅 소설이다. 국문으로 쓰인 이 소설은 '군담', '변신', '환혼', '연애', '계모와의 갈등', '주인과 노비의 갈등' 등, 조선 후기 통속 소설의 다양한 성공 전략을 두루 적용하고 있어 흥미롭다. 이는 18세기 이래 세책점(도서 대여점)을 중심으로 한 상업적 독서 문화가 형성되고, 상업적 목적의 방각본 소설이 출현함에 따라 독자의 통속적 취향에 적극적으로 영합하려 했던, 당시 고전 소설의 경향에 따른 결과로 생각된다. 이 작품은 크게 두 부분으로 나누어 볼 수 있다. 전반부는 주인공 설홍이 고난을 극복하고 영웅적 능력을 갖추게 되기까지의 과정을 다룬다. 후반부는 영웅적 능력을 지닌 설홍이 그 능력을 세상에 펼쳐 부귀공명을 얻게 되기까지의 과정을 다룬다. 제시된 부분은 설홍이 고난을 겪는 장면에서 시작해 운담 도사를 만나 영웅적 능력을 갖게 되기 직전까지의 상황을 담고 있다.

주제

설홍이 겪은 고난과 영웅적 일대기

전체 줄거리

덕망 높은 처사 설희문과 그의 아내 맹 씨는 부처님의 점지로 늦은 나이에 아들 설홍을 얻는다. 그러나 맹 씨가 병을 얻어 죽고, 아내 잃은 슬픔에 설희문도 세상을 떠나 설홍은 어린 나이에 고아가 되어 설희문의 첩 진 숙인에게 맡겨진다. 그러나 악인인 진 숙인은 시비 운섬을 시켜 설홍을 산중에 내다 버린다. 버려진 설홍은 저승으로 가, 그곳에서 죄를 지은 사람은 벌을 받고 착한 일을 한 사람은 복을 받는 모습을 본다. 염라왕의 명으로 인간 세상으로 돌아오지만 다시 진 숙인의 핍박을 받아 그가 준 독약을 먹고 곰으로 변한다. 진 숙인은 곰처럼 변한 설홍을 '인곰'이라 부르며 학대하다가 강물에 버린다. 이후 설홍은 북산도의 응백에게 구조되지만, 탐욕스러운 명선에게 납치되어 여기저기 끌려다니며 명선을 위한 돈벌이 수단이 된다. 소주 땅의 왕 승상이 우연히 인곰이 된 설홍을 보고 측은히 여겨 구해 주고, 설홍은 꿈에서 만난 노승에게 약을 받아먹고 원래의 모습을 되찾는다. 다시 인간이 된 설홍은 운담 도사에게 병법과 도술을 배워 영웅의 능력을 갖춘다. 그사이 왕 승상은 강포한 하인 돌쇠에게 피살되고, 그의 딸 윤선은 위기에 빠지지만 설홍이 나타나 돌쇠를 죽이고 윤선을 구한 뒤 혼인을 약속하고 헤어진다. 한편 진 숙인은 설홍을 핍박한 죄로 천벌을 받아 거지 신세가 된다. 설홍과 윤선은 각자 여러 차례의 험난한 위기를 극복하고 나서 재회한다. 이후 설홍은 대원수가 되어 가달국과의 전쟁에서 승리를 거두고 위기에 빠진 천자를 구한다. 그 공으로 강동왕이 되고, 덕으로 백성을 다스려 태평성대를 이룬다.

> 고전 국문 소설에서 장면의 전환을 나타낼 때 사용하는 표현. 이와 기능이 같은 표현으로 '각설'이 있음. '화설'은 이야기가 시작함을 나타내는 표현임.

> 진 숙인이 과거에 행했던 악행

차설이라. 이때 진 숙인은 설홍을 산중에 버린 후 자연히 몸이 노곤하여 피골이 상접하고 몸에 살 한 점이

> 설홍의 아버지인 처사 설희문의 첩. 설홍의 부모가 모두 세상을 떠난 뒤 자신에게 맡겨진 설홍을 핍박하는 인물

없는 고로 점쟁이를 불러 물으니, 점쟁이 말하기를,

"자식 같은 사람을 산중에 버리니 그것이 원혼(冤魂)이 되었으니 부인의 일신이 어찌 편하겠습니까? 그러한

> 분하고 억울하게 죽은 사람의 넋   > 자기 한 몸

일이 있거든 원혼을 착실히 풀어 주시면 몸도 자연히 편해지고 죽기도 면할 것입니다."

하니, 부인이 이 말을 듣고 속으로 생각하되, / '설홍의 원귀로구나.'

> 진 숙인의 몸에 일어난 병적인 변화가 진 숙인이 어린 설홍을 죽인 죄 때문에 생겨난 것이라는 점쟁이의 말을 믿은 데 따른 반응

하고, 이튿날 시비를 불러 말하기를,

"설홍을 산중에 버린 지 여러 해라. 굶어도 죽었을 것이요, 얼어도 죽었을 것이니 제 죄는 만사무석(萬死無

> 설홍의 아버지인 처사 설희문

惜)*이라 산중에 썩어도 아깝지 아니하지만, 처사의 골육이므로 뼈나 찾아다가 제 부친 묘 아래 묻어 주

> 진 숙인이 이렇게 말한 이유: 자신의 죄과에 대한 참회(×) / 자기 자신의 건강을 회복하기 위해(○)

라."

▶ 점쟁이의 말을 들은 진 숙인이 시비 운섬을 시켜 설홍의 유골을 찾아다가 부친의 묘 아래 묻어 주라고 함.

하였다. 시비 운섬이 명령을 따라 흑운산 당월굴 아래로 들어가 살피니 뼈가 한 개도 없는지라. 마음에 생각하되

설홍은 어린아이라 필연 무슨 짐승이 잡아먹었으리라 생각하고 집으로 돌아오고자 하였으나, 갑자기 어디서 울

음소리가 들리거늘 이상한 생각이 들어 소리를 좇아가니 과연 아이가 바위 위에 앉아 울거늘, 그 아이를 달래서

> 설홍

> 자신이 설홍을 산중에 버려 죽게 한 것은 모두 설홍이 잘못했기 때문이라고 말함. 자신이 지은 죄에 대해 전혀 참회나 반성을 하지 않는 진 숙인의 모습을 보여 줌.

물어 말하길,

"공자는 뉘시기에 이런 공산에 앉아 우나이까?" / 설홍이 울음을 그치고 그윽이 보다가 가로되,

"나는 금능 땅 앵무동 설 처사의 아들 홍이나니 일찍 부모를 잃고 이곳에 와 머무노라."

운섬이 그제야 설홍인 줄 알고 거짓으로 반기는 체하며 말하길,

"저는 공자 댁의 시비 운섬이오니 부인께서 공자를 데려오라 하옵기로 왔나이다."

> 예상과 달리 설홍이 살아 있는 것을 보고, 임기응변으로 한 거짓말

하며, 안아 노복의 등에 업히니 설홍이 생각하되,

'부인이 나를 버리고 연화봉으로 가시더니 이제 나를 데려오라 하시나 보다.'

운섬이 한 말이 거짓말인 것을 모른 데서 나온 반응

하고, 노복의 등에 업혀 갔다. ▶ 시비 운섬이 죽은 줄만 알았던 설홍이 살아 있는 모습을 보고는 설홍을 데리고 옴.

시비 운섬에 대한 진 숙인의 오해에서 비롯한 말. 진 숙인은
과거에 시비 운섬이 자신의 명령을 어기고 어린 설홍을 산
중에 버리지 않았다고 생각하고 있음.

　　　운섬이 숙인에게 알리되,

"노복을 데리고 그 산중에 가오니 죽지 아니하고 살아 있기에 데려왔나이다."

진 숙인의 예상과 다른 상황이 펼쳐진 이유를 설명하기 위해 자신이 설홍을 데리고 오게 된 과정을 요약하여 말함.

하고, 홍을 숙인에게 보내니 부인이 홍을 보고 칼 같은 마음이 불꽃같이 일어나거늘, 시비 운섬을 불러 말하길,

설홍에 대한 진 숙인의 적개심을 비유적으로 표현함.

"내 설홍을 보면 없던 병이 절로 나므로 너로 하여금 홍을 산중에 버려 죽게 하였더니, 너는 내 말을 생각지 아

니하고 자식 없는 사람에게 자식으로 주었다가 내 심장을 상하게 하니 어찌 노복 간에 정이 있다 하리오?"

하고, 은자를 주며, / "남모르게 독약을 구하라."
은으로 만든 돈(= 은전)

신선이 먹는 과일. 천도(하늘 나라의 복숭아)를 가리킴. 앞선 장면에서 산중에 버려진 설
홍은 봉황의 보살핌을 받아 생존하는데 그때 봉황이 천도를 가져다 설홍에게 먹였음.

하더라. 설홍은 이런 흉계를 모르고 독약을 받아먹되, 본디 화식(火食)*을 아니하고 선과(仙果)만 먹은 속이라

설홍을 인간에서 비인간(짐승)으로 변신하게 하는 소재

죽지 아니하고, 수족이 굳어 놀리지 못하고 혀가 굳어 말을 못하고 얼굴에 검은빛이 나며 몸에 또 검은 털이 가

득하여 눈만 빠끔하니 갓난 곰의 새끼 같더라. 진 숙인이란 사람의 마음이 악한 일 하기를 조석으로 더하니 포악

아침과 저녁

하고 잔학한 자라. 부인이 더욱 미워하여 설홍의 모양을 보고

큰길 누각 위에 자리를 깔고 우리를 만들어 그 안에 가두고 이

름을 인곰이라 하고 매일 나와 구경하되 작대기로 쑤시니, 홍이

★ 문제 해결 키 문항 1 관련

진 숙인의 악한 성격을 드러내기 위해 그가 하는 말과 행동을
구체적으로 제시하고 있음에 주목할 필요가 있다. 이처럼 인물
의 말과 행동을 보여 줌으로써 독자가 인물의 성격을 짐작하게
하는 것을 '간접 제시'라고 함. '간접 제시'의 반대 개념으로는, 인
물의 성격을 서술자가 직접 설명하는 '직접 제시'가 있음.

괴로움을 이기지 못하여 그 작대기를 피하여 이리저리 다니니 부인은 그리하는 거동을 보고 더욱 기뻐 좋아하여

이리저리 쫓아가며 작대기로 무수히 지르니 홍이 더욱 견디지 못하여 몸을 웅크리고 통곡하는 모양을 보고 박장

대소하더라. ▶ 진 숙인이 설홍에게 독약을 먹여 설홍이 곰처럼 변함.

[중략 부분 줄거리] 곰이 된 설홍은 욕심 많은 명선이라는 사람에게 붙들려 사방으로 끌려다니며 강제로 뭇사람들 앞에서 재주를 부리
고, 명선은 이를 통해 재산을 모은다.

　　　세월이 물처럼 흘러 여러 해를 지나매 설홍의 발길이 안 간 곳이 없더라. 이날 소주 땅 구화동에 이르러 놀음

을 시작하자 남녀노소 모여 구경하니 세상에 보지 못하던 짐승이라. 채복(彩服)*을 갖추어 앞발로 소고(小鼓)를

들고 한참 치다가 온갖 재주를 하니 모들빼기 살판이며 공중으로 덕수도 넘으며*, 앞발을 들고 섰더니 옥잔에 술

을 부어 앞앞이 올리며 절을 공순히 하니 사람마다 술을 받아먹고 은자를 많이 주니 그 재물이 적지 아니하더라.

왕 승상이라는 한 재상이 나와 구경하여 그 짐승을 보니 제 주인을 두려워하여 재주를 잘하나 그 괴로움과 슬픔

악인 명선으로부터 설홍을 구조하는 조력자

을 이기지 못하여 검은 눈물을 털 속에서 흘리거늘, 승상이 자연 슬픈 마음이 들어 그 주인을 불러 말하기를,

고통받는 짐승에게 동정심을 가짐. 재주를 부리는 짐승이 인간인 설홍이 변해서 된 존재임을 승상은 모르고 있음.

"저 짐승은 어디서 데려왔으며 본디 재주를 잘하더냐?"

명선이 여쭈오되, / "이 짐승이 북산도에서 귀한 물건이라 하는 것을 들었습니다."

승상 왈, / "섬에 있는 짐승을 데려다가 은전을 많이 얻으니 너는 좋지마는 저 짐승은 불쌍하지 않느냐? 내 은

전 백 냥을 줄 것이니 팔고 가라."

하거늘, 명선이 생각하니 은전 백 냥도 적지 아니하거니와 승상의 말씀을 어찌 거역하리오.
<small>명선이 승상의 요청을 수락한 이유: ① 승상이 제시한 금전적 보상이 충분함. ② 지위가 높은 승상의 제안을 거절하기 힘든 면이 있음.</small>

"그리하옵소서." / 하면서 그 짐승을 바치고 돌아갔다.

승상이 그 짐승을 데리고 집으로 돌아와 며칠을 머물게 한 후에 시비를 불러 말하기를,

"이 짐승이 북산도에 있었다 하니 그곳에 남모르게 두고 오라."

시비가 명을 따라 그 짐승을 데리고 남모르게 북산도에 버리고 오라는 말씀대로 하였다.

▶ <small>명선의 돈벌이 수단으로 갖은 부림을 당하며 고통받던 설홍이 승상의 도움을 받아 구조됨.</small>

<u>슬프다</u>. 설홍이 승상의 손에 구해져 명선과 이별하고 그곳에 와 있으니, 즐겁기는 측량없으나 배고픔을 이기
<small>서술자의 개입(편집자적 논평)</small>   <small>설홍을 위기에서 구하는 조력자</small>

지 못하여 풀로 머리를 고이고 수목 사이에 누웠으니 홀연 몸이 곤하여 잠깐 졸았더니 한 노승이 와 가로되,
<small>현실 세계에서 꿈속으로 들어가는 순간. 입몽(入夢)</small>

"공자는 전생에 무슨 죄로 저러한 허물을 쓰고 외로이 누워 굶주려 죽게 되었는고?"
<small>곰의 허물. 사람이던 설홍이 지금 곰의 모습을 하고 있는 것을 두고 한 말</small>

바랑에서 대추를 내어 주면서 이것을 먹으라 하거늘, 홍이 받아

먹으니 배부르고 정신이 씩씩하더라. 홍이 일어나 공경히 절하며

말하길, / "존사(尊師)는 어디에 계시며, 무슨 일로 다니다가 굶주
<small>도사를 높여 이르는 말</small>

려 죽게 된 인생을 살려 주시니 그 은혜가 백골난망이로소이다."
<small>죽어서 백골이 되어도 잊을 수 없다는 뜻으로, 남에게 큰 은덕을 입었을 때 고마움의 뜻으로 이르는 말</small>

노승이 웃으며 말하길, / "소승은 덕음산 쌍용사에 있사오니 동구에 다니다가 잠깐 굶주린 모양을 보고 위로하
<small>절로 들어가는 산문(山門)의 어귀</small>

였거늘 어찌 은혜라 하오리까. 이곳을 떠나 북편 소로(小路)로 수백 리를 들어가면 추용산이라 하는 산이 있고
<small>작고 매우 좁다란 길</small>

그 안에 운담 도사 있사오니 그 도사를 만나 도업을 배운 후에 왕 승상의 은혜를 잊지 마시옵소서."
<small>설홍을 비인간(짐승)에서 다시 인간으로 되돌리는 소재</small>   <small>설홍이 앞으로 겪게 될 일을 짐작하게 하는 말</small>

하면서, 한 약을 주거늘 홍이 받아먹으니 노승의 은혜는 측량할 수 없더라. 인하여 간데없거늘 이상한 마음에 두
<small>꿈속에서 다시 현실 세계로 돌아오는 계기. 각몽(覺夢)</small>

루 살폈더니 문득 뒷동산의 뻐꾹새가 울음을 운다. 뻐꾹뻐꾹 우는 소리에 깨어나니 남가일몽(南柯一夢)*이라.
<small>손과 발</small>

일신에 가득하던 병이 없고 수족을 임의로 놀리면서 능히 말을 하니 죽었다가 다시 살아난 것과 같더라.
<small>꿈속에서 노승이 준 약을 먹고, 곰의 형상에서 다시 인간의 모습으로 돌아옴.</small>   ▶ <small>설홍이 꿈속에서 노승이 준 약을 먹고 인간의 모습으로 돌아옴.</small>

└── <small>나중에 설홍에게 병법과 도술을 가르쳐 주어, 설홍이 영웅적 능력을 갖추게 만드는 조력자</small>

> ★ 문제 해결 키 [문항 3 관련]
>
> '꿈'의 서사적 기능이 무엇인지 파악할 필요가 있음. 「설홍전」에서 꿈은 주인공이 조력자를 만나 도움을 얻는 계기가 됨. 조력자가 설홍에게 주는 도움은 ① 굶주려 죽게 된 설홍을 신비한 '대추'를 먹여 살리는 것, ② 곰으로 변한 설홍에게 신이한 '약'을 먹여 설홍을 다시 인간의 모습으로 되돌리는 것임. 고전소설 가운데에는 「설홍전」처럼 위험에 빠진 주인공이 조력자를 만나게 되는 계기로 꿈이라는 소재가 사용되는 경우가 많음.

*만사무석: 만 번 죽어도 아깝지 않음.
*채복: 색깔이 고운 옷.
*화식: 불에 익힌 음식.
*모듬빼기 ~ 넘으며: 다양한 종류의 재주를 부리는 모습을 표현한 말임.
*남가일몽: 꿈과 같이 헛된 한때의 부귀영화를 뜻하는 말로 중국의 고사에서 비롯한 말이나, 여기에서는 단순히 '꿈'을 뜻하는 말로 쓰임.

핵심 개념
이것만은
꼭 익히자

 포인트 1 '설홍'이 겪는 변신의 양상 **문항 4 관련**

	1차 변신	2차 변신
계기	독약(진 숙인이 줌.)	약(노승이 줌.)
변신의 양상	인간 → 짐승(곰)	짐승(곰) → 인간
변신의 결과	① 인간 세계로부터 소외당함.: 설홍은 곰이 되었어도 자신을 인간으로 인식하지만 주위 사람들은 설홍을 짐승으로 인식하여 짐승으로 대함. ② 온갖 고초를 겪음.: 진 숙인에게 괴롭힘을 당하고, 명선에게는 돈벌이 수단으로 착취당함.	① 인간 세계로 돌아옴.: 인간의 모습으로 돌아오고, 인간의 말을 할 수 있게 됨. 주위 사람들도 설홍을 인간으로 인식하고 대함. ② 영웅적 역할의 회복: 운담 도사에게 병법과 도술을 배우게 됨.

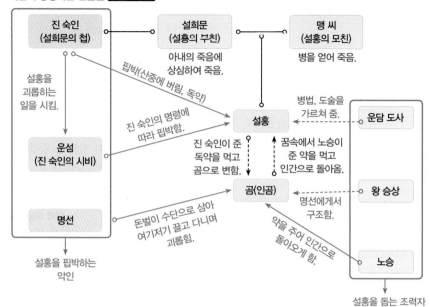

■ '영웅의 일생'으로서 '설홍'의 생애

신이한 출생	• 설홍의 부친 설희문은 금릉 땅 앵무동에 사는, 학문과 덕행으로 이름난 처사였음. • 설희문 내외가 늦도록 자식이 없음을 근심하다가 덕음사 쌍용사에 가서 기원한 후 신이한 태몽을 꾸고 나서 설홍을 잉태함.

↓

개인적 시련	• 설희문은 아내 맹 씨가 병으로 세상을 떠나자 슬픔을 이기지 못해 자신도 병들어 죽음. • 설홍은 설희문의 첩 진 숙인에게 맡겨지나, 진 숙인은 설홍을 미워하여 시비 운섬을 시켜 산중에 버리고 오게 함.

↓

조력자를 만남.	• 엄동설한에 산중에 버려진 설홍을 봉황이 나타나 신비한 풀과 천도(하늘 나라의 복숭아)를 먹이면서 8년간 보살핌.

↓

저승 여행	• '봉황을 시켜 천도를 훔치게 했다.'라는 죄목으로 설홍이 저승 세계로 붙잡혀 갔으나 무죄로 풀려남. • 설홍은 저승 세계에서 죄지은 사람은 벌을 받고, 착한 일을 한 사람은 복을 받는 것을 봄. • 설홍은 부모의 혼백을 만나 그들로부터 천명을 어기지 말라는 당부를 들음.

↓

개인적 시련 `수록`	• **진 숙인은 자신이 날로 수척해지는 이유가 설홍의 원혼 때문이라는 점쟁이의 말을 듣고, 시비 운섬을 시켜 산중에서 설홍의 유골을 찾아오게 함.** • **운섬이 살아 있는 설홍을 데려오자 진 숙인이 설홍에게 독약을 먹이고, 그 결과 설홍이 곰처럼 변함.** • **진 숙인은 곰처럼 변한 설홍을 괴롭히다가 하인을 시켜 강물에 빠뜨림.**

↓

조력자를 만남.	• 북산도로 떠내려온 설홍이 응백에게 구조되어 따뜻한 보살핌을 받음.

↓

개인적 시련 `수록`	• 명선이 응백의 보살핌을 받고 있던 설홍을 훔쳐서 데려감. • **명선은 설홍을 사방으로 끌고 다니며 재주를 부리게 하여 돈을 벎.**

↓

조력자를 만남. `수록`	• 소주 땅의 왕 승상이 설홍을 불쌍히 여겨, 명선에게 돈을 주고 설홍을 사서 북산도에 놓아줌.

↓

꿈 수록	• 노승이 설홍에게 신이한 약을 먹여서 인간의 모습으로 되돌아오게 하고, 장차 운담 도사를 만나 도업을 배우라고 알려 줌.

↓

조력자를 만남.	• 운담 도사를 찾아가 병법과 도술을 배워 영웅적 능력을 갖춤.

↓

개인적 시련과 위기 해결	• 자신을 구해 주었던 왕 승상이 강포한 하인 돌쇠에게 피살당하고 그의 딸 윤선이 위험에 처하자, 설홍이 돌쇠를 벌하고 윤선을 구한 다음 윤선과 백년가약을 약속함. • 돌쇠의 아우 돌뿌리, 돌뿌리의 스승 낙관 도사가 복수를 위해 설홍을 찾아오나 설홍이 모두 물리침. • 진 숙인은 설홍을 괴롭힌 죄로 천벌을 받아 큰 병이 들고, 거지가 됨. • 설홍이 과거에 급제해 한림학사를 제수받고, 어사가 되어 백성들을 구제함.

↓

개인적·사회적 시련과 위기 해결	• 곽섬이 반란을 일으키려 하자, 설홍이 곽섬을 물리치고 반란을 진압함. • 설홍이 자신을 괴롭혔던 명선을 찾아가 벌하고, 은인인 응백을 찾아가 그의 딸 맹월을 첩으로 삼음. • 도적 때문에 죽을 위기에 처한 윤선을 설홍이 구하고, 윤선과 재회함.

↓

사회적 시련과 위기 해결	• 가달국의 군대가 침범해 나라가 위기에 처함. • 설홍이 대원수가 되어 가달국의 군대를 물리침.

↓

고귀한 지위 획득과 행복한 삶	• 설홍은 가달국을 물리친 공으로 강동왕이 되고, 덕으로 나라를 다스려 태평성대를 이룸. • 가문이 번성해 자손들도 대대로 일등공신이 됨.

EBS Q&A

Q 고전 소설에서 '변신'이라는 소재가 갖는 특징과 서사적 기능은 무엇인가요? 문항 4 관련

A '변신'은 한국 서사 문학의 중요한 소재 가운데 하나로서 설화, 특히 신화에서부터 자주 등장해 왔습니다. 신화에 나타나는 변신의 기능은 영웅의 신적인 능력을 드러내는 데 집중되어 있습니다. 그러나 소설에 나타나는 변신은 주인공의 영웅적 능력을 드러내는 것 외에도 다양한 서사적 기능을 갖습니다. 소설 속 변신의 유형은, 변신한 존재가 원 상태로 돌아가지 않는 '완전 변신'과 원 상태로 돌아가는 '불완전 변신'으로 나뉩니다. 아울러 자의에 의한 변신인가 타의에 의한 변신인가, 변신의 양상이 '인간 → 인간'인가 '인간 → 비인간'인가 '비인간 → 인간'인가를 기준으로 유형을 분류할 수도 있습니다. 가령 「설홍전」에서 설홍은 첫 번째 변신에서는 곰으로, 두 번째 변신에서는 인간으로 변신하는데 전자는 불완전 변신이자 '인간 → 비인간'의 변신, 후자는 완전 변신이자 '비인간 → 인간'의 변신에 해당하며 둘 다 타의에 의한 변신에 해당합니다. 한편 「두껍전」에서 두꺼비의 변신은 완전 변신이자 '비인간→인간'의 변신, 자의에 의한 변신에 해당합니다. 서사적 기능의 측면에서 변신은 변신한 존재에게 시련을 주는 문제 상황이 되기도 하고, 문제 해결의 수단이 되기도 하며 사건 전개의 전환점이 되기도 합니다. 예를 들어 설홍의 '곰으로의 변신'은 그를 인간 세계에서 소외당하게 만드는 문제 상황으로 기능하는 반면, '인간으로의 변신'은 그를 소외 상태에서 벗어나게 해 영웅적 존재로서의 삶을 시작하도록 한다는 점에서 사건 전개의 전환점이 됩니다. 「두껍전」이나 「박씨부인전」에서 주인공의 변신 또한 주인공이 전과 달리 행복한 삶을 살고, 자신의 비범한 능력을 본격적으로 드러내 보이는 계기가 된다는 점에서 사건 전개의 전환점으로 기능하는 경우라고 할 수 있습니다. 「전우치전」, 「홍길동전」에서 주인공의 변신은 문제를 해결하기 위한 수단으로 쓰이는 경우라고 할 수 있습니다.

2회 호아곡 _ 조존성

EBS 수능특강 문학 318쪽

감상 포인트

이 작품은 초장의 첫 구가 '아이야'로 시작하기 때문에 '호아곡(아이를 부르는 노래)'이라고 불린다. 작가인 조존성은 광해군이 자신의 생모인 공빈 김씨를 왕비로 추존하는 것에 반대하다 파직당한 후 은거하게 되는데, 이 작품은 그 당시에 지어진 것으로 추정된다. 각 수에 등장하는 '서산'과 '동쪽 골짜기', '남쪽 논밭', '북쪽 마을'에서 화자가 하는 행위는 작가의 은자적 삶의 모습과 관련이 있는데, 특히 작품에 활용된 고사를 통해 농사를 지으며 은거하면서도 현실 정치에 대한 관심을 놓지 않았던 작가의 모습을 확인할 수 있다.

주제

전원에서 즐기는 은거 생활의 즐거움

아이야 구럭 망태 찾아라 서산(西山)에 날 늦겠다
　　　　　　　　　　　화자가 고사리를 서둘러 캐려는 이유

<제1수>~<제4수>의 초장이 '아이야'로 시작함. 이 작품의
제목이 '호아곡'(아이를 부르는 노래)인 이유

밤 지낸 고사리★ 벌써 아니 자랐으랴
백이와 숙제의 고사와 관련. 소박한 음식

망태기의 준말. 물건을 담
아 들거나 어깨에 메고 다
닐 수 있도록 만든 그릇

이 몸이 이 나물 아니면 끼니 어이 이으랴
부조리한 현실 속에서 지조를 지키며 살겠다는 화자의 의지를 드러냄.

<제1수>
▶ 제1수: 서산에서 고사리를 캐며 즐기는 삶

짚, 띠 따위로 엮어 허리나 어깨에 걸쳐 두르는 비옷. 예전에 주로 농촌에서 일할 때 비가
오면 사용하던 것으로 안쪽은 엮고 겉은 줄거리로 드리워 끝이 너털너털하게 만듦.

아이야 도롱이 삿갓 차려라 동쪽 골짜기[東澗]에 비 내린다
　　　　　　　　　　　　　　　　화자가 낚시 채비를 갖추는 이유

기나긴 낚싯대에 미늘 없는 낚시★ 매어
주나라 여상의 고사와 관련. 욕심 없는 마음 또는 자기를 알아주는 군주를 기다리는 마음

저 고기 놀라지 마라 내 흥(興) 겨워 하노라
　　　　　　　현재 삶에 대한 화자의 감정을 직접적으로 노출함.

<제2수>
▶ 제2수: 동쪽 골짜기에서 낚시를 하며 즐기는 삶

새끼를 드물게 떠서 물건을 담을 수 있도록 만든 그릇

아이야 죽조반(粥早飯) 다오 남쪽 논밭[南畝]에 일 많구나
　　　　　　　　　　　　　화자가 따비를 챙겨 농사일에 나서는 이유

서투른 따비*는 누구와 마주 잡을꼬
　　　　　　　서툰 따비질을 혼자서 해야 하는 상황에 대해 걱정하는 화자의 심리를 드러냄.

두어라 성세궁경(聖世躬耕)★*도 역군은(亦君恩)이시니라
현재의 삶에 대한 만족감을 드러냄.　'이것 역시 임금의 은혜이다.'라는 뜻으로,
　　　　　　　　　　　　　　　　　　화자가 은거를 하고 있으면서도 현실 정치에
　　　　　　　　　　　　　　　　　　대한 관심을 가지고 있음을 알 수 있음.

<제3수>
▶ 제3수: 남쪽 논밭에서 농사를 지으며 즐기는 삶

아이야 소 먹여 내어 북쪽 마을[北郭]의 새 술 먹자

잔뜩 취한 얼굴을 달빛에 실어 오니

어즈버 희황상인(羲皇上人)을 오늘 다시 보는구나
　　　　자신이 살고 있는 지금이 태평성대라는 뜻으로, 화자는 이것 역시
　　　　임금의 은혜라고 여기고 있음을 알 수 있음.

<제4수>
▶ 제4수: 북쪽 마을에서 술을 마시며 즐기는 삶

★ 문제 해결 키 문항 5 관련

각 연에서 화자의 태도와 정서를 드러내는 방식을 파악해야 함.
• <제1수>: 물음의 방식, 시간적 배경 활용
• <제2수>: 자연물의 의인화
• <제3수>: 물음의 방식
• <제4수>: 청유형 및 영탄적 표현

★ 문제 해결 키 문항 7 관련

중국 고사와 관련하여 시어의 의미를 파악해야 함.
• 백이와 숙제: <제1수>의 '고사리'
• 주나라 여상: <제2수>의 '미늘 없는 낚시'
• 장저와 걸닉, 공자: <제3수>의 '성세궁경'

＊**따비**: 풀뿌리를 뽑거나 밭을 가는 데 쓰는 농기구.

＊**성세궁경**: 태평한 세월에 자기가 직접 농사를 지음.

핵심 개념
이것만은
꼭 익히자

 포인트 ❶ 시어를 통해 확인하는 중국의 고사 문항 7 관련

고사리	백이와 숙제는 자신들의 반대에도 불구하고 주나라 무왕(武王)이 은나라 주왕(紂王)을 징벌하자, 주나라의 녹을 받은 것을 부끄럽게 여겨 수양산에 들어가 고사리만 뜯어 먹다가 굶어 죽었다고 함.	→	지조를 지키는 삶
미늘 없는 낚시	주나라 사람인 여상은 미끼를 끼우지 않은 곧은 낚싯바늘을 물에 드리우며 자신의 능력을 알아줄 군주를 기다렸음. 훗날 주나라 문왕이 그를 등용하자 여상은 주나라를 크게 일으켰다고 함.	→	• 욕심 없는 삶 • 자기를 알아주는 군주를 기다리는 마음
성세궁경	장저와 걸닉이 공자의 무리에게 속세를 떠나 자신들처럼 자연에 은거하며 한가하게 농사나 지으며 살 것을 권유하자 공자는 '사람의 무리와 함께 살지 않고 누구와 함께 살겠는가.'라고 말하였다고 함.	→	• 현실에 대한 만족감 • 현실에 대한 관심
희황상인	'희황상인'은 복희씨 이전의 오랜 옛적의 사람이라는 뜻으로, 세상일을 잊고 한가하고 태평하게 숨어 사는 사람을 이르는 말임. 복희씨는 그물을 발명하여 고기잡이의 방법을 가르쳤다고 함.	→	현실에 대한 만족감

포인트 ❷ 「호아곡」의 표현상 특징

• 밤 지낸 고사리 벌써 아니 자랐으랴 • 이 나물 아니면 끼니 어이 이으랴	물음의 방식	→	은거하는 삶에 대한 화자의 정서 및 태도를 강조함.
• 내 흥(興) 겨워 하노라 / • 성세궁경도 역군은 이시니라 / • 희황상인을 오늘 다시 보는구나	영탄적 표현		
• 서산에 날 늦겠다 / • 동쪽 골짜기에 비 내린다 / • 남쪽 논밭에 일 많구나 / • 북쪽 마을의 새 술 먹자	공간적 배경의 변화	→	은거하는 삶의 구체적인 모습을 제시함.

배경지식
더
알아보기

■ 「호아곡」의 작가 조존성(1554~1628) 시조의 특징
조존성은 양주(楊州)를 생활 근거지로 삼아 살아온 양반으로, 그의 시조에는 반대파가 주도하는 정치 현실에서 쫓겨난 후 은거하는 삶에 대한 정서가 담겨 있다. 특히 조존성의 시조에 등장하는 농촌은 문명과 세속의 상징인 서울과 대비되는 공간으로서, 자연적이고 소박하며 여유가 넘치는 낭만적인 공간으로 그려진다. 그러나 「호아곡」에서의 화자가 임금의 은혜를 떠올리고, 백이·숙제와 주나라 여상의 고사를 인용하며 지조를 지키는 삶을 살면서도 자신의 능력을 인정받길 원하는 것처럼 조존성 역시 현실 정치에 대한 관심을 지녔다고 볼 수 있다.

EBS
Q&A

Q 공간적 배경과 관련지어 화자의 정서나 태도를 파악하는 문항은 어떻게 해결해야 할까요? 문항 7 관련

A '문항 7'의 ①~④의 선지는 모두 「호아곡」 각 연의 공간적 배경을 제시한 후 화자가 그 공간에서 어떤 행동을 하고 있는가와 관련지어 화자의 정서와 태도를 파악하도록 묻고 있습니다. 그런 점에서 '문항 7'은 중국 고사에 대한 이해뿐만 아니라 작품에 제시된 공간적 배경이 화자의 삶과 어떤 연관을 갖고 있는가를 파악하는 것이 중요합니다. 예를 들어 〈제4수〉의 공간적 배경인 '북쪽 마을'에서 화자는 '새 술'을 마신 후 '잔뜩 취한 얼굴'로 돌아오며 '희황상인을 오늘 다시 보는구나'라고 말하고 있습니다. 이때 자신의 삶에 대한 화자의 평가는 '희황상인을 오늘 다시' 본다는 것이고, 이를 〈보기〉의 '희황상인' 고사와 관련지어 해석한다면 화자가 자신의 삶에 대해 만족하고 있음을 알 수 있습니다. 이처럼 공간적 배경과 관련된 문항이 출제될 때에는 그 배경에서 화자가 어떤 삶을 살고 있는지, 화자의 삶이나 공간적 배경에 대한 화자의 평가는 어떠한지를 파악하는 것이 중요합니다.

감상 포인트 이 작품의 화자는 저문 들길에 서서 자신의 생활을 돌아보며 삶에 대한 밝고 건강한 의지를 다지고 있다. 이 작품은 주제를 효과적으로 드러내기 위해 두 세계를 대립시키고 있는데, 하나는 '시적 자아가 존재하는 현실'이다. 이곳은 이미 어두워진 공간이고, 뼈에 저리도록 생활이 슬픈 곳이기도 하다. 그러나 그 속의 '나'는 결코 연약하지 않아 푸른 산과 같이 든든하게 지구를 디디고 살고 있다. 두 번째 세계는 '푸른 하늘과 푸른 별이 있는 세계'이다. 이 세계는 미래에 다가올 것이기에 고달픈 현재가 결코 비관적인 것만은 아니다.

주 제 굳센 삶의 의지와 이상 추구

▧ : 이상과 희망

푸른 산이 흰 구름을 지니고 살 듯

내 머리 우에는 항상 푸른 하늘이 있다

하늘을 향하고 산림처럼 두 팔을 드러낼 수 있는 것이 얼마나 숭고한 일이냐

▶ 1, 2연: 푸른 하늘을 우러르며 사는 숭고한 삶

두 다리는 비록 연약하지만 젊은 산맥으로 삼고
　　　　　　　삶에 대한 화자의 긍정적 인식
부절히 움직인다는 둥근 지구를 밟았거니……
끊임없이

푸른 산처럼 든든하게 지구를 디디고 사는 것은 얼마나 기쁜 일이냐　　▶ 3, 4연: 지구를 디디고 사는 기쁜 삶

▢ : 설의적 표현을 통해 화자의 생각을 표현하고 독자의
　　공감을 유도함.

뼈에 저리도록 '생활'은 슬퍼도 좋다 ★
　　　　　고통스러운 현실을 수용함.
저문 들길에 서서 푸른 별을 바라보자……
　　　　　　　　이상과 희망

푸른 별을 바라보는 것은 하늘 아래 사는 거룩한 나의 일과이거니—　　▶ 5, 6연: 푸른 별을 바라보며 사는 거룩한 삶
　　　　　　꿈과 희망을 잃지 않고 살아가는 화자의 삶의 태도

★ **문제 해결 키** 문항 9 관련

'뼈에 저리도록 '생활'은 슬퍼도 좋다'라는 시행에는 화자가 자신에게 가해지는 현실적 고통을 견디어 내겠다는 의지가 드러나 있을 뿐 다른 사람을 위한 자기희생의 의지가 드러난 것은 아니라는 점을 파악해야 함.

포인트 1 「들길에 서서」에 사용된 자연물 **문항 8 관련**

1연	푸른 산	화자에 대응되는 존재
	흰 구름	이상과 희망을 나타내는 '푸른 하늘'에 대응되는 존재
	푸른 하늘	이상과 희망의 세계라는 상징적 의미를 지닌 자연물
2연	하늘	이상과 희망의 세계라는 상징적 의미를 지닌 자연물
	산림	사람이 두 팔을 벌린 것처럼 생긴 자연물로 하늘을 우러르는 존재
4연	푸른 산	부정적 현실을 굳세게 견디어 내며 서 있는 자연물
5, 6연	푸른 별	부정적 현실 속에서 동경하는 이상과 희망을 뜻하는 자연물

포인트 2 이미지 사용의 효과
문항 10 관련

푸른 산, 푸른 하늘, 푸른 별

↓

푸른색의 시각적 이미지 사용

↓

밝고 긍정적인 세계, 생명력 등을 환기하여 화자가 지향하는 이상과 희망의 세계를 형상화하는 데 기여함.

배경지식
더
알아보기

■ 「들길에 서서」에 나타난 두 가지 세계 **문항 13 관련**

고통스러운 현실 (지상)	↔	이상과 희망의 세계 (푸른 하늘과 푸른 별이 있는 세계)
연약한 두 다리로 버티고 서서, 뼈에 저리도록 슬픈 '생활'을 경험하는 공간		화자가 동경하고 있는 세계로, 언젠가는 고통스러운 현실이 끝나고 맞이하게 될 새로운 세계

고통스럽고 절망적인 현실 속에서 좌절하지 않고 이상과 희망을 간직한 채 살아가려는 태도를 지향함.

■ 목가(牧歌) 시인, 신석정!

신석정은 노장 철학의 영향을 받았고, 자연 속의 소박한 삶을 지향했던 미국 시인 헨리 데이비드 소로를 좋아했다. 그는 반속적(反俗的)이며 자연성을 중시한 동양적 낭만주의 시를 썼다고 평가되며, 전원 시인, 목가 시인 등으로 불렸다. 특히 「들길에 서서」가 실려 있는 그의 첫 번째 시집 『촛불』은, 일제 강점이라는 암울한 시대 상황과 비참한 현실에 대한 강한 거부와 함께 초월적이고 본원적인 세계에 대한 강한 열망이 나타난다. 이때 그가 열망한 초월적이고 본원적인 세계는 세속으로부터 유리된 전원적, 자연 친화적 이상향이라고 볼 수 있으며, 「들길에 서서」에 등장하는 '푸른 하늘'과 '푸른 별'이 이러한 이상향이라고 볼 수 있다.

EBS
Q&A

Q 갈래 복합 문항 세트는 어떻게 출제되나요?

A 갈래 복합 문항 세트는 말 그대로 서로 다른 갈래의 문학 작품을 2~3편 제시하고 여러 유형의 문항을 출제하는 세트입니다. 통상적으로 현대시(또는 고전 시가) 두 편과 산문(고전, 현대 수필) 1편을 엮어서 출제하거나 현대 소설과 희곡을 엮어 출제하기도 합니다. 그리고 문학 작품의 수가 많고, 분량이 많은 만큼 문항도 5~6문항 정도가 출제됩니다. 갈래 복합 세트 역시 문학 작품을 엮어서 제시하는 이유가 존재합니다. 주제 의식이나 표현 방법, 화자나 글쓴이의 태도 등의 공통점이 있기 때문에 여러 작품을 엮어서 제시하는 것입니다. 그리고 문항 유형으로는 2, 3개의 문학 작품이 지닌 공통점을 파악하는 문항, 상이한 작품에 등장하는 소재의 의미와 기능의 공통점과 차이점을 묻는 문항, 주제 의식상의 공통점과 관련하여 외적 준거를 제시하고 작품 감상의 적절성을 평가하는 문항 등이 출제됩니다. 결국 갈래 복합 문항 세트의 해결을 위해서는 여러 개의 작품을 엮어 제시한 이유를 찾는 것이 관건입니다. 그리고 작품을 읽을 때, 여러 문학 작품을 엮어 제시한 이유를 염두에 두고 문학 작품을 감상한다면 문항을 해결하는 데 큰 도움이 될 것입니다.

감상 포인트 이 작품은 등나무 아래에서 등꽃을 바라보며 느낀 화자의 정서와 화자가 얻은 깨달음을 드러내고 있는 시이다. 넝쿨진 '등꽃송이'의 모습을 통해 화자는 삶의 슬픔과 기쁨의 복합적인 정서를 느끼고, 타인과 더불어 살아가는 삶의 의미를 깨닫고 있다.

주 제 등꽃을 통해 발견하는 삶의 의미와 가치

한껏 구름의 나들이가 보기 좋은 날

등나무 아래 기대어 서서 보면
화자가 관찰한 대상, 화자의 인식을 바꾸게 한 자연물
가닥가닥 꼬여 넝쿨져 뻗는 것이

참 예사스러운 일이 아니다★
화자의 주관적 인식
철없이 주걱주걱 흐르던 눈물도 이제는
슬픔
잘게 부서져서 구슬 같은 소리를 내고
청각적 이미지
슬픔에다 기쁨을 반반씩 버무린 색깔로
시각적 이미지 ①
연등 날 지등(紙燈)의 불빛이 흔들리듯
시각적 이미지 ②
내 가슴에 기쁨 같은 슬픔 같은 것의 물결이
추상적 대상(기쁨+슬픔)의 구체화
반반씩 한꺼번에 녹아 흐르기 시작한 것은
슬픔의 해소
평발 밑으로 처져 내린 등꽃송이를 보고 난
화자의 인식을 바꾸게 한 자연물 ①
그 후부터다

추상적 대상(슬픔)의 구체화

▶ 1연: 등꽃을 보며 삶의 슬픔과 기쁨의 복합적 정서를 느낌.

밑뿌리야 절제 없이 뻗어 있겠지만

아랫도리의 두어 가닥 튼튼한 줄기가 꼬여
화자의 인식을 바꾸게 한 자연물 ②
큰 둥치를 이루는 것을 보면

그렇다 너와 내가 자꾸 꼬여가는 그 속에서
타인과의 조화로운 삶에 대한 기대
좋은 꽃들은 피어나지 않겠느냐?

▶ 2연: 등꽃을 통해 조화로운 삶의 의미를 깨달음.

또 구름이 내 머리 위 평발을 밟고 가나 보다

그러면 어느 문갑 속에서 파란 옥빛 구슬
시각적 이미지
꺼내드는 은은한 소리가 들린다.
청각적 이미지

화자의 긍정적 인식이 드러남.

▶ 3연: 화자가 발견한 '등꽃송이'의 아름다움

> **★ 문제 해결 키 문항 9 관련**
>
> '참 예사스러운 일이 아니다'라는 시행은 등나무의 모습을 보고 화자가 예사스럽지 않다고 주관적 의미 부여를 하고 있음을 간파해야 함. 또 그동안 화자의 내면을 지배하던 슬픔에 기쁨이 섞여 녹아 흐르기 시작했다는 것은 슬픔에 빠져 있던 화자의 정서와 인식이 점차 개선되고 있는 것임을 파악하여야 함.

핵심 개념 이것만은 꼭 익히자

포인트 ① 감각적 이미지의 사용과 효과 **문항 10 관련**

시각적 이미지	'지등의 불빛이 흔들리듯'
	화자의 내면에 있던 슬픔의 정서가 변화하는 양상을 드러냄.
	'파란 옥빛 구슬'
	아름답고 여유로운 화자의 내면을 나타냄.
청각적 이미지	'구슬 같은 소리'
	화자의 슬픔이 사라져 가는 긍정적인 상황을 드러냄.
	'은은한 소리'
	화자 내면의 슬픔이 사라지고 내면의 성숙이 깊어 가는 상황을 나타냄.

포인트 ② '등나무'의 기능 **문항 8 관련**

평발 밑으로 처져 내린 등꽃송이 →	화자의 슬픔이 녹아 내리며 해소되기 시작함.
아랫도리의 두어 가닥 튼튼한 줄기가 꼬여 큰 둥치를 이루는 것 →	타인과 더불어 살아가는 조화로운 삶에 대한 기대를 나타냄.

배경지식 더 알아보기

■ 「등꽃 아래서」에 나타난 화자의 심리 변화 **문항 9 관련**

등나무를 보기 전	→ 등꽃 등나무 둥치	등나무를 본 이후
화자의 내면이 슬픔으로 가득 차 있음.		슬픔이 해소되어 가며 다른 사람과의 조화로운 삶에 대한 기대를 갖게 됨.

■ 추상적 대상의 구체화

'철없이 주걱주걱 흐르던 눈물도 이제는 / 잘게 부서져서 구슬 같은 소리를 내고' → 추상적 대상인 슬픔을 눈물로 치환하고 눈물을 잘게 부서지고 소리를 내는 물질과 같이 표현하여 구체화함.	+	• '슬픔에다 기쁨을 반반씩 버무린 색깔로' • '내 가슴에 기쁨 같은 슬픔 같은 것의 물결이 / 반반씩 한꺼번에 녹아 흐르기 시작한 것은' → 슬픔, 기쁨이라는 추상적 대상을 색깔이 있고 버무릴 수 있는 물질로 치환하고 이것이 녹아 흐른다는 표현을 통해 더욱 구체화함.

추상적 대상을 구체화하는 표현을 통해 화자의 정서와 심리 상태를 효과적으로 전달함.

EBS Q&A

Q 화자의 정서나 심리가 변화하는 것을 어떻게 포착할 수 있을까요? **문항 9, 13 관련**

A 현대시를 감상하다 보면 화자의 정서나 심리가 일관되게 유지되기도 하고 변화되기도 합니다. 화자의 정서나 심리가 일관되게 유지될 때에는 동일하거나 유사한 시구가 시 전반에 걸쳐 여러 차례 반복되는 경우가 많은데, 특히 수미상관의 기법이 사용된 경우 화자의 정서나 심리 상태가 변함없이 지속되거나 유지되고 있음을 알 수 있습니다. 한편 화자의 정서나 심리가 변화되는 경우에는 여러 가지 방법을 통해 이를 확인할 수 있습니다. 이 작품처럼 '보고 난 / 그 후부터다'와 같이 명시적으로 정서나 심리의 변화가 있었다는 것을 드러내는 경우도 있고, '그렇다'처럼 화자가 어떤 상황을 계기로 무엇인가를 깨닫고 정서적, 심리적 변화가 있음을 나타내는 시어가 사용되기도 합니다. 또 다른 시에서는 '그러나', '하지만' 등의 접속어를 표지로 이러한 변화가 나타나기도 합니다. 그러므로 시를 감상하며 이러한 시어나 표지 등에 주목한다면 화자의 정서적, 심리적 변화가 나타났는지 확인할 수 있을 것입니다.

감상 포인트 이 작품은 꿈을 포기하는 습관을 가졌던 자신의 아픈 경험을 솔직하게 진술하고, 이러한 경험을 통해 얻게 된 깨달음과 함께 꿈을 찾는 젊은이들에 대한 당부를 전하고 있는 글이다. 글쓴이는 어린 시절 피아니스트가 되려는 꿈을 포기한 이후 여러 가지 이유로 쉽게 꿈을 포기하는 버릇을 습관화해 왔다. 하지만 소중한 벗과의 대화를 통해 자신의 치명적인 허점을 아프게 확인하며, 꿈을 찾는 젊은이들이 자신과 같은 실수를 하지 않기를 당부하고 있다.

주 제 꿈을 향해 도전하는 자세의 중요성

어린 시절 가장 많이 받은 질문. "너 커서 뭐가 될래?"

내 꿈은 계절마다 바뀌어서, 지금은 기억조차 가물가물하다. 하지만 초등학교 시절까지 가장 오래 간직했던 꿈은, 부끄럽지만 <u>피아니스트</u>였다. 피아니스트의 삶이 어떤 건지는 잘 몰랐지만 나는 그저 피아노가 좋았다. (중
_{어린 시절의 꿈}
략) 피아노를 '잘 쳐서' 좋은 것이 아니라, '그냥 좋아서' 좋아했다. 특출한 재능이 있는 것은 아니었다.

꿈의 불꽃이 타오르기 시작한 순간은 이상하게도 잘 기억나지 않는데, <u>꿈의 불꽃이 사그라지던 순간은 정확히</u>
<u>기억난다.</u> 어린 시절 우리 집에서 같이 살던 이모와 수다를 떨다가, 내가 피아니스트의 꿈을 꾸는 것이 부모님께
_{글쓴이에게 강한 인상을 남겼음.}   _{나의 꿈을 포기하게 된 계기}
부담이 될 수 있다는 사실을 깨닫게 된 것이다. (중략) 조숙한 척만 했지 전혀 철들지 못했던 초등학생에게 이 사
_{꿈을 포기하게 된 이유}
실은 커다란 충격이었다. 그때부터 나는 피아노 연습을 게을리하기 시작했다.
_{부모님의 부담을 덜어 드리기 위해} ▶ 처음: 어린 시절 피아니스트의 꿈을 포기하게 된 사연

그 이후로도 나는 꿈을 여러 번 포기했다. 때로는 성적이 모자라서, 때로는 사람들의 평가가 두려워서, 때로는
_{습관화됨.}
그저 꿈만 꾸는 것이 싫증 나서 수도 없이 꿈을 포기했다. 내 꿈의 역사는 '포기의 역사'였다. 그런데 그 수많은

꿈을 포기하며 살아가다 보니, 정말 인정하기 싫지만 나의 진짜 문제를 알게 되었다. 실패가 두려워 한 번도 제

대로 된 도전을 해 보지 못했다는 것을. 아무리 이모의 말이 충격적이었더라도, <u>내가 피아노를 좀 더 뜨겁게 사</u>
_{글쓴이의 늦은 후회}
<u>랑했더라면, 좀 더 세상과 싸워 볼 용기가 있었다면, 그렇게 쉽게 포기하진 않았을 것이다.</u>

나는 달걀로 바위를 치는 심정으로, 자신의 꿈을 향해 도전하며 처절하게 실패하는 사람들을 마음속 깊이 질
_{불가능한 것에 도전하는 마음으로}   _{글쓴이는 경험해 보지 못한 것이기 때문에}
<u>투하고 존경한다.</u> 이제야 알았기 때문이다. 포기의 역사보다는 실패의 역사가 아름답다는 것을. 제대로 부딪쳐

보지도 않은 채 포기하는 것보다는, 멋지게 도전하고 처참하게 실패하는 사람들이 훨씬 많은 것을 배운다는 것

을. 꿈을 이루는 데 실패하더라도, 삶에서 실패하는 것은 아님을. ▶ 중간 1: 꿈을 쉽게 포기하는 습관이 형성된 과정

★ 문제 해결 키 **문항 10 관련**

얼마 전 내 <u>소중한 벗</u>이 불쑥 물었다. "넌 왜 그렇게 매사에 자신감이 없냐?"
_{글쓴이의 문제점과 허점을 정확히 알고 충고해 준 사람}

나는 아무렇지도 않다는 듯 적당히 둘러대긴 했지만, 그 말이 오랫동안 아

'사금파리'의 날카로운 이미지를 통해 소중한 벗의 말이 나의 허점을 정확히 치명적으로 건드린 말이었음을 파악해야 함.

팠다. 가슴에 날카로운 사금파리★*가 박힌 것처럼, 시리게 아팠다. 내 삶의 치명적인 허점을 건드리는 말이었

기 때문이었다. 나를 오래 알아 온 사람만이 알아볼 수 있는 내 아픔이었기 때문이다.

나는 이제야 깨닫는다. 피아노를 포기한 것이 문제가 아니라, 그때부터 '포기하는 버릇'을 가슴 깊이 내면화한
_{벗의 말을 듣고 글쓴이가 깨달은 것}
것이 문제라는 것을. 도전하기 전에, 미리 온갖 잔머리를 굴려 내 인생을 머릿속으로 그려 보고, 안 되겠구나 싶

어 지레 포기하는 것.

아주 어릴 때부터 나도 모르게 생긴 버릇이라 쉽게 고칠 수도 없었다.

<u>내게 주어진 현실을 실제 상황보다 훨씬 나쁘게 인식하는 것. 내가 가진 것을 실제보다 훨씬 작게 생각하는 버릇.</u> (중략) 그것은 금속에 슬기 시작한 '녹' 같다. 처음에는 아주 하찮아 보이지만 나중에는 가득 덮인 녹 때문에 원래 모습조차 알 수 없게 되어 버리는. 나는 진로에 대한 공포 때문에, 미래에 대한 비관 때문에, 나의 원래 모습마저 잃어버린 것 같았다.

→ '부모님께 부담이 될 수 있다는 사실'

▶ 중간 2: 소중한 벗과의 대화를 통해 깨닫게 된 치명적인 허점

<u>나의 글을 읽는 젊은이들은</u> 나 같은 실수를 반복하지 말았으면 한다. 진로를 생각할 때 '<u>실현 가능성</u>'부터 생각하지 말았으면 한다. 진로를 생각할 때 곧바로 '<u>직업</u>'과 연결하지도 말았으면 한다. 미래를 생각할 때 <u>생활의 안정</u>을 1순위로 하지 말았으면 좋겠다.

예상 독자

글을 쓴 목적

△ : 꿈을 쉽게 포기하게 만드는 요소들

하지만 이런 건 괜찮다. 예컨대, 내가 얼마나 그 꿈에 몰두해 있을 수 있는지 실험해 보는 것. 밥 먹는 것도 잊고, 잠자는 것도 잊고, 약속 시각도 잊고, 무언가에 몰두해 본 적이 있는가. 그게 바로 <u>우리들의 가슴을 뛰게 하는 것</u>이다.

우리들의 진정한 꿈

▶ 끝: 꿈을 찾는 젊은이들에 대한 당부

＊**사금파리**: 사기그릇의 깨어진 작은 조각.

글의 구조와 내용 전개

처음		중간 1		중간 2		끝
어린 시절 피아니스트의 꿈을 포기하게 된 사연	→	꿈을 쉽게 포기하는 습관이 형성된 과정	→	소중한 벗과의 대화를 통해 깨닫게 된 치명적인 허점	→	꿈을 찾는 젊은이들에 대한 당부

포인트 2 **'꿈'에 대한 글쓴이의 생각** 문항 12 관련

자신의 꿈을 뜨겁게 사랑한다면 쉽게 포기하지 않는다.	+	꿈을 향해 도전하며 처절하게 실패하는 것은 숭고한 것이다.
+		+
진로를 생각할 때 실현 가능성부터 생각하지 말고, 곧바로 '직업'과 연결하지 말며, 생활의 안정을 1순위로 생각하지 말아야 한다.	+	진정한 꿈은. 밥 먹는 것도 잊고 잠자는 것도 잊고 약속 시간도 잊고 무언가에 몰두하게 하며 가슴을 뛰게 하는 것이다.

■ **글쓴이가 이 글을 쓴 목적** 문항 11 관련

이 글에서 글쓴이는 자신의 어린 시절과 살아온 날들을 솔직하게 고백하며, 자신이 꿈을 포기해 왔던 아픈 기억을 제시하고 있다. 그리고 이러한 경험을 바탕으로 자신의 삶을 되돌아보며 꿈을 향해 도전하다가 실패하는 삶의 숭고함과, 현실을 나쁘게 인식하고 자신을 과소평가함으로써 꿈을 쉽게 포기하게 만드는 '녹'에 대해 설명하고 있다. 그리고 글의 마지막 부분에 '나의 글을 읽는 젊은이들은 나 같은 실수를 반복하지 말았으면 한다.'라는 말과 함께 '하지만 이런 건 괜찮다.'라고 말하며 진정한 꿈이란 어떤 것인지를 알려 주고 있다. 결국 글쓴이가 이 글을 쓴 목적은 이 글을 읽는 젊은이들이 자신과 같이 꿈을 쉽게 포기하지 말고 자신의 진정한 꿈을 찾아 도전하는, 후회 없는 삶을 살아갈 것을 독려하기 위한 것이라고 볼 수 있다.

EBS Q&A

Q 지문으로 제시된 수필은 어떤 점에 주목하여 읽어야 할까요? 문항 12, 13 관련

A 일반적으로 수필이 출제되는 세트는 갈래 복합 문항 세트입니다. 대부분 현대시나 고전 시가 2편과 함께 출제되는 경우가 많습니다. 수필이 포함된 갈래 복합 문항 세트에서는 수필이 운문과 결합되는 경우가 대부분이므로 표현상의 특징이나 내용 전개 방식 등의 형식적 요소를 관련지어 출제하기는 매우 어렵습니다. 그래서 이러한 문항 세트에서는 수필과 운문 사이에 주제 의식이나 내용적 측면에서 밀접한 관련이 있는 경우가 많습니다. 그러므로 지문으로 제시된 수필을 읽을 때에는 주제적, 내용적 공통점과 차이점에 주목하며 작품을 감상하는 것이 효과적입니다. 아울러 수필은 개성의 문학이고 글쓴이의 주관적 견해나 가치관 등을 제시하는 특징이 있으므로, 수필을 읽으며 글쓴이의 생각, 가치관, 인생관 등이 무엇인지 눈여겨볼 필요가 있습니다. 특히 이러한 요소들은 다른 작품과 관련한 문항으로 출제되는 경우도 있지만 수필 단독 문항으로 자주 출제되는 경향이 있습니다. 그러므로 지문으로 제시된 수필을 읽을 때에는, 작품의 주제 의식이나 내용에 주목하여 글쓴이의 생각, 가치관, 인생관은 무엇인지 파악하며 읽는 것이 좋습니다.

감상 포인트

이 소설은 한 농촌 노인이 세상을 등지며 일어난 사건들과 그의 생전의 모습을 통해 정부의 농촌 정책 실패를 꼬집고 있는 작품이다. 농산물 관세 인하를 요구하는 강대국의 압력에 수입 농산물이 쏟아져 들어오게 되었던 1990년대, 도시화, 산업화의 물결 속에 개발에 소외되었던 농민들의 어려움은 더욱 커져 갈 수밖에 없었다. 농지 보호라는 허울 좋은 명분 속에 농민들이 그나마 가지고 있던 땅의 가치조차 하락하게 되자, 농촌에서 희망을 포기하게 된 젊은이들은 농촌을 점차 떠나고, 이 과정에서 농촌은 세대 갈등까지 겪게 되어 공동체는 와해되고 파편화되어 간다. 소설 속에서 아버지의 장례에서조차 유산의 권리만을 주장하는 자녀들의 모습은 그 자체로 씁쓸하면서도 정부의 농촌 정책 실패를 방증하는 것이며, '수고가 뭔지도 모르는 것이 수단은 워디서 나와서'라고 일갈하는 주인공 기출의 모습은 세상의 근본인 노동과 농업의 가치를 무시한 채 물질만을 추구하는 현 세대에 대한 날카로운 비판이다.

주 제

개발에 소외된 농촌의 황폐한 현실

전체 줄거리

이봉출은 사촌 형인 기출이 스스로 세상을 하직했다는 소식을 듣고 장례에 참석하기 위해 버스에 오른다. 버스 안의 사람들은 기출의 죽음에 의아함을 느끼며 두런거리고, 봉출은 며칠 전에 정부의 농업 정책을 투덜거리는 기출과 만나 술자리를 가졌던 일, 기출이 자신의 생일에 자식들과 다퉜던 일 등을 떠올린다. 장례가 치러지는 기출의 집에 도착하자 이번에는 기출의 아내인 형수가 아비의 사망 소식에도 자녀들은 유산을 둘러싼 권리만 주장하고 있다며 한탄을 한다. 봉출은 그 이야기를 듣고 농지를 팔아 사업 자금을 달라는 큰아들과 기출이 입씨름하던 모습과 고욤나무의 쓸모를 개탄하던 그의 말을 겹쳐 회상한다. 여기까지 떠올려 본 봉출은 기출이 세상을 떠난 것은 마지막까지 기대했던 선거용 농지 정책마저 그의 기대를 저버렸기 때문이라고 생각한다.

모르면 몰라도 오늘날 농촌에서 농사를 짓고 있는 농민이라면 아마 열에 일고여덟은 역시 같은 생각일 것이었다.

기출 씨는 그동안 그만했으면 <u>부동산 투기를 할 사람 투기할 것 다 하고, 졸부가 될 사람 졸부 될 것 다 된 뒤</u>
부동산 투기 대책에 너무 뒤늦게 손쓰고 있는 정부 비판

에야, 농산물이나 농짓값은 하락이 곧 안정이라면서 없는 법까지 만들어서 농짓값을 하락시키고, 그리하여 자기처럼 손을 놓아야 할 나이에 이르렀거나, 되도록 어서 처분하고 나가서 다른 방도를 찾아야 할 영세농들로 하여금 잘 받았댔자 그전의 반값이요, 보통은 반의반도 안 되는 <u>헐값에 땅을 내놓게 한 농지 매매 증명제와 토지 거</u>
도시와 농촌 간 빈부 격차를 더욱 크게 만들어 버린 잘못된 정부 정책

<u>래 허가제를 두루 물어뜯은 끝에 겨우 비치적거리고 일어서면서</u>

"이 나쁜 늠덜." / 하고 주먹으로 테이블을 내리쳤다. 그것이 푸닥거리의 시초였다. 왈그랑 퉁탕 맥주병이 넘어지고 술잔이 떨어지는 와중에 / "뭐가 나쁜 늠덜이라는 거요?"

<u>발끈하고 대거리하는 소리와 함께 기출 씨의 옆구리를 밀치는 손이 있었다. 봉출 씨가 얼른 기출 씨를 부축하</u>
봉출의 시선에서 사건이 벌어진 상황을 묘사하고 있음.

<u>면서 여겨보니</u> 그쪽은 두 사람이 일행인 모양인데, 경찰서 근처에 가면 흔히 왔다 갔다 하던 그런 종류의 얼굴들이었다. 두 사람이고 세 사람이고 심야 영업을 단속하러 나온 경찰관에게 찍자*를 부려 봤자 생기는 게 없을 것이 뻔한 데다, 알고 보니 바닥에 떨어지는 술병을 잡아 주려고 서두른 탓에 팔꿈치가 <u>기출 씨의 옆구리를 건드린</u>
옆구리를 밀친 것이 아니라 건드린 것임. 시비가 붙은 것은 오해에서 비롯된 것임.

<u>것이어서</u> 애초에 따지고 자시고 할 건더기도 없는 일이었다. 그러나 기출 씨는 트집을 잡았다.

▶ 술자리 끝판에 기출이 테이블을 내리치는 행동을 하면서 경찰관들과 시비가 시작됨.

"이런 싸가지 읎는 늠, 늙은이 치는 거 보게, 이게 뭐 허는 늠인디 시방 누구를 치는겨?"

"치긴 누가 누굴 쳐요, 아저씨가 테블을 쳤지."

경찰관은 잘해야 서른대여섯밖에 안 된 젊은이였으나 버릇이 되어서 그런지 대뜸 짜증 어린 말투로 퉁명을 부렸다.

"그려, 테블은 내라 쳤다. 왜 테블 점 치면 안 되겄네? 야 인마, 도시서는 <u>자구 나면 억(億) 억 억 허구 애덜 입</u>
'억'의 동음이의 관계를 이용하여, 큰돈이 오고 가며 부를 축적

<u>에서까장 억 소리가 나는디 촌에서는 왜 억 소리가 나면 안 된다는 거냐.</u> 야 인마, 우덜두 그늠으 억 소리 점
하고 있는 도시에 비해 농촌의 처지를 비관적으로 말하고 있음.

들어 가며 살아 보자, 나뿐 능딜 같으니라구. 야 인마, 하두 억 소리가 안 나와서 그늠으 억 소리 점 나오라구 탁 첬어. 어쩔래, 지금 볼래, 두구 볼래?"

"아따, 애덜마냥 그 말 같잖은 말씀 좀 웬만치 허시랑께는."

봉출 씨가 핀잔을 하며 기출 씨의 겨드랑이를 끼고 나오는데

"우덜두 바쁘닝께 아저씨덜두 어여 가보세유."

하며 경찰관이 기출 씨의 등을 밀었다.

"야 인마, 비겁하게 사람을 뒤에서 쳐?"

기출 씨는 또 등을 쳤다고 억지를 썼다.

"친 게 아니라 민 거구유, 또 내가 아저씨를 민 게 아니라 법이 민 거예유. 그렇잖어두 걸프만 즌쟁*으루 비상이 걸린 판인디, 아저씨 같은 노인네덜까지 밤늦도록 이러시면 어쩌자는 겁니까. 날두 찬디 살펴 가세유."

자신의 행동을 변호하고자 둘러댐.

경찰관은 웃는 얼굴로 한 말이었으나 기출 씨는 그전 같지 않고 기어이 오기를 부렸다. 기출 씨는 봉출 씨가

봉출의 시선에서 평소와 달랐던 기출의 모습을 진술함.

막을 새도 없이 몸을 휙 돌리며 한 손으로 경찰관의 어깨를 힘껏 쥐어지르더니

"야 인마, 이건 인간 이기출이가 자네를 친 게 아니라, 장곡리 농민 이기출이가 법을 친 거여, 알겠네?"

경찰관이 앞에서 한 말을 되받아 자신의 행동을 변호함.

"알겠슈."

두 경찰관이 저희끼리 마주 보고 웃어넘기는 바람에 푸닥거리는 그만해서 그쳤으나, 봉출 씨는 매끼*가 풀어지고 사개*가 물러날 듯한 기출 씨의 심상치 않은 변모에 일말의 불안감을 떨쳐 버릴 수가 없었던 것이다. 그리고 그것이 기출 씨를 본 마지막 모습이기도 하였다.

봉출이 기출의 사망 전 마지막으로 만났던 날임을 밝힘.

▶ 농촌 정책에 대한 불만을 경찰관들에게도 드러내며 억지를 쓰는 기출을 보며 봉출은 불안감을 느꼈음.

[중략 부분 줄거리] 기출의 모습을 회상하며 그의 장례에 참석하러 간 봉출은 기출의 아내를 만나 조의를 표한다.

"즤 아베 부고 받구 온 것덜이 들어단짝*으루 넝이구 서랍이구 들들 뒤며 논문서 밭문서버텀 밝히러 드니……

아버지의 사망 소식에 유산부터 챙기려 하던 자식들의 모습

하두 기가 맥혀서 머리 풀 새두 읎이 문서랑 통장이랑 챙겨설낭 작은서방님게다 맽겨 놨구먼유."

장례를 치를 새도 없이

"장례 모시구 나면 바루 시끄럽겄는디."

"시끄럽구말구두 읎슈, 나두 다 생각이 있으닝께유." / 하더니 형수는 음성을 한결 낮추면서

"저것덜이 시방 즤 아버지가 빚이 월만지 몰러서 지랄덜이거던유. 단협*에 자빠져 있는 것만두 그럭저럭 팔백만 원 돈인디. 즤 아베 내다 묻구 나면 불러 앉히구서 이릴라구 그류, 늬덜이 늬 아버지 재산을 일대일씩 노나 갖구 싶걸랑 늬덜이 먼저 이렇게 해 봐라, 시방 늬 아베 빚이 암만이구 암만이다, 그러니 늬덜버터 늬 아베 빚을 일대일씩 노나서 갚어 줘 봐라, 한번 이래 볼류."

유산만 바라는 이기적인 자녀들에게 책임도 져야 함을 일깨우려 함.

"잘 생각허셨슈."

봉출 씨는 상제들에게 잘코사니*라 싶은 생각이 들어서 기분이 한결 가벼웠다. 형수는 말을 이었다.

"아마 펄쩍 뛰구 모르쇠 허겄지유, 그러구서 나 죽는 날만 지달릴 테지유. 그이가 생전에 장 허던 말이, 시상

자녀들의 이기적인 태도를 이미 알고 있었던 기출

★ 문제 해결 키 [문항 14 관련]

기출과 경찰관 사이의 갈등

기출: 정부의 농촌 정책에 불만을 표하며 술을 마시다 취함. 비틀거리다가 테이블을 내리치고 경찰관과 언성을 높임.

↕

경찰관들: 술병을 잡아 주다가 기출과 몸이 닿아 짧은 언쟁을 하게 됨.

358 수능특강 사용설명서 문학

에서 기중 못난 늠은 저 죽어서 새끼덜헌티 재산 물려주려구 안 먹구 안 쓰구 가는 사람이라게 그게 다 뭔 소린가 했더니, 막상 자긔가 이렇게 되니께 나버터 당장 알어지더먼 그류. 팔리는 대루 팔어서 내라두 죽기 전에 쓸 거나 쓰다가 가야 헐 텐디⋯⋯."

"그럼유, 그러시야지유. 그런디 그동안 성님은 무슨 이상헌 말씀을 허신다든지, 무슨 이상헌 눈치를 뵈신다든지, 아줌니는 뭐 좀 느끼신 게 읎으셨던감유?"

"글쎄유, 사는 게 재밋성이 읎다읎다 허는 소리야 전버텀 장 허던 소리구, 이럴라구 그랬는지 생일날 애덜이 댕겨간 댐이버터 댐배를 솔담배두 애껴 피던 이가 양담배루 바꿔서 보루루 사다 놓구 피구, 술두 쇠주백이 모르던 이가 맥주만 자시러 들구, 시내에 나갔다 허면 꼭 택시루 들어오구, 땅이 안 팔링께 단협에서 대출을 해다가 그러구 풍덩그렸는디*, 생전 않던 짓을 헌다 싶기는 했지만⋯⋯ 그러구서 딴 사건은 읎었지유."

"사건이야 성님이 이렇게 되셨다는 게 바루 사건이지, 이버덤 더헌 사건이 워디 또 있겠슈."
▶ 기출의 사망 소식에 조문을 간 봉출은 기출 아내로부터 이기적이고 패륜적인 자녀들의 행태를 듣고 씁쓸해함.

봉출 씨는 형수를 보고 나오는 길로 톱을 찾어서 뒤켠으로 갔다. 기출 씨가 송사리 목사리*를 걸었음 직한 곁가지부터 치고 볼 작정으로 이리저리 살펴보고 있자니, 문득 지난 정월 초이렛날 기출 씨가 큰아들하고 큰소리를 낸 끝에 북창문을 열고 하던 말이 불현듯이 떠올랐다.

실용적 가치가 높지 않은 나무
"두구 보니께「이 고욤나무만이나 쓸다리 읎는 나무두 드물레그려. 과일나문가 허면 그게 아니구, 그게 아닌가 허면 그것두 아니구⋯⋯ 어린것 같으면 감나무 접목허는 대목루나 쓴다건만, 그두 저두 아니게 늙혀 노니께」
「 」: 고욤나무와 같이 보잘것없는 존재들이 어우러져 서로 돕고 의지하며 살아가는 것이 과거의 공동체였음을 간접적으로 말하고 있음.
까치나 꾀들어서 시끄럽지 천상 불땔감이더먼."

봉출 씨는 톱을 대려다가 놓고 담배를 붙여 물었다.

기출 씨가 생일날조차 구순하게* 넘기지 못한 것도 땅이 안 팔린 탓이었다.

아침상을 물리기가 바쁘게

"솔직히 말씀드려서유 지가 저번에 그 말씀을 드린 것두유, 솔직히 지가 예비 상속자닝께 그 자격루다가 말씀을 드린 거예유"
아버지 사후 유산을 물려받을 것이 기정사실이니 미리 유산을 받고자 한다는 뜻
/ 하고 먼저 말을 꺼낸 것은 효근이었다.

기출 씨는 욱하고 북받치는 울뚝성을 삭이느라고 효근이를 찢어지게 흘겨보더니

"너 내 앞에서 대이구 사업 자금 사업 자금 해 쌓는디, 그것두 내 보기에는 난봉쟁이 거울 들여다보기여. 어려
아들이 그간 계속해서 못난 모습을 보여 왔으므로 신뢰할 수 없음을 말하려고 함.
서버터 일만 보면 미서워 미서워 허던 늠이 이 애비가 마디마다 뼛소리가 나도록 일을 해서 그만치 해 노니께는, 이제 와서 그 땅을 팔어서 사업 자금이나 헙시다⋯⋯ 못 헌다. 농사는 수고구 사업은 수단인디, 수고가 뭔
수고로움의 가치를 아는 것이 중요함.
지두 모르는 것이 수단은 워디서 나와서 사업을 혀? 맨손으루 나간 늠은 나가서 손에 쥐는 것이 있어두, 논 팔구 밭 팔아서 나간 늠은 넘덜 되듯이 되는 것두 못 봤거니와, 뭐? 개같이 벌어두 정승같이 쓰기만 허면 되어? 니가 그따우 정신머리를 뜯어고치지 못허는 한은, 땅이 아침 먹다 팔려 즘슨 먹다 잔금을 받더래두 지나가는 으덩박씨*는 줄망정 너 같은 늠헌티는 못 줘, 못 주구 말구. 대법원장이 주라구 해두 못 줘 이늠아."
맏아들에게 크게 실망한 기출
▶ 가치관의 차이로 맏아들과 언쟁을 벌이며 실망스러워했던 기출의 모습을 회상함.

＊찌자: 괜한 트집을 잡으며 덤비는 짓을 속되게 이르는 말.

＊걸프만 전쟁: 걸프 전쟁. 1990년 이라크의 쿠웨이트 침공 및 병합에 반기를 들고 미국 등 연합군이 일으킨 전쟁.

＊매끼: 묶는 데 쓰는 새끼나 끈.

＊사개: 모퉁이를 끼워 맞추기 위하여 서로 맞물리는 끝을 들쭉날쭉하게 파낸 부분. 또는 그런 짜임새.

＊들어단짝: 들어오자마자 대뜸.

＊단협: 단위 농협.

＊잘코사니: 미운 사람의 불행을 고소하게 여길 때 쓰는 말.

＊풍덩거리다: (돈을) 물 쓰듯 하는 모양을 비유적으로 이르는 말.

＊목사리: 소·개 따위의 짐승의 목에 두르는, 가죽으로 만든 띠나 줄.

＊구순하다: 서로 사귀거나 지내는 데 사이가 좋아 화목하다.

＊으덩박씨: 거지.

핵심 개념 이것만은 꼭 익히자

 서술상의 특징 문항 14, 15 관련
- 봉출의 시선에서 기출의 생전의 모습과 사후 기출 가족의 모습을 그려 내어 서술함.(초점화자: 봉출)
- 봉출과 기출이 농촌에서 겪고 느낀 농촌 정책의 부당한 면을 비판적이고 풍자적 어조로 드러냄.
- 기출의 사후 봉출이 회상하는 기출의 모습을 현재 시점에서 삽입하여 역순행적 구성 방식을 띰.

 기출이 처한 상황 문항 16, 17 관련

가족 안에서	농민으로서
• 땅을 팔아 사업 자금을 지원해 달라는 맏아들과의 갈등 • 자신의 사후에도 돈 먼저 챙기려고 할 정도로 이기적인 자녀들과의 갈등	• 부동산 투기로 부를 축적하는 도시에 비해 땅 거래조차 자유롭지 못하여 상대적 박탈감을 느끼고, 농촌 정책이 부당하다고 느낌.

배경지식 더 알아보기

■「장곡리 고용나무」의 농촌 발전 정책 비판

> "그게 아녀. 자녀 농발 대책(농어촌 발전 종합 대책)이라는 게 워떤 건지 알구나 그러는 겨? 그 골자가 뭔고 허면, 성 넘마냥 노령으루 땅을 묵게 된 은퇴 농지, 딴 디루 나가 보려구 내놓는 이농 농지, 생전 심 펼 날이 옳는 영세 농지 같은 걸 실력 있는 사람게다 몰어 줘서 전업농을 키우겄다 그 얘기여. 그러면서 부동산 투기두 막구 농발 대책두 밀어 붙이구 허느라구 옳는 법까장 맹글었는디 그 법이 무슨 법이냐. 한마디로 말해서 죽는 늠만 죽어라 죽어라 하는 그런 내용여. 농지 매매 증명제다 토지 거래 허가제다 신고제다 하구 심중에 옴나위를 못 허게 얽어맸는디. 이게 뭐냐. 사유 재산권 행사에 대한 가치압인 겨. 그러니 농짓값은 값대루 떨어지구 거래는 거래대루 끊어지구. 결국 이농을 허는 마당에서까장 목돈을 쥐고 이농을 해두 션찮은 영세농덜러 푼돈을 쥐구 이농허거라. 그렇게 됐다 이 말이여."
> — 이문구,「장곡리 고용나무」

1990년대 농촌은 경제 규모가 점차 커지고 토지 가격이 상승하던 도시와 비교하여 상대적 박탈감을 느꼈을 뿐만 아니라, 각종 국가 간 자유 무역 협정 체결에 따른 농산물 관세 개방 정책으로 농산물 가격을 저가로 유지하게 되면서 더욱 큰 경제적 어려움을 겪게 된다. 이 소설 속에 나타난 농사를 외면하려는 기출 맏아들의 모습과 그로 인해 자녀와 갈등을 겪고 땅을 처분하지 못해 생을 마감하기로 결심하는 노인 기출의 모습은 이와 같은 현실을 비판적인 목소리로 그려 내고 있다.